构建区域安全模式

——国际体系中的大西洋安全模式与亚太安全模式

许海云 / 著

世界知识出版社

图书在版编目（CIP）数据

构建区域安全模式：国际体系中的大西洋安全模式与亚太安全模式 / 许海云著. —北京：世界知识出版社，2018. 3

ISBN 978-7-5012-5696-9

Ⅰ.①构… Ⅱ.①许… Ⅲ.①国家安全—研究—世界 Ⅳ.①D815.5

中国版本图书馆CIP数据核字（2018）第032515号

书　名	**构建区域安全模式——**国际体系中的大西洋安全模式与亚太安全模式 Goujian Quyu Anquan Moshi — Guojitixizhong de Daxiyang Anquan Moshi yu Yatai Anquan Moshi
作　者	许海云
责任编辑	余　岚　刘　喆
责任出版	王勇刚
责任校对	张　琨
出版发行	世界知识出版社
地址邮编	北京市东城区干面胡同51号（100010）
电　话	010-65265923（发行）　　010-85119023（邮购）
网　址	www.ishizhi.cn
经　销	新华书店
印　刷	北京虎彩文化传播有限公司
开本印张	720×1020毫米　1/16　37½印张
字　数	644千字
版次印次	2018年5月第一版　2018年5月第一次印刷
标准书号	ISBN 978-7-5012-5696-9
定　价	90.00元

本书受到中国人民大学2017年度"中央高校建设世界一流大学（学科）和特色发展引导专项资金"支持

目　录

前　言..*13*

第一章　第二次世界大战后的世界与美苏冷战...................1

　第一节　雅尔塔体系的确立及其演进..............................1

　　一、第二次世界大战与美英苏三大国的战后构想................1

　　二、雅尔塔体系的基本框架及其延伸..............................8

　　三、雅尔塔体系中三大国冲突根源分析..........................12

　第二节　美苏冷战与两极世界逐渐形成............................18

　　一、美苏双方的冷战理论与政策..................................18

　　二、世界范围内的美苏对立与冲突..............................23

　　三、世界走向两极冷战体系.....................................28

第二章　冷战中的大西洋安全模式与亚太安全模式.............33

　第一节　欧洲冷战与北约...33

　　一、美国对欧洲的冷战战略及其实践..............................33

　　二、西欧国家的冷战政策与实践..................................39

　　三、《北大西洋公约》与北约集体安全模式........................43

　第二节　亚洲冷战及其安全模式雏形..............................48

　　一、美国在亚太的冷战战略与东亚地区冷战......................48

　　二、冷战斗争中的东南亚地区....................................55

　　三、南亚地区的安全局势及其变化..............................60

　　四、中亚、西亚的政治与安全形势..............................65

第三章　大西洋联盟与亚太安全组织的联合模式比较..........74

第一节　北约的联合模式及其变化..........74

一、北约的联合思想与理论..........74

二、北约多国联合特性与超国家倾向..........79

三、北约集体防御方针及其早期实践..........84

四、北约联合模式中的"中心—边缘结构"..........89

五、北约政治与安全联合中的经济、文化以及意识形态纽带..........94

第二节　亚太安全联合模式..........99

一、亚太"双边安全联盟模式"..........99

二、亚太"多边安全联合模式"..........106

三、亚太"自主型安全联合模式"..........112

第三节　亚太安全组织与北约安全模式的利弊分析..........119

一、大西洋安全模式及其特点分析..........119

二、亚太安全联合模式的特点及其存在的问题..........124

三、冷战时期亚太政治、经济以及安全联合模式..........131

第四章　大西洋联盟制度模式与亚太安全制度模式比较..........137

第一节　北约的制度模式及其发展..........137

一、北约制度模式中的安全理念、行为方式及其规范分析..........137

二、北约政治领导制度及其实践..........142

三、北约军事指挥机制..........148

四、北约武装力量机制..........153

五、北约核机制..........159

六、北约财政分摊机制..........164

七、北约在其他领域的机制建设..........169

第二节　亚太安全模式中的机制分析..........175

一、亚太传统安全观..........175

二、亚太安全模式的社会与政治机制建设..........180

三、亚太安全模式的武装力量机制建设..........186

四、亚太安全模式的核机制建设..........190

第三节　对亚太安全机制与北约制度模式的分析..........197

一、亚太安全观与大西洋安全观的比较 ……………………………197

二、亚太安全机制的影响与局限 ……………………………………203

三、北约制度模式的功能与局限 ……………………………………207

第五章　大西洋联盟与亚太安全组织思维—决策模式比较……………212

第一节　北约思维—决策模式……………………………………………212

一、北约决策中的冷战惯性思维与自主性思维 …………………212

二、北约决策模式中的单边与多边之争 …………………………217

三、北约决策模式中的"政治协商制" ……………………………222

第二节　亚太安全组织的思维—决策模式……………………………226

一、亚太安全组织思维—决策模式中的文化与意识形态 ………226

二、亚太安全组织中的威权决策模式 ……………………………231

三、亚太安全组织中的集体决策模式 ……………………………235

四、亚太安全组织中的混合型决策模式 …………………………239

第三节　对亚太安全组织与北约思维—决策模式的思考……………243

一、北约思维—决策模式得失评价 ………………………………243

二、亚太安全组织思维—决策模式的矛盾与发展 ………………247

第六章　大西洋联盟与亚太安全组织的发展—扩张模式比较………253

第一节　北约的发展与扩张……………………………………………253

一、北约内向型发展及其深化 ……………………………………253

二、北约外向型发展与扩张 ………………………………………258

三、北约发展—扩张模式的特点分析 ……………………………262

第二节　亚太安全组织的发展—扩张模式……………………………267

一、亚太安全组织的"静态发展模式" ……………………………267

二、亚太安全组织的"功能性发展模式" …………………………271

三、亚太安全组织的"衍生型发展模式" …………………………276

四、亚太安全组织发展模式的特点分析 …………………………280

第三节　北约与亚太安全组织在发展模式中存在的问题……………285

一、北约发展—扩张模式存在的问题及其发展趋向 ……………285

二、亚太安全组织在发展模式中存在的问题与矛盾状态 ………289

第七章 亚太安全组织与北约的应对危机模式比较.........................294

  第一节 北约应对危机模式.........................294

    一、北约应对危机模式的产生与发展.........................294

    二、北约对内部危机的应对与处置.........................299

    三、北约就外部危机的应对与处置.........................303

  第二节 亚太安全组织的应对危机模式.........................308

    一、亚太安全组织应对危机的基本态度.........................308

    二、亚太安全组织应对危机与冲突的方针、政策与实践.........................313

  第三节 北约与亚太安全组织应对危机模式的分析.........................318

    一、北约应对危机模式的问题与出路.........................318

    二、亚太安全组织应对危机模式的局限及其调整.........................323

第八章 冷战后的大西洋联盟与亚太安全模式.........................328

  第一节 后冷战时期的国际格局.........................328

    一、冷战后的欧洲力量格局.........................328

    二、冷战后的亚太区域及其安全形势.........................334

    三、北约、欧盟、欧洲安全与合作组织与新欧洲安全架构.........................340

  第二节 后冷战时期的国际危机及其应对.........................347

    一、来自非传统安全威胁与传统安全威胁的挑战.........................347

    二、北约应对各种区域冲突与危机.........................352

    三、亚太安全组织所面对的危机与冲突.........................358

  第三节 后冷战时期的美国、北约以及亚太安全组织.........................363

    一、美国对北约、欧洲的安全战略与实践.........................363

    二、美国"重返亚洲战略"与"亚太再平衡战略"的安全解读.........................369

    三、北约与亚太安全秩序建构.........................376

第九章 后冷战时期的大西洋联盟转型与亚太安全组织发展.........................383

  第一节 后冷战时期的北约新战略与亚太安全理念.........................383

    一、北约"新战略概念"及其变化.........................383

    二、北约"预防性干预"方针及其实践.........................389

    三、亚太新安全观.........................394

第二节 北约与亚太安全组织的新扩张模式 399
　　一、北约东扩与北约新扩张模式 399
　　二、亚太安全模式的改革与调整 405
第三节 北约政治与军事新机制与亚太安全机制建设 409
　　一、北约政治机制改革及其新建构 409
　　二、北约军事指挥机制改革 416
　　三、亚太新安全体系及其建设 422
第四节 北约与亚太安全组织的危机处置 428
　　一、北约从科索沃战争到利比亚战争 428
　　二、亚太安全组织与危机处置 435
第五节 北约转型与亚太安全组织发展 441
　　一、北约走向世界 441
　　二、亚太安全架构进一步扩展 446

第十章 亚太安全模式与大西洋安全模式的未来 452
第一节 后冷战时期亚太安全模式存在的问题 452
　　一、当前亚太安全模式中的制度难题 452
　　二、当前亚太安全模式的功效难题 456
第二节 当前北约机制存在的问题 460
　　一、"软弱的北约"与"多难的世界" 460
　　二、北约与现行国际安全机制的矛盾与冲突 466
第三节 北约与亚太安全组织的改革与调整 470
　　一、亚太安全模式进一步优化 470
　　二、北约进一步优化安全机制与发展模式 475
第四节 北约与亚太安全模式的发展及其未来 479
　　一、新世纪的北约及其未来 479
　　二、亚太安全模式的发展趋势与未来 484

结束语 490

附录一 497
附录二 502

附录三 506

附录四 529

参考书目 532

索　引 555

Contents

Introduction

Part One   A World in the Post-War Era and the Cold War between US and USSR
1. Establishment and Evolution of the Yalta System
    1.1 World War II and Post-War Visions of US, UK and USSR
    1.2 Basic Framework and Formation of theYalta System
    1.3 Cooperations and Confrontations among Big Three Powers
2. Cold War and Formation of Bipolar World in the Post-War Era
    2.1 Cold War Theories and Policies of US and USSR
    2.2 Confrontations and Conflicts between US and USSR
    2.3 Emerging of the Two-Pole System

Part Two   Atlantic Security Mode and Asia- Pacific Security Models in the Cold War
1. Cold War in Europe and the North Atlantic Treaty
    1.1 The Cold War Strategy and its Practice of US toward Europe
    1.2 The Cold War Policies and Practices of Western Europe
    1.3 The North Atlantic Treaty and the Collective Security Model of NATO
2. Cold War in Asia-Pacific and its Prototype Security Models
    2.1 Strategies and Practices of US toward Asia and the Cold War in East Asia
    2.2 Southeast Asia in the Cold War
    2.3 Cold War in South Asia and its Changes
    2.4 The Politics and Security of Central Asia and West Asia

Part Three   Different Allied Models of NATO and Asia-Pacific Security Organizations

1. Allied Model of NATO and its Change

    1.1 Allied Ideas and Theories of NATO

    1.2 Multinational or Supra-National Tendencies of NATO

    1.3 NATO's Collective Defense Policies and its Early Practices

    1.4 Center to Edge Structure of NATO's Allied Model

    1.5 Economic, Cultural and Ideological Ties in NATO's Political and Security joint Practices

2. Asia-Pacific Security Allied Models

    2.1 Bilateral Security Models of the Asia –Pacific Region

    2.2 Multilateral Security Models of the Asia –Pacific Region

    2.3 Autonomous Security Models of the Asia –Pacific Region

3. Advantage and Disadvantage of Asia-Pacific Allied Models and NATO's Allied Model

    3.1 Characteristic of NATO Allied Model

    3.2 Characteristic and Difficulties of Asia-Pacific Allied Models

    3.3 Political, economic and Security Models in the Asia-Pacific Region

Part Four   Atlantic Security Mechanism Model and Asia-Pacific ones

1. NATO's Mechanism Model and its Development

    1.1 Ideas, Behaviours and Specifications of NATO's Mechanism Model

    1.2 Political Mechanism of NATO and its Practices

    1.3 Military Command Mechanism of NATO

    1.4 Military Power Mechanism of NATO

    1.5 Nuclear Mechanism of NATO

    1.6 Financial Sharing Mechanism of NATO

    1.7 Other Mechanisms Achievements of NATO

2. Diversified Mechanisms of Asia-Pacific Security Model

    2.1 Traditional Security Concepts of the Asia –Pacific Region

    2.2 Social and Political Mechanisms of the Asia –Pacific Region

    2.3 Military Power Mechanisms of the Asia –Pacific Region

    2.4 Nuclear Mechanisms of the Asia –Pacific Region

3. Comparing Asia-Pacific Security Mechanisms with NATO Mechanism

    3.1 Comparison of Asian-Pacific Security Concepts with NATO's

    3.2 Influence and Limit of Asia-Pacific Security Mechanisms

    3.3 Function and Limit of NATO's Mechanism

Part Five　Thinking and Decision-Making Patterns of the Atlantic Alliance and Asia-Pacific Security Organizations

1. Thinking and Decision-Making pattern of NATO

    1.1 Cold War Mentality and Independent Thinking of NATO

    1.2 Unilateralism and Multilateralism in NATO's Decision-Making

    1.3 Political Consultation in the Decision-Making Process

2. Thinking and Decision-Making Patterns of Asia-Pacific Security Organizations

    2.1 Cultures and Ideologies in the Thinking and Decision-Making of Asia-Pacific Security Organizations

    2.2 Authoritarian Decision-Making Patterns of Asia-Pacific Security Organizations

    2.3 Collective Decision-Making Patterns of Asia-Pacific Security Organizations

    2.4 Hybrid Decision-Making Patterns of Asia-Pacific Security Organizations

3. Comparing of Thinking and Decision-Making Patterns of Asian-Pacific Security Organizations and NATO

    3.1 Evaluation of NATO's Thinking and Decision-Making Pattern

    3.2 Contradiction and Transformation in the Thinking and Decision-Making Patterns of Asia-Pacific Security Organizations

Part Six　Evolution and Expansion Models of Asia-Pacific Security Organizations and NATO

1. Evolution and Enlargement Model of NATO

    1.1 Inward-Looking Development of NATO

    1.2 Outward-Looking Development of NATO

    1.3 Characteristic of NATO's Transformation and Enlargement model

2. Evolution and Expansion Models of Asia-Pacific Security Organizations

    2.1 Static Evolutive Model of Asia-Pacific Security Organizations

2.2 Functional Evolutive Model of Asia-Pacific Security Organizations

2.3 Derivative Evolutive Model of Asia-Pacific Security Organizations

2.4 Characteristic of Evolution and Expansion Models of Asia-Pacific Security Organizations

3. Dilemmas of Evolution and Enlargement Models of NATO and Asia-Pacific Security Organizations

3.1 Difficulties and Tendencies of NATO's Transformation and Enlargement Model

3.2 Intricate Evolution and Expansion Models of Asia-Pacific Security Organizations

Part Seven   Crisis Intervention Models of NATO and Asian-Pacific Security Organizations

1. Crisis Intervention Model of NATO

1.1 Creation and Development of NATO's Crisis Intervention Model

1.2 NATO and its Internal Crises Management

1.3 NATO and its External Crises Management

2. Crisis Intervention Models of Asia-Pacific Security Organizations

2.1 Fundamental Attitudes of Asia-Pacific Security Organizations in Crisis Intervention

2.2 Crisis Intervention Policies of Asia-Pacific Security Organizations

3. Different Crisis Intervention Models of NATO and Asia-Pacific Security Organizations

3.1 Troubles and Resolutions of NATO's Crisis Intervention Model

3.2 Limits and Adjustments of Crisis Intervention Models of Asia-Pacific Security Organizations

Part Eight   Security Models of the Atlantic and the Asia-Pacific in the Post-Cold War Era

1. International Order after the Cold War

1.1 European Balance in the Post-Cold War Era

1.2 Asia-Pacific Security Situation after the Cold War

1.3 NATO, EU, OSCE and New European Security Structure

2. International Crisis Intervention after the Cold War

    2.1 Traditional and Non-Traditional Threats to Security

    2.2 NATO handle Different Crises around the World

    2.3 Asia-Pacific Security Organizations in Crisis Intervention

3. America, NATO and Asia-Pacific Security Organizations in the Post-Cold War Era

    3.1 America's Strategies and Practices toward NATO and Europe

    3.2 "Pivot to Asia" and "Rebalancing to Asia"

    3.3 NATO and Establishment of Asia-Pacific Security Order

Part Nine   Transformation of NATO and Development of Asian-Pacific Security Organizations after the Cold War

1. New strategies of NATO and Asia-Pacific New Security Concepts

    1.1 New Strategic Concept of NATO and its changes

    1.2 Preventive Interventionism of NATO

    1.3 New Security Concepts of the Asia –Pacific Region

2. New Enlargement Models of NATO and Asia-Pacific Security Organizations

    2.1 NATO's Enlargement and its New Model

    2.2 Reform and Adjustment of Asia-Pacific Security Models

3. New Political and Military Mechanism of NATO and Establishment of Asian-Pacific New Security Mechanism

    3.1 Political Reform of NATO and its New Mechanism

    3.2 Military Command Reform of NATO and its New Mechanism

    3.3 Asia-Pacific New Security System and its Establishment

4. Crisis Management of NATO and Asia-Pacific Security Organizations

    4.1 From Kosovo War to Libya Civil War

    4.2 Crisis Management of Asia-Pacific Security Organizations

5. Transition of NATO and Development of Asia-Pacific Security Organizations

    5.1 Globalization of NATO

    5.2 Further Development of Asia-Pacific Security System

Part Ten   Future of Security Models of the Asia-Pacific and the Atlantic

1. Difficulties of Asia-Pacific Security Models in the Post-Cold War Era

1.1 Current Institutional Dilemmas of Asia-Pacific Security Models

1.2 Current Efficacy Dilemmas of Asia-Pacific Security Models

2. Difficulties of NATO's Mechanism at present

2.1 "A Weak NATO" and "A Eventual World"

2.2 Contradictions between NATO and the International Security Mechanism Nowadays

3. Reform and Adjustment of NATO and Asia-Pacific Security Organizations

3.1 Further enhancing of Asia-Pacific Security Models

3.2 Enhancing of NATO's Security and Transformation Model

4. Transformation and Security Models of the Atlantic and the Asia-Pacific Security in the Future

4.1 NATO in the 21st Century and its Future

4.2 Tendency of Asia-Pacific Security Models in the Future

Conclusion

Appendix

Bibliography

Index

前　言

第二次世界大战结束后，欧美12个国家订立《北大西洋公约》，创建北约组织。虽然北约最初将自身目的锁定为维护北大西洋区域安全秩序，但该组织对战后国际关系格局及其变化产生了重大影响，特别是对欧洲政治与安全格局的形成与发展影响尤甚。不仅如此，北约的政治与安全效应波及世界其他地区，尤其是亚太区域，对该区域安全秩序建构发挥了某种示范性作用。在战后纷繁复杂的国际政治与安全实践中，北约不仅集中显示了欧美各国特殊的政治与安全需要，同时也为国际社会确立了某种区域性政治与安全合作范式——大西洋安全模式。"国际制度指持续的、相互关联的正式与非正式的规则体系，这些规则体系可以界定行为规范，制约国家行为，驱使国家的预期趋同。国际制度包括国际组织、国际机制、国际规范和惯例等社会性因素。"[①]

虽然大西洋安全模式在表面上集中于安全领域，但该安全模式同样也触及政治、经济、社会、文化以及意识形态等领域，该模式实际上是以欧美各国的安全防御为入口，对跨大西洋区域各个国家的力量、制度、思想以及观念等实施全面整合。大西洋联盟所构筑的安全架构虽然在理论上属于某种安全架构，凝聚了欧美各国共同奉行的某些安全思想与理论、共同安全机制与架构、协调一致的安全规则与实践等，但该安全模式同样也包含着欧美各国政治文化、意识形态以及价值观联合；它既是欧美各国针对战后国际政治与安全紧张局势的一种应对，也是欧美各国历史上政治与安全理念、文化与意识形态的一种积淀。大西洋安全模式一经创设，旋即在美苏冷战斗争中发挥作用，在持续稳固跨大西洋团结协作的同时，亦加速欧洲西部在政治、经济、社会等多个层面的整体聚合。

---

① 秦亚青：《权力、制度、文化——国际关系理论与方法研究文集》，北京大学出版社，2005年，第195—196页。

在指导欧美各国安全实践的过程中，大西洋安全模式围绕国际或区域安全合作理念、思想以及行为规范等，逐渐形成一套比较完整的思想与实践体系。尽管这种国际或区域安全合作方式存在很多不足，例如，北约带有较浓厚的意识形态色彩、更多受到美国的外交与政治倾向影响、过分看重长久且复杂的冷战目标，但大西洋安全模式还是在一定程度上为战后世界各国区域和次区域联合提供了可资借鉴的经验，并且为战后国际关系体系或者区域安全体系建构提供了思想与理论指导。因此，对大西洋安全模式展开深入探讨将是极其必要的。正如学者们一直强调的："在过去国际体系40多年的变迁中，北约经历了一切。相比'东南亚条约组织'（SEATO）、'中央条约国组织'（CENTO）、《巴格达条约》（Baghdad Pact）、'澳新美理事会'（ANZUS Council）、大西洋联盟（NATO），它活得更久，问题为何会这样？《北大西洋公约》的特点是什么？这些特点使《北大西洋公约》在多边防务合作中比上述冷战实践更具弹性。"①

然而，对北约在国际安全体系中的作用，欧美政界看法相对一致，尤其美国政界，一直对北约赞赏有加，不吝辞藻。"北约组织一直被描述为或者被偶尔颂扬为历史上'最成功的联盟'。"② 与之相比，欧美学术界的看法相对客观，也比较深入。欧美学者们对北约的评价历来就不一致，赞成者有之，反对者亦有之，但无论是赞成还是反对，学者们的关注点实际上大都集中于三个方面：（1）北约创建的合理性与必然性；（2）北约机制建设及其运转；（3）北约与美苏冷战斗争的关系。许多支持欧美各国创建北约的学者认为，北约建立及其存在具有足够的合理性与必然性，即"作为战后世界一个主要机构，北约的创建绝非偶然。如果我们衡量一下它在过去40年为我们所做的一切，以及未来可能还会为我们做的这些，我们也许会非常感谢北约创立者们所拥有的智慧及其提出的倡议"。③ 北约的支持者们显然视美苏冷战斗争为

---

① Douglas Sturt and William Tow, *The Limit of Alliance, NATO out-of-Area Problems since 1949*, Baltimore and London: The John Hopkins University Press, 1990, p.313.

② George. W. Bush, "Presentation of the Medal of Freedom to Lord Robertson", 12 November 2003, www.whitehouse.gov/news/releases/2003/11/20031112-1. htm.（2015年2月14日获取）；Barack. Obama, "Europe and America, Aligned for the Future", *International Herald Tribune*, 19 November 2010. 转引自 Mark Webber, James Sperling and Martin A. Smith, *NATO's Post-Cold War Trajectory, Decline or Regeneration?* NewYork: Palgrave Macmillan, 2012, p.1.

③ Andrew J. Goodpaster, "The Foundations of NATO: A Personal Memoir", James R. Golden, Daniel J. Kaufman, Asa A. Clark IV, and David H. Petraeus, eds., *NATO at forty, Change, Continuity, & Prospects*, Boulder, San Francisco & London: Westview Press, 1989, p.22.

极度危险之举，认定北约可以有效阻止美苏冷战博弈破局，在一定程度上发挥冷却和抑制冷战斗争激化的作用。

与之相反，欧美学者对北约的批评之声也很多，大多数批评集中于北约创建政治与安全环境、北约与美苏冷战格局关系等方面。许多学者认为：北约创建时并不具备足够的合理性，北约的存在对于国际缓和与合作并无太多帮助，反而加剧了美苏冷战斗争。以美国学者利亚姆·奥沙利文（Liam O'Sullivan）为代表，许多欧美学者认为："以宏大规模认真思考政治的想法在20世纪已经停止，许多灾难事件所产生的结果以及对思想本身缺乏洞察力的结果，就是一种盎格鲁—美利坚设想，即在大西洋中间（建立联盟），人们可能会称之为'北约都城思想'。因为在北约阵营这个时代，炸弹和官僚主义者看起来可以对与人类状态或者政治相关的紧迫性与野心进行说教，它们已经成为问题的一部分，不会有助于解决问题。"[1] 美国胡佛研究所高级研究员梅尔文·克劳斯（Melvyn Krauss）等学者则认为，"在当前条件下，像北约这样的机构，是为满足战后现实与需要而定制的，但是这些机构不仅失去了存在的合理性，而且适得其反。北约从一个抗衡苏联的联盟起家，但却堕落为一个否定自身的联盟"。[2] 还有许多欧美学者并不认同北约的机制，"北约表现为一个东拉西扯构建起来的网站，放大了主权的功能。它明确提出了例外情况，同样尊重其组成成员，它们会依纪成为盟国，就像尊重那些被其完全视为敌手的国家……北约可以被视为西方叙述故事的'作者'，而北约的成员国的故事可以独立存在"。[3]

归根结底，许多欧美学者都一致认为，北约创建之初的基本设计思想有失准确，导致其机制建设不可能完全奏效，以联盟架构或者集团方式解决国际分歧或者区域冲突，不过是传统国际政治思维的延续，无法真正创建一种新的国际和平秩序。北约在冷战时期并没有发挥积极作用，相反却催生了欧洲军事对抗格局：既导致欧洲形成政治与军事分裂局面，又推动了冷战政治不断升级。因此，在欧美学者眼中，冷战时期的大西洋安全模式并不成功。

---

[1] Liam O'Sullivan, "The Moderns: Herbert Marcuse and Hannah Arendt-'Critics of the Present'", British Broadcasting Corporation, ed., *Political Thought from Plato to NATO*, London: Ariel Books, 1984, p.183.

[2] Melvyn Krauss, *How NATO Weakens the West*, first edition, New York: Simon & Schuster, 1986, p.237.

[3] Andreas Behnke, *NATO's Security Discourse after the Cold War, Representing the West*, London and New York: Routledge, 2013, pp.31-32.

更有甚者，还有学者将北约视为"保守主义者与温和分子的联盟"。[1] 德国知名的北约问题专家、波鸿大学教授古斯塔夫·施密特（Gustav Schmidt）就把对北约的解读比作庸人自扰。[2] 凡此种种，不胜枚举。

然而，尽管许多欧美学者对北约并不认可，但大西洋安全模式毕竟为战后欧美各国维系安全与稳定提供了一种重大选择。进言之，从北约创建至今，北约所创立的制度、机构、规则、行动方式等，不论对错是非，均在西方政治与安全实践中发挥了不可或缺的作用，而且确保北约在战后西方安全体系构建中扮演一个无法忽视的重要角色。"类似欧盟与北约这样最成功的机构，已经大大发展了内部机制，使内部分裂风险最小化，这些机制中并不存在能够发挥这种决定性功能的外部机制。"[3] 从这个意义上讲，大西洋安全模式至少在欧美各国履行并逐级扩大冷战职能方面取得了重大进展。不仅如此，大西洋安全模式还在世界范围内产生了示范作用，特别是对早期亚太安全模式的创建发挥了突出的示范作用。尤其值得一提的是，在战后半个多世纪的国际冷战斗争中，东西双方斗而不破、争而不战，虽然这一状况不能全部归诸北约所采取的战略与行动，但是大西洋安全模式及其在亚太区域的延伸，在很大程度上制约和掣肘战后大西洋区域以及亚太区域冷战及其发展，亦对战后国际政治与安全格局的走向与态势产生直接影响。

与之相比，二战后亚洲民族主义思想及其实践获得长足发展，建立独立民族国家、维护自身利益，成为战后亚太区域政治、经济以及安全事务的一种发展趋向。"到1960年，中亚、南亚、东南亚、东亚大多数国家都赢得了独立地位，至少赢得了自治权，这样，在联合国总计100多个成员国中，超过一半以上由新独立的国家组成。"[4] 然而，尽管战后亚太区域新兴独立国家蓬勃发展，但是亚太安全模式似乎未能形成一种相对稳定和包容的统一安全类型，包括组织形式、秩序架构、行为方式等在内，亚太区域安全模式的许多内容

---

[1] Stanley R. Sloan, "European Co-operation and the Future of NATO: In Search of a New Transatlantic Bargain", *Survival,* Vol.26, no.6 (November/December 1984). pp.242-251.

[2] Gustav Schmidt, at the conference "Cooperative Security in East and Southeast Asia: Learning from History to Meet Future Challenge", Beijing, April 17-18, 2009. 转引自［美］沃伊切克·马斯特尼、朱立群主编：《冷战的历史遗产：对安全、合作与冲突的透视》，聂文娟、樊超译，社会科学文献出版社，2015年，第118页。

[3] Peter H. Loedel and Mary M. McKenzie, "Conclusion: Interests, institutions, and European Security Cooperation", Mary M. McKenzie and Peter H. Loedeel, eds., *The Promise and reality of European Security Cooperation, States, Interests , and Institutions*, Westport, Connecticut: Praeger Publishers, 1998, p.182.

[4] Akira Iriye, "Historiczing the Cold War", Richard H. Immerman and Petra Godde, eds., *The Oxford Handbook of The Cold War*, Oxford: Oxford University Press, 2013, p.17.

似乎一直处于发展与变化中。与大西洋安全模式不同，亚太安全模式经历了太多变化，相形之下，大西洋安全模式少有大起大落，相对恒定。在冷战时期，亚太安全模式经历了朝鲜战争、越南战争、苏联入侵阿富汗等外来势力介入的大规模局部战争，同时也经历了更多来自亚太区域内部的战争与冲突，例如五次中东战争、三次印巴战争、两伊战争、柬越战争、中国对越自卫反击战，等等，亚太安全模式的基本类型、内容以及发展规则在这些挑战面前多有变化。亚太安全模式的发展并非恒定不变，亚太安全模式始终保持着多样化态势，其中不乏深受北约影响的集体安全模式，但也有大量单边安全模式、双边安全模式或者多边安全模式，还有许多以灵活多变方式、将安全目标寓于经济与政治联合模式之中的综合模式。与大西洋安全模式相对稳定的发展态势相比，由于亚太安全模式的多样性以及动态发展，使我们很难用一个统一的标准或者规则予以衡量，因此，关于亚太安全模式的争议也比较分散，并未集中于某一具体的安全模式上。

　　相对于以北约为代表的、完整且系统的大西洋安全架构而言，亚太区域实际上缺乏一个相对完整的安全架构，而是多种安全模式比较松散地排列在一起，这些安全模式有时互有交叉，有时互有矛盾，但是较少相互合作或者融合，这与相对稳定的大西洋安全架构完全不同。按照国际关系学者詹姆斯·多尔蒂（James E. Doherty）、小罗伯特·普法尔茨格拉夫（Robert L. Pfaltzgraff Jr.）的看法："为了组成多元型安全共同体，必须具备三个条件：（1）决策者之间的价值观必须一致；（2）行将一体化的单位的决策者在行为上可以互相预测；（3）相互响应，即各国政府必须能够在不诉诸暴力的情况下，对其他政府的行动和信息迅速做出反应。在一个多元型安全共同体里，成员单位放弃把战争作为解决争端的手段。"[1] 很显然，如果以詹姆斯·多尔蒂等人的理论作为衡量杠杆，亚太区域虽然具备了创建多元化安全模式的条件，但显然尚不具备建立多元化安全共同体的条件，因为亚太区域各个主权国家不仅在价值观、安全观以及世界观等方面相差迥异，而且在各国决策者之间，也缺乏必要的信息沟通，他们对各自的行为判断缺乏足够了解，当然更谈不上准确预测，更无法对邻近国家的信息与行动及时做出反应。进言之，亚太各国面对相互间的利益纠葛与冲突，无法保证彼此不使用武力。恰恰相反，威胁使用

---

　　① ［美］詹姆斯·多尔蒂、小罗伯特·普法尔茨格拉夫：《争论中的国际关系理论》，邵文光译，世界知识出版社，1987年，第454页。

武力或者将武力付诸行动，通常成为亚太区域国家表达其外交与安全政策的一种重要手段，而这与创建国际安全体系或者区域安全体系的理论初衷可谓大相径庭。

亚太区域除缺乏一个统一的安全体系，在亚太安全模式的组合之间同样存在着很大缝隙，这体现为亚太区域各国不仅在政治、经济、军事、文化等领域存在着巨大差异，而且还在冷战时期受到各种政治对立、民族冲突等历史与现实因素的困扰。各种安全模式之间缺乏必要磨合，缺乏组成一个完整的区域安全体系所必需的系统性和统一性动力，它们无法将幅员辽阔的亚太区域完全覆盖其中，许多国家或地区不得不暴露在各种安全模式的防御范围之外，甚至身处亚太安全模式中的许多国家或地区，也无法切实保障其安全与稳定。这种状况在很大程度上限制并压缩了亚太安全模式的防御功能，使之无法有效发挥与大西洋安全模式相似的功效，这是导致亚太区域频频爆发局部冲突或小规模战争的重要原因。

还需特别强调的是，并非所有亚太安全模式都带有特别明显的冷战政治与意识形态色彩，许多安全模式并没有强烈的意识形态驱动，而是出于其自身的政治与安全利益需要，并且不附属于某种特殊的冷战目标，这与大西洋安全模式明显有别。因此，经常为世人所见的是，尽管冷战时期美苏两国对峙剑拔弩张、东西双方的政治对立与军事角逐如火如荼，但是亚太区域许多国家或地区似乎并未受到太多影响，而是只关注或聚焦于自身的领土疆域、民族关系、宗教信仰、文化差异、经济纷争等，这就导致亚太区域许多国家或地区的历史发展进程与欧洲以冷战为主导的历史进程并不同步，而且在政治、经济与安全领域表现出某种特殊性，这使亚太区域许多政治与安全事务似乎脱离了国际社会的有效管控，在冷战时期有不断放大、扩展之势，这种趋势甚至一直延续到冷战结束后。

冷战结束后，华约^①解散，北约一枝独大，成为国际社会最大的区域安全组织，不仅在众多国际危机或者区域危机处置中屡屡出镜，而且在各种重

---

① 1955年5月14日，为抗议西德重新武装、入盟北约，同时亦为抗衡北约，苏联联合东德、波兰、捷克斯洛伐克、匈牙利、罗马尼亚、保加利亚、阿尔巴尼亚7个社会主义国家，联合签署《华沙条约》，建立"华沙条约组织"（Warsaw Treaty Organization，简称WTO）。华约设有政治协商会议、外长会议等政治领导机构，以及防长会议、联合武装部队司令部等军事指挥机构，还有一支规模庞大的武装力量。华约自我标榜为军事防御组织，但与北约共同促成欧洲军事对峙局面，该组织推动了苏东各国军事联合，便利了苏联对东欧各国的控制，同时加速了东西方军事对抗。1991年7月1日，随着苏联解体与东欧各国发生剧变，华约亦宣告解散。

大国际政治与安全事务中持续发挥作用，国际学术界对北约的正反评价为之再起波澜。未来北约的发展前途并不确定，北约是否仍会保持军事防御组织的特性？北约是否会成为全球性军事组织？北约是否会重回冷战对抗道路？这些都成为学者们对未来北约设问的主题。但是对北约自身而言，它确实拥有不断推进战略转型的客观需要。"北约应该以一种统一起来的民用和军事力量采取行动……因为如果北约还是一种纯粹的军事力量，那么其命运将会逐渐消退。北约的力量必须重新打造，目的不仅是保护自身的领土，也是实施'探索性'行动。"①

就北约自身而言，持续保持大西洋安全架构，保持足够强大的国际影响力，已经成为它的一个既定战略方向。一俟冷战结束，北约迅即着手实施战略转型。1990年7月，北约召开伦敦峰会。1991年11月，北约召开罗马峰会，持续探索北约战略转型的指导思想、行动目标、实践步骤。"北约正试图以两种方式推进其目标：即致力于将集体防御当作一种防护手段，用来反制俄国复仇主义以及其他潜在外来威胁；而且北约也决心扮演一个新的角色，能够推进后冷战时期更加安全的欧洲—大西洋秩序。"② 北约的战略转型不仅使其发展方向、社会职能、战略设计、行动方式等发生改变，实际上也使大西洋安全模式发生巨大转变，包括北约在冷战时期形成的联盟架构模式、组织制度模式、思维与决策模式、发展与扩张模式、应对危机模式、财政分摊模式，等等。"现代化措施在20世纪90年代就已开始，在2002年布拉格峰会上得以更新，峰会在'北约转型'的整体准则下提出了几项能力承诺（布拉格承诺），再次聚焦于盟国过度依赖于美国提供帮助的那些方面，并因此增加了对在美国领导下的行动的贡献。"③ 因此，冷战后的北约战略转型实际上是大西洋安全模式的全方位转变，而且大西洋安全模式的转变亦非一成不变，其方向、目标、规则以及进程随着国际环境不断变化而持续调整，直到达到令北约感到相对满意的程度。

到目前为止，北约战略转型已持续推进20多年，取得了某种阶段性成

① Christopher Bobinski, "Polish Illusions and Reality", Anatol Lieven and Dmitri Trennin, ed., *Ambivalent Neighbors: The EU, NATO, and the Price of Membership*, Washington, D.C.: Carnegie Endowment for International Peace, 2003, p.242.

② David S. Yost, *NATO Transformed, The Alliance's New Roles in International Security*, Washington, D.C.: United States Institute of Peace Press, 1998, XII.

③ Nigel P. Thalakada, *Unipolarity and the Evolution of America's Cold War Alliance*, New York: Palgrave Macmillan, 2012, p.37.

果，但是大西洋安全模式的转换能否成功，目前还是个未知数，不过有一点可以肯定，那就是大西洋安全模式势必将经历一个相对漫长而且痛苦的转变过程。北约战略转型将会遇到来自各个方向的阻碍，既有传统安全威胁挑战，也有非传统安全威胁挑战，因为毕竟北约所处的政治与安全环境物去人非，与过去相比可谓大相径庭，客观上需要北约适时做出调整，以适应国际形势急剧变化的需要。为此，北约在冷战结束后，先后通过三个"新战略概念"，以此发展和深化北约自身的安全战略及其实践。以1999年4月北约通过的"新战略概念"为例，该战略概念强调在北约集体防御之外确立新安全任务，北约盟国将通过第五条款的危机处置，在欧洲—大西洋区域推进安全与稳定……俄罗斯不仅将这一战略概念解释为"联合武装力量行动"的一种教义表达，表明北约正式放弃了"纯粹的防御战略"，而且这还宣示了北约处于国际安全决策顶点的地位。[①] 很显然，在北约战略转型进程中，俄罗斯始终是北约无法逾越的一道障碍，因为北俄双方在欧洲地缘政治中的竞争关系，注定会使双方关系不会平稳如初。从乌克兰危机所见，北约与俄罗斯的关系急转直下，双方围绕乌克兰危机的角逐将会越来越激烈，而双方围绕叙利亚反恐战争的斗争亦会愈演愈烈。因此，北约战略转型所遇到的第一个外在的现实性阻碍，有可能直接来自俄罗斯。当然，北约战略转型还会遇到其他许多羁绊，包括国际形势的突发性变化、各种重大危机与冲突被放大、非传统安全威胁进一步增强，等等。

然而，北约战略转型可能遇到的最大阻碍，与其说来自外部，毋宁说来自自身。因为北约战略转型的关键，将取决于北约能否去除其自身固有的意识形态樊篱和陈旧的冷战政治与安全思维，能否将自身的政治与安全需要，与国际政治和安全需要真正对接，能否真正融入国际政治与安全事务中，而不是凌驾其上。"北约应当在安全领域的改革中拓展某种新角色：即不仅要在利比亚的'联合保护计划'中靠轰炸获胜，而且也要在民主安全机构建设中扮演建议者和伙伴的角色。"[②] 但是，北约是美苏冷战的产物，该组织带有强烈的意识形态色彩。尽管冷战已经结束，但是冷战思维与意识形态主张比比皆是。"从战术上讲，北约的军事安排已经取得了机构变化以及其他变化，但

---

① Roy Allison, *Russia, the West, and Military Intervention*, Oxford: Oxford University Press, 2013, p.56.

② Sten Rynning, *NATO in Afghanistan, The Liberal Disconnect*, Stanford, California: Stanford University Press, 2012, p.217.

是北约在1949年所达成的基本认知并没有改变。"①

在北约所设定的一系列战略目标中，北约一直为自身树立了一个敌对面，始终视北约处于某种敌对力量的持续威胁和侵扰之中。在冷战时期，北约一直将苏联视为主要的安全威胁，其防御安全战略一直以有效抵御苏联和东欧国家军事入侵、保护北大西洋区域安全为目标。美国哈佛大学著名学者、俄国史专家理查德·派普斯（Richard Pipes）曾对苏联的战争理念做出解读："苏联的统治精英们将冲突以及暴力视为一种解决人们所有事务的调节器，按照其观点，不同国家间的战争，也只是代表不同阶级之间战争的变种。"② 北约的许多外交政策及其安全战略，实际上正是建立在类似派普斯对苏联战争观念这样的理解基础之上。冷战结束后，北约将其防范安全目标瞄准了各种非传统安全威胁，例如，大规模杀伤性武器与生化武器扩散、国际恐怖主义、失败国家、网络安全威胁、能源安全威胁、国际海盗行为，等等。总之，北约的存在及其发展深受"零和博弈逻辑"和斗争哲学的支配，即以对立面的存在，作为自身存在与发展的前提。

因此，北约的战略转型还需要不断挑战自我、战胜自我，为自己设定一种新的存在与发展逻辑，其主旨是合作型的而非对抗性的。北约应该将自身的存在与发展建立在国际安全需要的基础之上，最大限度适应和遵守现有的国际关系规则，而不是改造现有的国际关系规则，代之以"北约版"新规则。另外，北约还需要调整其外交与安全实践方式，避免任何单边主义、利己主义与霸权主义的不良做法，最大限度与国际社会展开合作，包括与各种国际组织、区域组织、世界大国或者区域性大国展开积极合作，听取各种声音，甚至包括各种反对声音，真正确保北约的政治与安全战略符合国际政治、经济与安全事务发展的需要，真正反映北约存在和发展的价值。

对此，欧洲学者特别强调要打造西方国家的战略文化，进一步加强在安全与防御领域的紧密合作，以适应21世纪国际形势及其变化的需要。德国波茨坦大学高级讲师海克·比耶尔博士（Heiko Biehl）曾专门就在欧洲范围内打造战略文化提出三项建议：将安全政策当作一种国家表现，将安全政策当

① Theodore Draper, "The Phantom Alliance", Robert W. Tucker and Linda Wrighley, eds., *The Atlantic Alliance and its Critics*, New York: Praeger Publishers, 1983, p.3.

② Robert Kennedy, "The Changing Strategic Balance and Defense Planning", Robert Kennedy and John M. Weinstein, eds., *The Defense of the West, Strategic and European Security Issues Reappraised*, Boulder and London: Westview Press, 1984, p.7.

作一项国际谈判，保护和突出国家权力。"我们提出上述三项欧洲战略文化，目的是提供一种有用的工具，以便分析差别并且指出未来欧洲安全合作与统一的结果。"①

与之相比，冷战结束后，亚洲政治、经济与安全局势也发生了巨变，区域性热点问题与不稳定因素不断增多，在西亚、中亚、东亚、东南亚等不同地区，持续出现了各种各样的民族纷争、宗教冲突、恐怖主义、区域战争等，亚太区域大部分地区都不同程度卷入各种类型的战乱、冲突以及纷争中。亚太区域不仅出现大量自发的民族与宗教冲突，例如持续了近半个世纪之久的巴以冲突；还有盘踞在阿富汗的国际恐怖主义势力——"基地组织"（Al-Qaeda），以及以阿富汗塔利班政权（Taliban）为代表的伊斯兰原教旨主义势力。另外，还有大量由于内乱而导致外部势力介入的区域性冲突，例如，伊拉克战争、阿富汗战争和利比亚战争等，美国和北约对上述国家采取了军事干预行动，但是干预结果却难如人意，这些国家都陷入"因果相继"的恶性循环中难以自拔。除此之外，亚太区域还出现了大量国家主权争端，例如，中国与日本围绕钓鱼岛主权归属的争端，中国与菲律宾、越南等国围绕南海岛礁主权归属的争端。由于美国奥巴马政府大力推行"重返亚洲战略"（Pivot to Asia）以及"亚太再平衡战略"（Rebalancing to Asia），着眼于抑制中国影响，这不仅导致中、美两国在亚太区域的地缘竞争持续升温，而且也在客观上加剧了亚太区域各国对东海与南中国海岛屿主权声索的斗争烈度，等等。

概言之，冷战后的亚太区域政治与安全局势相比以前更为复杂，更具有挑战性和危险性。相较而言，亚太区域的热点冲突与矛盾明显增多，其中既有传统安全威胁带来的严峻挑战，也有非传统安全威胁带来的不对称挑战，许多安全威胁的风险系数大大超过以往，超出亚太安全模式所能应对的范畴。事实上，冷战后亚太安全模式实施转换，客观上需要承担更大的责任，其负担之重远远超出大西洋安全模式，亚太安全模式客观上需要从整体上重新整合，亚太区域需要形成一种相对统一的安全体系，尽管这样做极具困难，但是亚太安全体系建设至少需要从每个区域、次区域、国家开始。诚如近代普鲁士政治家弗里德里希·根茨（Friedrich Gönc）对欧洲国家体系所总结的那样："如果欧洲的国家体系要存在下去，并通过共同努力保持不变的话，这

---

① Heiko Biehl, Bastian Giegerich Alexandra Jones, eds., *Strategic Cultures in Europe, Security and Defense policies Across the Continent*, Potsdam, Germany: Springer VS, 2013, pp.391-393.

个体系的任何成员国都不得不拥有足以对其他所有成员国进行胁迫的强大力量。"① 如果说欧洲的国家体系建设必须采取共同努力的方式，那么亚太安全体系建设也应该采取这种方式，以此确保亚太区域各个国家或者各种力量保持相对平衡，保持相互协同、谋求共同进步。

亚太安全模式的转换无法重蹈大西洋安全模式所走过的道路，亚太区域各国在积极消除内部分歧、尽可能缩小各国或者各地区之间矛盾的同时，还必须杜绝别有用心的外来势力过度介入，保持亚太区域内部政治与安全事务的相对独立性，在亚太安全架构建设中避免增加不必要的负担，避免添加新的矛盾与利益纠葛。相反，对于得到联合国正当与合理授权、有助于亚太安全架构建设的外部协调，亚太安全模式应当善加运用，将其化解为有利于亚太安全模式转换的积极因素。在亚太安全架构建设中，亚太安全模式可以借鉴大西洋安全模式的转换，但必须将其立足点放在自身力量之上，立足于切实满足亚太区域的政治与安全需要，立足于从根本上改善亚太区域的政治、经济、社会、文化与安全生态，在此基础上全面推进亚太区域和平与稳定。

总之，作为战后国际体系中最具代表性的两种安全模式——大西洋安全模式与亚太安全模式，虽然各自的转换重点不尽相同，而且不可避免存在某种交叉，但两者的根本目标都要立足于推进世界和平与稳定，以不同方式在欧洲—大西洋区域和亚太区域构建合理而且系统的安全架构，共同为国际社会确立一种积极有效的新型安全战略与行为规则，避免重蹈冷战时期东西方安全架构建设的覆辙。

---

① Edward V. Gulick, *Europe's Classical Balance of Power*, Ithaca: Cornell University Press, 1955, p.34. 转引自 [美] 詹姆斯·多尔蒂、小罗伯特·普法尔茨格拉夫：《争论中的国际关系理论》，第36页。

第一章
第二次世界大战后的世界与美苏冷战

第一节 雅尔塔体系的确立及其演进

一、第二次世界大战与美英苏三大国的战后构想

第二次世界大战是人类历史上规模空前的一次世界战争，在这次战争中，全世界反法西斯国家及其人民联合起来，结成反法西斯统一阵线，最终打败了穷凶极恶的法西斯轴心国集团，有效捍卫了国际正义和公理，维护了世界和平与稳定，为人类社会发展与进步做出巨大贡献。与第一次世界大战相比，二战对战后世界产生了前所未有的重大影响，这种影响涉及多个方面，包括政治、经济、军事、外交、文化以及科技等领域，其中，以对战后国际关系、各国外交政策与安全战略的影响最为突出。"在二战前，没有哪个事件能使美国外交和防务政策的实质性内容、组织机构，发生如此剧烈的变化。"[①]

众所周知，欧美资本主义世界在二战前陷入空前严重的政治、经济与社会危机无法自拔。在政治领域，资本主义长期奉为圭臬的民主政治与政党制度受到普遍质疑，甚至大有被否定和废弃之虞。意大利、德国、日本在20世纪20年代至30年代先后建立了法西斯独裁统治，公开推行极权主义、种族主义、扩张主义，与欧美各国一贯奉行的自由理念背道而驰。与之相比，苏俄社会主义革命则创建了一种全新的社会主义制度，与欧美资本主义政治、经济、社会与法律制度大相径庭，其发展势头相当迅猛，影响持续扩大。在经济领域，1929年爆发的资本主义经济大危机，使欧美各国遭受前所未有的沉重打击，世界金融与财政体系、经济与贸易秩序濒临崩溃，一直到二战爆发，欧美各国经济始终未能从经济危机的打击下全面恢复。在国际关系领域，欧美列

---

① Lisle A. Rose, *After Yalta*, New York: Charles Scribner's Sons, 1973, pp.3-4.

强在一战后确立了凡尔赛—华盛顿国际体系，但频频遭遇德、意、日法西斯国家挑衅，肆意横行的法西斯侵略使国际政治安全秩序与规则荡然无存，世界迫切需要重组，以便尽快建立一种新秩序、新体系以及新规则。因此，伴随二战初起，美、英、苏等大国就开始积极谋划，各自试图建立一种新的国际安全秩序，改变20世纪二三十年代国际社会缺乏权威与安全保证的混乱状况，重新恢复世界和平与稳定。就像西方著名历史学家沃尔特·李普金（Walter Lipgens）在其著作中所描述的那样："二战结束了一战所开启的灾难。"①

尽管美、英、苏等国同样身处反法西斯阵营，其总体战争目标基本上一般无二，但仍无法去除各自在政治与社会制度、历史传统、国家利益等方面存在的差异，特别是美欧各国与苏联一直存在着较大的嫌隙与隔阂，双方在地缘战略观、政治理念、意识形态等方面存在着彼此无法调和的矛盾与冲突，这在客观上决定了美、英、苏等国对战后国际秩序的设想必然迥然不同，甚至互有冲突。同样重要的是，美、英、苏等国在各自综合国力、军事力量、人力与社会资源等方面同样存在着巨大差距，这也使他们在重塑未来国际秩序中的行动重点、核心与相关利益表达亦不尽相同。尽管美、英、苏三国在战争中都付出大量努力，竭力试图维持并延续这种联盟关系，但是各大国在政治、经济、文化和安全等领域存在的根本利益分歧，却很难通过暂时妥协而达到圆满融合，这在很大程度上决定了美、英、苏三大国的战后世界构想与实践道路必然崎岖坎坷，各国都将饱受磨砺。

在美、英、苏三大国当中，英国是实力最弱的国家，与美、苏两国相比，英国在军事实力、经济力量、人力与自然资源等方面相对较弱，其综合国力远逊于美、苏两国，但英国却有自身的优势与特点。首先，在美、英、苏三大国中，英国是资格最老的世界大国，作为近代历史上的"日不落帝国"（The Empire on Which the Sun never sets），英国在世界范围内拥有广袤的海外殖民地。正是这些由为数众多的自治领和殖民地所组成的英联邦，大大弥补了英国自身国土狭小、国力有限的缺憾，使英国始终自感不同于一般的欧洲国家，拥有某种角逐世界力量的"重要资本"。因此，由于历史与现实的原因，英国比美国、苏联拥有更丰富的政治与外交经验，使得英国在战争中的政治与军事表现更为圆滑，更有特色。尽管英国在二战前就已显现出衰落迹象，但它并不甘心退出历史舞台，英国甚至还想在美、苏两国之间扮演"第三种力量"。

---

① Walter Lipgens, ed., *A History of European Integration*, Vol.1, 1945–1947, Oxford: Clarendon Press, 1982, p.2.

　　其次，英国的地理位置非常特殊，这在一定程度上造就了英国特殊的地缘政治地位。一方面，尽管英国自身不愿被认定为"欧洲国家"，但却不得不与其既重视又敌视的苏联同处欧洲，不得不与法国等欧洲国家相邻为伴。另一方面，英国虽然与美国保持亲密的盟友关系，但却不得不与之隔洋相望，在二战期间，英国成为连接美国与欧洲的重要纽带。正是依靠英国这一特殊的历史与地缘政治盟友，美国得以在二战中更大程度发挥其作用。因此，英国对战争进程的设计以及战后世界方案，都显示了英美特殊关系的重要影响，同时也显示了英国地缘政治的特殊需要。

　　事实上，作为老牌世界大国，英国从很早时候起就已着手考虑战后欧洲政治秩序。二战期间，英国外交大臣艾登曾访问莫斯科，特别就英、苏两国战时合作以及欧洲战后合作问题，与苏联展开探讨。"关于设计欧洲可能出现战后国家联合体（如在北欧、东欧或巴尔干由某些欧洲国家组成的联邦、联盟或集团）方面的问题，以及这些联合体是否适宜的问题，谈判双方商定进一步谈论这些问题，同时议定解决这些问题的基本前提如下：（1）真正有可能参加此类国家联合体的国家的善良愿望和协商一致；（2）这些联合体参加国国体的民主性质；（3）不存在这类对谈判双方安全的威胁。"[①] 为了彰显英国在欧洲的领导地位，持续保持英国对战后欧洲政治与经济的影响力，英国首相丘吉尔（Winston Leonard Spencer Churchill）甚至直截了当提出，在战后欧洲建立一个"欧洲委员会"（Council of Europe），使之成为未来"欧洲合众国"（United States of Europe）的重要基础。英国的如意算盘是，继续保持欧洲的战时大国合作机制，持续保持英国对欧洲的控制力。"维持持久和平的最重要的条件，就是三大国的团结一致。如果保持这种团结一致，德国的危险并不可怕。所以应当考虑，如何更好地保障三大国统一战线，这条战线，还应加上法国和中国。正因为如此，未来国际安全组织的章程问题就具有这般的重要性。"[②]

　　然而，随着战争不断深入，美国所具有的超级世界大国地位越来越突出，苏联在国际战略格局中的地位，特别是在欧洲地缘战略格局中的优势地位也愈加显现，美、苏双方在战争中的主导地位日渐彰显，这使英国的政治与军

　　① No. 01649，《艾登同斯大林第一次会谈记录》，1941年12月16日，载沈志华主编：《苏联历史档案选编》，第16卷，社会科学文献出版社，2002年，第534页。
　　② No. 09469，《苏美英雅尔塔会议三国外长会议记录》，1945年2月6日，载沈志华主编：《苏联历史档案选编》，第18卷，第436页。

事决策空间变得越来越狭小，英国不得不在外交政策与安全战略上向美国大幅度倾斜。为此，英国不得不将其早先设计的战后世界方案束之高阁，代之以美、英、苏等三大国共同商定的国际政治与经济安排，或者更多依赖美国的战后世界设计与实践。尽管英国在二战后期仍持续不断提出种种构想与方案，但却难以主导国际政治与经济的发展方向，充其量只能在战后国际秩序建构的一些程序和细节上发挥作用，只能通过对美、苏等国施加影响的间接方式发挥其大国作用。

　　与英国相比，苏联对战时大国合作与战后国际秩序的设计具有较大的想象空间。随着世界反法西斯战争进程不断深入，苏联举国一致的政治—经济体制、广阔无际的领土疆域、雄浑深沉的民族性格等，在战争后期可谓优势尽显。苏联对战后世界的构想有多方面考虑：其一，在打造战后国际秩序的过程中，苏联需要全力维护其政治、经济体制与意识形态。早在两次世界大战期间，苏联就一直处于列强环伺的地缘环境中，德、意、日法西斯国家长期坚持反苏反共的外交政策与实践，英、法等国也对苏联持排斥和敌视态度，只不过后者的反苏政策与实践更加隐蔽。因此，苏联将维护其国家制度、领土疆域、意识形态等安全，防止出现政治颠覆以及重大安全挑战，始终当作一个关键性目标。作为二战中唯一的社会主义国家，苏联在意识形态、政治—经济体制等方面，始终与美、英等国大相径庭，这使苏联在战争中不得不担负着某种有形或无形的政治压力，使其战争计划与战后世界安排不得不增加政治与意识形态等因素的考量。"甚至到现在，在获得历史上最伟大胜利后，我们一刻也不能忘记这个基本事实，即我们的国家仍是世界的一个社会主义国家，你必须对那些集体农庄的成员坦率地提及于此，已取得的胜利并不意味着我们国家结构和社会秩序所面临的危险已经消失。希特勒德国对我们所构成的最集中、最紧迫的威胁已经消失，鉴于战争威胁确实会销声匿迹很长一段时间，有必要巩固我们的胜利。"①

　　因此，在战争后期一系列国际会议中，特别是在与美、英等国商谈战后国际秩序建构的过程中，苏联的表现异常积极、执着而且不遗余力，目标就是全力扩大苏联在东欧的势力范围和政治影响，以便建立一个稳固的"西部安全地带"（The Western Safety Zone），确保苏联政权能够长治久安。然而，苏联上

---

① Frederick C. Barghoom, *The Soviet Union Image of the United States*, New York: Harcourt, Brace and Coy, 1950, p.107.

述外交政策及其实践不可避免引起美、英等国的猜忌和敌视。西方国家一致认定："由于对共产主义理论和马克思主义分析中预言本质重新恢复了信心，俄国人并没有将欧洲和亚洲当作需要医治创伤的地区，而是将其视为一个革命形势的基本特征已经非常明显的地区，苏联的领土安全可以在其中得到永久安全。苏联领导人需要一种安全感，需要那些对其非常忠诚的国家能够组成一个安全防护地带，能够覆盖他们软弱的西部边境。"① 然而，虽然西方国家自诩已"洞悉"苏联的战略意图，但针对苏联在中欧与东欧的扩展外交所做出的政治反应却非常有限。"尽管西方盟国对苏联的意图感到不安，他们没有做出努力让斯大林认识到不能以为他的所作所为都会得到他们的默许。"②

其二，苏联在谋求自身政治利益的同时，也竭力寻求与美、英等国实现战后大国合作。苏联领导人清醒地认识到，如果得不到美、英两国的合作和支持，苏联在战后世界的政治、经济与安全利益将受到极大限制，苏联无法独立建立有效的国际秩序。"斯大林更多的是依赖战后出现一个合适的国际环境而不是战争的变幻莫测来实现他所需要的战后秩序。他力图在同他强大的西方盟友合作而不是在同他们作对的情况下得到他要的东西，他认为他们的支持或至少是默认对实现他梦寐以求的那种安全是不可或缺的。"③ 因此，为了确保其利益最大化，苏联在其对战后国际秩序的诸多设计中，考虑到美、英等国的政治与安全需要，在维持自身最大利益的同时，力争与美、英等国保持最大程度的立场一致。

在苏联制订的战时作战计划以及对战后世界的安排中，苏、美、英等国在许多问题上并非完全对立和冲突。在德国问题上，苏联最初也打算肢解德国，以免再度对苏联形成威胁，事实上，美、英等国最初对德国的设计同样如此。例如，美国最先提出"摩根索计划"（Morgenthau Plan），就曾打算将德国分割为5块，使之成为一个农业国。在波兰问题上，苏联与美、英两国政府共同商定了战后波兰政府组成、战后波兰领土分割等问题。苏联的战时政策及其对战后世界的安排，都是在与美、英两国持续不断的交锋中确定的。"苏联在欧洲其他地区的赌注并没有这么大，也没有必要事先确定下来，在很

---

① J. M. Mackintosh, *Strategy and Tactics of Soviet Foreign Policy*, London: Oxford University Press, 1962, p.5.
② ［美］沃捷特克·马斯特尼：《斯大林时期的冷战与苏联的安全观》，郭懋安译，广西师范大学出版社，2002年，第20页。
③ 同上书，第19页。

大程度上它们取决于战争的进程。"[1] 英、苏双方甚至在二战后期还联合拟定关于在东欧势力范围的"百分比协定"等，不一而足。

与英国和苏联相比，美国的战时计划和战后世界安排更倾向于以自我为中心，更突出美国的全球安全观与利益观。因为在美、苏、英三大国中，虽然美国最晚加入反法西斯战争，但在整个反法西斯战争中却发挥了无法替代的关键作用。在二战期间，美国自身在政治、经济、军事上获得前所未有的发展，美国拥有的国力不仅远超历史上的任何时期，而且还将英、苏等其他盟国远远抛在后面，这使美国能够凭借其独一无二的国际地位、超强的综合国力、空前的政治与意识形态影响，大肆推进其战后国际秩序构想。尽管美国关于战后国际秩序的许多设计与英、苏等国不乏交集，许多均为美、英、苏三大国共同商定，但这些设计大多属于局部性设计。事实上，美国关于战后国际秩序建构的真正意图，就是在政治和经济上领导全世界，在外交上推行全球主义，在安全上建立以联合国（The United Nations，简称 UN）为中心的新国际秩序，这种设计必然将与英、苏等国的构想发生冲突。

进言之，美国在战争之初的基本构想一直是以其强大的经济实力为依托，在世界范围内构建一种全新的金融与财政体系，创立一种以自由贸易原则为基础的国际新关税与贸易规则，更确切地说，就是建立一种完全以美国为中心、能够充分确保美国经济霸主地位的国际经济秩序。"最根本的就是美国将要重建世界，美国商业可以在世界各地不受限制地交易、运行并获利。"[2] 这一新秩序既能够集中满足美国在全世界实施经济扩张的要求，同时还能贯彻美国所制定的经济运行与贸易交往规则，在全面推动美国经济发展和繁荣的同时，推动世界各国与各地区经济发展与持续稳定。"美国领导人确定，和平与意识形态的繁盛，将各个部分连接起来，这些部分将外交政策指向对外援助、国家货币稳定、充满活力的对外贸易，简言之，即美国经济实力全力以赴。"[3] 在美国所构建的世界新经济秩序中，既没有在帝国主义列强控制下旧式势力范围内赤裸裸的经济剥削与压迫，也没有殖民主义所残留的宗主国与殖民地、半殖民地之间的利益纠葛与冲突，甚至不存在任何恃强凌弱、以大

---

[1] Joyce and Gabriel Kolko, "American Capitalist Expansion", Thomas G. Paterson and Robert J. Mcmahon, eds, *The Origins of the Cold War*, third edition, Lexington: D.C. Health and Company,1991, p.16.

[2] Thomas G. Paterson, *Soviet-American Confrontation, Postwar Reconstruction and the origins of the Cold War*, Baltimore and London: The Johns Hopkins University Press, 1973, pp.3-4.

[3] Patrick J. Hearden, *Architects of Globalism, Building a New World Order during World War II*, Fayetteville: The University of Arkansas Press, 2002, p.118.

压小的不公正与不合理现象，所有国家都将尽享和平与繁荣。

在政治与安全上，美国在战争期间一直醉心于设计并筹建联合国，试图建立一种以联合国为中心的国际新秩序。在美国的设计中，美、英、苏、法、中5个国家将组成联合国"安全理事会"（UN Security Council，简称 UNSC），共同担负维持世界安全与合作的责任，这种"大国合作"机制将构成联合国体制的重要基础，它既能体现美、英、苏三大国的领导意志和政治决策，又能体现联合国各个成员国的普遍意志，最终达到减少和消弭冲突、维持国际和平的目标。"应当将某些地区标明为联合国的战略责任地区，并且将其置于安理会的控制之下。而且联合国将在其管理下的责任地区，实施非歧视性的经济政策。受委托的管理国家将按照特殊条件的要求，推进该地区自治与独立的发展。"[1] 美国所着力创建的联合国安全机制，在其筹建初期曾得到英、苏等国的积极支持，而且越来越多反法西斯盟国陆续加入联合国，最终使联合国得以成为维系战后国际秩序的一种重要工具与基本保证。

针对未来欧洲政治与安全秩序，美国同样设计了其属意的欧洲权力机制，以求建立一种稳定、有序的欧洲安全秩序。"应该建立一个欧洲临时委员会，监督大众政府的重建，维持被解放国家以及德国卫星国的秩序，推进广为人们推崇但一直悬而未决的联合国国际组织的建立。欧洲临时委员会应由苏联、美国、英国与法国代表组成，该委员会在被解放国以及卫星国政府地位出现疑问时，可以在其处置权限内进行调查。委员会有权要求建立能代表人口等各项因素在内、拥有广泛基础的联合政府，联合政府应该在委员会或者代表四大国特别观察小组的直接监督下组成，委员会在联合国安理会建立之前有权处理对欧洲和平的事实上的或者潜在的威胁与侵略。"[2] 在这一设计中，美国既有对战后德国及其仆从国的考虑，也有对未来美、英、苏三大国实施全面合作的预期，最终还有对以联合国为纽带维持欧洲和平的期待。

美国期待着成为战后世界霸主，因此很早就对欧洲做出精心规划和设计，同样也对亚太区域做出一系列设计与安排，以便全面建立一种国际新秩序。但是，美国对未来国际秩序的设想需要英、苏等国通力合作。随着德、意、日法西斯败降，共同敌人消失，美、英、苏等国的政治与安全纽带消失殆尽，取而代之的是误解、偏见以及敌视，这使战时大国联盟存在的基础被严重动

---

① The Deputy Director of the Office of European Affairs (Hickerson) to the Secretary of State, January 8, 1945, *FRUS, The Conferences at Malta and Yalta, 1945*, pp.94-95.

② Ibid.

摇，这成为美、英、苏三大国从合作关系走向竞争与对立的起点。"最初，美国希望与英国、法国及苏联，联合管理德国，将其作为一个经济体，然而，当盟国达成击败希特勒德国这一共同目标后，战时联盟的合作开始解体。"[①]

二、雅尔塔体系的基本框架及其延伸

作为战后世界全新的国际秩序或者国际力量格局，雅尔塔体系并非单指某项条约以及由其确立的国际秩序，也并非单指某些条约所达成的临时性国际妥协，或者某种单纯的国际合作。准确地说，雅尔塔体系是指二战后美、英、苏三大国主导创建的一种带有特殊意识形态色彩的国际关系格局，它既包含了二战中美、英、苏三大国达成的一系列战争胜利成果，也包含了它们对战后国际秩序的设计、国际政治与安全行为规则以及大国合作原则，其中既有大国之间的协商合作，也有相互斗争与冲突。具体而言，雅尔塔体系大致包括以下内容：联合国框架、在欧洲划分势力范围、对德国与柏林实施分区占领、对日本和朝鲜半岛以及越南实施分区占领、对德国与日本及其仆从国分别实施占领与处置、对世界范围内前殖民地实施托管等。从某种意义上说，雅尔塔体系是一个动态而非静态的概念，它对战后国际秩序的规划与建构并非始终明确，实际上也经历了一个由模糊逐渐走向清晰的过程，其思想与实践不断丰富和充实，包括冷战在内的政治功能并非始于该体系创建伊始，而是随着国际对抗形势加剧而逐渐发展、深化。

早在二战期间，为了适应反法西斯战争的需要，全面加强反法西斯各国的团结合作，最大程度集合世界反法西斯国家的政治、经济与军事力量，尽早赢得战争胜利，美、英、苏三大国多次召开双边会议、三方会议或者多方会议，诸如华盛顿会议、卡萨布兰卡会议、第一次与第二次魁北克会议、开罗会议、德黑兰会议、第一次与第二次莫斯科外长会议、布雷顿森林会议、敦巴顿橡树园会议等，共商反法西斯战争大计。这些会议讨论的议题范围极广，不仅包括了反法西斯战争的所有重大安排，包括战略原则、作战思想、军事计划，而且还有反法西斯盟国之间具体的政治与军事合作等，甚至还包括了恢复战后世界和平秩序、建立国际财政金融系统、创建新国际关系体系等一系列战后世界设计与安排，上述内容几乎覆盖了政治、经济、文化与社

---

① Thomas G. Campbell and George C. Herring, eds., *The Diaries of Edward R. Stettinius, Jr., 1943–1946*, New York: New Viewpoints, A Division of Franklin Watts.inc, 1975, p.43.

会等各个领域，影响深远，意义重大。上述各种会议所创立的共同约定或规定、集体方针、共同声明或宣言、协议、条约等，尽管其内容相当零散，而且缺乏体系，但在事实上却构成以美、英、苏三大国为代表的所有盟国战时合作的主要内容。"布雷顿森林体系（Bretton Woods System）各个机构的建立，以及美国领导下国际贸易管理制度的创立，不仅有助于各个国家之间经济合作的正式化，而且也变成了全球社团主义秩序的整体层面。"[1]

事实上，早在1941年8月，美国总统罗斯福（Franklin Delano Roosevelt）与英国首相丘吉尔共同订立《大西洋宪章》（The Atlantic Charter），双方公开提出反法西斯战争的政治指导原则，即美、英两国不谋求扩张领土，将促成世界所有国家在经济上展开合作，尊重各国人民选择政府的权力，粉碎纳粹暴政，解除侵略国武装、恢复世界和平，实行航海自由等。《大西洋宪章》所倡导的民主与进步精神以及反法西斯主张一经提出，迅即得到世界其他反法西斯国家的一致支持。对此，英国首相丘吉尔在与美国高官斯退丁纽斯（Edward Reilly Stettinius, Jr.）的谈话中曾特别强调《大西洋宪章》的重要性，称其"在欧洲形势中具有至高无上的重要地位"。[2] 1942年1月，26个反法西斯国家在华盛顿召开会议，《大西洋宪章》所强调的反法西斯主张以及民主进步方针，亦被正式纳入《联合国家宣言》（United Nations Declaration）中，成为世界反法西斯统一战线的基本政治原则，得到所有反法西斯国家的大力支持和拥护。在此后一系列国际会议中，这一原则得到进一步延续和发展，全面贯彻于反法西斯战争的方针、政策以及实践中，有效指导世界反法西斯战争。

在此基础上，1945年2月，美、英、苏三大国在苏联克里米亚半岛召开雅尔塔会议，这是美、英、苏三大国在二战期间最重要的政治会议之一。针对战后东欧与东南欧势力范围划分、对德国实施占领与管制、构建联合国机制、恢复欧洲和平秩序、苏联参加对日作战、与战败国签订停战条约等议题，美、英、苏三大国展开深入讨论，最终订立《雅尔塔协定》（The Yalta Agreement）。雅尔塔会议不仅就战时盟国政治与军事问题达成普遍一致，而且在总结此前三大国所确立的方针、约定、条约以及声明的基础上，确立了未来以大国合作为基础的势力范围划分、合作框架和基本规则。这既是对此前美、英、苏三大国战时协商与合作的一种总结，也为未来三大国协商合作

---

① Michael J. Hogan, "Corporatism", Michael J. Hogan and Thomas G. Paterson, eds., *Explaining the History of American Foreign Relations*, New York: Cambridge University Press, 1991, pp.226-236.

② Thomas G. Campbell and George C. Herring, eds., *The Diaries of Edward R. Stettinius, Jr., 1943–1946*, p.43.

做出重要铺垫，更准确地说，为未来美、苏两国各自代表的社会主义与资本主义展开合作做出战略规划。事实上，尽管美、英、苏三大国之间存在分歧，但雅尔塔会议决非是一次分裂的会议，也未直接导致美、苏双方走向分裂、开启冷战。美国学者路易斯·菲舍尔（Louis Fischer）在其著作中曾指出："人们都说雅尔塔会议创造了历史，这其实是言过其实。"[①] 事实上，雅尔塔会议也并不像美国修正派史学学者莱尔·罗斯（Lisle A. Rose）所阐述的："到雅尔塔会议之时，这个国家（美国）将其精力都投入人类所知的最大规模、最可怕冲突的顶层斗争之中。"[②] 恰恰相反，雅尔塔会议赋予战后美、英、苏三大国以一个合作架构、一种可以共同协商的约定与规则，一种新的国际政治与安全秩序。相对而言，美苏关系走向全面对立，新国际关系格局形成，则是在二战后经历了若干年的发展和演变。

继雅尔塔会议后，美、英、苏三大国在二战结束前后又陆续召开一系列会议，诸如旧金山会议、波茨坦会议、莫斯科第三次外长会议、四国外长会议，等等，进一步充实战后世界的基本政治与安全架构，填补雅尔塔会议所设想的国际新秩序存留的空白，但是这些会议在加速推进战后国际新秩序构建的同时，也进一步暴露了三大国在政治、安全与意识形态等领域存在的重大分歧与矛盾，为未来大国合作笼罩上一层阴影，亦为战后国际秩序建构增加了大量不确定因素。1945年4月，以美、英、苏等国为代表的50个反法西斯盟国召开旧金山会议，正式建立联合国（The United Nations），创建《联合国宪章》（The Charter of the United Nations），初步确立了以联合国为中心的国际关系准则，确立了以安理会机制和代表大会制度为代表的联合国权力架构。美国著名外交史专家托马斯·帕特森（Thomas G. Paterson）曾经非常形象地描述了旧金山会议与二战期间其他国际会议的差别。"从那时到大约1945年4月所发生的事件，标志着一个妊娠期的开始，那就是魁北克会议、敦巴顿橡树园会议以及雅尔塔会议的决策者们，并没有令人信服地解决这些问题，即如何在一个新国际机构（联合国）中将权力分散开？如何防止苏联在东欧占据优势地位（特别是在波兰）？如何对待战后德国？"[③]

---

①　Louis Fischer, *The Road to Yalta: Soviet Foreign Relations, 1941–1945*, New York: Harper & Row, second edition, 1972, p.215.

②　Lisle A. Rose, *After Yalta*, p.24.

③　Thomas G. Paterson, *Soviet-American Confrontation, Postwar Reconstruction and the Origin of the Cold War*, p.20.

无论如何，尽管旧金山会议也未能迅速解决上述问题，但至少美、英、苏三大国在共同建设以联合国为中心的国际新秩序这个关键问题上达成共识。联合国的创建及其运转，延续了美、英、苏三大国的战时合作，为战后国际秩序建构奠定了一种全新的权力基础。另外，新的国际规则不仅延续了反法西斯战争所确立的基本政治方针及其胜利成果，而且还为未来世界政治与安全事务确立了基本方向，在理论上将全世界所有国家或者地区都纳入以联合国为中心的国际政治、经济与安全架构中。

1945年7月17日至8月2日，美、英、苏三大国召开波茨坦会议，进一步重申了雅尔塔会议所确立的政治与安全原则。对德国法西斯主义与军国主义实施整肃、要求德国实施实物赔偿；对波兰领土重新确定疆域，组成波兰联合政府；在《开罗宣言》（Cairo Declaration）的基础上，要求日本帝国主义无条件投降，对战后意大利等其他法西斯国家实施处置等。"最后的《波茨坦协议》（Postdam Declaration）在苏联与美国的立场之间达成一种妥协，并且将所有重大问题留待新近成立的'外长会议'① 中展开东西方谈判。"事实上，波茨坦会议至少在形式上进一步延伸了雅尔塔会议所确定的美、英、苏三大国合作模式，更大程度丰富了大国协商与合作的内涵，换句话说，进一步强化了战后国际政治、经济与安全的构架。在此后召开的莫斯科第三次外长会议、四国外长会议等，其主旨亦在于进一步协商解决美、英、苏三大国在履行各种战时协定的过程中所遇到的许多具体问题与困难，通过谈判与协商来缩小或者消除美、英、苏三大国之间越来越大的分歧与冲突，其基调亦非强调对抗与冲突，而是谋求达成更多共识与合作。事实上，波茨坦会议及此后的三大国外长会议，在整体上构成了对雅尔塔会议的重要补充，它们和此前三大国商定的一系列国际安排，共同构成所谓的雅尔塔体系。

由上可见，雅尔塔体系最终得以确立的基础，主要集中在两个方面，其一，在二战中，世界反法西斯国家彻底击败了危害世界的德、意、日法西斯国家，确立了以民主、进步、平等、和平等理念为基础的新型政治方针，为未来国际秩序建构预先制定了一种新规则，为战后国际政治、经济、安全形态提供了一种新的发展动能。特别需要强调的是，反法西斯国家在战争中所展示的战争理念、政治原则、军事作战实践等，无一不显示出某种时代精

---

① James Edward Miller, *The United States and Italy, 1940–1950, The Politics and Diplomacy of Stabilization*, Chapel and London: The University of North Carolina Press, 1986, p.172.

神。其二，反法西斯战争全面改变了世界力量布局，彻底埋葬了实际上早已名存实亡的凡尔赛—华盛顿体系（Versailles-Washington System）。"苏联人成为欧亚大陆板块上占有绝对优势的力量；德国和日本被击败，并且被占领；法国饱受屈辱，英国被削弱，中国陷入内战。苏联人吞并了芬兰的战略带、爱沙尼亚与拉脱维亚以及立陶宛的波罗的海省份、东普鲁士的小部分领土、波兰战前三分之一的领土、罗塞尼亚与摩尔多瓦以及比萨拉比亚领土的关键地区。"① 美、英、苏三大国在战时结成的反法西斯联盟，不仅在反法西斯战争中发挥了举足轻重的作用，而且这一大国合作模式及其政治与安全运行规则，也为未来国际秩序建构提供了一种新的政治与安全逻辑，为创立一种新型国际体系奠定了必要基础。

三、雅尔塔体系中三大国冲突根源分析

我们无法非常精确断言，雅尔塔体系与美、英、苏三大国在战时初期所设想的战后国际秩序到底有多少吻合之处。事实上，雅尔塔体系最终的形成及其实践，与美、英、苏三大国战后种种设想相去甚远，即使是雅尔塔体系自身也处于不断发展与变化中。正如前文所示，在雅尔塔体系形成的过程中，美、英、苏三大国不论是各自的战争目标、作战思想以及军事计划，还是战后世界构想、国家利益表达、政治与安全战略，彼此始终存在很大分歧，尽管美、英、苏三大国不断召开各种国际会议，试图通过密切磋商和谈判，达成一致意见，或者缩小彼此间的分歧与矛盾。我们不能不承认，虽然美、英、苏三大国在其塑造雅尔塔体系的过程中，曾就许多重大问题达成广泛一致，但它们在一些根本问题上的分歧与利益冲突却无法通过谈判加以解决。就此而言，雅尔塔体系实际上是美、英、苏三大国彼此利益冲突与妥协的结果，它更像是美、英、苏三大国各自战时政策与战后设想相互博弈的产物，它在追求与塑造新型国际合作机制的同时，也留存了大量无法解决的分歧与矛盾，这种复杂状况为未来国际格局的发展、政治与安全秩序打造等，增添了许多不稳定因素。

在雅尔塔体系中，美、英、苏三大国的矛盾与冲突并非偶然有之，也很难骤然去除，其历史渊源与现实纠葛颇深。为此，在二战后期许多国际政治

---

① Melvyn P. Leffler, *A Preponderance of Power, National Security, the Truman Administration, and the Cold War*, Stanford, California: Stanford University Press, 1992, p.3.

与安全实践中，开始出现了许多矛盾与奇怪现象，即理论与现实不相符合、制度与实践严重脱节、战时政策和战后政策缺乏对应等。尽管雅尔塔体系确定了基本的大国合作方针，制定了大量专门用于维系大国合作的组织、制度、程序、规则、协议以及条约等，但是美、英、苏三大国所推行的政治、经济、外交、安全政策，却逐渐背离了雅尔塔体系的合作精神。这种脱节与不对应现象实际上在雅尔塔体系后期建构中就已初露端倪，在战后初期则更是尽显无疑。虽然美、英、苏三大国表面上仍未放弃合作，但这种合作实质上却属于竞争性和压制性合作，合作的最终目标不是双赢，而是迫使对方屈服就范。对美、英、苏三大国来说，它们或者利用雅尔塔体系的条约与机制来抑制对方，或者直接忽视其中的规则与协定。

以美国为例，在二战期间，为了尽快打败德、日、意法西斯国家，美国曾经抛开对苏联的政治与意识形态偏见，主动与苏联建立战时联盟关系，向其实施"租借法"（Lend-Lease Act），不计成本地向苏联大规模提供经济和军事援助，此举为苏联赢得苏德战场上的胜利奠定了重要基础。但是到战争后期，美国明显将其政治与意识形态的一些基本诉求，附着于对战后国际秩序的设计中，尤其是欧洲政治与安全秩序的考虑中。从雅尔塔会议到波茨坦会议，从三国外长会议到四国外长会议，美国的政治、文化以及意识形态诉求可谓随处可见，这在很大程度上削弱和瓦解了雅尔塔体系的政治基础。正像美国著名学者入江昭（Akira Iriye）所强调的那样，国家与人民相互间的交往，不仅依据政治、战略以及物质利益，而且也依据它们各自的文化。[①] 事实上，在战争后期的美国外交与战略中，美国已经将价值观、意识形态以及文化等因素提升到一个空前的高度。

在二战后期，美国挟战争胜利之威势，成为出类拔萃的超级大国，对自身文化、意识形态以及价值观可谓极度自信，甚至将其当成放之四海皆准的普世价值，竭力在全世界推广。"在1945年，美国拥有一种卓尔不群的地位，对许多官员、商人、公职人员来说，战争的胜利肯定了美国价值观的优越性：即个人自由、代议制政府、自由企业、私人财产、市场经济。如果赋予美国绝对性力量，他们目前期待着按照美国的设想来重塑世界，创造一个美国世

---

① Akira Iriye, "Culture and International History", Michael J. Hogan and Thomas G. Paterson, *Explaining the History of American Foreiugn Relations*, second edition, Cambridge: Cambridge University Press, 2004, pp. 243-244.

纪。"① 不仅如此，美国还以自身的价值观与意识形态作为唯一标准，偏执地衡量和看待世界其他国家，尤其是苏联、东欧各国，这就不可避免地引发美国与苏联、东欧各国之间的纷争和冲突。

虽然美国在表面上仍未放弃大国合作方针，亦未放弃与苏联的战时盟友关系，但这种坚守已带有明显的政治倾向，包涵着鲜明的意识形态色彩。美国肯特州立大学政治学教授斯帕尼尔（John W. Spanier）和斯蒂芬·胡克（Steven W. Hook）曾就此分析道："美国拒绝放弃其基本设想，他们将继续致力于建设一种拥有和平、庞大的国际秩序……美国对未来和平世界的梦想是，所有国家都能够幸福地生活在一起，而且这一梦想能够变成现实。这一梦想揭示了美国的耐心与关注，即罗斯福将苏联看作是一支得到承认的世界力量。而在这种思想主导下，美国将与苏联展开长期合作。"② 也许这一描述只是一种表面现象，或者只反映了罗斯福总统本人的某种政治意愿，反映了美国外交中的理想主义情怀，但它绝非美国外交及其实践的本质或者全部。但是，战后美国对苏联外交的趋向及其道路，实际上既无法取决于某个政治人物，更不可能决定于某种相对虚幻的理想主义。

即便在雅尔塔体系形成过程中，美国实际上也已开始着手修改其政治、经济、外交以及安全政策的基调。继罗斯福之后，美国新任总统杜鲁门（Harry S. Truman）上台伊始，旋即开始修正美国对苏联政策。杜鲁门先是公开宣称："让苏联人和德国人互相仇杀殆尽。"③ 然后在波茨坦会议上，杜鲁门对苏联外交人民委员莫洛托夫（Vyacheslav Mikhaylovich Molotov）恶语相加，指责苏联违反国际协定；紧接着故意向斯大林提及原子弹及其威力，向苏联示威与震慑，等等。很明显，仅仅以杜鲁门不熟悉美国外交事务为由，试图解释清楚这一切，这种做法显然缺乏足够的说服力。更具说服力的解释是，杜鲁门政府实际上已经改变了美国外交政策的基调，其对战后国际秩序的规划，虽然仍然坚持"美国第一"原则，但是却前所未有地将其政策与实践诉诸美国的价值理念、意识形态以及政治文化，甚至将遏制和抗衡苏联，当作未来美国对苏联外交与战略的主旋律。

---

① Melvyn P. Leffler, *A Preponderance of Power, National Security, the Truman Administration, and the Cold War*, p.3.

② John W. Spanier and Steven W. Hook, *American Foreign Policy since World War II*, Washington, D.C.: Congressional Quarterly Press, 1998, pp.14-23.

③ Nikolai V. Sivachev and Nikolai N. Yakovlev, *Russia and the United States*, Illinois: University of Chicago Press, 1980, p.193.

在杜鲁门政府看来，未来美、苏两国将会在政治、经济、军事、社会与意识形态等所有方面展开竞争，双方的矛盾与对立堪称不可调和。英国历史学家罗伯特·瑟维斯（Robert Service）的观点似乎代表了欧美各界的普遍看法。"苏联与美国是两个利益截然不同的国家，事实上，两国的目标都是扩展其全球力量，他们不会对已用过的方法小心谨慎，他们具有完全不同的意识形态，每个国家都认为人类幸福的原则在自己一方，每个国家都武装到了牙齿，每个国家都会在对另一方的政治家与社会毫不知情的条件下采取行动。"① 特别需要说明的是，苏联在二战与战后初期的外交政策与实践，实际上大多与斯大林个人误判与决策失误相关，或者与苏联的官僚政治制度相关，很难说与苏联的传统思维、世界霸权思想、全球扩张惯性、意识形态渗透等因素直接相关。"苏联政策的制定不单单是取决于斯大林一人的见识，而且也取决于不同官员和不同机构往往相互矛盾的主张的交互作用，它的酝酿形成过程常有较大的随意性而不是深思熟虑的结果。"②

不论是欧美各国政界还是学界，都存在着对苏联的政治排斥情绪和心理，即对苏联抱有极为强烈的敌视与戒备心理。欧美各国的偏见与歧视可谓根深蒂固，既源于双方在历史上形成的历史与文化差异，又源于欧美各国在思想与意识形态深处的优越感与霸权倾向。它们轻视斯拉夫历史及其文化成就，将其附着于日耳曼文化或者盎格鲁—撒克逊文化之下。另外，欧美各国对苏联的敌视，还出自双方在欧洲地缘战略中既有的竞争关系，双方在欧洲大陆地缘政治、国际话语、资源分配、社会影响等方面始终存在竞争，沙俄时代如此，苏俄时代亦如此。然而，欧美各国却将这种竞争关系直接归诸苏联的意识形态以及"世界革命"主张，并且将苏俄社会主义革命与建设理论推向悖论，认定苏俄正在挑衅欧美文明形态及其实践，而且严重危及欧美各国所维系的国际安全秩序与既得利益。欧美各国甚至认定，苏联的意识形态及其"世界革命"主张，实际上源于苏联缺乏安全感。"苏维埃国家从本质上讲始终是不安全的。它的缔造者们认为除非他们所发动的并使他们掌权的革命在其他国家也取得成功，他们的政权是没有安全可言的。"③ 为此，欧美各国甚至故意扩大苏联在二战以及战后初期外交与安全战略中出现的错误，并且将

---

① Robert Service, *A History of Modern Russia, From Nicholas II to Vladimir Putin*, Cambridge, Massachusetts: Harvard University Press, 2005, p.313.

② ［美］沃捷特克·马斯特尼：《斯大林时期的冷战与苏联的安全观》，第17页。

③ 同上书，第9页。

其固化，视之为苏联的制度、文化以及意识形态使然。

杜鲁门政府将苏联视为洪水猛兽，视苏联的政治理想、意识形态、舆论宣传等均是为了颠覆美国与欧洲的法律与社会秩序，视苏联外交、战略与计划等天然富于侵略和进攻。"正是苏联在欧洲扩张的这种心理暗示，可能最能引起美国领导人的关注，尽管'多米诺骨牌理论'（Domino Theory）这个词直到以后10年才流行，但是政府官员深深担心出现'攀比效应'（Bandwagon Effect），即确定如果这种想法变得非常普遍，世界事务的驱动力就会在俄罗斯人一边。"① 甚至杜鲁门政府中的许多官员认为，苏联派驻美国的间谍可谓不计其数，散布在美国各地，正在对美国实施全方位的破坏和颠覆行动。而20世纪50年代早期兴起的麦卡锡主义，更是将弥漫在美国社会各界反苏、防苏、排苏的情绪推向高潮。美国统治集团一致认为，只有全面压制或者彻底去除苏联的威胁，美国才能真正建立稳定而且有序的国际安全秩序，才能真正建立以美国为中心的新世界。

作为赢得反法西斯战争的主要国家，苏联在战后全球范围内赢得了广泛声誉。"苏联秩序的复合体一直被置于国外令人折磨的测试中，而且存活了下来。不仅斯大林继续得以掌握权力，而且这个只有一个政党、一种意识形态的国家也毫无伤损。"② 在雅尔塔体系形成过程中，与美国大幅调整对苏政策的基调相比，苏联外交与安全政策的调整则显得相对被动，步幅也较小，基本上随美国对苏政策日趋强硬而逐渐变得坚硬，绝少弹性。苏联一直致力在东欧和南欧建立"西部安全地带"（The Western Safety Zone），谋求自身领土与安全利益免受威胁和伤害，避免再次遭到德国或者其他西方国家入侵或者入侵威胁，最大限度削减和降低欧美各国对苏联的敌意。事实上，很难天然设定苏联外交与安全战略富有侵略性，也很难说苏联外交与安全战略具有系统而且长远的考虑。实际上，战后初期美国的外交与安全战略同样如此，双方都谈不上具有某种系统、完整的战略性思考，双方都未能准备好承担其大国使命，也不清楚各自的安全边界。在绝大多数情况下，美、苏双方的外交与战略均采取了就事论事、现行应对的方针。但是相对于美国来说，苏联外交与安全战略的目标更为有限，而且其实践更多随意性。

---

① John Lewis Gaddis, "The Insecurity of Victory, The United States and the perception of the Soviet threat after World War II", Steven Casey, ed., *The Cold War, Critical Concepts in Military, Strategic and Security Studies*, Volume II, Origins, London and New York: Routledge, Taylor & Francis Group, 2013, p.62.

② Robert Service, *A History of Modern Russia, From Nicholas II to Vladimir Putin*, p.293.

事实上，作为雅尔塔体系的直接受益者，战后初期苏联外交与战略的目标并非想要完全摧毁雅尔塔体系的种种设计而另起炉灶，相反，苏联在外交与战略实践中一直试图维护雅尔塔体系，保有该体系带给苏联的种种好处，并在此基础上进一步扩大其既得利益。因此，相较美国在战后全面推进全球主义、构建国际新秩序之举，苏联外交与安全战略的目标实际上是非常有限的，绝非欧美等国所设想的称霸全球，亦非旨在全球范围内实施侵略扩张。例如，斯大林对战后初期法国、意大利以及希腊的社会主义运动，始终持相当低调的态度。"为了避免与西方盟国产生麻烦，斯大林对身处西方的法国、意大利以及希腊共产党人加以限制。"① 无论苏联在东欧推行的社会主义实践，还是其"世界革命"主张，实际上都算不上"无限目标"。前者旨在最大限度确保自身安全，后者则更强调对世界范围内无产阶级革命与民族解放运动提供道义支持，或者提供有限的物质、技术以及经济援助。姑且不论苏联在东欧采取的外交与安全政策，苏联针对芬兰、伊朗、土耳其等采取的具体举措，以及支持朝鲜、中国等的联盟政策，并非为了与美国相互竞争，更多旨在扩大苏联的既得利益。

和美国外交及其实践中贯之始终的理想主义与现实主义相较，战后初期的苏联外交与安全实践同样也强调理想主义与现实主义，而且苏联对现实主义成分的思考要远远超过理想主义。即使对其他社会主义国家提供援助和支持，苏联也紧紧恪守自身利益最大化的原则，追求现实回报。苏联不仅要求所有受援国积极追随其政治、经济、外交以及安全政策，在国际或区域事务中最大限度与苏联保持一致，而且要求其他社会主义国家唯苏联之命是从，在政治、经济和安全上形成拱卫苏联之势。和杜鲁门表现出咄咄逼人的反苏制苏姿态相比，斯大林的态度极为克制，其针对美国的反制举措始终非常低调。战后初期苏联外交与安全政策基本上锁定为两个方向：一是持续稳固社会主义阵营的团结协作，确保苏联对社会主义阵营的绝对领导与控制，防止美欧等国对社会主义阵营的各种渗透活动；二是最大限度扩大苏联在雅尔塔体系中的既得利益，为苏联争取最有利的安全环境，使苏联持续保持作为世界大国的地位，至少是欧洲大国的地位。

至于三大国中实力最弱的英国，也对其外交与安全政策实施调整，其核心是改变了过去寻求在美国与苏联之间充当"第三种力量"的设计，转而谋

---

① Robert Service, *A History of Modern Russia, From Nicholas II to Vladimir Putin*, p.306.

求加强美英特殊关系。因为尽管英国拥有众多海外自治领，拥有庞大的英联邦体系，拥有独一无二的海上帝国地位，但是要想与美、苏两国平起平坐，继续保持其世界大国地位，这无异于痴人说梦。在构建雅尔塔体系的过程中，英国已经明显认识到，要想在战后国际新秩序中获得更多话语权，更大程度承担领导世界的责任，英国只能依赖和借重美国的力量，除此别无他途。因为美、苏双方的战略竞争与博弈，并未给其他国家留出足够空间，包括英国在内。因此，重视并强化英美特殊关系，这是英国体现其世界大国地位的唯一途径。"英国与英联邦的长远利益在于，在大不列颠与美国之间保持一种特殊而且特有的关系，使我们自身更加安全、更具有影响力。"① 因此，英国积极支持美国对苏政策，在政治、经济、外交、安全等各个领域配合美国的反苏制苏行动，遂成为英国外交与安全政策的一种必然逻辑。

总之，鉴于战后初期美国与苏联在基本思想理念、战略诉求、价值观念等方面的差距持续加大，美国、苏联双方均未对这种政治、文化与意识形态差距予以有效管控，美国甚至还有意放大这种差距，进而导致美、英、苏三大国之间的分歧与不信任日渐突出，三大国的政治裂痕越来越大，最终致使美、英、苏三大国的战时合作全面破产，大国合作开始转向大国对抗，雅尔塔体系也随之转化为两极冷战体系。就像美国前国务卿基辛格（Henry Kissinger）所解释的："美苏关系紧张并非因双方误解而起，而是双方政策、目标迥然不同，无法调和而起；这才是冷战解开序幕的故事。"② 从这个意义上讲，尽管雅尔塔体系确定了大国合作的基本框架，但并未去除该体系的内在差异、竞争以及对抗，这是该体系走向名存实亡的根本原因。尽管不排除三大国在某些具体问题上或有合作，甚至不排除某些小国和局部地区仍保持着合作与对话之势，但这些都不足以改变雅尔塔体系走向衰落的命运，亦无法阻止美、苏两国关系不断趋向恶化，最终走向对抗。

第二节　美苏冷战与两极世界逐渐形成

一、美苏双方的冷战理论与政策

美、苏两国从大国合作走向冷战对抗，这一过程并非一蹴而就，而是经

---

① Henry Ryan, *The Vision of Anglo-American: The US-UK Alliance and the Emerging Cold War, 1943–1946*, Cambridge and New York: Cambridge University Press, 1987, p.4.

② ［美］亨利·基辛格：《大外交》，顾淑馨、林添贵译，海南出版社，1998年，第381页。

历了一个相对漫长的过程。与二战期间美、英、苏三大国为了对付共同的法西斯敌人而组成反法西斯联盟不同，美、英、苏三大国走向全面冷战对抗，具有比较明确的思想与理论指导，尽管这种冷战思想与理论在冷战开启之初并不明确，但是在其促进冷战格局形成的过程中，美、苏双方实际上都提出一系列冷战思想、理论以及政策，并且将其付诸实践。美国历史学家德瑞克·李波厄特（Derek Leebaert）曾就此评论道："冷战的前四年充满了犹豫和彷徨，缺乏任何成熟的政策，除了不能使这个世界再次分裂外，没有任何长期的目标。但是，局势的发展趋势和模式正在出现，在付出代价之前就已经反映出来。"[1]

在欧美各国，最早提出冷战对抗思想的政治人物是时任美国驻苏联临时代办乔治·凯南（George Kennan）。尽管在凯南之前，美国国务院内部曾就战后美苏关系的发展趋势提出多份报告，但影响都不大。乔治·凯南身份极其特殊，既具有精英教育背景，又长期在苏联、波罗的海国家、东欧多国担任外交公职，拥有理论与实践双重优势。因此，凯南对苏联外交与安全政策的分析，可谓入木三分。面对二战后三大国逐渐陷入纷争与纠葛的困境，正值杜鲁门政府束手无策之际，凯南适时提出了应对之策。1946年2月，凯南向美国国务院发出"长电报"（Long Telegram）。作为美国最早提出冷战思想与策略的文件，"长电报"系统分析苏联外交政策的缘起，分析了西方国家与苏联产生纷争与矛盾的根源，同时对苏联外交政策、实践行为以及存在的问题展开研读。"凯南争辩说，莫斯科对西方的憎恶既出自历史环境，也出自意识形态。"[2] 针对西方国家所要采取的应对之策，"长电报"提出："莫斯科不受理智逻辑的干扰，却对武力的原则极为敏感，只有遇到遏制，它才会退却。"[3] 凯南明确要求美国，动用一切可以运用的力量，包括政治压力、经济封锁、文化渗透等手段，通过展示美国的民主价值观，显示其民主政治的感染力，对苏联及其扩张行为形成威慑，遏制苏联在世界范围内的侵略扩张。因为"凯南对马克思主义与约瑟夫·斯大林的统治深恶痛绝，这使他深信苏

---

① ［美］德瑞克·李波厄特：《50年伤痕：美国的冷战历史观与世界》（上），郭学堂、潘忠岐、孙小林译，上海三联书店，2012年，第100页。

② ［美］约翰·加迪斯：《遏制战略：战后美国国家安全政策评析》，时殷弘、李庆四、樊吉社译，世界知识出版社，2005年，第33页。

③ The Change in the Soviet Union (Kennan) to the Secretary of State, February 22, 1946. *FRUS*, 1946, Vol. 6, pp.696-709.

联不适合做美国的盟友"。① 所以，"遏制思想"一经提出，迅即得到杜鲁门政府全体阁员的积极支持和拥护，并且被迅速放大。

在杜鲁门支持下，美国国务院官员弗里曼·马修（Freeman Matthew）在凯南"长电报"的基础上，就美国对苏外交撰写了一份备忘录，试图将"遏制思想"上升为对苏外交政策，并且尝试着将其付诸实践。在这份备忘录中，马修等人提出美、苏双方对抗的政治与安全目标，划定了美国对苏联实施遏制的范围，同样还将实力原则理解为展示和使用武力，将遏制手段简单化、功利化和实用化。就此而言，"长电报"以及马修的备忘录在很大程度上构成了美国冷战理论与政策的基础，"对苏遏制"亦成为冷战理论与政策的一种核心思想元素，并且在此后的美国冷战理论与政策中不断得到丰富和充实。

在即将展开的美苏冷战斗争中，尽管英国由于实力不济而无法实现其预定的政治与安全目标，但英国并未就此退守孤立，而是积极附和美国的强硬政策，并且为美国的"遏制政策"提供思想依据和现实支持。1946年3月5日，应杜鲁门总统之邀，英国前首相丘吉尔在美国密苏里州富尔顿市发表了一篇名为《中流砥柱》的演说，这篇演说也因为其内容而被冠名为"铁幕演说"（Iran Curtain Speech）。在这篇演说中，丘吉尔耸人听闻地指责苏联是警察国家。丘吉尔甚至强调："自波罗的海的什切青，到亚得里亚海之的里雅斯特，欧洲出现了一道横贯南北的'铁幕'，'铁幕'下的欧洲已经分裂为两个截然对立的世界，苏联支持的警察政府在东欧各国泛滥。"② 在这一被称为"铁幕演说"的讲演中，丘吉尔要求美国担负起领导西方世界的责任，要求西方国家紧紧团结在一起。尽管丘吉尔并未明确提出非常具体的冷战对抗方案与计划，但还是很隐晦地提出反制与对抗苏联的政治与安全要求。和凯南一样，丘吉尔同样强调了西方国家的民主价值观和自由理念，强调西方国家所拥有的共同政治与意识形态基础。和"长电报"一样，"铁幕演说"也在西方国家引起了强烈反响，不仅得到了英国工党政府的首肯，而且也得到了杜鲁门政府的支持。保持西方国家团结协作，共同遏制苏联及其侵略，这些内容很快成为美国对苏联外交政策的重点，成为美国冷战理论的重要组成部分。

如果说"长电报"和"铁幕演说"还只是为美国冷战理论与政策提供了重要的思想元素，或者奠定了美国冷战政策的基础，那么，美国总统安全事

---

① The United States, Dept. of States, *Policy Planning Staff, The States Department Policy Planning Staff Papers, 1947*, Vol. I. New York & London: Garland Publication, Inc., 1986, XVI.

② David Rees, *The Age of the Containment, the Cold War, 1945–1965*, New York: St. Martin's Press, 1967, p.18.

务助理克拉克·克利福德（Clark M. Clifford）炮制的《关于美苏关系的报告》（A Report on the Relationship between the United States and the Soviet Union）则直接将遏制思想提升到美国对苏外交的国家政策层面。尽管凯南、丘吉尔等人提出了一些遏制苏联的冷战思想与主张，但内容相对零散，既不系统也缺乏体系，而且可操作性较差，杜鲁门政府急需提出即刻就能付诸实施而且能够迅速发挥作用的冷战外交理论与政策设计。因此，在杜鲁门的直接要求下，克利福德撰写了《关于美苏关系的报告》。该报告直截了当地提出，美国受到苏联的全方位威胁，就其内容而言，既包括全面的军事威胁，也包括美国的社会价值观和社会秩序；就地域范围而言，既包括了矛盾与对抗相对集中的欧洲，也包括了世界其他地区，诸如亚洲、中东地区等。因此，克利福德提出，美国需要在世界范围内遏制苏联的主张，不仅仅要对付苏联明显的武力威胁，也要应对苏联展开的各种经济进攻、文化渗透、舆论宣传和意识形态影响，还有以任何方式所展开的各种侵略与进攻行动。克利福德在其报告中提出："苏联以世界范围为基础展开活动，其外交政策中的每一个步骤，都经过仔细计划，并且都会与其他战线上的行动统一起来。"[①]

与"长电报"和"铁幕演说"相比，克利福德的报告确立了极其强硬的对苏遏制方针，其基调堪称针锋相对，睚眦必报，即美国不仅要对苏联的军事威胁做出强有力回应，而且还要对其所有潜在的威胁做出必要的应对之策，勿论大小。美国不仅要回应国际社会出现的各种挑衅与威胁，而且还要应对美国社会自身出现的潜在危险与各种矛盾。克利福德的报告为美国推进对苏强硬政策确定了基本政治思路，确立了以对抗代替合作的基本方法，为形成美国的全面冷战政策奠定了可行性极大的思想支撑。美国修正派史学家丹尼尔·耶尔金（Daniel Yergin）曾直言不讳地解释道："杜鲁门就像其他决策者一样，当然全部接受了克利福德报告提出的设想。"[②] 此后，美国的报纸杂志又陆续推出一系列有关冷战的论述，从多个角度补充和丰富美国的冷战思想与理论，其中以凯南署名"X"发表的《苏联行为的根源》（"The Sources of Soviet Conduct"）一文最具代表性。这些著述进一步深化了美国的冷战理论及其政策，使之逐渐趋于完善。

---

① William Tabuman, *Stalin's American Policy, From Entente to Detente to Cold War*, New York and London: W.W. Norton & Company, 1983, p.130.

② Daniel Yergin, "American Ideology: The Riga and Yalta Axioms", Thomas G. Paterson and Robert J. Macmahon, eds., *The Origins of the Cold War*, third edition, Lexington: D.C. Health and Company, 1991, p.245.

在美国适时摸索并推进其冷战理论与政策的同时，苏联也在积极寻找新的理论与方法，以便制定积极对策，应对美、苏双方战时联盟关系濒于破裂而出现的困局。但是从总体上来看，苏联对冷战思想与理论的探索并不主动，更多像是对美国冷战思想与实践的回应。在丘吉尔发表"铁幕演说"后，斯大林迅即在苏联《真理报》上发表讲话，对丘吉尔的冷战叫嚣做出严厉批评。斯大林辛辣地嘲讽到："丘吉尔先生和他在英国和美国的朋友向不讲英语的民族提出了类似最后通牒的东西：自愿承认我们的统治吧，只有这样才能万事大吉，否则战争是不可避免的。"[①] 尽管斯大林在这篇讲话中并未提出非常明确的冷战对策，也没有为此后苏联的对美、对英政策划定任何框架与底线。但是，鉴于斯大林作为苏联领导人的特殊地位，鉴于战后初期苏联社会主义体制的特殊性，斯大林这一讲话所表现出的政治倾向及其影响，事实上为战后苏联的政治行为、对外政策、安全战略、舆论宣传等统一了口径，等于划定了一个有形的政策方向。

紧随凯南的"长电报"之后，在苏联外交部的严令下，苏联驻美大使诺维科夫 (Nikolai Novikov) 就战后美国外交政策问题，向苏联国内拍发一封苏式长电报。诺维科夫此举含有非常明显的竞争与对抗意味，很显然是对凯南"长电报"做出一种特殊的政治回应。按照"长电报"的行文方式与特点，"诺维科夫报告"（Novikov's Telegram）首先根据美国外交政策及其实践的种种表现，分析了美国外交政策的思想根源。该报告明确提出，杜鲁门全面改变了罗斯福政府在战时确立的政治方针，竭力鼓吹反共意识形态，宣扬美、苏两国竞争与对抗。为此，杜鲁门政府采取了一切反苏政策与手段，不遗余力地试图削弱苏联。例如，杜鲁门政府集中采取了轰炸式的舆论宣传，在全社会煽动、营造反共排共的社会仇恨心理，以便为其发动第三次世界大战做好舆论准备。而且，杜鲁门政府还竭力打压美国社会各种进步势力，特别是排斥和迫害对苏联持友好态度的正直人士。杜鲁门甚至辞退了罗斯福政府中所有对苏联持有好感的政治人士，以便变本加厉地推行其反苏抗苏的政治实践。杜鲁门政府违背了盟国在反法西斯战争中达成的一切协议与合作方针，以全面对抗代替了大国合作。另外，美国还凭借其自身急剧扩大的实力，利用欧洲饱受战争创伤的困境与衰落，在欧洲大肆扩张，全面改变了欧洲旧的力量

---

① 刘金质：《冷战史》，上册，世界知识出版社，2003年，第97页。

格局，以便按照自身的意志确立其霸权地位。[①]

事实上，"诺维科夫报告"并未明确提出非常具体的苏联对美外交与安全战略，尽管苏联对美国炮制的一系列冷战思想与理论极其反感，而且反应激烈，但是苏联的冷战思想也不完整，同样缺乏系统性，似乎也未上升到理论高度。在更多情况下，苏联的冷战思想与政策是对美国冷战思想及其理论所做的一种回应，大多数显得相当被动而且勉强。虽然此后苏联领导人又陆续提出许多针对美国以及其他西方国家的外交与战略设想，但这些冷战外交与安全战略却显得非常零散，彼此之间缺乏必要的内在联系，因此在一定程度上限制了苏联与东欧国家的冷战政策与实践，使其显得杂乱无章，影响有限，尤其使得苏联在美、苏双方冷战斗争中经常处于被动状态。尽管如此，苏联在美苏冷战斗争中提出的诸多方针、政策与战略，还是对美国的冷战政策与战略产生了反作用力，进而对美苏关系及其走势产生了重大影响。

二、世界范围内的美苏对立与冲突

美、苏双方的对立与冲突由来已久，早在二战期间，美、英、苏三大国就曾在许多问题上产生矛盾。伴随着德、意、日法西斯消亡，美、英、苏三大国的冲突愈益增多，愈加激烈。而且，在传统的政治矛盾与利益冲突以外，美、苏双方在政治、文化、意识形态等领域的分歧与冲突进一步凸显，日趋白热化。双方在政治、经济、文化以及意识形态领域的接触、争斗以及纠缠，不仅深化了双方斗争的内涵，提升了双方斗争的层次，而且也为双方冷战思想与政策的形成与发展提供了舞台，为双方以冷战政策与实践为基础构筑一种新的国际关系体系与规则奠定了基础。

1945年5月，欧洲战争刚刚结束，在毫无任务征兆、亦无任何事先沟通的情况下，杜鲁门政府忽然单方面宣布停止对苏联实施"租借法案"（Lend-Lease Act），杜鲁门甚至命令已经启航的货船终止航程，打道回府。美国这一举动引起了苏联的强烈不满，斯大林将此举视为背信弃义和政治讹诈，予以强烈谴责。在表面上，杜鲁门将此举解释为欧战结束使"租借法案"变得毫无必要，而且美国终止了包括苏联在内所有欧洲国家的租借援助，但杜鲁门的真实意图在于无法容忍苏联利用美国租借援助和美国争地盘、搞竞争，事实上，杜鲁门确实有利用租借物资援助向苏联施压之意。就像杜鲁门曾在其

回忆录中写道："没有美国所提供的这些装备，苏联可能已经很丢脸地失掉了战争。"[1] 杜鲁门的确要将租借物资用作一种政治手段，将其用于美国的外交目标。"杜鲁门这一强硬做法的目的很明确，就是对苏联政府在波兰问题和联合国问题上所采取的政策表示不满。"[2] 尽管苏联并未直接向美国展开直接反击，但是其不满与愤懑之情溢于言表，这种状况肯定无助于延续美、英、苏三大国战时联盟关系，美国此举无异于打开了战后初期美、苏双方持续产生冲突的"潘多拉盒子"（Pandora's Box）。紧随美、苏双方围绕"租借法案"的纠葛之后，无以计数的美、苏双方矛盾与冲突纷沓而至。

　　1946年1月，苏联违反美、英、苏三国战时协议，拒绝将战时驻伊朗部队撤出，同时支持伊朗库尔德人开展独立运动，支持阿塞拜疆民主党建立阿塞拜疆共和国，公开分裂伊朗，制造了轰动一时的"伊朗撤军事件"。该事件直接导致伊朗政府在美、英等国的支持下向联合国提出控诉，苏联最终被迫撤军，但其国际声誉严重受损。1946年8月，苏联向土耳其提出，要求改变"黑海海峡"现状，由黑海沿岸国家共管海峡，允许苏联军队在土耳其建立军事基地，苏、土两国联合防御黑海海峡地区，酿成了轰动一时的"黑海海峡危机"（Black Sea Straits Crisis）。该事件的最终结果是，美国派出军舰开赴黑海海域，并且特别组建了地中海舰队，对苏联实施军事威慑，最终迫使苏联收回其不合理要求，但该事件还是不可挽回地给苏联的国际声誉带来巨大损失。

　　"伊朗撤军事件"和"黑海海峡危机"在很大程度上毒化了美苏关系，加剧了西方国家对苏联外交与战略的狐疑和敌视。上述事件使美、英等西方国家产生了一种错觉，即苏联的政治意图在本质上是扩张性的，而且其战略目标毫无止境，意在颠覆西方国家既定的政治与安全秩序，在世界范围内建立苏联的世界霸权地位，因此西方国家应该放弃对苏联抱有任何幻想。杜鲁门明确提出："俄国人煽动暴乱，在作为其友国和盟国的伊朗的领土上驻军，在我看来，俄国毫无疑问打算入侵土耳其，控制黑海海峡以及地中海。除非俄国人遇到铁拳以及强有力的言辞，否则就会爆发另外一场战争。他们只懂得

---

　　① Stephen Graubard, *Command of Office, How War, Secrecy, and Deception Transformed the Presidency from Theodore Roosevelt to George W. Bush*, New York: A Member of the Perseus Books Group, 2004, p.255.

　　② 许海云：《锻造冷战联盟——美国"大西洋联盟政策"研究，1945—1955》，中国人民大学出版社，2007年，第64页。

一种语言，那就是你有多少个师。"[1] 上述事件给西方国家留下了一种深刻印象，即如果西方国家坚持强硬立场以及毫不妥协的态度，苏联就会做出让步，就会从以前的政治立场上后退，就会放弃其侵略扩张要求。因此，苏联在"伊朗撤军事件"和"黑海海峡事件"所表现出的大国主义与扩张主义倾向，在很大程度上成为美国冷战思想与理论不断发酵的一种催化剂，而美、英所采取的强硬与对抗立场，则成为其冷战政策与实践的一种惯性。

从1945年5月到1946年年底，围绕着战后对德处置、战争赔款分配、德波边境划分、盟国与意大利等战败国签订和约、美国单独占领日本、原子能利用与开发等问题，美、苏双方发生了一系列激烈斗争。几乎在所有关系到欧洲乃至世界前途的重大问题上，美、苏双方都会陷入针锋相对的斗争，而英国等西欧各国则在美国对苏的强硬外交及其实践中积极予以配合。围绕着战后德国处置、赔款以及疆界等问题，美、苏双方虽都同意处置德国的总的政治原则，但在具体做法上却各有打算。虽然美、英、苏、法等国按照雅尔塔会议和波茨坦会议的决定，对德国实施分区占领，但是苏联一直坚持德国在政治与经济上保持统一，强调将德国作为一个整体，整肃和惩治德国法西斯主义和军国主义，即非军事化、非纳粹化、非工业化、民主化等。但美、英等国则有意将"盟国管制德国委员会"弃之不用，在其各自占领区内独立行使对德政治、经济以及安全政策。这种做法实际上导致美、英、法三国对德占领政策日趋贴近，而与苏联的对德政策渐行渐远，最终导致德国被分割为"西占区"和"东占区"，进而为德国分裂埋下了祸根。按照美国历史学家哈罗德·辛克（Harold Zink）的解释："美国的政策地位并不比苏联更幸运。很难否认，相对于苏联启动了一项比较清晰的计划，美国的目标需要一段较长的时间；苏联的政策直接出自克里姆林宫一小撮人，而美国的政策则出自处于矛盾中的多种因素，这一事实在很大程度上解释了两者的区别。"[2]

在德国赔款问题上，美国违反战时三大国在波茨坦会议上所达成的实物赔偿原则，即苏联可以从美、英等国占领区内获得一定数量工业品、机械设备以及其他各种工业设施。在先期支付了部分工业品作为战争赔偿后，美国驻德部队司令官卢修斯·克莱将军（Lucius D. Clay）直接拒绝再将美占区的任何工业产品、设备以及基础设施用作对苏联的实物赔偿。很快，英国占领

---

① Henry H. Truman, *Memoirs*, vol. 1, *Year of Decision, 1945*, London: Hodder and Stoughton, 1955, pp.551-552.

② Harold Zink, *American Military Government in Germany*, New York: The Macmilan Company, 1947, p.207.

区也紧跟美国之后，拒绝从英占区内拆除工业设施用于赔偿苏联，这就迫使苏联只能从苏占区获取实物补偿。而且，美、英两国一直试图将未来的德国重新纳入西方阵营，因此更加着力于统一德国经济。"尽管经济统一有助于德国复兴，而且称得上是一个值得追寻的目标，但其重要性尚不足以向苏联做出让步。优先权就是优先，与通过恢复西德人民生产来赢得德国人民的忠诚以及满足其他西欧各国政府经济需要相比，没有什么更重要。"[①] 不仅如此，美、英等国甚至对于波茨坦会议上已达成一致的德波边境问题也提出质疑，要求成立专门机构重新审查德波边界线，等等。

就对日本占领问题，美国不仅坚决拒绝苏联数次提出的共同占领日本的建议，而且也拒绝与英国等西方国家联合占领日本。在日本法西斯宣布投降后，美国虽以盟军的名义占领日本，但却排斥任何国家派军队参与，使美军成为唯一的盟军部队。尽管由反法西斯11国代表组成的"远东委员会"（Far Eastern Commission）表面上是最高对日占领机构，负责对日占领的所有重大决策，但由麦克阿瑟将军（Douglas MacArthur）指挥的盟军最高司令部却只听命于美国政府，"远东委员会"实际上处于完全有名无权的尴尬境地。而且，美国政府在日本投降之初就制定了"美国战后初期的对日政策"，成为盟国最高司令部实施对日占领与管制的指导方针，这种情形注定只能使日本成为美国专属的"远东桥头堡"。"在1947年春季之前，美国的军事计划者们就要求在日本4个主岛上建立具有永久保留期的美国基地。另外，美国还要控制琉球群岛，作为未来的战略基地。但杜鲁门和美国国务院反对在西太平洋以外地区扩展美国的承诺。"[②]

在中国问题上，为了使中国成为美国在远东地区的伙伴国，美国积极支持国民党政府。在日本投降后，美国对远在后方的国民党军队实施大规模空运，和共产党领导的抗日武装抢夺地盘。在国共两党谈判破裂后，美国又积极支持国民党政府发动内战，不仅将大量租借物资用于武装国民党军队，而且还向国民党政府提供财政援助，为其出钱出枪、输血打气。关于中国，杜鲁门在1946年8月对其内阁成员说道："我们现在第一次在中国有了一种口径，也是第一次可以推行1898年的'门户开放'政策（Open Door-GL）。美

---

① MemCon by Edwin A. Lighter, 24 Jan 1947, *FRUS*, 1947, Vol. II, pp.199-200. 转引自 Melvyn P. Leffler, *A Preponderance of Power, National Security, the Truman Administration, and the Cold War*, p.151.

② Saki Dockrill, *Eisenhower's New-Look National Security Policy, 1953–1961*, London: Macmilan Press Ltd., 1996, p.11.

国在中国内战中向美支持的一边提供的支援，远远超过苏联对其支持一边的援助。另外一个问题就是，甚至30亿美元也无法让蒋介石政权应对自如。"①而且，美国还通过"雅尔塔秘密协定"影响并且牵制苏联对中国共产党的态度与政策，使苏联在国共内战期间一直对中共保持非常冷淡的态度。杜鲁门政府在对华政策中坚持的基本立场，虽然未及与苏联产生直接冲突，但是却与日渐壮大的中国共产党产生了严重抵牾，最终成为新中国推行"一边倒"外交政策的一个重要原因。1949年6月，中共领导人刘少奇曾对中、美、苏三方关系做出总结，可谓一语中的。"在两个阵营中实现'中立'不过是一种骗人的鬼话。"②归根结底，美国的对华政策忽视了中国自身的社会变化与民族需求，这是导致其对外政策失败的最重要原因。

针对战后原子能的开发与利用，美国始终顽固坚持核垄断政策，不仅不愿意和苏联分享核情报与核技术，而且也不愿意与曾为美国原子弹开发与制造做出贡献的英国、加拿大等国分享。为此，美国驻联合国原子能委员会代表伯纳德·巴鲁克（Bernard Baruch）提出"巴鲁克计划"（Baruch Plan），该计划又被称为"原子能管制计划"，要求成立"国际原子能发展署"（International Atomic Energy Agency，简称IAEA），负责对世界范围内各国的核材料生产、利用等实施有效监督和管制，并且对任何国家的违反行为实施制裁，同时维持现有的核武器水平。很明显，美国精心规划的核能开发与利用设计，其目标就是确保美国继续保有其核垄断地位，确保美国能够将核武器用作有效的政治威慑工具。美国在核问题上所坚持的这一狭隘与保守态度，理所当然遭到苏联的强烈批评，甚至也遭到英国等西方国家的尖锐批评。苏联常驻联合国大使葛罗米柯（Andrei Gromyko）紧随巴鲁克之后，提出订立一项关于核武器的永久性国际公约，"对任何违反公约的行动，都要被视为对人类的犯罪行为，应给予严厉的惩罚"。③苏联的激烈反应，最终使美国在核领域的垄断政策与实践无疾而终。美国核政策的最终结果并未能阻止苏联拥有核武器，而是直接促使苏联更快地加速研制原子弹，进而开启了长达半个多世纪的美、苏两国核竞争与核对抗时代。

---

① Geir Lundestad, "Empire by Invitation? The United States and Western Europe, 1945–1952", Steven Casey, ed., *The Cold War, Critical Concepts in Military, Strtegic and Security Studies*, Volume II, Origins, London and New York: Routledge, Taylor & Francis Group, 2013, p.116.

② 石志夫主编：《中华人民共和国对外关系史》，北京大学出版社，1994年，第6页。

③ ［法］贝特朗·戈尔德施密特：《原子竞争：1939—1966》，高强等译，原子能出版社，1984年，第117页。

由上可见，美、苏两国在战后初期的矛盾与冲突，就其性质而言，既源于彼此间固有政治分歧、偏见以及相互间利益的矛盾，也源于冲突一方对另一方政策与行为产生的误解以及由此引发彼此之间过度反应而产生的对立。就其地域范围而言，美、苏双方产生利益纠葛与冲突的疆域越来越宽泛，远远越出欧洲界限，扩大到亚洲等其他地区；就其内容而言，美、苏双方的矛盾与冲突遍及政治、经济、文化与意识形态等多个方面，既有冷漠的政治敌对与碰撞，又有激烈的经济分治与竞争，还有文化与意识形态的暗中较量，甚至不排除极其危险的局部军事对抗。美、苏双方的上述冲突与对抗有意或者无意地成为两极冷战体制必不可少的基础。

三、世界走向两极冷战体系

和美、英、苏三大国战时矛盾不同，战后初期美、苏双方的矛盾与对抗并非为了合作而斗争，而是纯粹为了压倒或者战胜对方而斗争，而且美、苏双方斗争烈度空前增大，各种争斗相互衔接，连续不断。在传统现实利益以外，美、苏双方在更大程度为其各自的文化与意识形态对抗所左右，这种文化与意识形态的分歧与矛盾不仅附着于国际关系层面上的现实利益争夺，而且也深入到美、苏两国社会生活的各个层面，包括决策者意志、公众心理、大众传媒、舆论宣传、生活方式、公民道德、法律体系等，它使美、苏两国针对国际冲突所做的决策及其实践，与各自国内政治、经济与军事行为紧紧联系在一起，双方所设定的国际行为规则与国内行为规则之间的界限不断模糊。美国人类学者克利福德·吉尔兹（Clifford Geertz）所做的论述，将意识形态作为"文化系统"，以及"一种公共资产，一个社会事实，而不是一套互不相关的和未被实现的那些私人情感"。[①]

美、苏双方在文化与意识形态上的冲突，相对于国家现实利益的冲突而言，对双方政策与实践所造成的影响要更深。按照兹比格纽·布热津斯基（Zbigniew Brzezinski）和塞缪尔·亨廷顿（Samuel P. Huntington）的说法："对于美国人和俄国人来说，意识形态这个词具有不同含义，美国人在提到其政治偏好或者个人政治信仰时，总体上避免使用意识形态……但是美国人同时总体上倾向于将苏联领导人以及共产主义者所持的观点视为是意识形态

---

① ［美］雷迅马：《作为意识形态的现代化：社会科学与美国对第三世界政策》，牛可译，中央编译出版社，2003年，第21页。

的。"① 因为国家现实利益的表达具有某种时段性，而且是显性的，它会随着时代的变化而不断调整，国家决策者的施政空间较大。但是，文化与意识形态的冲突则具有某种长期性，而且是隐形的，它对美、苏双方决策者与民众所产生的心理影响往往是深层次的，完全不同于现实利益的有形标准。

事实上，长期以来美、苏两国在文化与意识形态上存在的歧见，一直未能得到深入的阐释和解读，这种偏见已经成为一种行为定式，植入美、苏两国外交政策及其实践的灵魂深处，在很大程度上左右着两国的外交与安全政策。美国冷战史学者约翰·加迪斯（John L. Gaddis）就曾指出："斯大林掌握着共产主义教义，而并未禁锢于该教义，在任何他认为的适当时机，他都可以修正和延缓马克思列宁主义。"② 这种以文化和意识形态为纽带的大国竞争与对抗，被美国著名专栏作家李普曼称为"冷战"（The Cold War），这一新的国际政治术语既是特指二战后以美、苏两国为代表的东西双方相互敌对、不战不和的一种矛盾状态，也是指战后国际关系中一种特殊的对抗模式。冷战既不同于传统意义上民族国家之间的利益争端，也并非美、苏两国之间纯粹的制度与文化争论，其涉及的范围遍及政治、经济、社会、军事、外交等多个领域，涉及的国家几乎遍及全世界，以美、苏双方的竞争与对抗最具代表性、最具影响力。

美、苏双方在二战前、在文化与意识形态领域就始终存在着巨大分歧，由于两国均未步入国际政治与安全的舞台中心，这种分歧与矛盾似乎并不非常突出且紧要。在二战期间，世界反法西斯战争的共同需要，在很大程度上屏蔽或者掩盖了这种分歧。二战结束后，美、苏两国崛起，成为世界性超级大国，并且得以在国际政治与安全事务中发挥主导作用，两国在文化与意识形态上的固有差异开始进一步凸显。就像一些美国历史学家所称的："在冷战的背景下，'真理'远不仅仅是一种大家所共同寻求的知识产品。它也被看作是'我们的武器'。"③ 在美国霸权文化与冷战意识形态的主导下，美国赋予其对苏联外交及其实践以某种"使命感"或者"正义感"，美国将自身的民主价值理念、宪政体制、市场机制以及自由社会，与其庞大的军事实力相并列，

---

① Zbigniew Brzezinski and Samuel P. Huntington, *Political Powers: USA and USSR*, New York: The Viking Press, 1965, p.17.

② John L. Gaddis, *The United States and the Origins of the Cold War, 1941–1947*, New York: Columbia University Press, 1972, p.360.

③ ［美］雷迅马：《作为意识形态的现代化：社会科学与美国对第三世界政策》，第10页。

均视为对苏联实施威慑、遏制其在世界范围内侵略扩张的重要手段，这种冷战化的"使命天定思想"，使美国将其遏制苏联政策及其实践，与保卫世界和平的正义事业紧紧联系在一起，将扩大势力范围、占领中间地带之举，与解救被压迫国家和民族的正义行动联系在一起，将实施文化渗透、展示其文化霸权优势之举，与促进世界进步与民主事业联系在一起。美国的文化价值理念与意识形态及其实践，不可避免会遭致苏联及其他国家的批评与排斥，从而使双方的对立与对抗进一步加剧。

与美国所自诩的世界政治与安全责任相比，苏联的战后政治与安全目标相当有限，似乎更多集中于在东欧建立"西部安全地带"，在确保苏联国土安全的同时，也能确保苏联的政治安全。因为"苏联人知道，与美国相比，苏联的国力非常单薄，尤其是其经济力量。即使其在欧亚大陆的优势地位，也只是战争的产物，而不是其体制内在活力所产生的结果"。① 因此，在践行和构筑雅尔塔体系的过程中，美、英、苏三大国虽然商定了东欧各国的政府组成，特别是波兰联合政府、战后波兰疆域等，但斯大林并不真正关心美、英等国对苏联设置的种种限制，而是采取了"就地占有原则"，在事实上控制了东欧各国，并且陆续将东欧各国变成社会主义盟国，最终在欧洲东部形成一个强有力的社会主义集团。而且，为了确保欧洲社会主义事业发展，苏联还特别提出了"两大阵营"理论，即社会主义国家所推行的政治、经济、社会以及法律制度，具有无可比拟的优越性，社会主义阵营不仅可以独立生存，而且还可与资本主义阵营和平相处，相互竞争。斯大林甚至还提出："两个对立阵营的存在所造成的经济结果，就是统一的无所不包的世界瓦解了，因而现在就有了两个平行的也是互相对立的世界市场。"② 尽管苏联此举并没有在总体上改变雅尔塔体系的基本框架，但是却对欧洲的政治分野与走向产生了重要影响，欧洲在政治上被分割为东部、西部两个对立部分，美、苏双方在欧洲的竞争与对抗进一步加剧。著名冷战史专家文安立（Odd Arne Westad）一直强调："对历史学家来说，就像对其同一时期的人以及苏联和外国一样，斯大林的外交政策在局部上并非不可理解，在整体上也非不合逻辑。"③

---

① Melvyn P. Leffler, *A Preponderance of Power, National Security, the Truman Administration, and the Cold War*, p.136.

② 斯大林:《斯大林文选》（下），人民出版社，1962年，第598页。

③ Odd Arne Westad, *Cold War and Revolution: Soviet-American Rivalry and the Origins of the Chinese Civil War*, New York: Columbia University Press, 1993, p.55.

在苏联谋求建立西部安全地带的过程中，苏联同样将其意识形态与文化价值观带入其外交与安全政策中，赋之以某种正义性和公正性。特别是针对东欧国家，苏联将其政策与实践视为带有国际主义性质的解放行动，认定苏联有义务帮助东欧、东南欧国家发展社会主义，可以使东欧远离美国的帝国主义、霸权主义以及殖民主义，使其避免美国的侵略政策，苏联不仅扮演着社会主义阵营领导者的角色，而且也充当着保护者的角色，以此体现社会主义的巨大成就以及强大的生命力。

此外，针对雅尔塔体系所确定的联合国政治与安全机制，美、苏双方尽管争论不断，对抗激烈，但是仍然维系了联合国的基本安全原则与制度，例如联合国成员国代表大会制度、安理会制度等。在此基础上，美、苏等国进一步发展和完善联合国的制度建设，建立了大量新的代表会议机制，进一步扩大联合国在经济、社会发展以及原子能开发与监督等方面的职能，增强联合国在国际事务中的权威与领导地位。与此同时，联合国还不断接纳新成员国，进一步加强联合国的政治权力基础，强化联合国的普遍性和代表性。特别需要强调的是，美、苏双方在文化与意识形态上的差异与斗争，也在很大程度上影响到联合国的政治权力布局与走向，导致联合国内部权力的分治与对立。

不仅如此，针对战后对德日法西斯国家的整肃和惩治，美、苏双方也改变了雅尔塔体系所确立的基本原则，按照各自的政治与现实需要对德国与日本实施占领与管制，最终结果导致德国和日本的政治方向出现严重问题。一方面，由于美、苏两国的政治对立与极端意识形态化的斗争，最终导致德国陷入分裂。在"西占区"和"东占区"的基础上，德意志联邦共和国和德意志民主共和国分别宣告成立，两德分裂的局面一直延续到20世纪80年代末，这使欧洲真正断裂为两个世界。另一方面，美国出于冷战的需要，改变了对日本法西斯主义与军国主义实施严厉整肃的政治原则，在政治和经济上大力扶植日本，甚至后来开始在军事上支持日本，竭力将其打造成为美国在远东太平洋地区的战略伙伴国，美国甚至和日本单独签订《日美和平条约》，建立了"日美安保体系"（Japan-US Security Alliance System），将日本纳入美国的政治与军事保护之下，使日本成为美国的亲密盟国。事实上，美、苏两国对德、日两国在占领与管制问题上的激烈博弈与对抗，最终表明双方所恪守并坚持的文化与意识形态歧见，已经深入美苏冷战斗争的肌理深处，进而影响到战后国际政治与安全走势。"冷战的真正特征不在于美、苏双方利益冲突，而在于这种利益冲突具有非常强烈的意识形态色彩，加上它始终未升级为超级大国间的战争。对立的意识形态既是美苏各自在竞争中运用的旗号，更是它们从事竞争和对抗的很大一部分动因。"①

同样，美、苏两国也继承了雅尔塔体系对战后殖民地半殖民地所做的安排，但同样将此纳入双方冷战斗争的范畴。美、苏两国不再以传统的眼光看待新兴的民族国家与殖民地解放斗争，而是将在世界范围内支持或者压制殖民地半殖民地解放运动，视为增加自身力量、克制对方的一种政治手段。因此，对刚刚崛起、尚无政治归属的新兴民主国家与地区展开争夺，成为很长时期内美、苏两国争夺势力范围的一项主要内容。"从中苏同盟条约开始，中经朝鲜战争爆发，到对日和约签订，冷战在远东形成的三部曲走完了最后一个音符。苏联拉住中国和朝鲜，建立了社会主义阵营的东方战线，而美国则把韩国、日本和（中国）台湾纠集在一起，构筑了东亚地区的共同防御体系，远东冷战的格局从此定型。"②

特别需要强调的是，两极冷战体系的形成与发展，是一个动态的发展过程，一直伴随着美苏冷战斗争的逐级展开而不断升级、深入，这一新的国际关系体系明显有别于一战与二战之间的凡尔赛—华盛顿体系，更迥异于近代历史上的威斯特伐利亚体系或者维也纳体系，它建立了一种全面的国际关系体系，使战后国际政治、经济、外交与军事步入了全新的时代。

---

① 时殷弘：《国际政治与国家方略》，北京大学出版社，2006年，第114页。
② 戴超武主编：《亚洲冷战史研究》，东方出版中心，2016年，第26页。

第二章

冷战中的大西洋安全模式与亚太安全模式

第一节 欧洲冷战与北约

一、美国对欧洲的冷战战略及其实践

早在二战期间，美国凭借着强大国力，对战后欧洲政治、经济与安全秩序做了精心安排，设计了以联合国为中心，以美、苏等大国合作机制为基础的欧洲新秩序，这种新秩序将取代旧的帝国主义势力，消除陈腐的势力范围划分，取消一切幕后的、不公正的国际安排。而且，美国驻欧洲军队亦将在适当的时机全面撤出欧洲，由欧洲国家主导自身的政治、经济与安全事务，等等。战争结束后，美国延续了其力量优势。到1945年，美国拥有全世界1/3的黄金储备、3/4的投资、1/2的工业生产能力，其国家生产总量为苏联的3倍、英国的5倍以上。美国正在完成原子弹制造，这是一项花费了巨额成本和比例的技术、生产的壮举。[①] 然而，骤然而至的冷战斗争，大大改变了美、苏两国针对欧洲的政策与实践轨迹，虽然美国仍然拥有超强国力，但冷战全面改变了其最初对欧洲乃至对世界的种种战略设想。美苏冷战斗争愈演愈烈，从根本上改变了美国对欧洲政治、经济与安全战略的主导方向，迫使美国改变单边主义式的战后国际秩序设计，代之以一种全新的冷战设计——联手西欧国家，共同对抗苏联以及东欧社会主义集团。

战后初期美国的欧洲冷战战略目标非常清晰，其一，全面强化欧洲盟国力量，使其结成一个强有力的政治联合体，能够在美苏冷战斗争中发挥巨大作用。为了实现这一目标，美国在政治、经济、军事等各个方面全力加强欧

---

① Richard J. Overy, *Why the Allies Won*, London: Johathan Cape, 1995, p.192. Also see Paul M. Kennedy, *The Rise and Fall of the Great Powers*, New York: Random House, 1987, pp.357-358.

洲盟国的力量，加大美国对欧洲国家的支持与援助力度，加快美国与欧洲国家之间的团结合作。其二，加强美国在欧洲的军事存在，包括常规武装力量与核力量在内，加强西欧各国军事力量建设，形成欧洲新的力量格局，即以美国军事力量为主体、以欧洲国家武装力量为辅助的力量格局，使之能够有效维护欧洲的安全与和平秩序。其三，向欧洲盟国大规模提供经济援助，帮助其尽快恢复战后经济，使欧洲各国拥有足够强大的财力、人力和武力，能够积极抵御苏联与东欧国家可能发动的武装入侵，确保欧洲的和平与繁荣。不可否认，美国对欧洲的冷战战略，其出发点在于全面扩展美国在欧洲的政治、经济与军事影响，使之服务于美国抗衡苏联、确保其建立新国际秩序的战略需要，但是客观上对于恢复和发展战后西欧经济、加强欧洲经济联合亦发挥了重要作用。

1947年2月，鉴于希腊民族解放运动空前高涨，英国的统治秩序危若累卵。英国首相艾德礼（Clement Attlee）向杜鲁门政府发出紧急外交照会，要求美国立刻向希腊提供援助，接管英国在希腊的统治，使之免于落入共产主义之手。与此同时，艾德礼政府还要求美国同时向同样身处危局的土耳其提供紧急援助，帮助土耳其稳定国内形势，确保土耳其有足够的力量抵御可能来自北方的侵略。因为土耳其在此前的"黑海海峡危机"中就曾遇到苏联的威胁，苏联还可能故伎重演。在艾德礼政府和希腊政府的共同要求下，杜鲁门政府做出积极回应，同意向希腊和土耳其提供援助，并将此举视为鼓舞欧洲国家士气、加强欧洲团结、展示美国冷战决心之举。3月12日，杜鲁门总统向美国国会发表演说，要求国会授权总统在1948年6月底之前，向希腊和土耳其紧急提供4亿美元的财政援助，目的是使希腊和土耳其恢复安全与稳定，确保苏联与东欧国家不会在两国得手。杜鲁门特别强调："我完全清楚美国扩展对希腊、土耳其的援助所引发的广泛影响……美国外交政策的一个主要目标就是，创造一种我们可以和其他国家共同寻求一种摆脱高压政治的自由生活方式，这是我们对德国与日本作战的一个根本问题，我们的胜利就是战胜了那些试图将其意志、生活方式强加于其他国家之上的国家。"[1]

在杜鲁门政府营造的冷战气氛中，美国国会迅速批准了对希、土两国的援助要求，正式以立法方式向希腊和土耳其实施援助。在杜鲁门政府的积极

---

[1]　Harry S. Truman, "The Truman Doctrine", 12 March 1947, available at http://www.americanrhetoric.com/speeches/harrystrumantrumandoctrine.html, last accessed on 30 November 2013.

运作下，大批剩余的租借物资被转运至希腊、土耳其，其中包括飞机、坦克、大炮、汽车以及各种枪支，另外还有大量生活物资、相当数量的资金。不仅如此，美国还想直接将土耳其纳入大西洋联盟。"在提供了1.25亿美元的经济援助、4.15亿美元的军事援助后，（美国驻土耳其领事）麦吉及其在国务院的同事们于是都特别强调将土耳其纳入大西洋联盟。"① 事实上，单就美国对土耳其一国的援助，就远远超出杜鲁门最初所设计的、对希腊和土耳其两国总计4亿美元的援助额度。

在被称为"杜鲁门主义"（Truman Doctrine）的这一政治宣言中，杜鲁门不仅宣示了美国对希腊、土耳其的援助设想，而且还承诺将支持和帮助全世界所有民主自由国家，这一承诺等于进一步扩展了"杜鲁门主义"的现实意义。虽然美国的援助确实对希腊和土耳其政治、经济与安全形势产生了重大影响，但"杜鲁门主义"同时也赋予美国一种对外干预模式，即以提供援助以及军事介入的方式扩展其影响，以此向以苏联为代表的社会主义国家展示其政治决心，以应对美国所面临的各种挑战或威胁。"杜鲁门主义"实际上为美国承揽了巨大的政治义务和安全责任，使美国成为特殊类型的全球警察，从此在世界范围内担负起保护遭受危险国家、应对各种政治与安全威胁的责任。就此而言，"杜鲁门主义"为美国全面参与国际冷战角逐提供了一个空前广阔的舞台。"尽管凯南已经意识到，杜鲁门主义要比他所预见的任何承诺都更加彻底，但是杜鲁门政府还要了解美国政策与政府自满之间不和谐的必要性。"②

与"杜鲁门主义"提出及其实践几乎同时，面对战后西欧各国经济低迷、社会秩序紊乱、安全形势岌岌可危的现状，美国加紧对欧洲经济与社会施加影响。单就战后美国经济而言，确实存在寻找和扩大海外市场的需要。更重要的是，美国希冀西欧经济快速恢复，并且能连成一个整体，有效减轻美国在欧洲的防务安全负担，阻遏苏联与东欧各国可能发动的侵略。为此，杜鲁门政府同样采取了经济援助和直接介入的方式，利用美国的战后经济霸主地位与超强实力，大规模介入西欧政治、经济与军事等领域。1947年6月，美国国务卿马歇尔（George C. Marshall）在哈佛大学发表演说，提出美国将向欧洲提供援助，帮助欧洲恢复其破损的经济，该设想最终被冠名为"马歇尔

① Melvyn P. Leffler, *A Preponderance of Power, National Security, the Truman Administration, and the Cold War*, p.424.

② Lawrence S. Kaplan, *NATO 1948, The Birth of the Transatlantic Alliance*, Lanham, Maryland: Rowman & Littlefield Publishers, Inc., 2007, p.6.

计划"（Marshall Plan）。"马歇尔计划"一经提出，旋即得到英、法等国的积极支持，而且按照美国的提议，英、法等国旋即着手建立接受美国援助的"欧洲经济合作委员会"（Economic Cooperation Commission for Europe），并且提出系统、完整的受援计划。由于美国的政治倾向性非常明显，苏联及东欧国家均未参与这一援助计划。斯大林对美国的援助欧洲计划提出尖锐批评："我们确信，在向欧洲提供贷款援助的幌子下正在组织某种类似反苏的西方集团的东西。在这种情况下我们决定果断地将我们的意见告知他们所有的人，我们反对参加这次将于1947年7月12日举行的会议。"[①] 很明显，苏联从"马歇尔计划"开启之初，就将其视为美国与西欧试图加强其冷战对抗的一种战略，其目的是在经济上孤立苏联、拉拢东欧各国、瓦解社会主义阵营、夺取冷战的全面优势地位。

美国炮制"马歇尔计划"的目标非常明确，就是要帮助西欧经济复兴，同时进一步加强美国与西欧各国的经济合作与融合，以经济联合与援助为纽带，为加速西欧国家政治、经济、社会与军事合作奠定基础。作为"杜鲁门主义"的重要补充，"马歇尔计划"固然推动了西欧各国战后经济复兴，但事实上也使欧洲在经济上断裂为两个部分，即以市场经济为连接纽带的西欧以及以计划经济为连接纽带的苏联和东欧。按照美国历史学家梅尔文·莱弗勒（Melvyn P. Leffler）的看法："美国在1947年启动的'马歇尔计划'，旨在阻止美、苏两国之间相关力量正在出现的变化。杜鲁门政府正在竭力保持一个开放的国际经济体系，按照美国官员的说法，这一国际经济体系可以使每个国家都受益，当然也会巩固美国的影响与力量。"[②] 与之相比，更进一步的说法是，以美国学者克劳斯·施瓦贝（Klaus Schwabe）为代表，相当一部分西方学者认为，"在冷战背景下启动的'马歇尔计划'，其目的是防止苏联在东西方竞赛中获得表面上的胜利，该计划成功地阻止了苏联试图利用欧洲人民大规模的饥荒而对其全面控制的努力"。[③] 与之相对照，"杜鲁门主义"在政治上空前加剧了东西双方的对立与碰撞，"马歇尔计划"则在经济上加速了欧洲经

---

①　No.09345，《斯大林关于对"马歇尔计划"的态度与捷政府代表团的谈话纪要》，1947年7月9日，载沈志华主编：《苏联历史档案选编》，第23卷，第377页。

②　Melvyn P. Leffler, *A Preponderance of Power, National Security, the Truman Administrative, and the Cold War*, p.163.

③　Klaus Schwabe, "The Cold War and European Integration, 1947–1963", Steven Casey, ed., *The Cold War, Critical Concepts in Military Strategic and Security Studies*, Volume III, *Confrontation and Conflict*, London and New York: Routledge, Taylor& Francis Group, 2013, p.46.

济的分治和割裂。"杜鲁门主义"与"马歇尔计划"作为美国对欧洲冷战战略的两个重要内容，堪称在政治和经济领域进一步推动了欧洲冷战进程。

与此同时，由于美国认定苏联将在未来某个时刻对欧洲发动军事进攻，欧洲所面临的危险不断加大，因此，美国改变了过去一俟战争结束迅即撤出驻欧美军的设想，不仅保留了美国驻欧武装力量，而且在战后美国大幅削减自身武装力量的大环境中，还增加了美国驻欧武装力量数量。为了弥补美国驻欧常规武装力量弱于苏联这一差距，美国特别加强了其核力量与核战略，竭力推动核力量成为美国武装力量的一个重要组成部分，使核战略成为美国冷战战略的一个重要组成部分。在核武器的占有问题上，美国采取了核垄断政策，既不希望与苏联分享核技术与核信息，不愿苏联尽早拥有并利用核武器对付西方，也不愿与英国、加拿大等盟国分享核技术，害怕由此会削弱美国的核垄断地位。"从制造原子弹的'曼哈顿工程'（Manhattan Project）启动后，俄罗斯就一直被排除于参与者之列，也无法享受其成果，甚至英国和加拿大，也只是一直发挥着协同作用。"[1] 与此同时，美国还竭力加强核武器的政治影响和军事功效，在其欧洲冷战战略中增加了"核威慑"内容，即利用美国的核垄断地位，利用美国占据绝对优势的核力量与核战略，对苏联与其他社会主义国家实施战争威慑，以此加强欧洲防御的威慑力，使核力量在战略和战术两个层面都能够发挥作用。在美国政界对核武器效用的一系列争论中，参谋长联席会议的观点颇具代表性:（核武器）不仅作为威慑，而且作为"已知的最具威力的进攻性武器"，这些考虑"决定性地超过了可能的社会、心理和道德阻力"。[2]

另外，针对欧洲冷战斗争焦点之一的德国问题，美国也调整了既定的政治方针与步骤。1947年7月15日，杜鲁门政府颁布了对德新政治方针——《参谋长联席会议对美国驻德武装力量司令的指令》。该方针一改美国此前严厉整肃和管制德国占领区的精神，提出扶植和建设德国的新思想。"鼓励德国参与文化重建，建立新的国际文化关系，使德国人民能够被吸收到世界民族共同体中。"[3] 时任美国国务院顾问的杜勒斯（John F. Dulles）更是直截了当地提出:

---

[1] Thomas J. McCormick, *America's Half-Century: United States Foreign Policy in the Cold War and After*, second edition, Baltimore and London: The Johns Hopkins University Press, 1989, p.45.

[2] ［美］约翰·加迪斯:《遏制战略：战后美国国家安全政策评析》，第79页。

[3] Directive from the Joints Chiefs of Staffs to the Commander-in-Chief of the United States Forces of Occupation, July 11, 1947. United States Department of States, *Documents Germany, 1944–1985*, Office of Historian Bearu of Public Affairs, 1986, pp.124-135.

"德国经济潜力应该得到全面发展，应该被全面统一到西欧中。"① 很显然，美国对德政策的基点就是要重新在经济上振兴德国，在政治上扶植和支持德国，在文化上同化与融化德国。在美国新的对德政治方针的指导下，美国开始全方位加大对西占区政治、经济与文化建设，加强西占区经济独立，加速其与西欧其他国家的经济与资源整合。在"马歇尔计划"的实施中，美国特别将西占区纳入对欧援助的范畴，使之与其他西欧国家享有同等待遇。美国运用对德方针、政策及其实践的最终结果，是使美、英等国控制的西占区与苏联控制的苏占区在政治和经济上越走越远，而且使两者越来越对立，斗争越来越激烈，直至两者完全卷入东西方冷战对抗中，直到德国分裂为两个国家，即西德与东德，而且德国始终是东西方冷战斗争的一个焦点。

与美国的对德政策相对应，美国对东欧国家的政策亦发生重大变化。随着苏联建设"西部安全地带"政策与实践逐级展开，东欧各国相继建立了社会主义政权。面对东欧国家的变局，美国竭力推进针对社会主义集团的分化与瓦解工作，特别是对处于社会主义阵营的边缘地带的国家，例如南斯拉夫，美国竭尽拉拢和利诱之能事，挑动社会主义国家之间的矛盾与对立。与此同时，美国还开设了"自由欧洲电台"[Radio Free Europe（简称 RFE），或者 Radio Liberty（简称 RL）]，用20多种语言不间断地对东欧各国进行广播，宣扬西方的民主与自由价值观，对社会主义各国的政治、经济、文化与社会事业肆意解读和蓄意曲解，加大分化和瓦解社会主义国家的敌视性宣传。"电台具有自己的艺术特性，它的发展潜力与局限对于媒体来说是独一无二的，它不仅仅是口头上的，也是听觉上的。"② "自由欧洲电台"所发挥的政治宣传作用是无形的，对东欧国家及其人民心灵和精神的影响极为深远和长久。在持续广播和宣传的过程中，美国大肆夸大苏联在东欧国家的一些错误做法，或者针对东欧国家出现的社会与政治事件，大做特做文章，借机向苏联和东欧各国施加政治压力，制造紧张化国际氛围。与此同时，美国还增加对东欧国家的间谍行为，加大对东欧国家的政治颠覆与破坏，这些做法都削弱了苏联对东欧各国的政治控制和影响。

由上可见，美国对欧洲的冷战战略全面充斥着对抗与竞争的内容，在冷

---

① Melvyn P. Leffler, *A Preponderance of Power, National Security, the Truman Administrative, and the Cold War*, p.136.

② Holly Cowan Shulman, *The Voice of America, Propaganda and Democracy, 1941–1945*, Madison, Wisconsin: The University of Wisconsin Press, 1990, p.55.

战政治与意识形态的主导下，美国采取了针锋相对、步步紧逼的斗争方式，在政治、经济与文化等各个方面采取了进攻态势，这成为冷战时期美、苏两国斗争不断升级的重要原因。

二、西欧国家的冷战政策与实践

与美国厉马秣兵、不遗余力推进在欧洲的冷战战略与实践相并行，西欧国家也在美、苏双方冷战斗争中步步紧跟美国，利用其身处欧洲的特殊地理位置，在欧洲冷战斗争中心甘情愿地充当美国的战略伙伴。按照美国历史学家劳伦斯·卡普兰（Lawrence S. Kaplan）的说法："在欧洲国家看来，美国是巨人，美国的规模以及力量似乎是阻挡共产主义杀戮的唯一屏障，不管是西方共产党或者来自东方的俄罗斯的压力。只有美国的财富与宽宏大度，可以将欧洲国家从战争引起的物质破坏和心理障碍的严重后果中拯救出来。"[①] 因此，从这个角度看，西欧国家的政治与安全政策，起到为美国的欧洲冷战战略及其实践补漏拾遗的作用，而且促成了美国与西欧的冷战战略相互联结，使两者构成一个统一的整体，不断发展和完善西方的整体冷战对策。和美国开放式、进攻型的冷战战略不同，西欧国家的冷战战略与实践相对比较含蓄，更讲求所谓的"技巧"，既在欧洲冷战斗争中积极攀附美国，不独立承担苏联的政治与军事压力，又要最大限度维持欧洲的和平稳定以及既得利益。

战后初期，欧洲冷战乍起，西欧国家开始投身于冷战斗争旋涡。由于身处东西双方冷战斗争的前沿，西欧国家在美苏冷战斗争中扮演了一个非常特殊的角色，在冷战的某些方面表现得非常主动而且积极，甚至在一些事关欧洲政治与安全的领域远远走在美国的前面，其外交与安全政策甚至对美国的欧洲冷战战略产生了启示与影响。但是，西欧国家的这种特殊历史作用，导因于其政治、经济与社会联合的悠久历史，这种特定的历史又为西欧国家在战后推进冷战联合战略奠定了不可或缺的基础。从欧洲近代历史开启，直至现代阶段，联邦主义与和平主义思想就一直长盛不衰，西欧国家曾为此展开一系列联合实践，无论是其思想还是实践，都为西欧国家的联合奠定了深厚基础。

众所周知，在二战期间，流亡英国伦敦的西欧各国政府曾提出许多关于建立战后西欧联盟（Western European Union，简称 WEU）的思想理念，甚至

---

① Lawrence S. Kaplan, *The United States and NATO, The Formative Years*, Lexington, Kentucky: The University Press of Kentucky, 1984, p.22.

许多国家还曾为此采取行动，尝试着建立战时西欧联合组织，并且希望在战后延续这种联合，以此共同维护西欧和平与安全。"欧洲出于历史的原因，代表了一种共同使命下精神与文化的统一。欧洲现在受到了独裁统治对其文明的破坏……因此，对西方文明的解救，事实上可能是限制个别国家并且形成欧洲联邦唯一可能的途径。"①

作为战后最具影响力的传统欧洲大国，从1946年初起，英、法两国率先展开积极且频繁的外交接触，以图建立英法联盟。因为对英、法两国来说，战后欧洲冷战形势的急速发展，使英、法两国产生了空前的紧张感与不安全感。法国曾在二战中战败，战败国的挫折感与失败感使法国变得极其敏感，尤其在战后初期美苏冷战斗争所引发的新一轮欧洲政治动荡中更是如此，法国急于在战后获得足够的安全保障和政治地位，它不仅要防范德国东山再起，而且还要防范一切有可能对其形成威胁的国家。战后英国的境况尽管稍好于法国，但也极为有限，二战极大地削弱了英国的国力，使其从世界一流大国沦落为二流国家。因此，战后英国亟待恢复战后经济，真正担负起领导英联邦以及西欧的责任，和美国携手共进，在国际事务中共同发挥引领作用。对于拟议中的英法同盟，艾德礼政府的外交大臣厄内斯特·贝文（Ernest Bevin）曾充满信心地提出："如果我们两个国家进行合作，两国加起来，我们就拥有了世界上最大的人力资源。"②

1947年3月，英、法两国代表在敦刻尔克签订《英法同盟互助条约》，即《敦刻尔克条约》（Dunkirk Treaty of Alliance）。该条约旗帜鲜明地提出防范德国武装进攻的问题，但是由于英、法两国的目标并不尽在于此，而是具有非常明确的政治倾向性，而且在很大程度上与美国所倡导的冷战精神保持一致。从这个意义上讲，《英法同盟互助条约》在很大程度上唤醒并启动了英、法两国的政治与安全责任。该条约不仅强调联合国及其安理会的作用，而且也强调英、法两国在应对区域性政治与安全危机中的集体作用。对于法国来说，该条约具有某种寻求保护的含义；对于英国来说，该条约则是英国构建其战后欧洲安全与政治架构的一项重要尝试。在《敦刻尔克条约》签订后不久，英国又陆续与比利时、荷兰等国展开接触，试图再签订若干个双边性条约，最终组成一个以英国为中心、由若干个双边条约构织的西欧政治与安全

---

① Walter Lipgens, ed., *A History of European Integration, vol.1, 1945–1947*, pp.118–124.

② Victor Rothwell, *Britain and the Cold war, 1941–1947*, London: Jonathan Cape, 1982, p.442.

共同体。英国既想充分利用西欧国家合作所产生的联合作用，又想在未来的欧洲冷战斗争中发挥主导性作用。

随着"杜鲁门主义"和"马歇尔计划"付诸实践，美国开始越来越深地介入西欧政治、经济、社会以及安全事务中，美国越来越倾向于西欧各国能够结成一个统一的整体，能够在欧洲冷战斗争中加强美国的优势地位，能够帮助美国赢得冷战胜利。因此，美国积极支持西欧国家的联合实践，就像在"马歇尔计划"中美国要求西欧国家为接受援助而先展开合作一样，美国尤其支持英国所倡导的西欧联合实践。在美国介入西欧联合实践的过程中，美英特殊关系发挥了积极作用，对于美、英双方均希望最大限度发挥美英特殊关系的效能。美国希望未来西欧联合能够保持盎格鲁—撒克逊的文化优势，以便使美国对西欧联合实践拥有足够的影响力。而英国则希望未来的西欧联盟（WEU）能够与美国保持至为密切的联系，而不是由西欧国家独立地承担并支撑欧洲防务安全责任，或者独立地应对苏联的挑战和威胁。

与此同时，欧洲冷战形势进一步紧张化，在很大程度上使西欧各国亦加紧推进其欧洲冷战实践。1948年2月，捷克斯洛伐克爆发"二月事件"（Czechoslovakia Coup），共产党掌握了政权，资产阶级人士完全退出政府。这使西欧国家感到前所未有的政治与安全压力。一方面，它们惮于苏联可能会对西欧国家施加更大的政治与安全压力，甚至可能会使用武力；另一方面，它们担心苏联会全面打破雅尔塔体系的所有协定，在东欧实施更大程度的政治"颠覆"或者"破坏"，直至东欧国家发生全面"转变"。英国外交大臣贝文专门为此发表讲话，这一讲话可谓道出西欧大多数国家领导人的心声："我们将不会因为威胁、宣传以及第五纵队等方法而偏离我们的方向，不会为此改变我们的目标，即通过贸易、社会、文化以及所有其他联系，将那些欧洲国家以及世界上我们已准备就绪而且能够展开合作的国家联合起来。"[①] 以"二月事件"为导火索，欧洲掀起了新一轮冷战对抗，这成为推动西欧各国加快相互间政治、经济以及安全联合的一副催化剂，也成为进一步拉近美国与西欧各国政治与安全距离、消除彼此歧见的一个引擎，加快了大西洋两岸国家的联合与协作。法国驻美大使阿尔蒙德·贝拉尔德（Armand Bérard）曾对此

---

① Margaret Carlyle, ed., *Documents in international Affairs, 1947–1948*, London: Oxford University Press, 1952, p.211. 转引自 Lawrence S. Kaplan, *NATO 1948, The Birth of the Transatlantic Alliance*, p.29.

非常夸张地提道："'捷克事件'是《北大西洋公约》的起点。"[①]

西欧各国所遭受的压力还不止于此，尤其让它们备感焦虑的是，苏联自二战后一直未能停止向挪威、芬兰等国提出不合理的领土要求，向挪威提出占有身处大西洋—北冰洋航道的斯瓦尔巴群岛特殊的主权要求，酿造了名噪一时的"挪威事件"（Norwegian Event）。另外，在苏联的一再要求下，苏联与芬兰双方一直探讨订立友好合作条约，而且苏联还向丹麦、挪威等国提出同样的要求。当然，苏联的不合理要求遭到北欧国家的拒绝，最终并未得到满足。就像北欧学者约翰·霍尔斯特（Johan J. Holst）所强调的："三个核心国家，例如丹麦、挪威和瑞典，一直针对国际社会民主准则的危害行为展示出一种强烈的偏好。"[②] 在西欧国家看来，苏联染指和插手斯堪的纳维亚半岛的政治与安全事务，将会从根本上改变欧洲大陆的地缘政治生态，导致西欧国家安全地位进一步弱化。

在西欧国家看来，苏联的目标非常明确，就是通过向北欧国家持续不断施加政治压力，迫使北欧国家做出让步，使苏联的势力范围扩展至整个北欧地区。苏联对北欧国家的所作所为，使西欧国家感到前所未有的恐慌和紧张，它们既害怕苏联从东欧正面取得突破，直接威胁西欧，同样也害怕苏联会从北欧取得突破，从欧洲北翼包抄西欧。因为西欧国家认为，苏联一直试图从西欧现存的薄弱环节寻找突破口，而西欧自身才是苏联在欧洲实施侵略和扩张的最终目标。在苏联积极尝试与北欧各国订立互助条约的过程中，英国外交大臣贝文心急火燎地宣称："要尽快订立一项区域性大西洋条约，将斯堪的纳维亚国家囊括其中，至少在挪威被压倒之前。"[③]

在日趋白热化的欧洲冷战形势推动下，西欧国家开始在政治与安全上越来越紧密地联合在一起。最突出的表现就是，1948年3月，英国、法国与低地三国共同签署了《布鲁塞尔条约》（Treaty of Brussels），组建了西方联盟（Western Union，简称WU）。与英、法两国订立的《敦刻尔克条约》相比，《布鲁塞尔条约》的内涵更加丰富，目标更加明确，规则更加规范，而且涉及的层面更加宽泛。该条约不仅将德国继续当作防御安全的对象，而且还含蓄地

---

① Armand Bérard, *Un ambassadeur souvient: Washington et Bonn, 1945–1955*, Paris: Plon, 1978, p.180. 转引自 Lawrence S. Kaplan, *NATO 1948, The Birth of the Transatlantic Alliance*, p.51.

② Johan Jørgen Holst, ed., *Five Roads to Nordic Security*, Universiteforlaget: Oslo-Bergen-Tromsö, 1973, p.5.

③ Don Cook, *Forging the Alliance: NATO, 1945–1955*, New York: Arbor House & William Morrow Press, 1989, p.125.

将苏联及东欧国家纳入未来防范安全范围。在该条约中，西欧五国明确提出"一国即全部，全部即一国"（One is All, All is One）的集体防御原则，强调五国在面临安全威胁时将在政治和安全上同进共退，强调联合国在未来欧洲政治与安全事务中所具有的重要作用。更重要的是，《布鲁塞尔条约》虽未明确强调美国在未来防务安全事务中的角色，但是从西欧五国在签订条约过程中与美国持续磋商所见，显然他们为美国在未来欧洲防务安全中留出了重要位置。

《布鲁塞尔条约》促使西欧五国组成一个强有力的政治与军事联盟，即"西方联盟防御组织"（Western Union Defense Organization，简称 WUDO），该防御组织进一步深化了西欧国家的冷战战略，在与苏联及东欧国家的政治和安全对抗中，西欧各国义无反顾地站在美国一方，成为其坚定的冷战助手。西欧五国所组成的防御安全模式，不仅为推进其自身的外交与安全战略发挥了重要作用，而且还在很大程度上为美国进一步深入欧洲冷战对抗提供了一种重要模式，这成为欧美各国共同构建大西洋安全模式的一种预演。在《布鲁塞尔条约》签订当天，杜鲁门总统发表演说："今天，在这一时刻，我要向你们宣布，欧洲共同体五国在布鲁塞尔签订了一个为期50年的条约，旨在实施经济合作，建立共同防御反击侵略……我相信，美国将以适当方式对这些自由国家按照形势的需要给予支持。我相信欧洲自由国家保护他们自己的决定，将会同样赢得美国做出帮助保护他们的决定的呼应……"[1]

三、《北大西洋公约》与北约集体安全模式

在西欧五国签署《布鲁塞尔条约》的过程中，美国一直明确表示支持建立西方联盟。在英、法等国的强烈要求下，一俟《布鲁塞尔条约》签署后，美国旋即与西欧国家、加拿大等盟国展开接触，商讨建立更大规模的西方联盟。因为对西欧五国来说，不断激化的欧洲冷战事态已经清楚表明，缺乏美国参与的欧洲防御安全建设，或者单凭西欧五国来遏制苏联对欧洲的威胁，既不能给西欧各国增添足够的政治勇气和信心，也无法真正强化西欧各国抵御外来侵略的实力，更谈不上构建所希冀的欧洲和平与安全秩序。因此，西欧国家迫切需要美国参与欧洲安全联合实践。

然而，对美国来说，无论是其外交目标还是防务安全政策的动机，都要

---

① Address by the President of the United States to the Congress, March 17, 1948. *FRUS*, 1948, Vol. III, pp.54-55.

较西欧国家复杂得多。众所周知，在二战期间，美国一直推行先结束欧洲—大西洋战争并继而结束亚太战争的"两洋战略"（Twofold Strategy of the US），二战结束后，美国进一步继承并发展了"两洋战略"，特别是在战后愈演愈烈的美苏冷战斗争推动下，美国针对欧洲—大西洋的外交与安全政策衍化为大西洋联盟政策，该政策既强调美国与苏联在全欧洲范围内的冷战对抗与争夺，也强调美国与西欧各国展开密切合作，打造与苏联相抗衡的西方阵营。特别需要说明的是，美国的大西洋联盟政策并非一蹴而就，而是经历了一个不断发展和完善的过程。美国北约史专家劳伦斯·卡普兰曾就此做出分析：正是在充分理解西欧国家立场的基础上，"美国的反映是这样的，《布鲁塞尔条约》对盟国来说只是一个（关于西欧安全）条约，但还不成熟……在（西欧与美国）观念上的差别表明，跨大西洋裂痕在联盟刚一开始的时候出现，它将会持续经年地向其他地区扩散"。①

　　诚如上文所述，相较战后初期美国大力推进冷战外交、在欧洲与苏联展开激烈角逐，美国的大西洋联盟政策与实践进展相对缓慢；而且，相较西欧国家的冷战联合实践，在表面上似乎也显得非常被动，但这并不妨碍美国在西方冷战实践中发挥主导作用。从英、法两国订立《敦刻尔克条约》到西欧五国签署《布鲁塞尔条约》，美国一直给予热切关注和积极支持，美国需要西欧国家联成一个整体，形成某种强有力的政治、经济与安全合力，事实上美国此前推出的"杜鲁门主义"和"马歇尔计划"，其初衷也同样在于此。美国国务院政策设计委员会专门就《布鲁塞尔条约》以及西欧五国建立的西方联盟撰写了一份报告，为政府决策者提出建议："在大西洋以及西方文化共同体中，西方联盟可能会成为一个最终展开周密工作的协作组织的核心，而美国作为这一共同体中最强大的国家，可能会作为联系国或者成员国参与其中。"② 西欧国家的政治与安全联合实践，与美国的大西洋联盟政策及其发展方向出现很大程度交叉与重合，两者在谋求欧洲冷战战略的总目标上高度一致，以至于美国在此后的欧洲冷战实践中，得以凭借其强大的国力和超级大国地位，将西欧政治与安全实践纳入其大西洋联盟政策与实践中。

　　《布鲁塞尔条约》签署后，美国开始着手从更大的地缘战略层面整合并

---

① Lawrence S. Kaplan, *NATO Divided, NATO United, The Evolution of an Alliance*, London and Westport, Connecticut: Praeger, 2004, p.6.

② Report Prepared by the Policy Planning Staff Concerning Western Union and Related Problems, March 23, 1948. *FRUS*, 1948, Vol. III, pp.61-63.

加强西方阵营，构建北大西洋防御安全体系。从1948年3月22日起，美国、英国与加拿大开始谈判，就未来将订立的联盟条约的安全属性、决策程序、成员国资格、防御范围、行动手段、提供援助的方式、联盟结构等各个方面，三国最终达成一致意见。在为期六轮的"华盛顿秘密谈判"（Secret Talks in Washington）中，美、英、加三国代表最终达成《五角大楼协定》（The Pentagon Agreement），三国在文件中大致勾勒出未来西方联盟的基本设想与大致轮廓。在此基础上，美国国家委员会又针对美国冷战外交与安全政策，在整体战略层面上对美国在未来西方联盟中的地位、运转规则、行动方式等做了更加明确的说明，进一步明确了未来西方阵营的防御安全范围。美国所要做的是"拟议中的大西洋安全体系，将不是《布鲁塞尔条约》的扩大，《布鲁塞尔条约》集团仍将在大西洋防御安全体系内继续存在，并且保持其政治与安全上的独立性。新的北大西洋防御安全体系将完全体现'美国第一'的安全利益原则，按照美国的政治机制运转"。①

从1948年7月6日开始，美国、加拿大、英国、法国以及低地三国代表召开"华盛顿试探性谈判"，更进一步就拟议中的大西洋联盟所涉及的美国外交方针、政治原则、未来大西洋联盟的安全防御范围等，展开更深入具体的讨论。在为期7个多月的谈判中，美国和各国大使达成《华盛顿文件》（Washington Papers），美国最终得以将其政治与安全利益及其关注全面灌输于未来的大西洋联盟设想中，包括美国《范登堡决议案》（Vandenberg Resolution）所鼓吹的"联合国政治精神"，同时还有《里约热内卢条约》（Rio Pact）所坚持的"自助、互助和他助"原则，还有《联合国宪章》（The Charter of the United Nations）第51、第52条款所倡导的"自卫精神"。美国甚至还将其全球主义设想以及欧洲冷战战略也贯穿其中，这使得未来的北大西洋区域防御条约以及大西洋联盟被笼罩上一层厚重的美国色彩。同样，西欧国家也在谈判中完整地表达了其对未来大西洋联盟的种种期许，并且实现了其将美国拉入欧洲安全防御的既定目标，尽管美国创建未来大西洋联盟的方式与西欧国家的设想相去甚远，但是就未来大西洋联盟建构，双方还是达成最大程度的政治一致和安全利益趋同。

1949年4月4日，美国、加拿大与欧洲10个国家共同签署了《北大西洋公约》（Washington Treaty 或者 North Atlantic Treaty）。此后，在《北大西洋公

---

① 许海云：《锻造冷战联盟——美国"大西洋联盟政策"研究，1945—1955》，第223页。

约》的基础上，以美国为代表的各签约国又采取了一系列措施，不断充实条约的政治与军事内容，推动其向实体方向发展。1949年9月，《北大西洋公约》签约国召开华盛顿会议，正式创立北大西洋公约组织（North Atlantic Treaty Organization，简称NATO）。为了加强北约的组织职能、充分发挥其政治与军事作用，北约首先设置了其顶层政治领导和军事指挥机制，即由各国首脑或外交部长组成北大西洋理事会（North Atlantic Council，简称NAC），作为北约最高权力组织，负责所有重大事务的决策；由各国国防部长组成防务委员会（Defense Committee，简称DC），负责制订北约的防御安全方针；由各国总参谋长组成军事委员会（Military Committee，简称MC），负责制订各项军事作战计划。其次，北约还将整个北大西洋地区划分为5个不同的军事防御区，分设4个指挥机构，即西欧计划小组、北欧计划小组、南欧与西地中海计划小组、美国—加拿大小组，后来又增加了一个海峡指挥部，专门负责英吉利海峡及其周边地区的防御。

"作为大西洋联盟最具权威的政治组织，'北大西洋理事会'(NAC) 的地位高于位于华盛顿的'军事委员会'及其'常设小组'（Standing Group，简称SG），理事会做出决策，北约军事行动则在此框架下展开。"[①] 这种顶层权力机制的设计，确保了北约组织在冷战初期得以在欧洲冷战对抗中发挥重要作用，同时也确保了北约组织的有序发展，使北约在机制、功能、规则等方面不断得到扩展。另外，伴随着冷战斗争步步升级，北约在政治、军事、外交、安全以及社会领域的联合实践亦不断深入，所涉及的领域不断拓宽，参与的国家亦不断增多，制度设计越来越复杂，职能日趋完善。北约又陆续建立了"防务财政与计划委员会"（Defense Financial and Economic Committee，简称DFEC）、"军事生产与供应局"（Military Production and Supply Board，简称MPSB）等机构，大西洋联盟愈加成为美国与西欧共同推进其冷战战略的不二选择。

正是在《北大西洋公约》由条约向组织的转化过程中，北约逐渐建立起一套完整、系统的政治与安全模式，这一特殊模式不仅深深地影响到整个北大西洋区域政治与安全形势，而且也影响到战后世界政治与军事格局及其演变，这种状况甚至一直延续到冷战结束。那么，究竟如何界定大西洋安全模

① Prince Hubertus zu Löwenstein and Volkmar von Zühlsdorff, *NATO and the Defense of the West*, Westport, Connecticut: Greenwood Press, 1960, p.150.

式？大西洋安全模式的核心内容又是什么呢？简言之，大西洋安全模式是西方国家在战后冷战斗争中形成的一种特殊军事——政治组织结构，该结构融政治职能与军事职能于一体，以军事联合为主线，辅之以政治联合，同时伴之以经济、外交、文化与意识形态等领域的全面合作。大西洋安全模式以政府合作的方式，来行使统一组织的意志；以防御安全组织的形式，行使着冷战政治职能，其貌似松散的联盟结构发挥了高效的政治与军事职能。虽然大西洋安全模式看似违反联合国关于区域集团或地区组织的理念，但却继承和发展了联合国（UN）"自我防御"（Self-Defense）原则，它虽然在军事上呈现守势，但在政治和意识形态上却一直处于攻势，其军事指挥机制以及武装力量建设在表面上似乎只为应对苏联与东欧国家军事进攻而设立，但在冷战斗争中却竭尽渗透、围困与遏制之能事，处处压制苏联与东欧国家。

大西洋安全模式的上述特质虽然反映了欧洲冷战的复杂性，但也更多反映了该模式的内在特点。首先，在大西洋安全模式中，各成员国都持有共同的社会价值观、政治与经济制度以及冷战目标，这在很大程度上掩盖了各成员国在国家利益、综合国力、地缘战略地位等方面存在的差距。"北约是一个由主权国家组成的组织，没有哪个成员国会被迫参加它并不愿支持的某项军事行动。因此，防御合作无法确保盟国将会对已出现的政治与安全挑战都做出反应。"[①] 虽然大西洋安全模式强调平等协商，但是美国在大西洋安全模式中始终占据着主导地位，这使美国得以将其冷战战略中的政治方针、战略思想、外交手法、军事计划等尽数灌输于大西洋安全模式及其实践中。其中，在北约发挥其军事职能的过程中，美国武装力量扮演了至关重要的角色。

其次，与近代欧洲历史上的传统联盟不同，大西洋安全模式的最终目标在于建立一个强有力的军事——政治联盟。为此，大西洋安全模式逐渐形成一种具有足够凝聚力的政治联合机制、一种高效的军事指挥机制，还有一支力量强大的武装力量、一种严密的行动规则等，它们共同构成一种特殊的安全架构。这种安全架构成为团结和稳固大西洋两岸国家持续联合的一条重要路径，成为西方国家共同对抗苏联与东欧各国、持续推进其冷战战略的一种重要工具。

再次，大西洋安全模式并未脱离以联合国为中心的战后国际关系体系，

---

① Stanley R. Sloan and J. Michelle Forrest, "NATO's Evolving Role and Missions", A. M. Babkina, ed., *NATO's Role, Missions and Future*, New York: Nova Science Publishers, Inc., 1999, p.16.

也未废止国际政治与安全行为的基本规则与约定。在构筑大西洋联盟的过程中，大西洋两岸国家充分借鉴了《查克皮克议定书》（Chuck Pick Protocol）、《里约热内卢条约》《布鲁塞尔条约》以及《联合国宪章》中的许多政治主张与安全规则，诸如集体安全原则以及"自助、互助与他助"原则（Self-Assistant, Mutual-Assistant, Others-Assiatant），都是在此基础上产生的。"美国秉承了一贯坚持的'自助和相互援助'的政治原则，其对欧洲安全战略的核心思想是，不准备向欧洲派出军事力量，只主张支持和扶植西欧各国自身武装力量，强调欧洲国家自身防御安全建设的重要性，要求欧洲盟国承担更大的防御安全责任。"① 大西洋安全模式在其创设之初，就一直坚持某种相对开放和自由的政治态度，不强调排他性，而强调融合与合作，这使该安全模式得以和世界其他安全模式共生共处。

大西洋安全模式的上述特质不仅对大西洋两岸国家关系产生了重大影响，而且亦对欧洲冷战格局产生了影响，甚至深深影响到亚洲的政治与安全格局及其变化，这种影响不仅停留在国际关系与区域关系的层面，而且也深深触及上述国家的国内政治、经济、文化与社会生活，影响到这些国家未来的发展与变迁。

第二节　亚洲冷战及其安全模式雏形

一、美国在亚太的冷战战略与东亚地区冷战

二战结束后，在美苏冷战斗争所引发的国际对抗中，和欧洲所面临的冷战境遇一样，东亚地区也面临着同样的政治与安全压力，整个东亚地区一直是美、苏双方竞相争夺的对象，被迫卷入冷战旋涡中无法自拔。美国人自我表白，在二战之初并没染指欧亚大陆的打算："在二战期间以及战后初期，德国和日本处于盟国控制下，美国并不打算将其影响扩展到欧洲大陆和亚洲大陆。相反，美国集中力量保护其在加勒比海、大西洋以及中太平洋的海军和空军基地，即巴拿马空军基地、亚速尔岛、冰岛、战时日本占据的中太平洋托管岛屿、菲律宾，为的是保护自身，使未来的威胁远离美国海岸。"② 战争结束后，美国的安全战略不再局限于简单地保护其海军与空军基地，开始立

---

① 许海云：《锻造冷战联盟——美国"大西洋联盟政策"研究，1945—1955》，第341页。

② James F. Schbabel, *The History of the Joint Chiefs of Staff and National Policy, 1945–1947*, Vol. I, Wilmington, Delaware: Michael Glazier Inc., 1979, pp.299-346.

足于构建世界安全架构，着眼于与苏联争夺更多的势力范围，但是对东亚地区的设计在冷战开启之际并非是其战略重点。

美国一直将东西双方在亚洲的对抗，视为美、苏双方在欧洲冷战斗争的一种辅助或者补充，此举不仅针对亚洲冷战斗争的烈度与深度而言，而且也针对美国在全球政治与安全战略及其实践的权重而言。"受政府中太平洋主义者的影响，许多保守派人士质疑政府的'亚洲最后'政策（引自1952年共和党的竞选平台），这是对道格拉斯·麦克阿瑟将军想法的重复，即欧洲是一个'正在死去的系统'，美国的未来位于大西洋盆地的西部边缘。"① 就像战后初期很长一段时间，美国一直将其制定对华政策的基点停留在对苏联战略思考的从属和辅助地位，一直到朝鲜战争爆发，这种状况才出现根本性改变。随着东亚地区冷战斗争愈演愈烈，中国被美国视为主要的竞争对手，"危险程度"甚至超过苏联，亚洲亦上升为美苏冷战斗争的焦点，至少成为美、苏双方在欧洲冷战角逐之外的另一个角斗场，美国不得不全面强化其针对亚洲的冷战战略，增加其政治权重。"贯穿美国历史，美国将其安全一直建立在保持欧洲和亚洲力量平衡的基础之上。"②

与美国针对欧洲的冷战战略相比，美国对亚太区域的冷战战略内容比较复杂，而且前后变化较大。究其原因，既有亚太区域自身的客观因素，亦有美国对亚太区域认知上的主观成分。就客观而言，亚太各国在历史沿革、民族分布、文化习俗以及宗教信仰等方面情况复杂，相差迥异。而且，就其地理分布而言，亚太区域大多数国家分布在幅员辽阔的亚欧大陆，少数国家则分布在地域广大的太平洋海域，这种极度分散的地理分布以及历史、人文差异，造就了亚太各国具有某种天然的多元化、分散化以及易变性特点，不像欧洲那样相对单一、简单，而且易于组织和凝聚。另外，亚太各国在各自的政治、经济、社会发展进程中并不同步，政治形态多种多样，经济发展水平参差不一，社会形态千差万别，这在很大程度上决定了很难用一种统一的模式或者机制概括或者覆盖亚太区域所有国家。

此外，就美国对亚太区域冷战战略的主观成分而言，美国对亚太区域的

---

① Thomas J. McCormick, *America's Half-Century, United States Foreign Policy in the Cold War and after*, Baltimore and London: The Johns Hopkins University Press, 1989, p.96.

② John Lewis Gaddis, "The Insecurity of Victory, The United States and the perception of the Soviet threat after World War II", Steven Casey, ed., *The Cold War, Critical Concepts in Military, Strategic and Security Studies*, Volume II, *Origins*, p.45.

认知无疑存在着巨大误区，即美国的亚太政策制定者们不仅对亚太区域的历史知之甚少，而且对亚太区域现实也多误判误断。其最严重的失误在于，美国忽视了亚太各国自身的社会发展规律，将美国的亚太政策及其实践当作主导亚太区域政治、经济与社会发展的唯一要素，将亚太事务简单化。与此同时，美国沿袭了"选边站队"（Take Sides）的政治分类法则，忽略亚太各国极其复杂的政治生态，或者将一些国家简单依附于美国，或者将另一些国家完全划归苏联，排除了任何中立和不结盟的可能。在上述思想主导下，美国将其亚太冷战战略方针定格为全面遏制苏联向亚太区域各个国家输出共产主义，防止苏联进一步染指亚太区域，避免使亚太区域对苏联唯命是从，或者成为苏联的势力范围，尤其是东亚地区。对此，伦敦政治经济学院教授文安立（Odd Arne Westad）做了特别说明。"在罗斯福死后还只有几个星期里，国务院和国防部的高层官员便已表示要改变罗斯福在东亚同苏联合作的政策，并想方设法地限制苏联的影响。"①

为此，美国在东亚地区与苏联展开全面争夺，包括与盘踞在中国台湾地区的国民党政权建立联系，对新中国实施孤立和敌视政策，加大中国与苏联之间的政治距离。美国还对日本实施单独占领，禁止苏联染指日本。另外，美国对朝鲜半岛实行分区占领，以北纬38度线将朝鲜半岛一分为二，苏联控制朝鲜半岛北部，而美国则控制朝鲜半岛南部。与此同时，针对印度支那半岛反殖民斗争愈演愈烈，美国害怕带有社会主义色彩的"越盟"（Viet Minh）获胜，因此向法国殖民统治者大规模提供武器及经费支持，积极支持法国在越南的殖民战争。相反，对于东南亚风起云涌的独立运动，包括马来亚独立斗争、荷属东印度群岛独立运动，美国虽不赞成英国与荷兰采取赤裸裸的武力镇压政策，但亦因这些民族独立运动远离苏联而对其故意漠视，听任其发展。

很明显，战后初期美国对亚太区域的冷战战略，与其对欧洲的冷战战略同出一辙，异曲同工。虽然两者在具体内容上有所差别，但是它们在政治方针、安全理念、外交手法等方面却相当一致，尤其是在遏制苏联对外扩张与侵略、与苏联争夺更大的势力范围这一总目标上，两者具有极大的共同性和相似性。美国既在欧洲竭力拉拢东欧与南欧国家，采取政治、经济、军事、文化、技术等多种手段，全力分化苏联主导下的社会主义阵营。与此同时，

---

① ［挪］文安立：《冷战与革命——苏美冲突与中国内在的起源》，陈之洪、陈兼译，广西师范大学出版社，2002年，第202—203页。

美国也在亚太区域采取了政治联盟、军事与经济援助、文化与思想宣传等多种手法，全力遏制和缩小苏联在亚太区域的影响，或者直接插手多个亚太各国的政治、经济与安全事务，或者扶植和支持异于苏联的各种力量，最终达到封锁和遏制苏联的冷战目标。美国学者斯蒂芬·沃尔特（Stephen M. Walt）曾对此总结到："'条约癖'是一个词汇，意思是美国在朝鲜战争期间及其后，为了遏制苏联，在亚洲和中东鼓励组建一系列反共产主义联盟。"[①] 很明显，美国不是这种"条约癖"的受益者，而是受害者，因为美国的所作所为实际上也使其自身背上了沉重的包袱，难以自拔。美国著名新闻评论家沃尔特·李普曼（Walter Lippmann）曾就此提出批评："事实往往是，他们按照自己的逻辑和判断行事，让我们面对并不想要的既定事实，或者是毫无准备的危机。这些'牢不可破的屏障'会使我们不时地陷入无法解决的困境。最终我们要么不信任这些盟友——那意味着'绥靖'、失败和屈辱；要么在一些我们不愿看到、接受或者不想要的问题上不计代价地支持他们……牢不可破的屏障是弱小的。弱小的盟国不是价值，而是负担。"[②]

在亚太区域不同的次地区和国家中，东亚地区以其特殊的地缘战略地位、历史文化与传统、政治与经济现实，相较其他地区率先进入美国对亚太冷战战略的视野中。众所周知，东亚地区包括了中国、日本、朝鲜半岛以及蒙古，美、英、苏三大国在二战中就战后亚洲政治与安全所做的一系列决策，实际上主要集中于东亚地区，该地区一直是美国战时以及战后亚洲战略及其实践的重心。因为在美国看来，东亚地区的政治格局已经非常明确，联合国在朝鲜半岛的委任托管制度已经对南北朝鲜做了明确切分，南北朝鲜的政治分治已成定局，极难改变。而蒙古早在二战期间就已完全处于苏联的影响之下，被纳入苏联的势力范围内。因此，在整个东亚地区，只有中国与日本的走向还存在较大变数，而且对整个东亚地区格局的走向具有关键性影响。

所以，苏联必然要将其在东亚地区的扩张目标对准中国和日本，以此扩展其在整个东亚地区的势力范围。就像文安立所提出的："苏联政策的第一个目标是，要在任何有关战后的安排中降低日本的影响……斯大林的第二个战略目标是，要避免中美两国针对苏联利益而在战后结成联盟。"[③] 为此，美

---

① Stephen M. Walt, *The Origins of Alliances*, London and Ithaca: Cornell University Press, 1987, p.3.

② Walter Lippmannn, The Cold War: A Study in U. S. Foreign Policy, first edition, New York: Harper & Bros., 1947, pp.14-17. 转引自戴超武主编:《亚洲冷战史研究》, 第205页。

③ ［挪］文安立:《冷战与革命——苏美冲突与中国内在的起源》, 第8—9页。

国客观上需要将其亚太冷战战略的重点置于东亚地区，特别是将其外交政策与安全战略的重点对准中国与日本，全面压制苏联对中国和日本的"非法"要求。

鉴于新中国在外交上推行"一边倒"方针（One-Sided Guideline），在国家政治、经济、社会制度以及意识形态领域全面向苏联看齐，美国开始将新中国视为敌对方，不仅在国际社会公开拒绝承认新中国，而且率领西方国家对新中国实施外交封锁与经济孤立。1950年2月14日，中国与苏联签订《中苏友好同盟互助条约》（Sino-Soviet Treaty of Friendship），双方还附带订立《关于中国长春铁路、旅顺口及大连的协定》《关于贷款给中华人民共和国的协定》以及《关于中苏友好同盟互助条约的补充协定》。这些条约在稳固中苏政治同盟的同时，也使美国进一步加强了其对中国的敌对与封锁政策。美国开始向盘踞台湾地区的国民党政府大规模提供军事与经济援助，大规模派出军事代表团，指导其制订军事计划、开展军事训练、指导国民党军队的建设；而且，美国还派遣海空军部队，与国民党军队频频展开各种联合军事演习，向新中国示威。

与此同时，受美苏冷战斗争的影响，美国对日本的安全战略与外交政策也出现重大调整。鉴于中国国民党政权垮台，这使美国扶植中国、使中国成为其亚太区域战略伙伴的政策破产，从1948年起，美国开始调整其对日政策的基调，不再谋求限制、削弱和弱化日本，而是转而扶植和支持日本，竭力试图将日本打造为未来美国在东亚地区的战略桥头堡。为此，以美国国家安全委员会（National Security Council）为代表，杜鲁门政府开动国家机器，制定了新的对日政策，以便与苏联相竞争和抗衡。美国学者乔纳森·哈斯拉姆（Jonathan Haslam）就此曾评论道："一俟欧洲冷战开启，俄国人就令人吃惊地迅速高举德国民族主义的旗帜，以此作为破坏美国在中欧持续存在的一种方法。与之相比，同样令人吃惊的是，俄国人对日本未能做出相同之事，尽管事实变得非常清楚，美国人正在将日本转变为一个实施行动的基地，以便在太平洋对抗苏联。"[①]

美国新的对日政策不再对日本实施非武装化政策，而是谋求在美国控制下重建日本的军事力量，首先恢复日本的警察力量，在此基础上再建设和发

---

① Jonathan Haslam, "The Boundaries of rational calculation in Soviet policy towards Japan", Michael Fry, ed., *History, the White House and the Kremlin: Statesmen as Historians*, London and New York: Pinter Publishers, 1991, p.45.

展日本的自卫防御力量。美国试图以此弥补其驻日军事力量的数量不足，加强美国在日本的政治与军事影响力。1951年9月8日，美日双方共同订立了一项"相互安全条约"——《日美安全保障条约》（Treaty of Security and Safeguard Between Japan and United States，简称TSSJUS）。"鉴于《和平条约》与《相互安全条约》生效，日本授权、美国也同意在日本及其周边地区部署美国陆军、海军以及空军。这些武装力量可能被用于维持远东的国际和平与安全，防范日本的安全受到外来的武装攻击，也包括应日本政府邀请，负责镇压日本国内由于外来一国或多国教唆和干涉而引起的大规模暴乱。"[1]

诚如上文所述，美国对日外交政策与安全战略所做的调整，归根到底在于为美国的冷战意识形态与政治偏见所驱使，这种调整虽然在一定程度上暂时满足了美国在东亚地区的政治与安全需要，但却从根本上罔顾在历史上曾经遭受日本帝国主义侵略的东亚、东南亚、南亚等许多国家及其人民的民族感情和政治要求，为美国日后东亚、东南亚等安全战略及其实践受挫埋下了祸根。虽然美国凭借日美特殊关系加强了美日安保体系（Japan-American Security Guarantee System，简称JASGS），[2] 加强了美国对日本的政治、经济以及军事控制。但是，此举无法解决美国对亚太区域外交与安全战略的所有需求，实际上对美国来说形同饮鸩止渴，因为此举虽加强了美国在东亚地区政治与安全的影响，并且强化了美国在东亚地区的冷战态势，但却中断了对日本军国主义与法西斯主义的整肃及惩治，进而削弱了战后日本民主化改造，保留了大量军国主义与专制主义残余，导致日本无法对其历史展开深刻反思，在给日本外交与安全政策添加不稳定因素的同时，也增加了美国对东亚政策的冒险性与对抗性，客观上加剧了东亚地区的冷战对抗。

围绕朝鲜战争，东亚地区的冷战斗争进入高潮。中、美两国在朝鲜半岛兵戈相向，双方军队浴血奋战，战况空前激烈，中美关系也由此进入了一个全面敌对的新时代。在亚太冷战斗争中，中国开始取代苏联，被美国视为亚

---

[1]　"Security Treaty Between the United States and Japan: September 8, 1951", *American Foreign Policy 1950–1955*: Basic Documents Volumes I and II, Department of State Publication 6446, Washington, DC.: GPO, 1957. available at http://avalon.law.edu/20th_century/japan001.asp. 转引自Panagiotis Dimitrakis, *Failed Alliances of the Cold War, Britain's Strategy and Ambitions in Asia and the Middle East*, London and New York: I.B. Tauris & Co Ltd., 2012, p.17.

[2]　1952年2月28日，美日两国签订《日美行政协定》，规定驻日美军享有特殊地位，日本向美国支付防卫开支。1960年1月19日，美国和日本签订《日美共同合作和安全保障条约》（《新日美安全保障条约》），该条约不设定废止日期，可以无限期延长，条约进一步扩大了美日双方合作的范围，深化了双方合作深度。上述条约共同构成了所谓的"美日安保体系"，确立了美日双方的政治与安全合作伙伴关系。

洲最具侵略性、最危险的威胁。为了去除横亘在东亚地区的这一眼中钉，或者全面削弱新生的社会主义中国，美国全面加强其在东亚地区的冷战战略与实践，对"红色中国"采取了空前严厉的包围、封锁以及对抗政策，其政策与实践力度甚至远远超过其对苏联与东欧国家的政策。美国冷战史大家劳埃德·加德纳（LIyod C. Gardner）曾就此反思道："就军备竞赛、中国被国际社会孤立这些代价，以及（战争）对美国政治发展产生的影响而言，朝鲜（战争）的遗产实际上是无法估量的。"①

1952年8月，在美国积极主张下，在西方国家为管制东西方贸易问题而成立的"巴黎统筹委员会"（Coordinating Committee on Export Control，简称COCOM）之中，特别设立了"中国委员会"，对中国实施严厉的贸易禁运。美国国会特别通过《共同防卫援助统制法》（Joint Defnese Aid Control Act，简称JDACA），该法案又称《巴特尔法案》（Battle Act），它以加强对中国等国的商品与贸易限制。该法案规定，"凡是向威胁美国国家安全的任何国家、国家集团输出美国禁用物品的国家，美国政府将全面停止对该国的经济援助、军事援助、财政援助；凡是接受美国援助的国家，美国政府应该与其谈判未列入本法禁用清单A中的物品的管制问题；凡是没有接受美国各种援助的国家，美国政府也要请求其合作，对美国贸易管制的物品实施管制。"② 很明显，美国希冀利用中华人民共和国成立之初的经济困难，为中国经济建设制造更多的障碍，增加社会主义国家经济交往中的政策矛盾与利益冲突。

尽管中国、朝鲜与美国在1953年7月27日签订《朝鲜停战协定》（Korean Armistice Agreement），朝鲜战争正式结束，但是，东西双方围绕朝鲜战争的政治与军事竞争与对抗却远未结束。就像美国历史学家米娜·波斯（Meena Bose）所强调的："杜鲁门最初的遏制战略旨在主要通过经济和政治努力，应对共产主义的扩张。后来，在美国于1950年6月进入朝鲜战争后，杜鲁门的战略转向大规模增加美国军事力量与预算，以便美国能够在苏联实施侵略的任何地方做出军事回应。"③ 毋庸置疑，中美关系从此进入一个政治严冬期，朝鲜半岛分裂为朝鲜与韩国两个国家，双方兄弟阋墙，长期敌对，这使朝鲜

① LIyod C. Gardner, "Korean Borderlands, Imaginary Frontiers of the Cold War", William Stueck, ed., *The Korean War in World History*, Lexington, Kentucky: The University Press of Kentucky, 2004, p.142.

② 崔丕："美国的遏制战略与巴黎统筹委员会、中国委员会论纲"，《东北师大学报》（哲学社会科学版），2000年第2期，第48—56页。

③ Meena Bose, *Shaping and Signaling Presidential Policy, The National Security decision Making of Eisenhower and Kennedy*, College Station: Texas A&M University Press, 1998, p.5.

半岛一直成为东西双方在亚太区域实施冷战对抗最激烈的地区之一，而且始终牵动着东亚地区利益相关国家或组织的政治与安全神经。东亚地区的这种基本冷战态势与格局，贯穿历时半个世纪之久的冷战全程，其间虽几经变幻，但一直持续到冷战结束。

二、冷战斗争中的东南亚地区

东南亚是亚太区域另外一个重要地区，该地区地理位置独特，包括了位于中南半岛以及马来群岛11个国家。虽然不像东亚地区横亘欧亚大陆东端，在欧亚大陆占据着重要的战略地位，但是东南亚地区辖制从印度洋进入太平洋的海上通道，其战略地位亦极其重要。在战后初期的美苏冷战斗争中，东南亚地区的表现极其特殊，尽管不同于东亚地区，但是冷战也同样波及这个地区。"美国非常小心地监视着东南亚的发展，华盛顿并不愿意为东南亚地区承担责任，但是也不愿意放弃该地区，将其友好地转交给对手手中，例如克里姆林宫或者一些无法辨认的泛亚运动。"①

二战结束后，东南亚地区爆发了声势浩大的民族解放斗争。在印度支那半岛，以越南的民族解放斗争最具代表性。在反法西斯战争中领导越南抗日斗争的"越南独立同盟"（Việt Nam Độc Lập Đồng Minh Hộ），又称"越盟"，在日本法西斯投降后控制了河内，并且在越南北部建立了独立政权。在与战后重返越南的法国殖民者谈判失败后，与法国在南越建立的殖民政府展开对峙，事实上形成越南北部与南部相互对抗的局面。与此同时，在马来群岛的马来亚、印度尼西亚和菲律宾等国，也爆发了声势浩大的民族解放运动，这些国家在反法西斯战争中孕育并发展强大的民族力量，它们在二战后旗帜鲜明地提出争取民族独立、要求摆脱殖民统治的革命主张，并且成为独立运动的主力。在这些民族解放力量中，既有谋求社会主义目标的共产党抗日武装，也有要求建立民族民主政府的各种民族主义力量，这种状况使得东南亚地区民族解放运动的成分变得尤其复杂。

与之相对照，在越南民族独立运动开启之初，美国对战后东南亚的发展前景实际上并没有一个非常清晰、完整的目标。颇具讽刺意味的是，在东南亚民族独立运动开启之初，美国一直对其持同情态度。但是，随着美苏冷战

---

① Melvyn P. Leffler, *A Preponderance of Power, National Security, the Truman Administrative, and the Cold War*, p.94.

斗争启动，特别是冷战不断升级，中、美双方在朝鲜战争中短兵相接，使亚太区域冷战斗争提前进入美国的冷战战略及其实践的议事日程。鉴于东南亚在西太平洋所占据的重要战略地位，美国不愿意看到印支半岛落入社会主义阵营手中，尤其不愿意苏联或者中国将其政治与安全影响深入印支半岛。"法国人已经伤亡5万人，每年在印度支那半岛投入5亿美元，并且将15万名经验丰富的军人一下子派往越南，而这些部队却是欧洲极度需要的。艾奇逊害怕法国人会撤军，如果这样的话，印度支那就可能会在一夜之间垮掉。"① 因此，美国开始向法国殖民者提供财政与军事援助，将大量剩余的租借武器提供给法国殖民军队，目的是延续法国在印支半岛的殖民统治，以避免使之成为社会主义势力范围。美国这种饮鸩止渴的不道德做法，即使在美国也颇受正义人士的质疑。美国著名报刊人评论员沃尔特·李普曼曾强调："除非美国国会自身做出承诺，向法国提供巨额资助，即每年拿出数亿美元，连续坚持数年，否则，人们无法指望法国军队继续向东南亚提供防御，法国的殖民战争不仅要对付共产党人，还要对付民族主义者。"②

事实证明，美国针对印支半岛的外交与战略并不成功，尽管美国提供了大量武器装备与金钱，但是印支半岛的政治与安全形势并未朝着美国所希冀的方向发展，美国的军援与金援政策既未能够帮助法国继续其殖民统治，又没有杜绝社会主义影响在印支半岛的扩展。1954年2月，美、英、苏、法、中等多国代表召开日内瓦会议，通过签署《日内瓦公约》（Geneva Conventions），正式宣布结束印度支那战争，法国就此退出印支半岛，北越宣布建立共产党政权，南越则建立美国所支持的吴庭艳政权。越南从此一分为二。但是，南越和北越双方互相敌视，征战不休，一直到1975年越南战争结束，美国付出了极其惨重的代价，北越最终实现了南北统一。因此，美国在印支半岛所确立并推行的冷战战略与实践，徒劳无益地加剧了印支半岛的紧张局势，甚至导致整个东南亚地区冷战形势紧张化，这使美国不得不从幕后走到台前，最后使其自身亦不得不陷入旷日持久的越南战争中，饱尝越南战争失败的苦果。美国国务院前政策设计委员会主任保罗·尼采（Paul Nitze）曾就此总结道："事实上，我们往往处于一种永久性应对一个又一个危机的状态中，而不是朝着一个长远目标努力。换句话说，各种事件促成了我们的政

---

① Melvyn P. Leffler, *A Preponderance of Power, National Security, the Truman Administrative, and the Cold War*, p.138.

② Colin Mason, *A Short History of Asia*, second edition, New York: Palgrave Macmillan, 2005, pp.282-284.

策，而并非我们来调整事件……肯尼迪政府与约翰逊政府的政策演变一直是即兴而作，我们从诸多具体细节中吸取了教训，但这些经验教训从未整合为某种连贯的政策构架，例如，东南亚发生的事件使我们进入一个难以恢复的迷宫。"[①]

几乎在与战后印支半岛民族解放运动方兴未艾的同时，马来群岛的民族独立运动也蓬勃兴起，摆脱西方殖民统治，建立独立的民族国家，成为马来群岛民族解放斗争的共同目标。在马来群岛的民族解放运动中，以英属马来亚、荷属印度尼西亚、美属菲律宾的民族解放运动最具影响。二战结束后，尽管英国在战争中遭受了重大损失，但是英国不愿就此放弃其海外殖民地，特别是位于东南亚地区的马来亚。面对战后马来亚汹涌澎湃的民族解放运动，英国殖民当局一度采取了严厉的武力镇压政策，派出大量武装部队，在马来亚全境实施严格隔离与宵禁，对游击队采取全面围困与清剿，尽一切可能断绝其所有的物资与资源供应。尽管美国并不满意英国所采取的血腥殖民政策与措施，亦对英国不择手段维持其势力范围的做法颇多微词，但是鉴于英国殖民当局的作战对象是马来亚共产党及其领导的游击队，美国害怕马来亚共产党上台执政，最终导致社会主义在东南亚地区扩散，因而对英国的殖民政策听之任之，少有动作。

但是，到20世纪50年代初，随着美国在亚太区域全方位展开其联盟战略，大肆建立双边或多边联盟，英国的态度开始转变，英国开始逐步后撤，让美国更多地在亚太区域站台发声。英国外交大臣艾登（Sir Anthony Eden）一直喋喋不休地宣称："我们应该劝说美国以这种联盟的方式（在亚洲和中东）承担真正的负担，而我们自己可以保持更多的政治控制、声望以及世界影响……我们就更加可以逐步、不引人瞩目地将真正的负担，从自己转到美国人的肩上，在保持我们的世界的地位与影响时更少承担损失。"[②] 由此可见，美国大规模介入东南亚地区事务，实际上是以美、英两国的某种政治默契或者妥协为前提的，同时也是以牺牲东南亚国家人民的自由和独立为代价的。

与之相比，美国在波茨坦会议上同意将其在二战中占领的荷属东印度归

---

① Paul H.Nitze, *From Hiroshimato Glasnost*：*At the Center of Decision*, New York: Grove Weidenfeld, 1989, p.252. Also see Meena Bose, *Shaping and Signaling Presidential Policy, The National Security decision Making of Eisenhower and Kennedy*, p.61.

② Memorandum, Eden, 18 June 1952, CAB 129/53, The National Achieves. 转引自 Panagiotis Dimitrakis, *Failed Alliances of the Cold War, Britain's Strategy and Ambitions in Asia and the Middle East*, p.8.

属荷兰，但是当荷兰恢复了其在印度尼西亚的殖民统治秩序，却遇到了已经觉醒的印度尼西亚民族解放斗争。荷兰殖民军与英国殖民军联合，采取了严厉镇压政策，对印度尼西亚民族主义者实施武力镇压，虽然美国与澳大利亚对印度尼西亚民族主义运动寄予了极大同情和支持，但是对印尼共产党却坚决采取压制和消灭态度，并且采取一切措施，防止共产党势力控制印度尼西亚政府与人民。1945年8月，印度尼西亚各个爱国团体联合起来，共同成立了以苏加诺（Bung Sukarno）为首的共和国政府。美国不仅对印尼民族运动给予积极支持，而且也竭力促成荷兰殖民当局与印尼民族政府展开谈判。1946年8月，美国国务院向其驻荷兰大使特别发出指令，要求其向荷兰政府施加压力，要求荷兰政府采取一种与印度尼西亚共和国和解的谈判态度，以抵御苏联可能采取的行动。① 尽管由于荷兰不愿意主动放弃其殖民统治而使谈判历经波折，但是双方还是达成一系列协定，并且最终成立了荷兰—印尼联邦，印度尼西亚由此赢得全面独立。

　　与美国对积极支持建立印度尼西亚共和国的态度相反，美国对印尼共产党坚持其一贯的冷战和意识形态偏见，害怕独立后的印度尼西亚落在共产党手中，害怕共产党在苏加诺政府和军队中发挥更大影响，更害怕苏联以及中国向印度尼西亚扩展社会主义影响。1948年5月，苏联政府正式向印尼政府提出建立双边领事关系，此举引起了美国杜鲁门政府的严重关切。在杜鲁门政府看来，印度尼西亚处于东南亚地区的底部，一旦其被社会主义势力染指，那么，整个东南亚地区就都有沦为社会主义势力范围之虞。1948年8月，美国驻印尼共和国总领事莱温·古德（Levin Good）特别向国务院发出电报，要求国务院宣布杜鲁门主义（Truman Doctrine）适用于印度尼西亚。② 与此同时，美国向印尼政府施加压力，坚决要求苏加诺政府对印尼共产党实施镇压，美国甚至直接策划并参与了印尼民族政府镇压和迫害印尼共产党人的"茉莉芬事件"（Madiun Affair 或 Peristiwa Madiun），以此彻底消除印尼共产党在印度尼西亚的政治与军事影响。

　　在"茉莉芬事件"中，印尼共产党损失惨重，几乎全军覆没，印尼政府就此宣布印尼共产党为非法组织，对其采取更加严厉的镇压政策，迫使印尼

---

　　① The Acting Secretary of State to Ambassador in Netherland (HornBeck), August 5, 1946, *FRUS*, 1946, The Far East, Vol.8, Washington, D. C.: GPO, 1971, p.840.

　　② Robert J. McMahon, *Colonialism and the Cold War: the United States and the Struggle for Indonesia Independence*, New York: Cornell University Press, 1981, p.237.

共产党转入地下，其影响大为削弱。此后，印尼共产党又屡遭迫害，始终远离印尼政坛核心，一直到20世纪60年代中期在苏哈托（Haji Mohammad Suharto）发动的政变中被彻底摧毁。尽管此后印度尼西亚的政治走向最终并未完全按照美国的设计而发展，苏加诺领导下的印度尼西亚保持了与美国不近不远的政策，但是美国一直没有放弃对印度尼西亚国内政治、经济与安全事务施加影响，甚至直接插手印度尼西亚的内部事务、派系争斗以及战争，尽管美国的做法并不完全奏效，但还是对独立后的印度尼西亚发展道路产生了巨大影响。

和其他位于马来群岛的国家不同的是，菲律宾从19世纪末以来就一直是美国的殖民地，在政治、经济、社会以及文化等各个领域与美国具有非常密切的联系。二战后，菲律宾的民族意识觉醒，同样兴起了轰轰烈烈的民族主义解放运动，但是美国不愿意放弃对菲律宾的控制，为此美国国会特别通过《贝尔法案》（Bell Act），规划了独立后菲律宾与美国的关系，而且为了显示美国与菲律宾两国的特殊关系，美国甚至还制定了菲律宾独立的时间表，特意将美国独立日7月4日确定为菲律宾的独立日。1946年7月4日，菲律宾宣布独立，美国旋即与菲律宾政府签署了《美菲关系条约》（US-Philippine Relations Treaty，简称USPRT）和《美菲贸易问题与其他问题协定》。此后不久，美国又与菲律宾签订了《美菲关于军事基地的协定》（The Agreement on Military Bases in Philippine between US and Philippine）。为了保证美国能够完全控制菲律宾，美国全面加强了对菲律宾的经济援助，以此稳定菲律宾的社会秩序，以此加速战后菲律宾经济恢复，巩固和加强菲律宾亲美政府的政治地位。"战后前5年，美国向菲律宾提供的各种援助达到15亿美元。"[①] 此外，美国还向菲律宾提供了大量军事援助，帮助菲律宾迅速建立起自己的军事武装，同时还为菲律宾培养各级军官。不可否认，美国向菲律宾提供的经济和军事援助，确实对于稳定菲律宾的政治、经济与社会秩序发挥了一定作用，确保了美国对菲律宾保有有效的控制和影响。

与此同时，为了直接贯彻其亚太冷战战略，美国加强了对菲律宾的政治整肃，力图使菲律宾与社会主义彻底绝缘。首先，美国对菲律宾国内的共产党力量实施清除，在美国的直接指使下，菲律宾共产党领导的抗日武装"虎

---

① Memorandum from the Secretary of State to the President, Washington, February 2, 1950, *FRUS*, 1950, East Asia and the Pacific, Vol.6, p.1407.

克军"（The Hukes）被宣布为非法组织，被菲律宾政府予以取缔。美国同菲律宾政府一起，一方面对"虎克军"实施招降政策，另一方面则采取了镇压行动，大肆屠杀共产党人，对"虎克军"的根据地实施大规模清剿。其次，美国非常害怕苏联会利用其共产主义意识形态染指菲律宾，同时害怕中国会利用其在菲律宾的华人以及共产主义意识形态，将菲律宾"赤化"。美国国务院特别强调："从苏联的观点看，菲律宾是苏联控制远东地区的关键，如果苏联占领了这些群岛，那么东南亚反共防御体系将会处于瘫痪状态。"[1] 为此，美国在菲律宾建立了多个军事基地，加强与菲律宾的军事联合，以此加强对菲律宾的控制，在加强其东南亚地区冷战态势的同时，防止苏联与中国向东南亚地区实施渗透。

美国在东南亚地区的冷战政策与实践，虽然便利了美国对东南亚地区的染指和影响，但也加剧了该地区政治与安全形势紧张化。美国的种种举措使东南亚各国在赢得独立不久，很快就被卷入东西方冷战旋涡中，整个东南亚的区域政治与社会生活进入了一个冷战时代。总体而言，美国在战后强势进入东南亚地区，并且强行将其绑缚在冷战与意识形态的枷锁上，非但未能很好解决旧殖民主义留下的种种后遗症，而且还大大激化了东南亚地区各国的矛盾与纷争，包括各国在历史上留存已久的领土纷争、宗教分歧、民族冲突、文化纠葛，以及其他各种利益纠葛。"总体而言，东南亚的疆域冲突是殖民主义留下的遗产，欧洲列强重新编排政治空间，它们支配着东南亚的国际关系，一些陆地边境争端到今天也没有完全分割与划分清楚。"[2] 由此可见，东南亚区域争端实际上离不开美国等西方实力为其灌输的冷战意识以及政治分裂行为。

三、南亚地区的安全局势及其变化

南亚地区毗邻中南半岛，处于西亚与东南亚、东亚之间，在亚太区域地缘战略格局中占据着极其特殊的地位。南亚次大陆具有悠久的历史与文化，疆域涵盖了印度、巴基斯坦、孟加拉、锡金（今属印度）、不丹、尼泊尔等国

---

[1]　National Security Council Staff Study [NSC 84/2] Washington, Novernber 9, 1950, *FRUS*, 1950, East Asia and the Pacific, Vol.6, p.1516.

[2]　Jürgen Haacke, "South-East Asia's international relations and security perspective", Andrew T. H. Tan, ed., *East and South-East Asia, international relations and security perspectives*, London and New York: Routledge, Taylor & Francis Group, 2013, p.158.

家，但南亚次大陆与亚洲其他地区不同，它在地理位置上自成一体，北有喜马拉雅山脉、喀喇昆仑山以及兴都库什山脉，南部为印度洋包裹，西边有伊朗高原，东部则坐落着毗邻孟加拉与缅甸的山区，这种特殊的地理位置及其分布，使南亚次大陆与外部世界天然相隔，对外思想与文化交流相对较少。因此，在二战结束后很长一段时期，南亚次大陆并没有马上被纳入美国的亚太冷战战略所考虑的范围。美国智库布鲁金斯学会研究员、伊利诺伊大学教授斯蒂芬·科恩（Stephen Cohen）曾解释说："对美国利益来说，南亚始终是一个属于边缘从属地位的地区，美国很少从这一地区获取对其经济至关重要的资源。"[①] 上述情形导致南亚次大陆的政治、军事与经济发展别具一格，明显有别于亚太区域的其他地区。

二战结束后，南亚次大陆民族解放运动风起云涌，势不可挡。处于南亚次大陆宗主国地位的英国，由于战后国力衰退，无力继续维持其在南亚次大陆的殖民存在。为此，英国设计了以印巴分治为主旨的《印度独立方案》（Partition of India），又称《蒙巴顿方案》（Mountbatten Plan），该法案力图将独立后的南亚次大陆国家继续维系在英联邦之内。1947年8月14日，巴基斯坦宣布独立。8月15日，印度宣布独立。南亚次大陆就此断落为印度和巴基斯坦两个部分，双方的矛盾、纠葛、竞争以及对抗遂成为南亚次大陆政治、经济与军事生活的主要内容。就其历史而言，印度与巴基斯坦两国人民在宗教信仰、文化习俗、历史传统等方面具有较大差异，就其国家现实利益而言，两国在领土边境划分、克什米尔归属、不同民族分属等问题上更是剑拔弩张、相持不下，因此，印巴纷争注定将呈现不可避免之势，而且无可避免地成为南亚次大陆政治、经济、社会以及安全事务的主题，这也导致"这一地区的安全范式为这种危险的战略竞争所控制"。[②]

与亚太区域其他地区不同，南亚次大陆的政治与文化生态极其特殊，其思想与理论、行为与实践内部充满了矛盾和对立，既相互区别，又互有联系，尤其是印度，其政治、经济、社会与外交更是别具一格。印度在政治体制上采取了西方代议制政治形式，虽然国大党在印度独立后执掌了政权，但是印

---

① Pervaiz Iqbal Cheema, "America's Policy on South Asia: Interests and Objectives", Stephen P. Cohen, ed., *The Security of South Asia: American and Asian Perspectives*, Urbana and Chicago: University of Illinois Press, 1987, p.120.

② Air Cmdo (Retd.) L.K. Sharma, *South Asia Security and China's Security Environment*, New Delhi: Surendra Publications, 2012, p.9.

度共产党同样保持了其在国家政治、经济与社会生活中的重大影响，共产党成为印度政坛上仅次于国大党的又一重大政治势力。虽然印度名义上采取了资本主义制度，但是在社会与经济领域则采取了带有社会主义计划经济趋向的混合体制，既有市场经济的自由成分，也夹杂了计划经济的统一色彩。虽然印度拥有一个权力完整的中央政府，但是印度联邦下属各邦同时也拥有较大的权力，而且在很大程度上始终保持着相对独立的政治地位。虽然印度赢得了独立，建立了自身的民主政权，但独立后的印度仍留在英联邦内部，印英关系虽得以保留，但双方并不亲近。总之，印度在上述各个领域所表现出的复杂性和特殊性，使美国的对印政策一变再变，难以固定。美国害怕印度走上社会主义道路，害怕会失去南亚次大陆。

在外交领域，印度热衷于推行中立外交和不结盟政策，既不介入东西方冷战斗争，亦未投向东西方两大阵营中的任何一方，而且不加入任何集团或者组织。与此同时，印度在发展美印关系的同时，也注重发展与苏联及东欧等社会主义国家的关系，竭力在东西方两大集团中间保持中立。印度独立后，虽然尼赫鲁总理（Jawaharlal Nehru）很快赴美国进行国事访问，但是印度在塑造美印关系的同时，也注重发展印中的关系。尼赫鲁甚至置美国的强烈反对于不顾，率先承认新中国，和新中国较早地建立了正式外交关系。独立后的印度，在外交政策及其实践上既立足于南亚大陆自身，同时也着眼于世界，因此其外交与安全战略兼具地区性与世界性双重特性。美国学者乔治·坦纳姆（George K. Tanham）曾对印度外交颇有感触地做出总结："第一圈是印度自身；第二圈包括印度小的直接邻国——斯里兰卡、尼泊尔、孟加拉国和马尔代夫；第三圈包括巴基斯坦——唯一敢挑战印度地区军事力量的次大陆国家、中国——印度在亚洲最大的对手、苏联——印度亚洲地缘政治圈甚至世界范围内的最好朋友和伙伴；印度洋地区构成了第四圈，印度相信它既为印度提供了机遇，也带来了挑战；最后一圈则包括更远的强国和世界上的其余国家。"[1]

除此之外，印度一直试图在南亚次大陆扮演领导角色，因此在很大程度上主导了南亚次大陆的安全秩序建构。1956年，在印度的大力推动下，亚洲多国共同建立了"亚洲法律咨询协定"，并在此基础上建立了"亚洲法律咨询

---

[1]　George K. Tanham , "Indian Strategic Thought: An Interpretive", George K. Tanham, et al., eds., *Securing India: Strategic Thought and Practice in an Emerging Power*, New Delhi: Manohar, 1996, pp.48-49.

委员会"（ALCC）。[①] 1962年，同样是在印度的推动下，建立了"非洲—亚洲农村重建组织"（AARRO）。[②] 同样是在印度的主导下，在1995年成立了"环印度洋区域合作联盟"（IORARC），[③] 等等。很明显，印度对南亚次大陆安全秩序建构的基本目标并不止于本地区，还扩展到世界其他地区，而且安全秩序建构的内容也不着眼于军事或安全目标，而是着眼于推动南亚次大陆的经济与社会发展，致力于本地区的基础设施与民生建设。

为了牵制印度，保持其对印度拥有足够的政治与经济影响力，美国频频向印度伸出橄榄枝，向印度提供大量经济与财政援助，力图使美印关系变得更加紧密。在美国的积极努力下，1950年12月，美国与印度订立《美印技术援助协定》（US and India Technical Assistance Agreement，简称 USITAA）。1951年3月，美印双方订立《共同援助防御协定》。1952年1月，美印两国又签署《美印技术合作协定》（US and India Technical Cooperation Agreement，简称 USICAA），这些内容广泛的双边条约或协定，虽然密切了美印关系，但是却始终未能实现将印度变成美国的冷战盟友。然而，对印度而言，来自美国的援助虽然有助于其经济发展、技术进步，但并未改变其独立自主的中立外交政策。印度在接受西方援助的同时，也坦然接受来自苏联和东欧社会主义国家的经济援助和支持。据统计，1954—1962年，印度从东西方获得大量经济援助，从苏联和东欧国家获得9.82亿美元，从西方国家获得35.333亿美元。[④] 很显然，印度的国策并不会因为美国的单边政策而改变。因此，美国在拉拢印度的同时，也不忘记对其施加压力，包括向与印度相对立的巴基斯坦提供援助，借以牵制和影响印度的外交与实践，迫使尼赫鲁政府改弦更张。

与印度的政治、经济与外交形态相反，巴基斯坦在政治、经济、社会与外交等领域的表现比较简单。巴基斯坦地处中亚、西亚、南亚的交汇处，其地缘战略关系极其重要而且敏感。"巴基斯坦在战略上处于三大重要的古代文明的交汇点，它扮演着连接中亚、中东以及南亚三地桥梁的角色。"[⑤] 自其建国伊始，巴基斯坦就一直将维护国家利益作为其外交政策与实践的核心目

---

① 该组织在1958年发展成为"亚非法律咨询委员会"（AALCC）；2001年，该组织再度更名为"亚非法律咨询组织"（AALCO）。

② 该组织在2000年改组命名为"非洲—亚洲农村发展组织"（AARDO）。

③ Michael Hass, *Asian and Pacific Regional Cooperation, Turning Zones of Conflict into Arenas of Peace*, New York: Palgrave Macmillan, 2013, pp.46-47.

④ Arthur Stein, *India and the Soviet Union, the Nehru Era*, Illinois: University of Chicago Press, 1969, p.190.

⑤ Air Cmdo (Retd.) L.K. Sharma, *South Asia Security and China's Security Environment*, p.9.

标。众所周知，印度和巴基斯坦自独立伊始，两国关系就一直处在极为严重的对立与敌视状态，双方在宗教、文化、国土、民族分界、地缘关系等领域一直存在着竞争与对抗。因此，如何应对印度的政治与安全威胁、维护自身的安全利益，一直是巴基斯坦外交与安全战略的最优先考虑。明显有别于印度，巴基斯坦外交与安全战略的目标更多立足于自身，立足于南亚次大陆局部，而非全世界。另外，作为伊斯兰国家，巴基斯坦的外交与安全政策也表现出某些宗教或意识形态色彩，即巴基斯坦同样致力于与伊朗、阿富汗等周边伊斯兰国家发展友好关系，甚至与中东地区的阿拉伯各国保持友好关系。因此，巴基斯坦的这一外交与安全偏好，也在很大程度上对南亚次大陆产生了影响。

在上述区域安全方针与国家利益至上原则的指导下，巴基斯坦特别重视发展与新中国的外交关系，两国于1951年5月正式建立外交关系，但是这种关系在很长时间一直被巴基斯坦视为一种应对印度威胁的有效手段。与印度明显不同，面对强势印度带来的巨大安全压力，巴基斯坦更注重发展与美国的关系，它始终将美巴关系视为实现其区域安全目标一个不可缺少的要素。因此，当美国拉拢巴基斯坦，试图以此染指南亚次大陆政治与安全事务的政策出台后，巴基斯坦迅即予以响应，双方迅速找到共同的安全契合点。1953年11月，巴基斯坦与美国签订《美巴双边防务协定》（US and Pakistan Bilateral Defense Agreement，简称 USPBDA），1954年5月，两国签订《美巴共同防务援助协定》，巴基斯坦与美国的安全合作进入一个前所未有的新阶段。不仅如此，在美国的积极作用下，巴基斯坦又先后签署多项条约，先后于1954年9月加入"东南亚条约组织"（South East Asia Treaty Organization，简称 SEATO），1955年9月加入"巴格达条约组织"（Baghdad Pact），巴基斯坦最终成为美国在南亚地区坚定的战略伙伴。对美国来说，美国与巴基斯坦的联合，使美国得以深度介入南亚次大陆，特别是得以在南亚、中亚、西亚的交汇点，占据相对有利的战略地位。但是对于巴基斯坦来说，美巴联合只是暂时满足了其安全需要，实际上无法从根本上替代巴基斯坦基本的地缘战略需要，而且这种联合并不稳定，巴基斯坦显然需要另辟蹊径，实施多元化外交与安全战略，以便最大限度满足自身的战略要求。

由此可见，二战后很长时间，南亚次大陆并没有引起美国的充分重视，美国事实上并没有一项针对南亚次大陆的完整安全战略。南亚次大陆自身特殊的地缘位置与社会环境，特别是南亚次大陆民族独立运动所引发的一系列政治与民族纠纷，使美国一度对其采取了相对远离的态度，美国后来甚至还尝试着在印度和巴基斯坦之间制造某种"均势与制衡"，不断打出"印度牌"或者"巴基斯坦牌"，试图使两国互相牵制，彼此羁绊，以便美国更好地发挥其在南亚地区的战略影响。然而，这种羁绊与牵制政策实际上并不完全成功，虽然美国成功地将巴基斯坦拉入其在亚太区域编织的冷战联盟体系，但是并未使之放弃其区域安全与国家利益的基本目标。而美国对印度的各项政策与实践，不论是经济与财政援助还是牵制和压制，实际上也未改变印度外交与安全政策的基本方向。

然而，随着美苏冷战斗争不断升级，美国出于争夺中间地带的政治需要，开始将南亚次大陆纳入其亚太冷战战略的统一筹划中，甚至将其纳入全球冷战政策之中，这种变化在提升南亚次大陆在美国全球冷战政策中地位和权重的同时，也在很大程度上改变了南亚次大陆的政治与安全态势，使其战略走势发生变化，南亚次大陆由此不得不屈从于美苏冷战斗争的政治大环境。最终，在美国的积极作用下，南亚次大陆与东亚、东南亚一样，成为美国的亚太冷战政策及其实践的一个重要组成部分。

四、中亚、西亚的政治与安全形势

与战后东亚、东南亚以及南亚的安全形势相比，中亚与西亚的政治与安全形势则相对平静。在历史上，中亚和西亚的地理区分就一直不很明显，中亚地区似乎以中亚五国为主，主要包括了哈萨克斯坦、吉尔吉斯斯坦、乌兹别克斯坦、土库曼斯坦、塔吉克斯坦。而西亚则以阿拉伯半岛国家为主。中亚与西亚之间，则横亘着阿富汗、伊朗、土耳其等，这些国家既可以称为中亚国家，又可以称作西亚国家。

在冷战时期，中亚五国在社会文化与历史传统等方面保持着自身的共性，但在政治与经济体制上完全采取了社会主义制度，与苏联其他加盟共和国保持完全一致。伴随着美苏冷战不断扩大，中亚地区一直是东西双方冷战斗争的前沿阵地，当然也是苏联向西亚地区施加影响、拓展其势力范围的一个重要出口。当然，这一地区也是美、英等西方国家全力维持其旧有影响、竭力扩展其势力范围的一个重点地区。在冷战时期，中亚国家听凭外来力量，有时也凭借自身力量，先后建立了一系列区域组织。例如，1955年2月，在英国的主导和推动下，英国、伊朗、伊拉克和土耳其共同建立"中东条约组织"（Middle East Treaty Organization，简称 METO）。很明显，英国并不愿自动撤出中亚地区，远离中亚安全布局。相反，英国一直试图将其在中亚的势力范围与东南亚、太平洋地区的势力范围连在一起，使其成为一个统一整体，以便遥相呼应。① 正是在这一思路指导下，1956年，在英国的积极主张下，英国组织并创设了"东南亚、澳大利亚与新西兰中央银行"（SEANZA）。1957年10月，英国出面组建"英国—马来亚防御协定"（Anglo - Malaysian Defense Agreement，简称 AMDA）。② 这些组织在地理上看似远离中亚，但是在政治、经济与安全上却与中亚事务联系在一起，英国就是两者的连接枢纽。1964年，伊朗、巴基斯坦、土耳其三国共同创建"区域发展合作组织"（Regional Development and Cooperation，简称 RCD）。③

另外，中亚地区还创设了许多本土性政治、经济与安全组织，这些组织最大限度体现了中亚区域事务的需要。例如，1985年，伊朗倡议恢复"区域发展合作组织"，在各国共同努力下，升级为"经济合作组织"（Economic Cooperation Organization，简称 ECO）等，该组织后来在1992年吸收了中亚各国参加，其成员国除上述提及的中亚各国外，还有阿塞拜疆、巴基斯坦和伊朗等。

虽然这些组织大部分属于经济联合组织，其着眼点在于推进中亚地区经济发展，推动中亚各国相互经济合作。但是这些组织同样具有重要的安全含义，因为经济合作这一事实本身，对于地处欧亚大陆心脏地带、战略地理位置极其重要的中亚来说，实际上也是一种政治与安全姿态，所谓的经济合作实际上就是安全合作。无论是西方的政界人物还是学者对其大都不看好。"许多分析家接受了这样一种范式：即（中亚）这些国家由于在社会与族群之间的内在分裂，它们在根本上是非常危险的，它们可能面临着不断毁损的环境与经济危险，这些国家在根本上为那些或早或晚会爆炸的政权所误导，作为普遍统治失误的结果，它们会承担伊斯兰原教旨主义或者恐怖主义势力对国家权力的威胁。"④

阿富汗位于连接南亚、西亚以及东亚的战略要冲地带，北与中亚五国紧紧毗邻，南与南亚次大陆紧靠，东接中国，西连西亚地区的伊朗高原，因此

① 正是在"英国—马来亚防御协定"的基础上，英国不断吸收新成员国，并且最终将该协议上升为"五国防御协定"。

② Michael Hass, *Asian and Pacific Regional Cooperation, Turning Zones of Conflict into Arenas of Peace*, p.45.

③ 1979年，"区域发展合作组织"（RCD）被废止，正式宣告解散。

④ Stephen J. Blank, ed., *Central Asian Security Trends: Views from Europe and Russia*, SSI Monograph, April 2011, Viii.

阿富汗有时被当作中亚国家，有时也被当作西亚国家。二战结束后的阿富汗，在外交上一直奉行中立政策，试图在美、苏两个超级大国之间争取更大的生存空间。因此，美、苏两国对阿富汗都采取了拉拢和笼络的政策，竞相向阿富汗提供经济援助和财政支持，这使阿富汗最终成为"经济上的朝鲜"。[①] 尽管如此，由于阿富汗与巴基斯坦就边境地区的普什图斯坦存在着领土争议，美国囿于与巴基斯坦的联盟关系，因此对两国的领土争端采取了持中态度。与之相比，苏联则旗帜鲜明地支持阿富汗的领土要求，因此，这使阿富汗在政治上理所当然更倾向于苏联，再加之阿富汗与苏联具有某种挥之不去、无法割舍的地缘战略关系，因此阿富汗与苏联保持了更紧密联系。尽管美国与苏联就阿富汗展开了激烈争夺，但是美国始终无法在阿富汗获得足够的话语权与竞争优势，这种状况贯穿了整个冷战时期，一直到苏联入侵阿富汗，彻底改变了阿富汗的政治与安全状况。

　　与中亚相比，战后西亚政治与安全形势则更为复杂，这不仅表现在其地缘战略关系所具有的复杂性与多样性。西亚地区在民族、宗教、文化、历史、习俗等方面存在着许多差异，所辖民族包括阿拉伯人、波斯人、犹太人、土耳其人、普什图人、库尔德人等，所包含的宗教包括伊斯兰教、犹太教、基督教、东正教等，所覆盖的政治体制则包括宪政主义、社会主义、君主制以及政教合一制等，其社会主张则包括泛阿拉伯主义、犹太复国主义、区域民族主义等。西亚各国不仅在民族、宗教与政治制度之间存在着一系列分歧与矛盾，而且它们还在占有自然资源、地区主导权以及政治话语权等方面存在着矛盾与斗争。"只要（中东）各国政府一直处于被强迫状态，不论是部落的习俗、继承以及宗教精英，或是强大的少数派联盟，这并非广泛的选择，就不会出现'安全问题'缓解。"[②] 此外，西亚的地缘战略关系极其复杂而且重要，该地区位于欧洲、亚洲、非洲的交汇之所，位于阿拉伯海、地中海、黑海、红海以及里海之间，连接印度洋和大西洋，其地域覆盖了伊朗高原、小亚细亚半岛、阿拉伯半岛、美索不达米亚平原，所辖国家分布在上述地区，有近20个之多，这使西亚成为整个亚洲涵盖单个民族国家最多的一个地区。因此，西亚地区一直被誉为是"两洋五海三洲"之地，它不仅仅是一个地理概念，更是一个政治或者历史概念。从古代开始，西亚就一直是东西双方文

---

① ［美］路易斯·杜普雷：《阿富汗现代史纲要》，黄民兴译，西北大学中东研究所，2002年，第97页。

② Grey E. Burkart and Susan Older, *The Information Revolution in the Middle East and North Africa*, Santa Monica: Rand, National Intelligence Council, 2003, p.45.

化交流与经济交往的重要渠道，是连接东西方文化的重要纽带。

　　二战结束后，美苏冷战骤起，尽管欧洲始终处于美苏冷战斗争的中心地带，但美苏冷战日趋激化，导致冷战的外缘不断扩大，其内涵亦不断丰富，西亚地区由于其特定的地缘战略地位，很快沦为美苏冷战角逐的重要战场。就像美国历史学家盖尔·伦德斯塔（Geir Lundestad）所描述的："在东南亚条约组织（SEATO）建立后，联盟最大的裂痕就在中东和西亚，横亘在北约成员国土耳其与东南亚条约组织成员国巴基斯坦之间。"[①] 美苏冷战斗争在西亚地区不断扩散，进一步加剧了西亚地区地缘环境的复杂性和多样性，使其政治、经济、社会、军事以及文化形态更富于变化。客观而言，西亚地区逐步展开的冷战斗争，在很大程度上提升了西亚地区在世界范围内的政治与安全地位，同时也为美苏冷战对抗添加了新的内容，为美苏冷战斗争开辟了一个新的战场。与西亚所处的情形非常相似，格鲁吉亚、亚美尼亚、阿塞拜疆虽然身处西亚与中亚的交界地区，但它们很早就成为苏联的一部分，而且它们在二战前就一直是苏联的加盟共和国，因此在地缘战略关系上无法体现其位于西亚地区顶端的自然地域特点，只能较笼统地反映苏联的整体安全利益与政治要求。一直到冷战结束后，中亚地区的境遇始出现巨大变化。"（中亚国家）在1991年出人意料宣布独立，但中亚北非地区的许多国家却缺乏有效运转一个国家所必需的治理结构、官僚统治工具以及政治与管理经验。"[②] 正是在这种情况下，美国开始大规模介入中亚地区，"美国在阿富汗发起战斗行动，在几个中亚与南高加索国家部署武装部队，将此作为全球反恐战争的一部分，美国对这一地区的看法在内容上发生变化，大大提升了中亚地区和南高加索对美国的战略重要性。"[③]

　　与之相比，西亚其他地区的情况则复杂得多，就伊朗高原而言，伊朗在地理位置上位于西亚中心地带，被称为"欧亚陆桥"，控制着被誉为阿拉伯国家海上生命线的霍尔木兹海峡，同时还掌控里海的海上石油交通线，战略地位极其重要。二战前，除沙特阿拉伯、伊拉克建立独立政权外，大多数中东

---

① Geir Lundestad, *East, West, North , South, Major Developments in International Politics 1945–1986*, Oslo: Norwegian University Press, 1986, p.82.

② Ronald Grigor Suny, "Southern Tears: Dangerous Opportunities in the Caucasus and Central Asia", Rajan Menon, Yuri Federov and Ghia Nodia, eds., *Russia, the Caucasus and Central Asia: The 21st Century Security Environment*, Armonk, New York: M.E. Sharpe, 1999, pp.147-176.

③ Olga Oliker and Thomas S. Szayna, eds., *Faultliness of Conflict in Central Asia and the South Caucasus, Implications for the U.S. Army*, Santa Monica: Rand, Arroyo Center, 2003, pp.2-3.

国家均未建国，但无论建国与否，他们都以委任统治制度的名义，处于英国的殖民统治下，西亚地区唯有土耳其是完全独立的民族国家。伊朗人的祖先是波斯人，和周边毗邻的阿拉伯人有较大的种族差异。尽管伊朗也是伊斯兰国家，但其绝大多数教徒都属于伊斯兰教的什叶教派（Shiites），什叶教派虽属少数派，但在伊朗却属绝对多数派，这一情形也与阿拉伯国家普遍推崇逊尼教派（Sunnite）大不相同，两大教派曾经历过几个世纪之久的斗争，再加上历史上波斯人与阿拉伯人分分合合，彼此仇怨，使现代伊朗和其他伊斯兰国家难以和平相处。因此伊朗虽身处西亚，却不得不在地缘政治关系上始终处于孤立状态。

自二战结束后，伊朗一直推行亲西方政策，伊朗国王巴列维（Pahlavi, Mohammad Reza Shah）仿效西方，大力推行现代化与世俗化政策，得到以美国为首的西方国家的积极支持。尽管伊朗难与西亚其他国家进行交流、合作，但却一直与美国保持了非常亲密的合作关系。特别是1946年苏联制造的"伊朗撤军事件"之后，美伊关系更是得到前所未有深化。美国向伊朗政府提供了大量经济和技术援助，帮助伊朗稳定经济与社会秩序。正是在美国的帮助下，伊朗建立起非常特殊的石油经济，向美国等西方国家大规模出口石油。与此同时，除向伊朗提供大量军事援助外，美国甚至还直接派出大量军事顾问，帮助伊朗镇压其北方的民主政权以及库尔德人武装，并且在伊朗建立多个军事基地，直接加强其军事存在。甚至美国还负责为伊朗训练警察、军官以及公务员等。美国大规模援助伊朗的目的很明确，就是要加强其对伊朗的政治影响与控制，以便获得伊朗的石油，将其势力范围扩展至中亚和西亚区域，防止苏联对该区域的染指。"美国官员相信，阻止伊朗脱离西方势力范围，此举具有关键意义。'失掉伊朗'意味着苏联会在中东所有国家得手，这会危害运输线路，会损害美国的威望，会破坏西方的基本石油供应。因为伊朗每年可以正常生产66万桶石油，这一数字占到中东总出产量的三分之一。"[1] 因此，美国与伊朗在西亚地区建立了一种极其特殊的政治与经济合作关系，这种关系一直持续到伊朗爆发霍梅尼领导的"伊斯兰革命"（Enghel ā be Esl ā mī'）为止。因此，美伊关系对整个西亚地区的政治与安全形势及其变化产生了深远而且重大的影响。

---

[1] Melvyn P. Leffler, *A Preponderance of Power, National Security, the Truman Administration, and the Cold War*, pp.422-423.

与伊朗高原相比，二战结束后阿拉伯半岛的情况比较特殊。作为战前英国的委任统治地，战后阿拉伯半岛民族主义勃兴，在民族主义思想与理论的指导下，各种民族独立运动蓬勃兴起，高潮迭起。就像阿拉伯民族主义之父、叙利亚作家萨提·胡斯里（Sati al-Husri）所描述的那样："民族比祖国更广泛，比种族更伟大，比国家更有意义。"[①] 作为在阿拉伯半岛实施委任统治的宗主国，英国在阿拉伯半岛一直热衷于推行"分而治之"政策，试图以此分化和消除其殖民统治危机。二战结束不久，约旦、叙利亚、黎巴嫩、以色列等国率先结束委任统治制度，建立独立的民族国家。紧接着，科威特、阿曼、阿联酋、卡塔尔、巴林等亦先后在20世纪60年代至70年代建立独立的民族国家。

在阿拉伯半岛的民族运动中，以被称为"锡安主义"（Zionism）的"犹太复国主义运动"最具影响，也最为独特。从犹太建国活动初起，"犹太复国运动"就得到了美国的积极支持，美国将支持犹太人建立以色列国家，视为插手战后阿拉伯事务的一个重要契机。1947年11月29日，联合国通过第181号决议案，决定在巴勒斯坦地区建立两个国家，即阿拉伯国与犹太国，耶路撒冷则由联合国实施统一管理。1948年5月15日，以色列正式宣告建国。以色列建国引发了阿拉伯世界强烈的反弹，随即爆发了第一次中东战争。之后，围绕着巴勒斯坦地区的争端与冲突，阿拉伯国家与以色列又连续在1956年10月、1967年5月、1973年10月、1982年6月，爆发了第二次、第三次、第四次、第五次中东战争。从此，阿拉伯人与犹太人陷入了一场旷日持久的全面冲突中，涉及政治、经济、军事、种族、文化以及宗教等多个领域，冲突不仅使巴勒斯坦地区成为整个西亚政治与安全秩序最不稳定的地区，而且也引发了整个阿拉伯世界与以色列的空前对立与仇视，巴以冲突由此成为整个西亚地区最主要的政治与安全主题。"在阿拉伯世界，埃及、伊拉克、约旦、黎巴嫩以及6个'海湾合作委员会'（Gulf Cooperation Council，简称GCC）国家，都与西方保持了最密切的安全联系。"[②]

与中亚国家不同的是，西亚各国为了最大限度维护其自身利益，相继创建了一系列区域性组织，这些组织在维护整个西亚地区及其多个国家利益的同时，也在很大程度上影响并牵制美、苏双方在西亚的冷战政策及其实践。

---

① Sylvia G. Haim, ed., *Arab Nationalism: an Anthology*, California: California University Press, 1974, p.228.

② Anoushiravan Ehteshami, "The Middle East, Regional Security Institutions and Their Capacities", Chester A. Crocher, Fen Osler Hampson and Pamela Aall, eds., *Reviewing Regional Security, in a Fragmented World*, Washington, D.C.: United States Institute of Peace Press, 2011, p.173.

1945年3月27日，埃及、约旦、伊拉克、黎巴嫩、叙利亚、沙特阿拉伯、也门7个国家召开会议，订立《阿拉伯联盟宪章》（LAS Charter），建立"阿拉伯联盟"（League of Arab States，简称LAS）。作为历史上第一个现代意义上的阿拉伯共同体，"阿盟"推动了西亚地区阿拉伯国家连成一个整体，甚至还包括了多个北非国家在内。毋庸置疑，"阿盟"作为西亚地区最大的区域性组织，在推动和协调阿拉伯国家内政和外交发展中发挥了重要作用。对阿拉伯国家来说，建立"阿盟"还有稳固各自政权、突出地区利益的目标。1958年2月，埃及和叙利亚建立了"阿拉伯联合共和国"（United Arab Republic）。① 虽然这个泛阿拉伯国家存在的时间相对短暂，但却对于阿拉伯世界中所盛行的"泛阿拉伯主义"（Pan-Arabism）思想及其实践产生了巨大的推动作用。

稍晚于此，1960年9月，位于波斯湾的伊拉克、伊朗、沙特阿拉伯、科威特4个产油国家与委内瑞拉联手，共同组成"欧佩克组织"（Organization of Petroleum Exporting Countries，简称OPEC），统一各国的石油政策，维护其共同的石油收益。"就在以色列接近胜利并控制更多的阿拉伯领土时，阿拉伯国家联盟突然采取了一种新的战略武器用以支持埃及和叙利亚，即石油禁运。虽然禁运在几个月后就取消了，但1974年初石油生产国已将石油的价格翻了两番，这对全球经济产生的作用远远超过了在中东发生的冲突。"② 1981年5月，沙特阿拉伯、科威特、阿拉伯联合酋长国、巴林、阿曼以及卡特尔共同组成"海湾国家合作委员会"（Gulf Cooperation Council，简称GCC）。③该组织又称"海合会"，作为阿拉伯国家常设的政治与经济联合组织，目的是加强海湾地区经济一体化，以及海湾地区各国石油政策的一致性。毫无疑问，无论是西亚各国所建立的区域性组织，还是西亚地区所创立的石油武器，均大大加强了该地区在全世界的政治与经济影响。

土耳其地跨欧亚大陆，战略地位极其重要，自近代以来，一直处于奥斯曼苏丹王朝的统治下。土耳其始终积贫积弱，几个世纪以来一直是欧洲列强

---

① 1958年3月8日，也门穆塔瓦基利亚王国（即后来的也门共和国）加入"阿拉伯联合共和国"。1961年9月28日，叙利亚宣布退出。12月，北也门亦宣布退出。1972年，阿拉伯联合共和国正式宣布解散。

② ［美］帕尔默·乔·科尔顿、劳埃德·克莱顿：《现代世界史——1870年起》，何兆武等译，世界图书出版公司，2009年，第812页。

③ 该组织后来被改组为"海湾阿拉伯国家联盟"（The Cooperation Council for the Arab States of the Gulf），其范围扩大，在原有成员国基础上，还增加了伊拉克、约旦、埃及以及北也门。该组织亦被简称为"阿拉伯合作委员会"（The Arab Cooperation Council，简称ACC），成为泛阿拉伯主义运动结束后第三大阿拉伯次地区组织。

竞相觊觎和染指的对象。土耳其在亚洲的领土部分，构成了西亚的最西端，这使土耳其成为整个西亚地区最紧要的政治与安全区域。适逢美苏冷战开启，土耳其就坚定地选择了与西方国家做盟友，而不是像大多数西亚国家那样，保持相对中立的政治立场与外交方针。其原因在于，自其建立现代民主国家以来，土耳其一直推行世俗化和民主化政策，尽管伊斯兰教在土耳其占据着重要地位，但其政治与社会体制与西方极其相似，这成为土耳其愿意与西方国家结盟的重要基础所在。早在 1946 年爆发的"黑海海峡危机"，一直使土耳其对战后苏联外交与安全政策产生深深疑惧，而美国在这一事件中推波助澜，为土耳其抗衡苏联输血打气，派遣舰队对苏联实施武力威胁，客观上推动了土耳其在政治与安全事务上加紧向西方靠拢，特别是向美国靠拢。

对美国来说，鉴于土耳其在欧亚大陆地缘战略关系中所处的特殊地位，美国将土耳其视为遏制苏联南下进入地中海的一个重要屏障，竭力试图通过拉拢土耳其的方式，加强西方国家在地中海、黑海区域以及整个中东地区的政治与安全影响。为此，自冷战开启后，美国就积极发展与土耳其的关系，同时也积极发展与希腊的关系。美国在 1947 年 3 月推出的"杜鲁门主义"，虽然立足于在东南欧遏制共产主义实力与影响扩散，但实际上也是针对中东地区所实施的一项安全政策。此后，美国与土耳其保持了良好政治与安全互动。在朝鲜战争爆发后，土耳其积极出兵，参加以美军为首的"联合国军"；另外，美国还在土耳其部署中程导弹，对苏联实施战略威慑等。美土关系在冷战时期不断递进和深化，加剧了西亚地区的冷战斗争烈度。

特别需要说明的是，西亚地区的众多民族、宗教、文化以及体制并不相互融合，它们相互矛盾，彼此斗争，难以取得妥协与合作。以伊斯兰教为例，在维系阿拉伯国家团结与合作中发挥着不可替代的重要作用，就像美国著名学者凯马尔·卡尔帕特（Kemal H. Karpat）所指出的："阿拉伯民族倚重伊斯兰教，把它们作为阿拉伯人的一种感情上的联系，但不把它用作政治组织的一种原则。"[1] 事实上，被视为阿拉伯世界最高精神与文化象征的伊斯兰教也充斥着矛盾，伊斯兰教有着众多分支，除去在西亚占据主导地位的逊尼派（Sunni）、什叶派（Shiites）以及苏菲派（Sufi）以外，还有诸如十二伊玛目派（Twelvers）、栽德派（Zaydi）、德鲁兹派（Druze）等许多较大的支派，这

---

[1] ［美］凯马尔·H. 卡尔帕特编：《当代中东的政治与社会思想》，陈和丰等译，中国社会科学出版社，1992年，第51页。

些派别彼此对立，激烈斗争，互不相容。不仅如此，西亚各国在政治上也不平衡，彼此竞争激烈，各国外交与安全政策并不稳定，不仅西亚各国的国家关系并不稳定，而且各国与外部世界的关系也不稳定，这使西亚的许多国家问题常常变成区域问题或者国际问题，各国外交与安全政策善变，非常容易为外界因素所左右，这在很大程度上使西亚地区政治与安全事态变得越来越复杂。

　　由于中亚与西亚所处的战略地缘地位，美、苏双方实际上都竭力试图介入上述地区，特别以美国更为迫切。美国在中东地区设定了自身的利益目标：即反对恐怖主义和大规模杀伤性武器扩散，维持该地区稳定的石油供应与价格，确保友好国家政权的稳定以及以色列的安全，推动区域民主与人权。[①] 然而，美、苏两国为了各自冷战利益，在冷战斗争中朝秦暮楚，翻云覆雨，对西亚各国或者竭力支持，或者尽力打压，这种做法在很大程度上加剧了西亚地区政治与安全形势的复杂性，使西亚地区直接走到美苏冷战斗争的台前，西亚各国亦成为美苏冷战斗争的代理人或者棋子。

---

① Nora Bensahel and Daniel L. Byman, eds., *The Future Security Environment in the Middle East, Conflict, Stability, and Political Change*, Santa Monica, CA: Rand, 2004, pp.2-6.

第三章 大西洋联盟与亚太安全组织的联合模式比较

第一节 北约的联合模式及其变化

一、北约的联合思想与理论

众所周知，从美欧12个国家签署《北大西洋公约》，一直到建成大西洋联盟，在从条约到组织的过渡与转型中，北约作为欧美国家共同建构的大西洋安全模式，在战后美苏冷战斗争及其变化中发挥了至关重要的作用。北约作为美欧等国推进其冷战政策与安全战略的工具，可谓直接体现了美欧等国的核心政治与安全需要，同时也反映了自身的制度特征、安全战略以及运行规则。"北约的机构任务、组织能力、规范、原则、规则、决策程序以及变化能力，已对欧洲安全产生某种独立的影响。"[①] 事实上，北约的酝酿及其发展并不盲目，并非与美苏冷战斗争的起落完全同步，更非为美国或者其他某个西方国家所专控或专擅，北约的发起以及发展有一整套自身的政治、经济、文化与安全逻辑，堪称具有深厚的思想与理论基础。

过去在对北约发展战略与安全制度的研究中，很多学者往往将北约缘起、发展以及转变等，简单归诸为美苏冷战斗争使然，学者们习惯性地以冷战模式来解释所有相关大西洋安全模式的所有专题，此举常常导致其对大西洋安全模式的学术解释简单化、教条化，以致人们对北约的制度模式、战略模式以及行动模式只能获得某种笼统而且模糊的印象，无法对其做出更加清晰明了、更成体系的学术界定。这种泛化大西洋安全模式的冷战式解读，所得出的结论只能是片面的和零散的，即北约在大多数情况下似乎只能为冷战文化、

---

① Sean Kay, *NATO and the Future of European Security*, Lanham, Boulder, New York, Oxford: Rowman & Littlefield Publishers, Inc., 1998, p.3.

思想以及意识形态目标所主导，北约的政治目标似乎流于空泛，可望而不可即，北约的安全目标似乎并不确定，经常显得广大宏阔而且不着边际，北约的文化与意识形态目标更像是美国及其欧洲盟国的目标，无法反映自身的特殊需要，等等。总而言之，冷战化的模式解读忽视了北约作为战后区域性组织所具有的特殊发展逻辑与理论体系。

在国际学术界看来，国际关系理论明确区别了两个概念：结盟（Alliance）和联盟（Alignment）。结盟是指两国或多国在安全事务方面的正式合作关系，由两国政府缔结条约形成。而联盟则可以是非正式的合作，不一定由政府缔结条约，也不一定是制度化的关系。[①] 很显然，尽管北约常常被称为大西洋联盟，但它属于战后国际社会中具有典型特征的一种军事结盟。一方面，《北大西洋公约》由12个成员国政府联合签署，条约很具体地阐述了欧美各国共同奉行的政治指导原则、集体安全责任、集体防御方针以及成员国角色，《北大西洋公约》构成美欧等国推进联合的重要基础。另外，北约拥有严密的制度，即完整的政治领导机制、系统的军事指挥机制，这一制度与组织结构不仅有效地维系了北约的存在，而且还成为北约不断发展壮大、功能日渐扩展的重要保证。北约作为战后最具影响的军事—政治联合组织，很难以某种具体的理论概括并解读其缘起、发展以及转型。事实上，在北约建立与发展进程中，可以见证多种理论的存在及其影响，在不同历史时期，不同的国际关系理论都共同作用于北约的建设与发展。这些思想与理论以自由主义与现实主义理论为主，辅之以其他一些诸如建构主义、跨国主义范式以及世界体系等思想与理论，有意或无意地构筑起一种指导并影响北约发展进程的综合理论体系。

首先，现代理想主义堪称是美欧12个国家签署《北大西洋公约》的初始理论动因。北约在建立之初，无论是其指导思想还是社会实践，无处不渗透着现代理想主义的思想元素。该思想体系源于一战后最早从美国兴起的理想主义思潮，该体系属于自由主义的思想范畴，强调国家之间可以通过协商与合作建立持续的和平秩序，强调国际组织在国际社会中的核心作用，强调国际道德、国际法以及国际规则。作为现代理想主义理论的直接产物，一战后列强建立了"国际联盟"（League of Nations，简称LN），尽管在20世纪20年代至40年代的国际斗争与战乱中饱受挫折，但现代理想主义理论及其实践并

---

① Bruce Russett and Harvey Starr, *World Politics: A Menu for Choice*, New York: W. H. Freeman & Co Ltd., 1992, p.91. 转引自秦亚青：《霸权体系与国际冲突——美国在国际武装冲突中的支持行为（1945—1988）》，上海人民出版社，1999年，第157页。

未完全销声匿迹，我们可以从《北大西洋公约》所强调的集体防御方针中充分感受到理想主义的气息。

北约具有理想主义的动机与行为特征，其思想内核和基本理念在于推广其民主政治制度、自由市场机制、理想国际秩序主张以及基督教文化等价值理念，在实践上则主张通过建立安全联合组织，对苏联等社会主义国家实施有效威慑，确保东西双方政治与安全态势平稳，全面实现北大西洋区域的共同安全，建立一种全新的政治与安全秩序，并且能够在世界范围内发挥示范效应。"从其产生之日起，它就打算成为一个远不止于捍卫西欧和美国军事联盟的组织，《北大西洋公约》由其成员国所设计，意在恢复被战争撕裂、贫困的欧洲大陆，该条约以及在此基础上建立的组织，为西方外交关系的新模式提供了一个顶点，即在二战后10年间逐渐形成轮廓，并且在拉伸强度上得到扩大和增长，然后当结构不完整时融合并固化为某种永恒之物。"①

随着二战后国际冷战形势日渐深化，美苏冷战斗争高潮迭起，理想主义的思想光环日渐消退，逐步让位于严酷的冷战现实。现实主义思想与理论开始大行其道，并且得以在北约发展进程中发挥越来越重要的作用。在古典现实主义理论中，在同样被称为政治现实主义的理论家眼中，国际关系体系中的核心要素是国家、利益和权力，追求国家利益的最大化，始终是每个国家外交政策与实践的主要动力，而在国际社会中掌握足够强大的权力，将是确保国家利益的有力保证。与此同时，国际社会要对每个国家的权力实施某种限制，使之保持某种平衡，最终达到维持国际和平的目标。② 在北约决策者们看来，欧美等国创设并且不断完善北约组织，实际上也在于寻求某种集体防御权，以便有效遏制苏联军事力量对外扩展之势，减少双方发生直接冲突的可能性。在他们看来，北约作为一个统一的政治与安全组织，就是要确保北大西洋两岸的北约所有成员国的国家利益与安全。北约所致力于建设的世界和平秩序，不仅符合人性的基本需要，也符合西方国家一贯倡导的社会价值理念，体现了世界各国人民的共同需要。

其次，与之相比，新现实主义理论家虽然也强调国际体系中结构的作用，但是更强调国际体系中各个行为个体的相互依赖关系以及国际制度与行为规则，它认定各个国际行为体的政策与实践不仅取决于其自身的意愿，也在同

---

① John R. Gillingham, "Introduction", Francis H. Heller and John R. Gillingham, eds., *NATO: The Founding of the Atlantic Alliance and the Integration on Europe*, New York: St. Martin's Press, 1992, p.1.

② ［美］罗伯特·O.基欧汉:《新现实主义及其批判》，郭树勇译，北京大学出版社，2002年，第9—13页。

时受到国际环境、制度、规则等因素的影响，另外还取决于各个国际行为体之间的交互影响和作用。这种说法在很大程度上有效解释了20世纪60年代北约及其成员国之间为何出现层出不穷的矛盾与斗争，北约的发展进程为何变得停滞不前，北约为何在很长时间"无所作为"，等等。新现实主义理论抛弃了过去现实主义理论中无法准确界定和评估的缺陷，代之以可明确界定的国际关系新元素，即国际无政府秩序、国际自助体系、权力分配以及国家需求四大要素。

在新现实主义理论中，国家不再简单强调对权力的追求，而是代之以明确的利益与安全追求。不仅如此，缺乏秩序的国际体系将会催生国际行为体对安全的需要，也催生了其谋求合作的需要。"最低目标是寻求自身的存活，最高目标是追求普世性主导地位。"① 在这一理论的指导下，在20世纪70年代的发展和演变中，北约针对相对混乱的国际政治、经济与安全形势，开始进一步稳固和完善自身的政治与安全结构，特别注重调整北约成员国在大西洋联盟内部的权力与利益分配，尤其强调北约作为统一安全组织对其成员国的示范作用，强调通过北约组织对其成员国政治与安全行为施加影响，强调北约在国际危机中的整体形象与综合作用。

再次，从20世纪80年代起，新自由主义理论兴起，迅速成为国际关系体系中的一种主导性理论，在各种新自由主义学说中，又以新制度自由主义最具代表性。新制度自由主义的代表人物、普林斯顿大学教授罗伯特·O.基欧汉（Robert O. Keohane）曾对该理论做出非常简要的概括："我将自由主义视为分析社会现实的方法：（1）将个人视为相关行为体，以此为出发点；（2）寻求理解个人集合如何做出集体决定，由个人组成如何互动；（3）将这一分析纳入一种世界观中，强调个人权利，接受人类事务进步的修正性观点。"② 新制度自由主义理论特别强调"复合型相互依赖模式"，即强调国际行为体在国际斗争中将相互依赖，彼此根据对方的政策与行为而不断继续和修正自身的政策与行动，尽管这种依赖关系并非始终是对等的或者持续不变。用基欧汉和约瑟夫·奈（Joseph S. Nye. Jr.）的话来说："依赖就是指受到外部力量决定或者重大影响的一种状态。按照最简单的界定，相互依赖就是彼此依靠。在世界政治中，互相依赖所涉及的情形是以国家之间或者不同国家行为体之间互

---

① Kenneth N. Waltz, *Theory of International Politics, Reading,* Mass: Addison-Wesley, 1979, p.118.

② ［美］罗伯特·O.基欧汉：《局部全球化世界中的自由主义、权力与治理》，门洪华译，北京大学出版社，2004年，第86页。

相影响为特征。"①

另外，新制度自由主义在强调国际社会合作的同时，也强调建立并健全国际制度，即国际合作离不开必要的制度支持，而且必要的国际制度可以保证各个国家以及国际行为体能够按照一定的规则行事，还可以保证在扎实可靠的基础上推进国际合作。新制度自由主义者认定，北约的组织结构、运转机制受制于多种因素的作用与影响，其中包括雅尔塔体系下的国际秩序与基本规则、北约与华约两大军事集团之间的对立和摩擦、美苏两个超级大国的冷战博弈，北约与华约成员国大多参与的欧安会谈判，以及北约成员国之间利益与制度互动，特别是美国自身特殊的文化与安全要求等，上述因素堪称不可或缺，均作用于北约的机制建设与组织架构。新制度自由主义学者认为，"国家之间的互动产生了对于国际制度的需求，导致了客观上的制度安排。"②而且这种制度一经建立，便不再简单依附于某个国家或者国际行为体，而是迅速形成一套自身的运行与演变规律，与国家或者国际行为体共同作用于国际事务治理，共同推进国际合作进程。

北约组织结构及其机制的衍生与发展、完善，正是在按照一种内在的逻辑，形成了自身特有的运行与发展规律。当然，北约组织架构与机制的发展，实际上离不开国际环境与体制的作用，离不开成员国的作用，甚至也离不开与之对立的华约组织的作用。"国际机构是持续而且被连接在一起的数套规则，这些规则就是通过国际制度和类似北约的组织，描述了行为角色、限制活动、形成预期。国际机构的特点就是原则、规范、规则以及决策程序，国家预期就是围绕这些特点，在一个既定问题领域中凝聚。"③

不可否认，北约的发展受到多种国际关系理论的影响，这些理论并非自说自话，互不关联，尽管不能排除上述思想与理论在各自思想主张、学理阐述、逻辑方法等方面存在着分歧与矛盾，但它们在很大程度上存在着无法割舍的关联，其理论解读中的学术逻辑、研究方法以及思想体系，均有异曲同工之妙，可谓心气相通。北约在不同历史时期的发展、变化以及转型，可谓深受上述各种学说与理论的影响，这些思想与理论为北约的机制建立与发展奠定了不可或缺的思想基础，不仅使北约形成一个有机的整体，而且也使北

---

① Robert O. Keohane and Joseph Nye Jr., *Power and Interdependence*, second edition, New York: Harper Collins Publishers, 1989, pp.8-9.

② 秦亚青：《霸权体系与国际冲突——美国在国际武装冲突中的支持行为（1945—1988）》，第277页。

③ Robert O. Keohane, *International Institutions and State Power*, Boulder, Co: Westview Press, 1989, pp.3-5.

约与国际冷战格局紧紧融合在一起，加速了冷战局势的发展与变化。

二、北约多国联合特性与超国家倾向

作为战后最具代表性的军事联盟，北约在增强欧美各国政治凝聚力、汇集大西洋两岸政治、经济以及军事资源等方面发挥了重要作用，北约为战后欧美各国的冷战政治与军事联合提供了一个重要平台。美国国务卿迪安·艾奇逊认为："北约一直被当作一个尚未整合的组织，其目的是就未经协调而且分散的行动，制定总体规划，希望一旦遇到麻烦，可以有某项计划以及武装力量应对威胁，而且可以自发性予以运用。"[①] 但是，欧美各国在签署《北大西洋公约》后，建立了一整套相对完整的政治领导制度、军事指挥制度、武装力量编制、军费分摊制度等，这种制度建设在北约发展进程中发挥了重要作用，并且在北约应对内在与外来危机或挑战方面做出了重要贡献。美国历史学家劳伦斯·卡普兰指出："从各方面考虑，1950 年到 1952 年，北约的面貌出现巨大改变，由此之后所形成的外观一直到现在，基本上没有变化。"[②]

学术界比较一致的看法是，北约虽然属于多国防御安全联合组织，但是其制度模式却具有某些超国家趋向。因此，如何看待北约组织中制度模式的特性，以及北约制度模式所表现出的多边主义特点，始终是学术界关注北约问题探讨的一个热点。英国约克大学教授凯斯·哈特利（Keith Hartley）就一直坚持认为："北约是一个由独立国家组成的自愿联合，而不是一个超国家组织。"[③] 前北约秘书长约瑟夫·伦斯（Joseph Luns）也同样强调："所有成员国在北约多个论坛中针对重要问题展开磋商，就其安全政策的大致轮廓进行协调。在这些论坛上处置问题已清楚表明，北约是一个政府合作组织，而非超国家组织。"[④] 与之相对，加州大学伯克利分校助理教授斯蒂夫·韦伯（Steve Weber）则进一步指出："北约一直是战后秩序的特殊部分……北约作为一个机构，就北约内部分配决策权和责任而言，在其大部分时间里一直明显奉行

---

① Dean Acheson, *Present at the Creation, My Years in the State Department*, New York: W. W. Norton & Co., 1969, p.329.

② Lawrence S. Kaplan, *NATO and the United States: The Enduring Alliance*, Boston: Twayne Publishers, 1988, p.51.

③ Keith Hartley, *NATO Arms Co-operation: A Study in Economics and Politics*, London, Boston and Sydney: George Allen & Unwin Ltd, 1983, p.5.

④ James R. Golden, Daniel J. Kaufman, Asa A. Clark IV, and David H. Petraeus, eds., *NATO at forty: Change, Continuity, & Prospects*, XI.

非多边主义。"① 对上述问题所做的探讨，不仅关系到对北约已有制度建设成就的总结，也关系到北约目前的制度建设现实以及未来的发展方向，对北约的存在与发展可谓至关重要。

按照《北大西洋公约》的最初设计，美欧各国最早对大西洋联盟的定位，并不是一个严密、完整的军事联盟组织，大西洋联盟最初只是一个比较松散的、带有某种自卫性质的集体防御联盟。"1949年12个国家在华盛顿签署的《北大西洋公约》，关注了三项重要目标：第一，新北约是一个集体防御组织，其目标是防范苏联可能对西欧发动的军事进攻；第二，北约需要在军事上限制俄国；第三，这一新联盟将确保美国为欧洲安全做出持续承诺。"② 虽然《北大西洋公约》没有明言，但该条约的指向性可谓不言之明，就是防范苏联与东欧社会主义国家可能对西欧发动"侵略"，确保大西洋两岸的安全与和平秩序。在战后初期欧美各国领导人眼中，"北约就是一个抗衡苏联、反击极权主义的联盟"。③ 在战后初期的冷战斗争中，欧美各国不仅需要应对来自苏联的军事威胁，而且还需对苏联与东欧各国实施战略威慑，客观上需要在大西洋安全框架下促进彼此合作，大西洋联盟客观上充当了大西洋两岸国家深化其防御安全实践的一个重要平台。

在理论上，北约作为冷战组织，不仅具有稳固和推进大西洋两岸国家联合的政治职能，而且具有防范、遏制以及威慑苏联的政治与安全需要。正是在这一冷战政治理念的指导下，北约在防御安全领域展开了大量实践。但这并不等于说北约由此就成为一个超国家联合组织，北约在相当长一段时间实际上一直停留在多国联合的阶段。就以确定北约基础的《北大西洋公约》各项条款而言，实际上更多体现出多国联合特性，而并非超国家联合趋向。作为《北大西洋公约》的核心条款，第五条款集中体现了北约的集体防御原则——"一国即全部，全部即一国"（One is All, All is One），但是北约在强调成员国共同防御安全责任的同时，实际上也预留了各成员国实施合作与行动的自由，即北约成员国有自由选择行动方式的权力。"签约国一致同意，欧洲或者北美对其中一国或者多国的武装攻击，将被视为对所有签约国的攻击，

---

① Steve Weber, *Multilateralism in NATO, Shaping the Postwar Balance of Power, 1945–1961*, University of California at Berkeley: International and Area Studies, 1991, p.1.

② Rob De Wijk, *NATO on the Brink of the New Millennium, The Battle for Consensus*, London and Washington: Brassey's Ltd., 1997, p.2.

③ Werner J. Feld and John K. Wildgen, *NATO and The Atlantic Defense, Perceptions and illusions*, New York: Praeger Publishers, 1982, p.1.

因此，所有签约国一致同意，如果出现了这种武装进攻，每一个签约国将按照《联合国宪章》第51条款的规定，单独或者集体履行自卫权，并且会支持受到侵略的某国或数国，立即单独或者会同其他签约国采取极其必要的措施，包括使用武力，恢复并维持北大西洋地区的安全。"[1]《北大西洋公约》第五条款的集体防御精神，实际上融合了多方面内容，其中包括《联合国宪章》第51条款和第52条款所强调的集体自卫权，还有战后初期美国领衔的"里约热内卢条约"中的集体协商规则，以及美国"范登堡决议案"的自助与互助主张——"区域与集体安全协议必须以'自助和互助'为前提"。[2]

由此可见，在设计《北大西洋公约》之初，美国不仅为自身保持了反制外来侵略的机动通道，而且也为欧洲盟国保留了对抗外来侵略的灵活行动方式，但是上述规定无论是在理论上还是在实践上，都不可避免地淡化了北约的超国家组织色彩，增加了更多的多国联合色彩。因为北约的集体防御举措并非是强制性的，并没有关于北约成员国一致行动的硬性规定。从表面上看，北约确实具备了某种强有力的集体防御安全力量，但在事实上，纵观整个冷战时期，北约并未遇到《北大西洋公约》所设想的外来侵略危机，其集体安全防御力量从未真正得到检验。在战后40年间始终没有全面崩溃的欧洲冷战格局，客观上使北约的超国家倾向受到抑制，无法从应对危机的实践中得到强化，只能从北约自身的机制转换中寻找出路，这也间接为未来大西洋安全模式的发展预留了较大空间。冷战时期，人们试图了解大西洋联盟在未来所具有的含义，可能会得出三个概括：第一可以概括为两个词：不可预测性与多样性，他们暗示集体计划存在着明显困难。第二，就存在的问题以及集体认同、忠诚和联系而言，包含了彼此分歧的增加……第三，有个关键问题将来可能随处出现，它无疑会采取多种不同方式，因为它由外部与内部变化所致。这个问题就是枪炮与黄油之争、社会发展还是军事发展优先之争、防御还是缓和之争。[3]

北约的多国联合特性不仅体现在创建之初《北大西洋公约》所设定的各项条款及其反映的思想内容中，而且还体现在北约在冷战时期的各项政治与

---

① "The North Atlantic Treaty", Washington D.C. 4 April 1949, available at http://www.nato.int/cps/en/natohq/official_texts_17120.htm, last accessed on 3 November 2014.

② Senate Resolution 239 (Vandenberg Resolution), June 11, 1948, *FRUS*, 1948, April 1, Vol, III, pp.135-136.

③ Pierre Hassner , "Intra-Alliance Diversities and Challenges: NATO in an Age of Hot Peace", Kenneth A. Myers, ed., *NATO the Next Thirty Years, The Changing political, Economic and Military Setting*, Boulder, Colorado: Westview Press, 1981, pp.381-382.

军事决策、各种战略行动、军事—政治机制建设等方面。在北约发展历程中，这种多国联合特性严重掣肘北约的战略决策及其行动，也严重影响到北约面对危机的决策力与行动力。特别是在北约面对危机与冲突时，北约决策层不得不将大量时间和精力专注于沟通和协调成员国的不同意见，竭力使其所有成员国都能在大西洋安全框架下步调一致，最大限度保持相互间的政治团结与军事合作，对外时刻保持北约团结一致的形象。然而，北约的多国联合特性或许能在表面上保持北约政治完整，但却不能从根本上将北约打造为一个牢固的军事—政治组织，也不可能为北约养就强大的凝聚力和向心力。例如，20世纪60年代，法国戴高乐（Charles André Joseph Marie de Gaulle）政府要求分享北约核计划小组的领导权，承担北约南欧司令部的领导责任，但遭到拒绝，尽管北约组织和美、英等成员国做了大量工作，但收效甚微，法国最终还是于1966年宣布退出北约军事指挥体系。在20世纪60年代至70年代，面对希腊与土耳其围绕塞浦路斯的对抗与冲突，北约对希、土两国做了大量工作，但最终还是无法避免希、土两国冲突愈演愈烈的局面，以至于希腊认为北约未能尽全力制裁土耳其，遂于1974年宣布退出北约军事指挥体系，土耳其也由于认定北约偏袒希腊，亦宣布与北约保持一定距离。法国、希腊相继退出北约军事指挥体系，集中说明北约的向心力与凝聚力并非人们想象的那样强大。尽管有学者认为，希腊退出北约军事指挥体系更像是试探性"分居"而不是"离婚"，因为希腊还留在北约的政治框架中。[①] 但是无论其名义如何，成员国退出北约这一事实本身，已经使北约的政治心理以及外在形象无可挽回地遭受重创，甚至使其军事体制受到严重影响。"对北约已有的准备工作所造成的损害不止于此，希腊与土耳其的对抗使北约的军事结构尽毁。"[②]

　　另外，大西洋安全模式中的多国联合特性还集中体现在北约的制度建设上。众所周知，在冷战时期，鉴于美、苏双方所代表的东西方两大阵营针锋相对，缠斗不已，为了在欧洲建立强大的军事威慑，充分彰显北约的政治意志，全面提升并扩大北约的影响力，从1949年9月开始，北约陆续建立了一系列政治领导机构与军事指挥部门，逐渐建立起由上至下、比较完备的政治领导体制与军事指挥体制，例如，北大西洋理事会、防务委员会、军事委员

　　① Thanos Veremis, "Greece and NATO: Continuity and Change", John Chipman, ed., *NATO's Southern Allies: Internal and External Challenges*, London and New York: Routledge, 1988, p.269.

　　② Monteagle Stearns, *Entangled Allies, U.S. Policy toward Greece, Turkey, and Cyprus*, New York: Council on Foreign Relations Press, 1992, p.70.

会、防务计划委员会（Defense Planning Committee，简称 DPC）、核计划领导小组（Nuclear Planning Group，简称 NPG）等。但是在上述领导机构中，北约始终未能突破多国政治联合的运作模式，几乎在所有重要领导机构中，上至北大西洋理事会，下到具体的职能委员会，几乎每个成员国均派有代表，负责表达本国的利益诉求，同时负责与其他成员国取得必要的沟通与协商，谋求在大西洋安全框架内集体决策，共同行动。在几乎所有重大决策中，北约也都采取了成员国一国一票的政治平等原则，不论成员国规模有别、国力迥异、国家利益重点有别等，均具有同等重要的发言权。所有重大政治及军事决策均采取一致通过的原则，确保每一个成员国利益都能有所反映。

从表面上看，北约组织的多国联合特性似乎与其一贯推崇的民主、自由、平等的政治理念异曲同工，款曲相通，但这在实际上却与北约作为欧美国家的集体防御组织的特性相矛盾。针对北约所面临的这一矛盾，在英国著名记者与电视评论家布莱恩·瑞德海德（Brian Redhead）为英国广播公司编纂的《从柏拉图到北约的政治思想》一书所做的序言中，对此问题做了概括："自由与安全无法实行物物交换，而且在自由与权力之间也不存在任何妥协。"① 由此可见，北约的多国联合特性虽然表达了民主，但却以损耗权力为代价，更重要的是不自觉地削弱了北约及其成员国贯彻其安全政策的权力意志与决心。

事实上，北约的多国联合特性还表现在，对于欧美各国来说，北约并非是其唯一的政治与军事平台，更谈不上是其最终归属，欧美各国在充当北约成员国的同时，还在不同场合、不同时段扮演着其他国际组织或区域组织成员国的角色。例如，美国不仅是大西洋联盟的领导者，同时还是"美洲国家组织"（Organization of American States，简称 OAS）② 的领导者。对英、法、德等欧洲各国来说，它们不仅是大西洋联盟的支柱型国家，同时也是欧盟（European Union，简称 EU）、西方联盟（WU）、西欧联盟（WEU）、维谢格拉德集团（Visegrad Group，简称 VG）、欧洲安全与合作组织（Organization for Security and Cooperation in Europe，简称 OSCE）等形形色色欧洲政治组织、经济组织以及安全组织的成员国。这些组织在范围、职能、战略、行动等方面互有重

① British Broadcasting Corporation, ed., *Political Thought from Plato to NATO*, p.17.

② 1890年4月14日，美国与拉美17个国家召开会议，建立"美洲共和国国际联盟"与"美洲共和国商务局"，1910年上述组织分别改名为"美洲共和国联盟"与"泛美联盟"，1948年正式改名为"美洲国家组织"。该组织共有成员国35个，每年召开一次会议，设有常务秘书处，目的是确保美洲大陆的和平与安全，和平解决争端，促进各成员国政治、经济与文化合作。

叠，既相互联系，又互有差别，有时甚至互有矛盾和抵触，事实上形成了一个极其复杂的政治、经济以及安全网络，影响遍布世界。"事实上，一个充分发展的联盟是一个牢固的结构，它由多国条约、国与国条约所组成的经纬网构成，双边防御协定就是在联盟内部各个国家之间所订立的条约。"①

北约组织与各种国际组织、区域组织的重叠与交叉，在行使职能的过程中多有牵制和掣肘，在一定程度上增加了大西洋联盟中成员国实施联合的复杂程度。其积极影响表现为，通过与西欧联盟、维谢格拉德集团、欧盟、欧洲安全与合作组织、联合国展开密切合作，北约可以使自身的影响遍及欧洲每个国家，甚至波及北大西洋区域以外地区。与之相比，其消极影响则表现为，以多种方式、在多个层面同期推进的安全协作与联合，事实上在很大程度上抑制了北约的超国家联合倾向，使欧洲众多国家拥有了更多的安全选择，进而弱化了北约的核心向心力。

正是由于北约组织多国联合特性的存在并且不断发展，使北约各成员国不可能在防御安全领域有实质性的权力让渡，这在很大程度也造成北约长期处于弱势状态，无法形成强大的政治影响力和军事实力，也无法形成强有力的决策力与执行力。还须特别强调的是，北约在其发展进程中，也不完全杜绝会出现超国家倾向。从20世纪50年代起，北约陆续建立了大量具有超国家趋向的机构，例如"国际秘书处"（International Staff，简称IS）、"国际军事参谋部"（International Military Staff，简称IMS）等，这些机构作为北约组织权力运转的中枢，不论是人员构成还是职能设定，均超越了原定的关于成员国的民族国家界限，全面扩展了北约的政治与军事影响力，在一定程度上改善了北约由于多国联合特性而受到诸多羁绊的处境。但是上述机构毕竟不是北约制度建设的全部，无法代表大西洋安全模式发展的主流，因此，大西洋安全模式中的多国合作特性仍将会继续下去。

三、北约集体防御方针及其早期实践

在大西洋安全模式中，北约的集体防御方针发挥了非常重要的作用，它不同于欧洲历史上其他的防御安全方针，仅止步于在军事领域做出某种约定，或者仅止步于制定某种防御规则。就像美国学者布莱恩·科林斯（Brian

---

① Hugh Faringdon, *Strategic Geography, NATO, the Warsaw Pact, and the Superpowers*, second edition, London and New York: Routledge, 1989, p.11.

Collins）所解释的："简单地说，集体防御意味着两个以上国家或者组织一致同意以某种方式为所有成员的利益进行合作，而且这种合作是防御领域的，通常意味着军事行动。"[1] 北约的集体防御方针显然与此不同，具有更丰富、更深远的意义，该防御方针的外延已经远远超出军事领域的界限，广泛涉及政治、经济、思想与文化等领域。就其内涵而言，北约集体防御方针事实上既是一种带有军事色彩的政治联合主张，也是一种文化与意识形态的联合主张，甚至还带有对各成员国经济与财政力量实施整合的意味。

众所周知，《北大西洋公约》公开奉行"一国即全部，全部即一国"的集体安全精神，这一安全思想直接寓化为北约集体防御方针。《北大西洋公约》明确提出：任何一个北约成员国一旦受到威胁或者侵略，都将被视为是对所有北约成员国的威胁或侵略，将遭到所有成员国的一致反击，各成员国将联合采取行动，行动方式不一定是战争，可能是政治声援、经济与军事援助、国际谴责以及联合反制，但是，各成员国对待政治威胁与侵略行径的立场和态度会始终保持一致。就像英国前驻美大使、作家尼古拉斯·汉德逊爵士（Sir Nicholas Henderson）所强调的："文件尤其提出包括11项条款的建议：对战争实施谴责，和平解决争端，一旦某一国遇到攻击，所有成员国都提供援助。在北大西洋地区以外遇到威胁时，不论直接或者间接威胁，成员国均须展开协商，这在条约中已有描述。"[2] 除此之外，集体安全方针还表现在，《北大西洋公约》所坚持的这一集体安全精神，最终得以全面灌输于北约组织，不仅被用于指导北约的政治与军事架构，而且还被运用于北约的各项安全政策、军事计划以及政治实践中。就像美国学者阿兰·亨利克森（Alan K. Henrikson）所阐述的那样："从理论上来说，'集体安全'的逻辑是第三种需要，这既是一种规范，也是一种基本原理。这一设想催生了一种责任系统、一种关于安全的全面体系，它能使所有国家的安全都得到保障。"[3]

不可否认，集体防御方针作为北约的重要指导思想，在推进并指导北约发展方面发挥了重要作用，它使北约在其组织结构、军事计划以及安全实践等方面都独树一帜，别具特色。北约集体防御安全方针自身具有非常鲜明的

---

① ［美］布莱恩·J. 科林斯：《北约概览》，唐永胜、李志君译，世界知识出版社，2013年，第1页。

② Sir Nicholas Henderson, *The Birth of NATO*, London: Weidenfeld and Nicolson, 1982, pp.50-51.

③ Alan K. Henrikson, "The North American Perspective: A Continent Apart or a Continent Jointed?" Lawrence S. Kaplan, S. Victor Papacosma, Mark R. Rubin, Ruth V. Young, eds., *NATO after Forty Years*, Wilmington, Delaware: A Scholarly Resource Inc. 1984, p.5.

特色，这些特色并非完全出自《北大西洋公约》订立之初的安全需求，更多得益于集体安全方针指导下北约外交政策与安全战略的经验总结，得益于北约政治与安全实践的沉淀和积累，甚至还得益于欧洲冷战环境的不断变化。这些特色使北约有别于同一时期其他军事组织或者政治组织，使北约得以在复杂的冷战斗争中生存，并且持续发挥作用。

首先，北约集体防御方针的目标是有限的，而且是持续发展的，始终处于可控制范围内。在北约集体防御安全方针的指导下，北约政治与安全实践并非要打造一种全新的国际规则或者国际秩序，以此替代美、苏两国所把持的两极冷战格局。众所周知，尽管创建区域性安全联合组织的设想，与联合国的最初设想并不一致，从表面上看大有撇开联合国、另搞一套之嫌。美国历史学家劳伦斯·卡普兰曾非常敏锐地指出了这一问题："为了满足他们所要求的不可改变的政治规定，这意味着要重新讨论《联合国宪章》，这在军事联盟的条约与集体安全宪章之间，就无法避免出现一个直接的冲突。"[1] 但在事实上，北约所采取的做法是，始终将自身置于以联合国为中心的国际关系体系中，竭力使其政治与军事实践符合现行的《联合国宪章》以及有关的条约规定，而且严格遵守现行的国际法体系。在欧美各国所订立的《北大西洋公约》中，所奉行的集体安全方针就是以《联合国宪章》作为其法理基础，特别是北约一再强调的"自卫权"，就直接出自《联合国宪章》第51条款。因此，此举达成的直接结果就是，北约的集体防御方针与联合国所强调的集体安全宗旨，至少在形式上并不矛盾。

除此之外，集体防御方针的有限性和可控性，还体现在北约始终对西方社会保持着政治开放态度，这种政治开放态度在很大程度上成为北约不断拓展、持续深化的一种动力。劳伦斯·卡普兰曾就此概括道："北约是一个正在发展中的联盟，从历史上说，它是一个开放性的问题，我们看不到它会马上寿终正寝。"[2] 北约既对联合国等国际组织与机构保持开放，同时还对各种西方的区域组织保持开放，还有对众多欧洲国家保持开放。北约并未打算将北大西洋地区打造为一个封闭式的"国中之国"或者"独立王国"，而是着力于将北大西洋地区建成一个在政治、安全以及外交领域相对开放的地区，即北

---

[1] Lawrence S. Kaplan, *The United States and NATO, The Formative Years*, p.40.

[2] Lawrence S. Kaplan, "After Forty Years: Reflections on NATO as a Research Field", Francis H. Heller and John R. Gillingham, eds., *NATO: The Founding of the Atlantic Alliance and the Integration of Europe*, New York: Palgrave Macmillan, 1992, p.15.

约始终向那些获其认可、有着共同安全需要的欧洲国家敞开大门，而且向竭力保持北大西洋地区在政治上团结一致。正是这种政治开放态度，使北约能够不断提升其政治与安全需要，不断吸收越来越多的欧洲国家加入北约联盟，并且不断充实和加强整个北大西洋地区的政治统一性以及防御安全态势。

其次，北约集体安全方针强调"积极防御"，不强调"主动进攻"，在理论上属于"进攻性防御"而并非"防御性防御"，这在很大程度上决定了北约组织作为军事防御组织的基本属性，决定了北约在整个冷战时期的主要发展方向。作为战后西方国家最大的区域性军事防御组织，北约将其目标锁定为预防和反制苏联与东欧社会主义集团可能针对西欧发动的军事进攻。按照美国学者乔·霍尼格（Jan W. Honig）的总结："北约只是一个应对苏联军事威胁的简单答案，然后该组织很明显正在力争成为一个最终条件。"[1] 北约的防御政策并非消极等待，而是强调诱敌深入，后发制人，通过核反击，彻底消灭敌方武装力量，直至占领敌国国土。在北约所拟订的一系列军事作战计划中，都贯穿了所谓的"前沿防御战略"（Forward Defense strategy），诸如北约军事委员会第3号系列文件（MC3、MC3/1、MC3/2、MC3/3）、防务委员会第6号系列文件（DC6、DC6/1、DC6/2、DC6/3）、防务委员会第13号文件、军事委员会第14号文件（MC14、MC14/1、MC14/2、MC14/3）、军事委员会第48号文件（MC48、MC48/1、MC48/2）。北约在上述文件中明确提出，如果苏联发动军事进攻，北约将实施节节抵抗，直至退出整个西欧地区，然后使用核力量实施全面反击，最后出动常规军队占领侵略国。[2]

与北约集体防御方针中的"积极防御"相对应，北约非常重视常规武装力量与核力量建设，但实际上北约更重视"战略威慑"，北约希冀威慑可以发挥有效的政治牵制作用，可以发挥制止战争的军事威慑效能。北约认为，"战略威慑"可以有效阻遏苏联和东欧社会主义国家在北大西洋区域突然发动军事进攻，使之不敢轻易将双边争端诉诸战争。因为北约清楚认识到，无论北约如何加强其常规武装力量建设，不论是在规模上还是在综合战力上，都始终赶不上苏联与东欧社会主义国家的常规武装力量，因此北约不可能希望其集体防御安全方针落实在常规武装力量建设上，而只能将其"战略威慑"的基础固定在其固有的核力量、核技术等上面。因为在核领域，北约比苏联等

---

① Jan Willem Honig, *NATO: An Institution under Threat?* Boulder, Colorado: Westview Press, 1991, p.1.

② Dr. Gregory Pedlow, The Evolution of NATO Strategy, 1949–1969, available at http://www.nato.int/docu/stratdoc/eng/intro.pdf. last accessed on 6 January 2014.

社会主义国家拥有更大的优势地位，北约的核战略、核技术以及核打击能力，实际上远远超过苏联。因此，北约集体防御方针将其实施"战略威慑"的立足点，更多集中于发展核力量。美国宾夕法尼亚州立大学教授斯蒂芬·辛巴拉（Stephen J. Cimbala）一直强调："依赖武装力量的这一逻辑要求大国地位提升，这意味着美国和北约应该拥有各个层级的常规力量、战术核力量以及战略核力量，这些力量相比其苏联这一对手占据优势。"[①] 事实上，北约并不想真正践行其集体防御方针，因为毕竟核力量存在着巨大的不确定性，其内在危险性超出了北约自身所能掌控的范围。

再次，在集体防御方针的指导下，北约逐渐形成一种全新的大西洋联盟关系，这种新的联盟关系具有极其丰富的思想内涵。在这些思想内容中，最重要的首推集体防御实践所强调的"自助、互助和他助"原则，即强调任何一个北约成员国，在遇到外来侵略或者安全威胁时，先是要实现"自我防御"，建立和完善自身有效的防御能力，抵抗侵略和各种威胁行为；然后是各成员国全面履行《北大西洋公约》第四条款、第五条款的集体自卫权，或者采取经济制裁，或者进行政治谴责，或者对受侵略国施以军事援助，直至最终出兵相助。"各签约国一致认可，对欧洲或者北美地区一国或多国的武装攻击，将会被认定是对所有签约国的攻击；这些签约国一致同意，如果出现这种武装攻击，每一个国家将行使《联合国宪章》第51条款所赋予的单个或集体自我防卫的权力；每个国家将单独或与其他缔约国一道采取必要措施，包括使用武力恢复并维持北大西洋地区安全。"[②] 在强调北约内部实施"自助与互助"的同时，集体防御方针还强调北约与国际社会展开更多的对话与合作，特别是与以联合国为代表的多个国际组织展开充分合作，尊重现行的国际法与基本规则，力争获取国际社会的支持与援助。集体防御方针所强调的"自助、互助和他助"原则，对于铸造强有力的大西洋安全架构可谓极其重要，对于加强北约与国际社会的沟通与联结亦非常重要。

此外，集体防御方针还提倡，各成员国在北约内部完全享有平等的政治地位，享有对等的军事权利，此举构成北约能够正常、有效行使其政治与军事职能的重要基础。集体防御方针所强调的平等性和无例外原则，集中体现在北约政治领导机制、军事指挥体制以及武装力量结构中。例如，不论是北

---

① Stephen J. Cimbala, *NATO Strategy and Nuclear Escalation*, London: Pinter Publishers, 1989, p.74.

② "The North Atlantic Treaty", Washington D.C. , 4 April 1949, available at http://www.nato.int/cps/en/natolive/official_texts_17120.html. last accessed on 16 March 2014.

大西洋理事会，还是军事委员会或者防务委员会，北约各成员国不论规模大小、力量强弱，在所有北约事务中均享有完全平等的发言权与表决权。"在北约内部不存在超国家元素，15个成员国全都有平等权利，在北大西洋理事会的谈判桌上可以表达各种观点。"[1] 另外，从制定防御安全政策一直到防务安全实践，北约各成员国亦不论规模与实力差距，均可以依据自身力量，为北约集体决策与集体安全实践做出贡献。不可否认，集体防御方针的上述原则，对于缩小北约成员国之间的固有差别，保证北约的统一意志与共同政治决策，发挥了不可替代的作用。更重要的是，集体防御方针还为进一步加强北约的防御组织机制助力尤多，特别是为北约确立其政治协商制度奠定了牢固基础。和以前的各类欧洲联合组织、美洲联合组织等相比，北约集体防御方针凸显了北约作为冷战军事组织的基本特征，即对北约的政治与军事功用提出了更高要求，在兼具满足一般安全需求的基础上，还需具备更高的意识形态与文化、思想追求，这在很大程度上对于北约加强成员国团结一致具有极大意义。

四、北约联合模式中的"中心 — 边缘结构"

自北约诞生之日起，大西洋联盟就一直保持了一种公正、开放、平等、自由的对外形象，而且在《北大西洋公约》的各项条款中，北约亦竭力强调各成员国之间共同决策、集体行动以及平等互利，但是在冷战时期，北约却在其组织内部有意无意地形成某种"中心—边缘"的特殊结构，这些结构俨然成为大西洋安全架构中的"国中之国"，它们渗透到北约组织机制与运转规则的各个层面，不仅明显表现在北约的组织形式上，而且也体现在北约的一系列战略决策与安全实践中。

事实上，不论《北大西洋公约》的始作俑者或者北约各成员国承认与否，这一特殊的"中心—边缘结构"在北约创建之初就已成为一种客观现实，尽管在此后的北约发展进程中，各成员国力图在北约制度与规则等方面尽力减弱或者消除导致这一特殊结构的基础。例如，北约的"政治协商制"或者"一致表决原则"，但是却始终无法从根本上消除由于各国国力差距与利益差别而产生的"权利不平衡"，无法真正实现北约集体防御方针中最基本的平等性与无例外原则。在北约建设之初，美国国务院政策设计委员会主任凯南就曾为

---

[1]　NATO Information Service, *NATO: Facts and Figures*, Brussels, 1976, p.94.

未来的大西洋联盟做出某种设计。凯南建议，应该建立一个"拥有三个分层的联盟"，该联盟包括"具有完整投票权国家"（美国、加拿大、布鲁塞尔条约国）、"联系国"（即那些可以通过交换基本权利来获得安全保证的国家），还有附属成员国（即北大西洋共同体以外的国家，但是它们对西欧各国政府与美国政府具有重要的战略意义）。① 虽然大西洋安全架构的最终设计并未完全按照凯南的设计思路进行，但是凯南的这种分层联盟建设的思想，还是不可避免地对大西洋安全架构建设产生了深远影响，以至于在北约建立后，其联盟架构建设仍自觉或者不自觉地采取了相同思路，凯南的思想最终为北约组织"中心—边缘结构"建设奠定了理论基础，为其指明了发展方向。

　　北约的"中心—边缘结构"极具发展性，尽管其架构鲜有变化，但其内容却不断发展，形成一种叠加累进式的发展态势，该结构既具有严格的时间概念，也享有广泛的空间概念。相较《北大西洋公约》的其他初始成员国，美、英、法三国在政治、经济与军事等领域具有非常明显的力量优势和压倒性影响，这就决定了美、英、法等国占据了北约的核心地位，垄断了北约绝大多数重大问题的决策权与行动权，美、英、法三国逐渐形成欧洲—大西洋—北美地区的特殊的"权力中央区"。而自法国在20世纪60年代中期退出北约军事一体化组织后，美、英两国更是一枝独秀，在北约内部垄断了所有政治与安全大权。进言之，在美、英、法三国内部，尤其以美国最具代表性，甚至还有西方学者直接将北约视为美国向欧洲提供的一种保护。美国专栏作家乔·威尼克（Jay Winik）在《华尔街周刊》中曾写道："当北约在1949年建立后，它基本上就是一个美国假装以联盟的方式，为欧洲安全提供的一种单方面核保护。"② 不管这种观点正确与否，但它在美国却始终拥有相当大的社会认同。

　　总体而言，美国实际上凭借极其强大的政治影响、经济实力、军事力量以及科技优势，几乎成为北约的"代言人"，甚至有学者直接将北约的利益诉求等同于美国的利益诉求。"美国向西方提供了北约战略核威慑力量中的97%，据可靠估计，在20世纪80年代的北约总防御开支中，美国承担了

　　① Douglas Stuart, "NATO's Anglosphere option, Closing the distance between Mars and Venus", *International Journal*, Winter 2004–2005, pp.170-187.

　　② Melvyn Krauss, *How NATO Weakens the West*, p.21.

71%。"① 因此，美、英等国在北约权力组织的建构中一直处于顶层，构成了北约的权力中心或者顶层。美、英等国所攫取的政治垄断地位，维持了北约机制的有效运转，积极体现了北约的集体防御方针，这是北约在东西方冷战斗争中得以存在并持续发展的重要基础所在。

与之相比，北欧国家、低地三国、意大利、希腊、土耳其等国，则由于受其实力所限，不仅无法就北约重大问题施加关键影响，而且在许多一般问题上也缺乏发言权，"剩余的北约盟国无法就北约的未来阐述其特殊的想法"。② 这些国家即使在许多政治与安全问题上有所表示，但在大多数情况下也不得不屈从于美、英、德等盟国，或者只能充当北约外交政策与安全战略的附庸者。因此，上述国家围绕美、英、法三国或者美、英、德等大国，构成了北约权力架构的"边缘地带"。由此，美、英、德等北约大国或者强国，与以低地国家为代表的小国或者弱国，共同构成了所谓的北约"中心—边缘结构"。这一"中心—边缘结构"事实上构成北约现行政治与安全机构的重要组成部分，尽管它不足以从根本上破坏北约成员国所恪守的平等原则，但在很大程度上确实造成北约在其政治与安全决策中出现某种权力与利益失衡，这种不平衡状况始终伴随着北约的历史发展进程。20世纪60年代至70年代，北约内部发生数次危机，就是成员国之间这种权利与利益不平衡持续演进、不断扩大的直接结果。例如，1966年，法国退出北约军事一体化组织，并且迫使北约的军事指挥机构不得不撤离法国。"戴高乐不允许美国在法国存储核武器，除非法国政府完全参与使用核武器的决策。"③ 1974年，希腊与土耳其围绕塞浦路斯主权问题发生争端，进而导致希腊继法国之后退出北约，土耳其亦公开宣布远离北约。

伴随着北约发展进程不断深化，北约"中心—边缘结构"的内涵发生新变化，在旧的基础上增添了大量新内容。"中心—边缘结构"不再简单局限于传统因素，例如，成员国的国力、规模、地域以及政治偏好，而是添加了许多类似意识形态、地缘政治、文化与思想倾向等现实因素。总体而言，北约"中心—边缘结构"的变化，不仅使其表现形式更加复杂化，而且也使北约内

---

① Hugh Faringdon, *Strategic Geography: NATO, the Warsaw Pact and the Superpowers*, second edition, London and New York: Routledge, 1989, p.189.

② Jan Willem Honig, *NATO: An Institution under Threat?* p.15.

③ *New York Times*, 10 June 1959, quoted from Robert S. Jordan and Michael W. Bloome, *Political Leadership in NATO: A Study in Multinational Diplomacy*, Boulder, Colorado: Westview Press, 1979, p.87.

部早先存在的各种政治、军事与行政问题得以延续，北约应对内部危机与外来挑战的能力亦得到相应强化。然而，北约"中心—边缘结构"的变化，亦在很大程度上增加了其自身发展的不确定性与或然性，有时甚至是危险性。

具体而言，北约"中心—边缘结构"的变化并非偶然之举，而是北约与国际政治安全环境之间交互作用的结果，存在着某种必然性。其中，北约对外实施扩张，以及持续推进大西洋安全架构，这是导致北约"中心—边缘结构"发生变化的直接诱因。众所周知，自北约建立后，出于发展和完善其防御安全体系的基本考虑，北约持续不断地实施外向型扩张，大量吸收欧洲国家纳入大西洋安全架构中。20世纪50年代，希腊、土耳其、联邦德国三国相继加入北约；80年代，西班牙加入北约；北约从最初的12个初始成员国，发展到16国联盟，这使北约得以名副其实地填充其在北大西洋地区的空白。作为冷战时期北约扩张的结果，北约不仅使其覆盖的地域范围进一步扩大，而且也使北约防御安全体系变得更加完善，无疑也在同时加剧了东西双方的冷战斗争的烈度。因为在北约及其成员国看来，北约实施扩张的根本原因在于抵御苏联的潜在侵略威胁，完善自身的防御安全。"苏联试图击败《北大西洋公约》各个签约国，使其力量将到达大西洋海岸、地中海以及中东。"[①] 很明显，大量新成员国跨入北约序列，在很大程度上加剧了北约内部原有的权力与利益不平衡。

冷战结束后，北约获得前所未有的发展机遇，苏联与东欧社会主义阵营瓦解，客观上为北约进一步扩张扫清了道路。在许多西方政治家眼中，"北约的扩张是必要的，这不仅是为了应对未来的俄国威胁，确保东欧、中欧满足其防务安全要求，避免使欧洲大陆留下危险的安全真空，避免在未来欧洲东部划定一条新的分界线，东扩可以弥补这种分裂状况，或者使之变得毫无意义。"[②] 北约从1999年到现在总计实施4次东扩，先后将13个东欧、中欧以及南欧国家纳入大西洋安全架构中。1999年，波兰、捷克、匈牙利加入北约。2004年，爱沙尼亚、拉脱维亚、立陶宛、斯洛伐克、斯洛文尼亚、罗马尼亚、保加利亚加入北约。2009年，阿尔巴尼亚、克罗地亚加入北约。2017年，黑山加入北约。对北约来说，大规模吸收俄罗斯以外的原苏联加盟共和国与东欧社会主义国家加入，具有非常明显的意识形态色彩，显然不是为了防范和

① "NATO Medium Term Defense Plan, July 1, 1954". Dr. Gregory W. Pedlow, ed., NATO Strategy Documents, 1949–1963, p.188. available at http://www.nato.int/docu/stratdoc/eng/intro.pdf. last accessed on 20 March 2014.

② Clay Clemens, *NATO and the Quest for Post-Cold War Security*, New York: St. Martin's Press, 1997, p.197.

对付"东方侵略威胁",仅仅从完善北约防御安全体系的角度解释北约东扩的动机,明显缺乏足够的说服力。"北约最近实施的东扩,其关键性缺陷在于,扩大北约缺乏一个清晰明了的战略理由。"[①] 这种意识形态色彩与文化差异,在很大程度上加剧了北约内部成员国之间的原有差距,加速了北约"中心—边缘结构"倾斜。

与此前的北约成员国不同,上述的原社会主义国家推行一整套完全不同的政治、经济与社会制度,尽管目前这些国家都仿效西方国家,建立了多党制政府、市场经济以及自由社会,但这些国家大多经济实力弱,社会不稳定,兼之基础建设设施差,人民生活水平相对较低,和西欧与北美等国相比,在许多方面都存在着巨大差距。更重要的是,上述国家具有与北美、西欧、北欧等国家不太一样的文化、宗教、传统以及习俗,这使它们在客观上很难与西方国家真正融为一体,真正做到平起平坐。因此,尽管这些国家加入了北约,但却明显表现出与北约原有成员国之间的巨大差异,在事实上形成一个"东部欧洲地带",这种差异从另一个层面大大推动了北约"中心—边缘结构"深入发展,使之形成了一种全新的"中心—外围—边缘结构"。

北约"中心—外围—边缘结构"最终呈现出一种特殊的"金字塔结构"或者"夹心饼结构",该权力结构的顶层或者中心,是由美、英等大国组成的"核心权力层",从根本上决定北约的发展方向,并且做出相关北约政治与安全事务的一系列重大决策。在顶层或者中心之外,则是由西欧、北欧、南欧等老资格北约成员国所组成的"外围权力层"。尽管它们在北约内部缺乏关键性决策权,但却享有普遍的表决权与执行权,一般负责对美、英等大国决策实施补充和监督,在大多数情况下附和并且支持美、英等大国意志与决策,它们在根本利益上与美、英等国保持着极大的共同性与统一性。在北约"中心—外围—边缘结构"中的"外围权力层"以外,则是由世纪之交新加入北约的俄罗斯以外的原苏联加盟共和国与东欧国家所组成的"边缘权力层"。附着于"边缘权力层"之上的前苏东各国,尽管在理论上享有和其他北约成员国相同的利益与权利,但在事实上却很难在北约内部表达自身的利益诉求,其权力与意志往往会由于政治、经济、社会等原因而受到大国的牵制和影响,缺乏独立的政治个性,无法在北约战略决策中拥有更大的发言权。

①　Karl-Heinz Kamp, "The Dynamics of NATO Enlargement", Anatol Lieven and Dmitri Trenin, eds., *Ambivalent Neighbors: The EU, NATO, and the Price of Membership*, Washington, D.C.: Carnegie Endowment for International Peace, 2003, p.191.

"中心—外围—边缘结构"在北约内部形成了某种等级关系，同样也形成了某种北约特有的政策或者战略偏好，这种等级关系和政策偏好虽不足以全面影响北约在冷战后行使其政治与安全功能，而且亦未能掣肘和停滞冷战后的北约战略转型，但是却不可避免地使北约的政治与安全实践表现出某种偏向，即北约在大多数情况下均按照美、英等大国的政治选择、安全利益以及战略选项采取行动，在整体上表达北约的政治与安全关切，发挥北约在冷战后国际事务中的引领作用。北约小国以及新成员国的利益关切与政治偏好，则更多地依附于大国决策。尽管该体制缺乏代表性，而且似乎有欠公正，但是该结构还是在后冷战北约的一系列政治与安全政策以及实践中发挥了重要作用，在引发多种问题的同时，也确保了北约政治领导机制、军事指挥机制的有效运转。

五、北约政治与安全联合中的经济、文化以及意识形态纽带

与西方历史上的军事或政治联盟不同，北约具有极其深厚的政治、经济与文化基础，在东西方冷战斗争中，形成了一套独特的运行与发展规律。"将北约实施政治协商习惯的重要性由内部传至公众这种直接方法，可以归结为这样一个命题：即北约既是一个政治联盟，也是一个军事联盟，对这种措辞的习惯用法将会比目前人们趋向于将北约当作一个纯粹军事联盟要更好一些，也更精确一些。"[①] 北约的酝酿及其创建，除去冷战政治与安全需要外，还有更加深厚的历史、文化与意识形态基础，即北约并非是一个简单的冷战联盟，它同时在政治、经济、文化、思想等领域也有着远大理想与执着追求，堪称是西方国家所谓的普世价值观、市场经济理念、法治与民主政治等观念的总汇，这是北约真正得以持续存在并且在冷战中发挥作用的原因，尤其是冷战后北约继续在国际政治与安全事务中发挥作用的根本所在。"北约的持续存在，要感谢它拥有一批精明能干、富有远见的政治家，实现了关键的经济与技术转变，具有纯粹的需要。"[②]

然而，在大多数情况下，人们对北约创建及其发展的关注或研究，只强调北约更紧迫、更现实的政治与安全需要，强调在美苏冷战斗争中意识形态

---

① "Report of the Committee of three", 11 November 2014, available at http://www.nato.int/cps/en/natolive/topics_65237.htm. last accessed on 24 March 2014.

② John R. Gillingham, "Introduction", Francis H. Heller and John R. Gillingham, eds., *NATO: The Founding of the Atlantic Alliance and the Integration of Europe*, p.2.

的重大作用。例如，北约接纳在地理上不属于北大西洋地区的希腊、土耳其入盟，就直接显示了北约的上述倾向。"北约对南欧国家的防御并非北约设计者们的关键关切……北约在1952年将希腊、土耳其纳入，这并不表示北约改变了其关切重点，而是表示北约已认识到，对于共产主义威胁，特别是苏联威胁，南欧这些国家过于脆弱，因此不得不被纳入北约，以使西方在地中海的利益能得到保护。"[①] 然而，对于同样作用于北约进程的国家经济、思想文化、社会传统以及意识形态等因素，虽然它们同样构成北约立足的政治、经济以及社会基础，但却因相对隐蔽，更着眼于长效，所以经常为人们所忽略，或者较少涉足，这就不可避免造成对北约特质与本性的理解偏向简单化或者模式化。有的西方学者甚至直接将北约类同于没有文化与思想基础的联合："大规模认真思考政治的想法在20世纪已经不复存在，灾难性事件以及缺乏对思想本身特性进行洞察的结果，即产生了一种盎格鲁—美利坚设想，这是一种兼具美、英等国特征的思想，人们可能将其称为'北约时尚'。"[②]

众所周知，美国、加拿大与欧洲10国订立《北大西洋公约》并非随兴而为，北美与欧洲各国将大西洋安全架构建立在坚实的经济基础之上。一方面，作为现代发达资本主义国家，欧美各国均建立了非常完善的现代工业制度，建立了非常完备的工业生产体系，尽管各国之间经济实力有较大差异，经济布局与生产结构亦各有特色，但它们各自的经济现代化程度、经济理念与运行规则却相差无几，这使欧美各国得以在一个经济基础雄厚、财力强大、资源丰厚的平台上构建"安全共同体"。另一方面，二战结束后，欧洲国家满目疮痍，百废待兴，美国应邀对欧洲实施大规模经济援助，"马歇尔计划"对于恢复战后欧洲经济秩序、实现经济复兴，确实发挥了关键性作用。战后西欧国家的经济资源得以充分整合，经济潜能得到最大程度发挥，西欧各国与美国的经济联合与合作空前加强，这为北约各成员国展开普遍合作奠定了必要基础。

正是因为西欧各国与美国具备了高度发达的现代经济基础，从根本上确保了北约各成员国之间能够以互补方式，不断推进其防御安全架构建设，在一个比较高的起点上，构筑一个积极有效、影响巨大的防御安全组织。在其

---

① John Chipman, "NATO and the Security Problems of the southern Region: From the Azores to Ardahan", John Chipman, ed., *NATO's Southern Allies: Internal and External Challenges*, p.8.

② Lian O'Sullivan, "The Moderns: Herbert Marcuse and Hannah Arendt-'critics of the present'", British Broadcasting Corporation, ed., *Political Thought from Plato to NATO*, p.183.

雄厚财力的支撑下，北约各成员国除发展武装力量、增强安全防御能力的一般需要外，还能够长期致力于传播和扩展其民主价值观、法治与公民社会理念、宗教道德观等，甚至将经济与技术因素当作一种特殊武器，用于对苏联与东欧社会主义国家实施封锁，与其展开竞争与对抗。"对西欧国家来说，马歇尔计划所产生的精神感召力和物质吸引力相对于杜鲁门主义来说更直接、更普遍。对广大欧洲国家来说，这等于是对外宣布，美国能够提供苏联不能提供的东西。"① 在其防御安全政策以及实践中，尽管北约在其领土与疆域安全上采取了守势，但是却在文化、思想、意识形态、经济和技术等领域采取了攻势，对苏联与东欧社会主义国家采取渗透、诱导、威吓、分化、孤立以及封锁等手段，将其经济理念中的市场、资金、技术、管理等因素统统赋予特殊的文化与政治含义，使之变成无形而且有效的进攻利器，确保其自身的经济与文化效力能够发挥最大限度的示范效应。

另外，北约还极其重视文化与意识形态因素对跨大西洋联合的影响。在订立《北大西洋公约》之初，北美与西欧各国选择建立大西洋安全架构的国家并非随机而行，而是经过非常全面、缜密以及细致的考虑。不论其着意多寡，北约的创立者们一开始就将其定位为防御安全组织，同时也将其视为价值观联盟，为全世界确立了某种民主与自由联合的坐标与范式。一言以蔽之，北约12个初始成员国都是西方国家普遍认可的"民主国家"，除去处于萨拉查统治下的葡萄牙，被认定具有专制政治嫌疑以外，几乎所有国家都拥有所谓的政治民主制度、自由市场经济、公民社会以及法律体系，都推崇国家的法律与秩序，均强调西方普世价值等。针对外界对葡萄牙缺乏民主的质疑之声，安东尼奥·萨拉查（António de Oliveira Salazar）总理还在议会中就民主问题做了辩解："要确定这种意识形态显然会非常不幸……会受到某种模式中空洞无物与欠缺准确的折磨，这种模式已经消磨殆尽，而且令人不安，因为它们所部署的地区都有极不相同的解释……我们认为我们对条约义务及其总目标负有责任，我们对倾向于多数政治体制的教条主义断言不负担义务，因为我们在自己国家中充分意识到这些政治体制的精神。"②

上述国家不仅在地理位置上相互连接，而且还具有非常悠久的西方历史传统与深厚的文化底蕴，它们共同孕育并成长于西方文明的摇篮中，其民族、

---

① Herbert Feis, *From Trust to Terror: The Onset of the Cold War, 1945–1950*, New York: Norton, 1970, p.249.

② Christopher Coker, *NATO, The Warsaw Pact and Africa*, London: The Macmillan Press Ltd., 1985, p.50.

宗教、语言、习俗、教育、公共政策等方面，均浸染西方文明之精神，其文化、思想与意识形态可谓深得西方文化之精髓，它们成为现代西方文明传播与发展的重要载体。在很大程度上，西方共同的文化与思想财富，成为北约创建并持续发展的另一种必不可少的基础，成为持续不断战胜危机、弥合北约内部裂痕的一种特殊黏合剂。"从一个危机到另一个危机，北约出于多种原因得以持续存在，其中包括对苏联威胁或者共产主义威胁的认识（来自内部的以及来自外部的同类威胁）、德国问题、政治共同性以及经济独立性。"①

北约将自身定位为防御安全组织，这实际上包括了双重含义。就狭义而言，北约创建的目标似乎只是为了应对苏联的侵略威胁，威慑并阻止苏联可能采取的任何军事进攻行动，而且北约只是被动地预防任何的潜在危险。就广义而言，北约实际上是一个含义极其丰富的"安全共同体"，它所奉行的集体防御方针具有比较宽泛的适用范围，并非简单局限于防御外来军事入侵。事实上，北约"安全共同体"（Security Community）从一开始就设定了多重使命，它不仅强调其国土与疆域的基本安全需要，而且也强调其民主价值观、法治与公民社会理念、宗教道德观念等。不仅如此，在冷战意识形态与"零和逻辑"（Zero-Sum Logic）的主导和推动下，北约各成员国不仅担负着捍卫西方价值理念和文化的重任，而且还担负着在全世界推广和普及其民主价值观、法律与秩序理念、宗教道德观等使命，因为这也是北约"安全共同体"确保其绝对安全的一项必然之举。在西方公众看来，"在保卫北约成员国的民主生活方式与民主价值观的过程中，北约扮演了一个关键性角色，而且这一使命必须明显强化"。②

北约领导人坚信，北约成员国所尊奉的民主价值观、法律与秩序理念、宗教道德观，正是北约所独有的、能够真正显示其强大力量的源泉所在，也是北约有别于苏联与东欧社会主义国家之处。因为在北约政策制定者看来，北约的文化、思想、教育、理念、制度等因素能够发挥巨大作用，远远超出军事力量所能企及的范围，其功效远非武装力量所能替代，因为正是这些因素能够使北约发挥其阻遏战争、维持和平的基本目标。北约的政策制定者们深信，在现代社会，战争不可能在民主国家之间爆发，而且一旦民主国家联合起来，就可以有效地制止战争，就可以避免"绥靖"、妥协以及退让，就

---

① Simon Serfaty, "Atlantic Fantasies", Robert W. Tucker and Linda Wrigley, eds., *The Atlantic Alliance and Its Critics*, p.96.

② Werner J. Feld and John K. Wildgen, *NATO and the Atlantic Defense, Perceptions and Illusions*, p.23.

可以共同创建一种所有国家所希冀的和平秩序。美国冷战理论的创立者之一、"遏制政策"的始作俑者乔治·凯南，在其著名的"长电报"中就曾表达了这种信心。在为杜鲁门政府草拟的冷战外交政策及其应对措施中，凯南声称："最后，我们必须要有足够的勇气和自信，坚持我们自身关于人类社会的方法和概念，虽然这样，在应对苏联共产主义此类问题的过程中，我们所遭遇的最大问题，就是我们应该允许自身变成类似我们正在应对的那些人。"[①] 然而，也正是由于北约在冷战时期并未遇到真正的军事侵略与武装威胁，因此，保持并扩展其文化与思想理念，遂成为与北约防御安全实践同等重要的一项重大安全实践。

此外，还须特别强调的是，与每一个北约成员国一样，北约所崇奉的文化、思想与意识形态，不可避免地带有非常强烈的文化优越感、霸权主义以及至上主义倾向，在很大程度上，它们都带有非常明显的"欧洲中心主义"（European Centralism）与"美国例外主义"（American Exceptionalism）色彩，强调北约自身的文化至上地位，这成为北约对外扩展的一个重要依据。"事实上，北约正在努力变成这样一个联盟，可以为其提供远超出其他任何形式协约、联盟或者安全条约之上的历史优势和道德优势。"[②] 北约这种特殊的认知模式、思维逻辑以及意识倾向，集中体现在北约所制定的各项政策中，体现在北约所采取的诸项行动中。"北约部长会议一个接一个召开，新想法和战略概念得以确定，其基础就是威慑、实施共同防御、订立为期4年的中期防御计划、建立均衡的集体武装力量、分摊防御负担，所有这些概念与其他概念一起，持续维系着北约的意识形态与话语。"[③] 相对于北约而言，上述因素虽然有助于推动北约内部的团结与合作，但在很大程度上也助长了北约政策与实践的盲目性与冒险性。尤其是北约所尊奉的意识形态，事实上有一套特殊的理论体系、认知与行为模式以及政治惯性，并不一定与美苏冷战进程环环相扣，两者之间存在着许多脱节之处，这在一定程度上影响到北约的政策与实践。

在整个冷战时期，北约的经济、文化以及意识形态诸要素发挥了非常独特的作用，其重要性丝毫不亚于北约的政治与安全需要，它们甚至混同在一起，

---

① "861.00/2-2246: Telegram, The Charge in the Soviet Union (Kennan) to the Secretary", available at http://www2.gwu.edu/~nsarchiv/coldwar/documents/episode-1/kennan.htm. last accessed on 26 March 2014.

② Prince Huberus zu Löwenstein and Volkmar von Zühlsdorff, *NATO and the Defense of the West*, p.64.

③ Andre de Staercke, "An Alliances Clamouring To Be Born—Anxious To Survive", Nicholas Sherwen, ed., *NATO's Anxious Birth, The Prophetic Vision of the 1940s*, London: C. Hurst & Company, 1985, p.157.

共同强化了北约的联合模式，使北约组织的联合实践得以建立在更加全面、扎实的基础上。"在大多数时间里，意识形态调和了多种环境因素与短期因素，并且融合了更深层次的思考，例如安全需要、历史遗产以及地理位置。"①

第二节　亚太安全联合模式

一、亚太"双边安全联盟模式"

众所周知，和欧洲—大西洋—北美相对单一的地缘关系与政治成分相比，战后亚洲由于疆域辽阔，民族众多，地理与文化差异较大，政治成分相对复杂，地缘关系亦极其紧张，使得战后亚洲的政治发展方向呈现出多元化格局，各种政治形态在亚洲都有体现，很难以某种固定的模式或者方法予以统一。

诚如上文所述，二战极大地削弱了西方殖民主义，战后亚太区域绝大多数国家赢得了独立，成为新兴民族国家，但是它们普遍力量羸弱，需要建设并不断稳固其新政权，发展并健全其民族经济体系，创建有序的社会与法律秩序。但是，战后东西双方在世界范围内的冷战斗争，使亚太区域新兴国家身不由己地卷入冷战斗争潮流中，东西双方为了占有更大的政治与安全空间，客观上需要将这些新兴国家纳入各自的冷战联盟或者势力范围。另外，亚太各国作为西方国家的前殖民地，在历史上饱尝殖民剥削与统治的苦痛，美、英、法等国作为其殖民宗主国，在政治、经济、文化等多个方面与其有比较密切的关联，虽然西方旧殖民主义已经消退，但它们还想以各种方式、打着各种旗号，继续留在亚太区域，继续保持对这些新兴国家的政治、经济、军事、文化以及社会影响。

由此可见，亚太各国特殊的历史与现实环境，决定了其战后安全模式只能是多种多样的。其中，比较有代表性的安全模式主要有三种，即"多边安全联合模式""双边安全联合模式""自主安全联合模式"。这三种模式比较完整地反映了战后初期亚洲各国的安全现状及其诉求。应该强调的是，这三种模式由于都诞生于美苏冷战的环境中，因此不可避免被打上冷战烙印，这种冷战化的时代特征集中反映在安全模式的动机、目标、规则以及对外影响中，贯穿了三种安全模式的发展始终，一直延续到20世纪90年代初美苏冷战

---

① Geir Lundestad, "How(Not) To Study the Origins of the Cold War", Steven Casey, ed., *The Cold War, Critical Concepts in Military, Strategic and Security Studies*, Vol. I, London and New York: Routledge, 2013, p.81.

结束。

"双边安全联合模式"堪称是冷战时期亚太各国最普遍采用的一种安全方式，这种安全模式主要适用于东亚地区，特别是东北亚地区，堪称比较普遍地采取了这种安全联合模式，而东北亚地区的所有国家几乎全被纳入这种复杂的安全联合架构中。就其政治属性看，"双边安全联合模式"在政治立场上主要分为两种：即社会主义国家联合模式与西方国家联合模式，尽管这两类安全联合模式拥有不同的意识形态与思想理念，亦有各自的政治归属，但是两者的基本规则、程序以及方法极其相似，并没有实质性区别。就其联合类型看，"双边安全联合模式"几乎都属于大国主导型安全联合，即由大国出面，通过与小国缔结联盟条约或者共同防御条约，建立双边安全体系。在这些双边安全体系中，大多数重大决策均由大国决定，而小国在大多数情况下听命于大国的安全安排。

就西方联合模式而言，其出发点是美、英等国出于冷战政治与安全战略需要，出于二战后在亚太区域扩展势力范围的需要，试图通过在亚太区域的结盟政策与扩张战略，遏制所谓共产主义在亚太区域的扩张。在美、英等国看来，欧洲的冷战政治与安全分界线已经基本划定，其冷战基本态势已经形成，欧洲冷战格局在短期内很难有大变化。与之相比，亚洲的情况则大不相同。作为战后世界的政治新兴地带，亚太区域在整个欧亚大陆的地缘政治地位不容小觑，这不仅是因为亚太区域的地理位置极其特殊和重要，在历史上一直是各种政治矛盾、资源争夺、新旧敌对力量等各种矛盾冲突的焦点，这种特殊状况在历史上就已得到充分证明。更重要的是，许多亚太区域新兴民族国家在政治上尚无归属，它们只有简单的民族独立要求，并无特别的政治诉求，因而为战后美国大规模介入亚太区域、扩张势力范围，客观上提供了难得的机遇。

事实上，一俟二战结束，美国就开始积极打造亚太安全秩序，开启了亚太冷战体系建构进程，英国也积极参与其中。"英国的'哥伦布计划'就是要求较富裕的英联邦国家（英国、加拿大、澳大利亚与新西兰），向亚洲新兴国家提供援助。在美国加入'哥伦布计划'后，英联邦以外的亚洲国家也被包含在内。"[①] 应该特别强调的是，美国在启动亚太安全秩序建构的进程中，沿

---

① Gier Lundestad, *East, West, North, South, Major Development in International Politics, 1945–1986*, Universitetsforlaget AS: Norwegian University Press, 1986, p.267.

袭了构建大西洋安全模式的许多思路、规则以及做法，其援助内容通常包括，提供技术与经济援助，展开文化与教育交流，提供军事装备与服务支持，帮助受援国发展军事力量等，不断完善安全架构，以共同防御援助的名义打造亚太区域安全架构。"美国在亚太地区的军事联盟体系是因冷战的需要，以遏制苏联和中国为首要目标的有多组双边军事联盟组成的联盟体系，是美国维护其全球霸权的重要工具。"① 美国向亚太各国提供各项援助的最终目标，是在亚太区域扶植和培养一支庞大的亲美政治、经济、军事力量，能够使亚太各国以其自身所拥有的地理、资源、制度以及文化，助力于美国的全球安全战略及其实践，进而成为美国构筑亚洲冷战体系这一大棋局中的一粒粒棋子。美国艾森豪威尔总统（Dwight Eisenhower）对此曾有阐述。美国的想法是"在自由世界的各个不同地区和区域之内形成当地武力来维持必要秩序、保卫边界和提供大部分地面能力"。美国将提供技术援助，在必要时甚至可能以海空力量进行干预。②

美国在亚太区域构建"双边安全联合模式"之旅，事实上并非像大众所普遍认定的那样，源于东北亚，而是起步于毗邻欧洲的"亚洲边缘地带"——中东地区，显然，美国此举意在服务于欧洲冷战斗争的需要。1946年10月，在以色列建国当天，美国立刻承认以色列，并向其提供巨额军事与财政援助，这使美以双方在事实上结成一种特殊的双边安全联合结构。在1947年美国总统杜鲁门推出"杜鲁门主义"后，美国随即于7月和8月与土耳其、伊朗签订了双边军事援助协议。尽管双方并未建立任何实质性的双边军事合作组织或者机制，但是，美国通过构建双边安全联合的意图已经非常明显。之后，美国又与约旦、沙特阿拉伯、伊拉克等国签订了多个双边安全条约，这些双边安全条约，成为亚太安全架构中最早的"双边安全联合模式"实践。

同样在印度支那半岛，美国也开始了与泰国的双边安全合作。美泰关系的渊源，实际上源自美国对二战后泰国独立事业的支持。"如果美国不约束其欧洲盟国的话，泰国战后返回国际社会的努力会更困难，如果听任英、法等国自行其是，泰国无疑会蒙受巨大损失。"③ 美、泰双方采取了先易后难、层层递进的安全联合方式，首先从安全联合的外围着手，然后逐渐深入其内

① 张国帅：《冷战后美国亚太联盟体系研究》，时事出版社，2016年，第39页。
② ［美］约翰·加迪斯：《遏制战略：战后美国国家安全政策评析》，第158页。
③ Donald F. Nuechterlein, *Thailand and the Struggle for Southeast Asia*, New York: Cornell University Press, 1965, p.90.

核，最终确立了美、泰两国的"双边安全联合模式"。1950年7月1日，美国与泰国签订《教育交流协定》，此举堪称是美、泰两国实施安全联合实践的前奏。尤其对美国来说，此举堪称为美国后来大规模推动亚洲双边安全联合的尝试做出铺垫。9月9日，美泰双方签订《经济技术合作协定》，扩大双边安全联合的经济基础，进一步丰富和发展美泰双边关系的内容。10月17日，美、泰双方签署《美泰共同防御协定》（Treaty of Mutual defense between US and Thailand），这是美国在亚太区域中南半岛构建的一个安全模式，也是东南亚地区首个防务体系。

继美、泰两国"双边安全联合模式"建构启动后，1951年8月，美国与菲律宾联合签署《美菲共同防御协定》（Treaty of Mutual defense between US and Philippine）。该协定明确提出"自助与互助"的安全原则，即任何一方遇到武力侵略或者威胁，另一缔约方则与其展开协商，双方共同采取行动，集体应对威胁。美国与菲律宾订立"双边安全联合模式"之所以能够顺利展开，在很大程度上既应归因于美、菲两国在历史上分别作为宗主国与殖民地而形成的历史渊源，同时也为美、菲双方在冷战之初的共同意识形态所使然。美国将菲律宾视为东南亚地区扩展其政治、经济与军事影响的一个桥头堡，视为维持马六甲海峡以及南中国海海域安全的一个重要支柱。美国在菲律宾的克拉克、苏比克湾分别建立空军与海军基地，在美国向菲律宾提供所谓安全保护的同时，菲律宾也为美国越来越深地介入亚洲提供了重要的地缘战略支撑。相对于"美泰安全联合"而言，"美菲安全联合"的内容显然更加丰富，不论是对美国还是对菲律宾来说，美国介入亚太区域的程度越深，这一双边安全联合在次区域所发挥的安全影响就越深。

1951年9月8日，在美国一手策划下，在完全排斥新中国参与的情况下，美国单独和日本签订《日本国和美利坚合众国之间的安全保障条约》（Treaty of Mutual Cooperation and Security between the United States and Japan），又称《旧金山对日和约》（Treaty of Peace with Japan）。按照上述条约规定，美国可以据此在日本国内及其周围地区驻扎和部署军队，而且美军应日本政府之邀，有权镇压日本出现的暴乱及其他乱局。在此基础上，1952年2月28日，美日双方订立《日本与美国行政协定》（The Executive Agreement between the United States and Japan），进一步弥补了《日美安全保障条约》中所未规定的关于驻军的法律与行政管辖、经费负担、驻日美军的驻外法权等问题，该条约后来被美、日双方在1960年1月19日订立的《日美共同合作和安全条约》

（Treaty of Mutual Cooperation and Security between Japan and the United States）
所代替。日、美双方共同构建起一种极具典型意义的安全保护体系，这在亚
洲颇具代表性。这种特殊的安全保护体系又被称为"美日安保体系"（Japan-
US Security Alliance System），该体系兼具政治与安全双重属性，它既是美、
日两国缔结的一种政治联盟，肩负在亚太区域遏制和抗衡社会主义国家的冷
战使命，同时也是美国在冷战时期向亚太各国提供的特殊安全保护的一种方
式，目的在于打造一种具有多重内涵的双边安全体系。艾森豪威尔总统曾公
开提出："单独任何一个国家——即使像我们这样强大的国家——都不能够单
独保卫所有外部受到共产党侵略和内部受到颠覆威胁的国家的自由。共同安
全就是有效的互相合作。"①

　　无论在历史还是在现实中，鉴于日本在东亚地区具有特殊地位，"美日双
边安全联合模式"都受到美国的重视，因为美国政府需要利用美—日安全合
作机制来抗衡新中国，使新中国崛起后失衡的东亚战略格局能够重建秩序。
同样，日本也对"美日双边安全联合模式"极其看重，它甚至将美—日安全
合作机制视为维持战后日本国家利益、经济与社会发展、大国地位的唯一重
要保障，日本需要美国的保护。与此同时，亚太区域其他一些国家也并未排
斥美—日安全合作，它们不仅未理会美—日安全合作机制的新殖民主义色
彩，反而竭力向该安全合作机制靠拢，这在客观上给美—日安全合作机制在
亚太区域进一步扩展提供了机遇。总体而言，正是美国、日本以及其他亚太
国家的态度与政策，促成美—日安全合作机制长期存在，并且持续发挥影响。

　　众所周知，朝鲜战争激化了东西双方在亚洲的冷战斗争。为了进一步强
化其在朝鲜半岛的地位，同时也为了更好地防范北朝鲜、牵制新中国，1953
年10月1日，美国与韩国签署《美韩共同防御协定》（South Korea-US Mutual
defense Treaty），缔结"美韩双边安全联合模式"。在朝鲜战争结束后，中、
美两国陷入全面对立，美国加紧扶植台湾地区的国民党政权，并且鼓励国民
党政府与新中国进行军事对抗。1954年12月，美国与国民党政府签署《美台
共同防御协定》（Mutual Defense Treaty between the USA and ROC），正式将台
湾地区纳入美国在亚太区域构建的多重双边安全体系中。至此，美国主导下
的亚洲双边安全体系建构正式告一段落。南联盟党报——《战斗报》（Borba）
在其社论中曾专门就此指出："朝鲜战争不是一个孤立的插曲……战争发展的

---

　　① 梅孜：《美国总统国情咨文选编》，时事出版社，1994年，第154—155页。

原因在于亚洲出现反常情形，即那里的人民以及国家经常感觉不如'白人'以及发达国家……解决朝鲜问题，应当是整个亚洲以及远东事务正常化进程的一部分。其中，中国的问题占有最重要的位置，它必须使亚洲人民有可能在完全平等的基础上，与世界其他国家相处。"[①]

在朝鲜战争期间，美国还与法国殖民者支持的南越当局、柬埔寨、老挝签订了多个防御互助协定，大规模向印支半岛国家提供军事与经济援助，支持法国在越南推进殖民战争，遏制印支半岛的共产主义运动。另外，美国还与印度尼西亚订立双边安全条约。1952年1月5日，印度尼西亚外交部长苏巴多（Achmad Subardjo）与美国驻印度尼西亚大使科克伦（Merle H. Cochran）联合签署双边安全条约——《科克伦—苏巴多协议》（Subardjo- Cochran Agreement），正式提出双方将充分利用其政治、经济、人力以及自然资源，发展防御安全力量，确保地区安全，美国将承担保证条约责任的义务。1957年1月，刚刚独立的马来亚联邦与英国展开谈判，双方于10月12日共同签署了《英马对外防御和互相援助协定》（Anglo-Malaysian Defense and Mutual Assistance Agreement，简称AMDMAA），共同就马来亚的领土安全与军事防御展开协商，英国保持其在马来亚的军事驻军与基地。1963年，在马来西亚联邦建立后，该协议更名为《英国—马来亚防务协定》（Anglo-Malaysian Defense Agreement，简称AMDA），将双方的共同防务地区扩展至沙巴、沙捞越和新加坡，但是，该条约最终亦为《五国防御协定》（Five Power Defense Arrangement，简称FPDA）所代替。1971年12月，马来西亚与新西兰签订双边防御协定，之后又陆续与其他3个国家分别签订双边防御协定。

亚太双边安全体系堪称幅员辽阔，北至日本，南到菲律宾，东南有泰国，中间有南朝鲜、中国台湾，虽然并未囊括美国在亚太区域的所有盟友，但几乎就是在环中国的周边地带，美国构建起一个松散的安全体系，该体系呈现出轴心—边缘辐射状的防御网络形式，紧贴中国，客观上形成了一个封堵、包围中国的防御安全网，其指向性极其明显，其对抗与威慑的目标亦昭然若揭。就像大西洋安全模式一样，亚太"双边安全联合模式"在名义上完全遵循《联合国宪章》所强调的自卫权利，预防和抵御侵略的权力，但在事实上，

---

① U.S. embassy (Belgrade) to State Department, 14 August 1953, 1; FR, RG84, WNRC. For a summary of reactions in Arab nations, see "World Reactions to the Korean Truce", 29 July 1953, Box 821, Central Filess, DDE. 转引自 William Stueck, *The Korean War, An International History*, Princeton, New Jersey: Princeton University Press, 1995, p.346.

该模式的目标并不止于防御，其在政治、军事以及意识形态上所具有的实际意义远远超出《联合国宪章》所限定的范围。

对于美国和亚太各国来说，亚太"双边安全联合模式"具有截然不同的含义。对美国来说，与每一个亚太国家订立双边共同防御条约，建立双边安全体系，其最终目标始终是一致的，并不存在孰重孰轻的差别，实际上只存在地域、时间和形式的差别。对美国来说，所谓的共同防御协定，实际上只是美国向其亚太盟国单方面提供安全保护，双边安全合作不过是美国在亚洲大肆推行单边主义军事扩展的代名词。艾森豪威尔政府认定："美国应该避免直接介入地区冲突，帮助当事国发展地面武装，建立起贯穿自由世界的防守阵地，而美国则出动海军和空军对其实施支援。"[1]事实上，"双边安全联合模式"一直是一种不对等的政治与军事模式，每一个与美国合作的亚太国家，几乎毫无例外都处于被支配地位，在双边安全联合行动中缺少发言权，只能被动地配合美国的安全战略及其行动。尽管如此，许多亚太国家对此不以为忤。

但是，二战后亚太各国的情况则与美国完全不同，鉴于美国在二战后拥有的超级大国地位，刚刚挣脱了殖民主义枷锁的亚太各国，极其看重美国所提供的"安全保护"。对美国的亚太盟国来说，亚太"双边安全联合模式"非常适合其政治口味与安全偏好，它们倾向于和美国订立带有某种专属性和倾向性的双边安全协定，以此显示它们与美国具有与众不同的双边关系，以此显示其在亚太安全环境中所占有的特殊地位，尤其是充分展示其具有相对应的政治特权与安全优势。尽管以后的事实证明，"双边安全联合模式"并未如同美国或者其亚太盟国所希冀的那样，在安全领域发挥关键作用，但是这却并不妨碍"双边安全联合模式"存在，并在冷战政治中持续产生影响，其影响甚至一直延续到冷战结束。

与美国主导下的"双边安全联合模式"相比，社会主义国家在亚太区域推行"双边安全联合模式"的影响要小一些，而且在亚太冷战斗争中也不占据主导地位。同样是美苏冷战斗争的产物，社会主义国家的"双边安全联合模式"显得更为松散和随意，其体系性和完整性相对较差，更少对抗性与竞争性。和美国主导的"双边安全联合模式"相比，尤其缺乏长远而且完整的战略设计，因此延续性相对较差。例如，1950年2月14日，中国和苏联

---

[1] Robert R. Bowie and Richard H. Immerman, *Waging Peace: How Eisenhower Shaped an Enduring Cold War Strategy*, Oxford: Oxford University Press, 2000, p.181.

签订《中苏友好同盟互助条约》（Sino-Soviet Treaty of friendship and Mutual Assistance），双方正式结成社会主义同盟，在政治、经济、军事、科技等方面展开全面合作。美国冷战史大家约翰·刘易斯·加迪斯（John L. Gaddis）曾就此评论说："在1949年的《北大西洋公约》和1950年的《中苏友好同盟互助条约》中，超级大国都试图对较小的大国予以保证。"[①] 不仅如此，为了强化新政策，尼基塔·赫鲁晓夫（Nikita Khrushchev）于1954年访问了北京，作为他的第一次重大外访活动，并在次年前往印度、缅甸和阿富汗。在他的南亚之旅中，这位新上任的苏共第一书记强调指出，苏联愿意在政治和经济方面，与第三世界非社会主义国家就其"国家发展"进行合作。[②] 尽管苏联试图与亚太多国建立新的政治与安全关系，但却始终未能付诸实践。1961年7月11日，中国和朝鲜签订《中朝友好互助合作条约》(Sino-DPRK Treaty of friendship and Mutual Assistance)，订立同盟关系。

很显然，社会主义国家所致力发展的政治与安全联合，并非完全出于冷战"遏制"与"对抗"的主动需要，更多着眼于被动安全防御与政治守势，正是由于社会主义国家在亚太"双边安全联合模式"存在种种缺陷，使之很难形成一个与美国的亚太"双边安全联合模式"完全对等的"新双边安全联合模式"。因此，这也注定社会主义的双边安全联合模式在亚太冷战斗争中作用受限。加迪斯曾在其新作中对此评论说："华约组织与中苏同盟目前似乎一直没有组织结构，甚至非常符合其清澈见底的个性。它们受到审视时给人留下深刻印象，而且在接触时很强硬，但是在受到强大压力时却很容易四分五裂。"[③] 因此，正是由于社会主义国家双边安全模式建设中存在缺陷，导致美国的亚太"双边安全联合"构成亚太安全架构的主体。

二、亚太"多边安全联合模式"

鉴于亚太区域幅员辽阔，地域广大，所涉及的地域不仅涵盖了欧亚大陆东部地区，而且还涵盖了欧亚大陆毗连的大量半岛地区，还有分布在广袤的太平洋与印度洋上的群岛与单个岛屿等。因此，相对于地理边界比较完整的

---

① ［美］约翰·刘易斯·加迪斯：《冷战——交易、谍影、谎言、真相》，翟强、张静译，社会科学文献出版社，2013年，第166页。

② ［挪］文安立：《全球冷战：美苏对第三世界的干涉与当代世界的形成》，牛可等译，世界图书出版公司，2012年，第65页。

③ John Lewis Gaddis, *We Now Know, Rethinking Cold War History*, Oxford: Oxford University Press, 1997, p. 219.

北大西洋地区，美国很难以一种固定的既定安全联合模式，将所有亚太国家都囊括其中，也很难建立一种囊括一切的全方位亚太安全架构，而只能在美国认定的重要安全地带或者重点政治地区建构安全体系。因此，亚太安全架构的构建并未采取单一途径，而是采取了多重路径，其中，"双边安全联合模式"只是亚太安全架构建设的一种重要路径，而非唯一途径。与之相对应，"多边联合结构模式"构成亚太安全架构的另一种重要路径。上述两种路径并不相互矛盾，而是相互重叠，互相补充，它们与"双边安全联合模式"一道，共同构成冷战时期美国所主导的亚太安全架构的主体。

几乎在美国与亚太多个国家分别订立"双边安全联合模式"同时，以美国为代表的西方国家也在积极筹建"多边安全联合模式"。与前者不同，参加"多边安全联合模式"的国家并没有特别的区域安全诉求，也没有复杂而且沉重的历史与现实包袱，因此，这些国家均以某种相对统一的固定安全模式表达其政治主张与安全利益。与"双边安全联合模式"相对单一而且简单的安全任务不同，因为前者影响力相对有限，仅仅局限于缔约双方，对区域安全的整体走势影响不大。而"多边安全联合模式"则具有更大的影响力，不仅对缔约各方拥有巨大影响，而且对亚洲乃至整个世界的安全格局都具有较大影响，这种影响力并非上述缔约国各自影响力的简单叠加，而是形成一种立体式、综合化的集体安全体系。

事实上，从1949年开始，菲律宾政府就呼吁在亚太区域建立一个所谓的"太平洋联盟"，而且这一呼吁一度得到亚太许多国家或地区的积极响应和支持，例如，台湾地区国民党政权、韩国、新西兰等。这种集体安全模式不论在形式上还是在内容上，都与大西洋安全模式非常相似，实际上上述模式就是以大西洋安全模式为蓝本而确立的。最终，在"多边安全联合模式"主导下的多个集体安全联合体为纽带，而且相互补充，同时辅之以"双边安全联合模式"主导下的多个双边安全联合体，两者共同构成战后一种全新的亚太安全架构，所涉及范围几乎遍布亚太区域。

在艾森豪威尔政府关于亚太安全架构的总体构想中，美国所要建立的安全体系并不局限于东亚，而会遍布整个亚太区域。首先，在杜鲁门政府积极推动下，1951年9月1日，在美国积极推动下，美国与澳大利亚、新西兰共同签署《澳新美安全条约》（Australia, New Zealand, United States Security Treaty，简称ANZUS），正式在西太平洋地区缔结了首个冷战军事组织——"太平洋共同体"（Asia-Pacific Community）。《澳新美安全条约》又称《太平洋安全保障条约》，完全以《北大西洋公约》为蓝本，强调太平洋国家加强集体安全防务，所有缔约国将采取"自助和互助"方式，抵抗武装入侵的威胁，为保护缔约国领土完整、政治独立而展开协商，抵御所有侵略威胁。作为美国在亚太区域建立的首个冷战军事同盟，该联盟的目标就是，对与西方国家走向全面对抗的新中国实施全面遏制和防堵，确保太平洋地区的和平、安全以及稳定。该条约与同一时期订立的《菲美共同防御条约》《日美安全条约》一起，共同构筑了以美国为核心的西太平洋共同防御体系。毫无疑问，美国积极插手亚太安全秩序建构，明显受到其国内政治情绪与利益趋向的影响。"'亚洲第一'小组的存在，产生了进一步影响，因为他们认定：美国的未来更多取决于亚洲事件的进展，而并非取决于欧洲的事件。"[1]

就像大西洋联盟一样，"太平洋共同体"同样建立了自身的组织架构，尽管这一架构从形式到内容都非常简单，无法和大西洋联盟相提并论。"太平洋共同体"的最高权力组织是"澳美新理事会"（ANZUS Council），由缔约国外长及其助理组成，以定期召开会议的方式，针对西太平洋地区的政治与安全秩序问题展开讨论，同时与太平洋区域大国、区域组织等展开积极磋商，共同推动太平洋地区安全与政治发展。在美国的积极推动下，"太平洋共同体"多次举行军事演习，验证和深化其集体防御安全方针。客观而言，《澳新美安全条约》开启了美国构建亚太安全架构的进程，"太平洋共同体"构成了亚太安全架构在西太平洋区域的重要支柱。

作为美国在亚太区域建立的首个军事联盟，"太平洋共同体"具有较大的示范性，对此后亚太安全架构中其他的"多边安全联合模式"建设提供了重大借鉴。1951年10月13日，美国、英国、法国和土耳其发表四国联合宣言，成立"中东司令部"，明确提出建立联合司令部，各国在中东地区实施联防。在冷战时期，美国认为苏联在中东地区的扩张不仅是对北约组织及其盟友的威胁，也构成对美国全球战略和政治、安全利益的威胁。[2] 在此基础上，为了更好体现美国在中东地区的整体政治与安全利益，在美国国务卿约翰·杜勒斯（John Foster Dulles）的推动下，1955年2月24日，伊拉克和土耳其在伊拉克首都巴格达签订《伊拉克与土耳其互助合作公约》（Convention on Mutual

---

① Jennifer Medcalf, *Going Global or Going Nowhere? NATO's Role in Contemporary International Security*, Bern: Peter Lang, 2008, p.32.

② Benard Reich, ed., *Refer to the Powers in the Middle East*, New York: Praeger Publishers, 1987, pp.58-62. 转引自王京烈：《解读中东：理论构建与实证研究》，世界图书出版公司，2011年，第61页。

Assistance and Cooperation between Iraq and Turkey，简称 CMACIT），正式在中东地区缔结了首个军事同盟——"巴格达条约组织"（Baghdad Pact），该组织后来发展为"中央条约国组织"（Central Treaty Organization，简称 CENTO）。该组织明确提出，缔约国将为实现中东地区和平与稳定而持续推进防御安全合作，而且该组织实行开放式发展政策，对其他国家一律敞开大门。当年，巴基斯坦和伊朗相继加入"巴格达条约组织"，而英国作为中东地区的殖民宗主国，也加入了该组织。尽管美国最终并未加入该组织，最终仅以观察员的国家身份参加"巴格达条约组织"，但是任何人或者国家都毋庸怀疑，美国实际上是"巴格达条约组织"的真正操盘手，而且该组织已成为美国在中东地区维持其军事存在的重要工具。

事实上，在建立"巴格达条约组织"之前，美国与中东国家所订立的一系列双边安全条约，成为亚太"双边安全联合模式"的具体体现，亦为美国进一步推进"多边安全联合模式"做了重要铺垫。"'契约狂'这个词汇的意思就是，在朝鲜战争期间以及战争之后，美国积极致力于在亚洲和中东组织各种抗衡共产主义的联盟，目的是遏制苏联。"[1] 和"双边安全联合模式"完全不同，"多边安全联合模式"在组织机制上更加完整，在职能上也更加全面。以"巴格达条约组织"来看，它不仅拥有自己的部长理事会和秘书长，而且在部长理事会之下还设立多个职能性委员会，同时该组织还设有常设秘书处，作为该组织的日常管理机构。"巴格达条约组织"地处中东地区，战略地位极其重要，事实上，在美国政府看来，和"北大西洋组织"负责防御北大西洋地区安全一样，"中央条约国组织"（CENTO）则成为美欧等国在中东地区实施安全防御的重要环节，其主要范围对象不仅指向苏联，防止苏联政治影响向该地区扩散，防止其军事力量南下，与此同时，该组织还可以整肃并重建中东地区的政治与安全秩序，最大限度抑制中东地区出现任何异质性力量。就此而言，"巴格达条约组织"称得上是北大西洋组织在中东地区的一个翻版。

与筹措"巴格达条约组织"几乎同时，美国也在东南亚地区采取了同样的政治与安全手段，全面推动东南亚地区的集体安全组织建设。1954年9月8日，美国联合英国、法国、澳大利亚、新西兰、巴基斯坦、泰国、菲律宾等国，共同签署《东南亚集体防务条约》（South-East Asia Collective Defense

---

[1] Stephen M. Walt, *The Origins of Alliances*, London and Ithaca: Cornell University Press, 1987, p.3. 转引自 Panagiotis Dimitrakis, *Failed Alliances of the Cold War, Britain's Strategy and Ambitions in Asia and the Middle East*, p.7.

Treaty），又称《马尼拉条约》（Manila Treaty），正式缔结为"东南亚条约组织"（SEATO）。"通过在东南亚地区组织一个区域性防御联盟，艾森豪威尔政府希望能够与盟国共同抵抗侵略。"[①]"东南亚条约组织"在其条约中公开宣称，该组织的目标就是应对中国与越盟军事威胁，推动东南亚地区的和平与稳定。从"东南亚条约组织"的初始成员国所见，该组织并没有很明确的地域特征，其成员国大多不是东南亚国家，许多东南亚国家并未被纳入该组织，例如，印度尼西亚、马来亚、缅甸等。由于受《日内瓦公约》（Geneva Conventions）的限制，"东南亚条约组织"在设计中并没有覆盖印度支那半岛，但是在美国的坚持下，该组织事实上将越南南部、老挝、柬埔寨都纳入其安全保护范围内。美国对"东南亚条约组织"所做的上述安排，直接反映了美国在东南亚地区遏制苏联与新中国、进一步完善亚太安全架构的战略目标。美国学者乔治·穆德尔斯基（George Modelski）曾就此专门解释道："东南亚条约组织"表达了美国在该区域的极大利益，它具有当时流行的集体安全措施的痕迹，以及国务卿杜勒斯个人影响的印记。[②]

按照北大西洋组织的联合安全架构，"东南亚条约组织"也设置了其最高权力机构——部长理事会，由秘书长负总责。与此同时，在部长理事会之下，设置若干专业委员会，负责各项相关的具体事务。和北约组织极其相似，"东南亚条约组织"从设立开始，就明确将自身定位为军事—政治组织，它设置了一个军事顾问委员会，由各成员国武装力量总参谋长、西方各国远东驻军司令组成，负责向部长理事会提出各种军事建议，并且针对部长理事会提出的各种军事问题提出咨询意见。尽管没有自己的专属军队，但是在美国的召集和领导下，"东南亚条约组织"实施了若干次大规模军事演习，以此显示其强势的政治立场与军事态度。但是，我们必须要明确的是，"东南亚条约组织"内部实际上并不统一，美国与英、法等老牌殖民国家在东南亚地区的利益并不一致，因此，"东南亚条约组织"的现实作用也不得不大打折扣。

1971年4月15—16日，英国、澳大利亚、新西兰、新加坡、马来西亚在伦敦签订《五国防御协定》（FPDA），又称《五国联防协定》。条约明确规定，英国、澳大利亚、新西兰可以在新加坡与马来西亚驻军，在两国面对武

---

① Melvyn p. Leffler, *For the soul of Mankind, The United States, The Soviet Union, and The Cold War*, New York: Hill and Wang, A division of Farrar, Straus and Giroux, 2007, p.145.

② George Modelski, ed., *Southeast Asia Treaty Organization, Six theses*, Melbourne: F. W. Chelsey Press, 1962, XIV.

装威胁与侵略时，五国将展开协商，以单独或集体防御展开反击，五国将建立统一的防御体系、联合协商委员会、联合指挥部以及联合部队。从《五国联防协定》的相关机制建设所见，尽管美国没有参加该协议，但该机制显然与美国已构建的亚洲防御安全体制并不对立，反而在很大程度上与之相互补充，一方面弥补英国在远东地区军力严重不足的缺陷，另一方面则弥补了美国在20世纪70年代由于越南战争不得不实施战略收缩而在亚太区域造成的防御空洞。

"太平洋共同体""中央条约组织""东南亚条约组织"以及《五国联防协定》，实际上几乎全部按照大西洋安全模式的既定规则、程序、制度、目标等展开设计与构建，因此无论是在政治利益诉求上，还是在安全目标上，三者都与大西洋联盟极其相似。但是与大西洋联盟相比，"太平洋共同体""中央条约组织""东南亚条约组织"以及《五国联防协定》却在许多方面表现出一些特别之处。

首先，美国在亚太区域推进冷战与安全对抗的内在需要，远远不似在欧洲那样强烈。因为在美苏冷战斗争中，苏联与华约一直被视为美国与其他西方国家的大敌，而欧洲也一直被美国认定为其核心政治与安全利益所在。相比之下，亚太区域既不存在美、苏双方直接的冷战斗争，也不存在中国扩张的现实威胁，而且也不是美国的核心政治与安全利益所在。因此，这就使美国在亚太区域推行的"多边安全联合模式"在客观上既缺乏外在的危机环境，也缺乏内在的自我驱动。所以，亚太"多边安全联合模式"的发展与持续由此受到影响，在亚太冷战斗争中的影响力与行动力也受到较大影响。因此，导致贯穿整个冷战时期，美国在亚太"多边安全联合模式"不仅作用有限，而且延续和发展的周期相对较短，远远无法和大西洋安全模式相提并论。

其次，从美国积极推进"多边安全联合模式"的做法看，美国始终在"多边安全联盟模式"建构中发挥着主导作用，而且被纳入"多边安全联合模式"的亚太多国也基本上都是在意识形态、世界观与价值取向方面与美国完全一致的国家，其中甚至不乏英国、法国、澳大利亚、新西兰这样的发达西方国家。因此，美国在亚太区域构建的"多边安全联合模式"，具有强烈的政治与意识形态倾向，完全是以冷战对抗为目标，在很大程度上扮演着代表大西洋联盟在亚太区域对应性联盟的另类角色，进而成为战后西方国家所构建的全球冷战安全体系的重要组成部分。

再次，由于上述"双边安全联合模式"均属于外来主导型的结构，在"太平洋共同体""中央条约国组织""东南亚条约组织"中，亚太国家虽然数量众多，但是由于国力弱，历史包袱重，所以在这种多边安全结构中始终不占据主导地位。相反，美国则凭借其战后超级大国地位，完全占据并把持了上述三个多边安全结构的领导权，这就决定了上述三个多边安全结构不可避免地听命并服务于美国的全球冷战战略，充当美国在亚太区域推行遏制与扩张政策的工具。因此，这也不可避免地导致美国与其他西方国家、众多亚太参与国之间的政治分歧与利益碰撞，最终构成三大多边安全结构的作用受损。1976年6月30日，"东南亚条约组织"宣布解散。从20世纪80年代中期开始，随着美国与新西兰关系交恶，"澳新美同盟"实际上也停止活动。而"巴格达条约组织"虽未见解散或停滞，但在中东地区却引发与阿拉伯国家的严重对立，以致阿拉伯国家联合起来、集体与之为敌，进而引发中东地区局势急剧动荡，这种情况一直延续到冷战结束。

与美国等国积极筹划亚太"多边安全联合模式"相比，社会主义国家也试图实现某种多边安全联合，当然所涉及的地域范围并不止于亚太区域，而是整个世界。"在越来越紧密的合作当中，赫鲁晓夫还展望着在未来构建一个国际社会主义共同体，其中心是苏联，它能复制资本主义世界经济体系所具有的许多功能。国际分工网络将从柏林向上海供应标准化的、一体化的生产线，研究与培训将在社会主义国家之间共享，技术、国防和计划指定方向的创新也是一样，意识形态问题将在国际代表大会上得到解决。"[①] 但是，社会主义国家所设定的多边联合最终并未实现，究其原因，还在于战后社会主义国家缺乏平等联合的基础，各国在政治、经济与安全领域存在较大差异，上述联合所必需的经济实力、思想动力以及文化整合力相对较弱，因而无法像西方国家一样展开全面政治与安全联合，这在很大程度上也决定了亚太"多边安全联合模式"客观上只能由西方国家主导。

三、亚太"自主型安全联合模式"

战后初期，随着美苏冷战斗争高潮迭起，美、苏双方除了在欧洲不断强化冷战斗争外，还加强了在亚太区域的争夺，美苏冷战斗争烈度不断加剧，政治效应外溢，导致亚太区域的政治与安全形势不断恶化，特别是随着美国在亚太区域大肆扩张，美国将其在亚太区域建立的"双边安全联合模式"和"多边安

---

① ［挪］文安立：《全球冷战：美苏对第三世界的干涉与当代世界的形成》，第67页。

全联合模式"，都用作不断深化其冷战政策与安全战略的工具，这种做法并没有起到稳定亚太区域秩序、维护缔约国利益的目标。"事实上，亚洲整体上沿着冷战界限被分隔开来，亚洲领导人并未形成一个共同战线，在全球分裂中成为一个有力的平衡力量，这归功于他们在经济上依赖前殖民宗主国，以及他们政治与军事上固有的脆弱性。"[1] 为此，亚太区域多个国家不得不行动起来，采取双边联合或者多边联合的方式，按照自身的政治与安全需要，组成一个又一个融政治、经济以及安全目标为一体的联合组织，这种"自主型安全联合模式"的建构与实践，几乎与"双边安全联合模式"和"多边安全联合模式"相并行，并且同样对维护亚太区域的安全与稳定发挥了重要作用。

　　与美国连续不断、相对集中推进"双边安全联合模式""多边安全联合模式"这种做法相比，亚太多国所推进的"自主型安全联合模式"并不系统，大多数国家采取了区域政治联合或者经济联系的方式，以维护自身的区域利益为目标，其目标相对集中而且有限，实际上并没有一个比较统一和一致的方针，而且结构相对松散，存在的问题也相对较多。以东南亚国家为例，"作为现代独立国家，东南亚各国之间明显的争端多是殖民遗产和它们建国环境的产物。与欧洲各国之间内部问题大都已经解决不同，这些东南亚国家的结怨才刚刚开始。"[2] 另外，亚太"自主型安全联合模式"在启动和建设时间上前后不一，因此各自的发展进度参差不齐，而且亚太区域每一种自主型安全联合结构，彼此之间并没有非常密切的关联，这种格局大大制约了其在亚太政治与安全事务中的作用，使之长期掩映和包裹在美国所主导的亚太安全架构中。尽管如此，亚太"自主型安全联合模式"还是在很大程度上抑制了美苏冷战斗争。

　　和二战后美国在亚太区域大规模推进"双边安全联合模式""多边安全联合模式"相比，亚太"自主型安全联合模式"起步较早。如前所述，埃及等7个阿拉伯国家早在1945年3月组建"阿盟"。"阿盟"在其宪章中明确提出："该组织的主要目标就是加强成员国关系，为了实现其成员国合作、为了保卫其独立与主权，联盟将协调各国政策，全面关注阿拉伯国家事务及其利益。这些事务与利益囊括所有重要的经济问题，包括财政、商业、贸易、货币等，

---

① 　S.D. Muni, "India's 'Look East' Policy: The Strategic Dimension", Shanthie Mariet O'Souza and Rajshree Jetly, eds., *Perspectives on South Asian Security*, Singapore: World Scientific Publishing Co.Pts. Ltd, 2013, pp.72-73.

② 　［菲］鲁道夫·C.塞维里诺：《东南亚共同体建设探源》，王玉主译，社会科学文献出版社，2012年，第5页。

也包括社会、文化以及健康事务、交流、交通、旅游，还有国别、签证、护照以及等类问题。"① 虽然"阿盟"成员国并不完全是亚太国家，还有许多非洲国家，但是亚洲和非洲各个参与国共同的伊斯兰教信仰、阿拉伯民族特征，则成为连接亚非国家的重要纽带，成为"阿盟"跨地域发挥政治与安全作用的基础。总体而言，"阿盟"对亚太各国，特别是对阿拉伯半岛所产生的政治与安全影响，要远远大于对非洲国家的影响。

自"阿盟"建立后，该组织一直推行"门户开放"政策（Open Door），向所有阿拉伯国家敞开大门，持续不断地吸纳中东与北非地区的阿拉伯国家入盟，其结果是几乎将中东地区所有阿拉伯国家都纳入"阿盟"，此举大大拓展了"阿盟"在中东与北非地区的政治、经济与社会影响。在"阿盟"内部，不仅设置了由各国首脑组成的"首脑会议"，还设有负责具体事务的"阿盟理事会"（Council of LAS），在理事会下面则设置了多个更具体的专门委员会，同时设有专门向理事会负责的秘书处，秘书处则包括一名秘书长和多名副秘书长，担负秘书处的领导责任。

然而，从"阿盟"建立一直到20世纪50年代，"阿盟"却未能展开任何有重大影响的活动，直到20世纪60年代至70年代，随着中东地区政治与安全形势日趋紧张，"阿盟"开始活跃于国际舞台与区域政治舞台，在中东地区事务中表达了自身的利益诉求，表达自己特殊的立场。从60年代起，"阿盟"态度坚定地支持巴勒斯坦人反对以色列的民族解放事业，并且制定了阿拉伯国家针对以色列的"三不主义"——不承认、不谈判、不和解。另外，"阿盟"还对黎巴嫩危机（Lebanon Crisis）表达了严重关切，并且提出解决中东问题的"和平方案"。众所周知，以色列一直是美国在中东地区的重要盟友，"阿盟"的对以色列的敌对态度，实际上反映了阿拉伯国家对美国肆意插手中东地区事务的抵制态度，表达了"阿盟"对美国毫无顾忌地支持以色列、危害阿拉伯国家利益的强烈不满。

在"阿盟"的基础上，1950年4月13日，埃及、叙利亚、沙特阿拉伯、黎巴嫩、伊拉克、也门、约旦7个国家签订《阿拉伯联盟国家间联合防御和经济合作条约》（Joint Defense and Economic Cooperation Treaty between the States of the Arab League，简称JDECTSAL），建立了"阿拉伯国家防御联盟"。该

① "Presentation of the Arab League", available at http://www.arableagueonline.org/hello-world/#more-1. last accessed on 15 June 2014.

联盟明确指出：缔约国保证以和平方式解决国际争端，并且实施集体防御方针，任何针对一国或数国的武装侵略行为，均被认作是对全体缔约国的侵略，缔约国将以单独或集体方式回击侵略，包括使用武力。任何一国领土完整、独立和安全若受到威胁，缔约各国将展开磋商。若发生战争，除一致同意另选司令外，应由拥有最大军事部队在战地行动的缔约国掌握联合部队最高指挥权。从某种意义上说，《阿拉伯联盟国家间联合防御和经济合作条约》成为战后阿拉伯国家共同订立的首个集体安全条约，这反映了阿拉伯国家的某种自我安全意识。

"阿拉伯国家防御联盟"设有由缔约国外交和国防部长或其代表组成的"联合防御理事会"，负责各项防御与安全重大事项。防御联盟同时设有由缔约国军队参谋部代表组成的"常设军事委员会"，负责制订联合防御计划。另外，防御联盟还设有由缔约国军队参谋长组成的"军事顾问委员会"，以及由缔约国经济部长或其代表组成的"经济理事会"等。不可否认，"阿拉伯国家防御联盟"在推动阿拉伯国家军事联合，对于稳定中东地区的安全局势等方面，发挥了不可或缺的作用。

与之相并行，东亚、南亚以及东南亚国家也采取各种措施，以各自的方式推进其自主安全联合实践。1953年年底，中国和印度就边境问题展开谈判。周恩来总理率先提出"和平共处五项原则"（The five principles of peaceful coexistence），即"互相尊重主权与领土完整、互不侵犯、互不干涉内政、平等互利、和平共处"，并将上述原则确定为处理两国关系的基本原则。最终，中印双方签订《中印关于中国西藏地方和印度之间通商及交通协定》，第一次将"和平共处五项原则"作为国际关系准则纳入国际条约范畴中。1954年，周恩来总理相继访问印度和缅甸，再次将"和平共处五项原则"写入"中印联合宣言"和"中缅联合宣言"，"和平共处五项原则"开始得到越来越多亚非国家的充分理解与积极支持。在1955年4月召开的亚非会议（Asian-African Conference）上，与会29个国家和地区充分肯定了"和平共处五项原则"，最终将其写入《亚非会议宣言》（The Declaration of Asian-African Conference），即《关于促进世界和平与合作的宣言》，"和平共处五项原则"成为亚非国家普遍尊重和支持的一项国际准则。[①] 不仅如此，"和平共处五项原则"亦开始

---

① "Final Communique of the Asian-African Conference of Bandung", 24 April 1955, available at http://www.docin.com/p-380511385.html. last accessed on 12 June 2014.

越来越普遍地得到世界其他国家的承认和支持，1970年2月，联合国第五届大会通过《关于各国依联合国宪章友好关系及合作的国际法原则宣言》，1974年5月，联合国第6届特别大会通过《关于建立新的国际秩序宣言》。前者将"和平共处五项原则"列入以联合国为中心的国际法体系，后者则将其列入第三世界国家未来建立国际经济新秩序的构想。

　　显而易见，"和平共处五项原则"成为亚太各国追求自身政治与安全利益的一种特殊表达方式，这种特殊方式虽然意在维护亚太区域的和平与稳定，但是同样对于国际社会订立新的政治与安全规则发挥了重要作用。"和平共处五项原则"不仅有助于亚太各国订立公正平等的双边关系，而且有助于亚太各国作为战后世界一支新兴的国际力量在国际政治、经济与安全舞台上发挥作用。

　　与亚非多国在中东地区的政治与安全联合行动相对应，东南亚国家与印度支那各国也在东南亚地区采取了主动而且有效的安全联合。1961年7月31日，马来亚、菲律宾和泰国在泰国首都曼谷召开会议，正式成立"东南亚联盟"（Association of Southeast Asia）。在此基础上，1967年8月8日，印度尼西亚、菲律宾、马来西亚、新加坡在曼谷召开会议，发表《曼谷宣言》（Bangkok Declaration），正式宣告建立"东南亚国家联盟"（Association of South-East Asian Nations，简称 ASEAN），即"东盟"。《曼谷宣言》明确指出："东南亚国家对确保地区稳定和维护地区安全负有首要的责任……各国一致认为外国军事基地是临时性的，并且不能被直接或间接地用来颠覆亚洲国家的独立，集体防御安全不能为任何大国利益服务。"[1] 8月28日，马来西亚、菲律宾、泰国三国一致决定，以"东南亚国家联盟"取代"东南亚联盟"。自此，"东南亚国家联盟"正式成为东南亚地区最具代表性的一体化组织，全面代表了东南亚国家的自主意愿和利益诉求。

　　一俟成立，"东盟"旋即公开宣称，该组织将对"所有东南亚国家开放，欢迎加入"。[2] 在"东盟"的积极支持下，东南亚绝大多数国家，例如文莱、泰国、缅甸、越南、柬埔寨、老挝等国，都相继加入"东盟"，这使"东盟"所涉及的地域几乎遍及整个中南半岛和马来岛屿，成为东南亚地区唯一的自主型政治、经济与安全联合区域性组织。国外学者就此曾做了描述："（东盟）

---

[1]　"Bangkok Declaration", available at http://www.aseansec.org/1212.htm. last accessed on 15 June 2014.

[2]　[澳] 托马斯·艾伦：《东南亚国家联盟》，郭彤译，新华出版社，1981年，第421页。

将有关战后区域合作的多个夭折意愿的碎片连在一起，值得注意的有'东南亚条约组织'、'东南亚协会'以及'马菲印多'，即将这些已经尝试过的、未能成功的关于未来集群的多种元素胡乱拼凑在一起，将其置于在1967年8月于曼谷签署的'东盟宣言'中。"① 事实上，"东盟"创建，不啻是对东南亚地区的安全建构以及各种政治、经济联合实施了全面整合，对于推动东南亚地区安全秩序的有序发展也具有积极作用。

"东盟"虽然自我标榜是经济合作组织，并非是正统意义上的安全联盟，但是该组织却在安全事务上也有比较深入的投入。1971年11月27日，"东盟"各成员国外长发表《吉隆坡宣言》（KualaLumpur Declaration），明确提出使"东盟"实现中立化的主张。《吉隆坡宣言》宣称："第一、印度尼西亚、马来西亚、菲律宾、新加坡和泰国决心尽一切努力来赢得东南亚作为一个和平、自由和中立区的承认和尊重，使之不受外部大国任何形式的干预。第二、东南亚各国应共同努力，拓宽合作领域，这将有助于增强实力、巩固彼此团结和密切关系。"② 很明显，"东盟"将自身的政治与安全目标锁定为全面追求东南亚地区和平、自由以及政治中立，既不倒向美国与苏联等超级大国，也不倒向中国等地区大国，而且着力于追求成员国的全面团结与合作，上述目标集中反映了"东盟"在冷战环境中的政治与安全趋向。"东盟"明确宣称，它将限制使用武力解决国与国之间的争端，同时致力于创造一种有利的区域环境，以便解决国家之间的政治分歧和安全危机。

与"阿盟"不同的是，"东盟"各成员国谋求联合与合作的方式相对松散，"东盟方式是一个比较松散的概念，它最早来自东盟领导人对内部问题处理方式的一种表述，它的特点就是强调在处理地区问题时采取非正式性的、非机制性、协商一致，并采取和平和非武力方式。"③ 这种松散的联合与合作方式虽然效率低下，而且不利于推动"东盟"在东南亚地区与国际事务中尽早发挥作用，但却极大地照顾了东南亚各国相差迥异的地域、历史、文化、宗教、政治、经济以及社会特点，使"东盟"成员国能够克服重重障碍，走到一起，最大限度保持了"东盟"的政治一致性。

---

① David Martin Jones, Nicholas Khoo, M.L.R. Smith, *Asian Security and the Rise of China, international Relations in an age of Volatility*, Cheltenham, UK and Northampton, MA: Edward Elgar Publishing Limited, 2013, p.71.

② "Zone of Peace, Freedom and Neutrality Declaration", available at http://www.aseansec.org/1215.htm. last accessed on 11 May 2014.

③ 曹云华主编：《东南亚国家联盟——结构、运作与对外关系》，中国经济出版社，2011年，第47页。

1980年5月，孟加拉总理齐亚·拉赫曼（Ji-yaur Rôhman）向南亚各国发出倡议，建立南亚区域合作组织，该倡议得到各国积极响应。1981年4月，孟加拉、印度、巴基斯坦、斯里兰卡、马尔代夫、尼泊尔、不丹共7个国家代表在斯里兰卡首都科伦坡召开会议，商讨关于建立南亚区域合作联盟的具体步骤。1985年12月，7国首脑在孟加拉首都达卡召开首次峰会，正式发布《达卡宣言》（Dhaka Declaration），通过《南亚区域合作联盟章程》，正式成立"南亚区域合作联盟"（South Asian Association for Regional Cooperation，简称SAARC）。"南亚区域合作联盟"在其宪章中明确规定，各国将在协商一致的基础上做出各项决定。各国在联盟框架内依据尊重主权平等、领土完整、政治独立、不干涉别国内政和互利的原则展开合作，但是这种合作不能取代双边和多边合作，而且也不与双边和多边义务相抵触，而是对它们的一种补充。"正是基于这些规范，'南亚区域合作联盟'已经从最初的'平衡利益'阶段发展到'制度创新'阶段，并已开始迈入在诸多国际问题上的'立场协调'阶段。"[1] 另外，"南亚区域合作联盟"还设立了组织制度，例如"首脑会议""部长理事会""常务委员会"以及"常设秘书处"等，负责该组织的日常运转。尽管"南亚区域合作联盟"将其工作重点并未全部置于政治与安全领域，而是更多关注经济与社会发展，但是毫无疑问，"南亚区域合作联盟"的目标亦有助于推动南亚地区的政治合作，加强南亚地区的安全秩序建构。

不论是"阿盟"还是"东盟"抑或"南亚区域合作联盟"，参与"自主型安全联合模式"的亚太多国一般都具有多重身份，既参与"双边安全联合模式"，又参与"多边安全联合模式"，这种奇怪的现象实际上反映了亚太各国特殊的安全价值观与行为方式。它们寄希望于通过与大国展开联合与合作，既能借重大国力量确保自身的政治与安全利益，又能通过自身努力，在国际舞台上表达自己的意见与利益诉求，为自身的安全利益与战略目标设置多重保障。这种状况一方面反映了在美苏冷战斗争的大势面前，亚太各国实际上处于某种被动与无奈境地，另一方面也反映了亚太各国在其政治与安全目标设定上，其动机充斥着功利主义与机会主义。然而，也正是由于亚太各国所处的这种特殊境遇，使它们能够相较世界其他国家更有自己的选择权。"对于尼赫鲁而言，将印度置于'不结盟'原则的指导之下，是一种对抗美国人和巴基斯坦人的方式，同时还向其他'第三世界'国家表明，除了在冷战中选

---

[1] 杨洁勉等：《大体系：多极多体的新组合》，天津人民出版社，2008年，第440页。

边站之外，还存在其他的选择。"①

　　然而，也正是由于其身份的多重性与复杂性，使亚太各国在大多数情况下常常不得不做出各种妥协，不得不屈从于大国意志，无法按照自身的设计与安排，有效维护其政治与安全权益。甚至其许多决策付诸实践后，实际效果要大打折扣。因此，亚太区域安全结构的特殊状况，使亚太多国虽然确立了专属的安全架构，但却无法有效确保亚太区域的政治与安全稳定，亚太区域只能成为冷战时期美苏冷战斗争的重灾区，无可回避。

第三节　亚太安全组织与北约安全模式的利弊分析

一、大西洋安全模式及其特点分析

　　大西洋安全模式绝不仅仅是一种精致的军事联合模式，实际上它是西方国家在冷战时期长期积累并汇聚而成的一种新安全理念的集合，在这种特殊的安全联合模式中，既有政治与军事联合的内容，也有思想文化、意识形态与社会价值理念等多种因素积累，这就从根本上决定了大西洋安全模式必然具有多重职能，并且能够在多个领域发挥作用。对于欧美等国来说，大西洋联盟不仅仅在政治和军事领域充当了西方冷战工具，被西方国家用于围困、对抗并且封锁苏联和东欧社会主义国家。与此同时，大西洋联盟也适时充当了西方国家在思想文化、意识形态与社会价值观等领域抗衡社会主义国家的媒介。"北约一直被定义为一个'价值观共同体'，即'多个社会的价值观'。联盟被赋予的凝聚力表现在：遏制苏联、保卫欧洲与北美、保护多边贸易与支付系统、关注北大西洋区域以外的稳定……"② 大西洋安全模式一方面用于救助和治愈西方国家的政治裂痕，增强其内部团结协作，消除其在冷战斗争下的不安全感，另一方面则被用来影响、分化并且瓦解社会主义阵营，同时吸引、争夺并且控制更多的发展中国家，以此扩大并发展大西洋联盟。"大西洋联盟充实了西方生活以及生存的愿望，其16个成员国通过其在大西洋联盟中的成员国资格，为建立在自由和民主基础上的文明投了支持票。"③

---

　　① ［美］约翰·刘易斯·加迪斯：《冷战——交易、谍影、谎言、真相》，第147页。

　　② Emil J. Kirchner and James Sperling, eds., *The Federal Republic of Germany and NATO*, Houndmills and London: The Macmillan Press Ltd., 1992, p.16.

　　③ André De Staercke, "An Alliance Clamouring to be Born—Anxious to Survive", Nicholas Sherwen, ed., *NATO's Anxious Birth , The Prophetic Vision of the 1940s*, p.167.

　　和传统的军事组织不同，与大众想象中的军事—政治联盟身份亦有所不同，大西洋联盟同样是一种政治与意识形态联盟，意识形态不仅在美苏冷战斗争中发挥了至关重要的作用，而且同样明显地在大西洋安全模式中发挥了重要作用。美国学者沃尔特·L.希克森（Walter Hixson）就此特别强调："意识形态是把握冷战的核心要素。"[①] 美欧各国创立北约之初，它们非常明显地对北约成员国资格进行了选择和甄别。不论是北约初始成员国，还是以后陆续加入北约的其他成员国，在政治趋向、意识形态、文化价值观、宗教信仰、社会制度体系等方面，都具有很大的相似性。就此，美国学者 A.W. 德珀特（A.W. Depatt）更进一步解释道：美国决策者们有意识性地为国际合作创建一种架构，该国际合作的基础在于共享价值观这一概念。[②] 尽管美欧等国有时出于战略安全的迫切考虑，也曾做出某种特例。例如，1952年，北约吸纳具有特殊宗教信仰与文化趋向的希腊和土耳其入盟，但是此举并未从根本上影响或者改变北约贯之始终的价值观选择与政治趋向。"北约一直是一个政治联盟，就像其政治目标与共同价值观所展示的那样，这一目标与价值观在1949年《北大西洋公约》中早已确立，并在随后北约深入细致的政治协商中得到充实。"[③]

　　大西洋联盟奉行的意识形态与价值理念，在西方国家战后遏制政策与实践中实际上充当着某种软实力，这成为西方经济与军事力量的一种重要补充，它们共同构成北约权力体系的重要内容。更有甚者，北约极其推崇并看重这种意识形态与社会价值理念的作用，甚至将其视为西方国家特有的一种优势和特权。在北约看来，西方民主制度、自由社会、市场经济、法治原则，具有普世主义的价值优势，对全世界所有国家都具有示范性和借鉴作用。北约的许多重大政策与战略决策，也正是在这种意识形态与社会价值理念的主导下推出的，因而具有某种天然的道德优势，具有大规模推广和借鉴意义。因此，北约的意识形态与社会价值理念，事实上被视为独立于北约政治影响力、军事实力之外的第三种力量，其文化渗透、思想钳制、政策引导、战略驱使

　　① Walter L. Hixson, "Cold War Evolution and Interpretation", Alexander DeConde, Richard Dean Burns and Fredrik Logevall, eds., *Encyclopedia of American Foreign Policy, Studies of the Principle Movements and Ideas*, 2nd edition, New York: Scribner, 2002, p.207. 转引自周琪主编:《意识形态与美国外交》，上海人民出版社，2006年，第28—29页。

　　② Martin A. Smith, *NATO in the first decade after the Cold War*, Dordrecht/Boston/London: Kluwer Academic Publishers, 2000, p.2.

　　③ "Secretary General Manfred Wörner, The Future of the Atlantic Alliance", 5 Nov 1990, available at http://www.nato.int/cps/en/natolive/opinions_23707.htm. last accessed on 24 May 2014.

等能力，丝毫不亚于北约在防御安全领域所具有的军事实力，这种能力大大弥补了北约军事能力的欠缺与短板。为此，北约还将进一步拓展其意识形态与社会价值理念的边界，不仅视之为持续扩大北约影响的一种手段，而且更会将此视为北约能够在更大程度上影响外部世界的一项重大使命，为此，未来北约将会不遗余力地拓展其意识形态与社会价值理念。

不仅如此，大西洋联盟的社会文化、意识形态与价值观念，时刻主导着北约的战略发展方向、政治与外交决策，主导着北约所有军事计划与防御方案，主导着其所有安全实践与军事行动。从北约峰会宣言和北大西洋理事会决议，再到防务委员会文件和军事委员会文件，均以北约自身所秉持的社会文化、意识形态与价值观念为基础，无处不尽显其意识形态与政治偏好。"从建构主义的视角看……国家利益的很多方面也是由文化建构的，不同的历史文化传统和意识形态会建构出不同的国家利益……"[1] 贯穿半个世纪之久的国际冷战期，不论是北约调解其内部纠纷、缓和危机，还是对外实施干涉或者救援行动、应对挑战，首当其冲运用了价值观外交、文化合作等多种方式，以便使其政治与安全实践能够富于更丰富的意识形态内涵、更深厚的思想文化基础。因此，大西洋联盟的所有重大战略及其行动，无一不被深深打上政治和意识形态的烙印，这种政治与意识形态已成为大西洋安全模式的一种核心组成部分。不可否认，和冷战时期其他西方区域组织相比，大西洋安全模式中的意识形态特征，不论在形式、内容及其影响上，都具有超乎寻常的历史与现实意义。就像美国学者大卫·约斯特（David S. Yost）所强调的："大西洋联盟并非尝试建立一种康德式或者威尔逊式成熟的集体防御体系，而是多年来一直倡导来自集体安全传统的理念，尤其是自18世纪以来不断演进的传统。这些理念包括军事力量与计划的透明性、民主化（包括对军事的民间与民主控制）以及'安全不可分割'的建议。"[2]

另外，作为二战后出现的一种新防御安全形式，大西洋安全模式堪称一种前所未有的防御安全联盟。这一联盟模式既不同于美国19世纪末推行的"门户开放政策"，亦不同于二战前所奉行的孤立主义外交。大西洋安全模式的指导思想混杂了全球主义与区域主义等多种思想元素，而这种全球主义与区域主义体现在美国与欧洲构建大西洋联盟的动机中。大西洋联盟一方面体

---

① 王立新：《意识形态与美国外交政策——以20世纪美国对华政策为个案的研究》，北京大学出版社，2007年，第186页。

② David S. Yost, *NATO Transformed, The Alliance's New Roles in international Security*, p.21.

现了美欧双方的共同价值，即双方都试图利用大西洋安全架构，加强大西洋两岸国家的团结协作，在美苏冷战斗争中形成有效的政治威慑与合作安全，以充分满足美欧双方的政治与安全需要。抛开这种共同需要，美欧双方对大西洋安全模式还有各自的利益诉求。美国从全球主义战略出发，竭力试图在二战后打造一种全新的全球防御安全体系，大西洋安全模式堪称美国全球主义战略及其实践的具体体现，美国将其视为扩展自身在欧洲影响与势力范围的重要工具。甚至在许多美国政客看来，大西洋联盟是美国在冷战时期对其欧洲盟国提供的一种安全保护，在大多数情况下，该组织更多属于一种单方面的安全保护，而不是双边互惠的安全合作。但是，不论对大西洋联盟的理解有多大差异，可以充分肯定的一个事实却是，大西洋安全模式确实在一定程度上满足了美国全球主义战略的现实需要，稳固了美国在欧洲的政治与军事存在，进而推动了美国以大西洋安全模式为蓝本，在亚太区域积极推进其防御安全建设。毋庸讳言，美国在亚太区域组建的各种冷战政治与安全组织，几乎均以大西洋安全模式为蓝本。大西洋安全模式的上述示范作用，在美国构建亚太安全架构的过程中发挥了极其重要的作用。"高度戒备状态并不纯粹为了维持北美大陆的防御，我们一直以一种方式或者另外一种方式支持40个国家对付苏联的侵略，他们所有国家都必须被覆盖在防御计划中。"[1]

　　然而，对欧洲盟国来说，大西洋联盟在很大程度上堪为欧洲国家推进其区域主义战略的产物，对欧洲安全秩序同样具有至关重要的影响，这种安全感不仅来源于美国所提供的驻欧武装力量，还有美欧双方共同的价值观、意识形态以及社会理念。和战后美国全球主义战略相比，欧洲国家缺乏全球主义的思想动机，因而更注重区域主义的思想驱动。在欧洲国家看来，美欧双方都从大西洋安全模式中受益良多，美国需要欧洲盟国平抑苏联在欧亚大陆的地缘政治压力，使欧洲战略格局保持整体平衡以及局部力量均衡，欧洲盟国在欧洲冷战斗争中不只是扮演类似"羁绊者"或者"绊马索"的角色，它实际上既是欧洲冷战斗争的参与者，也是主导者，甚至能够发挥美国所不能替代的作用，欧洲国家与美国共同构筑了大西洋安全架构。

　　事实上，大西洋安全模式并没有对其全球主义与区域主义战略予以严格限定，尽管大西洋联盟在表面上自我标榜为区域性安全组织，其绝大多数指导方针、安全战略、军事计划以及防御行动均围绕北大西洋地区安全展开，

---

[1]　Prince Hubertus zu Löwenstein and Volkmar von Zühlsdorff, *NATO and the Defense of the West*, p.317.

而且其重点一直在于谋求欧洲安全。但在事实上，大西洋安全模式所追求的冷战政治、意识形态与价值观等目标，却远远超出北大西洋区域以外，在很大程度上堪称是世界性的。因此，大西洋安全模式一直将其区域安全目标与全球政治目标交叉在一起。即使在欧洲，大西洋联盟也一直将其安全目标与冷战政治目标紧紧关联在一起，全部贯穿于大西洋联盟所设定的目标、决策、程序与方法中，诉诸北约一系列政治与安全实践中。因此，大西洋联盟虽然在安全领域采取守势，但却在政治、经济与文化领域采取攻势。贯穿整个冷战时期，大西洋联盟一直打着人权、自由、民主等口号，向苏联与东欧社会主义国家步步紧逼，遏制苏联与东欧社会主义集团及其影响，促其发生内乱，迫其在冷战斗争中做出妥协和让步，以弥补大西洋联盟在防御安全政策及其实践的被动与防守态势。大西洋安全模式中"政攻军守"的这一特点，固然离不开苏联和华约组织军事力量过于强大、北约军事力量处于劣势这一根源，但同时也离不开大西洋联盟所自诩的政治理念、意识形态与价值观等认知优势。

还需特别强调的是，大西洋安全模式并非是一种平面式的安全联合模式，而是一种立体式的安全联合模式，拥有多层面内容，它既着眼于长时段的政治与安全整合，又着眼于短时间的战略威慑和战术实战。就其战略含义而言，大西洋安全模式既是一种针对未来北大西洋地区安全秩序的合作安全规划，也是一种旨在寻求应对现实危机与威胁的解决办法。"北约结构本身内部潜在的一体化水平就足以将北约维持为一个稳定的组织。一旦某种突如其来的紧张情况引起这一性质的改变，北约就被转化为一个一体化系统。"[1] 然而，鉴于大西洋安全模式自身所具有的开放性与延展性，人们往往容易忽视大西洋联盟的未来规划作用，而只聚焦于其现实功能。事实上，大西洋安全模式的战略定位远不止于应对现实威胁，更重要的还在于塑造一种全新的安全体系，这一进程在时间和空间上并没有严格限制。不难想象，大西洋安全模式的这种长时段、大空间安全实践，必然会对冷战历史、国际格局、周边安全环境产生更加持久、深入的影响。就其战术层面看，大西洋安全模式的现实作战功能明显受制于其战略规划与发展方向，在持续扩展其政治与安全威慑的同时，亦着力于发展其现实作战能力。以北约"前沿防御战略"（Forward

---

① ［美］莫顿·A.卡普兰：《国际政治的系统和过程》，薄智跃译，中国人民公安大学出版社，1989年，第146页。

Defense Strategy）和"剑与盾战略"（Strategy of Sword and Shield）为例，北约防御战略的主旨在于谋求对苏联与华约组织实施战略威慑，遏制可能出现的各种军事挑衅与侵略危险，并非真正专注实战，实战更像是一种迫不得已的应对之策。因此，大西洋安全模式所具备的未来与现实威慑作用，实际上要远远大于其作战功能。

综上所述，大西洋安全模式所表现出的上述特征，使之在冷战开启后的世界政治与安全实践中独树一帜，别具特色，"在上述40多年的所有国际变化中，北约一直经受了考验。大西洋联盟的生命力要比'东南亚条约组织''中央条约国组织''巴格达条约组织'以及'太平洋共同体'更为持久"。[①] 大西洋安全模式在维护大西洋两岸国家政治与安全利益的同时，也在很大程度上维持并扩展了美欧各国在世界范围内的话语权，极大地扩展了美欧各国在国际政治、经济、安全、文化以及意识形态等领域的影响，使之在冷战初期国际秩序重塑进程中尽显主动。

二、亚太安全联合模式的特点及其存在的问题

亚太安全联合模式在建构过程中，受到自身以及外界环境的影响，形成许多独有的气质，这些特殊气质既反映了亚太区域独特的社会历史与地理环境，又反映了战后初期冷战政治对亚太区域的特殊作用。

首先，亚太安全联合模式明显表现出某种"地区主义"或者"区域主义"特色。[②] 诚如上文所述，亚太区域幅员辽阔，人口众多，堪称是全世界人口最多、最集中的地域，因此其地缘人文特征也最为复杂。大多数亚太国家在历史、地理、文化、宗教等各个领域相差迥异，各自独树一帜，而且各国在漫长、复杂的历史发展进程中彼此矛盾重重，不仅产生了太多的历史恩怨，而且彼此在政治与社会制度上大相径庭，在总体上缺乏一种类似西方世界那样的普世化价值观与世界观，西方所推崇的社会价值体系并不适合所有亚太国家。

与欧美各国相比，亚太许多国家在疆域与领土主权上一直纷争不已，纠葛不断，很难像欧洲—大西洋区域一样，以某种相对一致或者彼此相近的安全制度或者条约实施整合，建立一种大一统的安全体系或者安全联合模式。

---

① Douglas Stuart and William Tow, *The Limits of Alliance, NATO out-of-Area problems since 1949*, Baltimore and London: The John Hopkins University Press, 1990, p.313.

② 按照马来西亚学者慕斯亚·阿拉贾帕的观点，地区主义特质就是在地理位置上相互邻近的国家、组织或者机构，为了共同目标而实施相互合作。

最重要的是，大多数亚太国家所面对的现实主题不同于欧美各国。亚太各国大多面临着国内政局不稳、政权倒换频繁、社会秩序极度不稳定的困境，它们最紧迫的现实任务，并非单纯谋求政治与意识形态目标，而是稳固其政权、追求经济发展与社会稳定、最大限度维护国家与民族的现实利益。对大多数亚太国家来说，即使参与双边或多边安全联盟，其目的无非也是想借助外力达到这一基本目标。"冷战时期，东南亚区域内外的形势决定着东南亚地区主义必然以政治合作尤其是安全合作为重要内容。"① 因此，这就决定了亚太区域不可能像欧洲—大西洋区域那样，在短期内迅速建立一种机制完整、结构统一的亚太安全架构，亚太安全架构的建设进程必将是长期的，而且是曲折的，必然会具有多样化内容。与大西洋安全模式相比，亚太"双边安全联合模式""多边安全联合模式""自主型安全联合模式"等都会长期存在，而且会随着冷战时期亚太区域政治与安全形势变化，上述安全联合模式会不断变化，持续调整各自在亚太安全架构中的地位。

其次，亚太安全架构建构具有"现实主义与功利主义"趋向。众所周知，亚太区域大多数国家均为前殖民地、半殖民地国家，大都属于发展中国家，缺乏足够强大的经济实力和政治影响力，无法担负全球性政治与安全责任。因此，亚太区域的防御安全目标始终锁定为本地区，甚至只着眼于相关国家或次区域。不论是其设定的政治目标还是防御安全目标，所涉及的范围均非常有限，其政治目标并非毫无边界，其意识形态与文化追求也相当有限，而且这种意识形态与文化目标大多是附带性的，并非专属特设。亚太安全联合模式主要以地区合作安全为主要目标，其他目标亦为此服务。

尽管美国在构建其亚太安全架构中，特别是在打造各种合作安全组织的过程中，竭力试图将上述组织纳入其全球冷战体系，使上述组织成为美国在亚太区域的冷战工具，使亚太盟国成为其在亚太区域全面推进美中对抗、美苏冷战斗争的马前卒。这样做的结果可以预料，注定无法如美国决策者之意。除少数国家外，大多数亚太国家在亚太区域地缘政治博弈中，既不倾向于任何政治力量，也不介入任何冲突，竭力游离于大国安全角逐或者大国政治游戏之外，以便最大限度维护自身利益。其结果是使美国在冷战期间精心构制的一个又一个"多边安全联合组织"或"双边安全联合组织"，始终无法发挥预期的政治与安全作用，大多数安全组织均无疾而终，或者成为"僵尸组织"。

---

① 李一平、庄国土主编：《冷战以来的东南亚国际关系》，厦门大学出版社，2005年，第254页。

再次，亚太安全架构表现出某些结构化特征，即亚太区域安全结构始终呈现出一种板块化构造，无序排列，随意存在。众所周知，亚太安全体系架构均以不同安全板块作为基本单元，在此基础上，各个安全单元按照自身的需要，提出各种专属性合作安全目标，制定各自的防御安全方针，展开各种政治与安全实践。各种安全理念并行不悖，例如集体安全、合作安全与共同安全。与此同时，在亚太安全架构中，还混杂着多种安全联合模式、不可计数的安全条约或者协定，以及数量可观的安全组织，许多国家同时参与了多种安全联合模式，各种安全组织或者机构相互交叉和重叠。客观而言，亚太区域安全秩序从未被有机整合在一起，事实上，亚太区域也从未形成一种统一、规范的安全体系，所谓的亚太安全架构如同一个融汇了多种安全方针、模式、组织以及规则的大杂烩。但是，亚太区域绝不像西方国家所认定的那样，无力或者无智建立自己的安全架构。"就像在亚洲关系会议中所展望的，无法形成亚洲关系组织，冷战超级大国怀疑，任何实现亚洲稳定的步调，都与其战略步调与利益相矛盾，他们确信这种步调不会成功。"[1] 事实上，亚太安全秩序正是在这种相对无序的状态中建立起来的。

表1：在6个次区域中的区域化[2]

次区域	区域化的类型			
	社会文化	政治—安全	机构化	统一财政
东亚	X			
东北亚	X			
北美自由贸易协定	X	X		X
南方共同市场	X	X	X	
东盟	X	X	X	
欧盟	X	X	X	X

注：X 意味着这就是目前的特点。

从表1所见，亚太安全组织与西方安全组织大不相同，他们非常重视安全组织的板块化与地域特征，但却不太注重机制建设，而且始终未能建立自己的

---

① S.D. Muni, "India's 'Look East' Policy: The Strategic Dimension", Shanthie Mariet O'Souza and Rajshree Jetly, eds., *Perspectives on South Asian Security*, p.72.

② Michael Haas, *Asian and Pacific Regional Cooperation: Turning Zones of Conflict into Arenas of Peace*, p.19.

统一财政支持体系，其对政治与安全机制建设的重视程度也远远低于西方安全组织。在众多安全组织中，普遍混杂了许多社会、经济以及文化等内容。

最后，亚太安全架构始终呈现出某种不统一和无序状态，这在很大程度上决定了亚太安全架构的发展方向。各种安全联合模式事实上并未有效整合为一个统一的整体，这成为亚太安全架构建设的"阿喀琉斯之踵"（Achilles Heel），也成为各种区域安全联合模式无法获得持续发展的难言之痛。和大西洋安全模式相比，亚太安全联合模式尽管起步很早，而且在规模上也远超前者，但在确立亚太安全秩序中所发挥的作用，根本无法与前者相提并论。尽管亚太安全联合模式的建构已历时半个多世纪，但是亚太区域实际上并未真正建立有效的共同安全秩序，亚太各国并未因为实施安全合作而放弃彼此矛盾，停止相互对抗。

另外，尽管亚太区域建立了极其复杂的安全体系，但却无法使自己成为一块和平的净土或者一个安全的港湾，相反却一直成为战后世界政治形势最动荡、安全秩序最不稳定的地区。二战结束后，有两次重大战争对世界政治、经济与安全形势产生了重大影响——朝鲜战争和越南战争，这两次战争均爆发于亚太区域。此外，亚太区域还爆发了大量局部冲突，例如五次中东战争、三次印巴战争、中印边境冲突、苏联入侵阿富汗、中越边境冲突等，甚至直到今天，许多亚太国家仍然存在不同程度的领土与主权争端，彼此间的对立情绪非常严重。很显然，亚太安全架构不仅难建其功，而且作用极为有限。

造成亚太安全架构上述特征的原因有多个方面，其中既有历史因素的积存与发酵，也为现实政治因素所使然。美、英等国虽然在二战后致力于建构亚太区域安全架构，但它们所主导的许多"双边安全联合组织"以及"多边安全联合组织"，充斥着单边化方针、思想以及实践，充斥了各种利己主义的政治与安全安排，这使美、英两国参与的亚太"双边安全联合模式"与"多边安全联合模式"，并不能完全适应亚太区域的政治与安全需要，进而干扰并影响到亚太区域土生土长的"自主型安全联合模式"，干扰到亚太区域多个国家的安全政策及其实践，在某些方面加剧了亚太区域的混乱与无序。

相对而言，亚太区域外来安全联合组织基本上属于主动干预型机构，属于预防性安全或者集体防务机构，攻击性较强。而亚太"自主型安全联合模式"则大多属于协商防务或者自卫安全组织，两者的基本性质有很大区别。另外，亚太区域各种安全联合模式相互矛盾，多有抵牾，各种区域安全联合模式、安全组织等相互掣肘，相互影响，也在一定程度上削弱或者抵消了各种安全联合模式的作用，使亚太安全架构的内在影响受到极大限制，进而影响到其效能。在亚太区域，"允许单边主义在多边主义的框架内繁荣发展，允许国家的决定与区域的追求并存。"①

除此之外，亚太安全联合模式建设始终未能发展到位，其机制建设一直存在较大变数，此举导致亚太安全架构在整个冷战时期一直处于变动状态。一方面，亚太安全联合模式并未发展到位，还有很大发展空间，众多亚太国家尚未找到其政治与安全战略的共同点，始终未能找到适合其政治与安全需要的适当安全联合模式。从亚太安全联合模式的初期构想及其实践看，许多基本设计与行动上马都很仓促，并未经过深思熟虑，许多双边安全条约或者多边安全条约并非出于自然，许多安全组织完全是拼凑的结果，因此在亚太安全格局的建构中发挥作用的空间很小。

虽然亚太安全联合模式大多形成于冷战时期，但并非所有安全联合模式都依托冷战组织，或者都带有强烈的冷战政治与意识形态印迹。在亚太安全架构的构建过程中，亚太安全联合模式的表现方式可谓多种多样，既有主动联合型，也有被动参与型，还有介于两者中间的混合型。各种不同方式的安全联合模式，取决于各个参与国的不同利益取向，同时亦取决于亚太区域环境的变化，另外还取决于亚太区域以外大国介入及其所产生的影响。客观而言，尽管亚太安全联合模式中的许多内容均以大西洋安全模式为模本，但实质却与大西洋安全模式并不完全一致。其中，美、英等国主导的"双边安全联合模式"与"多边安全联合模式"，在方针、路线以及规则上大多听命于美、英等国，其他亚太参与国大多属于被动参与者，少有发言权，更无决策权，因此这就决定了上述模式所主导的安全组织不可避免地带有意识形态色彩和政治倾向，服务于西方的冷战政治与安全目标。

与之相比，亚太"自主型安全联合模式"大都出自亚太国家自身的政治与安全需要，属于主动参与型，一般较少意识形态色彩，在政治和安全立场上多持中立态度，大多数都竭力避免卷入以美、苏双方为代表的东西方两大阵营的对峙与斗争，因此跨越了政治倾向与意识形态的樊篱，在美国所织就的意识形态与政治联盟之外，构筑了一道以维护自身安全与利益的防御网。虽然"自主型安全联合模式"在亚太安全架构中并不占据绝对支配地位，但却在亚太安全

---

① Masahide Shibusawa, Zakaria Haji Ahmad and Brian Bridges, *Pacific Asia in the 1990s*, London: Routledge, 1991, p.101.

建构实践中独树一帜，这在很大程度上使亚太区域不致完全沦为美国或者大西洋联盟的附庸，亦为未来亚太安全新秩序构建奠定了重要基础。

尽管冷战时期的亚太安全架构作用有限，但是不同安全联合模式还是在不同层次上产生了相应的影响。其中，"双边安全联合模式"能够解决缔约两国之间非常具体的问题，例如，美国与日本订立的"日美安保体系"，在确保战后日本安全、提高其政治地位方面发挥了作用，同时也确保了美国在远东地区的存在和影响。而"多边安全联合模式"则更多着眼于解决区域性安全问题，着眼于解决以地域为单位的、各参与方共同关切的政治和安全问题。同样，"自主型安全联合模式"则填补了亚太各国在政治与安全事务上受制于西方国家的缺陷，加强了亚太各国自身在政治与安全合作问题上的话语权与决策权。例如，20世纪60年代初建立的"东盟"，就体现了东南亚国家维护地区和平，创建地区安全与稳定秩序的要求。从冷战时期"东盟"组织的方针、政策及其一系列实践所见，"东盟"确实在维护东南亚地区稳定，乃至整个亚太区域稳定等方面，发挥了不可替代的重要作用。正如美国学者谢尔顿·西蒙（Sheldom M. Simon）所言："'东盟'通过协商的方式对沙巴争端的协调已证明是如此之成功，以致该程序被写入1976年在巴黎峰会上签署的解决东盟冲突的条约。"[1]

还需特别强调的是，不论其采取的方式怎样，每一种亚太安全联合模式的入门门槛都很低，简便易行，不仅涉及的对象较少，在其内部比较容易达成一致，而且其目标也比较单一，规则相对简单，非常适合亚太各国的实际情况。"双边安全联合模式""多边安全联合模式"和"自主型安全联合模式"，三者互有短长，互相不可替代，尽管时有交叉，但却在客观上维系和延续了亚太安全架构中的制度平衡，使亚太安全架构中的各种模式、力量、规则等都能保持均衡状态，使亚太安全架构的发展趋势不至于失控。在客观上，亚太安全架构具有某种内在的自我修复和纠偏机制，这使亚太政治与安全形势的发展方向，实际上并未完全屈从于美苏冷战斗争的政治需要，而是在许多方面体现了亚太区域的特殊利益要求，彰显了亚太安全架构的自我属性。在二战后亚太安全组织的建构中，亚太区域建立了许多形式各异的安全组织，其数量之多堪称世界之最，远远超过世界其他地区，它们共同构成复杂而且

---

[1]　Sheldom M. Simon, *The ASEAN States and Regional Security*, Stanford: Hoover Institution Press, 1982, p.38. 转引自郑先武：《安全、合作与共同体：东南亚安全区域主义理论与实践》，南京大学出版社，2009年，第204页。

多元的亚太安全架构。

　　进言之，亚太安全架构在很大程度上属于一种自助性安全体系，即依靠亚太区域以及次安全区域协商与合作、民族国家或者安全组织等互动与对话，建立某种安全态势，保持大体上的政治平衡与安全稳定。"自助体系要求每一个成员国要在冲突四起的环境中保护自己的生存。而自我保护的方式只有一种：增强国力。只有强大的实力，才能保证国家不被灭亡，保证国家在利益冲突中不受损害。这就形成了国际体系中国家努力增强国力的竞争局面。"[1]亚太区域的自助安全体系虽然具有较强的内在凝聚力，但也具有一定的排他性，在很大程度上决定了一个基本事实：各种外来力量对亚太安全架构无法做到完全掌控，其影响无法持之以恒，长久有效。

表2：亚洲—太平洋区域主要多边安全组织分类

	东亚	东南亚	南亚	西亚	中亚	跨太平洋区域
澳新美理事会（ANZUS Council）						1952/4
东南亚条约组织（SEATO）		1955/2				
五国联防协定（FPDA）		1971/4				
亚太国会议员联合会（APPU）						1965
亚洲太平洋理事会（ASPAC）						
东南亚国家联盟（ASEAN）		1961/7				
亚太经合组织（APEC）						
三方委员会（TC）	2008/5					
中亚联盟（CAU）					2007/4	
联合国亚太经社会（ESCAP）						
阿拉伯联盟（LAS）				1945/3		
南亚区域合作联盟（SAARC）			1981/4			
太平洋共同体（MSG）						1947/2
亚太议会论坛（APPF）						1993/1
东盟地区论坛（ARF）		1994/7				
环印度洋区域合作协会（IORARC）			1995/3			
上海合作组织（SCO）	1996/4					

---

　　[1]　秦亚青:《权力、制度、文化——国际关系理论与方法研究文集》，第34页。

续表

	东亚	东南亚	南亚	西亚	中亚	跨太平洋区域
亚太安全合作理事会（CSCAP）						1993
集体安全组织（CSTO）					1992/5	

由此可见，亚太安全模式表现出的上述特点，在很大程度上塑造了亚太安全架构的发展，而且也推动了亚太区域关系格局的发展。其总体趋势是，"双边安全联合模式"持续发展，并且伴随着新历史时期的发展而不断调整、变化。有的双边安全组织退出历史舞台，有的则改头换面，以新面孔出现。与之相比，"多边安全联合模式"则伴随着冷战逐渐式微及至结束，或者活动基本陷入停顿，或者陆续退出历史舞台，其总趋势是影响越来越微弱，作用逐渐趋于消弭。只有"自主型安全联合模式"伴随着美苏冷战斗争式微，逐渐摆脱大国政治游戏与安全角逐的不良影响，不仅使其政治与安全利益诉求得到进一步彰显，而且其规模不断扩展，组织形式越来越多样化，内容不断丰富，在亚太区域政治、经济、安全以及文化舞台上开始越来越多发挥主导作用，新的安全组织亦日渐成为后冷战时期亚太区域主导型区域安全组织。

三、冷战时期亚太政治、经济以及安全联合模式

众所周知，萌生于美苏冷战斗争中的亚太安全架构，其发展进程、规则、规范、决策程序等内容，并不全然受制于美苏冷战斗争，还有许多因素在亚太安全架构建构中发挥了重要作用，例如民族解放运动、反帝反殖民斗争、维护民族权益等。由于亚太安全架构内在的区域性、结构性以及多样性等特点，除去"双边安全联合模式""多边安全联合模式"以及"自主型安全联合模式"之外，亚太安全架构还包括了其他多种形式的政治与安全联合模式，共同构成了亚太安全架构。

二战结束后，美、苏双方所开启的冷战斗争，绝不止于两国之间，也不止于政治、经济与安全领域，而是一场以美、苏双方为代表的东西方两大阵营之间的全面对抗，涉及全球范围内各国政治、经济、社会、军事、文化、科技等各个领域。"第一，美国和苏联的干涉主义在很大程度上塑造了第三世界各国的政治、社会和文化变迁的国际和国内框架。如果没有冷战，亚洲、非洲，也许还有拉丁美洲，都将完全不同于其今日之状况。第二，第三世界的精英中形成的政治方案，往往是他们对冷战两大对手——所提供的发展模

式的有意识的反应。"①在全球范围内，冷战在客观上催生了众多政治或者军事联合组织，它们在形式、结构、职能、程序等方面大相径庭，但其冷战性质少有变化。相对于大西洋联盟而言，亚太区域的冷战政治与安全联合架构，尽管在形式上显得非常凌乱、分散而且多样，但是在冷战政治与安全生活中的独特作用并不逊色于欧美许多联合安全架构，也不逊色于世界其他地区的安全架构，甚至在许多方面显得更加复杂和多变。

客观而言，战后亚太区域政治、经济与安全形势及其变化，并不完全取决于亚太区域特殊的安全联合模式，同样还取决于亚太区域民族主义运动、反殖民主义运动以及不结盟运动等。这些在亚太区域土生土长的民族觉醒运动与独立运动，尽管并未形成某种类似的安全联合模式，有时它们甚至并不完全局限于安全领域，但它们却对亚太安全架构的形成与变化产生了同样重要的影响，甚至还影响到全世界政治、经济与安全走势。

二战结束后，亚太区域成为全世界最具影响力、政治与安全形势最起伏跌宕的地区。大量前殖民地、半殖民地纷纷独立，众多新兴民族国家如雨后春笋般出现，民族解放运动形成一种前所未有的宏大潮流。二战后初期，英国、法国、荷兰等国虽在战争中受到极大削弱，在战略上不得不在亚太区域实行战略收缩，但它们并不愿无条件退出该区域，而是希望对亚太区域旧的殖民统治秩序预先做出某些安排，因此对汹涌澎湃的亚太区域民族解放运动采取了敌视、分化以及镇压政策。法国不愿意放弃在印度支那半岛的旧殖民统治，因此对"越盟"领导的越南民族解放运动发动了大规模殖民战争。而荷兰殖民者也对印度尼西亚的民族解放斗争采取了严厉镇压的战争政策，英国同样对马来亚的民族运动发动了大规模殖民战争，宣布国家进入紧急状态，对游击队与反抗力量实施全面封锁和军事打击……因此，战后亚太区域反殖民主义斗争和民族解放运动，成为亚太政治、经济、社会以及民族生活的一项主要内容，同样构成亚太安全架构建设的一个重要内容。

对亚太区域多数新兴民族国家来说，反对新老殖民主义统治不仅是其共同的政治目标，而且也是其政治、经济与安全等方面迅速走向联合与合作的一种政治纽带。相同的殖民统治经历、悲惨的殖民境遇、共同的反殖民斗争需要，在亚太区域催生一种非常普遍的民族受难心理、期待拯救的救赎意识，同样也催生了一种害怕殖民主义回潮的不安全感，以及反抗殖民主义的民族

① ［挪］文安立:《全球冷战：美苏对第三世界的干涉与当代世界的形成》，第20页。

意识，这成为亚太区域各民族国家实施多种形式联合与合作的共同基础。西方理论家们坚信，"欠发达"世界的非殖民化释放了新的、具有潜在危险性的力量，而这些力量需要加以疏导和控制。[1]事实上，亚太区域的反殖民主义斗争与民族独立运动，在某些地区或者国家，例如南亚、中东等，确实受到英国等西方国家"分而治之"政策的影响，甚至不排除土耳其、伊朗、以色列、巴基斯坦等国，受到美国较多牵制和操控，但亚太区域民族解放运动总体上扮演了维护亚太安全与稳定的一种积极角色，成为亚太各国塑造区域新秩序、争取民族权益的一种有力工具。反殖民主义斗争贯穿了战后亚太各国政治、经济与社会生活各个领域，不仅成为亚太区域"不结盟运动"的一项主要内容，也成为亚太许多新兴国家弥合民族分歧、化解政治对立的一个平台。

在亚太民族解放运动中，最为引人注目的是亚非新兴民族国家开启了独立与合作运动。1955年4月18—24日，29个亚非国家和地区在印度尼西亚首都雅加达召开会议。亚太国家和地区占据了大多数，共计23个，而非洲国家只有6个，所有与会方大多数都是新兴民族独立国家。这次会议排斥了美、英等西方国家所做的各种政治预设，以及对会议施加的种种干扰，独立自主地设定了发展中国家经济合作与发展的大方向，提出一系列建设世界经济新秩序的规则，支持世界范围内各被压迫民族争取独立与自由的解放运动。会议针对经济合作、文化合作、人权和自决、附属地人民问题、促进世界和平与合作等问题，提出了一系列富有新意的主张和政策，明确表达了亚非国家的共同政治主张：即"尊重《联合国宪章》的宗旨与原则""尊重一切国家的主权与完整""尊重联合国宪章中每个国家实施单独与集体防御的权力""不将集体防御权力服务于任何大国"。[2]

毋庸置疑，亚非会议虽然并未将亚太各国就此完全隔离于美、苏两大冷战阵营之外，亦未将所有亚太国家全部纳入一个统一的防御安全联盟中，而且横亘在亚太各国之间的许多政治与安全矛盾仍然存在，但会议还是促进了亚太各国的自我认知，加速了其民族意识觉醒，推动了亚太各国反对新老殖民主义的民族解放，客观上抑制了西方国家在亚太区域推进冷战斗争的实践，阻碍了西方国家构建特殊类型亚太区域安全秩序的进程。亚太各国的自我觉醒，在很大程度上推动了许多亚太国家更多考虑其自身的民族与国家利益，

---

① ［美］雷马迅：《作为意识形态的现代化：社会科学与美国对第三世界政策》，第34页。

② "Final Communique of the Asian-African Conference of Bandung", 24 April 1955, available at http://www.docin.com/p-380511385.html. last accessed on 11 June 2014.

加强自身安全联合。但是亚太各国的自觉与警醒，却被美国当作是苏联发动的一种另类冷战攻势。美国总统安全事务特别助理罗斯托（Walt Whitman Rostow）认定："在亚洲、中东和拉丁美洲等欠发达地区，莫斯科力图通过以下方式扩张势力：即运用游击战、颠覆、贸易、援助等各种各样的手段，挑动反殖民主义和民族主义的情绪，突出共产主义的形象，把它标榜为使欠发达地区现代化的最有效的方法，标榜为正在迅速地从四面八方围住那懒洋洋地跑在前面的美国人的一种制度。"① 尽管美国错估了亚太区域民族解放运动的实质，但这却进一步促使美国采取更加严苛的冷战措施，加速对亚太各国实施安全拉拢与政治控制。

虽然亚非会议并未建立任何永久性的安全机构或者政治组织，也未订立任何军事防御协定，但是会议强化了亚太各国表达自身政治与安全需要的意志和决心，也在很大程度上推动了亚太各国政治与安全实践的不断深化。尽管亚太各国并未完全追寻西方国家所普遍采用的"双边安全联合模式"与"多边安全联合模式"，但是亚太各国所营造的这种政治与安全联合态势，则从另一个方面大大推动了亚太安全架构建设，使之不断向自主、自立以及稳固的方向发展。

在亚非会议所确定政治方针的基础上，许多亚非国家不愿意卷入美苏冷战斗争旋涡，它们为了维护自身的政治与安全利益，发起了强大的"不结盟运动"（Non-aligned Movement）。1956年7月，印度总理尼赫鲁（Jawaharlal Nehru）、埃及总统萨达特（Anwar Sadat）、南斯拉夫总统铁托（Josip Broz Tito）共同发表宣言，提出不结盟主张。1961年9月，由印度、印度尼西亚、埃及、阿富汗、南斯拉夫5个国家发起，共25国参与的首次不结盟首脑会议在贝尔格莱德召开。这次会议发表了《不结盟国家的国家与政府宣言》（Declaration of the States and Governments of the Non-aligned Countries），明确提出反对新老殖民主义、帝国主义、支持世界范围内民族解放运动等一系列主张，开启了声势浩大的"不结盟运动"。"其目的是通过鼓励在冷战中保持中立来扩大国家自主权。"② 由此开始，世界范围内的前殖民地、半殖民地国家纷纷联合起来，组成一支声势浩大的国际进步力量，打破美、苏两大阵营的禁脔，而且也在一定程度上忽视、打破甚至改变美、苏等大国确立的某些

---

① ［美］雷迅马：《作为意识形态的现代化：社会科学与美国对第三世界政策》，第44页。

② ［美］约翰·刘易斯·加迪斯：《冷战——交易、谍影、谎言、真相》，第147页。此处，加迪斯将1955年万隆会议与1961年9月"不结盟运动"贝尔格莱德首次会议混淆。

国际秩序与规则，推动了亚太区域自主型安全组织的建设与发展。

不容否认，"不结盟运动"也并非仅仅停留在政治与安全领域，而是遍及政治、经济、军事、社会、文化等多个领域，和亚非会议所开启的民族解放斗争不同，"不结盟运动"建立了一系列组织机制。在1970年9月第3次不结盟首脑会议上，与会各国代表一致通过了《卢萨卡宣言》（Lusaka Declaration）和《关于不结盟与经济发展宣言》（Declaration on the Non-aligned Relations and Economic Development），正式成立了"不结盟运动"常规组织机制，其中包括"常设部长级协调局""驻联合国代表协调局""安全理事会核心会议""联合协调委员会"以及各种工作小组与联络小组等。另外，"不结盟运动"参与国的政府首脑还规定每3年召开一次首脑会议，并且定期在联合国国际论坛上发表"不结盟运动"的观点与看法。[1]"不结盟运动"的目的很明显，就是要尽可能扩大其影响，得到越来越多国家或者地区的支持，确保其政治、经济以及社会发展主张，能够在全世界产生更稳定、更持久的效应。"不结盟运动"的机制与组织建设，使其得以依靠其制度与组织的力量，能够稳定而且长久地活跃于国际舞台上，确保其不仅能够在美苏冷战斗争中长期存在，而且还能在国际冷战格局中独树一帜，缓和美苏冷战斗争所引发的种种紧张局势，抑制美、苏双方在世界范围内的竞争和对抗。

另外，"不结盟运动"的参与国并不只限于亚太国家，还有大量非洲、欧洲以及拉丁美洲国家参与其中，但亚太国家始终是"不结盟运动"最积极的参与者。因为"不结盟运动"的基本政治主张，契合了二战后亚太区域大量新兴民族国家的普遍政治需要，在一定程度上反映了亚太区域绝大多数国家反帝反殖民斗争需要，大大强化了亚太区域在国际政治权力体系中的话语权，因此，"不结盟运动"与亚太区域政治、安全以及社会实践形成了有机互动。与非洲和拉丁美洲国家相比，大多数亚洲国家不仅参加了"不结盟运动"，而且积极地将"不结盟运动"的各项方针与政策付诸实践，将其落实在各国的内政与外交实践中，在不断推动亚太区域"不结盟运动"发展的同时，也强化了"不结盟运动"在亚太安全架构构建中的影响，加速了亚太国家自身防御安全联合实践。因为"不结盟运动"的重点并不是安全问题，而是政治、经济以及社会发展问题，因此，亚太安全架构建设中增加了大量政治、经济

---

[1] "The Non-Aligned Movement: Background Information", available at http://www.nam.gov.za/background/background.htm#1.1 History. last accessed on 12 June 2014.

与社会问题的考量。对于亚太各国来说，"不结盟运动"为其提供了一个提升国际地位的机遇，但并非唯一。"不结盟"对于在超级大国阴影下生活的效果而言，并不是寻求扩大自主性的唯一武器。[①] 亚太各国的政治与安全联合实践，还有声势浩大的反殖民主义斗争。对亚太各国来说，"不结盟运动"与反殖民主义斗争、民族自觉运动是紧紧联系在一起的。

<h4 style="text-align:center">表3：亚洲与太平洋区域组织的成功与失败[②]</h4>

政府间组织类型	亚洲的政府间组织	太平洋区域的政府间组织
技术类型		
所形成的政府间组织的总数	56	32
已不存在的政府间组织总数	15	6
失效/已形成	27%	19%
政治—安全类型		
所形成的政府间组织的总数	17	6
已不存在的政府间组织总数	4	1
失效/已形成	24%	17%

总体而言，在冷战时期，以"亚非会议"为标志的民族解放运动、由"不结盟运动"所推动的民族自觉与独立，成为亚太区域新型的政治与安全联合，在抑制西方国家对亚太区域控制和影响的同时，同样大规模推动了亚太安全架构建设，使之更能反映亚太区域政治、经济与安全需要。

特别需要强调的是，亚太安全架构建设并不止于安全领域，而是交织在政治、经济、社会、文化等多领域合作，而且亚太区域经济与社会合作组织同样在亚太安全建构中发挥了重要作用。亚太区域社会与经济组织不仅在数量上远远超出政治与安全组织，而且在发展频率、组织公用等方面，也远远超出后者，这些内容都在很大程度上显示了亚太安全联合模式的独到之处。

---

① ［美］约翰·刘易斯·加迪斯：《冷战——交易、谍影、谎言、真相》，第150页。

② Michael Haas, *Asian and Pacific Regional Cooperation: Turning Zones of Conflict into Arenas of Peace*, p.138.

第四章

大西洋联盟制度模式与亚太安全制度模式比较

第一节　北约的制度模式及其发展

一、北约制度模式中的安全理念、行为方式及其规范分析

作为西方主要的军事—政治组织，按照《北大西洋公约》的相关条款规定，北约直接承担着维护北大西洋区域安全秩序与和平稳定的任务，直接负责保卫北约所有成员国的安全，使其免遭任何侵略与威胁；同时针对任何侵略行为，实施有效的威慑与反击。然而，《北大西洋公约》对北约安全任务的相关规定只是原则性的，内容比较简单。实际上，北约所面对的安全任务要更为复杂，许多安全任务带有某种隐含意味，有的任务与北约的政治目标紧紧连接在一起，有的任务则担负着某种社会使命，但是大多数任务并非北约创立伊始就已设定好，而是在北约推进其政治与安全目标的进程中延伸和逐渐形成。"虽然北约或许只是一个冷静的防御联盟，在那个时刻应运而生，但是它也是一个更深层次历史事实的核心所在，也是西方共同命运的核心所在，而这种共同命运无论就其本质还是命运，都构成了一种单一的文明。"①

在北约的制度模式中，北约安全理念渗透了几个基本思路。其一，在北大西洋区域内实施集体防御。其二，保持北约成员国的团结一致。其三，在全世界范围内推进西方国家的价值观与道德理念。简言之，北约制度模式中安全理念的核心就是"防御"与"团结"。就"防御"而言，北约的防御政策堪称是一个综合概念，首先离不开西方冷战外交与安全战略的需要。虽然北约的防御目标一直是防范苏联与东欧社会主义国家对西欧发动侵略，但这一基本设想的前提是西方国家在冷战意识形态主导下所做出的一系列主观臆断，

---

① Prince Hubertus zu Löwenstein and Volkmar von Zühlsdorff, *NATO and the Defense of the West*, p.3.

这一战略判断仅仅在理论上具有一定合理性，但缺乏足够的现实支撑。在极端化的冷战思维与政治逻辑作用下，北约实际上误判了苏联与东欧社会主义国家在冷战时期大多数外交政策、战略方案以及军事行动，严重夸大其危险性，这在一定程度上影响到北约的防御安全方针、政策以及实践，使之增加某些虚夸和不合理的成分，也在实际工作中导致北约的防御政策及其实践难以真正奏效，尤其是使北约的制度模式不得不在很长时间保持低效与弱化。

北约一直将防御政策定位为"自卫性防御"，但北约"自卫性防御"并非是消极防御，而是强调积极防御。即北约并不强调主动进攻，而是强调一旦敌方发动侵略进攻，北约将迅速采取合理合法、不受限制的全面反击行动，包括对裹挟民用目标在内的所有目标实施全面打击。"一旦发生军事进攻，《北大西洋公约》将通过团结与协调的行动，保卫其人民、领土以及发动战争的能力，反击所有形式的敌方进攻。特别要强调保卫欧洲，因为欧洲的沦陷在整体上对保卫北大西洋领土可能是致命的。"[①] 在战略部署上，北约"自卫性防御"也强调尽可能在前出、深入的前沿地带部署北约成员国武装力量，强调尽可能在欧洲东部方向遏制并迟滞苏联与东欧社会主义国家可能发动的进攻，尽可能为北约及其成员国争取更大的战略反攻空间，争取更多的战场主动权。

事实上，北约也一直将其防御政策视为"威慑防御"，更强调北约通过某种现实威慑政策或者威慑姿态，预防战争爆发，有效震慑苏联与东欧社会主义国家，使其惮于对西欧发动进攻。北约的战略威慑将包括多种手段：

其一，北约将实施某种政治威慑。其中，北约一直引以为豪的"集体防御"，就是强调成员国在面对威胁时，将共同维护北约的集体安全利益，即"对北约任一成员国的武装攻击，将被视为对所有北约成员国的侵犯，将遭致所有成员国一致反击"。[②] 北约的共同政治立场与安全态度，事实上对敌方构成了一种威慑态势，使敌方惮于北约有可能采取一致行动而止步侵略。因此，"集体防御"客观上构成北约"威慑防御"的重要组成部分。

其二，"威慑战略"还表现在北约所制订的各项战略计划中。北约虽强调在欧洲战略部署上推行"前沿防御战略"（Forward Defense Strategy），但

---

① "Strategic Guidance for North Atlantic Regional Planning" (M.C.14, 28 March 1950), Dr. Gregory W. Pedlow, ed., NATO Strategy Documents, 1949–1969, available at http://www.nato.int/docu/stratdoc/eng/a500328c.pdf. last accessed on 17 November 2014.

② "The North Atlantic Treaty", Washington. D.C. 4 April 1949. available at http://www.nato.int/cps/en/natohq/official_texts_17120.htm. last accessed on 22 November 2014.

同时也采纳了艾森豪威尔政府提出的"大规模报复战略"（Massive Retaliation Strategy），北约在此基础上提出"剑与盾战略"（Strategy of Sword and Shield），特别强调将常规武器当作北约的"盾"，将核武器当作北约的"剑"，强调使用常规武器羁绊苏联与东欧国家的进攻力量，用核武器作为反击的最后手段。"确保实施战略轰炸的能力，包括迅速实施战略轰炸，这主要是美国的责任，其他盟国也将提供切实可行的支持。"① 因此，北约实际上对战争手段并没有严格限制，在"威慑战略"中，北约既将核武器用于对敌方实施战略性威慑，又将其用作非常具体的战术打击工具，其威慑效能可谓不言自喻。

在北约制度模式的安全理念中，北约不仅仅强调其成员国的疆域安全，实际上也强调欧美各国政治、经济、社会、外交、文化等领域安全，甚至还包括确保为西方国家共享的所谓世界观、价值观以及道德观安全。"北约在历史上植根于盎格鲁—美利坚的战时传统、政治民主、商业规模，并且逐渐演化为一个概念，即欧洲和北美拥有共同的传承和使命。只要更宽广的大西洋文化在这些方面能够适应新现实，1949—1989年的多边威慑机制就不会消失。"② 从狭义上讲，北约的安全目标就是专指保卫北约成员国疆域，确保北大西洋区域的和平与稳定，但从广义上讲，北约的安全目标实际上并没有明确界限，实际上就是西方国家一直拼命追求的冷战目标。这一目标实际上远远超出北约防御安全能力之外，使北约制度模式建设步履沉重，难堪重负。

除美国外，北约各成员国都很清楚，如果欧美各国彼此孤立、不走联合之路，每个单一国家都无法与苏联相抗衡，西方国家必将"失去冷战"，这对于一贯推崇其政治、经济与社会制度，笃信其文化、信仰以及道德优势的西方国家来说，可谓无法接受。因此，在北约制度模式设计中，北约始终将成员国保持政治一致立场设定为一个重大目标。为此，北约建立了许多权力平等规则，例如"一国一票制""权力分摊制""一致表决制""政治协商制"等，以便在北约内部实现权力平等，以此加强各成员国团结协作。与此同时，北约还建立了大量政治领导机构与军事指挥机构，在制度建设中全面推进权力平等理念，特别是在北约的顶层权力设置中，例如北大西洋理事会、防务委员会、军

---

① "The Strategic Concept for the Defense of the North Atlantic Area"(D.C. 6 26th November 1949), Dr. Gregory W. Pedlow, ed., *NATO Strategy Documents, 1949–1969*, available at http://www.nato.int/docu/stratdoc/eng/a500328c.pdf. last accessed on 17 November 2014.

② Carl Cavanagh Hodge, "Atlanticism and Pax Americana1989–2004", *International Journal*, Winter 2004–2005, pp.151–169.

事委员会、防务计划委员等，充分实现成员国政治平等，通过各国代表充分讨论与协商，在各级领导层面形成一致意见。因为北约认定，各成员国保持团结一致，势必会有效威慑并预防苏联和东欧社会主义国家实施"战争恐吓、势力渗透以及外交拉拢"，防止各成员国被各个击破，保持北约自身的政治优势。因此，在北约制度模式中，其安全理念中的政治目标丝毫不弱于其防御安全目标。"但是，正是在政治领域，北约做出了一些最重要的贡献。"[1]

正是在北约安全理念的作用下，北约形成一套特殊的政治行为规范与军事行动方式，这种行为规范与方式主要表现为四个方面：

其一，谋求平面式扩张与发展。即通过不断扩大区域防御范围，扩展北约防御安全深度与广度。就以地处北约防御安全边缘的地中海区域为例，"只有意大利在1949年加入北约，希腊与土耳其则等了3年，直到1952年才加入北约，西班牙严格说来并非地中海国家，而更像一个后来者，它在1982年才获准加入北约。"[2] 北约在冷战时期一直致力于扩大其联盟规模，按照自身的安全需要，不断吸纳欧洲国家入盟，重新整合北大西洋区域的力量布局，力争创建最有利于北约的政治与安全架构。"在本质上，对北约东扩的支持，象征着北约不仅需要接受新成员国，而且也认可北约提出一种新的理念基础。"[3] 上述平面扩张方式的源头在于，北约一贯秉持冷战化思维与"零和对立"逻辑（Zero Sum Opposition Logic），此举虽可在短期内扩大北约的势力范围以及冷战胜利成果，向世界持续展示北约的强势存在，但却无法从根本上提升北约的核心竞争力，亦不会提升北约的决策与行动能力。恰恰相反，随着北约成员国不断增多，北约内部分歧与差距实际上也不断加大，其异质持续增多，其政治与安全架构愈加复杂化。

其二，北约的职能建设亦采取了叠加累进的方式，其最初的职能集中于防御安全领域，立足点在于维护北大西洋区域安全。北约防御安全职能建设基本上采取了从点到面、由圆心到边缘的逐级扩展之势，由单一防御安全职能逐渐走向多方位综合职能建设，所涉及的领域也由防御安全领域扩至政治、

---

① David M. Abshire, Richard R. Burt, and R. James Woolsey, *The Atlantic Alliance Transformed*, Washington, D.C.: The Center for Strategic and International Studies, 1992, p.8.

② Raimondo Luraghi, "The Mediterranean", Lawrence S. Kaplan, S. Victor Papacosma, Mark R. Rubin and Ruth V. Young, eds., *NATO after Forty Years*, p.115.

③ Gale A. Mattox and Arthur R. Rachwald, "European Security and the Enlargement of NATO", Gale A. Mattox and Arthur R. Rachwald, eds., *Enlarging NATO: The National Debate*, Boulder, Colorado: Lynne Rienner Publishers, Inc., 2001, p.1.

经济、社会、科技、自然等多个领域，其组织架构亦由单线建设变为双线建设或者多线建设。通过持续性叠加职能，北约的综合职能不断丰富和发展，形成了北约的所谓"第三维度"，这种新维度明显有别于北约传统的政治与安全职能。"'第三维度'包括了对经济合作的思考、对拓展资源的思考，以及保护环境的思考，这些内容对于单个成员国的安全都极其重要。"① 事实上，北约所拓展的新职能不仅对其成员国至关重要，而且对于北约组织及其发展堪称不可或缺。虽然北约的职能不断丰富，但却无法从根本上改变北约的组织定位，这使北约只能在防御安全职能的基础上叠加或新增职能，无法实现完整的职能转换或整合为统一的职能体。

其三，北约不仅在其防御安全战略中强调"集体概念"，而且在社会实践中也强调成员国集体行动，共同担责。即北约试图通过"集体防御"，一方面发挥强大的集团式战略遏制，使敌方惮于发动侵略战争，另一方面则集中所有成员国的政治、军事、社会资源，形成强大的政治影响力与军事战力，做好反制侵略准备。"无论如何，集体安全体制是一种更加开放的承诺，这种承诺在本质上被视为是绝对的。集体安全体制不会指向任何预定的对手（或者明确定义的对手），它也不会在一种预定联盟的基础上采取行动。"② 这种强调北约内部整体性与一致性的行动方式，在很大程度上力图造就冷战时期北约所有成员国始终能够保持团结协作，面对重大危机与挑战始终能够保持高度政治一致。即使北约成员国关于许多国际或区域问题的认识相异，其相关利益也不相同，但北约都能对外保持形象与行动整体划一的良好外貌，显示出北约内部高度一致的同质性文化与历史基础。以北大西洋理事会为例，"因为北约是主权国家联盟，理事会的决策须一致通过，在理事会采取行动前，必须取得15个成员国的一致同意。这通常不容易做到，没有成员国的良好意愿，这肯定是行不通的。人们可以设想其难处，如果民主国家政府要确保法案通过，不仅需要多数人支持，而且也需要所有人支持。"③

然而，也正是由于北约过分强调"集体性"与"协同性"，强调责任共担，在客观上造成北约内部责任划分被模糊化。在北约内部，大的成员国经常顾左右而言他，而小的成员国则观望大的成员国，唯其马首是瞻，各成员国之

---

① David M. Abshire, Richard R. Burt and R. James Woolsey, *The Atlantic Alliance Transformed*, p.38.

② Geoffrey Lee Williams and Barkley Jared Jones, *NATO and the Transatlantic Alliance in the 21st Century: The Twenty-Year Crisis*, New York: Palgrave, 2001, p.88.

③ Prince Hubertus zu Löwenstein and Volkmar von Zühlsdorff, *NATO and the Defense of the West*, p.146.

间相互攀扯，这在很大程度上消弭或者减弱了北约成员国应对危机与挑战的主动性与积极性。同样也因为北约过分强调"集体性"，导致北约在应对危机方面常常强求观点一致、战略一致、行动一致或者利益一致，而这在事实上却很难做到，进而导致北约整体效率低下。

其四，北约强调欧洲—大西洋区域防御安全，但北约的防御安全概念并非一种简单或者被动的消极回应，而是一种"进攻性防御"，对北约自身来说则属于一种"积极反应"，具有战略和战术双重含义。尽管从表面看，北约的防御安全战略看似是对侵略者的被动回应，但北约的后期干涉能力与影响力，无论是方法与力度都远非一般性区域安全组织所能比拟。一方面，北约强调在军事和防御事务上后发制人，而且北约的军事反击力度实际上远远超出"反制侵略"的程度，而是直接进入一场全面战争，甚至包括核战争在内。尽管北约自身竭力否认"进攻性防御"的存在及其危险性，"事实上，北约的'进攻能力'一直未能与对敌方领土发动进攻相挂钩，也没有发表关于侵犯其盟国国土的言论，这些言论在军事上更易掌握。"[①] 正是在北约上述防御思想的指导下，北约确立了各项军事作战计划与防御安全方案，并且据此展开各项安全行动。另一方面，北约也强调在政治与外交上先行威慑，营造一种更加稳定和有利的政治决策氛围，制造一种相对有利的国际舆论环境，全面增加北约军事战略及其行动的合法性。

二、北约政治领导制度及其实践

自其创立伊始，北约就开始着手创建一套相对完整的政治领导体制，北约一直将其政治体制建设视为自身存在并发展的重要基础，甚至将其视为北约组织发展的一个重要组成部分。"正是包括民主、自愿参与、公摊负担以及共享收益的政治维度，创造了北约，已经变化的不只是这种需要或者政治维度的存在，也包括其特别内容。问题的关键不再是简单遏制苏联，尽管苏联仍保留了大量实力，要保证民主国家的平静，保证民主国家在应对任何地方的威胁与困扰时有足够的安全空间。"[②] 事实上，北约政治领导机制建设正是围绕上述内容展开，而且经历了一个漫长的发展过程，直到现今，这一政治

---

① David Gates, *Non-Offensive Defensive, an Alternative Strategy for NATO?* Basingstoke, Hampshire and London: Macmillan, 1991, p.114.

② Francis H. Heller, "From NATO Past to NATO Future", Francis H. Heller and John R. Gillingham, eds., *NATO: The Founding of The Atlantic Alliance and The Integration of Europe*, pp.442-443.

机制建设仍处于进行当中。贯穿北约组织发展与扩张全程，北约政治领导机制亦不断发展完善，并且与前者形成一种良性互动，即北约组织的发展速度与规模愈快，北约的外延性组织机制建设也愈益加快，同样，北约组织所应对的外来危机愈多，北约组织内部机制建设亦愈加深化；反之，如果北约组织缺乏足够的发展动机，其发展进程就会受阻，其政治领导机制建设亦相应趋于缓慢，甚至还会出现暂时性停滞。

鉴于北约是一个基本上属于多国合作性质的军事—政治联盟，其政治领导机制建设因而不同于众多的国际组织或者区域组织，例如联合国（UN）、欧盟（EU）等。因此，北约在其政治领导实践中注定要受到多国合作框架下政治领导力不足的困扰。"从欧洲主义者的角度看，尽管北约非常重要，但是作为一个防御组织，北约得到的授权有限，而且其军事聚焦点非常狭窄。"[①]实际上，北约在整个冷战时期一直试图谋求不断发展和完善其政治领导机制，意图弥合其政治权力机制存在的巨大空隙。北约政治领导机制自创建后，其内涵不断丰富和发展，大量衍生机构应运而生，这些机构都在很大程度上反映了北约政治领导机制的深化与发展。直到今天，北约仍未停止其政治领导机制建设，而且与冷战时期相比，冷战后北约政治领导机制的发展进程"由慢转快"，而且其影响与作用似乎也更突出。

总体而言，北约的政治领导机制建设主要体现在以下几个方面：

首先，北约政治领导机制属于一种顶层权力设计，不仅缺乏必要而且独立的权力基础，同时也缺乏必要的政治权力联结。北约政治领导机制在名义上高居其成员国政治权力之上，但事实上却并非如此，前者对北约各成员国政府并不具备强制约束力，两者关系更多属于政治协商性质，而且这种政治领导机制的权力范畴远不及各成员国政府，其权力运行效果亦相当有限。众所周知，北约在1949年9月创立北大西洋理事会（North Atlantic Council，简称NAC），作为北约最高政治领导机构，北大西洋理事会由各国外交部长组成，每年春季和秋季召开两次会议，共同商讨北约的所有重大政治与战略决策。此外，北约还不定期召开各成员国国家或政府领导人参加的首脑会议——北约峰会（NATO Summit），对北约遭遇的各项重大问题提出原则性建议和战略要求，由北大西洋理事会及其所属的各级委员会负责落实，形成各

① Stephanie B. Anderson, *Crafting EU Security Policy, in Pursuit of a European Indentity*, London: Lynne Rienner Publishers, 2008, p.97.

种重大决策，最终付诸实践。

另外，北约还在北大西洋理事会下创建了各种临时代表会议、大使委员会以及常设代表会议，设置了20个以上的常设委员会，同时还设有大量工作小组。北约的目标非常明确，就是要通过持续设置各种权力机构，不断完善北约的政治职能结构，确保其权力运转积极有效。1952年，北约设立国际秘书处（IS），在北约秘书长（NATO Secretary General）领导下处置北约日常行政事务。国际秘书处下属7个职能部处，即政治事务与安全政策处、防御政策与计划处、行动处、防御投资处、应对安全挑战处、公共外交处、行政管理处，分别负责各种政策分析、综合协调、信息传递、防御预算、行政管理等工作。[①] 在这一政治领导机制设置中，北约秘书长一职一直由欧洲各国卸任领导人担任，英国、德国、荷兰、比利时、意大利、西班牙、挪威、丹麦等国代表均曾出任该职，这在很大程度上显示了北约内部轮流坐庄的权力分享原则。与之相对，国际秘书处的职员聘任完全独立，其职员出自各成员国，但不隶属任何国家，只听命于国际秘书处。

尽管机构众多，但是北约政治领导机制并不健全，除去以北大西洋理事会—国际秘书处为代表的顶层权力机制外，北约似乎仍缺乏较低层级的权力设置，尤其缺乏基层权力建设，大量常设委员会与工作小组并不能弥补北约统一权力的缺失。因此，北约的权力运转只能相对孤立地存在于两个层面，即北约政治领导机制的运转，以及各成员国政府的政治运转，中间缺乏必要的权力连接机制与转换机制，北约的顶层权力机制与成员国政府之间缺乏必要的权力整合与衔接，而这种权力衔接对于类似北约这样的多国合作联盟来说可谓必需而且必要。因此，北约政治领导机制实际上存在着某种权力断层，这种天然缺陷注定会使北约无法形成一套自上而下的、完整而且高效的政治权力运转体系，不可避免造成北约政治权力运行规则特殊化，导致北约政治领导意志、权力决策、行动方式等，不可避免受到诸多消极影响，最终使其实施效果大打折扣。

其次，鉴于北约政治领导机制基本上停留在多国政治合作的基础上，一直未能真正深入各成员国政治生活内里，因此这两种权力缺乏真正的交融或对接，而只能通过政治咨询、协商以及协调，实现两种权力交接。"对其成

---

① "International Staff", 11 November 2014, available at http://www.nato.int/cps/en/natolive/topics_58110.htm, last accessed on 23 November 2014.

员国来说，北约就像一个协调和咨询机构一样行事，它是一个国际官僚组织，该组织并不直接对其成员国的选民负责。"① 原因在于，从表面看，北约拥有贯彻自身政治意志的行政权力机构——北大西洋理事会，也有充分代表民意的议会机构——北大西洋议会（North Atlantic Assembly，简称 NAA），除去履行司法职责的法院外，北约政治领导机制似乎全面浸染了西方宪政精神，贯穿了分权与制衡的政治原则。"国家政府、议会、政党、联盟以及每一个成员国的人民，将在其国内衡量并决定他们所支持的各项政策，同时在北约架构下予以衡量并做出决定。"② 但在实际上，北约政治领导机制却恪守了一套与各成员国政治体制不尽相同的规则——协商与对话政治，而且与各成员国的政府运作亦不尽相同，这使北约政治领导机制更像一种政治权力象征，既无法体现北约政治领导机制中的超国家意志，也不能完全体现北约的统一政治意志。因此，北约政治领导机制与成员国政治体制存在一定差距，两者在大多数情况下各行其道，在很多政治与安全事务上时有交叉和重叠。

北约一直将其政治领导机制的职能锁定为两个方向：

一、积极推动并不断扩大北约的政治与安全目标。就像北约在20世纪60年代推出"哈默尔报告"（Harmel Report）所强调的那样："保持足够的军事力量与政治稳定，以抵抗侵略以及其他形式的压力，同时在发生侵略行为时，能够保护成员国的国土安全……寻求建立一种更稳定的关系，以便底层的政治问题能够得到解决。"③ 就其目标与方向而言，北约政治领导机制具有很强的功利主义动机与意识形态色彩。在整个冷战时期，北约出于冷战政治的需要，在加强其集体防御安全职能的同时，一直试图强化其政治凝聚力，拓展其综合能力，包括政治宣传、沟通协调、安全协同、科技发展、应对自然灾害等在内。北约的政治宗旨就是集合各成员国的有限资源，在国际事务中最大限度扩展北约的作用，不仅能够有效保卫北大西洋区域的整体安全与稳定，而且还能在全世界产生最广泛的政治影响。为此，北约一直试图以其政治领导机制为纽带，全面跨越横亘在北约各成员国之间的主权界限，将各成员国的政治判断、战略决策、社会资源以及对外行动最大限度整合在一起，以便确保北约战略与决策的统一性、完整性以及有效性。

---

① Keith Hartley, *NATO Arms Co-operation: A Study in Economics and Politics*, p.8.

② James R. Golden, *NATO Burden-Sharing, Risks and Opportunities*, New York: Praeger Publishers, 1983, X.

③ "Report of the Council on the Future Tasks of the Alliance (The Harmel Report)", 13-14 December 1967, available at http://www.nato.int/cps/en/natohq/official_texts_26700.htm. last accessed on 3 December 2014.

二、鉴于北约成员国并未将其关键且决定性的政治权力让渡给北约，北约政治领导机制实际上只能充当北约及其成员国之间权力空间的补充，充当加强北约决策力、行动力与影响力的平台。因此，北约政治领导机制必须不断协调北约及其成员国的各项政治决策与实践，同时必须协调各成员国的政策与实践。由于各成员国对北约构建政治领导机制的态度不尽相同，因此对北约政治领导机制发展所付出的努力亦不尽相同。北约每个成员国都将各自的利益诉求，置于其参与北约政治领导机制决策的首位，力求使政治领导机制所做的各项决策最大限度符合其自身需要。"保持对自身防御实践的控制，在外交实践中保持独立，北约组织的懈怠将会给其成员国提供某种动机，即通过'投机取巧'以及采纳有可能更有利于国家战争的武器，而并非有利于北约的军事效能，以便使其从大西洋联盟的获益最大化。"[1] 因此，北约政治领导机制客观上构成对其成员国实用主义政策及其实践的一种调和与补救。

最后，北约客观上需要在其政治领导机制内部保持某种权力平衡，这种平衡状态表现在北约内部多个层面或者多个领域，最显著的举措就是，北约在自身与其成员国之间保持某种权力平衡，同时在各成员国之间同样保持某种权力平衡。"北约从属于15个成员国政府，它自身依赖这些政府的有效合作，对北约联盟来说，特别是对作为军事委员会主席北约秘书长以及欧洲盟军最高司令来说，此举不能排除某种政治功能。"[2] 众所周知，北约各成员国先天性地存在着某种巨大差距，包括政治影响、经济总量、军事实力、自然与社会资源等，因此，有效弥补上述差距，使之趋于某种平衡，一直贯穿于北约的历史发展进程中，也理所当然成为北约政治领导机制建设的一个重要方向。在北约政治领导机制建设与实践中，鉴于北约各成员国对各自国家利益的理解与表述存在着巨大差异，核心成员国与边缘成员国在分享北约决策权方面存在差距，新成员国与老成员国在北约内部的话语权存在差距，北约自身的话语与成员国话语存在差距等，因此需要北约在其政治领导机制建设上做出某种平抑动作。"然而，北约联盟面对着一个进退两难的困境：即为了提高平等权而采取的行动，事实上处于高度分裂中。"[3]

---

① Keith Hartley, *NATO Arms Co-operation: A Study in Economics and Politics*, p.21.

② Lothar Ruhl, "NATO's Political Limitations", *The Atlantic Community Quarterly*, v. 12, no. 4 (Winter 1974–1975), pp.463-469.

③ James R. Golden, *NATO Burden-Sharing , Risks and Opportunities*, p.13.

为了解决北约内部的不平衡，北约确立了政治协商机制（Political Consultation Mechanism），即所有北约重大决策及其实践，均采取成员国一致同意的原则，所有成员国均享有平等的投票权与表决权，所有成员国共同决策，集体行动。"北约成员国应就对北约有重大影响的进展通知北大西洋理事会，无须采取正式方式，可以作为一种准备工作，以便展开有效政治协商……在没有事先协商的情况下，成员国政府就对北约及其成员国具有重大影响的事务上不得采取严苛的政策，或者发出重大政治声音，除非客观环境明显不可能进行此类预先协商。"① 无论如何，作为北约政治领导机制的一项重要原则或者一种运作方式，政治协商制贯穿于北约政治领导机制中各部分，亦服从于北约政治权力的运转，而且政治协商制不单单存在于政治领域，同样也存在于军事、外交、经济、科学技术等领域。政治协商制度的存在及其发展，在一定程度上缓解了政治领导机制中存在的各种不平衡状态，尤其有助于缓解北约与成员国之间、各成员国之间的政治失衡状态。

另外，北约政治领导机制还须应对其内在的其他不平衡之处或者结构性失衡，其中包括大西洋联盟框架下政治权力与军事权力之间的不平衡，民用力量与军事力量之间的不平衡、战略关注点不断转换等。这些问题在很大程度上导致北约的力量结构相对单一，发展思路狭窄，战略重心有失偏颇，无法有效应对日趋复杂的社会挑战，等等。因此，北约在其政治领导机制建设中相应地采取两种措施，第一是将政治领导机制建设与军事领导机制相结合，使两者相互渗透，互相影响，确保两者在确定北约发展方向、战略方案以及对外干预中能够较好地实现权力对接；第二是注重发展以政治—军事能力为核心的综合能力建设，确保北约政治领导机制具有较大的包容性和开放性，通过北约与各种国际组织、区域性组织、地区大国等展开制度性合作，有效弥补北约自身力量的不足，积极应对越来越多的综合性危机与挑战。

毋庸置疑，自创建其政治领导机制之日起，在推动各成员国政治团结、促进成员国团结合作、加强与各种区域或国际组织协作等方面，北约确实发挥了积极作用。不论是在其表面还是在内里，北约政治领导机制内部始终存在着许多不足之处，有的问题甚至直接影响到北约的政治与军事职能，但是上述问题并不足以从根本上颠覆北约政治领导机制。相反，北约政治领导机

---

① "Report of the Committee of Three on Non Military Cooperation in NATO", 11 November 2014, available at http://www.nato.int/cps/en/natohq/topics_65237.htm?selectedLocale=en. last accessed on 26 November 2014.

制中存在的许多问题，例如结构松散、有欠平衡、缺乏足够的决策力与行动力，在掣肘和影响北约发展的同时，也在很大程度上为北约政治领导机制的长远发展预留了空间，成为北约政治领导机制不断深化的一种指向，这种状况一直延续到冷战结束，北约政治体制建设开始进入一个全新的发展期。

三、北约军事指挥机制

与北约的政治领导机制建设相并行，北约在创立之初亦着手创立了一套比较完整的军事指挥制度，相较其政治领导机制，北约军事指挥机制在体系建构上更完整、内容更具体、职能更完备，因此也的确使北约的军事行为能力似乎较其政治行为能力更加突出。在其军事指挥机制建设中，北约全面贯彻"集体防御方针"（Collective Defense Guideline），强调成员国共同承担防御安全责任，共同发展北约防御安全能力，包括共同承担北约防务开支，共同研发北约武器标准，共同制定防御安全方案，等等。北约问题专家查尔斯·科甘（Charles C. Cogan）就此特别强调指出："北约的统一军事架构建立在集中指挥原则的基础之上，由欧洲防御'不可分割'这一概念而得到合理的理由。"[1]

从1949年华盛顿会议开始，北约就一直致力于建设军事指挥机制，但其建设周期相对较长。和北约政治领导机制不同，北约的军事指挥机制同样建立了自己的顶层机构，其主要内容包括两个层面：第一是北约的军事领导结构，第二是北约的军事行动结构。就北约的军事领导结构而言，早在1949年9月，北约就设立了由各成员国国防部长组成的"防务委员会"（Defense Committee，简称DC），此后该机构又被"防务计划委员会"（Defense Planning Committee，简称DPC）所替代，其中，欧洲各成员国国防部长组成一个非正式的"欧洲小组"（European Group），负责与美国、加拿大两国共同协调大西洋两岸的战略规划。作为北约最高权力机构之一，北约"防务计划委员会"的权力运转几乎与北大西洋理事会平行，由北约秘书长统筹领导，每年在春秋两季召开两次会议，北约所有重大军事决策一旦经由军事计划委员会终审决定，无须报北大西洋理事会再度审核批准。"防务计划委员会"负责所有与北约军事相关的问题，负责为北约军事权力机构提供指导，监督武

---

① Charles C. Cogan, *Forced to Choose, France, the Atlantic Alliance, and NATO—Then and Now*, Westport, CT and London: Praeger Publishers, 1997, pp.123-124.

装力量的计划程序，[①] 同时，该委员会还负责确定北约的基本军事—政治方针、规划北约的战略发展方向等。很显然，北约军事计划委员会的目标就是在北约的权力顶层，协调并解决北约的所有重大政治与军事相关问题。在军事计划委员会之下，北约还设有军事规划常设委员会，同样由各成员国常驻北大西洋理事会代表组成，负责军事计划委员会休会期间的各项日常工作。

另外，北约还设立了一个高级军事指挥机构——"军事委员会"（Military Committee，简称 MC），由各成员国总参谋长组成，该委员会的职责是向北大西洋理事会和军事计划委员会提出各种建议，在形成北约战略政策与理念过程中提供有效帮助，向北约最高军事司令官提供指导，负责充当北约武装力量与政策决策机构之间的纽带等。[②] 作为事实上掌握北约军事指挥权的最高权力机构，军事委员会下设 20 多个常设委员会、办事处以及工作小组，其职责范围极其广泛。其中，既有政策性工作小组，例如，军事委员会下设 5 个区域计划小组，即美国—加拿大小组、北欧计划小组、西欧计划小组、南欧—西地中海区域小组、北大西洋区域计划小组，它们构成比较具体的亚军事领导架构，负责协调大西洋区域内部不同地区的防御安全计划。另外还有具体的职能机构，从武器标准到内部数据系统，从卫星通信到后勤油料供应，事无巨细。

紧随北大西洋理事会春秋两季会议，军事委员会常设代表每年亦召开两次会议，但是北约各成员国总参谋长则每年举行 3 次会议，共同探讨并磋商北约所遇到的所有重大军事问题，最终做出各项决策。北约军事委员会采取一致表决、共同决策的权力运作方针，北约所有重大防御安全方针、政策以及作战计划，基本上全部由各成员国协商确立。"在一个建立在一国一票原则基础上的多边安全组织中，较小成员国的权利会得到保护，有相当大空间可以使单个国家在较大组织的框架下产生一些影响。"[③]

然而，尽管北约军事委员会在军事领导结构上做了大量工作，不断完善其机制设计，但是北约的军事领导权力运转周期还是比较长，而且实效受限。为了加强军事委员会的效能，北约又在军事委员会之下，在 20 世纪 60 年

---

① "The Defense Planning Committee" (Archived), 11 November 2014, available at http://www.nato.int/cps/en/SID-3DC9F990-E11C6EDC/natolive/topics_49201.htm. last accessed on 4 December 2014.

② "The Military Committee", 7 April 2016, available at http://www.nato.int/cps/en/natohq/topics_49633.htm?selectedLocale=en. last accessed on 4 December 2014.

③ Gale A. Mattox and Arthur R. Rachwald, "European Security and the Enlargement of NATO", Gale A. Mattox and Arthur R. Rachwald, eds., *Enlarging NATO, The National Debate*, pp.9-10.

代组建"国际军事参谋部"(IMS),负责北约军事指挥机制中的日常行政事务,直接向军事委员会负责。和政治领导机制中的国际秘书处(IS)类似,"国际军事参谋部"的工作人员多为国际职员、文职人员、技术专家等,其职责由参谋部直接指派,直接对参谋部负责,不再分属于任何一个具体国家。"'国际军事参谋部'工作人员是北约联盟政治决策组织与北约战略指挥官(欧洲盟军最高司令官与北约盟军转型司令部最高长官及其工作人员之间)基本的连接点,'国际军事参谋部'的角色是提供可能最具战略意义的军事建议,为军事委员会提供人员支持。"① 在军事指挥机制建设上,北约也一直在追求各成员国实现最大限度的军事合作,体现北约的统一军事指挥方针,以便发挥最大的军事效能。"北约是一个建立在主权国家和独立国家之间的联盟(许多国家偶尔非常有主见),所以对于盟国来说,通常有必要极大地关注其陆军、海军与空军一起行动的能力,而不是对虽身处同盟中但并不协调的武装力量进行分类。"②

不仅如此,除在军事指挥机制中打造上层军事架构之外,北约也极其重视打造整体军事指挥架构。朝鲜战争爆发后,北约出于对战争有可能在欧洲扩大的过度担忧,进一步细化了自身的军事指挥结构,以使其在欧洲爆发战争后可以真正派上用场。"1950年亚洲爆发朝鲜战争,推动了北约成员国进一步将其防御联盟实现机构化。"③ 为此,北约直接创设了欧洲盟军最高司令部(Supreme Headquarters Allied Powers in Europe,简称 SHAPE),由美国艾森豪威尔将军担任首任最高司令官(Supreme Allied Commander Europe,简称SACEUR)。"欧洲盟军最高司令部的氛围是简洁而且勇敢的,该司令部控制着几乎长达4000英里的军事前沿,从北角一直到高加索。"④ 在欧洲盟军最高司令部之下,北约又设置了3个地区级战术指挥部,即北欧指挥部、南欧指挥部、西欧指挥部,后来又增设了海峡盟军指挥部,上述四者构成北约在欧洲的中层军事指挥架构。在各个地区级战术指挥部之下,还设置了大量更加具体并且直接接受战斗任务的次战术级指挥部,它们构成北约军事指挥机制的

---

① "International Military Staff", 15 June 2017, available at http://www.nato.int/cps/en/natohq/topics_64557.htm. last accessed on 4 December 2014.

② Stanley R. Sloan, *NATO's Future, Towards a New Transatlantic Bargain*, London: the Macmillan Press Ltd., 1986, p.144.

③ Kai He and Huiyun Feng, *Prospect Theory and Foreign Policy Analysis in the Asia Pacific, Rational Leaders and Risky behavior*, New York and London: Routledge, 2013, p.38.

④ Prince Hubertus zu Löwenstein and Volkmar von Zühlsdorff, *NATO and the Defense of the West*, p.87.

基层指挥架构。与之相对应，北约在1952年又建立了大西洋盟军最高司令部（Supreme Allied Command of the Atlantic，简称SAC），下辖3个地区级战术指挥部，即东区指挥部、西区指挥部以及东南区指挥部。另外，北约还在大西洋盟军最高司令部之下设立两个军种战术指挥部，即大西洋攻击舰队司令部（Atlantic Striking Fleet Command）和大西洋潜艇司令部（Atlantic Submarine Command）。上述各级顶层指挥机构、地区级指挥部、军种指挥部，客观上构成北约在大西洋区域的军事指挥架构，北约至此基本上形成了在北大西洋区域的防御安全体系。

纵观北约军事指挥机制的设置及其建设，不难发现该机制实际上受到两种政治逻辑的引领和驱使：第一，北约军事指挥机制的发展进程实际上受国际冷战逻辑的导引，即北约军事指挥机制建设与东西方冷战斗争的起伏息息相关，两者紧紧联系在一起，欧洲冷战斗争越激烈，北约的军事指挥建设步伐越紧迫，建设成就也越突出。反之，一旦欧洲冷战斗争步入缓和，北约军事指挥机制建设步伐遂放缓，或者趋于停顿。第二，军事指挥机制建设受制于北约的自身发展惯性，即随着北约自身发展需求不断扩展，北约军事指挥机制逐渐形成一套自我满足式的发展逻辑，即军事指挥体制客观上需要不断充实职能、扩大规模、完善体系，特别是随着北约军事指挥机制中超国家意识不断增强，这种自我满足式的发展逻辑愈加深入，其独立性与自主意识愈加明显，往往超出美苏冷战斗争的既定范畴。

正是在上述发展逻辑的导引下，作为欧美各国战后最重要的防御安全组织，北约为其军事指挥机制打造了一个非常庞大、自上而下的权力系统，既有顶层设计，也有中层承接以及基层架构，每一个层级都对上一层级直接负责，这种单一而且垂直的军事指挥体系，实际上使北约的军事权力运作始终处于某种相对封闭状态，并且使整个北大西洋区域的军事防御行动以及对外军事行动保持了某种相对封闭与孤立的状态。与此同时，北约军事指挥机制也在其特殊的发展历程中，逐渐形成了一套比较特殊的权力运作规则，例如，北约防务委员会或者军事委员会制订防御安全计划，既有多国政府合作的意识，也有超国家联合的印迹。"很明显，北约的防御设计者们是那些在单一民族国家内部或者在军事联盟内制订计划的人们，他们从防御机构以及武装力量中抽调出来，但并不考虑其社会或者政治特性，他们在一个意识形态和民族框架下实践其专业精神，但这在现实中至多就是一个棱镜，通过该棱镜预见对国家安全的威胁。"① 这种权力运行规则不同于北约成员国，虽具有多国合作的特性，但不排除在北约内部实现超国家合作的倾向。

客观而言，北约军事指挥体制的存在及其持续发展，对于维系并推动北约在冷战时期的扩展与深化发挥了一定作用，正是在军事指挥机制的引领和作用下，北约得以逐渐形成军事建设方针，不断加强各成员国在军事上的团结协作，对华约组织实施有效的战略威慑。"北约压倒一切的目标就是部署地面武装部队，以抵抗苏联和华约组织发动的武装进攻，因为如果北约不能实现这一目标，那么大西洋联盟所试图建立的任何东西就会毫无用处。"② 事实上，从最新披露的苏联以及华约组织的档案所见，冷战时期欧洲安全秩序之所以得到维系，其根本原因在于美、苏双方或者北约与华约双方似乎都没有主动以军事手段彻底击败对方的成熟军事计划或者完备的战略方案，也没有在欧洲发动全面战争的预备性军事行动，只有某种零散的政治、经济手段以及强硬的安全与意识形态姿态。就这个意义上讲，北约军事指挥机制对欧洲安全与和平的影响，似乎只是坐享其成，或者顺其自然。

尽管北约设想颇多，但是纵观冷战时期的北约及其所作所为，北约似乎并未在东西方冷战斗争中扮演至关重要的角色。尽管在最初形成欧洲军事对峙格局的过程中，北约及其军事指挥机制起到重要作用，但却始终未能主导东西方军事对峙格局的走向，或者驱使欧洲军事对抗格局朝着有利于西方国家的方向发展。从这个意义上讲，北约军事指挥机制的作用似乎不宜过度放大，这种作用似乎更多体现为整合北约的军事力量、稳固成员国的团结合作，而并非体现为影响美苏冷战斗争，尤其未能影响或左右欧洲的军事对抗格局。因此，北约军事指挥机制的内在作用要远远大于其外在作用。而且，即使是军事指挥机制对北约内在自然与社会资源的利用，实际上也并未达到北约创立者最初的预想。北约军事指挥体制内部的诸多制约，使之未能完全发挥其创立者或者设计者所希冀的作用，使其功用只能局限于某些领域或某些方面，无法全面扩展和深入。

由此可见，北约的军事指挥机制所具有的威慑意义，实际上要远远超过其现实行动能力。"通过获得北约成员国资格实现威慑，从一开始就已通过不

---

① Geoffrey Lee Williams and Barkley Jared Jones, *NATO and the Transatlantic Alliance in the 21st Century, The Twenty-Year Crisis*, p.16.

② David Miller, *The Cold War, A Military History*, New York: St. Martin's Press, 1999, p.45.

设立海外军事基地政策的和平意愿所抵消。"[1] 作为维系大西洋安全架构的一种手段或者载体，北约军事指挥机制被证明是行之有效的，但其在其他领域的效能却比较模糊，甚至某些效能还非常低下。对北约军事指挥机制自身而言，其权力运作强度远不及美、英、法等大国在国际安全事务上的决策力和行动力。"和平时期的指挥架构完全称不上是一种指挥架构，从这个意义上讲，北约欧洲盟军最高司令对其所属的武装力量几乎没有控制。"[2] 鉴于《北大西洋公约》关于成员国可以采取多种方式反制侵略的规定，北约的战略决策和军事计划实际上缺少对其成员国的强制性约束，这在很大程度上也决定了北约不可能拥有强势、统一的军事态势。北约的上述弱势姿态早在冷战时期就为人们所洞悉，其中既包括北约的盟友，也包括一直与北约为仇作对的苏联。"苏联文学作品指出，苏联军方认为北约是一个可怕的对手，但他们感到高兴的是，相比其现在所做的，北约成员国无法更好地将其资源组织起来。他们相当准确地看到，北约是一个缺乏整体战略的对手。"[3] 事实上，正是由于其相对弱势的姿态，北约在许多重大政治与安全问题上不得不与成员国平等协商与合作。因为贯穿整个冷战时期，北约一直未能遇到所设想的"军事侵略"，所以也无从检验或者施展其统一的军事决策与实践。

正是由于其军事指挥机制的种种局限，北约一直将持续发展、完善军事指挥机制视为强化北约的一个工作重点，北约一直希冀将自身发展建立在强有力的制度建设基础上，这种设想及其行动一直延续到冷战结束，而且伴随着各种区域性危机、非传统安全威胁涌现，北约军事指挥机制建设亦迎来了一个新的高潮。

四、北约武装力量机制

按照通常意义上的理解，北约作为西方最大的区域性防御安全组织，在理论上集合了全世界最强大的西方国家于一身，将大西洋两岸在政治、经济、军事以及意识形态上的力量与影响有机结合在一起。因此，相比其他军事或政治联盟，北约在名义上似乎具有某种天然的力量优势，但上述力量优势事

---

[1] Arne Olav Brundtland, "Norwegian Security Policy: Defense and Nonprovocation in a Changing Context" Gregory Flynn, ed., *NATO's Northern Allies, The National Security Policies of Belgium, Denmark, the Netherlands, and Norway*, London and Sydney: Rowman & Allanheld, 1985, p.179.

[2] Colin McInnes, *NATO's Changing Strategic Agenda, The Conventional Defense of Central Europe*, London: Unwin Hyman Ltd., 1990, p.46.

[3] John C. Ausland, *Nordic Security and the Great Powers*, Boulder and London: Westview Press, 1986, p.90.

实上并不存在，北约的力量优势也从未得到充分展示。虽然北约在理论上集合了所有成员国军队，达数百万之众，并且拥有强大的核力量，但北约在其武装力量建设、部署以及运用方面却显得捉襟见肘、左支右绌，始终处于被动防御状态。究其根源在于，北约在其武装力量建设上始终处于多国政府合作状态，始终未能摆脱来自成员国的各种政治与军事影响，未能完全建立一种自成一体、相对独立的北约武装力量。"纵观其存在，大西洋联盟反映了一种复杂而且动态的过程，即'跨大西洋交易'……每年北约防御力量的混合，以及联盟政治合作的变化，不仅要适应正在变化的战争技术，而且要适应15个成员国每一国的国内政治潮流。"[①]

从北约武装力量建设与发展的历史看，在理论和现实两者之间始终存在着巨大差距。众所周知，自冷战开启后，北约的武装力量并不强大，美、英等国强大的战时武装力量都被大大削减，大量军舰不是被取消就是保持低水准的储备状态。空军力量不超过1000架战斗机，其中大多数还是使用二战中过时的活塞式发动机的飞机，英、美两国空军只有少量使用现代喷气式发动机的飞机。地面部队只有大约20个名义上的师，而且大多数师还要执行占领任务，其装备和组织都不足以应对现代战争。[②]虽然战后美国作为世界性霸主，国势强盛，军力空前，但是美国并不愿意将其全部武装力量都投入欧洲，美国还要在世界其他地区承担领导责任，尤其是亚洲。所以，在北约武装建设过程中，美国一直希望并且强调欧洲盟国承担更大责任。

与二战中曾战胜法西斯德国的苏联相比，自北约成立起，其武装力量实际上始终难以与苏联以及华约组织的武装力量相提并论。按照西方学者詹纳·哈兰·马特拉里（Janne Haaland Matlary）与马格努斯·彼得森（Magnus Petersson）的看法："在冷战早期以及最危急的时刻，北约取得了成功，抵抗住苏联的入侵，北约每一次都实现了其目标，而苏联则具有压倒性的常规武装力量优势，北约以12个师、不足1000架飞机，（成功）抵御了苏联的210个师以及6000架以上飞机。"[③]事实上，与其宣传并夸大北约武装力量的强大以及所取得的成功，毋宁说在对威慑和钳制苏东国家以及华约的过程中，北约的综合实力以及战略发挥了更大作用。

---

① Walter F. Hahn, "Nuclear Balance in Europe", *Foreign Affairs*, Vol.50, No.3 (April 1972), pp.501-516.

② David Miller, *The Cold War, A Military History*, p.22.

③ Janne Haaland Matlary and Magnus Petersson, eds., *NATO's European Allies, Military Capability and Political Will*, New York: Palgrave, Macmillan, 2013, p.101.

众所周知，在其创建之初，北约在很长时间谈不上拥有自己的武装力量，北约在名义上持有的武装力量，基本上都是美、英、法等各个盟国驻守联邦德国的占领军。将这些军队联结在一起的纽带，除去占领与管制西部德国的使命外，还有就是北约所设定的防御和保卫各成员国领土完整、安全与稳定的使命，以及西方各国所一直津津乐道的军事建制、战争荣誉、战略战术以及战争思想，等等。"这些因素在二战期间西方盟国中得到很好发展，也将赋予目前的北约武装力量以重要优势，即很好地制衡华约武装力量在人员和武器上的数量优势。"[1] 但是在北约武装力量机制建设进程中，始终缺乏相对独立、有一定规模、富有实战能力的武装力量，这一直是北约发展中的不可言喻之痛。

贯穿整个冷战时期，围绕如何建立北约武装力量，建立何种规模的武装力量，以及如何使用北约武装力量等问题，北约各层级权力机构曾展开一系列尝试。1952年2月，北大西洋理事会召开里斯本会议，确定了北约到1954年将建设96个师常规武装部队的目标，而且在90天动员后，有一半的师可以做好行动准备。[2] 其中，大约有35个已经做好准备的师，将会被留在欧洲，25个师将会驻扎在中央前线。[3] 尽管目标远大，但对北约成员国来说很不幸，实现这些目标无论在政治上还是在军事上、经济上都行不通。因为这些武装力量的建设目标实际上远远超出北约成员国国防支出所能承受的范围，更是远远超出各成员国现有政党政治、民族国家政治所能认可的程度，所以，北约的武装力量建设进度不仅始终缓慢，而且结构松散，始终未能形成一支北约设计者们所希冀的军队。

尽管北约武装力量建设严重滞后，但是伴随着冷战斗争深入，北约还是逐渐形成了一套武装力量机制，其中包括武装力量的属性、结构、职能以及发展方向等。

首先，从大方向上看，北约名下的武装力量分为两部分，北约名下的所有武装力量一直都保存着双重属性，或者归属北约，或者归属其成员国，或

---

[1]　F.W. von Mellenthin and R.H. S. Stolfi with E. Sobik, *NATO under Attack, Why the Western Alliance can fight outnumbered and win in Central Europe without Nuclear Weapons*, Durham, North Carolina: Duke University Press, 1984, p.5.

[2]　Dr. Gregory W. Pedlow, "NATO Strategy documents, 1949–1969", available at http://www.nato.int/docu/stratdoc/eng/intro.pdf. last accessed on15 December 2014.

[3]　William H. Park, "Defense, Deterence, and the Central Front: Around the Nuclear Threshold", Lawrence S. Kaplan, Victor S. Papacosma, Mark R. Rubin, Ruth V. Young, eds., *NATO after Forty Years*, p.222.

者同时归属两者。其一，名义上归属北约指挥的联合武装力量，这些部队分为三个部分，即（一）和平时期直接隶属于北约军事指挥机构的部队，（二）只在战争时期划归北约指挥的部队，（三）特别指定归属北约指挥的部队。其二，隶属于各成员国军事领导机构指挥的武装力量，这些部队又分为两个部分，即（一）在一定条件下可以调归北约军事指挥机构的部队，（二）直接隶属各成员国军事指挥机构的部队。北约武装力量所表现出的双重属性，决定了其麾下的武装部队不可避免地会产生大量人为的混乱、矛盾以及抵牾，在一定程度上对北约武装力量的构成、编制、训练、管理、指挥、行动等形成极大掣肘，限定了北约武装力量应有的效能。

除了遇到一些内部危机或者外在威胁外，北约在整个冷战时期从未遭遇大规模外来侵略，因此其武装力量建设的成效从未得到实战检验。尽管在北约的政策制定者们看来，苏联的军事入侵威胁确实存在，但是这种威胁与北约的防御安全目标毕竟相距甚远，也未能上升为北约武装力量建设直接目标。缺乏现实动力，缺乏绩效评估，在一定程度上导致北约武装力量建设一直停滞不前，难以取得实质性进展。"如果北约不完全确定自身态势的可信性，难道确定苏联不会在哪一天用其武装力量虚张声势？"[1] 除去定期举行一些规模不等的军事演习外，北约武装力量几乎只能体现在日常的军事部署与调动中。广为人知的是，北约武装力量在冷战斗争中除去大规模威慑外，似乎只能困守被动，别无所为。面对一系列政治危机与安全威胁，北约几乎都毫无例外采取了守势。例如，1961年8月"柏林墙事件"、20世纪60年代至70年代希腊与土耳其的塞浦路斯之争、1966年2月法国退出北约军事一体化组织、1968年8月苏军占领布拉格，等等。

其次，为了适应欧洲安全形势发展的需要，北约不断优化其武装力量建设，从过去同一支部队身兼多种职能，开始逐渐走向专业化、职能化以及常规化，并且越来越着力于确保北大西洋区域和平与安全秩序这一中心任务。进言之，北约武装力量职能的单一化与专业化，又在很大程度上强化了北约武装力量的战斗力，两者形成了良好的互动，这一优化进程一直延续到冷战结束。在北约武装力量优化的进程中，北约武装力量大致分为四类，即快速反应部队、快速部署部队、防御部队以及加强部队。第一，快速反应部队大

---

① William H. Park, "Defense, Deterence, and the Central Front: Around the Nuclear Threshold", Lawrence S. Kaplan, Victor S. Papacosma, Mark R. Rubin, Ruth V. Young, eds., *NATO after Forty Years*, pp.232-233.

多为北约直接控制，也有一部分为单个成员国或多个成员国武装部队组成，并且受其控制。这些快反部队虽规模较小，但极为灵活和机动，战斗力较强，主要用来应对各种紧急危机事件、实施对外军事干预、参加国际或地区维和行动。"北约将部署规模较小、重新组合的反应力量，这些反应力量具有高度机动性和多功能性，这使盟国领导人具有最大限度灵活性，来决定如何应对危机。北约将越来越依赖于由各国武装单位组成的多国部队。"[①] 第二，快速部署部队由北约武装力量中的主力战斗部队组成，战备性高，战斗力强，自主性大，主要是向快速反应部队提供强有力支撑，同时应对大规模冲突，防止其演变为全面战争。该部队包括海陆空三个军种，在数量和规模上远远超过快反部队，构成北约武装力量的主力。第三，作为北约武装力量的绝对主力，防御部队拥有强大的军力和作战能力，主要用于确保欧洲—大西洋区域防御安全，确保北约成员国疆土安全，全面应对华约组织武装力量发动的侵略战争。第四，加强部队作为北约防御部队的战略预备队，两者在北约内部构成一个不同层级、作战职能完整的武装力量体系。作为防御部队的重要补充，加强部队扮演着二线部队的角色，平时负责北约武装力量的训练、轮换以及休整，战时弥补防御部队的军力不足。

随着国际安全形势不断演进，北约武装力量职能得以不断细化，分类日趋系统化，这些都促使北约武装力量所扮演的角色也不断趋向立体化和综合化，北约武装力量不断扩展其作用，不仅能够积极应对各种传统安全威胁，例如武装恐吓、侵略威胁、大规模区域冲突等，还能使北约有效应对各种新型的非传统安全威胁，例如，大规模杀伤性武器与生化武器及其运载工具扩散、全球恐怖主义、网络攻击、能源安全、海盗行为等。在北约1991年所设定的"战略概念"中，北约设定了5个基本型安全任务，即安全、协商、威慑与防御、危机处置、伙伴关系。[②] 虽然对于北约武装力量来说，这些安全任务目前尚属勉为其难，但在客观上也为未来北约武装力量建设指明了方向。

再次，为了有效应对各种复杂局面，特别是为了积极应对各种重大危机与挑战、遏制冲突、防止爆发全面战争，北约将不同类别的武装力量都统一部署到一个战备方案中，使之服务于北约共同的作战目标。为此，北约在其

① Fergus Carr and Kostas Ifantis, *NATO in the new European order*, New York: St. Martin's Press, Inc., 1996, pp.63-64.

② Gülnur Aybet, "The NATO Strategic Concept Revisited: Grand Strategy and Emerging Issues", Gülnur Aybet and Rebecca R. Moore, eds., *NATO in Search of a Vision*, Washington, D.C.: Georgetown University Press, 2010, p.41.

战备方案中为各个不同种类的武装力量设置了不同的战备级别，辅之以极其严密的情报与信息系统、警报预警系统、电子对抗与干扰系统、弹炮合一防空系统、定位攻击系统、导弹防御系统等，在冷战结束后逐渐形成一个组织完备、功能完善、运转高效的武装力量防御系统。北约在欧洲—大西洋区域每个具体的防御安全地带，都按照其战略重要性、设置了不同配置的武装力量架构，既用于保护传统安全利益不受侵犯，也用于应对各种非传统安全挑战。以欧洲为例，北约将欧洲作为主战区，集结了大部分武装力量，而且为了进一步发挥其效能，将上述武装力量与装备分别配属于各个亚战区或者更小的战区，以便最大限度实现北约的战略与战术目标。

不可否认，北约武装力量的上述部署与使用，尽管比较集中地反映了其战略需要，但是也暴露了某些不合理之处。被动性防御不仅花费高，而且漏洞多；而主动部署并运用武装力量，虽可掌握更多的话语权，赢取更多的安全利益，但也会造成北约武装力量过度使用，造成大量不必要的政治与安全后遗症。"北约武装力量的结构极不恰当，而且也没必要太昂贵，尽管北约所宣称的目标强调防御与威慑，它的武装力量结构却被调整为进攻与持续性战争。（1）在关键性中心区域集中力量，做好防御准备。（2）接受更具可能性的短期战争，作为一种基础性的行动假想。（3）构建强调防御的武装力量（拥有更多反坦克武器，提供预先放置的供应），以及短期战争格斗能力（更多使用当地的后勤资源）。（4）改变当前以单个个体来替代战时损失的实践，代之单位替代的政策。"[1] 后冷战时期的许多实践证明，北约对其武装力量的建设、部署以及使用，确实有许多不成功的案例，不仅代价高昂，而且收效甚微，甚至负面影响很大。

为了扭转北约武装力量机制内部存在的漏洞与不足，北约在冷战结束后一直积极致力于在大西洋安全架构下发展跨国联合武装力量，建立兼容性武器技术标准与武器研制机构，设立拥有装备多国武器系统兼容的混合型部队，全力打造各种类型的快速反应部队，全面发展武装部队的综合能力，包括国家重建、社会治理、政治民主建设等能力，北约一直试图进一步破除成员国的民族国家限制，从根本上强化北约的武装力量建设。北约的上述实践贯穿了整个冷战时期，一直延续到冷战结束，而且随着北约军事干预行动不断增

---

[1]　Steven L. Canby, *NATO Military Policy: The Constraints imposed by an Inappropriate Military Structure*, Santa Monica, California: Rand Corp, 1972, pp.47-83.

多而逐渐进入高潮。很简单，北约将其武装力量机制与军事指挥机制建设紧紧结合在一起，使之成为一个统一的整体，以便发挥更大作用。

五、北约核机制

无论是在北约防御安全战略中，还是在北约武装力量构成中，核力量一直扮演着一个非常重要的角色。"北约持续依靠核武器来抵御战争，而不是在一旦爆发战争时依靠常规武装力量保护安全。"[1] 自北约创建后，由于北约在常规武装力量建设中存在诸多障碍，迫使北约不得不将其战略防御的重点寄托于核武器。在20世纪50年代至60年代北约防御安全战略中，北约一直将核武器与核打击视为应对并反击苏联入侵威胁的关键。"由于为政治所约束，这些国家（欧洲—大西洋区域国家）发现，掌握只能被称为世界末日的威慑战略，这只是权宜之计，即一旦发生苏联以及华约组织的武装攻击时，每个国家都会要求尽早用核武器反击。"[2]

在北约看来，任何动用核武器的尝试与实践，都有可能引发一场世界核大战，北约不可能独善其身，只能与其对手一起玉石俱焚，共同毁灭。因此，北约的核战略与核政策只能具有某种威慑含义，实际上并不具备用于实战的现实意义。"目前北约战略方针的最佳特征就是，它是灵活升级战略之一，极其依赖核武器，特别是依赖所谓的战术核武器。因此，它在很大程度上以核欺骗为基础，它可能意味着不只是被保护的所有东西会造成可怕的牺牲，除非能达成一个很好的协议，这自然会在相关的国家中引起焦虑。"[3]

北约核机制主要涉及核武器的构成、战略与决策、分布以及运用等几个方面，从北约现有核武器的组成看，主要分为两部分：第一，美国向北约提供了各种类型核武器，这些核武器构成北约核力量的主体。第二，英、法两国的核武器虽未纳入北约核力量的范畴中，保持了相对独立的地位，但两国在使用其核武器的过程中，必须与北约展开充分磋商，双方展开协调与合作。"北约提供了一种现存的手段，以便统筹美国与西欧的核政策。"[4] 从作

① Colin McInnes, *NATO's Changing Strategic Agenda, The Conventional Defense of Central Europe*, p.1.

② Francis J. West, Jr., Jacquelyn K. Davis, James E. Dougherty, Robert J. Hanks, Charles M. Perry, *Naval Forces and Western Security, The Atlantic Alliance and Western Security: The Maritime Dimension*, first edition, Mclean, Virginia: Potomac Books Inc., 1986, IX.

③ Adam Roberts, *Nations in Arms: The Theory and Practice of Territorial Defense*, 2 Rev En1, London: Macmillan, 1986, p.254.

④ Jan Willem Honig, *NATO: An Institution under Threat?* p.54.

战层级上，上述核武器又分为两大类：即战略性核武器与战术性核武器，前者包括由导弹与远程轰炸机发射和投放的核导弹与核炸弹，此类核武器不仅打击面宽，而且毁灭性强，既具有强有力的政治威慑力，也具有强大的战场毁灭能力。后者则指能够用于战场实战，在一定程度上能够造成大面积杀伤，效能超出常规武器的小型核武器，包括核大炮、核地雷以及核弹头等，此类核武器便于部署和使用，其杀伤力相对可控。在拥有核武器这一点上，北约的立场与态度明显显示出强势姿态，使其有别于其他国家或者组织。"使华约与北约相互区别的一个重要的特点就是，在冷战的任何时期，苏联始终没有将原子弹或者核武器交给华约的签约国。"[1]

与之相对应，不论是针对战略核武器还是战术核武器，北约都制定了一整套非常严密的储存、运输、使用与评估程序，北约为自己设计了一个较高的门槛。"北约坚持，任何使用核武器的决策必须在最高政治层面上做出，而且因为在涉及核武器使用的军事结构既有规模又很复杂，详细的过程将实施分散控制。"[2] 不仅如此，尽管北约的核武库数量巨大，但所有核武器的启动、运输、使用与评估等工作，不仅需要事先征得美国有关机构的充分授权，而且还要经过北约内部核管控机构制定的全套程序。北约上述核控机制在很大程度上反映了北约核力量构成的现实。美国作为北约核武器的主要提供者，对北约核武器的存储、运输、使用与评估等问题拥有最终决定权，英、法两国的核武器与美国的核武器无法相提并论，但北约在表面上仍需平衡与公正。对美国来说，谋求在北约核事务上的控制权，固然有加强北约核安全的考虑，但也不排除美国一贯的霸权主义风格。美国掌握北约核武器的控制权，还兼有加强控制北约及其成员国的含义，亦兼有将北约核战略契合美国核战略之意。对北约来说，同样需要借重美国核力量增加其防御安全战略的威慑性与现实打击能力。"美国与北约的核战略涉及'非理性中的理性'这一假设……非理性中的理性就是这种威胁中的一个方面，这种威胁预留有机会。"[3]

在北约核力量的决策过程中，北约一直将其核战略与核政策纳入其整体防御安全战略中，在军事计划委员会下，北约设立"核防御事务委员会"

---

[1] David Miller, *The Cold War, A Military History*, p.57.

[2] Daniel Charles, *Nuclear Planning in NATO, Pitfalls of First Use*, Cambridge, Massachusetts: Ballinger Publishing Company, 1983, p.3.

[3] Stephen J. Cimbala, *NATO Strategy and Nuclear Escalation*, XI.

（Nuclear Defense Affairs Committee，简称 NDAC），原则上决定北约防御安全中的各项核政策。该委员会由所有成员国代表组成，但每年只召开一次部长级会议，因此对北约核问题的控制能力相当有限，故而在1973年被解散。1966年12月，在美国国防部长麦克纳马拉的建议下，北约又成立"核计划小组"（Nuclear Planning Group，简称 NPG）。该小组成员几乎涵盖了北约所有成员国，只有法国和冰岛没有正式派出代表，而代之以观察员。为了工作方便，只有7个成员国代表常驻小组，美国、英国、意大利、西德等国代表为"核计划小组"的常任代表，另外4个席位则由北约其他国家代表每年轮换担任。[①]

作为北约新的核决策机构，"核计划小组"（NPG）实际上扮演着北大西洋理事会与防务计划委员会在北约核事务上最重要咨询机构的角色，负责研究北约核战略、核政策以及核计划所涉及的各类问题，制订北约核力量的发展规划，提出具体方案与计划。该小组在决策权力上分为三个层次，即部长会议、大使会议以及常驻代表会议，部长会议几乎每年召开一次，大使会议与常驻代表会议则不定期召开，视需要而定。最重要的是，"核计划小组"为北约确定了一整套指导方针，能够使所有成员国都接受，例如对核武器最初的战术性使用、对核武器的使用展开政治协商、对可能使用原子爆破弹药进行政治协商。[②]

另外，在"核计划小组"之下，北约还设置了"高层小组"（High Level Group，简称 HLG），专门负责在核事务的顶层，就北约具体的核政策与核计划等问题向"核计划小组"提出咨询意见，并且在"核计划小组"休会期间负责履行其各项职能，针对某些决策提出建议。而"工作人员小组"（Staff Group，简称 SG）则主要负责为"核计划小组"做好召开会议前的各项准备工作，同时负责"核计划小组"的日常行政工作。"工作人员小组"的成员亦来自各成员国，但是不为成员国所属，具有某种国际化特点。

鉴于北约一直奉行以核武器为中心的"前沿防御战略"（Forward Defense Strategy）和"剑与盾战略"（Strategy of Sword and Shield），因此在构筑前沿防御地带的过程中，北约按照战争的递进目标，将核武器进行梯次立体式部

---

① "Nuclear Planning Group (NPG)", 7 April 2017, available at http://nato.int/cps/en/natohq/topics_50069. htm?selectedLocale=en. last accessed on 15 December 2014.

② Ivo H. Daalder, *The Nature and Practice of Flexible Response: NATO Strategy and Theater nuclear Forces since 1967*, New York: Columbia University Press, 1991, p.71.

署：大量战术性核武器被部署在中欧前沿地带，目的是用核武器羁绊和迟滞华约集团的军事进攻，对入侵部队造成大面积杀伤，削弱其军事进攻能力。大量战略性核武器则被部署在西欧、南欧、北美等后方地区，目的是当北约武装力量在前沿地带充分削弱入侵军队之后，北约运用战略核武器实施大规模战略反击，对敌方的军事目标和民用目标实施全方位攻击，彻底击溃华约武装部队，最终对苏联与东欧实施占领。在"军事委员会"1952年12月9日制订的"战略指导方针"（编号MC14/1[Final]）中，北约明确划定四个阶段战争目标，确定四种反击行动。一旦华约发动进攻，北约将采取所有可用的手段，包括战略和战术空军、海军以及陆军，基本上在非常规行动支持下，在切实可行的范围内对敌方进攻实施反击；确保盟军采取所有方式、用所有类型武器迅速实施战略空中打击；保护、维持和防卫主要的后勤区域、空军与海军基地以及其他设施，它们对胜利完成基础任务、保护为其服务的交通线极其重要；动员并扩展北约所有成员国的力量，按设计对稍后的进攻行动做出贡献。[1]

　　然而，尽管北约建立了非常细致、完整的核指挥制度，但各成员国还是对北约核武器的决策、利益以及程序分享等问题一直存在较大争议。针对北约在其防御安全政策中为何引入核武器、建立何种核指挥机制、如何分享核指挥权等问题，北约内部一直争论不休。许多成员国积极支持在北约防御政策中积极使用核武器，甚至主张充分发挥北约的核力量优势，既用于威慑，也用于实战。而另外一些国家则坚决反对将核武器施用于北约防御安全政策及其实践，他们害怕轻易使用核武器会遭致苏联更疯狂的核报复，甚至会引发核灾难与核毁灭。尽管反对之声非常激烈，但北约还是将核武器纳入其防御安全政策及其实践中，前西德驻北约欧洲盟军最高司令部（SHAPE）代表吉尔曼斯格将军（Johan Graf Von Kielmansegg）就此所做的评论可谓反映了大多数人的设想。"答案真的很简单，第一，因为核武器确实存在，不掌握核武器就是举手投降的第一步。第二，敌方拥有核武器。第三，北约恰恰并不具备足够的部队，足以挡住苏联用常规方式发动的攻击波，因此北约必须寻求通过获得更强大火力，以恢复平衡。"[2] 但是，吉尔曼斯格将军并未人尽其言，北约核政策及其实践的目标实际上不止于阻遏敌方进攻，北约一直设想通过

---

　　① "North Atlantic Military Committee Decision on M.C. 14/1, A Report by the Standing Group on Strategic Guidance", available at http://www.nato.int/docu/stratdoc/eng/a521209a.pdf. last accessed on18 December 2014.

　　② Prince Hubertus zu Löwenstein and Volkmar von Zühlsdorff, *NATO and the Defense of the West*, p.97.

大规模拥有并使用核武器，形成全面的战略威慑，全力争取对华约集团的军事优势地位。

另外，围绕北约内部核事务的决策权问题，北约各成员国一直争吵不休，争论主要集中在美、英、法等大国之间展开。从北约创建伊始，特别是从北约将核武器引入其防御安全战略开始，美、英、法等大国就一直围绕北约核决策问题争论不止，特别是随着核技术迅猛发展、核武器在军事战略中的权重增加，三大国冲突加剧，矛盾不断积累。1966年2月法国退出北约军事一体化组织，部分原因就是法国对美国垄断北约核决策机制极度不满，全力争取北约核武器的控制与决策。不仅如此，围绕着北约对使用核武器的态度、方法、重点以及深度等问题，欧洲盟国与美国同样发生了激烈争论，欧洲盟国对美国是否真心保卫欧洲表示怀疑，尤其对美国能否甘愿冒与苏联进行核大战风险来确保欧洲疆域安全感到怀疑，对北约所热衷的战略威慑表示怀疑。

欧洲盟国的上述怀疑态度，以法国总统戴高乐为最，他既不相信美国的核威慑战略，也不相信北约的核威慑战略，而是只相信法国自身的核威慑。"我们所想到的是，从现在开始后6年中，我们的威慑装置将达到瞬间爆炸2000颗广岛原子弹的核当量，因此威慑的领域已经对我们敞开。对法国来说，攻击将是等效的，对任何可能的攻击者来说，将会对其自身造成可怕的毁灭。无疑，我们能发动百万吨级的核打击，但这与美国人和俄国人所能释放的核打击数量不可同日而语。一旦达到某种核能力，考虑到其自身的直接防御，各个核装置的比例就会失去其绝对价值。事实上，因为一个人或一个民族只能死一次，因此威慑的存在说明，每个国家都可以用核装置对潜在的入侵者造成致命伤，每个国家都有决心这样做，而且侵略者也对此深信不疑。"[①] 一直到冷战结束后，随着北约持续推出新的战略概念，法国于2009年3月重返北约军事一体化机构，北约成员国围绕核决策、战略理念以及国家安全利益的对立局面始告一段落。

另外，随着北约核机制建设不断深入，北约成员国遇到另一个棘手问题，即北约核机制不仅影响到各成员国的政治与安全关系，而且还波及各成员国的国内政治走向，这赋予北约核机制以新的政治含义。"北约将核武器纳入联

---

① President de Gaulle Holds Tense Press Conference, *Speeches and Press Conferences*, New York: Ambassade de France, Service de Press et d'Information, 1964, no. 208, p.9.

盟防御计划，所产生的问题可以被视为具有许多不同方向：第一，对不同盟国的安全地位产生影响，很明显，由于部署核武器，一些盟国要比其他国家更直接受到影响……第二，对联盟的政治关系产生影响，对相关问题的日程产生了影响。第三，有可能利用核问题在联盟内部持续寻求地位与影响。"① 众所周知，大多数北约成员国是无核国家，他们在核威慑下所承受的政治压力要远远大过有核国家。这些国家的民众坚决反对部署核武器，"一种侵略性的核态势要担负某种风险，即会削弱公众对北约防御战略的支持。"② 出于国内政治的巨大压力，许多成员国政府不得不表现出某种政治中立化的态度，这在20世纪70年代和80年代的欧洲非常普遍。这一状况明显不利于北约的整体安全防御，甚至使北约内部政治团结与稳定深受其害，进而影响到北约核机制中的决策、程序与发展方向。

一直到冷战结束，由于苏联解体，华约解散，北约核机制建设趋于稳定，北约无须继续面对来自大规模核攻击的威胁，至少在很长一段时间如此，尽管期间不乏俄罗斯的一些过激言语，甚至军演，但北约更需面对相关核问题的非传统安全威胁，例如，防范大规模杀伤性武器扩散，包括核武器与生化武器，防止其落入宗教极端主义者、国际恐怖分子以及问题国家手中。从这个意义上讲，北约核机制及其建设，需要在应对非传统安全威胁方面增加新的内容，建立内涵更丰富、更具综合性职能的新核机制。

六、北约财政分摊机制

诚如上文所言，作为一个多国合作联盟，北约在政治上强调各成员国团结一致，对苏联与东欧社会主义国家保持共同对敌的一致立场，恪守西方国家的冷战政治规则。在军事上则强调各成员国集体防御，推行"一国即全部、全部即一国"的集体安全精神，强调相互援助和互相支持，对华约组织实施有效战略威慑。在思想和观念上则强调西方国家共同信守的价值观、道德观与世界观，强调西方的意识形态与文化优势，强调对苏联与东欧国家实施文化渗透与输出，最终抗而胜之，不战而胜。

与北约在上述领域实现共享与分担的做法相对应，北约在其他许多领域也采取了成员国分摊制度，例如人员、财政、资源、政策以及行动，以此展示

---

① Paul Buteux, *The Politics of Nuclear Consultation in NATO, 1965–1980*, Cambridge: Cambridge University Press, 1983, pp.5-6.

② Fred C. Ikle, "NATO's 'First Nuclear Use': A Deepening Trap", *Strategic Review* (Winter 1980). pp.18-23.

北约作为多国联盟的特性。即北约在多国合作基础上，建立了一种财政分摊机制，即凡是北约成员国，不论国力大小，资源多寡，原则上皆必须共同负担北约财政支出。因为对北约来说，多一份分担必然意味着多一份责任，而多一份责任则意味着多一份收获，每个成员国都可以通过对北约财政支出的贡献，承担保卫北大西洋区域的责任，同时获得相应的防御安全保证。对于每一个北约盟国来说，"北约是一个自愿联盟，需要满足成员国所面对的一些问题，它并没有权力强迫成员国顺从其关于军事开支与武装力量结构的建议⋯⋯成员国相信，防务负担平等分摊，将更有可能支持北约联盟实现其目标。"[1]

从北约创建之初，不论其是否承认，北约就已开启了其财政分摊机制，1949年《北大西洋公约》第2条款提出，在成员国之间实行经济合作。[2] 总体而言，北约的财政分担行为分为两个部分：其一，各成员国按照一定比例，分摊北约的整体防御安全支出，共同为北约防御安全作出贡献；其二，各成员国按照北约的需要，增加各自国防开支与社会安全开支，加强各自的防御安全态势，建设适合北约政治与安全需要的安全形态。按照英国军事经济学家、斯特拉斯克莱德大学教授卡文·肯尼迪（Cavin Kennedy）的理论，即"军事联盟是一个小团体，它提供公共产品，极有可能的是，一些成员国而非其他国家更注重这一联盟所输出的东西。如果较大的成员国能够确认，就有可能通过相关贡献评估检验这一理论，即如果这一理论正确的话，最大的成员国就应该对相互援助的开支承担最大份额。"[3] 贯穿冷战时期，随着美苏冷战斗争甚嚣尘上，特别是北约成员国在华约组织的军事压力日甚一日，北约将各成员国对防御安全开支的贡献，视为有效应对和减缓苏联和东欧社会主义阵营巨大压力的一种有效手段，被视为各成员国保持共同政治立场的特殊标志。因此，北约的财政分摊机制不仅局限在军事领域或者防御财经领域，同样也具有某种特殊的政治含义。

然而，尽管北约财政分摊制度在表面上体现了各成员国在防御安全事务上奉行公平原则，即各成员国须按其国民生产总值比例，为北约整体防御开支出资买单，而且各国不论贡献份额大小，在北约防御安全中均一律平等。按照美国马里兰大学教授曼瑟·奥尔森（Mancur Olson）与哈佛大学教授理查德·泽克豪瑟（Richard Zeckhauser）的看法，"在一个联盟中，在成员国国民

① James R. Golden, *NATO Burden-Sharing, Risks and Opportunities*, p.13.

② Jamie Shea, *NATO 2000, A Political Agenda for a Political Alliance*, London: Brassey's (UK) Ltd., 1990, p.49.

③ Cavin Kennedy, **Burden Sharing in NATO**, New York: Holmes & Meier publishers, 1979, p.20.

收入规模与其花费在防御上的国家比例之间，存在着很强的相关性"。[1] 但在事实上，各成员国不仅在防御安全份额上相差迥异，而且在防御安全事务上的话语权也不对等。由于美国经济规模庞大，国力雄厚，因此美国几乎承担了北约大部分防御开支，其数额远远超出欧洲盟国，这也在很大程度上为美国在北约内部取得强势话语权提供了依据。"美国担负了北约防务支出的60%以上，担负了北约基础设施建设开支27%，西德虽然只担负了北约防务开支10%稍多一些，但在北约基础设施的花费中却担负了27%。"[2] 对美国来说，欧洲国家承担一部分北约防御安全开支具有双重含义：其一，在一定程度上弥补北约防御安全实践的资金缺口，有利于加强欧洲的防御安全建设，因为北约防御安全需要所有成员国共同努力；其二，此举不仅有利于加强欧洲与北美的团结协作，让美国能够腾出手来在世界其他地区承担领导责任，而且，此举还有助于欧洲盟国加强彼此政治与安全团结。

北约财政分摊制的内在权力不对等与失衡，不仅体现在北美与欧洲之间，而且也体现在欧洲盟国之间。很明显，英、法、德、意等欧洲传统大国，大多经济发达，实力强劲，因此在北约防御安全支出中承担的份额也比较大，而且各自的国防开支也比较大，虽然力度均不及美国，但却远远超过低地国家、斯堪的纳维亚国家、巴尔干国家以及伊比利亚国家。英、法两国甚至还拥有独立的核武装力量，承担着特殊的欧洲防御安全任务，因此上述国家在北约内部拥有较大的政治与安全话语权。虽然在冷战时期，欧洲内部曾就修正各成员国在北约防御安全支出中的份额问题展开多次讨论，有时争论甚至非常激烈，但总体而言，北约财政分摊机制并未发生根本性变化，各成员国在各自财政负担、安全责任以及政治权利之间的不平衡状态一直存在。

表4：北约防御开支按照不变价格的百分比变化（1971—1980[a]）[3]

国家	1971[b]—1977	1977—1978	1978—1979	1979—1980	1980—1981	1981—1982
比利时	4.75	6.7	4.5	2.2	2.0	0.2
英国	1.62	−0.3	3.9	3.0	2.7	2.1
加拿大	2.72	−0.2	0.9	−0.9	5.1	3.0

---

[1] Cavin Kennedy, *Burden Sharing in NATO*, New York: Holmes & Meier publishers, 1979, p.30.

[2] Harold Brown, *Annual Report of the Department of Defense, Fiscal Year 1982*, Washington, D.C., January 19, 1981, p.214.

[3] James R. Golden, *NATO Burden-Sharing, Risks and Opportunities*, p.51.

续表

国家	1971[b]—1977	1977—1978	1978—1979	1979—1980	1980—1981	1981—1982
丹麦	2.80	3.1	0.2	0.2	0.7	0.1
法国	3.17	4.9	3.0	2.5	3.9	3.5
西德	2.91	3.0	2.0	1.8	1.9	1.9
希腊	5.49	−3.2	0.5	−2.9	−8.8	5.6
意大利	3.08	3.2	0.8	2.6	4.9	−1.2
卢森堡	6.28	7.9	1.4	3.5	16.3	7.1
荷兰	2.99	−5.3	3.5	3.9	−1.5	2.3
挪威	−6.01	7.7	2.8	1.9	1.8	2.5
葡萄牙	7.80	1.7	12.3	2.9	10.1	2.8
土耳其	7.80	0.0	2.1	2.6	2.0	3.1
美国	−2.69	1.5	3.2	3.4	4.9	5.4
非美国						
北约		2.1	2.7	2.2	2.6	2.2

a 以北约的定义为基础

b 年平均增长复合率

资料来源：U.S. Congress, Congressional Research Service, NATO After Afghanistan, Report Prepared for the Subcommittee on Europe and the Middle East of the Committee on Foreign Affairs, U.S. House of Representative (Washington, D.C.: Government Printing Office, 1980), p.46; Caspar W. Weinberger, Report on Allied Contributions to the Common Defense (Washington, D.C.: Department of Defense, March, 1982 , p.77.)

从表4所见，北约的财政分摊机制的走势还比较容易受到各种外在因素的影响，并非特别稳定，这些外在因素包括世界经济形势、国际冷战环境、欧洲政治环境等。如果西方国家总体经济形势较好，各成员国对北约防御安全所承担的份额就会较少分歧，各国的国防开支也会相应提高。反之，如果世界经济形势吃紧，西方国家经济发展滞涨，北约各成员国不仅会在防御安全开支问题上开始争执不休，而且还会竞相降低自身的国防支出。另外，北约防务开支的提升与降低，还与国际安全形势的变化密切相关，即一旦美苏冷战斗争加剧，北约成员国及其伙伴国家就会大幅度增加国防开支，一旦美苏冷战斗争进入缓和，北约的总体防御开支就会缩减。

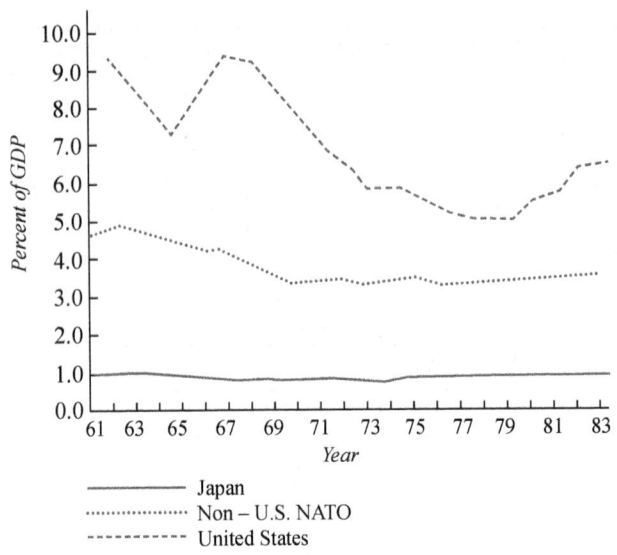

Footnotes based on the NATO definition of defense spending

图1：防务开支在国民生产总值中的百分比 [1]

注：以北约所确定的防御开支为基础

资料来源："盟国对共同防御所做贡献的报告"，美国国防部长卡斯帕·温伯格向美国众议院提交的报告，1985年3月，第31页。

例如，20世纪70年代初，随着世界性能源危机爆发，原油价格大幅攀升，西方经济在整体上陷入滞涨，受制于自身经济形势局限，北约各成员国纷纷紧缩国防开支，北约财政分摊机制停滞不前，进而造成北约在70年代政治与安全态势整体走弱。同样，如果美苏冷战斗争放缓，北约成员国针对北约财政分摊机制的争论亦会增加。有一种估计认为，在1967年到1976年期间，北约军事开支从1710亿美元降至1470亿美元，同一时期的华约军事开支则从920亿美元升至1390亿美元（全部按照1975年的币值）。在同一时期，北约军事开支在国民生产总值中的7.1%降至4.6%，而华约则相对固定在10.7%——11%（美国军备控制和裁军署，1978年）。[2]

还须特别强调的是，北约财政分摊机制还受到北约各种内在因素的影响。在北约发展进程中，各成员国一直遇到一个难以克服的难题，即针对北

---

① Melvyn Krauss, *How NATO Weakens the West*, p.20.

② Keith Hartley, *NATO Arms Co-operation: A Study in Economics and Politics*, p.27.

约的巨额财政开支，在北约与成员国之间、在各成员国之间、在成员国政府与公众之间，一直存在较大分歧。一方面，许多成员国及其公众对北约在和平时期持续保持高额的财政负担极其不满，反对将大量金钱浪费在与华约的军事对抗与竞赛中，特别是在北约中那些规模较小、处于权力边缘地带的成员国，或者在安全事务上缺乏话语权抑或权重不足的成员国，都对北约财政分摊机制一直耿耿于怀，始终质疑该机制的效能。"对于国家防御来说，如果威慑阶段的防御只是一个单纯的公共产品，那么一个军事联盟的存在又能如何产生影响呢？"[1]

尽管质疑和争议之声不绝于耳，持续经年，但是北约为了有效生存和发展，为了谋求在政治上的优势地位，同时也为了确保其威慑型战略的有效性，特别是为了稳固成员国的团结协作，北约不得不始终保持一种高调而且夸张的防御安全政策，形成一种同仇敌忾、团结一致的态势，使北约集体防御精神真正得到落实。冷战时期的北约防御安全实践证明，财政分摊机制确实发挥了非常积极有效的作用，确实发挥了北约领导人所希冀的政治、经济与安全效果，这种良性发展姿态一直延续到冷战结束。

七、北约在其他领域的机制建设

在大多数人的印象中，北约是一个由欧美国家组成的防御安全组织，是一个非常典型的冷战军事联盟。但是这种印象并不能反映北约全部，除去政治与军事特性外，北约还有许多不易引起人们注意的组织属性。除去传统的防御安全职能，北约还有许多社会职能，诸如社会治理、技术发展、应对自然灾害、帮助贫困落后国家或地区等，北约的上述特性和职能，既是对北约政治与军事职能的重要补充，同样也构成北约的新社会功用，这些新社会功用为冷战时期北约的存在与发展奠定了重要基础，尤其是为冷战结束后北约持续转型与东扩创造了条件。"作为一种逻辑结果，北约不仅要尽到自身的职责，而且还要做更多的事情，这也就是说，北约必须能够非常灵活地应对一系列军事威胁以及多样化复杂环境，或者为其他组织应对那些预知的威胁提供某种框架。"[2] 要做到这一切，仅仅依靠并保持政治与军事机制建设与完善显然不够，因为这既无法满足来自国际社会及北约内部的多样性挑战，也无

---

① Cavin Kennedy, *Burden Sharing in NATO*, p.15.

② Gale A. Mattox, "NATO and the Evolution of a European Security Identity", Clay Clemens, ed., *NATO and the Quest for Post-Cold War Security*, p.40.

法使北约自身获得持续发展，甚至还会制约北约在国际冷战中的作用。

相对其他组织，虽然北约的政治与军事机制建设拥有比较严密的体系，完整的结构以及完备的职能，而且出于自身存在与发展考虑，北约在创建之初就很重视构建和发展多种职能，在不断丰富和深化政治与军事职能的同时，同样立足于发展和深化其社会职能。"因为数十年后，北约有可能变成一种经济力量，而不再是一种军事力量。北约有可能施加巨大的政治影响，而不用按传统方式所要做的，动用相应的武装力量。如果不是不可能，很难保持经济软弱、军事与政治影响强大。"[①] 北约深知东西方冷战斗争是一场全面、长期而且艰苦的竞赛，涉及政治、经济、文化、社会、意识形态、价值观、大众心理等多个领域，北约的机制建设一直以西方的共同价值观、世界观、道德观、文化优势论、制度优胜论等为基础。因此，北约在客观上需要在更宏大的社会层面完善其机制建设，进一步扩展延伸北约现有的职能架构，从一个新侧面扩展北约的政治与军事影响力，以便使北约在美苏冷战中发挥更大作用。

北约在其他领域的机制建设涉及众多领域，比较集中地体现在议会与公众关系、教育与培训、应对社会危机与挑战、科学与技术、抗灾减灾行动等多个方面。1952年，《北大西洋公约》多个成员国代表在英国牛津正式成立了"国际大西洋委员会"（International Committee of the Atlantic，简称ICT），旨在推动大西洋两岸的民间联合与合作。1954年6月，北约15个成员国共同建立"大西洋公约协会"（Atlantic Treaty Association，简称ATA）。该组织取代了"国际大西洋委员会"，其主旨就是推动北约各成员国的公众能够深入了解大西洋联盟，向公众宣传大西洋联盟的宗旨、目标以及决策程序，使大西洋联盟及防御安全实践能够在大西洋两岸获得普遍的社会支撑和心理支持。作为一种特殊性质的社会民间机构，贯穿整个冷战时期，"大西洋公约协会"对推动大西洋安全架构的存在与发展发挥了重要作用。

1955年7月，北约成员国议会代表在巴黎召开会议，创建"北大西洋议会代表会议"（NATO Parliamentary Assembly，简称NATO PA）。该组织属于成员国议会联合性质的组织，下设5个委员会，即经济委员会、文化事务与情报委员会、政治委员会、军事委员会、科学技术委员会。1967年，"北大西洋

---

① Thomas H. Etzold, "NATO at Middle Age: An Unexpected Midlife Crisis", Lawrence S. Kaplan, S. Victor Papacosma, Mark R. Rubin, Ruth V. Young, eds., *NATO after Forty Years*, p.273.

议会代表会议"正式更名为"北大西洋会议"（North Atlantic Assembly，简称NAA）。各组织目标非常明确，就是在社会层面上要进一步推动北约成员国之间的议会合作，推动北约的政治一体化建设。该组织与北大西洋理事会平行，最早每年召开一次会议。从1979年以后，该委员会改为每年召开两次会议。就像"北大西洋会议"自己所宣称的那样：目标就是"大西洋联盟的团结所要表达的，不仅仅旨在加强成员国政府之间的合作，也要加强大西洋联盟内民选代表之间的合作"。[①] 以此为基础，"北大西洋会议"开始成为北约各国议会代表与北约秘书长及其所属机构与人员之间沟通与交流的一个重要平台，并且成为北约各成员国议会的联结机构。

需要特别强调的是，"北大西洋组织议会会议"以及后来的"北大西洋会议"虽然大大强化了北约成员国的政治团结，但该组织更多扎根于社会领域，着眼于从更广泛的社会层面推动北约的社会性联合，特别是强调非军事以外的融合与合作。"同样可能会提到北约议会组织，即'磋商性大西洋会议'，不可否认，该机构的重要性并不弱于其他机构，但是除非北约成功地让议会议员参加该机构的会议，参与该机构下属的委员会，否则无法指望成员国议会对我们所努力实现的目标增添兴趣。目前，北约秘书长应该展开工作，加强'磋商性大西洋会议'的名望。"[②] 由于"北大西洋组织议会会议"推行"敞开大门"政策，可以不断吸纳各成员国代表加入，因此，这种松散的政治联合方式，得以大力弥补北约政治领导机制与军事指挥机制之间的权力空隙。尤其重要的是，该组织及其实践大大增强了北约成员国社会权力的对接与融合。

与之相对应，北约还建立并不断完善自身的教育体系。为此，北约创立"大西洋教育委员会"（Atlantic Education Committee，简称AEC），虽然该机构只是一个带有民间性质的教育协商机构，但却肩负重要使命，负责协调大西洋两岸现有的教育制度及其实践，立足于推动欧美各国在北约框架下就教育问题展开对话，从整体上提高北约内部的教育水平。此外，北约在1951年还建立了"北约防务学院"（NATO Defense College，简称NDC），该学院后于1966年从巴黎迁往罗马。"北约防务学院"的主要目标是，提高北约的政治

---

① "The Origins of the Assembly", available at http://www.nato-pa.int/Default.asp?SHORTCUT=8.last accessed on 13 December 2014.

② S. I. P. van Campen, "The Future of NATO: An Insider's Perspective", Lawrence S. Kaplan, S. Victor Papacosma, Mark R. Rubin, Ruth V. Young, eds., *NATO after Forty Years*, p.250.

与军事事务的战略思考层次，建立北约的教育、学习与研究平台，为北约训练和培养后备军官与官员，与北约以外的学术机构展开交流。① 除此以外，北约还在1975年设立了"北约学校"（NATO School，简称 NS），位于德国慕尼黑附近的奥伯阿默高，专门负责北约集体防御相关问题的教学与研究，与"北约防务学院"并行不悖。另外，北约还设立了若干训练中心与专门培训学校，例如，1959年建立"北约通讯与信息系统学校"（NATO Communications and Information Systems School，简称 NCISS），1971年建立"北约训练集团"（NATO Training Group，简称 NTG）等。冷战结束后，北约又于2003年建立"北约海上封锁作战训练中心"（NATO Maritime Interdiction Operation Training Center，简称 NMIOTC），该中心位于希腊的苏达湾，主要用于对北约武装力量在水面、水下、空中监视、特殊作战行动的训练，从根本上提升北约武装力量的水上作战能力。尽管上述教育与训练机构更多立足于与北约政治与军事事务相关的教育与培训，但同样在整合北约文化思想、教育理念，以及加强成员国之间制度衔接等方面发挥了重要作用。

与此同时，为了有效应对战后国际自然与社会环境日趋恶化的严峻挑战，全面增强北约成员国在环境治理与保护领域的联合与合作，增强北约在全球环境治理、改善人权、增强人类健康、全面社会发展等领域的作用，在美国总统尼克松（Richard M. Nixon）的建议下，北约于1969年4月创建"应对现代社会挑战委员会"（Committee on the Challenges of Modern Society，简称 CCMS）。该委员会的宗旨非常明确，就是充分利用欧美国家在资金、技术、经验方面的巨大优势，充分实现大西洋两岸国家在全球环境治理、人权问题、人类健康与社会发展等领域的协调合作，其中，环境保护是"应对现代社会挑战委员会"的中心任务。该委员会遵循了两个目标：即环境保护与环境安全，前者旨在保护环境免受军事行动造成的有害的、不利的影响，后者旨在应对由物理环境和自然环境所产生的安全挑战。② 北约明确强调，尽可能将军事演习、军事行动所造成的环境破坏降到最低程度，对环境污染、环境破坏中出现的紧急事件做出快速反应。为了更好地实现北约成员国在环境保护与环境安全中的合作，北约还制定了一系列标准，以统一各成员国的行动步

---

① "NATO Defence College Mission", 27 February 2017, available at http://www.ndc.nato.int/about/organization.php?icode=23, last accessed on 18 December 2014.

② "Environment—NATO's stake", 2 December 2014, available at http://www.nato.int/cps/en/natohq/topics_91048.htm?selectedLocale=en#. last accessed on 18 December 2014.

调。例如，"北约领导的军事行动中的环境保护方针"（STANAG7141）"北约作战行动中的环境处置系统"（STANAG2583）"北约领导的军事行动中的废物处置要求"（STANAG2510）等。另外，北约还制定了许多相应的环境保护政策，设置许多环境保护项目，增加对环境保护的研究与宣教，加大环境治理投入等。

为了推动环境保护与环境安全的全面深入，北约除重视发挥"应对现代社会挑战委员会"（CCMS）的作用外，还注重发挥其他相关权力机构的作用，例如，"环境保护工作小组"（Environmental Protection Working Group，简称EPWG），该机构隶属于北约军事委员会下设的"军事标准局"（NATO Standardization Office，简称NSO）。还有"高效能源与环境保护特别小组"（The Specialist Team on Energy Efficiency and Environmental Protection，简称STEEEP），该机构隶属于军事委员会下设的"战时能力小组"。不仅如此，北约在应对环境挑战方面，还非常注重与国际组织或区域性组织展开联合行动，例如，北约相关机构与"联合国环境与安全署"（United Nations Conference on Environment and Development，简称UNCED）展开合作，北约参加了"联合国环境与安全署"牵头的东南欧、东欧、南高加索、中亚等地的环境保护项目。2006年，"应对现代社会挑战委员会"正式并入"北约和平与安全科学计划"，虽然危及北约权力机制的核心，但是该组织另辟蹊径，从环境保护与安全、人类健康、社会发展等领域全面拓展了北约成员国之间联系与合作，进而全面扩展了北约在全球事务中的影响。

此外，北约机制建设还深入其他非常细致、具体的层次。例如，北约曾设立了"大西洋青年政治首脑会议"（Atlantic Youth Politics Summit，简称AYPS），旨在增加大西洋两岸青年精英的交流合作，以其在未来进一步密切北约架构下的欧美合作。很明显，"大西洋青年政治首脑亚洲会议"属于非常典型的民间交流合作机构，但其实际效能则发挥了北约官方政治与军事机构所无法起到的作用。不仅如此，北约还建立了"北约支持机构"（NATO Support and Procurement Agency，简称NSPA），总部设在卢森堡的卡波伦，该机构旨在向北约的军事体系与作战行动提供及时、有效而且高效的后勤服务支持，[①] 将成员国针对北约行动的后勤支持与保证统一到一个系统中。"北

---

① "The NATO Support and Procurement Agency (NSPA)", 30 January 2017, available at http://www.nato.int/cps/en/natolive/topics_88734.htm, last accessed on 18 December 2014.

约支持机构"下设三个部分，即"北约空运项目"（NATO Airlift Management，简称 NAM）、中欧石油管线系统项目（Central Europe Pipeline System，简称 CEPS）以及后勤作战行动支持项目，整个机构实行"不盈利，不损失"的经营原则，目的是提高北约各种作战行动、军事演习的后勤保障能力，切实加强北约军队的油料、生活物资和武器弹药供给，最终达到增强北约军事战斗力与对外军事干预能力的目的。

特别值得一提的是，北约在冷战时期专门设置了一些科技咨询组织，以增强北约内部各成员国之间的技术协调与合作，保持并发挥北约的科学技术优势。例如，北约先后成立了"北约研究与技术组织"（NATO Research and Technology Organization，简称 NATO RTO）、北约海底研究中心（NATO Undersea Research Center，简称 NATO NURC）等。后来，北约在此基础上，为了进一步整合北约的科技力量，又将上述组织合并，成立"北约科学与技术组织"（NATO Science and Technology Organization，简称 NATO STO）。"北约科学与技术组织"的目标，就是改善北约及其成员国的科学技术状况，增加科技投资，确保科学技术能够服务于北约盟国以及伙伴国的防务与安全，为北大西洋理事会以及各成员国政府的决策提供参考意见。[①] 类似组织还有很多，这些机构在很大程度上丰富和发展了北约机制建设的边际，扩展了北约机制的内在职能与功用，对改善北约联盟架构发挥了积极作用。

总之，与北约政治领导机制与军事指挥机制建设类似，北约在其他领域的机制建设也是一个动态过程，它必然会随着国际环境的变化而不断深化。北约在其他领域的机制建设看似零散，出自偶然，但在实际上却相互联系，前后照应，并且与北约的政治和军事机制建设遥相呼应，亦步亦趋，它们共同构成北约机制建设整体。还需要特别强调的是，与北约有形的机制建设相并行，实际上北约还有一套无形的机制，潜移默化地作用于北约的战略决策及其实践，这种有形与无形的机制共同构成北约机制建构的全部。"总的来说，在北约内部……有两种基本机制交换信息：一种是正式的机制、正式的架构以及各种委员会等，另一种则是非正式的结构，即在走廊、咖啡厅以及网球场上的谈话。"[②] 可以想见，后者的存在虽然不够正式，但是其所发挥的作用

---

① "NATO Science and Technology Organization (STO)", 7 April 2017, available at http://www.nato.int/cps/en/natolive/topics_88745.htm. last accessed on 18 December 2014.

② Martin Edmonds and Oldrich Cerny, eds., *Future NATO Security, Addressing the Challenges of Evolving Security and Information Sharing Systems and Architectures*, Amsterdam: IOS Press, 2013, p.140.

却并不亚于前者。

后冷战时代开启后，北约所面对的传统安全威胁一度减弱，但是非传统安全威胁却大行其道，而且发展势头极为迅猛，北约不得不面对日趋多元化和复杂化的威胁与挑战，这种状况大大推动了北约机制的调整与变化，即北约不仅需要进一步加强其政治与军事机制建设与调整，同样也需要加强在其他领域的机制建设，以适应急剧变化的社会形势发展变化的需要。

第二节　亚太安全模式中的机制分析

一、亚太传统安全观

二战后，亚太区域凭借广袤的国土、自然资源和人口，在冷战斗争中成为双方争夺对象。与此同时，战后亚太区域民族解放运动崛起，大量新兴民族国家如雨后春笋般出现，全面参与到全球权力分散化进程。"还有一点不同于19世纪的欧洲，亚洲没有类似于欧洲大国协调那样的地区安排，相反，亚洲本身在很大程度上深嵌于由西方国家缔造的全球国际社会。"[1] 削弱了旧的国际权力格局，客观上使亚太区域成为战后全球地缘政治格局中的一个重要板块。苏联领导人赫鲁晓夫积极肯定亚太区域崛起的重要性："列宁所预言的世界历史的新时期，即东方人民在决定整个世界的命运中扮演积极角色，并成为国际关系中新的强有力因素的时代，已经来临了……为了创建独立的国民经济，并提高他们人民的生活水平，这些国家，尽管不属于世界社会主义体系，但仍能从后者的成就中收益。他们现在不需要向从前压迫他们的人祈求现代设备。他们能从社会主义国家中获得这样的设备。"[2] 对于亚太区域在世界权力结构走向分散化进程中的作用，前美国总统国家安全事务助理布热津斯基（Zbigniew Brzezinsk）也曾做出评价："欧洲帝国的终结更多的是其殖民对象越来越不安于现状的结果。民族解放成为它们的斗争口号，而苏联的意识形态甚至还有军事支持，使得镇压的代价非常高昂。新的政治现实是，

---

① ［英］巴里·布赞、［丹］奥利·维夫著：《地区安全复合体与国际安全结构》，潘忠岐、孙霞、胡勇、郑力译，上海世纪出版集团，2010年，第92页。

② Khrushchev, "Speech to a Closed Session of the CPSU Twentieth Party Congress", 25 February 1956, Thomas P. Whtney, ed., *Khrushchev Speaks*! Ann Arbor, MI: University of Michigan Press, 1963, pp.259-265. 转引自［挪］文安立：《全球冷战：美苏对第三世界的干涉与当代世界的形成》，第66页。

以欧洲为中心的西方老牌殖民帝国的解体不可避免。"①

相对于以北约为核心的欧洲—大西洋区域安全架构而言,亚太区域在形成其安全理念、构筑安全框架的过程中,受到不同地域、民族、国家等多种因素的干扰和影响,因此其安全诉求相对复杂,难以统一。对于亚洲而言,其安全观就是特指整个亚洲对自身安全所处的环境、利益诉求以及表达方式的认识,以及在此基础上所采取的应对政策及其实践。② 从理论上看,任何一个国家、组织以及地区的安全观都应是统一、稳定而且持续的,必须具有共同的安全目标、实践方式以及利益认同,但亚太安全观实际上却一直处于变动和调整中。亚太安全观更集中地体现为多个国家、组织以及地区针对亚太区域的整体安全利益、安全实践以及思想逻辑等形成某种默契,该安全观的外延相当宽泛,并未完全集中于防御安全领域,也未简化为军事问题,而是汇聚了亚太区域各种安全理念,其中既有实体性的安全利益关注,也有相对虚化的安全利益延伸。

相对于世界其他国家、组织或地区的安全观而言,亚太安全观堪称是一种板块式组合,汇集了多种安全理念,尽管它们互有差异,但大多数亚太国家都将传统安全利益列为首要关注的对象,例如,捍卫疆域安全、保护资源、确保政治与经济利益等。在此基础上,许多国家、组织或地区还将文化传播、意识形态表述、维护国际形象等也列入其安全观范畴,因此,亚太安全观的思想内容极其丰富,表达方式亦多种多样。不同国家、组织或地区具有不同的安全理念,其安全实践时有交叉、合作以及矛盾。

亚太安全观呈现出多个层次,虽然表现出某些多边化迹象,但却无法构建一种有机的多边主义安全框架。"多边主义是一种集体协作逻辑,要求所有成员国保持一致行动,制度的每一项改变都要经过所有成员的一致同意。"③ 亚太安全观更集中地停留在思想与政策层面,始终未能形成一种多边安全联合制度。亚太区域在形式上具备了多边安全特征,但在本质上并不具备创建多边主义安全秩序的条件,因为多边主义安全更多注重其安全性质而非简单关注安全行为体的数量。虽然亚太安全观与西方国家或组织的各种安全观有相似之处,甚至不乏重合之处或者照搬之嫌,包括集体安全、合作安全、共同

---

① [美]兹比格涅夫·布热津斯基:《战略远见:美国与全球权力危机》,洪漫、于卉芹、何卫宁译,新华出版社,2012年,第10页。

② 姜志达:"亚洲新安全观及其秩序的意涵:规范的视角",《和平与发展》,2014年第5期,第1—23页。

③ 许亮:《东北亚安全制度中的同盟主义与多边主义理论与历史》,中国政法大学出版社,2014年,第90页。

安全以及综合安全等观念和思想，但亚太安全观还是具有明显的地域、民族以及历史特色。

总体而言，由于亚太区域过于复杂的地理、历史、民族、文化、宗教等，亚太安全观很难用一种固定不变的概念加以概括。亚太安全观大致可分为三种类型或者三个层次，这三个层次共同构成亚太安全观的整体。

第一，合作型安全观。贯穿整个冷战时期，大多数亚太国家基本上没有群体意识，他们并不关注亚太区域的整体安全秩序，也不关注亚太区域所面临的种种安全威胁，而只关注自身的安全利益。事实上，亚太区域从未形成一个所谓大一统的"民族团体"，就像欧美国家一样，因此也谈不上在"民族团体"基础上建构某种安全架构。按照美国学者安东尼·史密斯（Anthony D. Smith）的说法："'民族团体'是一个拥有自己名字以及集体意识的团体，有着一个共同的祖先，历史纽带和历史记忆，分享一种包含了种族、语言、宗教、法律、风俗、制度、服务、音乐、手工艺和食品等方面的文化。"① 显然，亚太区域拥有太多相对独立的政治、经济、民族以及文化个体，只能形成一系列相对独立的安全联合体或者局部力量组合，而无法整合为一个统一的"民族团体"，因此也较少有真正的公共安全利益，或者说这种公共安全利益只能存在于某种表面。

但是，谋求合作安全的亚太安全行为体以及力量组合，并不是构建亚太安全秩序的唯一力量，却是一支非常重要的力量。这些安全行为体、力量组合大多具有自发性质，大多是由亚太国家自身组成的安全组织，他们认定亚太安全问题过于复杂和繁多，涉及太多的安全行为个体及其政策与实践，无法覆盖或者顾及整个亚太区域的安全利益。因此，合作安全观及其实践的目标相当有限，维护个体安全或者局部安全遂构成其主要目标。上述安全行为体以及力量组合强调，只有通过相互合作、确保共同安全的方式，才能弥补自我行动能力不足的安全缺陷。为此，亚太区域各个安全行为体采取了多种合作方式，例如，在一个组织或者区域中，在多个成员国之间展开安全合作。一个区域或组织与其他区域或组织之间展开安全合作。在某个国家与组织之间展开安全合作，甚至还有许多其他形式的安全合作，等等。毋庸置疑，亚太安全合作观在推动亚太安全秩序建设的过程中发挥了一定作用，特别是

---

① Anthony D. Smith, "The Ethnic Sources of Nationalism", Michael E. Brown, *The International Dimensions of Internal Conflict*, Cambridge, Mass: MIT Press, 1996, pp.27-41. 转引自［英］米歇尔·E.布朗、［法］苏米特·甘古力主编：《亚洲的政府政策和民族关系》，张红梅译，东方出版社，2013年，第14页。

冷战时期亚太安全秩序建设并未完全陷入两大阵营全面冷战对抗的旋涡而无法自拔，而且对大国冷战产生了反作用。"美苏关系在冷战前期的这一变化，在某种程度上也受到亚洲大国政治外交趋向的影响。"①

　　第二，竞争型安全观。由于亚太区域拥有太多安全行为个体与力量组合，许多安全行为体之间存在着某种天然的竞争关系，这种竞争关系有历史上持续不断的利益纠葛，包括各个民族与国家在疆域、文化以及宗教领域的纷争，特别是欧美殖民主义政策及其实践在亚太区域留下浓重的印迹。而且，亚太区域的上述竞争关系还包括各个国家、地区以及组织在现实生活中日渐积累的种种矛盾，例如政治、经济、社会、军事以及外交等。特别是随着二战后亚太区域民族意识不断觉醒，新兴民族国家日益涌现，上述分歧与对立日渐加深。另外，伴随着现代社会日新月异发展，上述国家、组织与地区相较以前，在世界范围内针对地缘战略、自然资源、国际影响、舆论宣传等方面，都展开激烈竞争。"亚洲堪称是大多数国际冲突之乡，涉及中国、印度和巴基斯坦、印度尼西亚、朝鲜、越南以及各种各样的边境冲突。但是除去在阿富汗正进行的战争以及朝鲜半岛最近的剑拔弩张外，亚洲享受了差不多20多年的和平时期。"②

　　对亚太许多国家、组织以及区域来说，在安全合作中保持竞争性，在竞争中争取合作，这已经成为亚太安全秩序建设的一项重要内容。亚太区域所倡导的竞争性安全，实际上并不代表所属安全行为体的安全政策与实践只有竞争，没有合作，竞争性安全观只是自觉或不自觉地将竞争原则引入维系安全的力量体系中。竞争型安全观实际上并非完全强调淘汰，它也强调激励与促进，实际上也被用于缓解亚太安全秩序建设中的各种压力。

　　亚太区域的竞争型安全观包括三层含义，第一，亚太区域各个国家、组织或者地区，在构建并维护亚太区域安全秩序的进程中相互竞争，相互牵制，甚至互相砥砺，最终谋求理想的安全威慑效果，或者达成某种力量平衡；第二，不适应亚太区域安全形势变化的组织或者结构，将很快在竞争中销声匿迹，代之以一种能够适应形势发展与变幻需要的新组织或新结构，搭建更具现实意义的新安全秩序或安全架构；第三，亚太安全秩序建设并不简单局限于亚太区域，大国势力在战后普遍介入亚太安全与外交事务，虽然无法覆盖

---

　　① 徐天新、沈志华主编：《冷战前期的大国关系：美苏争霸与亚洲大国的外交取向（1945—1972）》，世界知识出版社，2011年，第502页。

　　② Michael Hass, *Asian and Pacific Regional Cooperation, Turning Zones of Conflict into Arenas of Peace*, p.3.

整个亚太区域，但还是大大加强了亚太区域的对外联系，进而对世界政治与安全事务产生影响。美国遏制政策的创立者乔治·凯南曾就美国介入亚太区域的政策做出深刻评论："我们从未为了我们与亚洲人民的关系，真正通盘考虑我们国内实践和思维习惯的全部内涵。没有一个民族是其他民族国内制度和要求的评判者。"①

亚太竞争性安全观介于合作型安全观与对抗型安全观之间，既不完全排斥合作，同时也未将竞争上升为冲突，而是将安全态势置于合作与对抗之间，三者之间保持着明显界限。"冲突不仅意味着竞争，因为人们可能互相争夺某种短缺物资，同时并不完全意识到竞争者的存在，或并不力图阻止竞争者实现其目标。只有当各方力图贬低对方的地位而提高自己的地位，力图阻挠他人实现其目标，力图使竞争对手'破产'，甚至消灭竞争对手时，竞争才转化为冲突。"② 贯穿整个冷战时期，竞争性安全观在很大程度上保持了亚太安全秩序建设不断深化的发展势头，也确保了亚太安全秩序建设进程始终没有全面失控。

第三，冲突型安全观。与合作型安全观和竞争型安全观相比，冲突型安全观作为亚太区域另外一种重要的安全观念，虽然在很大程度上取自外部大国势力介入，特别是受到美苏冷战斗争的强烈影响，强调在亚太区域建立冷战化的政治、经济以及军事联盟，强调通过对抗与冲突，甚至局部战争或者有限战争，构建有效的亚太安全新秩序。冲突型安全观强调主动性和进攻性，与东亚以及东南亚地区一直以儒家传统文化所主导的"和天下"安全思想相互冲突，它在很大程度上并不符合亚太区域绝大多数新兴民族国家的政治与安全意愿。这一安全理念虽然可以暂时满足亚太区域某些国家的安全需要，或者暂时搭建起某种临时性的安全架构，或者暂时缓和并调整亚太区域各个安全行为体之间的矛盾与冲突，但却始终无法建立一种持久有效的亚太安全秩序。

亚太冲突型安全观的始作俑者是美国，美国自二战结束伊始就一直积极插手亚太安全秩序建设，试图建立一种美国主导下的新亚太安全秩序，与以北约为中心的欧洲—大西洋区域安全秩序遥相呼应，共同构成美国在战后的全球政治、经济与安全新秩序。但是美国所主导的亚太安全秩序建设，其出

---

① ［美］乔治·凯南：《美国大外交》，雷建锋译，社会科学文献出版社，2013年，第75页。
② ［美］詹姆斯·多尔蒂、小罗伯特·普法尔兹格拉夫：《争论中的国际关系理论》，第199页。

发点首先是维持美国安全利益需要，其次才是亚太区域自身的安全需要，因此，无论是其构建亚太安全秩序的指导思想还是实践，注定会与亚太区域自身的政治、经济、军事与外交发展产生冲突。前美国国务院政策设计委员会主任乔治·凯南曾对此有所分析："通过引诱其他政府签署含有高尚的道德和法律原则的声明来达到我们的外交政策目标的倾向，在我们的外交实践中似乎具有伟大和持久的生命力。这无疑与公众舆论有统治政府的力量这一坚定的美国信念有关。毫无疑问，这也将与法律概念从国内移植到国际领域的显著的美国趋势有关：相信国际社会能够——应当——在普遍的契约责任的基础上运作。"[①]

亚太冲突型安全观及其实践的基调是消极的，因此在其主导下安全实践必然会产生不利结果。以朝鲜战争和越南战争为例，作为冷战时期颇具代表性的两次大规模局部战争，它们对亚太区域的政治与安全走势产生了深远影响，加剧了亚太区域的政治与安全紧张局势，但战争的主导权始终不为亚太各国所掌握。相反，美国虽然远在大洋彼岸，却始终在战争中扮演着主要角色。"在亚洲，朝鲜战争与越南战争实际上对美国构成了同样巨大的威胁，因此美国考虑在亚洲构建北约类型的联盟。"[②] 然而，尽管不合理，但美国等大国主导下的冲突型安全观，却始终在亚太安全秩序建设进程中存在并发挥作用，并且与合作型安全观、竞争型安全观一起，共同构成了亚太安全观的全部。

总之，亚太安全观不仅内容繁多，而且结构复杂，亚太安全观实际上并不简单停留在防御安全领域，而是将政治、经济与安全等多种因素牢牢凝聚在一起，使之成为新型亚太区域安全秩序的必要基础。由于亚太区域幅员辽阔，国家众多，作为每一个安全行为体的国家、组织以及地区，在政治、经济、社会、文化、宗教以及意识形态等方面可谓千差万别，多姿多彩。因此，这就注定亚太安全观不可能一成不变，也不可能被简单地统合在一起，只能由多个区域安全理念共同构成。

二、亚太安全模式的社会与政治机制建设

亚太安全模式的建构与发展，首先离不开亚太安全观，因为正是在亚太

---

① ［美］乔治·凯南：《美国大外交》，第65页。

② Kai He and Huiyun Feng, *Prospect Theory and Foreign Policy Analysis in the Asia Pacific, Rational Leaders and Risky behavior*, p.48.

安全观的指导下，亚太区域得以不断推进其安全体系建构。同样，亚太安全模式建构也离不开亚太安全架构中各个安全行为体的政治机制建设，而这种政治机制建设主要包括以下三个层面：一、以民族国家作为安全行为个体的政治机制建设；二、各种双边或多边安全架构的政治机制建设；三、大量非正式安全合作机制、半官方安全对话机制以及民间安全协商机构等的政治制度建设。亚太安全模式中的政治机制建设，主要围绕上述三个层面展开，三者共同构成亚太安全模式的重要基础。

众所周知，二战后亚太区域民族解放运动蓬勃兴起，在打破旧殖民枷锁的基础上，亚太区域涌现出一大批独立的新兴民族国家，这些国家或者仿效西方国家，建立资本主义宪政体制，或者仿效苏俄，建立社会主义制度。"许多亚洲知识分子与政治家们往往向正在变化的社会附加更大价值，而对成为变化标杆的社会则附加较小的价值。"[1] 有的国家则采取介于资本主义与社会主义的中间道路，在政治制度建设上兼具两者之长，例如印度，从民族国家独立到20世纪80年代，在政治体制上虽采取了资产阶级代议制民主政治，但是在社会制度与经济制度建设上则采取了社会主义制度，实施所谓的民主社会主义。还有一些国家则沿袭了传统的政教合一式君主制度，但是在此基础上增加了一些现代社会元素，例如中东地区许多阿拉伯民族国家。"目前中东地区既存在分权制约的现代民主政治体制，同时也存在集权主义和半集权主义政治体制……第二部分相对比较复杂，几乎包括了中东所有国家，即大多数在第二次世界大战前后成立的民族主义国家（共和制国家），也有一直沿袭下来的君主制国家……"[2] 诸如此类，不一而足。

在亚太区域上述四类不同制度的国家中，其安全诉求不尽相同，除去传统安全利益以及一些共同安全利益外，各类国家对安全的认知并不完全相同，彼此差异较大，因此在各自构建安全模式过程中，它们所采取的手段和方式亦存在差别，在各自社会与政治机制上的建设重点亦有所差别。有的国家将其对意识形态的思考，附着于其安全利益之上；有的国家则将文化与宗教追求，寓化于安全利益之中；有的国家则将政治目标与安全目标等量齐观；有的国家则将经济利益紧贴安全利益之上。总体上看，亚太区域的每一个民族国家都是单独的安全行为个体，它们不论大小，也不分国力强弱，都无一例

---

[1]　Zbigniew Brzezinski and Samuel P. Huntington, *Political Powers: USA and USSR*, p.9.

[2]　王京烈：《解读中东：理论构建与实证研究》，第104页。

外建立了富有本国及本地区特色的防卫安全架构，并且在这一架构中不遗余力地推进其政治与社会机制建设。

亚太区域各民族国家的安全机制建设进程比较缓慢，其社会与政治机制建设成果也相对有限，这导致许多亚太国家在区域安全事务中的作用比较有限，影响力普遍不足，因此，它们在许多区域安全事务上不得不听命于大国，特别是听命于美国和苏联。"几乎无法更清楚地证明，这些国家会轻易混淆核心利益与边缘利益，行动成果有时无法对落在其后的目标做出反应。"①它们总是在与大国保持一致行动的过程中，部分或者全部满足自身的安全利益需要。在那些完全听命于美国政治意旨与安全安排的亚太国家中，这种状况非常普遍。"美国的盟国以及在亚洲的附庸国，经济发展迅速，但它们屈从于美国的军事力量与利益，无法在一个更宽泛的社会中很平稳地解决这一问题。"②

特别要强调的是，以单个民族国家为单位、独立推进各种安全实践的做法，在亚太区域并不普遍，大多数亚太民族国家更愿意以双边联合或多边联合方式采取各种安全行动，因为这既会给它们带来更大程度的安全感，也会使它们的安全实践更具效能。同样，在亚太双边与多边安全架构中，社会与政治机制建设，几乎与安全机制建设同等重要。因为所有防御安全协定或者军事同盟协定，均建立在共同的社会与政治基础之上，进入不同种类安全架构的亚太国家，大多持有相同的政治理念与社会价值理念，这些安全架构不仅具有相似的组织形式，而且也具有相似的指导方针、决策程序以及行动方式，这一点在以美国为核心的安全架构建设上表现最为突出。"20世纪50年代美国对外政策的重要目标之一，就是在世界范围内建立《共同防御援助协定》体系。美国共同防卫援助政策追求的目标，不仅表现在美国政府对非共产党国家的军事援助政策方面，而且还表现在将军事援助与对共产党国家或苏联集团国家的贸易管制直接联系起来，成为支撑美国世界霸权的重要基石。"③例如，《美日共同防御协定》《美韩共同防御协定》《美菲共同防御协定》《美泰军事援助协定》《美台共同防御协定》等，虽然名为防御安全所设，但都附带了大量经济与财政援助、文化与社会交流等内容。

---

① John Lewis Gaddis, *We Now Know, Rethinking Cold War History*, p.84.

② Prasenjit Duara, "The Cold War and The Imperialism of Nation-States", Richard H. Immerman and Petra Goedde, eds., *The Oxford Handbook of The Cold War*, p.92.

③ 崔丕：《冷战时期美日关系史研究》，中央编译出版社，2013年，第174—175页。

同样，亚太区域社会主义国家也非常重视双边安全架构建设，在这方面也做了大量工作，例如《中苏友好同盟互助条约》《中朝友好合作互助条约》《苏朝友好合作互助条约》《苏蒙友好合作互助条约》《苏越友好合作互助条约》等。还有类似印支战争和越南战争时期的中越同盟这样的双边安全架构，双方虽未签订条约，但却实实在在存在。这些双边安全架构更多立足于具有非常明显的意识形态色彩，甚至安全架构所蕴含的政治、经济以及社会意义丝毫不逊于其军事意义。

在上述安全架构中，大多数亚太双边安全架构均以共同防御协定或者军事援助协定为基础，均不同程度辅之以经济援助协定或者贸易协定，或者其他各种辅助协定，其安全架构不仅在军事合作各个环节上非常具体，操作性极强。更重要的是，它们大都不止于单纯的军事合作或者防御安全合作，而是深入政治、经济、社会以及外交等多领域合作，集多种职能于一身。1951年10月，美国国会通过了《共同安全保障法》（Security and Safeguard Act，简称SSA）和《共同防卫援助统制法》（JDACA）。从此，美国政府对外军事援助与经济、技术援助一体化，对外援助与东西方贸易管制政策直接联系起来。[①] 但是双边合作架构的机制建设相对比较宽泛，两国之间并没有独立的政治、军事以及社会机制，其职能运转在很大程度上更依赖于两国政府之间的对话、协商以及合作，但是这种职能运转以及机制建设上存在较大不平衡，在安全事务上的话语权更倾向于力量较强的一方，更确切地说，就是大国始终把握着双边安全架构的发展方向。

在亚太多边安全架构中，例如，《澳新美安全条约》（ANZUS）、"东南亚条约组织"（SEATO）、《五国防御协定》（FPDA）、[②] "东南亚国家联盟"（ASEAN）等，亚太各国建立了包括多个层级在内的政治与军事领导机制，尽管各个多边安全组织的机制设置稍有差别，但都设立了部长理事会、各种代表会议、常设秘书处、协调工作小组等机构。这些领导机构每年定期召开各种会议，规划并制订其战略方针与政策，应对各种内部危机和外来挑战，而各种常设机构则负责该安全架构的日常事务管理。和双边安全结构的机制建设相比，虽然多边安全架构的机制建设相对比较健全，但是效率较低，在

---

①　崔丕：《美国〈共同防卫援助统制法·1951年〉的形成及其影响》，《历史研究》，2002年第3期。

②　英国、澳大利亚、新西兰、新加坡、马来西亚五国1971年4月伦敦召开五国防务会议，所订立的条约旨在在五国之间实现全面防务联合，五国在政治与安全事务上成立联合磋商委员会，其下设立联合防空体系以及联合武装部队，共同应对外来武力威胁与侵略。

亚太区域的安全实用性反而不如双边安全构架。纵观冷战时期亚太区域许多危机与防御处置、合作困境、信任危机等方面，多边安全架构实际上并未发挥预期作用，多边安全架构只能确保某些区域的防御安全，这使亚太区域似乎被迫处于条块分割的安全自保状态，整体上处于无安全秩序状态。尽管在其机制建设上极力效仿北约，但亚太区域的多边安全架构却从未发展成为像北约一样的集体安全联盟，亦未具备北约所拥有的政治与安全功能，至少不具备将所有参与者紧密团结在一起的政治功效。事实上，上述多边安全架构由于脱离现实，或者停滞不前、寂静无声，或者很快就退出历史舞台。

除此之外，亚太区域还存在着大量非正式安全合作机制、半官方安全对话机制以及民间安全协商机构等的安全机制，例如，"亚太理事会"（Asia-Pacific Council）、①"亚太圆桌会议"（Asia-Pacific Roundtable）② 等，另外还有种类繁多的民间学术会议、协商、对话、探索以及联络机制等。上述非官方安全合作对话机制和学术会议以及磋商机制，具有非常明显的好处，即可以避免官方机构相对固化、僵硬的机制建设要求，以其灵活机动、富有回转空间的方式介入亚太安全事务。非官方安全合作机制将对亚太安全事务的探讨，分成两个或者更多层级或阶段展开，首先是在民间层面进行对话，或者以非官方方式展开学术探讨，及时发现安全合作中的诸多问题，探寻有效的解决问题路径，一旦时机和条件成熟，迅速上升至官方接洽与谈判。这种非官方安全对话机制，既可以在推进安全合作进程中避免承受各种不必要的政治与安全压力，又可以迅速找到一些行之有效的安全合作路径，防止由于某种偶发原因而在安全事务上出现反复，重走回头路。无疑，就其作用而言，非官方安全对话机制实际上已经成为官方渠道安全合作实践的重要补充，成为构建整体亚太安全构架的一个重要组成部分。

此外，非官方对话机制还有与亚太安全事务息息相关的各种经济合作组织，例如，"太平洋盆地经济理事会"（Pacific Basin Economic Council，简称

---

① 1966年由韩国提议建立，其成员包括日本、韩国、马来西亚、南越、泰国、菲律宾、澳大利亚与新西兰等国，该组织的目标非常明确，就是维护亚太安全，预防并抵抗各种外来侵略扩张。该组织后来由于亚太安全形势的变化而被迫退出历史舞台。

② 1987年1月，由亚洲学术界率先发起，由马来西亚战略与国家问题研究所（ISIS Malaysia）和东盟战略与国际问题研究所承办，每年举行一次会议，其目的是全面探讨亚洲的战略安全形势及其变化，提出相应的解决对策。其成员国除东盟所有成员国外，还包括美国、中国、日本、澳大利亚、新西兰等。

PBEC）[①]、"太平洋经济合作委员会"（Pacific Economic Cooperation Council，简称PECC）[②]、"亚太经合组织"（Asia-Pacific Economic Cooperation，简称APEC）[③]等。另外，还有不胜枚举的各种探讨亚太区域经济合作的学术会议、论坛以及对话。上述这些非官方对话机制尽管更多关注亚太区域的经济与贸易发展，但是它们对于亚太区域安全架构建设却发挥了不可或缺的作用。因为对亚洲国家来说，发展经济、推动社会繁荣、协调各国经贸关系、制定有序的区域经贸秩序、建立有效的资源开发与利用规则，这些内容同样为区域安全架构所必需，其重要性丝毫不亚于区域安全秩序与规则建设。甚至对亚太区域大多数国家来说，前者似乎要比后者更现实、更紧迫，因此，亚太区域经济与社会机制建设，既是亚太双边安全架构或多边安全架构的必要基础，也构成了安全机制建设的重要补充。

客观而言，亚太安全模式中的社会与经济机制建设比较特殊，不仅内容丰富，而且形式多样，由于亚太各国多为新兴民族国家，经济基础弱，历史包袱重，所以在防御安全建设中格外注重经济机制建设，即通过增强经济实力，强化其防御安全能力。具有不同价值观与社会制度的亚太国家与组织，都非常注重其安全架构中的社会与经济机制建设，这些社会与政治制度建设在表面上似乎很孤立，互不相干，但在事实上却相互对应，在很大程度上充当了亚太各个安全架构之间的联系纽带，充当了隐性亚太集体安全体系形成的基础。事实上，亚太区域多极化的集体安全形态的形成，并非像国外学者所提出的，仅仅始于21世纪，实际上早在冷战时期它就已经在雅尔塔体系中存在了。"国际体系作为一个整体是单极的。而且这一局面会持续一段时期，但是在亚洲，我们却可以看到一个多极的地区体系正在形成。"[④]

① 1967年5月，美国、加拿大、日本、澳大利亚、新西兰5国企业家共同发起，在日本成立。该组织的目的是减少亚洲的贸易壁垒，扩大各国间的经贸合作，以及与国际贸易组织和其他地区经贸组织合作，推动亚洲经济合作，加速经济与贸易增长与进步。该机构每年召开一次国际会议，设有指导委员会、理事会、管理委员会以及工作委员会等机构，在推动亚太区域经济与贸易事务中地位比较重要。

② 该组织的前身是1980年成立的"太平洋经济合作会议"（Pacific Economic Cooperation Conference），其成员最早包括亚洲各国政界、商界以及学界人士，后于1992年改为现名。该组织成员包括中国、美国、俄罗斯、日本、韩国等环太平洋区域23个国家，该组织设置有国际会议、成员国委员会、常设委员会、各种工作小组等机构，每一年半或两年召开一次国际会议，其目标是推动环太平洋地区经济的发展与繁荣。

③ 1989年11月，由美国、加拿大、澳大利亚、日本、韩国、新西兰6个国家发起组织。该组织作为目前亚洲最具影响力的经济合作机制，其目的是推动区域经济一体化，加强区域经济贸易规模，该组织下设部长会议、高管会议、非正式会议、秘书处、各种专业委员会以及工作小组等。各组织目前有21个成员国，几乎涵盖了亚洲大部分国家或地区。

④ 武桂馥、郭新宁：《新世纪亚太大战略纵横》，国防大学出版社，2004年，第34页。

三、亚太安全模式的武装力量机制建设

众所周知，由于亚太区域在历史传统、地理范围、地缘环境、民族国家构成等方面具有某种特殊性，因而在安全架构建设上表现出多元化、分散化、复杂化等特点，其武装力量机制建设亦深受上述特点的影响，表现出多元化发展趋向。就其建设内容看，亚太安全架构中的武装力量机制建设大致可以概括为两个方向：一、以民族国家为主体的武装力量机制建设；二、在双边安全架构或者多边安全架构中的联合武装力量机制建设。

二战后亚太区域独立运动风起云涌，新兴民族国家崛起，促使旧的宗主国力量及其殖民统治普遍消退，在很大程度上改变了亚太区域的政治、经济与安全结构。战后初期美国国务院负责近东、南亚以及非洲事务的助理国务卿亨利·拜罗德（Henry Byroade）曾就战后民族解放运动对美国的影响总结道："旨在实现自决的民族解放运动是20世纪世界事务最强大的力量之一，最终所写就的我们时代的历史，可能被证明是最具影响力的……这一运动可能是我们这个时代最大的悲剧之一，如果亚洲和非洲人民被新帝国主义的诱惑所欺骗，就像他们走出几代人所依赖的，从而回到比他们以前所知道的要更加悲惨的奴隶时代。"[①] 当然，拜罗德关于亚洲民族解放运动拥有巨大影响这一认识无可争议，但他所宣称的时代悲剧则只是相对于限制美国在亚太区域的影响而言，具有很大的片面性。事实上，亚太区域民族解放运动的影响是综合性的，不仅深入影响到包括美国在内的整个世界，更重要的是，它也深深影响到亚太民族国家自身的发展道路。

在其建构民族国家的过程中，亚太各民族国家对其武装力量建设提出较高要求，既要其保卫民族国家的独立，远离新老殖民主义，又要其全面捍卫国土、人民、资源、制度、文化以及宗教等安全，最终还要其能够助益于解决民族国家之间的矛盾、冲突与局部战争，甚至还要其有效应对战后出现的东西方冷战斗争。因此，亚太安全模式中的武装力量建设，从一开始就设定了多重目标，肩负着沉重的历史与时代使命。相对于美欧等国而言，亚太安全模式的武装力量建设基础较差，大多数亚太国家武装力量都起源于二战中成长起来的抗日游击队，在美欧国家看来，战后初期许多亚太民族国家的武

[①] Henry Byroade, "The World's Colonies and Ex-Colonies: A Challenge to America", *Department of State Bulletin*, 29 (16 Nov. 1953), pp.655-656.

装力量似乎完全称不上是现代化军队，既不是专业化的，也不是职业性的，他们大多数只是一些用简单枪械和简陋装备武装起来的农民武装，他们既没有系统、完整的战略理论、战术思想、作战指导、治军原则等，而且由于缺乏现代工业体系的技术与生产支撑，无法配备现代化武器装备。这些武装力量在编制、训练、规模、类别等方面都严重欠缺。更糟糕的是，这些武装力量大都缺乏充足的经费支撑，不像是能够展开正规作战的军队，而更像一支临时召集起来的"乌合之众"，但亚太民族国家的武装力量恰恰是在这种特殊的历史与现实环境中产生的。就像印度尼西亚前武装总参谋长纳苏蒂安将军（Darmin Nasution）所坦陈的那样："印度尼西亚军队就是一支游击队，并非一支职业化武装力量，因此其组成军人必须要使自身投身政治……游击队的战士与追随者不仅是接受指令的工具，他们也被晓之以国家的意识形态和政策，他们无法与政治相隔绝，他们必须坚定地保持中间立场。"①

　　亚太区域的武装力量机制建设基本上以民族国家为单位，几乎每个国家都尽其所能创建并且拥有一支独立的武装力量，这支武装力量有时被用于防御外来侵略，但更多时候被用于维护国内安全与稳定。许多亚太国家还采取寓兵于民、兵民一体的政策，其武装力量机制建设与政治、社会、经济建设紧紧联系在一起。亚太民族国家建设其武装力量机制，采取了多种方式，但就其与国家政治机制的关系而言，大致可分为两类：其一是将武装力量机制与国家政治机制紧密相连，既强调军队在国家防御安全中的重要作用，又强调军队在国家政治生活中的特殊地位。以印度尼西亚为例，"……大多数的规则和其他相关的实践、制度在新秩序时期前就已确定，只是经过了重新解释和重新定位来满足总统集权统治的军事化政权的需要。一个主要的例子就是双重作用，即军事武装学说的'衍生功能'，它使军队在参与平民政治生活中具有正当性。双重作用的思想根植于20世纪40年代末的独立战争时期，军队与平民政客相比拥有相对自主权。还有50年代在军队事务中反抗政务官主导和党派干涉的斗争。"不仅如此，军队已经深入进入国家政治权力机制内部。"国家防御安全部的军官可以以国家安全的名义例行公事地介入政党和社会组织的内部事务。国家防御安全部是掌握着全国范围内的10个地区的司令部体系，它的主要职责是对地方政府活动实施监督，并在必要时介入其中。而且，现行的职能军官例行安排在国家官僚体系中担任高职，包括表面上与军队事

---

① Colin Mason, *A Short History of Asia*, third edition, New York: Palgrave Macmillan, 2014, p.245.

务并无关联的部门的部长、署长、秘书长和检察长。"① 类似印度尼西亚这样的武装力量机制，在亚太区域并非个案，实际上非常普遍。许多亚太民族国家在其武装力量机制建设上，采取了介于正规军队与民兵、游击队、部落武装之间的混合类型，这些国家的武装力量均与国家政治保持着密切关系，这也造成这些国家政治制度及其治理较易受到军队的干扰和影响。其二，少数亚太新兴民族国家仿效欧美国家，其武装力量机制建设完全走上职业化道路，即将武装力量机制全面纳入国家行政管理框架中，确保文官政府对军队的绝对领导，防止军人对国家政治与行政事务的干预，使武装力量机制成为国家机制建设的一个重要组成部分，完全服务于国家防御安全事务的需要。以日本、韩国、泰国、新加坡等国为代表，其武装力量机制在政治上始终保持中立，超脱于党派政治之上。然而，这类武装力量机制较多受到美、英等国的影响，而且这些亚太民族国家不仅在军事上与美、英等国保持了密切合作，在政治、经济与外交领域上也一直与美、英等国始终保持着密切联系。

总体而言，亚太区域的国家数量虽然多，但大国较少，尤其是拥有世界影响的国家更少，除去中国和印度的人口与疆域比较大，但它们在冷战时期的国际影响力较小，与其预期并不相称。亚太区域多数国家规模偏小，其武装力量普遍规模小、缺乏战力，武装力量机制建设不成熟。多数国家都希望得到更多的安全援助，不希望将自身安全寄托在其他国家身上。因此，大多数亚太国家都以追求获得强大军力为目标，追求在军事竞争中脱颖而出，追求在军事对抗中获得完全优势，这使亚太区域成为全世界军备竞赛最激烈的地区。这一趋势自冷战开始，一直到冷战结束，其发展趋势愈演愈烈，据统计，整个亚洲，自1988年以来，每年的防务开支约800亿美元，而且以每年3%至5%的速度增长，是世界军费开支增长最快的地区。当前，亚洲已取代中东成为常规武器的最大买主，占全球销售量的34%（中东占21%）。②

还需特别强调的是，亚太区域的武装力量机制建设，除了以不同民族国家为单位的机制建设外，还体现为多种安全模式与双边安全模式下的武装力量机制建设。首先，就双边安全模式下的武装力量机制建设而言，亚太各国通过双边协商方式增强彼此的安全感。但是和传统意义上的军事同盟不同，也不同于冷战后西方军事同盟，亚太区域双边安全模式下的武装力量机制极为特殊，虽

---

① ［英］米歇尔·E.布朗、［法］苏米特·甘古力主编：《亚洲的政府政策和民族关系》，第288—289页。
② 陈峰君主编：《亚太安全析论》，中国国际广播出版社，2004年，第76—77页。

然有严密的双边防御协定以及明确的安全指导方针，还有定期军事演习，但是这种武装力量机制建设更像一种单方面安全保护，算不上是一种严格意义上的比较成熟的武装力量机制。因为订约方从未建立一支统一的武装力量，在更多情况下只有保护国的武装力量单方面进驻被保护国，被保护国则更多负责提供军事基地、后勤保障，双方共同分享信息与情报，协调并统筹双方武装力量的政策与行动。另外，双边安全模式下的武装力量机制也缺乏一种自上至下的、统一完整的军事指挥机制，双方的联合军事演习、训练以及行动，只能依靠双方指挥、参谋、作战以及后勤部分与人员的协商与合作，通过设定临时性的联合指挥部，针对性地设定其行动目标、步骤、方法以及手法等。

鉴于战后大多数亚太民族国家力量相对较弱，双边安全模式下武装力量建设机制，基本上决定于大国意志，具有某种天然的不对等与不平衡特性。例如，美国在二战后亚太区域建立的众多军事同盟条约，其武装力量机制建设，基本上都接受美国的建议、指导以及决策。尽管如此，这种双边安全模式下武装力量机制的影响也非常有限，而且更多情况下首先用于满足大国的政治与安全利益，其次存在于外交与政治领域。而亚太区域的经济与军事力量相对较弱的国家，彼此则很少订立双边军事同盟协定，更谈不上武装力量机制建设。不仅亲欧美的亚太国家如此，即使是亚太区域一些保持政治中立的新兴民族国家亦如此。事实上，由于缺乏实体，双边安全模式下武装力量机制的功效相当有限，多数情况下会偏向大国利益与爱好。

与双边安全模式下的武装力量机制相比，多边安全模式下武装力量机制建设，在亚太区域亦比较普遍，但其作用却远不如前者。在"太平洋共同防卫组织"（ANZUS）、"东南亚条约组织"（SEATO）等多边安全联合模式中，亚太各国并未真正建立一种类似北约同盟的武装力量机制，也没有设定一个比较明确的武装力量建设目标、方针以及规则，其武装力量机制建设基本上停留在军事协商与合作的基础上。这些军事联盟条约与安全组织均建立了军事委员会，或者顾问委员会与咨询委员会，其职责是共同协商各国安全政策，该委员会由各国代表共同组成，"各缔约国向澳新美理事会派一名代表，同时，各国还可以指派一至两名军官负责信息交流"。[1] 与此同时，各成员国国防部长或者总参谋长还定期召开会议，共同协商防御安全大计，而且各成员国的

---

① United States Minutes of the First Meeting, ANZUS Council: Second Session Kaneohe, T, H., August 4, 1952, *FRUS*, 1952–1954, Vol. XII, pp.195-196.

海空军指挥官以及其他部门指挥官也定期或不定期召开会议，共同对亚太区域军事与安全形势做出判断，在各个层面上制订军事计划，协调各成员国的联合军事演习或者军事行动，等等。

特别需要指出的是，在武装力量机制之上，各成员国均在更高层面上建立了外长定期会议制度，而且其权力范围、职能运作、会面周期等，都较其军事协商与合作制度更正规，更具权力效应。这也在另一个侧面表明，亚太多边安全模式中武装力量建设机制并不具备强制性，而且制度设计相当松散，这也决定了其功效不可能太大。从这个意义上讲，亚太多边安全模式中武装力量机制还远不能与北约组织的武装力量机制相提并论，该武装力量机制中并未建立统一的武装力量，既没有设置一个联合武装力量司令部，也没有一支统一的联合武装力量，甚至没有一个系统、完整的战略方案，没有一个相对比较固定的对手，而只有一个语意笼统、范围广泛的防御安全目标。

多边安全模式的武装力量机制同样存在着不对等与不平衡，其职能更多服务于大国的政治与安全目标，特别是大国的冷战政治目标。按照英国学者巴里·布赞（Barry Buzan）的观点，"亚洲包括三个地区安全复合体，这三个地区安全复合体都遭到超级大国对抗的强烈渗透，其中东北亚和东南亚深深地卷入冷战之中，以至于本地的安全态势受到冷战的深刻影响。"[1] 因此，多边安全模式中武装力量机制，与双边安全模式中武装力量机制相比，实际上对所属成员国产生了更大的影响，甚至还对整个亚太区域的政治与安全形势也产生了巨大作用，尤其以政治作用更为突出。它们在很大程度上成为大国推进冷战政治与安全政策的工具，并不能真正满足各成员国的安全需要与利益诉求。事实上，对亚太新兴民族国家而言，它们需要大国的军事保护、经济援助以及安全信心，但并不需要冷战，因此必然会在武装力量机制建设上提出自身的政治与安全目标。

四、亚太安全模式的核机制建设

亚太区域的核力量分布，以及核武器历史与现状，实际上都比较复杂，从目前亚太各个民族国家或者地区拥有核武器的状况看，大致可分为四个等级：一、公开宣布拥有核武器并得到国际社会普遍认可的核国家，例如中国，参加了国际社会的"核不扩散条约"（Treaty on the Non-Proliferation of Nuclear

---

[1] ［英］巴里·布赞、［丹］奥利·维夫著:《地区安全复合体与国际安全结构》，第94页。

Weapons，简称 NPT）。二、实际上已经拥有核武器但并未得到国际社会普遍认可或者存在伦理争议的核国家，例如印度、巴基斯坦、以色列、朝鲜等，这些国家在理论上属于非法拥有核武器。三、掌握核武器状况不明、尚未得到证实而且疑似拥有核武器的核国家，例如日本。四、正在踏入核门槛、即将拥有核武器的国家，以及准备拥有核武器并向此方向发展的未来有核国家，例如伊朗等。这些国家拥有核武器的不同层级，在很大程度上不仅反映了亚太区域核力量分布的复杂性，也反映了亚太区域核武器控制进程的艰难程度。"由于这一地区武器建设中的核尺度问题，亚太地区的安全状况一直变得非常复杂。"[1]

众所周知，核武器自其产生之日起就充满了矛盾，人们对其爱恨交织，既难得又难离。"难得占有这种人类所创造的最残忍的武器，其本质就是我所说的核武器主义，它肯定是我们这个时代最堕落的精神痼疾。"[2] 然而，尽管亚太新兴民族国家对核武器的本质认识，与欧美等国极其相似，但是亚太各国对核武器的某些理念似乎更复杂、更固执，这种复杂与固执集中表现在对它们掌握和使用核武器的态度上。亚太各国出于固有的不安全感，更渴望通过掌握核武器这种非传统方式，无须经过长期而且艰苦的国力积累、技术进步、经济支撑等，就能在亚太区域纷繁复杂的国际或区域竞争中掌握主动权，时刻处于有利地位，因此不遗余力争取获得核武器。因为许多国家坚信："如果一个国家没有核弹，那么它在国际谈判中就会一钱不值。"[3]

鉴于亚太新兴国家在历史上多为殖民地、半殖民地国家，它们国力薄弱、经济停滞、技术落后，很难靠自身力量研发核武器，因此其对核武器的掌握和使用，大多取决于它们与美、苏等核大国的关系，上文所提及的亚太区域呈现出的四种核力量控制状态，实际上也在很大程度上受到这种关系的影响。但是美、苏等外来核力量介入亚太区域，不可避免地影响到亚太区域核力量的分布与发展，实际上给亚太区域安全秩序带来了不稳定因素，同时也使亚太区域核力量不得不屈从于国际冷战形势及其发展的需要，进而对亚太区域核机制及其发展方向产生深远影响。

① Shyam Saran, "Is Asia Becoming a Militarized Region?—Implications for Regional Security", Shanthie Mariet O'Souza and Rajshree Jetly, eds., *Perspectives on South Asian Security*, p.10.

② Martin J. Sherwin, *A world Destroyed, Hiroshima and its Legacies*, third edition, Stanford, California: Stanford University Press, 2003, XI.

③ John Newhouse, *War and Peace in the Nuclear Age*, 1st edition, New York: Knopf, 1989, p.131.

亚太区域核机制堪称是一个综合性较强的立体制度建构，涉及多层次内容，具体而言，这一机制主要包括三层含义：第一层是亚太区域所掌控的核武器及其发展状况，第二层是亚太各国所制定的各种核政策与战略，第三层是亚太各国建立的核管控机制，上述三个层面共同构成亚太区域核机制。在上述三个层面中，亚太各国核武器的分布层面非常广，但有效管控能力却相对较差。核武器的技术含量相对较低，但是国家差异较大，各自的核管控政策与运作各有特点。

首先，亚太多国掌握核武器，大多为外部的恶劣环境以及凶险的政治氛围所迫，它们都具有某些迫不得已的原因。正是在美、苏双方的政治与安全压力下，中国于1964年10月成功爆炸第一个原子弹，跨入核国家行列。虽然未公开证实以色列是否在20世纪60年代就已拥有核武器，但显然以色列已具备了拥核所需的一切技术与条件，当然这同样源于中东地区激烈的种族与国家对抗，特别是以色列为阿拉伯国家环视，安全处境欠佳，以色列将核武器当作维护国家生存的一种战略手段。虽然印度在1974年就试爆了第一个核装置，但却在90年代宣布拥有核武器，巴基斯坦也在90年代宣布拥有核武器，印、巴两国拥有核武器，同样离不开3次印巴战争、中印边境冲突等周边安全环境的影响。反之，南亚次大陆此起彼伏的民族与宗教冲突、局部战争，也受到印度和巴基斯坦两国核竞赛的直接影响。"印度和巴基斯坦一直将边缘政策作为一种外交，但是两国使用边缘政策的本质有区别。巴基斯坦和印度的边缘政策并非不计后果，其目的在于实现政策目标。"[1]

紧随其后，朝鲜在2005年宣布拥有核武器。朝鲜在表面上宣布拥核的原因在于美国持续施加军事与安全压力，以及朝鲜与日本、韩国这些周边国家关系持续紧张化，但朝鲜显然已将核武器当作维护其国家存在，以及与美、日、韩等国对抗的一种政治与安全手段。而美、日、韩各方则还之以持续不断的军事演习，双方的持续博弈促使东亚地区紧张与危险局势不断升温，这已成为一个难以破解之题。2006年10月9日，朝鲜宣布成功实施首次核试验。2009年5月25日，朝鲜宣布第二次地下核试验成功。2013年2月12日，朝鲜第三次成功进行核试验。2016年1月6日，朝鲜高调宣布氢弹试爆成功。朝鲜每一次核试验在爆炸当量、核爆技术等各个方面不断提升，尤其是其第四次核试验，更是将各种国际与区域力量围绕朝鲜半岛核对抗的斗争推向前所未

---

① Satu P. Limaye, "Mediating Kashmir: A Bridge too far", *The Washington Quarterly*, Winter 2002–2003 , pp.157-167.

有的高潮。更有甚者，在国际社会一片质疑和反对声中，朝鲜在2月6日又用远程导弹系统成功发射"光明星四号"对地观测卫星，该导弹发射系统的射程达到10000公里。2016年9月，朝鲜实施第五次核试验，同时展开了洲际导弹试验。2017年7月4日，朝鲜宣布试射洲际弹道导弹"火星14"取得成功，其射程估计达到6000公里。2017年9月3日，朝鲜展开第六次核试验，成功引爆氢弹级核爆炸，给东亚安全带来了更大的不确定性。

朝鲜冒天下之大不韪，持续实施核试验与洲际导弹试验，此举直接引发了与美、日、韩等国的全面政治与军事对抗，也引起国际社会的强烈反应。韩国以此为借口，部署"萨德导弹防御系统"（Terminal High Altitude Area Defense，简称 THAAD）；日本也宣称在不久将来部署萨德系统，并且着手部署海基"爱国者弹道防御系统"（Patriot Missile Defense System，简称 PMDS）；美国和韩国更是持续展开大规模联合军演，美国甚至还在太平洋大规模展开导弹拦截试验，等等。与此同时，联合国亦通过了历史上最严厉的对朝制裁决议案，中国亦加入对朝鲜制裁的行列。面对种种强大的外部压力，朝鲜还之以强硬措施，不仅实施第六次核试验，并且展开大规模阅兵、加快大推力火箭研制等。很明显，朝鲜以及美、日、韩等国以强对强、以硬抗硬的对抗政策，已经使东亚政治与安全局势危若累卵，地区冲突一触即发。

由上可见，亚太区域有核国家基本上都分布在亚洲民族矛盾、宗教信仰、文化与意识形态对抗、国家领土纠纷最激烈的前沿地区，这些地区在历史上就一直充斥着政治、经济、文化、宗教以及意识形态等各种斗争，它们构成现代亚太国家积极发展核武器的历史与现实基础。与之相伴，核武器进入亚太区域，确有一定的政治威慑作用，但并未从根本上起到止战缓战的目的。相反，由于亚太区域许多拥核国家的核武器使用程序以及机制失之于简单，核武器实际上加剧了亚太各民族国家对抗与冲突的烈度，将亚太区域置于一个无以复加的危险境地。即一旦某国出现重大战略误判，不当使用核武器，势必会引发连锁反应，出现不堪设想的后果。

亚太各国掌握的核武器规模不同，数量不等，但不论是通过国际社会所认可的途径，还是未经国际社会认可的途径，亚太各国所掌控的核武器，不仅无法与美、苏等大国在数量上相提并论，而且其核武器技术级别也较低。但即便如此，亚太区域拥核国家仍以其有限的核力量影响到整个亚太区域的外交与安全政策，进而改变了亚太区域的政治与安全发展方向。在亚太区域，每个国家不论规模如何，是否拥有核武器，似乎已经成为每个国家是否拥有特别大国地位的一种标志，核武器拥有某种超出其武器技术层面以外的含义，具备了某种特殊的外交与安全作用。与北约及其成员国相比，核武器在国家政治中所拥有的权重，似乎丝毫不亚于其在国家军事上的权重，而且似乎更为突出。不仅如此，与无核国家相比，亚太区域核国家在地区政治或安全事务中显然拥有某种特殊地位，享有某种政治、外交以及安全特权，这是亚太各国不断追求核国家地位的一个重要原因。

其次，亚太区域拥核国家对各自的核力量曾做出不同定位，各国都制定了适合自身需要的核政策与核战略，但是绝大部分核政策与核战略的施用范围局限于亚太区域安全事务本身，核武器基本上只用于亚太区域的防务安全威慑与对抗，较少或者几乎不触及亚太区域以外的国家或地区。另外，亚太区域核国家对其核武器的基本定位，既强调政治恫吓与战略威慑效果，也突出军事打击与安全压力，其核战略基本上停留在战略威慑与安全防御两个层面。"威慑本质上是这么一种努力：一个行为体说服一个对手不要采取某种有损其利益的行动，办法是使这对手相信如此行事的代价和风险将超过它希望由此获得的裨益。"①

以中国为例，作为亚太地区负责任的区域性大国，中国在亚太区域率先提出以防御和威慑为主导的核战略方针，不仅为维护亚太区域的安全与和平稳定做出贡献，而且也为其他有核国家推进世界和平与安全秩序做出榜样。中国的核战略方针强调核武器的自卫与防御性质，坚持不首先使用核武器的原则，强调对非核国家实施保护，推行核不扩散方针，要求在世界范围内全面实施核裁军。在中国的核战略与军事作战理论中，人民解放军明确指出："按照我国在任何条件下都不首先使用核武器的原则，只有当敌人首先使用核武器后，二炮部队将在'高层领导'指挥下，用核武器对敌人实施报复打击。"② 中国核战略强调后发制人的核报复，实际上这也是一种核威慑战略，本质上属于一种防御性威慑，这不仅与美、苏等国的核战略大相径庭，而且也与亚太区域其他拥核国家有区别，从而展现了其核战略"有理有利有节"的政治立场。

亚太核国家的目的很明确，就是要充分运用核武器这一特殊工具，在民

---

① ［美］戈登·克雷格、亚历山大·乔治：《武力与治国方略——我们时代的外交问题》，时殷弘、周桂银、石斌译，商务印书馆，2004年，第252页。

② Gregory Kulacki, "The Risk of Nuclear War with China", available at http://www.huffingtonpost.com/gregory-kulacki/the-risk-of-nuclear-war-w_b_1903336.html. last accessed on 12 January 2015.

族国家的斗争与对抗中取得更大的战略优势地位。虽然这种核战略有一定的威慑作用，但并非全部。核武器实际上并非无所不能，因为它只能钳制全面的国家战争，但却无法有效应对每一次很具体的危机与冲突。"核武器在任何可想象的情形下都不可能阻止革命、战争以及游击暴动的发生……核报复的威胁当然不可能对有组织的国际恐怖主义发生作用，甚至即使某一小国政府对属于一核武器大国的飞机或军舰采取真刀实枪的挑衅行动，向该国投掷原子弹也是不现实的。"① 对美、苏等大国来说，核武器主要被用于战略威慑，对亚太区域拥核国家同样如此，甚至更甚，原因是亚太各国存在太多可能引爆冲突的着火点，无法全部诉诸核对抗，相反，核武器可能会使对抗升级。因此，亚太区域的核战略整体上并不成熟。

由于亚太区域核力量的地理分布范围很广，各国发展核力量的目标、进程以及规则相差迥异，很难使各国的核政策与核战略趋于一致，即使是联合国等国际组织也无法规划或引导其核力量的发展方向。众所周知，联合国在1968年6月21日通过《核不扩散条约》（NPT），虽然该条约为美、苏等核大国所炮制、有防范世界其他国家发展和拥有核武器之嫌，但该条约毕竟提出防止核扩散、加速核裁军、推动国际和平进程等一系列目标。《核不扩散条约》的主要目的是达成全球性机制。中国于1991年宣布加入该条约，印度、巴基斯坦和以色列则一直拒绝加入，而朝鲜却于世纪之交宣布退出。很明显，国际社会所订立的核管制原则对亚太核国家并未完全奏效，更不用说那些疑似或者准备拥有核武器的国家。但对于朝鲜来说，情况则更为复杂。"除去对核武器的实际运用或者威胁使用，朝鲜则利用这种假设的核力量的存在支持其强制性外交。"② 就目前亚太有核国家的现状看，各国的核政策与核战略只会服务于单个国家利益，不可能兼顾整个亚太区域安全利益，更谈不上顾及国际安全秩序与稳定。

再次，与亚太核国家在地理分布上相对分散对应，亚太核管控机制基本上也是以国家为单位进行的。因此，亚太核管控机制相当松散，其建设进程基本上靠有核国家自身的政治自觉及其固守的安全底线。但是鉴于亚太核国家发展各自核力量的背景、程序以及目标并不相同，因此各国核管控机制建设进程并不一致。和北约及其成员国不同，亚太核国家大多没有非常严格的

---

① ［美］詹姆斯·多尔蒂、小罗伯特·普法尔茨格拉夫：《争论中的国际关系理论》，第498—499页。

② George H. Quester, *Nuclear First Strike: Consequences of a Broken Taboo*, Baltimore, MD: The Johns Hopkins University Press, 2006, p.49.

核管控能力，其管控机制中关于核武器的储备、运输、管理、分布、决策、使用、情报与技术分享等程序建设极不完善，具体表现为各国就核事务的决策、管理以及使用都疏于简单化，就核事务所做的各项决策比较随意，变化既多又快，缺乏相对恒定的规章制度，尤其缺乏科学、完整的管理体系。正是由于亚太核管控机制存在欠缺，导致亚太核国家使用核武器的门槛比较低，进而增加了爆发核对抗或核战争的危险性。"因此，我们可以假设一个更加悲观的未来：即无法抑制核扩散。在21世纪第二个10年或者第三个10年，（亚洲）将会出现一个包括8个成员国在内的核俱乐部，包括俄罗斯、中国、日本、朝鲜、韩国、印度、巴基斯坦和伊朗。"[1]

与之相对应，亚太区域核管控机制存在欠缺，这虽然与亚太国家自身制度建设不完整有关，但是也与美国等外部势力频频介入亚太核事务有关。从亚太区域核力量的发展历史看，均和美、英、法、苏等国直接或间接提供的核材料与核技术有关，而且也与美国在亚太区域推行的外交与安全政策密切相关。早在冷战时期，出于遏制中国、羁绊苏联的目的，美国打着科学研究的名义，居心叵测地向日本提供300公斤武器级核材料钚。这些极具放射性的钚材料是制造氢弹的重要原料，被日本用于中子反应堆核燃料。[2] 虽然日本政府至今尚未公开宣布拥有核武器，但是早在1994年，时任首相的羽田孜就公开承认日本确实有能力拥有核武器。日本著名刊物《宝石》也公开宣称，日本可以在183天内造出核武器。[3] 很明显，一个即将拥有或者已经拥有核武器、对其历史上军国主义行径毫无深刻反省的国家，不论是在政治上还是军事上，所具有的危险性和破坏性可谓不言而喻。

与之相比，南亚次大陆的核竞赛情形也令人堪忧。1998年5月，印度和巴基斯坦围绕着克什米尔领空权发生冲突，印度先后进行6次核试验，巴基斯坦则针锋相对地进行5次核试验，双方公开以实施核打击相互威胁，使南亚次大陆一度濒临核战争边缘。尽管此后国际社会全力调解印巴争端，并且对双方实施严厉制裁，印、巴两国围绕克什米尔的冲突有所缓解，但是制裁并未从根本上消除印、巴双方再度使用核武器的能力。"1998年南亚的核化地位，

① Dr. Stephen J. Cimbala, "Nuclear-Strategic Asia", Adam B. Lowther, ed., *The Asia-Pacific Century, Challenges and Opportunities*, Boca Baton, London and New York: Taylor & Francis, 2013, p.220.

② "美称日本将移交300公斤武器级钚 可造千颗核弹"，2014年3月15日。available at http://mil.news.sina.com.cn/2014-03-25/0731770514.html. last accessed on 8 February 2015.

③ "日本能在183天内造出原子弹吗？" available at http://www.china.com.cn/chinese/2001/Feb/19710.htm.last accessed on 8 February 2015.

使这两个对立国家之间的安全关系进一步复杂化，并且使这一地区成为一个核爆发点……亚洲这两个大国——印度和巴基斯坦之间爆发的核冲突，有可能升级至一场更宽泛的区域战争，有可能引发全球性后果。"[①] 而以美国为首的西方国家出于某种政治原因，很快对印度实施核解禁，继续向其提供核原料，纵容印度发展核力量。由此可见，亚太区域核管控机制的内在局限，确实与西方国家的不当插手有关。

另外，相比北约及其成员国系统、复杂的核管控机制，亚太区域核管控机制可谓简单得多。就其目标而言，许多亚太核国家并不追求第二次或者第三次核打击能力，而只追求现实核威慑以及第一次核打击能力。对于许多亚太核国家而言，核打击与核毁灭、核战争与核灾难紧紧联系在一起，很难截然分开，使用核武器的最终结果将会一荣俱荣、一损俱损。因为大部分亚太核国家并没有太多的核武器及其运载工具，包括核弹头、核炸弹、战略轰炸机以及核导弹在内，因此，亚太区域拥核国家目前尚未完全建立像北约及其成员国一样的完整和严密的核管控系统。就其内容而言，亚太区域核管控机制实际上与所在国现有的核力量紧密相连，还与其常规武装力量机制建设紧密相连，同时还与所在国的外交与安全战略紧密相连，进而固化为某种既定的模式或者机制。

总之，亚太区域核管控机制内部差异较大，积存的矛盾较多，要想使其真正步入正规化、有序化的轨道，还要走很长一段路。亚太区域核管控机制的发展与完善，一方面需要亚太核国家自身不断完善其核建设，建立行之有效的自我约束机制，另一方面需要国际社会更加真诚的帮助，支持亚太区域核管控机制建设，排除各种利己主义、霸权主义行为，为亚太区域核管控机制增添正能量。只有这样，亚太区域核管控机制才能健康发展，不断完善。

第三节　对亚太安全机制与北约制度模式的分析

一、亚太安全观与大西洋安全观的比较

从全球安全结构的角度看，亚太区域构成一种相对独立的地缘安全建构，从陆地边界看，高加索山脉与乌拉尔河将欧洲与亚洲相分离；从海洋边界看，

---

① Dr. Stephen J. Cimbala, "Nuclear-Strategic Asia", Adam B. Lowther, ed., *The Asia-Pacific Century, Challenges and Opportunities*, p.211.

太平洋、印度洋、北冰洋将亚洲与其他各洲相隔离。因此，从古至今，亚太区域实际上一直被一种相对封闭与隔离的地缘政治环境所包裹，这种独特的地理自然环境造就了亚太区域特殊的文化、宗教以及思维方式，而亚太区域内部则凭借其悠久的历史、辽阔的地域以及丰富的自然资源，在其内部生成若干不同的次安全区域或者次地缘安全带。

英国著名学者巴里·布赞和丹麦著名学者奥利·维夫（Ole Waever）则将亚洲分为三个主要的安全复合体。"地理的冲击表现在，后殖民地时期的亚洲形成了三个截然不同的地区安全复合体：19世纪后期，东北亚首先出现了一个大国地区安全复合体。第二次世界大战之后，东南亚和南亚分别出现了两个标准地区安全复合体。"[1] 但是，上述划分似乎并不完整，也不能反映亚太安全架构的全部，因为作为战后世界数次局部战争之源的南亚与西亚被排除在外，使我们无法了解亚太安全架构的全貌。因此，按照亚太区域的自然地理分布，考虑到政治、文化、种族、宗教等多种差异，亚太安全架构实际上可以顺理成章地分为5个安全板块：东北亚、东南亚、南亚、中亚、西亚（阿拉伯半岛）。上述5大安全板块在安全事务上所奉行的思想观念、战略方针、行动方式等，在各自板块内部保持相对统一，但在板块外则互有差别，甚至不排除相互间存在比较激烈的矛盾与竞争。

尽管亚太区域并未建立一个跨越次区域范围的统一安全联盟，就像大西洋联盟一样，亚太各国却以不同安全板块为基本单位，以多边安全模式、双边安全模式以及自主安全模式三种方式，构建了多个安全联合组织。因此，亚太各国并非在安全事务上只有竞争与冲突，没有合作，事实上这种合作非常多，不仅存在于各安全板块内，而且还存在于各大板块之间。"亚洲大国目前没有（过去也没有）像冷战期间的大西洋联盟那样在区域范围内结盟。它们是竞争对手，因此在某些方面可能与欧洲大西洋大国在殖民时期与后来的陆上争夺时期的情形相似，这些国家在那个时期为获得地缘政治优势而进行的争夺，最终以一战和二战所带来的破坏告终。"[2] 事实上，西方学者认定亚太区域处于所谓非结盟状态，只是过分强调了亚太各国之间的差异性与对抗性，而忽略了各个安全板块内在的联系性与统一性。

特别需要强调的是，在亚太区域的不同安全板块中，新兴民族国家扮演

---

① ［英］巴里·布赞、［丹］奥利·维夫著：《地区安全复合体与国际安全结构》，第94页。

② ［美］兹比格涅夫·布热津斯基：《战略远见：美国与全球权力危机》，第17页。

了非常重要的角色，它们将一些新的政治与安全理念带入亚太安全联合实践中，将政治中立主义、民族独立意识、国家自由选择等元素带入战后亚太区域政治与社会，这不仅使亚太区域安全组织的职能超出防御安全领域，而且也使某些亚太安全组织得以对战后国际政治与安全事务产生影响。"大多数新兴国家最早出现在亚洲，然后出现在非洲，这严格地决定了它们与两个主要大国集团保持一定距离……独立的意识形态非常强烈，独立意味着反抗西方国家，这使这些新兴国家很难与西方国家建立联盟，甚至不可能建立联盟。到目前为止，没有几个新兴国家能够带着反西方情绪，将自身与东方集团绑在一起。"[1] 亚太区域许多新兴国家自身既不愿意卷入美苏冷战斗争，也不希望其周边国家卷入冷战对抗，它们更希望保持独立和自由的安全空间，这在一定程度上确保亚太安全理念及其实践并不完全追随或者附和美、苏等大国或者各类区域组织。

客观而言，尽管战后亚太政治与安全秩序并不稳定，民族国家发展日趋多元化，而且还曾数度爆发区域冲突与战争，但与欧洲相比，亚太区域毕竟不是美苏冷战斗争的主战场，因此所承受的安全压力要比欧洲小得多，尤其无需直接面对美、苏双方爆发战争的巨大压力。另外，尽管在美苏冷战斗争高峰期，双方都曾向亚太各国提供了大量经济与军事援助，但这也只是在一定程度上增加了其经济、政治以及安全影响，尤其是东北亚、东南亚等安全板块，并未完全改变整个亚太区域的安全取向，彻底改变其区域安全目标。因为"西方弥漫着一种印象，即亚洲和非洲将会成为冷战中的主要角斗场"。[2] 事实上，亚太安全观基本上贯穿了全面冷战的理念，大多数安全组织或机构服务于亚太区域的政治与安全目标，即使是美国等西方国家直接构筑的各种区域安全组织，也只是服务于各个局部冷战目标，它们始终未能发展成为全球冷战的主要工具，其重要性根本无法与北约组织相提并论。因此，冷战在亚太区域并非是全局性的，而只涉及部分地区。

众所周知，大西洋联盟具有明确的冷战政治目标以及强烈的意识形态色彩，但不论是亚太安全观还是安全机制，实际上都缺乏一种内在的政治约束力，也缺乏一种"放之四海而皆准"的整体价值体系。亚太区域悠久的历史传统、文化与宗教、意识形态以及思维方式，在不同安全板块中常常表现得

---

[1]　Geir Lundestad, *East, West, North , South, Major Developments in International Politics 1945–1986*, p.258.

[2]　Ibid., p.268.

比较完整和充分，而在一些具体国家中则表现更集中，但是这却无法在一个水平面上展示亚太区域的全部。事实上，每个亚太安全板块在政治、经济、文化与安全等领域，都有不同的目标、指导方针、惯性思维、决策程序、行动方式等，这使亚太区域很难形成一种整体安全观，只能呈现出多种安全理念与思想的有机融合。在不同安全板块之间，各种安全理念与思想常常大相径庭，有时相互竞争，有时互相合作，偶尔还会爆发冲突，这种状况使亚太区域安全状况整体欠佳。"在权力相对分散的条件下，任何一个国家对国际合作的认识都不能占据主导地位，发展共有知识形成协议、促成合作的最佳途径，因此，在为建立和发展国际制度而进行的多边谈判中，共有知识显得十分重要。"[1] 很显然，亚太区域各个安全板块或许可以在其内部达成某种共有知识，但在整体上无法达成共识。

确实，与亚太各国相比，欧洲在历史与地理环境、自然与社会资源、文化与宗教信仰等多个方面，始终存在着某种天然的统一性，欧洲各国文化同源、民族同根、政治同向，因此在安全理念、政治认同、民族心理等多个方面表现出极大的相似性。对欧洲来说，建立统一的欧洲安全联盟，乃至建立范围更大的大西洋安全联盟，在地缘政治、历史文化与民族心理等多个方面具有非常深厚和扎实的社会基础，而且这种联盟的方式也能为大多数欧洲国家所接受。因为"欧洲共同体并未设想终结民族国家，而是拯救民族国家。"[2] 欧洲国家一直试图通过安全联合与协作，以建立安全共同体的方式表达各自的安全诉求。不仅如此，二战后伴随着美国成为全球超级大国，最终得以用以欧洲文化为基础的西方文化范式打造国际安全体系，这成为欧美等国构建大西洋安全架构的思想文化基础。"华盛顿对北大西洋公约组织的处置——关于华盛顿的北约处置，表明了一个相反的内容，即资本主义国家事实上可以联合起来。"[3] 就此而言，大西洋联盟的安全理念实际上包含了双重含义：第一，最大限度展示欧美等国在思想、文化以及意识形态等领域的共同性与普遍性，充分展示大西洋联盟所具有的文化与价值观优势；第二，在充分确保大西洋联盟集体安全防御态度与立场的同时，向全世界范围内其他

---

① Robert L. Rothstein, "Consensual Knowledge and International Collaboration: Some Lessons from the Commodity Negotiations", *International Organization* (38) 4, Autumn 1984, pp.733-762.

② Simon Serfaty, "NATO at Sixty: Quests for Western Security in a Changed Europe", Clay Clemens, ed., *NATO and the Quest for Post-Cold War Security*, p.15.

③ John Lewis Gaddis, *We Now Know, Rethinking Cold War History*, p.200.

国家、组织以及地区展示欧美国家政治与安全联合的示范作用，形成一个有效的安全防御网。

事实上，北约"集体安全精神"看似是整个大西洋安全联盟的共同防御方针，旨在维护大西洋安全联盟框架下的安全合作，但它实际上也反映了北约各成员国在政治与安全领域的诉求。就其目标而言，"集体安全精神"实际上包含着两种追求：第一，北约希冀通过大西洋两岸国家的政治与安全联合，建立一种统一的防御安全联合架构，能够有效抵御外来威胁，最大限度体现欧美国家共同的政治、经济、文化以及安全利益。第二，在保护大西洋联盟整体安全利益的同时，北约同样也非常注重保护其成员国的个体安全利益。因此，大西洋安全观是一种复合型的综合安全理念，融合了政治、经济、文化与安全等多种利益在其中，并且将集体安全概念与个体安全概念有机地结合在一起，大西洋安全观还是一种非常复杂的安全理念，虽然北约在创立伊始就一直将自身的安全目标锁定为防御安全，但是却常常表现出咄咄逼人的进攻姿态，换句话说，就是在军事上一直谋求守势，但是在政治上却一直采取攻势，这构成了大西洋安全观的主题。

就战后国际冷战而言，大西洋联盟作为美苏冷战斗争的产物，国际冷战环境在构筑大西洋两岸国家联合架构的过程中发挥了重要作用，因此冷战堪为大西洋联盟发展添加了重要动力。反之，也正是伴随着北约的创建与发展，国际冷战对抗日甚一日，直接催生了华约，由此形成了北约与华约在军事上相互对抗的欧洲分裂格局。伴随着北约不断拓展，越来越多国家被直接或者间接纳入冷战对抗的序列。由此可见，大西洋安全观所追求的政治外溢效应，绝不止于欧洲，也不止于北大西洋区域，其目标堪称是世界性的，而且大西洋安全观也绝不止步于防御安全领域，而是直接深入政治、经济、外交与文化诸领域。从表面看，大西洋安全观似乎为冷战所专断，但实际上大西洋安全观绝不仅限于冷战这一主题，还有其他更丰富的内容。特别是伴随着国际局势日趋复杂化，与安全事务直接或间接相关的事项日渐增多，北约的职能亦不断丰富和拓展，北约所关注的安全事务范围亦越来越广泛，技术进步、抵抗自然灾害、文化与舆论宣传等，都成为大西洋安全观所关注的新领域。

总体而言，亚太安全观并不是一个关于安全思想与观念的整体，而是由指导不同安全板块的思想与观念组合而成，或者说在亚太安全思想体系中存在着多种安全思想与观念，由于这些安全理念针对性比较强，因此其职能似乎也更具体，功效似乎也更大。因为至少在亚太区域安全板块中，这些各不相同的安全理念发挥了巨大作用。美国社会学之父威廉·萨姆纳（William G. Sumner）就一直强调："群体谋求内部统一，使它有力量与外敌进行竞争，群体内部的和平与合作精神主张对外部全体的敌意，经常经历残酷战争的社会产生较强有力的政府和法律制度，使整个社会更坚定地联合起来。"[1] 亚太区域各安全板块正是在不断出现的外部压力与内部战争中，不断提炼和浓缩其安全思想与观念，使其在冲突与战争中持续得到丰富和发展。

相较亚太安全观，虽然大西洋安全观在形式上似乎更加完整，但在内容上却更加复杂，大西洋安全观在军事上承担了一个相当有限的任务，但是在政治上却承担了一个相当无限的使命，实际上远远超出北约的政治设计或者安全实际之外，这导致了大西洋安全观在其表达上极其松散，似乎没有一个固定的边界，即除去遭遇发生侵略威胁时北约需要实施集体防御外，似乎别无他物，而冷战时期相对稳定的欧洲政治与安全形势，导致大西洋安全观所宣称的集体安全理念实际上从未派上用场，真正付诸实践。"大西洋关系在过去从未出现过冲突，但欧洲化过去的基本结构却发生了变化。"[2] 大西洋安全观所处的尴尬境遇，实际上反映了其内在的思想矛盾与冲突。北约在其发展历程中，尽管形成了一套独特的模式、机制以及规则，但却始终未能摆脱冷战政治逻辑与意识形态的驱使，过度冷战化，在很大程度上限制了大西洋安全观在国际冷战斗争中发挥作用。

不论是在理论上还是在实践上，大西洋安全观和亚太安全观都算不上是成功的安全思想与理念，在大西洋安全观的指导下，北约在美苏冷战斗争中并未发挥积极作用，例如改善欧洲对峙局面，缓和美、苏双方的紧张关系。相反，尽管北约并未完全发挥其创立者所设计的功用，甚至其所作所为让其许多创立者颇感失望。因为贯穿冷战全程，北约在大多数情况下都一直"无动于衷"。但是北约作为防御安全组织，却毫无疑问推动了欧洲冷战形势持续升级，加剧了国际紧张局势。亚太区域在冷战时期矛盾与冲突频发，各安全板块都曾爆发局部冲突与战争，整个亚太区域的安全形势并不乐观，受到冷战环境的影响，同时为亚太各国自身实力所限，各种安全观念在促进亚太区域建立和平与稳定秩序的过程中作用受限，尽管如此，亚太安全观却展示出

---

① ［美］詹姆斯·多尔蒂、小罗伯特·普法尔茨格拉夫：《争论中的国际关系理论》，第328页。

② Reimund Seidelmann, "Europeanization versus Atlanticism: The Search for a European Pillar in the Atlantic Alliance ", Lawrence S. Kaplan, S. Victor Papacosma, Mark R. Rubin, Ruth V. Young, eds., *NATO after Forty Years*, pp.128-129.

较大发展空间，尤其是自主型安全观指导下的安全组织及其实践，更是表现出非常强劲的发展势头，相信会随着亚太各国自身实力不断强化，在构建新型亚太区域安全架构的过程中发挥更大作用。

二、亚太安全机制的影响与局限

亚太安全机制堪称是一个涉及层面较多、职能比较全面的综合性机制，在机制建设上融合了政治、经济、社会、武装力量与核力量等多方面内容，因为担负了太多的任务，亚太安全机制建设进程相对缓慢，而且常常困难重重，甚至成果寥寥。另外，亚太安全机制建设基本上是以不同安全板块为单位的，因此在不同安全板块的机制建设中，不论是在形式上还是在内容上都存在着一定差距，它们既有不同的安全关注重点和政策倾向，也存在不同的机制建设问题。尽管亚太安全机制中不同安全板块存在差别，但各个安全板块内部却保持了相对独立的思想与风格，这种格局实际上比较典型地反映了地区主义思想与理论，正如一些西方学者所强调的那样："地区主义代表了一种观念、价值和明确目标的结合，目的是创造、维持和修正地区内安全、财富和发展规范，是志向接近的行为体对于特定的地区空间重新组织起活动与关系的渴望"。[①] 对于亚太安全机制而言，各个安全板块的安全思想及其实践，在安全观念、指导思想、社会价值观以及安全目标等方面相对统一，共同构成了亚太安全机制的全部。

在亚太安全机制中，有相当一部分内容专注于政治与社会发展，其中的原因在于，亚太区域许多新兴民族国家大多属于前殖民地半殖民地国家，经济基础较差，社会欠发达，当战后美欧等国都忙于冷战斗争之际，亚太区域绝大多数新兴民族国家均忙于稳固民族国家政权，创立国民经济体系，因此大多数国家都将发展国民经济、重建国家、恢复社会秩序等事务视为头等要务。对他们来说，这些目标与维护国家主权这一目标同等重要，而且也构成其国家安全的一个重要内容。为此，亚太区域大多数新兴民族国家都将其政治、经济以及社会利益等纳入国家安全利益的范围，在一个系统的安全体系中统筹考虑其机制建设。因此，与北约安全机制建设相比，亚太安全机制建设的起点较低，其动机与思想内涵也更为复杂。制度建设的重要性不可小觑，

---

① Michael Schulz, Fredrik Soderbaum, Joakam Öjendal, eds., *Regionalization in a Globalizing World: A Comparative Perspective on Forms, Actors and Processes*, New York: Zed Books, 2001, p.5.

实际上在安全建构与社会发展中发挥着物质与文化力量以外的重要影响。美国学者斯蒂夫·成（Steve Chan）就曾详细解释说："物质条件接近、文化具有同质性，这本身并不能解释欧洲国家为何会成为一个存在高度争议的集团，也不能解释当前的中东关系为何持续处于动荡中，甚至这些同样的条件也无法对拉丁美洲国家产生同样的影响。"①

就亚太新兴民族国家而言，被过早地拉入国际冷战对抗格局中，这显然超出其安全机制建设需要之外，带有某种迫不得已之意。因此，亚太新兴民族国家注定不可能成为国际冷战斗争的主角，它们只能充当美、苏等大国冷战斗争的配角，因为对许多亚太国家来说，冷战将是一场奢侈而且得不偿失的国力竞赛，它们越早脱离冷战，也意味着它们可以节省越多的资源，集中更大的时间与精力，专注于自身的安全机制建设目标。因此，尽管许多亚太国家参与了以美国为代表的西方国家所组织的双边安全联盟或者多边安全联盟，但是这些国家实际上并不真正关心美国的所谓冷战目标，也对国际冷战形势不感兴趣。美国前国务卿艾奇逊（Dean Acheson）曾指出其中的真谛，道出东南亚条约组织（SEATO）与北约的差异：在大西洋联盟中，美国和欧洲盟友是一种多方参与的关系。但在东南亚条约组织中，美国却不得不在实际上单独行动，因为大多数亚洲国家没有兴趣帮助美国人。② 因为现实主义理论强调，一个国家只关心自己的安全，如果自身的安全没有受到威胁，每个国家都很容易认为维持合作安全付出的成本是不能接受的。③ 对于亚太各国来说，追求现实政治目标，可谓衡量一切外交与安全行为的最好标准，冷战政治目标显然不是其现实目标。

诚如上文所述，与欧洲国家相比，亚太各国具有某种天然的不安全感，这种不安全感从古至今，始终是左右并影响亚太各国外交与安全政策的一个重要因素。对欧洲来说，尽管这种不安全感或许存在于某些中欧、东欧小国，但其强烈程度始终未达到类似亚太区域这样普遍的程度。许多欧洲国家在历史上一直享有中立主义传统，例如斯堪的纳维亚国家。欧洲至今仍有许多中立国家，例如瑞士、奥地利、瑞典、芬兰、圣马力诺、列支敦士登等。在近代以来的欧洲列强斗争中，走中立化道路，对于身处大国夹缝中生存的小国

---

① Steve Chan, *Enduring Rivalries in the Asia-Pacific*, Cambridge: Cambridge University Press, 2013, p.4.

② ［美］沃尔特·拉费伯尔：《美国、俄国和冷战，1945—2006》，第10版，牛可、翟韬、张静译，世界图书出版公司，2011年，第136页。

③ ［美］约翰·鲁杰主编：《多边主义》，苏长和等译，浙江人民出版社，2003年，第387页。

来说，不失为一种比较明智的选择。而中立外交在欧洲之所以能行得通，其根源在于欧洲自近代以来很早就提出国际法思想与理论，订立了一系列国际法、行为规则与习惯，并且建立了威斯特伐利亚体系（Westphalian System）和维也纳体系（Vienna System），逐步建立了基本的国际关系体系，中立主义受到普遍尊重，成为一种共同的国际规则、标准以及习俗。

然而，对于在自近代以来刚刚被欧洲列强纳入世界殖民体系的亚太国家来说，并不存在某种受到普遍尊重的国际法或者国际行为规则，中立主义在亚太区域很难行得通。亚太新兴民族国家在打破殖民枷锁、获得独立后，对国家主权、领土以及利益普遍非常敏感，也非常重视。不论是大国还是小国，它们都不愿意以自我放弃武装的方式，来换取所谓的中立国地位，然后再以中立国地位赢得自身安全保证。在亚太各国看来，这种将自身国家安全与重大利益委身于他国的做法，不仅相当冒险，而且也会使自己寄人篱下，给自己的国家安全带来某种不可预测的风险。这种天然的不安全感驱使亚太每个国家更愿意将相对数量的国家财政投入防御安全建设，或者致力于构建强大的军队，或购置先进的武器装备，或占有更多的资源，或发展核武器，以此实现国家安全与利益的自我保护。

亚太安全机制正是建立在这种固有的不安全感基础之上，虽然这种不安全感在很大程度上源于亚太区域固有的文化与宗教分歧、种族与民族矛盾、地区差别、资源紧张与争夺等，但同样和历史上欧洲殖民主义给亚太区域留下的巨大伤痛难以分开，尤其与美苏冷战斗争、东西方冷战格局对亚太区域产生的巨大冲击无法分开。因此，在固有不安全感的主导下，亚太安全机制建设最大程度上融合了各种历史与现实因素，汇聚了各种各样的思想、理论以及观念，结合了多种内在与外在的环境要素，在某种程度上称得上是亚太区域各个新兴民族国家政治与安全政策相互折中的产物。因此，亚太区域安全机制在其内部不可避免地蕴藏着大量矛盾与弊端、冲突与危机。而且，亚太安全机制中所蕴含的这些折中、妥协以及矛盾的特性，注定它在亚太新安全秩序的建构中作用有限。

纵观整个冷战时期，亚太安全机制实际上并未有助于稳定亚太安全秩序，也未能在亚太安全架构的建构中发挥更大作用。造成亚太安全机制上述不足的根本原因在于，亚太新兴民族国家在政治、经济、社会与安全等多个领域存在着发展短板，亚太安全机制建设不仅缺乏扎实的硬件基础，而且在软件建设上也不充分，可谓先天不足，后天不良。具体而言，亚太安全机制的种种不足表现在多个方面：防御安全思想多元化，缺乏必需的稳定和统一。许多亚太安全组织在形式、职能、行动等方面的设计尚未稳固，多数组织有名无实或者名存实亡。有的安全组织具有很强的功利主义动机，其行动充斥着各种机会主义与随意性，缺乏相对恒定的安全行动，缺乏充分的、积极的国际影响力，尤其相对于亚太区域以外的其他国家或地区，或者对于超出或者跨越某个特定安全板块界限的亚太次区域来说，其影响力更是极为有限，亚太安全机制的表现形式较多，实质内容相对较少。

另外，在亚太安全机制建设中，以不同安全板块为单位，不论是常规武装力量还是核力量建设，其指导思想、战略方针、力量构成、军力分布等互有区别，各具特色，但是弊端丛生。大多数亚太区域安全板块在核力量建设中，基本上都集中于核武器发展进程的早期阶段，这导致其核武器及其运用大多停留在战术威慑层面，并未真正发展为战略性威慑，其威慑理论大都非常简单，基本上停留在要么共同存在、要么共同毁灭的层面，缺乏在核威慑下谋求有效生存的选择权。这种状况在加强亚太区域核国家威慑地位的同时，也增加了其危险性与破坏性。如果它们已做好核战争准备，其威慑性就会变强，如果尚未做好核战争准备，其威慑性就会减弱，这种状况加剧了亚太区域安全秩序的不稳定性。"多年来超级大国构想出的一个稳定平衡的框架是：拥有不易摧毁的反击力量，其效果是使敌人放弃第一次打击；拥有未加保护的人口，这将使自己主动放弃第一次打击；同时为了使核威胁更加可信，逐渐增强核反击能力和常规力量。"[①] 事实上，大国所构建的这种核威慑模式，在亚太安全机制建设中作用极其有限，亚太新兴民族国家更推崇自身的核威慑规则。

与之相应，亚太安全机制中常规武装力量机制建设实际上也陷入僵局，因为所有身处亚太各安全板块中的国家都认定，绝对的常规武装力量建设意味着绝对安全。因此，每个国家都大肆发展常规武装力量，但是这些数量庞大的武装力量并未真正确保亚太区域的安全与稳定，反而使亚太区域中各个安全板块长期处于军备竞赛中，使各民族国家军事竞争加剧，这在一定程度上挤占了这些国家经济与社会的发展空间。客观而言，亚太区域一直是全世界最大的军火市场，一直是全世界武装力量最密集的地区，这也导致亚太区

---

① ［美］斯坦利·霍夫曼："超级大国伦理：试析游戏规则"，转引自张曙光、胡礼忠主编：《伦理与国际事务新论》，上海外语教育出版社，2004年，第73页。

域成为全世界局部战争最集中、发生频率最高的地区。很显然，亚太安全机制关于常规武装力量建设的指导思想是错误的，这成为亚太安全机制建设的硬伤。

总体而言，冷战时期的亚太安全机制建设难称成功，在许多制度建设与政策上都存在较大欠缺，在亚太安全秩序构建中所发挥的作用极其有限，该机制存在的最大问题是，亚太新兴民族国家既未能杜绝外来力量插手亚太区域事务，又未能找到适应亚太区域安全现状的最佳制度，更未能找到解决亚太区域政治与安全冲突的最佳办法。因此，亚太安全秩序实际上一直处于某种相对无序的状态，这种无序状态甚至扩展到各个安全板块内。一直到冷战结束，伴随着亚太新兴民族国家实力不断壮大，国际经济、政治以及安全架构的重心开始向亚太区域倾斜，亚太安全秩序的建构方向开始出现变化，以大量正式或非正式的区域安全组织涌现为标志，能够满足亚太区域自身安全需要的机制建设得以正式展开。

三、北约制度模式的功能与局限

和亚太安全机制相比，北约制度模式看似非常成功，但这一推论却并非定论。北约制度模式是否算得上一种成功的政治与安全联盟范式？目前还存在许多争议。从冷战时期北约的政策及其实践看，北约制度模式显然算不上成功。因为其制度设计并未完全满足欧美等国的政治与安全需要，而且北约自身发展亦未定型，甚至其联盟架构还存在许多欠缺。"对许多评论家来说，在北约所能采纳的大多数纯粹常规性防御选项中，最基本的问题就是它们只是太多的防御概念，而不是威慑概念。"① 在防御与威慑之间，北约实际上一直处于自相矛盾的境地，在冷战斗争中常常试图将自我防御与先敌威慑相并列，尝试将两者有机地统一起来，但此举在理论上或许可行，在实践上却很难行得通，我们可以从北约在冷战时期的一系列安全战略及其行动中充分领略于此。

然而，在一般人看来，相较冷战时期各种政治与安全组织，北约制度模式似乎比较成功，因为和大多数冷战组织寂寂无声、相对沉寂相比，北约不仅得以在冷战后继续存在，而且还高调实现了战略转型，甚至摇身一变成为全球最大的区域安全组织，在世界范围内大肆扩展其政治与安全影响。不仅如此，北

---

① David Gates, *Non-Offensive Defensive, An Alternative Strategy for NATO?* p.113.

约还在冷战后持续东扩，其职能亦不断丰富，在国际安全事务中的引领作用越来越突出，力度之大远远超出任何一个冷战时段。因此，北约制度模式似乎成为一种可持续发展的典范，为所有冷战安全组织的战略转型提供了某种示范。"北约成员国部长们也重建了北约的行政管理组织，使北大西洋理事会成为一个永久性机构……这种组织变革将北约建设成为一个永久性平台，供盟国展开外交交流以及外交政策协商。"[1] 从这个意义上讲，北约制度模式似乎确有值得肯定之处。西方学者一直不厌其烦地强调："如果大西洋共同体能够采用一种富有建设性的方式，这种变化将会提高西方国家政策的品质，扩大其范围。"[2]

很显然，评判北约制度模式的成败，第一要关注北约制度对其自身发展所产生的影响，而不是拘泥于以某项具体战略、政策或者措施来衡量整个制度模式。第二要看北约制度模式对其他国际组织与区域组织所产生的影响，从更宏观的角度了解北约与其他区域安全组织在塑造欧洲安全格局中的交互作用。第三要将北约制度模式纳入冷战进程中统筹考察，深入挖掘北约制度模式的外溢效应。例如，向亚太区域扩散，审视其对国际安全事务走势的影响。第四要看北约制度模式的发展前景，观察该制度模式能否持续发展，判断其能否继续在冷战后的国际安全格局发挥作用。

首先，北约制度模式的一个重要功用就是，成功将欧美等国连接成为一个统一的整体，在政治、军事、外交等多个领域实现大幅度联合与协作，全面提升大西洋两岸的政治团结与合作精神，在西方历史上首次成功缔结一个跨大西洋的安全联盟——大西洋共同体。"北约极其成功地克服了各民族国家的差别：不仅湮没了德国人与法国人的旧恨，目标是一致对付新的苏维埃敌手，而且也湮没了土耳其人与希腊人的旧恨，使其在1951年都成为北约新成员国。"[3] 不仅如此，北约也空前拉近了美欧双边关系，在政治上成功消除了二战在欧洲造成的政治分离，消除了民主国家—前法西斯国家、战胜国—战败国、旧殖民宗主国—新殖民宗主国、传统强国—新兴强国之间的差别，推动欧美各国共同打造一个超越民族国家界限的安全联盟。因此，从这个意义上讲，北约制度模式实际上为欧美各国树立了一个公认的冷战对手，营造了

①　Stanley R. Sloan, *NATO's Future, Towards a New Transatlantic Bargain*, p.16.

②　Reimund Seidelmann, "Europeanization versus Atlanticism: The Search for a European Pillar in the Atlantic Alliance", Lawrence S. Kaplan, S. Victor Papacosma, Mark R. Rubin and Ruth V. Young, eds., *NATO after Forty Years*, p.125.

③　John Lewis Gaddis, *We Now Know, Rethinking Cold War History*, pp.167-168.

一种特殊的冷战的政治氛围。

同样重要的是，北约自创建伊始，为了适应冷战斗争的需要，主观臆断苏联与华约的战略意图，错估从冷战到热战的危险性与紧迫性，在此基础上打造了一种极端意识形态化的冷战联盟架构。无论是在武装力量、核力量的机制建构，还是社会、经济以及财政支持的机制设计上，北约制度模式在各个层面无不打上冷战的印迹，甚至许多机制建设直接为热战做出铺垫、做好准备。毫无疑问，北约制度模式及其深化，直接推动了欧洲军事对峙格局升级，引发了东西双方全面军备竞赛与对抗，固化了欧洲冷战斗争态势。

其次，就战后欧美等国政治、经济与安全的总体发展趋势而言，并非只有北约发挥着主导作用，实际上在欧洲安全格局建构过程中，欧洲还有许多政治、经济、军事以及安全联合组织也在其中发挥着重要作用。例如，从"欧洲经济合作组织"（Organization for European Economic Cooperation，简称 OEEC）到"经济与合作发展组织"（Organization for Economic Cooperation and Development，简称 OECD）、"布鲁塞尔条约组织"（Brussels Pact Organization，简称 BPO）、欧洲煤钢共同体（European Coal and Steel Community，简称 ECSC）、西欧联盟（WEU）、欧共体（European Economic Community，简称 EEC）、欧洲安全与合作组织（OSCE）、欧盟（European Union，简称 EU）等。与北约在冷战时期着力于缔造欧洲安全架构几乎同时，上述组织在欧洲安全建构中同样推出大量政策与战略，采取了许多行动，在不同侧面、局部以及区域，作用于欧洲安全秩序建造。从表面上看，欧洲所处的状态一直是，在经济上以欧盟为中心，在安全领域则以北约为中心。[1] 而欧洲安全与合作组织从一个无组织的"谈判坊"，转变为欧洲安全合作的一个有机组成部分，这种转变面临重重障碍，它的未来道路也绝不肯定。[2] 事实上，北约和欧盟作为欧洲安全与经济秩序建构中最具典型意义的代表性组织，吸引了大量安全、政治以及经济组织，经济组织大多向欧盟靠拢，安全组织则多向北约靠拢。

如前文所述，尽管北约在欧洲安全秩序建构中具有很强的影响力，但是

---

① Dmitri Trenin,"Introduction: The Grand Redesign", Anatol Lieven and Dmitri Trenin, eds., *Ambivalent Neighbors, The EU, NATO, and the Price of Membership*, p.2.

② Richard E. Rupp and Mary M. Mckenzie, "The Organization for Security and Cooperation in Europe: Institutional Reform and Poltical Reality", Mary M. Mckenzie and Peter H. Loedel, eds., *The Promise and Reality of European Security Cooperation, States, Interests, and Institutions*, p.134.

却不可能覆盖所有领域，作为北约安全战略与外交政策的重要补充，上述组织与机构发挥了北约所无法替代的重要作用。这种影响有时与北约的功用相互重合，有时又与之形成某种互补关系，共同塑造欧美等国所希冀的欧洲安全秩序。"作为一个机构，北约将安全与一套额外的命题联系在一起，这远远超出安全的本意。在这一概念中，安全机构具有更宽泛的授权，它们成为缔造和平、获得经济与社会进步的机构，成为各国之间取得其他各种积极进步的机构。"[①] 例如，在北约成立前后，"布鲁塞尔条约组织"、北约以及"西欧联盟"紧紧连接在一起。"英国外交大臣贝文指望伦敦九国会议能够确保德国加入北约，并且扩展'布鲁塞尔条约'，使之成为能够使欧洲统一体理念保持生命力的一个政治工具。"[②] 因此，"西欧联盟"（WEU）在某种程度上扮演了"布鲁塞尔条约组织"与北约之间的桥梁，进一步强化了北约成员国保持民族联系的纽带。

再次，北约制度模式产生于美苏冷战斗争的特殊环境，因此，该模式注定将打上冷战烙印，但是北约制度模式的冷战色彩远远甚于其他政治、经济以及安全组织，因此得以对欧美等国战后安全联合产生极大的示范作用。美国右翼学者约翰·米尔斯海默（John J. Mearsheimer）曾对北约的作用做出高度评价："北约针对机构的现实主义思考提供了一个很好的范例，北约就是一个机构，为阻止第三次世界大战发挥了作用，帮助西方赢得了冷战。然而，从根本上讲，北约在冷战时期的欧洲明确展示了两极力量的分布，这是一种力量平衡，本质上不是北约，这种平衡成为欧洲大陆维持安全的关键所在。面对苏联的威胁，北约在本质上是一种力量管控工具。"[③] 尽管北约在冷战中的实际作用远未达到米尔斯海默所描述的程度，但是北约确实作用于冷战，这也是不争的事实，尤其对欧美等国的政治与安全联合而言，其作用尤为突出。

事实上，北约制度模式的作用绝不止于欧洲，同样也辐射到世界其他地区。自北约建立后，美、英等国就一直蓄意放大北约制度模式的外溢效应，将其扩展到亚太区域。按照北约制度模式所体现出的固定联盟范式，美国等

---

① Steve Weber, *Multilateralism in NATO, Shaping the Postwar Balance of Power, 1945–1961*, p.86.

② Fergus Carr and Kostas Ifantis, *NATO in the New European Order*, p.59.

③ John J. Mearsheimer, "The False Promise of International Institutions", Michael E. Brown, Sean M. Lynn-Jones and Steven E. Miller, ed., *The Perils of Anarchy; Contemporary Realism and International Security*, Cambridge: MIT Press, 1995, pp.340-341.

西方国家在亚太区域建立了大量双边安全联合模式与多边安全联合模式，希冀以此奠定一种全新的亚太区域安全秩序。此举无疑进一步扩展了北约制度模式的功用，但是代价却是更大程度加剧了亚太区域冷战斗争的紧张化。

最后，北约制度模式并未简单束之以某种共同防御安全需要，它同样具有非常深厚的政治、经济与文化基础，而正是这种来自北约内部更深层面、由欧美成员国共同汇聚的文化与意识形态力量，为北约制度模式塑造了一种巨大张力，持续推动北约制度模式不断向前发展。具体来说，北约制度模式采取了一种相对宽松的多国合作方式，并未采取超国家联合方式，这在一定程度上为成员国预留了巨大的权力空间，进而避免了国家主权与联盟权力之间发生激烈碰撞。这种北约制度模式看似松散，但实际上却保持着某种制度弹性，足以使北约及其成员国有效淡化在联盟与成员国、成员国之间的利益差别。"北约是一个独立国家的自愿性协会，它不是一个超国家组织。既然是这样，对于作为一个整体的北约以及每一个成员国来说，北约没有专制权力决定军事开支的水准以及构成。它也无权决定其成员国在其国家比较优势基础之上专注于其特定力量。"① 松散的北约制度建构，实际上既保持了北约成员国之间必要的连接，同时也在彼此之间保持了一定距离，这在很大程度上确保了北约成员国聚而不融，离而不破。

北约在其制度建构历史中形成了一套特殊的思维范式，这一思维范式具有一定的伸缩性和灵活性，确保能够使北约在后冷战时代较为顺利地实施战略转型，大幅度改革并调整其已有的制度建构，裁撤且合并各种职能重复的机构，增设各种新的职能机构，按照后冷战时期新的政治与安全需要，不断强化北约的制度功能，以便更好地应对各种非传统安全威胁。不仅如此，北约制度模式的目标进一步放大，不仅立足于维护自身安全，而且还致力于消除欧洲—大西洋区域外的安全危机与挑战。很明显，北约制度模式为其未来的制度变革奠定了雄厚基础。

---

① Keith Hartley, *NATO Arms Co-operation: A Study in Economics and Politics*, p.5.

第五章

大西洋联盟与亚太安全组织思维—决策模式比较

第一节　北约思维—决策模式

一、北约决策中的冷战惯性思维与自主性思维

众所周知，北约诞生于美苏冷战斗争的特殊环境，因而不可避免被打上冷战的时代烙印，其发展起落均受到美苏冷战斗争的强烈影响。"几乎是普遍公认的真理。那就是东西方紧张关系一直是大西洋联盟的黏接剂，东西方缓和则是其潜在的融合剂。"① 不论是北约集体防御精神，还是其防御安全战略，抑或其联盟机制建构，无一不受冷战文化与意识形态的浸染，这种冷战文化与意识形态既强调北约在社会文化、价值理念以及意识形态等领域的优势，也强调北约在联盟机制、指导方针、安全战略等方面的优势，更强调战而胜之的对抗原则，它们最终凝聚为北约的冷战惯性思维。按照瑞士日内瓦高等研究院副教授斯蒂芬·霍夫曼（Stephanie C. Hofmann）的说法："在安全与外交事务领域中的意识形态，植根于一套价值观中，这套价值观确立的基础在于，所有参与者都深知安全的方式与目标，或者更精确地知道安全威胁以及对付这些威胁的方法。"② 实际上，北约所秉持的意识形态不仅在其安全政策及其实践中发挥着不可或缺的作用，而且也在北约联盟的存在与发展中占据重要的地位。

在表现形式上，北约冷战惯性思维集中体现为欧美各国始终追求的冷战文化与意识形态。"意识形态在社会中扮演着许多功能，它可激发行动、动员

---

① Anton W. Deporte, "NATO and Dtente: Cycles in History", Lawrence S. Kaplan, S. Victor Papacosma, Mark R. Rubin, Ruth V. Young, eds., *NATO after Forty Years*, p.181.

② Stephanie C. Hofmann, *European Security in NATO's Shadow, Party Ideologies and Institution Building*, Cambridge: Cambridge University Press, 2013, pp.18-19.

人民、解释和合理化政治精英的作为；它也可结合反对力量，提供政治上的不同选择，要求人民拒绝支持某些决定。换言之，意识形态形成政治，也被政治形成。"[①] 冷战文化与意识形态为北约政治与安全决策及其实践不断演进奠定了基础，而冷战惯性思维则正是在北约的冷战政治实践中逐渐形成，它构成北约推进其政治与安全战略的一种内在逻辑，在很大程度上主导着北约的发展历程，尤其是在北约发展早期。

在形成北约指导方针，引领其政治与安全实践的过程中，冷战惯性思维在北约的战略决策中发挥了重要作用，但是这种作用并不是唯一的，而且其自身也并非一成不变。北约战略决策受制于多种思想因素，其中尤以冷战惯性思维和自主性思维的作用最为突出。上述两种思维方式的变化主要集中在两个阶段：第一阶段，自北约建立后，一直到20世纪60年代，鉴于美苏冷战斗争持续高涨，北约的思维与战略决策一直以冷战惯性思维为主，辅之以某种自主性思维，形成以冷战政治与安全需要为目标的战略思维与决策机制。第二阶段，随着美苏冷战斗争进入缓和时期，从60年代后期开始，北约战略决策中的冷战色彩开始迅速消退，自主性思维上升，北约战略决策开始形成以自主性思维为主、以冷战惯性思维为辅的新决策机制。

在北约思维与决策的第一个阶段，冷战惯性思维发挥了突出作用，这一思维主要表现在以下几个方面：第一，作为战后欧美等国冷战政策的重要工具，北约关于战略、政策、机制、行动等多方面决策，均着眼于冷战的整体战略需要，追求冷战化的政治、军事、安全、文化以及意识形态目标，强调大西洋区域整体防御安全。这一时期的北约并未突出自我，也不强调自身的政治与安全利益，而是强调西方国家的整体利益诉求。正是在冷战惯性思维的作用下，北约始终未能形成强有力的个性化战略，或者很少有能够体现北约自我利益诉求的安全战略，基本上追随或者模仿美国的军事战略，其战略决策大多充满折中与妥协色彩，竭力与美国等国战略保持一致。

第二，在冷战惯性思维的作用下，北约将其决策架构分为欧洲与北美两大板块，在战略决策中基本上采取了欧美双方共同协商的方式，通过大西洋两岸共同决策，一致行动，不断推进其冷战目标。这一时期的北约自主性思维并不突出，在战略决策中附属于冷战惯性思维，立足于对各种以冷战为目标的战略决策实施某种局部修补或完善，不足以从根本上改变北约的决策形态。

---

① 关中：《意识形态和美国外交政策》，台湾商务印书馆，2005年，第2页。

第三，在冷战惯性思维的主导下，北约高估了华约和苏联的军事入侵危险，臆测并误判苏联与华约具有本能的"侵略"意图。为了使自身在欧洲冷战斗争中不致落败，北约持续提升自身的安全应对层级，不断加强自身的军事与安全建设，强化其对苏联和华约的政策与战略硬度，但这也导致欧洲冷战斗争格局不断升级。事实上，意识形态是一种长期目标，并不拘泥于某种短时目标，也不局限于某种具体的现实目标，而在于长远目标。美国遏制政策的创立者乔治·凯南在进一步解释其冷战思想时曾强调："我们已经知道，莫斯科没有意识形态的驱动急于实现自己的目标。和教会一样，他们经营的意识形态概念长期有效，可以平心等待目标的实现。"[1] 与此相对应，大多数北约军事作战计划或者安全战略，均以苏联与华约大规模入侵西欧为思考前提，其内涵与外延都远远超出欧洲安全环境的现实需要，这种思维定式客观上必然会夸大北约的作用。曾出任北约欧洲盟军最高司令部长官的艾森豪威尔，就在其回忆录中提道："我坚信北约的理念，在我看来，西方文明的未来取决于北约的成功。"[2]

第四，北约的外交、安全与军事战略，实际上均以与苏联交往的最坏结果作为其战略优劣的评判坐标，预设双方的局部冲突或者战争，其政治与安全战略及其实践立足于对抗而非对话、冲突而非合作。冷战结束后，大量新近披露的苏联与东欧各国解密档案证明，苏联与华约实际上并未制定任何旨在对西欧发动侵略的进攻计划或战略方案，相反，苏联与华约组织制定的许多军事预案，基本上都是以防范北约进攻为目标的。美国冷战史研究大家约翰·加迪斯（John L. Gaddis）曾为此感慨道："有些事情有时在历史上不会发生，事实上，每个人都假设这些事情不可能发生，尽管如此，这些事情还是得以展现。"[3] 与之相较，美国学者科林·格雷（Colin S. Gray）则更加直白地提出："苏联没有与西方相应的威慑、有限战争和军备控制等理论，正是这些理论催生了西方的核心观念——稳定、升级控制、谈判、自给自足等，而这些在苏联的军事计划中没有明显的作用。"[4]

约翰·加迪斯在分析美国出台强硬冷战政策的原因时曾强调："我们永远

① ［美］乔治·凯南：《美国大外交》，2013年，第163页。

② Dwight D. Eisenhower, *The White House Years: Mandate for Change, 1953–1956*, New York: Doubleday, 1963, p.38.

③ John L. Gaddis, *We Now Know, Rethinking Cold War History*, p.219.

④ Colin S. Gray, "Strategic Stability Reconsidered", *Daedalus*, 1980, p.139. 转引自［英］巴里·布赞、［丹］琳娜·汉森著：《国际安全研究的演化》，第77页。

无法准确查明，为什么美国决策者们采取了一项'强硬'政策，拒绝做出更多让步，以获得苏联的合作。"[①] 不难理解，美国的冷战政策之所以如此强硬，除去需要维持战后世界霸权地位的考虑外，还有其国内政治的特殊需要，但最重要还属美国决策者所秉持的冷战思维与极端意识形态。同样，北约决策者推行强硬的冷战对抗政策，实际上也谈不上有多少内部因素，唯一的解释就是冷战惯性思维在北约战略决策中发挥了关键作用。

就北约的战略决策而言，冷战惯性思维既是一种世界观，也是一种方法论。就前者而言，冷战惯性思维实际上构筑了北约的政治与安全世界，在理论与现实两个层面奠定了北约政治与安全战略决策的基础，但它也在很大程度上同样限定了北约战略决策的深度与广度，促使北约错误地认定，只有采取更强硬的冷战对策，才会赢得更大的冷战利益。对后者而言，冷战惯性思维为北约提供了一种基本的认识论、方法论、逻辑判断以及思维范式，有效指导北约战略决策的方向、程序以及架构，这种以非黑即白、不胜即败的二元冷战逻辑，成为制定北约各项方针政策的依据。冷战惯性思维几乎成为北约维持自身发展、不断推进其政治与安全战略的一种思想源动力。

从20世纪60年代后期开始，随着美苏冷战斗争有所缓和，北约的战略决策基础出现新变化，冷战惯性思维不再是构筑北约战略决策的唯一思想基础，北约的自我意识开始走强，北约开始彰显自我个性，追求特定的自我利益，其自主性思维开始成为北约制定并指导其战略决策的主要思想方法，而冷战惯性思维则成为次要的方法。北约不再仅仅满足于追求冷战职能，而是在冷战政治与安全目标之外，在更大范围内谋求北约的发展与扩大。虽然这一时期的北约并未完全杜绝冷战利益诉求，但是冷战目标显然已不再是其唯一的发展趋向，北约开始设定新的发展方向，积极追求新目标。例如，在美国尼克松政府的力主下，北约于60年代末设立"迎接现代社会挑战委员会"（CCMS），该委员会的职能就是积极有效地应对现代社会发展所衍生的诸多问题，诸如环境保护、技术进步、应对自然灾害等。在自主性思维的主导下，北约开始积极横向扩展其综合职能，以此适应日趋复杂、变幻万千的国际社会需要。

自主性思维主导下的北约政治与安全实践，并不意味着北约的政治与安

---

① Deborab Welch Larson, ed., *Origins of Containment, A Psychological Explanation*, Princeton, New Jersey: Princeton University Press, 1985, p.15.

全力量较此前有实质性变化，或者北约作为西方冷战联盟组织的基本属性就此改变，这也不意味北约的军事力量出现空前发展或衰落，或者北约及其成员国不再强调冷战的政治与安全目标。自主性思维实际上更多显示了北约自身的政治与安全需要，而不是北约内部美、英等大国的需要。1967年，北约推出"哈默尔报告"，又称"北约的未来任务"（The Future Tasks of the Alliance）。该报告明确提出北约两个主要功能：第一，在发生侵略时，北约要保持足够的军事力量和政治稳定，以抵抗侵略以及其他形式的压力，保卫成员国的领土……第二，寻求建立更加稳定的关系，可以使潜在的政治问题得到解决……[①] "哈默尔报告"虽然仍立足于在政治与安全层面以及东西双方关系之间探讨北约在欧洲安全秩序建构中的作用，但却非常明确地表达了欧洲国家对未来欧洲安全的基本设想，特别是对北约在东西方关系缓和的大背景下自身定位的认知。"哈默尔报告"是北约首次作为一个独立的政治与安全个体，对欧洲安全秩序建构展开的独特思考，集中展示了欧洲国家相对独立的思考方式，此举明显有别于美国，这充分显示了北约自主性思维中蕴含的独立精神。

然而，北约自主性思维并不代表欧洲与美国在北约发展方向上出现不可调和的根本性分歧。在北约的自主性思维中，美欧双方固然有各自的思考，但更多内容却是北约自身的整体性思考。"对于北约来说，一直不可能完全信任其自身，或者至少对于华盛顿来说，无法相信北约，因为战争是不可想象的，所以不会发生。因此，我们必须追踪北约所付出的努力，因为北约已经在非战略层面改变了其力量态势，以便宣称它更加适合'灵活反应'的官方方针。"[②] 在其安全战略与实践中，北约显然更强调威慑而非战争，特别是更着眼于欧洲安全秩序建构，目标相对务实，而对于冷战的政治理念与意识形态目标的追逐，无论是其坚持的理念还是付诸的努力，都远逊于美国。

特别需要强调的是，尽管自主性思维逐渐走强，在北约战略决策中发挥的作用越来越大，但是它也从未完全替代冷战惯性思维。即使在冷战结束后，冷战惯性思维仍以或强或弱、或隐或现的方式体现在北约的战略决策中。平心而论，冷战惯性思维与自主性思维存在于两种政治逻辑中，实际上并没有孰高孰低之分，也不存在相互排斥、互不相容之意。两者实际上都是国际政

---

① "The Future Tasks of the Alliance", 13-14 December 1967, available at http://nato.int/cps/en/natohq/official_texts_26700.htm. last accessed on 9 February 2015.

② William Park, *Defending the West: A History of NATO*, Brighton, Sussex: Wheatsheaf Books Limited, 1986, p.126.

治与安全环境及其变化的产物，它们在本质上是一致的，只是在各自的目标、方法、重点等方面存在差别。客观而言，鉴于自主性思维发端于冷战初期，发展于20世纪60年代，成熟于冷战结束后，因此得以在方法、意识以及程序等方面大量吸收冷战惯性思维的经验教训，在客观上更加适时地反映北约自身的利益需要，这使自主性思维得以更长久地作用于北约战略决策。

北约战略决策模式的最终形成，离不开上述自主性思维与冷战惯性思维的联合作用，上述两者构成北约决策的思想基础，两者在北约决策模式中的不同权重及其变化，实际上反映了北约决策模式的总体发展趋向，这一过程堪称是一种必然。正是在这一过程中，北约决策模式得以不断发展其内在的系统性、体系性和科学性，使北约的战略决策更加符合自身需要，更加凸显北约在欧洲政治与安全事务中的影响。

二、北约决策模式中的单边与多边之争

在北约决策模式中，北约的战略决策从来就不是单一的，也不是平面的，北约决策模式分为不同层面，其中尤以单边主义和多边主义最具代表性。单边与多边之争，不仅是一种思想方法之争，也是一种政策行为之争，在实质上反映了北约内部的权力分配趋向。它既反映了北约内部大国与小国、强国与弱国之间的权力斗争，也反映了北约决策规则、程序以及方向所存在的不平衡。然而，不管单边主义和多边主义，实际上都反映了北约在建构其决策模式上的一种政治追求，反映了北约决策模式的发展轨迹。

客观而言，北约决策模式中的两种方法，均形成于北约创建时期特殊的冷战历史环境，同时也反映了北约作为欧美多国联盟不断发展壮大的趋势。众所周知，美国自二战后一跃成为全球超级大国，无论其经济、军事力量还是政治、文化影响，都具有无可匹敌的力量，欧洲盟国在战后陷入普遍衰落中，根本无法与美国相提并论，这一状况成为美国在北约战略决策中发挥关键作用的基础。然而，许多人仅看到美国为北约所用，迅即对此提出批评："理所当然的是，事实已经证明，大西洋联盟只是一个工具，即针对欧洲遇袭开启了保险柜，或者建立了一支可以将美国军队缠在欧洲战事中的军事力量。"[1] 但是他们从未看到美国利用北约，当然也无从发现美国在北约决策中的单边主义。实际上，美国所推行的冷战外交与遏制战略，在北约创建及其

---

[1]　Lawrence S. Kaplan, *NATO and the United States: The Enduring Alliance*, p. 35.

早期发展中发挥了引领作用，领导了北约作为冷战联盟的发展方向，为北约的政治与安全战略提供了关键指导。"40多年来，北约一直是美国政治与军事生活的一个核心功能。"[①]同样，北约也在很大程度上维护了美国在欧洲的政治与安全利益，有效控制欧洲盟国，与苏联展开冷战斗争。就此而言，北约战略决策中的单边主义，实际上正是由于美国在北约内部占据全面优势而形成。

在北约所有重大决策中，单边主义几乎处于无可替代的重要位置。从北约政治领导机制到军事指挥机制，几乎所有重要位置全部由以美国为代表的少数几个大国所把持，所有重大权力都掌握在美、英等国手中。例如，北约军事委员会主席、欧洲盟军最高司令、大西洋盟军司令等重要职位，多年来一直由美国人担任，而北约秘书长虽由各成员国代表轮流担任，但英国人明显有更多机会担任该职，其任职人数与年限均高于其他欧洲盟国。"不可否认，法国掌握了欧洲盟军最高司令部所属中央区域的主要指挥部，但与之相反，美国人则掌握了7个以上指挥部，英国人掌握了5个指挥部。"[②]就北约核力量与常规武装力量构成而言，北约的核武器由美国提供，美国由此得以把持和控制北约核力量的设计、控制和指挥，这导致北约核战略几乎成为美国核战略的翻版。同样，北约常规武装力量主要由美、英、德等大国军队组成，它们向北约提供了大部分武装力量、先进武器和装备，因此，北约武装力量的教育与训练、军事演习、情报与信息收集、编制与部署、战争方案以及战备行动等，几乎全由美、英、德等国说了算，其他国家只能发挥某种补充作用。即使英、法两国拥有核力量，但也只能在北约核力量构成中充当配角，无法承担主要责任。"在北约集中化的军事结构中，不仅所有的常规武装力量处于美国军官的最终指挥之下，而且欧洲的核力量也直接接受美国军官的指挥。"[③]

由此可见，单边主义几乎成为北约决策模式中的一种常态。尽管单边主义有助于减少北约成员国之间相互掣肘，互相推诿责任，许多决议议而不决，决而不行，而且有助于减少北约官僚体系拖沓与臃肿等弊端，但是，单边主义也造成北约决策模式中的某种重大缺陷，即大国主义和强权政治盛行，一

---

① James R. Golden, Daniel J. Kaufman, Asa A. Clark IV, and David H. Petraeus, eds., *NATO at forty, Change, Continuity, & Prospects*, XV.

② Anand Menon, *France, NATO and the Limits of Independence, 1981–1997*, London: Macmillan Press Ltd, 2000, p.8.

③ Charles G. Cogan, *Forced to Choose, France, the Atlantic Alliance, and NATO—Then and Now*, p.124.

切由美国等北约大国说了算，一切以美国等大国利益为目标。即使同样作为北约中大国的英国，亦与北约的许多重大决策无缘；而堪称欧洲大国的法国，更是在一些关键位置与权力运用中受到排斥。"自北约建立后，法国就不断抱怨说，它感觉到北约在行使其职能的过程中存在着一种不适当的'盎格鲁—撒克逊偏见'。"①

这种状况造成北约的权力结构严重失衡，各成员国所分享的政治与安全权力严重不对等，许多小成员国完全失去话语权，只能充当北约各项决策的附庸。尽管在理论上，"《北大西洋公约》并未在北约联盟的军事或者政治架构中赋予美国某种优势地位"，② 但事实却不尽然，美国在北约内部享有的单边决策优势随处可见，所造成的不良影响亦比比皆是。在20世纪80年代，欧洲盟国就一直抱怨说：在里根政府时期，"美国已恢复了其最恶劣的单边主义习惯，当其屈尊注意到朋友和盟国提出的独立观点及利益时，采取了厌恶和忽视态度"。③ 可以想见，单就其利益而言，美国单边主义对其盟国造成的物质损失尚在其次，但是伤害最深的，当属欧洲盟国与美国的政治感情纽带。

然而，单边主义虽然存在诸多弊端，但是在欧洲冷战碰撞不断激化的特殊年代，单边主义在北约内部依然获得大多数国家的积极支持，尤其是许多小成员国更是对此青睐有加。因为相比美苏冷战斗争以及潜在侵略威胁的巨大压力，以出让部分决策权来换取整体国家利益得到有效维护，这不失为一种非常高明的政治选择。更何况北约的单边主义采取了非常灵便的手法，让规模较小的成员国免费享有美国等大国提供的安全保护，让它们以低廉的代价获得最大化安全利益，在形式上使北约内部大国和小国能够平起平坐，共同享受自由和平等的原则，这些都是小成员国一直津津乐道的。因此，美国在大西洋联盟中推行的单边主义，实际上在欧洲中小国家中颇有市场。所以，在北约决策模式中经常会有一种奇怪现象，即北约中的小国或者弱国虽然经常对大国政策与行为颇有微词，甚至心怀不满，但它们却并不愿美、英等国因此退出北约。相反，美国等大国虽然在北约内部享有特权，但却在冷战时期屡屡放言，威胁要减少驻欧洲军队和军事开支，甚至从欧洲撤军，以此胁迫小国和弱国俯首帖耳，以此增强自身在大西洋联盟决策中的权重。

---

① Anand Menon, France, *NATO and the Limits of Independence, 1981–1997*, p.8.

② Steve Weber, *Multilateralism in NATO, Shaping the Postwar Balance of Power, 1945–1961*, p.31.

③ David Watt, "The Conduct of American Foreign Policy: As a European Saw it", *Foreign Affairs*, 1984 Special Issue, , Vol. 62, No. 3, pp.521-532.

北约决策模式中的单边主义不只停留在北约内部，同样也表现在北约的外交决策与对外关系中。贯穿整个冷战时期，北约参与的国际事务尽管数量不多，但在其仅有的政治与安全实践中，北约的战略决策一般很少顾及其他相关的区域组织或者国际组织，对整体国际安全环境或者区域安全环境的考虑也相对较少。而且，北约外交方针与安全决策一般以追逐自身利益作为行动目标，实际上也很少顾及被干预国家或者地区的切身利益和心理感受。这种状况不可避免造成北约决策模式相对封闭，缺乏开放性，缺乏必要的外部接触与交流。在许多国家看来，北约决策模式中的单边主义几乎被视同为一种另类的霸权主义，同时也被视为另一种自私自利的表现，导致北约战略决策被外界理解与接纳的程度降低，进而导致北约外交与安全决策的实际效果并不理想。

与北约决策模式中的单边主义相对应，多边主义同样是北约战略决策的另外一种重要方式。鉴于北约是一个由欧美多国组成的军事联盟，因此，北约在其内部推崇多边主义原则，即在北约内部，各成员国不分大小，权力一律平等，它们可以就北约内部的任何重大问题随时展开协商，各国共同合作，一致行动。事实上，北约所提倡的集体防御精神，就是北约所尊奉的多边主义在战略设计层面的集中展示。对于多边主义组织的确切含义，美国学者约翰·鲁杰（John G. Ruggie）曾提出两种概念，即多边主义机构（Institution of Multilateralism，简称 IM）与多边组织（Multilateral Institution，简称 MI），对其予以细分。前者是指国家行为的组织应该展示其不可分割的特性、有组织的原则以及分散式的互惠行为。后者则是指拥有超过3个成员国的正式组织，其中，集体决策建立在某种平等或者加权投票原则的基础之上。两者的区别在于后者避免将正规组织结构或决策模式与国家行为模式相混淆，而北约则是少一些多边组织的内容，多一些多边主义机构的内容。①

事实上，北约既是一种多边主义机构，也是一种多边组织，它兼具了两者特点，很难说这个多一点或那个少一点。就其政治含义而言，北约决策模式中的多边主义带有强烈的政治色彩与意识形态倾向，在本质上属于一种特殊的政治联合方式，实际上既是各成员国之间的一种政治妥协与合作，也是各成员国的一种共同政治参与。就其精神层面而言，多边主义实际上寄予了各成员国所鼓吹的平等与民主精神，多边主义有助于在北约内部实现某种权

---

① Steve Weber, *Multilateralism in NATO, Shaping the Postwar Balance of Power, 1945–1961*, p.1.

力平衡。一般意义上的多边主义往往将安全绝对化，"事实上，多边主义将安全几乎变成一个非排他性产品，它将霸主的强制权最小化，将霸主为实施保护而提取报酬的能力最小化。多边主义使对自行其是者实施制裁变得很困难，因为威胁放弃特殊国家作为惩罚会丧失信用。总而言之，有强大实力的国家有可能在多边主义之下为联盟安全付出更多，但它不能指望得到回报，客观地讲，这并非是一桩令人信服的交易。"[①] 但是和一般意义上的多边主义不同，北约决策模式中的多边主义具有多重含义，它在显示北约政治合作的同时，也意在显示北约内在的平等、自主、自愿以及自由等原则，它既不带有政治或安全权力的强制性，亦不涉及单方面安全保护。

在北约决策模式中，多边主义并非是排他性的，单边主义与多边主义几乎同时存在，两者事实上已经形成某种特殊的相互补充关系。在名义上，北约始终坚持多边主义的政治合作方式，充分显示北约的民主与平等原则，确保北约作为民主国家联盟的基本属性。但是在实践中，北约则偏向于以大国意志与权力作为其决策基础，强调集中运用北约的有限资源与影响，确保北约决策效益实现最大化。多边主义的存在及其实践，在很大程度上确实抵消了单边主义决策所产生的各种负面影响，大大弥补了由单边主义而滋生的许多决策弊端。就此而言，单边主义与多边主义的交叉与协作，在理论和实践两个层面丰富和深化了北约决策模式，推动了北约决策模式向持续系统化、科学化的方向发展。

正是由于北约决策模式同时保持了单边主义与多边主义两种方式，最终有效确保了北约内部各个成员国能够在彼此权力、利益、战略、实践等各方面保持相对平衡，有效保证了北约权力机制、安全战略、军事行动、社会活动等不会剑走偏锋，迈向极端。最重要的是，上述两种方式确保了北约政治与安全权力的运用，能够保持在相对可控范围内，不致失控，并且在有效监督下保持效率。

总之，除去单边主义与多边主义之外，北约决策模式还有其他许多形式与内容，例如，在大西洋安全架构中，北约成员国采取了双边协商或多边协商等。另外，在冷战结束后，滋生于北约内部、更加松散的"意愿联盟"（Coalition of the Willing）式的决策。还有北约与各种国际组织、区域组织、地区大国等展开的各种协商式决策，等等。这些决策的形式与内容，均丰富

---

① Steve Weber, *Multilateralism in NATO, Shaping the Postwar Balance of Power, 1945–1961*, p.8.

了北约决策模式的内涵，增加了其适应性和有效性，使北约决策模式更加适应风云变幻的国际事务或区域事务的需要。

三、北约决策模式中的"政治协商制"

诚如上文所述，北约决策模式中存在着单边主义与多边主义，但是这些决策方式与行为大多松散存在，并未完全达到制度建构的层面，而真正进入北约决策模式中制度建构高度的，当属北约政治协商制度。政治协商制度作为北约战略决策的一个重要内容，与多边主义有一定重合与交叉，但是两者不能画等号。政治协商制度作为一种相对完整的权力机制，在制度层面较好地解决了北约内部权力不平衡问题，构成北约决策模式一个重要组成部分，亦成为北约决策模式的一个亮点。

北约政治协商的起源，可以追溯到北约创建之初设立其权力机制。《北大西洋公约》第九条款明确规定："因此，缔约国应该建立一个理事会，每一个签约国都应派代表参加理事会，该理事会将考虑执行《北大西洋公约》的相关事务。理事会应该可以在任何时候组织会议，理事会还应成立必要的辅助机构，特别是理事会应立刻建立防务委员会，该委员会将提出实施第三条款、第五条款的建议。"[1] 北约最初的机制设置，实际上已暗含成员国展开相互协商之意。美国学者肯尼斯·迈耶（Kenneth A. Mayer）曾就此指出："事实上，《北大西洋公约》第九条款为后来北约（协商）制度的发展，提供了一个建构基础。"[2] 虽然北约此时尚未明言政治协商，但在权力机制中展开磋商与合作实际上已经得到全体缔约国的一致支持，由于北约政治协商制得以依托权力机制发展，这一内容不仅在政治与安全实践中得到延续，而且贯穿于北约发展的全程。

在此基础上，为了加强北约权力机制的有效性，北约在1956年建立"三人委员会"（"三智者"，The Committee of Three），就扩展和提升非军事领域的合作，以及在北大西洋共同体内部实现更大程度团结协作，正式向北大西洋理事会提出建议。"三人委员会"提出一份"关于北约在非军事领域合作

---

[1] The North Atlantic Treaty, Washington, D.C., 4 April 1949. available at http://www.nato.int/cps/en/natohq/official_texts_17120.htm. last accessed on 11 February 2015. 同见于 Kenneth A. Mayer, ed., *NATO, The Next Thirty Years: The Changing Political Economic and Military Setting*, Boulder, CO: Westview Press, 1981, p.418.

[2] Martin J. Hillenbrand, "Structural and Organizational Problems of NATO: Some Solutions", Kenneth A. Mayer, ed., *NATO, The Next Thirty Years: The Changing Political Economic and Military Setting*, p.418.

的三人委员会报告"，简称"三人委员会报告"（The Report of Committee of Three）。① 该报告明确指出："在当前问题的早期阶段，存在着一种展开有效协商的持续需要，为的是国家政策可以得到发展，能够在全面知晓北约所有成员国的行动与利益的基础上采取行动。北约所有成员国有责任就适当事务与其伙伴国展开协商，更大程度分享这种协商权力的责任，掌握在大西洋共同体更加强大的成员国手中。"② 在"三人委员会报告"中，政治协商名正言顺成为北约推进全面合作的一项重要内容，与北约权力机制建设紧紧捆绑在一起，相伴北约权力机制建设而不断得到发展和深化。"三人委员会报告"作为推进北约政治协商的指导性文件，最终得到全面贯彻执行。1958年12月，北大西洋理事会在巴黎召开部长会议，正式通过了北约秘书长保罗－亨利·斯巴克（Paul-Henri Spaak）所做的关于提高北约政治协商的报告，正式将北约政治协商制度纳入北约的议事日程。至此，北约政治协商得以真正步入制度建设层面，开启了横向与纵向发展的历程。

就其基本内容而言，北约政治协商制度主要包括两个方面：

第一，在北约联盟机制与权力机制层面展开协商。北约在构建其联盟机制与权力机制中始终强调，各成员国不论大小、强弱、历史以及地理分布，既是平等的，也是自由的，在理论上都可以平等享有北约所有资源、权力、便利以及影响，这种自由与平等原则构成了北约政治协商制度的基础。"在真正意义上讲，北约一直是一个成功的例证，它的机构应当无可争议地享有这种成功的赞誉。"③ 在北约各级权力机构中，尤其是在最高政治与军事权力机构的设计中，北约都采取了委员会代表制，即各成员国向北约各个委员会派出代表，各委员会均采取一国一票的权力运行规则，对所有问题实行共同协商，集体决策，所有重大决策均采取"一致通过"原则，防止由于委员会内部分歧而导致决策执行困难，防止小成员国利益被忽视，最大限度表现北约各成员国决策的一致性与完整性。委员会代表制度既充分体现了北约内部的平等与自由意志，又展示了北约权力机制所拥有的合法性与普遍性。北约政

---

① "The Committee of Three-le cometédes Trois Sages", available at http://www.nato.int/archives/committee_of_three/CT.pdf. last accessed on 15 February 2015.

② Text of the Report of the Committee of Three on Non-Military Cooperation in NATO, 1956. Joseph I. Coffey and Gianni Bonvicini, eds., *The Atlantic Alliance and the Middle East*, Pittsburgh, PA: University of Pittsburgh Press, 1989, p.227.

③ Martin J. Hillenbrand, "Structural and Organizational Problems of NATO: Some Solutions", Kenneth A. Mayer, ed., *NATO, The Next Thirty Years: The Changing Political Economic and Military Setting*, p.417.

治协商制度最集中地体现在委员会代表制中，例如北大西洋理事会（ACC）、防务委员会（DC）、防务计划委员会（DPC）、军事委员会（MC）、核事务委员会（NC）等。上述委员会代表制度的权力范围几乎覆盖了北约决策与实践所涉及的所有领域，因此，政治协商同样深入北约的所有领域。

当然，这种委员会代表制度并不包括某些专业性很强的权力指挥机构或者职能性委员会，例如，北约核计划小组（NPG）、欧洲盟军最高司令部（SHAPE）所属的各种区域指挥机构或者各军种指挥机构。因为这些专业委员会或者指挥机构需要最大限度体现北约的政治与军事效能，不可能将所有成员国代表都包含在内。但是委员会代表制度的思想与文化精髓也同样深深植入这些专业委员会或指挥机构中，各成员国的权力要求与利益诉求，也都分别通过制度安排、权力倾向、人员任用等方式，在某种程度上得到体现或者有所补偿，以此体现政治协商制度所强调的平等与民主原则。

第二，在信息层面展开交流。北约政治协商制度所涉及的内容极其宽泛，远不止于政治领域，还涉及经济、军事、外交、安全、社会等各个领域。"从（北约创立）一开始，北约盟国就针对政治问题一起协商，他们在早期将其主要努力付诸防御问题，包括其经济与财政问题。"[1] 其中，信息交流也是各成员国展开政治协商的一项重要内容，它构成北约政治协商制度的一个新维度。与北约在联盟机制和权力机制下的政治协商有所不同，信息交流不是一种相对固定、恒定不变的协商内容，所采取的方式也比较松散和随意，但是其重要性却丝毫不逊于前者。信息交流并未在北约内部某个比较具体的委员会或者权力机构内部进行，政治协商往往在北约与其成员国之间、在各成员国之间发生，而且在大多数情况下采取单边、双边或者多边告知、信息传递等方式进行。前美国驻北约大使哈兰·克利夫兰（Harlan Cleveland）曾为此总结到，北约内部的协商按照以下方式进行，即信息可以通过单边方式告知，或者在其他一些情况下，信息可能在双边或者多边基础上交换。北约可能被告知某国已采取的决定，却并不希望其他盟国就此做出反应。[2]

从形式上看，以信息交流为内容的政治协商似乎并不正规，而且好像还有某种先入为主的特性，但实际上信息交流非常重要，它构成北约政治协商制度中委员会代表制度的重要补充。鉴于北约属于多国联盟的特性，其现有

---

① NATO, *Facts and Figures*, p.25.

② Paul Buteux, *The Politics of Nuclear Consultation in NATO, 1965–1980*, pp.180-181.

的权力机制及其相关设置，尤其是政治协商制度比较集中的委员会代表制度，无法覆盖北约政治与安全职能的每一个角落，特别是那些不引人瞩目的非主流领域。因此，北约权力机制中的许多职能，实际上需要各成员国相关权力机构以单边、双边或者多边方式执行，信息交流显得至关重要。从这个角度看，信息交流确实是北约政治协商制度所必需的，它只是在时间节点、行为方式、行动结果等方面实行事后协商，与事前政治协商所取得效果在本质上是一致的。

无论政治协商制度作为北约制度层面上的一种正式机制建构，还是作为北约非制度层面的一种非正式协商习惯，实际上都在确保北约发挥政治与安全职能方面发挥了作用，有力推动了北约联盟机制的提升和发展。北约政治协商制度的功用主要表现在以下几个方面：

其一，政治协商制度发挥了类似粘连剂的作用，在联盟机制下将北约各成员国牢牢粘连在一起。众所周知，在北约联盟内部，各成员国存在着许多天然的差异，但是政治协商制度在很大程度上有效抑制了这种差别，有效防止了其不断扩大和发酵。与此同时，政治协商制度虽无法阻止各成员国出现力量变化，但却有效降低了各成员国由于力量变化而提出新权力要求，从而破坏现有的权力机制的可能性。因此，政治协商制度对于持续稳固、强化北约的联盟制度发挥了重要作用。

其二，政治协商制度就像润滑剂，有效确保了北约权力机制能够正常运转，而且始终保持较高效率。在北约政治协商制度的权力设计之初，各成员国通过政治协商途径，有效确保了大国在行使权力时不会获得特权，至少在表面上如此，同时确保了小国的权力不会被忽视，各成员国通过协商而达成某种权力平衡。其次，政治协商制度有效确保了北约各权力机构能够相互对接，使各种相关权力与职能实现衔接，使北约权力机构最终形成了一个完整、系统的整体。

其三，政治协商制度也在很大程度上确保了北约与外界保持正常的对话、交流以及合作。北约政治协商制度的运用，实际上并不局限于北约内部权力运用，也不拘泥于各成员国之间的信息交流，在很多情况下，政治协商制度常常被用于北约与外界交往，包括北约与各种国际组织、区域组织、地区大国、涉事国家等展开交流，就某些具体事项展开协商。对北约及其成员国来说，通过比较充分的交流与协商，最终确定其对外交往的方向、尺度、方法以及途径。

总体而言，自北约政治协商制度创设后，一直得到各成员国一致支持，这是该制度不断发展壮大的原因所在。可以肯定，政治协商制度对于北约联盟的发展成长起到积极推动作用，尤其对于北约发挥其正常职责、政治与安全功能具有一定的促进作用。北约的"三智者"（Three Wise Men）——哈瓦德·兰格（Halvard Lange）、加塔诺·马蒂尼（Gaetano Martini）以及李斯特·皮尔逊（Lester Pearson）曾指出："很容易对北约内部的政治或者经济协商原则表示支持，但是，如果缺乏正确的理念，很难或者说事实上不可能将信念转换为实践……所有北约成员国都有迫切需要就国家政策制定的每一个组成部分，在北约内部展开协商。如果没有协商，北大西洋共同体的存在就会岌岌可危。"①

但是，我们也必须要看到，政治协商制度并不是北约医治百病的济世良方，北约内部始终存在着权力不平衡、大国单边主义、机构臃肿与低效、成员国利益冲突等种种矛盾与问题，尽管政治协商制度对缓解上述矛盾有所助益，但却无法从根本上去除其病灶，这些问题始终是制约和影响北约发展的痼疾，牵制并掣肘北约的发展壮大，就此而言，政治协商制度还有非常大的发展与提升空间。

第二节　亚太安全组织的思维—决策模式

一、亚太安全组织思维—决策模式中的文化与意识形态

亚太安全组织的思维与决策模式，同样受其文化与意识形态等因素的影响。和世界其他地区相比，由于亚太各国都非常注重其历史、文化以及传统，因此，亚太安全建构的每个步骤、举措以及成果，都更多受其文化、思想以及意识形态等因素的影响，"每天的政治实践都是通过文化认知和历史经验进行的。"② 鉴于亚太各国历史悠久，文化、思想以及意识形态背景极其复杂，不仅多种多样，而且极易变化，亚太安全组织的思维与决策模式中的文化与意识形态因此表现出极其复杂多变的态势。文化多元主义相信，共同的传统

---

① Lawrence S. Kaplan, S. Victor Papacosm, Mark R. Rubin, Ruth V. Young, eds., *NATO after Forty Years*, p.93.

② Hans Antlov and Tak-Wing Ngo, "Politics, Culture and Democracy in Asia", Hans Antlov and Tak-Wing Ngo, eds., *The Cultural Construction of Politics in Asia*, Surrey: Curzon Press, 2000, p.10. 转引自宋力："追求新亚太安全：文化视角中的地区合作"*Pacific Journal*, 2006. 3. pp.41-46.

与文化价值支撑着不断增多的社会联系。[①]

那么，亚太安全思维与决策中的意识形态究竟是什么？和其他地区的意识形态有何区别？能否圆满地解答上述问题，直接关系到对亚太安全思维与决策得失的评价。《美国外交政策百科全书》曾就意识形态做出定义："意识形态是一个人们所共有的信仰系统，它既可以是行为的动因，也可以被用来为行为辩护。它一般表明正式的价值，并包括构成原因的信仰。它解释事情如何发生。一种意识形态可能是乌托邦式的和进步的，也可以是对现状的保护。它提供了一种安排世界的方式，它定义敌人和盟友、危险和机会、我们和他们。意识形态是正式的、结构性的，它包含其本身的特殊逻辑，常常表现为对科学或客观知识的指导。意识形态作为批评、驱动力、解释或允诺暗含在集体行动中。它显示在一个共同体所持有的符号和信念中，并被公开表达出来。意识形态同时是哲学、科学、宗教和想象。"[②] 对于像亚太区域这样具有深厚文化底蕴的地区，文化与意识形态在安全组织中的作用可谓至关重要，远远超出世界其他地区。在亚太安全组织的思维与决策中，意识形态既是思想也是实践，既是行动也是方法，既是逻辑也是步骤。

在亚太安全秩序建构中，不论是双边安全组织、多边安全组织还是自主型安全组织，在思维与决策中都形成一些相对固定的范式，这些固定范式归根到底立足于亚太区域固有的文化与历史传统，吸收了近代西方文化的诸多理念，形成于冷战后的国际时代，因而综合并汇聚了亚太区域的传统安全文化、现代安全文化以及冷战安全文化等多种文化因子，形成特殊的安全文化特质。这种特殊的亚太安全文化既强调历史传统，又兼具现代特征，既能反映区域性安全需要，又表现出区域外扩展安全的要求，既立足于现在，又着眼于未来。美国研究日本史的权威学者埃德温·赖肖尔（Edwin O. Reischauer）曾专门对日本人的民族与文化特性做出描述："日本人不同于美国人，而与其他东亚民族一样，具有强烈的历史意识。他们用历史的眼光看待自己。"[③] 日本如此，其他亚太国家同样如此，将历史与现实相联系，这实际上成为亚太安全文化的一种共性。

[①]　Michael Haas, *Asian and Pacific Regional Cooperation: Turning Zones of Conflict into Arenas of Peace*, p.12.

[②]　Jennifer W. See, "Ideology", Alexander De Conde, Richard Dean Burns and Fredrik Logevall, eds., *Encyclopedia of American Foreign Policy*, second edition, Volume 2, p.188. 转引自周琪主编：《意识形态与美国外交》，第6—7页。

[③]　Edwin O. Reischauer, *The Japanese Today: Change and Continuity*, Cambridge, Mass: The Belknap Press of Harvard University Press, 1988, p.41.

　　首先，亚太传统安全文化受制于亚太区域幅员辽阔的地域环境、多样复杂的地理条件以及漫长多变的历史积淀，因此带有较强的时空特征。由于亚太各个地区的发展轨迹大相径庭，其传统与习俗的沉淀与积累各不相同，所以亚太区域传统安全文化兼具地理与历史双重特征。"文化的多元主义一直是发展区域组织的先决条件。各个国家在组织框架内交互作用时，通过练习亚洲方式与太平洋方式的原则，他们会形成一种新的文化亲和感。"① 然而，亚太区域传统安全文化并非只有差异没有共性，其共性就是战后亚太安全文化秉持相似的传统价值观、安全观以及维系安全方式。

　　在亚太安全组织的战略思维中，亚太安全组织非常重视区域内的权威力量，亦很重视传统的区域安全格局，特别是区域格局内从中心到外围的环状力量结构。此外，亚太安全组织亦非常重视在各区域内部建立相对有序的安全秩序，并且竭力试图保持区域安全机制相对稳定，进而保持区域安全机制中的权力运用相对平衡，并且使之能够持久发挥作用。因此，在传统安全文化中，各个国家或地区都应尊重权威，在他们的理念中，这一权威不仅具有悠久历史、丰富资源、强大实力、尤其重要的是，还有持久的文化影响、超强的道德感召力，唯有如此，才能确保区域安全秩序与稳定。在其战略决策中，亚太安全组织不仅强调权威力量的决策与影响，而且强调尽可能让权威力量发挥主导、威慑以及仲裁作用，以便确实建立一种决策与执行、领导与服从、主导与从众、中心与边缘的有效决策模式。与此同时，在区域成员国发生利益与权力纷争时，权威力量则需要发挥协调作用，甚至可以付诸某种威慑，最后采取仲裁措施，以便有效压制和消除矛盾与冲突，确保区域安全组织的各项政策得以贯彻执行。

　　在亚太安全组织的思维与决策模式中，权威力量的扮演者有很多种，而且具有鲜明的时代性与地域性。其中既有亚太区域的传统区域大国，例如中国、印度等国；也有伴随近代西方殖民扩张而进入亚太区域的欧洲殖民列强，例如英国、荷兰等；还有自二战后热衷于积极推行全球主义外交的美国。特别是后者，后来居上，在战后亚太安全秩序建构中发挥了极其重要的作用。但是无论如何，在传统安全文化的作用下，亚太安全组织的思维与决策模式实际上并未杜绝历史文化的心理浸透，在许多具体做法上仍然深受传统思维和习惯的影响。举例来说，不论是何种类型的安全组织，亚太各国在其安全

---

① Michael Haas, *Asian and Pacific Regional Cooperation: Turning Zones of Conflict into Arenas of Peace*, p.39.

思维与决策中，总是尝试着将其战略观、区域观以及国家观融合在一起，尝试着将国家现实利益与区域安全利益，甚至是国际安全利益等结合在一起。

其次，亚太区域现代安全文化是自近代以来出现、在二战后兴盛的一种新文化形式，其历史可以追溯到近代西方殖民主义在亚太区域大规模扩张，在长期的殖民统治中，许多亚太国家或地区沦为殖民地半殖民地，在思想文化上兼容西方文化与传统文化，形成某种特殊的殖民文化。"19世纪列强各自制定的殖民规划各有特点，差别极大，英国经常乐于通过非欧洲的组织形式进行统治，因此也允许各种地方性体制的出现；而法国（包括后来的美国）则更倾向于同化主义政策，一心要将自己的文化与制度扩展到被他们征服的各地人民当中。"[1] 受殖民文化的影响，许多亚太安全组织的区域安全目标发生明显变化，其思维方式明显倾向于按西方文化观、价值理念以及道德标准，评判和衡量本地区安全秩序建构的成败。而且鉴于上述安全组织与西方国家具有千丝万缕的联系，其安全视野相较以前有明显扩大，不再局限于本地区或本组织，而是伸向更广区域，伸向更多国家。

深受殖民文化影响的亚太安全组织，虽然深受西方文化影响，但却与欧美安全组织有很大区别，实际上它们并未完全摆脱亚太区域传统文化、历史习俗以及意识形态的影响，仍在一定程度上留下某些传统与历史的印迹。"最近在非洲建立的殖民疆界并未达到像亚洲那样可以追溯的程度，即拥有一段共同的历史和可以共享的文化传统。"[2] 然而，亚太区域的传统文化与意识形态已物去人非，不再扮演引领或主导上述安全组织思维与决策的主要角色。因此，就当前亚太安全组织的决策模式而言，它们已不再简单依赖于所谓的权威决策，而是竭力在组织内部追求平等权利，一致协商，共同决策，同时按照所谓民主与平等的原则推动其决策程序建设，履行决策权与行动力。尽管如此，上述亚太安全组织的决策并非为亚太各国所专擅，我们还是能在其中看到许多西方国家的身影，西方国家一直直接或间接在其中发挥着重要作用。"前欧洲殖民地国家独立运动的日益兴起，使亚太局势最终和两次世界大战之间中欧与东欧的局势十分相似，越来越多的局势不大稳定的国家不同程度地服从于超级大国出于自身利益建立新秩序的愿望。"[3] 特别需要强调的是，上述亚太安全组织的政治立场一般比较温和，其政治与安全目标在更多情况

---

① ［挪］文安立：《全球冷战：美苏对第三世界的干涉与当代世界的形成》，第74页。

② Geir Lundestad, *East, West, North , South, Major Developments in International Politics 1945–1986*, p.255.

③ ［英］理查德·克罗卡特：《50年战争》，王振西主译，新华出版社，2003年，第127页。

下都是综合性的、长期的，而且没有设定特别紧迫的、现实性很强的目标。

再次，二战后美、苏双方拉开冷战斗争序幕，首先在欧洲开启了全面冷战斗争的历史。"美苏之间的冷战不仅是一场军事和战略领域里的激烈对抗，而且也是意识形态和政治制度的竞争。"[①] 继欧洲之后，美、苏双方扩大了冷战斗争的疆界，不再将冷战局限于某个地区或者国家，而是出于扩大政治影响的考虑，将冷战迅速推向全世界。尽管战后世界的各种文明形态并不完全取决于美苏冷战斗争，也并非所有国家或者地区都为冷战所左右，但是大多数国家都在不同程度上受到美苏冷战斗争的强烈影响，亚洲、非洲、拉丁美洲都被美、苏双方或深或浅地拉入冷战斗争中，其中尤以亚太区域所遭受的影响最明显。

与之相伴，冷战安全文化以及意识形态亦在美苏冷战斗争中逐渐占据了主导和支配地位，进而深深融入亚太区域政治、经济、文化与军事等领域的发展进程中，并且迅速得以在亚太安全秩序建构中占据重要地位，进而在很大程度上主导并影响着亚太安全组织建构及其实践。特别是在20世纪五六十年代，冷战安全文化与意识形态不仅在欧美各国盛行，而且也普遍活跃于亚太区域，甚至亚太区域大有后来居上之势。曾任苏联驻美大使的多勃雷宁（Anatoly Dobrynin）曾就这种固有的意识形态发出感慨：我的"思想常年过于被斯大林主义所阻塞，被我们自己的意识形态盲区所阻塞，被我们根深蒂固的信仰和观念所阻塞，这些信仰与观念促使我们将美国的意图都误解为是进攻性的"。[②] 例如，朝鲜战争和越南战争堪为冷战时期具有全球影响的两次大规模局部战争，它们既反映了亚太区域严酷和激烈的冷战斗争现实，也对此后亚太安全组织与亚太区域冷战安全形势的演进发挥了重大影响。

鉴于亚太各国均为新兴民族独立国家，他们大多国力孱弱，政治混乱，经济凋敝，因此很难摆脱美、苏等大国的控制和影响，美、苏等大国堆砌和打造的冷战文化，势必会对亚太各国产生影响，尤其是对亚太安全组织的思维与决策产生重大影响。为此，许多亚太安全组织在其思维与决策中，均有意或无意诉诸冷战逻辑，着眼于追求某种冷战化的政治与安全利益，尤其是在决策中积极追随美、英等西方国家。这种思维与决策趋向在西方国家所创立的安全组织中表现尤为明显，并且其影响也在一定程度上波及其他安全组

---

① 周琪主编：《意识形态与美国外交》，第522页。

② Melvyn P. Leffler, "Inside Enemy Achieves, The Cold War Reopened", Lori Lyn Bogle, Ph.D. ed., *The Cold War*, Volume 1, Origins of the Cold War, The Great Historical Debate, New York: Routledge, 2001, pp.217-218.

织。冷战安全文化及其意识形态不仅施用于安全组织的决策源头，还作用于安全组织的决策程序、组织架构以及权力运用等方面，而且直接影响到安全组织的政治与安全行为结果。事实上，就冷战安全文化及其意识形态本身而言，在亚太区域并不具备天然的土壤，完全为美苏冷战斗争所使然。因此，冷战文化及其意识形态的盛行，必然会削弱亚太安全组织的自身安全利益追求，尤其削弱了亚太各国维护自身安全的潜力，导致亚太安全组织出现重大决策失误，进而恶化亚太区域的政治与安全环境。

亚太安全组织的上述三种文化与意识形态，不仅决定了亚太安全组织的思维与决策，而且也影响到亚太安全形势的基本走向，进而触及亚太安全格局的基本结构。事实上，上述三种安全文化与意识形态在冷战初期的各种安全实践中并非相互对立，而且也较少矛盾，甚至彼此之间时有重合，互有交叉，除去一些专属性较强的亚太安全组织外，大多数安全组织的思维与决策均同时受到多种文化与意识形态的共同作用。美国学者迈克尔·哈斯（Michael Hass）就曾强调于此："按照我的判断，（盟国）合作的形式与范围均依赖于共享的规范与价值观。"[①] 然而，随着冷战斗争日趋复杂化，三种文化与意识形态互有重合的状况有所改变，三者间的差别逐渐加大，受其影响，亚太安全组织的思维和决策也越来越频繁地显示出自身特色，而且这一状况在冷战结束后表现得尤为充分。

二、亚太安全组织中的威权决策模式

众所周知，亚太区域地域辽阔，各个地区和国家的自然与历史差异较大，各个安全组织之间存在着许多差别。在不同文化与意识形态的驱使下，亚太安全组织在集中其决策模式中表现出巨大差异，其中，既有由某个大国或者某种超大力量为主导的威权型决策，也有在组织内部追求各成员国平等权利的集体主义决策，还有集多种决策方式于一体的混合型决策，这些不同的决策模式在不同的安全平台上独自发挥作用，共同构成亚太安全组织的各种安全政策及其实践。

亚太安全组织的决策模式背景复杂，既有亚太传统安全文化与意识形态的作用，也受制于孕育安全组织的历史与现实环境。其中，威权决策模式的形成可谓深受上述因素影响。顾名思义，采取威权决策模式的亚太安全组织，

---

① Michael Haas, *Asian and Pacific Regional Cooperation: Turning Zones of Conflict into Arenas of Peace*, p.21.

大多深受亚太传统威权文化的影响。在上述亚太安全组织中，既有拥有超强实力的大国或强国，高高凌驾于其他成员国之上，充当联盟的引领国，或者充当安全组织的霸主；也有实力相对较弱的小国或弱国，充当安全组织的被引领国，或者充当决策模式中的权力辅助，他们共同构成威权决策模式的主体。威权决策模式有一种很明确的政治指导方针、一套相对完备的组织机制以及特殊的安全决策程序。尤其重要的是，它还有一种只可意会、不可言传的权力运行逻辑，这种逻辑有效地确保了大国成功运用权力，确保了威权决策模式的有效运转。在理论上，该安全组织的权力决策奉行平等和共享原则，并设有与其他组织相类似的权力表决机制，以便成员国在形式上能够平等分享和运用决策权，但在现实中，各成员国对决策权的占有与运用并不均等，大国实际上垄断了所有决策权，并按自身意愿施用。

在奉行威权决策模式的亚太安全组织中，决策权力的运转基本上停留在组织内部，着眼于成员国的占有和运用，对外则与其他亚太安全组织或国际组织展开协商与合作。但需强调的是，威权型决策模式的对外协商与合作，并非只是代表了某个大国，而是以安全组织的整体形象来展开，这在很大程度上掩饰了组织内部各成员国权力失衡的局限。因为弱小国家必须时刻注意到这一事实，即在与霸权国家互动的过程中，存在权力的不对等，而且还须担忧高压政治。进言之，弱小国家还必须关注这样一个事实，并不存在任何东西，可以迫使霸权国家遵守其与弱小国家订立的协定。[1] 因此，只有在对外权力运转中，威权决策模式所尊奉的权力平等与共享，始能得到全面展示。

归根结底，威权型决策模式基本上以大国或者强国的政治与安全决断为主导，其他成员国均须听命于它。大国不仅负责向该安全组织提供安全保护，而且也负责向其他成员国提供安全保护。不仅如此，大国还需依靠其超强实力，充分利用其政治影响，公正调解成员国之间的分歧与矛盾。为实现这一目标，大国除须拥有超强国力外，还需拥有较高的道德水准、较强的文化感召力以及充分的领导魅力，而且能够在政治与安全中发挥模范示范作用，以自身的行动规范和带动安全组织的行动。不论对大国还是小国而言，其外交政策与对内政策具有极大的共通性。对大国来说，与小国结盟的一个重要条件，就是全面掌握组织的决策权。对小国来说，就是通过权力让渡，可以迅

---

① Michael O. Slobodchikoff, *Strategic Cooperation Overcoming the Barriers of Global Anarchy*, Lanham, Maryland: Lexington Books, 2013, p.7.

即获得某种现实利益回报。"政治控制的第二个共同技巧就是与少数集团结盟，这一政治制度或者组织在其受压制行动中产生特权利益，遂成为对其特权地位不满的目标，少数集团有自己感兴趣的原因来保护其现有地位，他们因此缔结相当保险的盟友。"[①] 实际上，在运用威权性决策的安全组织中，小国所扮演的角色，就像少数民族在民族国家中的地位一样，同样需要利益分享与权力折中。

在采取威权决策模式的亚太安全组织中，负责行使决策权的大国或者强国，既有亚太区域土生土长的传统大国，也有类似美国的外来力量，还有许多受外界环境影响的亚太区域新生力量。尽管他们出处不同，身份不一，但行使决策权的方式却基本相同。虽然对二战后亚太安全建构而言，美国属于外来势力，在历史、文化以及传统方面与亚太各国迥然不同，但二战后美国作为世界霸主，在亚太区域尝试建立一种新安全秩序可谓势在必行。"美国必须寻求在亚洲地区保持稳定，通过'打造'旨在提供正面激励的活动，支持合作行动，挫败使用武力达到地缘政治目标的行动。"[②] 在其组建并主导的亚太多边安全组织或双边安全组织中，美国在一定程度上沿袭了亚太区域的某些传统与习俗，它所采取的单边主义权力运行方式与这些传统习俗相暗合。因此，在其主导的威权决策模式中，美国基本上把持了上述安全组织的话语权与决策权，在为上述安全组织及其成员国提供资源与援助的同时，亦牢牢控制着其发展方向，最大限度对其施加影响，使其决策有利于美国所属意的全球利益与安全目标。

但是，美国强行介入亚太区域政治与安全事务，也必然带着某种单边主义与霸权主义行为，包括美国在亚太区域推行的各种政治、经济以及安全政策，势必带有浓重的强制性色彩，强迫其他成员国接受，不论他们喜欢与否。事实上，美国的政策对于东南亚民族主义者来说，似乎引起了三个仇恨的符号：西方的帝国主义、日本的泛亚洲主义、（美国的）经济附庸。[③] 毋庸置疑，不只是东南亚地区民族主义者对美国的单边主义心怀不满，亚太其他地区的民族主义者同样也对美国的霸权行径不感兴趣，甚至满心憎恨。因为

---

① Risa Brooks, "Civil-Military Relations in the middle East", Nora Bensahel and Daniel L. Byman, eds., *The Future Security Environment in the Middle East, Conflict, Stability, and Political Change*, p.133.

② Zalmar Khalilzad, David T. Orlestsky, Jonathan D. Pollack, Kevan Pollpeter, Angel M. Rabasa, David A. Shlapak, Abram N. Shulsky, Ashley J. Tellis, *The United States and Asia, Toward a New U.S. Strategy and Force Posture*, Santa Monica, CA: Rand, 2001, pp.43-44.

③ Thomas J. McCormick, *America's Half-Century, United States Foreign policy in the Cold War and After*, p.116.

无论从哪个角度看，上述三者既是战后亚太区域民族独立运动的斗争目标，也是亚太新兴民族国家所要竭力摆脱的。因此，亚太新兴民族国家必然会对美国的亚太安全政策心怀疑虑，尤其会对美国行使决策权的单边或霸权方式深感忌惮和忧虑，他们害怕美国在提供安全保护的同时，会使其逐渐沦为美国的经济附庸与"新殖民地"。尽管亚太传统大国或者新生力量会在行使威权决策时，可能会采取某种相对缓和的手法，稍稍减轻其他亚太国家的上述种种忧虑，但却无法从根本上去除这种根深蒂固的忧患。

就其权力运行的结果看，亚太安全组织中的威权决策模式可谓好坏参半。就其积极效应看，威权决策模式避免了普通安全组织在权力决策过程中议而不决、决而不断的弊端，大大提升了安全组织的权力运行效率。而且，威权决策模式还最大限度避免了组织内部的各种权力纠葛，减少各种力量在权力运转中的相互掣肘，降低了由于各成员国分歧所造成的政治运行成本，最大限度发挥了安全组织的预期效益。正是基于这一原因，许多奉行威权决策模式的安全组织，自创建伊始迅即开始在亚太安全秩序建构中发挥作用，姑且不论这种作用是积极的或是消极的，这种即时生效的权力运转方式，显然在亚太区域并不常见，这构成二战后亚太区域安全建构的一种特殊现象。因为就亚太区域的传统、文化与习俗而言，不论是亚太安全组织或者安全建构，似乎更多立足于发挥长远功效，着力于长远发展，而不拘泥于获取某种即时性短期效应。

就其消极影响看，威权型决策模式不可避免存在某些固有缺陷，这些缺陷包括以下几个方面：第一，大国过分强调并倚重单边主义决策，强调高度集中决策权，并在此基础上加以运用，这在很大程度上导致安全组织内部权力失衡，大大挫伤了其他成员国的政治参与热情，实际上削弱了安全组织的权力基础。第二，威权型决策模式将安全组织的核心权力、利益追求以及发展方向，完全交付于某个大国手中，无形中滋生了巨大的决策风险。如果大国决策正确，那么该组织的政治与安全实践就会产生积极结果，反之则会产生消极结果，而这些消极结果势必会从根本上削弱该组织。第三，由于威权决策模式过于自我满足，缺乏必要的自我纠正和修复功能，亦缺乏必要的辅助决策功能，因此在一定程度上增加了安全组织决策的盲目性，导致威权决策模式被逐渐虚化，威权决策被简化为大国决策，该安全组织也逐渐沦为大国追逐权力与利益的工具。

由上可见，威权型决策模式在本质上并不是一种可持续的权力运转模式，因为不只是在亚太区域，在世界其他地区也一样，任何大国的发展都要受制于历史循环规律，都要受到各种外在环境与内部条件的制约，任何大国力量都不是恒定不变的，姑且不论大国力量会发生根本性变化，即使大国力量自身出现任何细微变化，都会对威权决策模式构成某种现实挑战，都会影响安全组织中的决策机制、程序以及方向。威权决策模式中的权力在理论上或许可以交替，但在实践中却很难在大国之间顺利实现决策权交接，在通常情况下，虽然旧的大国走向衰落，但却不情愿交出其决策权，新的大国很难在短时间内取而代之，在安全组织内部迅速形成新的决策中心。因此，双方实现决策权力交接的方式大抵是对抗式的，其间充斥着许多矛盾与斗争。

三、亚太安全组织中的集体决策模式

尽管亚太区域地域辽阔，南北有别、东西迥异，各大板块之间在地缘环境中差异较大，但是奉行集体决策模式的亚太安全组织却别具特色。原因在于隶属该组织的成员国，不仅在地理位置上相对接近，而且地处同一地缘政治板块内，很少有跨越地域的外来国家或力量参与其中。而且，这些成员国在历史文化、传统习俗、社会制度等方面具有一定相似性，拥有非常接近的历史渊源。此外，这些国家在综合国力、政治与外交立场、社会形态、安全关注等方面也很接近，至少谈不上相差悬殊。上述相近或者相同元素，客观上为亚太安全组织的集体决策模式奠定了基础，为集体决策模式的制度与程序建设以及长远发展铺平了道路。自20世纪70年代起，以"东盟"建立为标志，亚太安全组织的集体决策模式开始发端，并且日趋呈现蓬勃发展之势。"在冷战结束后，'东盟'展示了其作为一个弱小国家外交共同体的存在，其集体决策风格代表了1976—1991年解决次区域冲突的'机制性成果'……"①

从集体决策模式的文化渊源看，亚太安全组织中的集体决策模式孕育于不同的文化土壤中，这种文化土壤植入了亚太区域传统文化基因，又掺杂了由于近代西方殖民入侵所形成的殖民文化要素，形成一种特殊的融本土与外来文化、传统与现代文化为一体的综合文化。这种综合文化既不同于亚太传统文化，也有别于西方文化，在表现形式上很像后者，但在实质上则更接近前者。这种特殊综合文化的形成并发挥作用，关键是亚太新兴民族国家既不

---

① David Martin Jones, Nicholas Khoo, M.L.R. Smith, *Asian Security and the Rise of China, international Relations in an age of Volatility*, p.72.

能单纯地以传统文化应对新的区域安全挑战，也无法仅仅凭借西方文化来应对危机和挑战。因为亚太新兴国家已经意识到，所谓亚洲方式就是要意识到许多从西方政治经历中发展出的国际关系并不一定都适合于亚洲。[①] 因此，在多种文化折中下孕育而生的集体决策模式，实际上也是亚太新兴民族国家着力于构建亚太区域安全秩序的一种文化抉择。

奉行集体决策模式的亚太安全组织，大多属于自主型安全组织，基本上都属于战后亚太新生民族国家自行组成的安全组织，很少有亚太区域以外的国家或势力介入。这些自主型安全组织的成员国大多为欧美等国前殖民地和半殖民地，深受近代西方文化与宗教的浸染和洗涤，推崇西方国家所鼓吹的自由与民主精神。他们不仅借用了许多西方国家的政治、经济与社会治理理念，而且也套用了西方国家建构近代国际关系中的某些理论、观念以及思路，在此基础上尝试构建一种全新的亚太安全关系。例如"东盟"所推崇的安全建构方针、区域和平理念以及磋商与协作方法，不仅集中展示了西方近代国际关系中的平等与民主理念，而且也折射了亚太传统文化所追求的一些基本理念，诸如"天下一家""和而不同"、大众平等、和平共处、相互依存等。东西方文化各种思想与理念的全面交融，构成亚太区域集体决策模式的思想精髓。

为了解读国际关系中大国相互竞争的原因，美国学者约翰·米尔斯海默（John J. Mearsheimer）曾特别分析道："各个国家展开竞争，都想成为权力的最大拥有者，他们在彼此感到害怕的同时，也不断寻找机会获得权力，但代价却是其他国家丧失权力。"[②] 但是在"东盟"内部，所有参与国都一致认为，解决各国之间权力纷争的最好办法，就是建立一种相对平等和自由的集体决策机制，确保各成员国享有完全平等与自由的地位，在安全组织内部最终实现权力的平等占有、分配以及运用。事实上，集体决策模式确实有助于避免各安全组织中各成员国展开不必要竞争，避免由于各成员国无谓竞争而造成更多无谓的资源浪费，同时确保各成员国可以最大限度发挥其主动性以及参与热情，全面加强亚太安全组织的政治与安全功用。因此，对于亚太新兴民族国家来说，集体决策模式被视为解决权力与利益纠葛的一剂良药。

与许多西方安全组织的决策模式非常相似，奉行集体决策模式的亚太安

---

① Michael Hass, *The Asian Way to Peace: A Story of Regional Cooperation*, New York: Praeger, 1989, p.3. 转引自朱峰:《国际关系理论与东亚安全》，中国人民大学出版社，2007年，第408页。

② John J. Mearsheimer, *The Tragedy of the Great Power Politics*, 1st edition, New York: W.W. Norton & Company, 2003, p.5.

全组织，始终坚持平等主义原则，并且在该原则的指导下建立了一整套能够充分体现民主和自由精神的权力表决机制，即所有成员国不分大小强弱，一律平等。在所有关于安全组织的重大问题上，所有成员国一律采取一国一票的票决制度，实行共同表决、一致通过原则，即所有重大决策必须获得成员国全体认可方能生效，最终形成决议案，并且付诸实施。集体决策模式同时还奉行集体行动原则，即一旦某种建议或者意见形成决议，那么所有成员国都必须无条件执行决议，共同行动，集体担责。集体决策模式的权力运行不只存在于安全组织的权力顶端或权力高层，同样也深入安全组织的权力底层，可谓遍布安全组织的各个层面，该模式拥有一套非常完整而且严密的决策程序与方法，也有一套比较完善的协商与合作机制，充分保证了集体决策模式能够发挥最大功用。

集体决策模式一直致力于追求安全组织内部的权力平衡，着力于在集体主义范式中构筑一种新型权力结构。这种新的权力结构与运转，既不强求大国权力与利益突出化和特殊化，也不主张小国权力与利益隐性化或虚无化，而是突出安全组织的整体作用与集体决策，突出安全组织的整体权力、利益以及形象，以此代替成员国的个别权力、利益以及形象。集体决策模式就是要在安全组织内部实现某种权力平衡，以制度方式将这种权力平衡固化。以'东盟'为例，"'东盟'实践在多边限制的制度框架内，包含了一个非常明显的权力平衡维度，这种多边限制积极避开解决内部问题。"[①]

在亚太安全秩序建构中，集体决策模式堪称是一种大器晚成、后来居上的决策类型，相对于威权型决策模式而言，集体决策模式起步很晚，但这也在客观上使其能够很好吸收其他决策模式的种种优势，使自身的决策模式不断得到发展和完善。在有效的决策机制与程序建设之外，集体决策模式还有一种重要的思想观念发挥着重大作用，即在各成员国之间，能够充分实行互信、互谅与互助。这种互信、互助以及互谅观念虽然并未发展为一种成熟制度，而且对所有成员国而言，在更多情况下他们是自愿参与的，并不带有强制性，但是这种观念却成为各成员国平等行使决策权的一种必要辅助。互信、互助以及互谅观念所发挥的功效，丝毫不亚于决策程序与制度本身，实际上这种观念既是集体决策模式的润滑剂，也是该模式持续发展的推进剂。

---

① David Martin Jones, Nicholas Khoo, M.L.R. Smith, *Asian Security and the Rise of China, international Relations in an age of Volatility*, p.72.

　　与奉行威权型决策模式的安全组织相比，奉行集体决策模式的安全组织起步均相对较晚，但是这类安全组织发展却比较快，而且在亚太安全事务中所发挥的作用后来居上，其影响力既持久又深远，在某些领域或者某些地区，其动作力度甚至远远超出其他亚太安全组织。以"东盟"（ASEAN）为例，"由于为'东盟'杰出的外交风格所吸引和折服，东南亚经济崛起，伴随着太平洋沿岸其他地区经济发展，'东盟'已经证明自身是一个非常叫得响的发展模式，新一代学者对这一点非常感兴趣，即'东盟'的实践可能会打造一种更宽泛的东亚秩序。"① 究其原因，此类组织孕育并发展于亚太区域，他们熟知亚太区域存在的各种政治、经济、社会和安全问题，因此提出的各种政策主张，并且据此开展的各种安全实践，具有较强的针对性和实用性。此类组织从未设定任何不切实际的政治或者意识形态目标，他们在政治与安全实践中所采取的方式也相对温和而且适中。因此，与那些采取其他决策模式的安全组织相比，此类组织更适合亚太国家自身的安全利益需要。无论在民族感情上还是在现实生活中，奉行集体决策模式的亚太安全组织，很容易为亚太其他国家或者安全组织所接受，进而使他们可以开展必要的协商与合作。

　　集体决策模式之所以能够不断发展和深化，一个非常重要的原因就是，该模式能够充分吸收其他决策模式在决策、方针与实践中累积的各种经验教训，趋利避害，真正确保自身的重大决策更少失误，同时使其决策程序更加系统，决策更加科学。事实上，集体决策模式的形成及其发展，确实得益于对其他亚太安全组织经验教训的吸取。正是因为这一特点，奉行集体决策模式的亚太安全组织在战后亚太安全建构中得以脱颖而出，发挥持久而且独特的作用，充分展示其区域话语权与影响力。

　　需要强调的是，集体决策模式的工作重点并不完全凝聚于决策本身，它同时也存在于安全组织内部成员国的政策协调，这种政策协调工作实际上始于行使决策权之前。因为在各成员国行使决策权以前，各国已经就一些事关成员国的重大政治与安全问题进行沟通，展开充分而且相当深入的协商，以便取得共识。在一些成员国争议较大、矛盾与分歧较多的问题上，安全组织在将此类问题付诸表决前就将其屏蔽，使其根本无法进入决策议程中。凡是进入表决决策程序的问题，各国实际上已经达成某种共识，取得普遍一致的

①　David Martin Jones, Nicholas Khoo, M.L.R. Smith, *Asian Security and the Rise of China, international Relations in an age of Volatility*, p.72.

立场。这种协商与合作机制在很大程度上确保了集体决策模式中决策权及其运转的完整性，避免出现人为的分割与对立。

但是我们也要看到，集体决策模式尽管行之有效，但它也绝非解决所有亚太安全问题的唯一灵丹妙药。很明显，从"东盟"的经历所见，大量事关亚太区域安全的争议性问题，甚至一些非常关键的问题，实际上都被规避或者迟滞，"东盟"的目的很明确，就是要避免让这些问题对集体决策模式产生负面或者消极影响，进而影响到"东盟"的政治与安全功效。从这个意义上讲，集体决策模式实际上采取了"选择性决策"，并非"普遍性决策"。而这种选择性使用决策权的方式，虽然在表面上避免了成员国的纷争与对立，但实际上也只是直接隐藏而不是彻底消除多种矛盾，而事关亚太安全建构的许多核心问题实际上并未得到解决，这些核心问题必然会对集体决策模式的运转和发展形成某种牵制，迫使其未来不得不面对并着力解决这些问题。例如，在解决南中国海岛屿纠纷问题上，"东盟"各成员国就持不同的态度。老挝、柬埔寨与缅甸倾向中国，马来西亚和印度尼西亚对美国的介入持谨慎态度，泰国和新加坡保持中立，越南和菲律宾欢迎美国介入南海问题。[1] 可以预见，未来东亚与东南亚各国就南中国海岛屿问题上的争端，必将进一步困扰"东盟"，成为"东盟"未来发展道路上的一个大绊脚石。

四、亚太安全组织中的混合型决策模式

在亚太安全组织所奉行的各种决策模式中，威权型决策模式与集体决策模式相对简单，因为其决策内容、程序、机制和规则等都比较简单，甚至其政治实践也算不上复杂。鉴于亚太历史与文化的复杂性与多样化，除去上述两种决策模式之外，亚太安全组织的决策模式还有很多种，远不止于上述两者，其中比较有代表性的当属混合型决策模式。混合型决策模式实际上构成了亚太安全组织决策模式中第三个重要组成部分，该决策模式与威权型决策模式、集体决策模式一起，共同构成亚太安全组织决策模式的基本骨干，共同主导着亚太安全秩序建构。

顾名思义，混合型决策模式在形式上和内容上并不完全固定，而是融合了多种决策方式，其表现形态要比单一化的决策模式复杂得多，混合型决策

---

① Dr. Sheldon W. Simon, "Conflict and Diplomacy in the South China Sea", Adam B. Lowther, ed., *The Asia-Pacific Century, Challenges and Opportunities*, p.191.

模式既包括融入式类型，也包括并列式类型。进言之，即使是在相同类型的混合决策模式中，在不同的决策阶段、程序、方向、领域等方面亦各有差别。事实上，混合型决策模式囊括了亚太安全组织所采取的大多数决策模式，它并不像威权型决策模式或者集体决策模式那样明确无误，那样整齐单一，能够相对直接而且简单地启动并运行其安全决策程序。混合型决策模式具有很大的模糊性与不确定性，因为亚太安全组织需要直面并解决太多的安全危机，需要对纷繁复杂的安全形势适时做出决断。与此同时，奉行混合型决策模式的亚太安全组织深知，单凭某种相对单一化的决策方式、机制以及程序，只能解决某些具体问题与局部危机，无法在更大范围内解决亚太安全组织所面临的变局，无法真正建立一种可预期的亚太区域新安全秩序。因此，混合型决策模式正是在亚太区域纷繁复杂的安全形势下应运而生。

和其他决策模式不同，混合型决策模式是一种兼容性较强的决策模式，它并不排斥其他决策模式存在，甚至还经常附带或者混同其他决策模式，共同在亚太区域安全建构中发挥作用。在亚太新安全秩序建构中，虽然混合型决策模式并不担任主要角色，但却扮演了一个必不可少的辅助性角色。混合型决策模式的作用主要表现在以下几个方面：一、不论是有意还是无意，混合型决策模式经常以某种制度建构的方式，客观上将原本处于孤立状态的许多亚太安全组织连接在一起，形成某种制度衔接，这在一定程度上推动了亚太安全秩序建构不断得到深化与整合。二、奉行混合决策模式的亚太安全行为体，往往是复合型的政治—安全组织，该组织并非只局限于安全领域，同样也涉及政治、经济、社会、外交等其他多个领域，因而此类安全组织所做的各项决策富有综合效果。三、混合型决策模式在一定程度上丰富和发展了亚太安全秩序建构的方式与内容，有利于非常灵活而且机动地解决亚太区域某些具体的安全与政治问题，这对于推动亚太安全秩序建设具有重大意义。

采取混合型决策模式的亚太安全行为体并不固定，不再局限或凝聚于某种相对单一的安全组织，其身份与地位也不固定，有时或许是某个单一的亚太安全组织，有时或许是其派生的大量附属性组织。这些组织有时相互联系，有时又保持着某种相对的独立性。另外，这种亚太安全行为体有时或许是两个或者多个安全组织所结成的某种共同联合体，在决策进程中以不同方式联结在一起。这些亚太安全实体的决策权力具有很大的派生性与延展性，可以延伸至不同领域，将多种权力结合在一起。另外，亚太安全行为体的决策权力还不局限于亚太区域，还有一定的联系性，间接影响到亚太区域以外地区。上述决策权力的纵向延伸与横向联系，使混合型决策模式变得极其复杂。进言之，这种复合型的决策方针、机制、程序以及实践，在更宽泛的范围内推动了亚太安全建构。

众所周知，尽管"东盟"采取了集体决策方式，但是作为东南亚地区最大的安全组织，"东盟"又在其原有的决策程序基础上，派生出其他一些新内容。在"东盟"原有架构的基础上，东南亚国家又建立了"东盟地区论坛"（ASEAN Regional Forum，简称 ARF）、"东盟经济共同体"（ASEAN Economic Community，简称 AEC）、"东盟自由贸易区"（ASEAN Free Trade Area，简称 AFTA）、"东盟议会联盟"（ASEAN Inter-Parliamentary Organization，简称 AIPO）、"东盟防长会议"（ASEAN Defense Ministers Meeting，简称 ADMM）、"东盟外长会议"（ASEAN Foreign Ministers Meeting，简称 AFMM）、"东盟财长会议"（ASEAN Financial Ministers Meeting，简称 AFMM）、"东盟经济部长会议"（ASEAN Economic Ministers Meeting，简称 AEMM）等许多"纵向型"安全、政治以及经济机构。另外，"东盟"还曾先后建立了东盟"10+1"、东盟"10+3"、东盟"10+6"等多个"横向型"联合组织，与"东盟"共同发挥作用。这些不同类别的派生性组织或机构，虽然依托"东盟"这一平台，但在各自的决策运用方面却存在着很大交叉和混同，它们所做出的各项决策很难用某种单一化的标准加以衡量，各种决策彼此存在着较大关联，互相影响，互相砥砺，共同营造出一种极其复杂的决策文化与心理。"只有当3个技术型组织在其各自区域内建立后，'东盟'和'东盟地区论坛'才得以组建，几乎无法保证功能主义。这给它们带来了一种共同文化，这种文化反过来鼓励其拓展合作。"①

在混合型决策模式的主导下，亚太安全行为体的各项决策呈现出多种形态。在理论上，混合型决策模式拥有非常扎实的社会基础与心理支持。这种社会基础与心理支持既取决于复杂的政治与安全环境，同时也取决于决策模式自身具有普遍的社会认同，即在亚太安全行为体中，全体成员都对其决策方针与步骤予以支持，达成普遍一致的利益共识。混合型决策模式提出许多新思路和新方法，或者将安全实体的决策权予以拆分，或者将不同安全组织的决策权组合在一起，或者在决策进程中将多种方法相交叉，并且将其交替使用。因此，混合型决策模式在理论上自成一体，逐渐形成一个相对宽泛的

---

① Michael Haas, *Asian and Pacific Regional Cooperation: Turning Zones of Conflict into Arenas of Peace*, p.159.

决策体系。

在实践中，混合型决策模式既有战略性决策，也有时效性决策。有的决策立足长远，意欲在更宽的范围内获取战略性收益。例如，亚太安全行为体所制定的某些方针与政策，许多都是原则性的，更倾向于追求某种带有方向性与战略性的重大目标，各安全组织为此可能会达成某种框架性协议或者对话与协商机制，致力于展开长期的战略对话与合作，试图在长期的对话与协商中凝聚共识，逐渐形成某种合作途径。有的决策则只聚焦于解决某些刻不容缓的问题，例如遏制局部冲突与战争，缓和地区紧张局势，意在取得某种立竿见影的实际效果。总之，不论是战略决策还是短期抉择，亚太安全行为体同样已形成某种固定的决策思路，虽然尚未取得具有标志性意义的重大成果，但在某些具体地区或者局部问题上也已取得某些阶段性效果。

与威权型决策模式与集体决策模式相比，混合型决策模式的发展空间似乎更大，原因在于该决策模式相较前者具有更大的适应性。奉行威权型决策与集体决策模式的亚太安全组织，可能在事关亚太安全秩序建构的某些局部或者具体问题上能够发挥一定作用，但显然没有办法单独应对纷繁复杂的亚太区域安全状况，要想建立一种积极有效的亚太安全新秩序，单凭上述两种决策模式显然是远远不够的，必须实现多样化的安全组织组合以及再组合，必须采取多种形式的安全实践手法，特别是采取多种类型的安全决策，以适应日新月异的亚太区域安全秩序的变迁。就此意义而言，混合型决策模式一直保持了相当大的政治弹性，这种政治弹性既包括了其功能、目标以及特性，也涵盖了其实践手段与路径，因而使其相较其他决策模式表现出更加旺盛的生命力。

混合型安全模式可以根据亚太区域安全形势的变化而自由伸缩，它既没有一种相对固定的规则与范式，也没有非常具体地落实为哪个安全组织，而且它在实践方法上也灵活多样，富于变化。因此，混合型决策模式可以规避许多现行的国际社会规则与法律，保持相当大的自由决策权，既可以相对远离现有的规章制度，也较少接受国际法律条文与条规的限定。混合型决策模式的决策自由，在发展步调与节奏上适应了亚太区域安全局势的变化节律，也适应了国际安全格局的起伏变化需要，因此得以在亚太新安全秩序建构过程中发挥作用，甚至其影响还辐射到亚太区域以外。

正是基于上述原因，混合型决策模式非常易于为许多亚太安全行为体所接受，包括各个区域性大国、各类安全组织。因此，在亚太安全行为体内部，一般都拥有较好的政治与安全结构、比较稳定的合作与协商关系等。不仅如此，奉行混合型决策模式的亚太安全行为体，还能够与国际社会保持较好的国际合作关系，为国际社会所普遍接受，其协商与合作包括亚太区域以外的各种区域性组织、世界或区域性大国、类似联合国的国际组织等。总体而言，这种良好的内部秩序与良性外部氛围，在很大程度上确保了混合型决策模式不仅能够获得良好的内向式发展，还能不断对外扩展，以便在国际社会中发挥更大作用，进一步营造相对有利的国际语境。

混合型决策模式自创建伊始，一直保持了动态发展之势，即通过在亚太安全秩序建构中的大量决策实践，保持了强劲的发展势头，无论其机制、程序以及方法，还是思想、理论以及观念，都不断得到丰富和发展。从这个意义上讲，混合型决策模式发展完全可以预期，我们虽然无法断言该模式可以在亚太安全秩序建构中占据主导地位，但是，混合型决策模式的未来显然前途远大。

第三节　对亚太安全组织与北约思维—决策模式的思考

一、北约思维—决策模式得失评价

如前所述，北约思维与决策模式的内涵非常丰富。就思维方式而言，既有冷战惯性思维，也有自主性思维。就其决策模式而言，既有大国单边决策，也有追求集体主义精神的多国协商决策，还有充分体现北约的民主与平等观念、以政治协商为主导的制度决策。这些特殊的思维与决策方式，既是北约奉行安全理念、战略观的出发点，也是北约制定其政治方针与外交政策的出发点，也是主导北约各种政治与安全实践的基石，包括北约应对与处置各种危机的行动、各种维和行动与人道主义援助等。北约思维与决策模式的重要性还体现在，它不仅直接决定着北约政治与安全实践的出发点，而且也在一定程度上深深影响到这种政治与实践进程与结果。纵观北约思维与决策模式的全部，我们可以看到，北约政治与安全实践最终的成败得失，固然离不开外部环境的变化，但同样也离不开北约思维与决策模式能否得到恰当运行，思维与决策模式堪称北约做出一切重大判断的基础。

北约思维与决策模式可谓别具一格，该模式既是一种始终处于发展与变动状态的模式，也是一种一直处于矛盾状态的模式，而正是这种模式内在的发展性与矛盾性，实际上增加了北约制度建设的不确定性，尤其赋予北约思维与决策模式以巨大的发展空间。按照西方学者的看法，"对一个联盟可能采取的机构形式做出选择性理论分析，会导致一些不确定的预测，而这种不确定性在历史上得到反映。"[1] 很明显，处于发展与变化中的北约思维与决策模式，对于北约政治与安全实践的指导作用也非一成不变，而是极具可塑性，一直处于不断提升与深化中。因此，北约思维与决策模式及其所发挥的作用，实际上一直处于不断优化的过程中，即不断去除不确定性，增强其确定性。

具体来说，北约思维与决策模式的延展性主要表现在两个方面，即内向型与外向型发展。

第一，北约思维与决策模式的一个重要发展方向，就是着力于内向型发展。随着国际政治、经济与安全环境急剧变化，北约在美苏冷战斗争中的地位不断提升，北约的思维与决策模式在内容、程序、方法、路径等各方面不断丰富，职能与方法日臻完善，其发展特征包括：一、北约思维与决策模式中的思想与文化基础愈加厚重，思想元素不断增多，思想性不断增强，决策与思维的深度不断扩大；二、北约思维与决策的制度化趋势不断强化，各决策部门之间横向联合加强，决策程序的制度建设加快，并成为思维与决策模式的核心内容；三、北约思维与决策模式的内在决策能力不断强化，决策的执行力进一步增强，北约在欧洲安全架构中的地位也越来越重要。总体而言，经过长达数十年内向型发展，北约思维与决策模式的制度建构成就斐然，其决策程序愈加复杂，但效果也愈加明显，其决策路径越来越多，手法愈加娴熟，决策行为的执行力愈加强化。

第二，北约思维与决策模式亦着力于外向型发展，而且这一发展路径更多受到冷战环境及其变化的影响。随着欧洲冷战斗争的变化，北约思维与决策模式对内不断完善其内在的程序、功能与方法，对外则加强了横向联合与协作，其发展特征包括：一、思维与决策的对外联系进一步加强，北约注重加强与其他国家、组织以及地区的横向合作，注重在自身决策进程中与各方的政策协调，尤其注重发挥各项决策的示范作用。为此，北约的思维与决策模式尤其对第三世界国家及其安全组织产生了重要影响，因为包括北约在内的西方阵营一致认定："欧洲安全亦要求'第三世界'保持稳定"。[2] 二、思维与决策模式的国际化程度进一步提升，北约通过充分借鉴西方各国以及各

① Steve Weber, *Multilateralism in NATO, Shaping the Postwar Balance of Power, 1945–1961*, p.81.

② William J. Duiker, *U.S. Containment Policy and the Conflict in Indochina*, Stanford, CA: Stanford University Press, 1994, pp.23-28. 转引自 John Lewis Gaddis, *We Now Know, Rethinking Cold War History*, p.157.

种区域性组织或者国际组织的经验，不断扩大北约思维与决策的国际影响。

三、不断拓展思维与决策模式的外延，通过扩大决策领域与影响力范围，形成北约新的思维与决策领域，丰富和发展北约思维与决策体系。

总体而言，无论是内向型发展还是外向型发展，上述两种发展趋势既互相推动，又互相补充，共同构成北约思维与决策模式的主要发展内容。然而，正是由于北约思维与决策模式保持了经久不息的发展之势，最终确保北约能够在风云变幻的冷战形势中展开谨慎思考，并且做出各种符合北约利益的重大决策。此举既保证了北约能够在组织和机制建构中保持完整与统一，又确保北约能够在国际事务中掌握持久的影响力，北约思维与决策模式的功用得到极大发挥，这反过来又为北约顺利应对冷战时期的重重危机与挑战、实现后冷战时期的战略转型奠定了基础。

与思维与决策模式持续发展几乎同时，该模式同样充满了各种矛盾，这种内在矛盾从北约创建伊始就已存在，而且不断渗透并浸润到北约制度建构的各个层面。北约思维与决策模式中的内在矛盾性，既为北约组织天然所成，也为冷战斗争环境所使然，在表现形式上主要集中在两个方面：第一，鉴于北约各成员国在各自的综合国力方面存在着巨大差距，因此大国与强国在北约内部大肆垄断权力，肆无忌惮地追逐自我利益，积极推行大国主义和单边主义之实，这在北约思维与决策模式中已成为一种很自然的决策方式，特别是以美国为代表的大国单边决策尤为典型和明显。第二，尽管北约在防御安全事务上一直奉行集体主义原则，强调各成员国一致决策、共同行动、集体防御。但是鉴于各成员国对国际冷战形势及其变化趋势的认知存在一定差距，特别是针对欧洲冷战与亚太区域冷战的关切点大不相同，因此，各成员国实际上很难在北约安全决策中同进共退，真正融为一体。"有能力或者没有能力对危及其利益的威胁做出反应，都将很自然地影响到每一个西欧国家对待不同协商程序的态度。"①

北约思维与决策机制的矛盾性似乎无法靠其自身克服，因为北约既追求其整体性意识形态目标与西方价值观，亦试图确保每个成员国的现实利益都能实现最大化，这一设计本身就是矛盾的，不仅难以协调，而且无法圆满完成。以北约一直引以为豪的战略决策为例，战略决策本身一直充满了太多的

---

① Geoffrey Edwards, "Multilateral Coordination of out-of-Area Activities", Joseph I. Coffey and Gianni Bonvicini, eds., *The Atlantic Alliance and the Middle East*, p.229.

悖论与矛盾。北约防御战略一直推崇所谓"集体防御"，但该战略方针实际上强调"进攻性防御"，而不是"防御性防御"。"这是一个关于'防御性防御'概念的基本问题，他们假设某种程度的相互信任确实存在，它会使防御能力远远超出极不相干的内部安全必需的需求之外。事实上，如果一个国家的主要外交政策目标完全是良性的，那么一个国家的全面裁军，在逻辑上应该是它能够采用的最险恶的姿态。"① 北约思维与决策机制实际上正是在这种极端矛盾与冲突的思想与话语环境中发展起来的，因此不可能一蹴而就，而且也不可能轻易解决其内在的矛盾与"荒谬之处"。

诚如上文所言，北约思维与决策模式还面临着另外一个重大问题，那就是在北约思维与决策模式的目标与结果之间，始终存在着一定差距，两者之间总是难以达成某种契合，从冷战时期北约思维与决策模式的运转看，上述情况非常普遍。造成这种状况的原因有多个方面，其中包括：北约所设定的战略目标往往不切实际，因而导致其决策极其盲目。北约各成员国相互掣肘，决策效能低下，难以实现强有力的决策力和执行力。由于国际政治与安全环境不断变幻，导致北约的思维与决策非常容易受到大量外来因素影响。因此，在北约思维与决策模式付诸实践的过程中，在其目标与结果、思想与实践、观念与行动之间，经常出现"位移"，这在冷战时期实际上已成为北约战略与实践的一种政治常态，而且这种状态甚至一直延续到后冷战时期。

事实上，从北约思维与决策模式所采取的方法看，在大多数情况下采取了机会主义立场和功利主义态度，即以实现北约的战略目标为唯一导向，在思维与决策中采取灵活机动方式，既不为某种固定的范式与规则所束缚，亦不为某种传统与习俗所限定，而是将追求思维与决策效能的最大化，始终视为北约发展和深化其决策模式的重大功用。我们很难以某种既定或者现成的现实主义理论抑或自由主义理论来全面解释北约思维与决策模式，因为北约思维与决策模式自身的发展，在一定程度上充满了某种随机性或者或然性，并不会完全按照北约及其成员国的设想运转。美国学者斯蒂夫·韦伯（Steve Weber）曾对北约联盟制度做了很生动的描述："这也就是说，一个联盟的制度与原则的形成，几乎与联盟所做的事情不相干，而且也与在国际体系中对生活特征所产生的影响不相干。"② 北约思维与决策模式的发展轨迹，实际上

---

① David Gates, *Non-Offensive Defensive, an Alternative Strategy for NATO?* p.110.

② Steve Weber, *Multilateralism in NATO, Shaping the Postwar Balance of Power, 1945–1961*, p.81.

既没有完全按照冷战的轨迹运行，也没有刻意突显北约的特殊政治与安全需要，而是以一种融合了多种思想与实践要素的方式悄然进行。

特别需要强调的是，北约的思维与决策并非如一般人所了解的那样，只有冷战动机，别无其他动能；或者只有欧美等西方大国的影响，别无小国的作用；或者只有政治与安全追求，别无其他价值追求。实际上，北约思维与决策在彰显大国意志的同时，也在一定程度上显示了北约整体利益以及弱小成员国的利益需要。在展示北约冷战化意识形态目标的同时，也不动声色地反映出北约自身的现实利益诉求。在表达其政治与安全利益的同时，也间接强调了其社会、经济以及文化诉求。事实上，在美苏冷战斗争初期，北约思维与决策模式更多受制于冷战思维的影响，而北约所受到冷战思维的影响，在很大程度上源于美国。"在传统上，意识形态考虑在打造美国外交政策的过程中并未扮演一个主导性角色，但是它们一直产生影响。"[①] 但是，伴随着欧洲冷战斗争的常态化与固化，北约自主性思维开始越来越多地在其思维与决策模式上得到体现，而且伴随着冷战结束，更加频繁地作用于北约政治与安全决策，深深影响到北约的决策模式。

我们无法简单断言北约思维与决策模式究竟是成功还是失败，因为在该模式的主导下，北约的思维与决策行为既有成功范例，也有失败教训。对北约思维与决策模式的得失分析，应当着眼于北约的每一次思维与决策，对具体问题要做具体分析。但就北约思维与决策模式所处的环境来看，尤其是考察北约在一些重大危机中做出各种思维与决策的功效比，我们不难发现，对北约来说，其思维与决策模式客观上算不上是一种非常理想的模式。因为北约面对危机与冲突所采取的思考及其所做的各项决策，都算不上是最佳选择，只能算是一种中等选择或者中下选择。不论是北约迫不得已为之，还是北约在思考与决策方向上选择错误，这些都说明北约思维与决策模式并不完整，实际上还有非常大的拓展空间，整个决策程序与机制还有待进一步优化。

二、亚太安全组织思维—决策模式的矛盾与发展

与北约思维与决策模式相比，亚太安全组织的思维与决策模式不仅在形式上显得零散多样，而且在内容上也似乎杂乱无章，甚至其组织内部与决策

---

① John Lewis Gaddis, "The Long Peace, Elements of stability in the postwar international system", Steven Casey, ed., *The Cold War, Critical Concepts in Military, Strategic and Security Studies*, Voluome I, *Interpretations and Themes*, p.133.

程序也具有很大的纷争与纠葛。这在很大程度上留给公众一种印象，即亚太安全组织的思维与决策模式似乎"极不成熟"，存在着很大漏洞，其功效亦乏善可陈，这种状况似乎也直接制约了亚太安全组织在国际事务中的作用，直接削弱了其在国际事务中的地位与影响。公众有可能就此得出结论，亚太安全组织思维与决策模式的功用似乎远远比不上北约的思维与决策模式，进而连带亚太安全组织也远逊于北约。美国学者马克·崔腾贝格（Marc Trachtenberg）曾就北约的决策政治专门评论："北约的政治从来没有真的变成一种相互怨恨的政治。"①

那么，亚太安全组织的思维与决策模式在亚太安全秩序建构中到底发挥了什么样的作用？究竟亚太安全组织与北约两类组织在各自的思维与决策模式建构上有无优劣之分？为此，有的西方学者甚至直截了当地提出疑问，为什么亚太区域不会出现北约？西方学界就此给出的答案是："'北约'在亚洲存在或者不存在，这只是亚太区域体系中一种在宏观层面上的属性。从微观层面的来源看，对亚太体系的解释可能相对较弱，或者具有比较有利的证据。"② 很明显，西方学者对上述问题的答案也不明确。

诚如上文所言，亚太安全组织思维与决策模式的形成，首先得益于亚太区域复杂的地缘政治与安全环境、不同的地理板块以及巨大的地区差异，其次得益于亚太区域特殊的历史与现实、文化习俗以及社会传统，特别是二战后亚太新兴民族国家的发展大潮，对其影响至深。"意识形态对于联盟的形成只有在一定条件下发挥影响，却并不具有决定作用。援助可以使联盟的成员国在某种程度上产生依赖性，却不足以根本维系联盟的影响力和控制力。地缘环境也会对战略布局发生影响，形成联盟特定的合作特色。"③ 不可否认，亚太安全组织在逐渐形成其思维与决策模式之初，就蕴藏并积存了大量问题，有的问题由于深受亚太区域特殊历史与社会文化影响而生，有的问题则属于西方国家对亚太区域实施政治、经济以及安全介入的产物，有的问题则萌芽于亚太传统安全文化与外来西方安全理念相结合的土壤中，还有的问题则是亚太新兴民族国家在安全问题大胆尝试的结果等，不一而足，不可尽数。归根到底，亚太安全组织在其思维与决策模式中所积存的问题大致可以概括为

---

① Marc Trachtenberg, *History and Strategy*, Princeton, NJ: Princeton University Press, 1991, p.167.

② Kai He and Huiyun Feng, *Prospect Theory and Foreign Policy Analysis in the Asia Pacific, Rational Leaders and Risky behavior*, p.19.

③ 王帆：《美国的亚太联盟》，世界知识出版社，2007年，第153页。

以下几种类型。

第一，亚太安全组织中思维与安全模式具有多元化趋向。二战后亚太民族解放运动声势浩大，方兴未艾，大量前殖民地半殖民地纷纷走向独立，亚太安全秩序建构的基本态势发生变化，每个新兴民族独立国家对未来亚太安全秩序的设想都大不相同，各国设计并且参与的安全组织及其机制，在各自利益诉求、设计初衷、规划路线等方面均大相径庭。例如，印度首任总理尼赫鲁曾这样定位印度："印度所处的位置在于，她是西方、南亚以及东南亚的驱轴，她的文化在历史上流向所有这些国家，他们用很多方式接近她。这种关联正得到更新，未来注定会看到这样一个场景：印度在东面与东南亚结成一个比较亲密的联盟，在西面则与阿富汗、伊朗、阿拉伯世界。"[1] 尽管印度的联盟设计志向远大，但其意图结盟的对象却并不这样想，因为在长达半个世纪之久的冷战中，印度始终未能在东西两个方向上同时缔结两个比较亲密的同盟，无法使任何一个联盟能够为己所用，尼赫鲁对印度的设计不过是一种美好意愿而已。

无论是亚太安全组织本身，还是其奉行的思维与决策模式，实际上只能算是亚太各国或各组织达成的一种妥协，尽管亚太安全组织在其思维与决策模式提出许多一致决议，但却难以从根本上消除亚太区域存在已久的各种历史隔阂和现实分歧。"每个人都知道冷战时期'第三世界'这个词，它包含了许多与苏联、沙特阿拉伯、印度、尼日利亚以及菲律宾不一样的国家。人们会感到奇怪，如果有'第三世界'国家，每一组相同的国家会是如此多样化：这些国家在二战末并不全是殖民地：有些国家从19世纪起就不再是殖民地，另一些国家则从来都不是殖民地，他们并未都采取'不结盟政策'，大多数国家不是与华盛顿就是与莫斯科保持着紧密联系。"[2] 亚太民族国家大多属于第三世界，他们在政治、文化以及历史传统等领域存在的差异，显然为亚太安全组织及其思维与决策模式所无法抹平。

进言之，亚太安全组织思维与决策模式的多样化趋势，必然导致亚太安全组织内部各种利益与战略相互抵牾，导致其整体思维受到很大限制，难以站在更高的平台上思考亚太安全秩序建构。因此，亚太区域大多数安全组织

---

[1]　Asian Relations, *Report of the Proceeding and Documentations of the First Asian Relations Conference*, New Delhi, March 1947. 转引自S.D. Muni, "India's 'Look East' Policy: The Strategic Dimension", Shanthie Mariet O'Souza and Rajshree Jetly, eds., *Perspectives on South Asian Security*, p.71.

[2]　John Lewis Gaddis, *We Now Know, Rethinking Cold War History*, p.153.

的战略决策及其实践并不具备普遍代表性，甚至不乏偏颇片面之嫌，这些问题反过来亦同时作用于亚太区域以外的其他各种组织或者安全模式，它们最终成为掣肘亚太安全秩序建构的沉疴痼疾。

第二，亚太安全组织的思维与决策模式带有一定的意识形态色彩，在很大程度上影响并掣肘其战略思维与决策。鉴于战后初期冷战斗争在亚太区域蔓延，大多数亚太国家都不同程度被卷入冷战斗争中，亚太区域甚至一度代替欧洲，成为全世界冷战斗争最激烈的地区。在战后亚太新兴民族国家构建其区域安全秩序的过程中，冷战意识形态在其中发挥了重要作用，尤其是在亚太安全组织的思维与决策中称得上是不可或缺。美国学者约翰·加迪斯教授在其对亚太区域冷战问题的研究中一直强调："美国人对越南所发生情况的判断大错特错，因而对'第三世界'其他地区所发生情况的判断也大错特错，任何单个国家将会统治这一庞大的地区（第三世界），或者这一地区的不同居民可能会抱定一种单一化的意识形态，这一想法目前似乎是冷战思维中最奇怪的产物。"[①] 姑且不论整个第三世界的情形，单就战后亚太区域来说，无论持何种政治立场的意识形态，还是兼顾社会、经济与文化要求的思想偏向，亚太思维与决策模式中的意识形态烙印，不仅使许多亚太安全组织不得不脱离实际、追逐虚夸的冷战政治目标，而且也使它们在思维与决策上积极效法并追随欧美等国，这种做法使亚太安全秩序建构在相当长一段时期不得不附着或蜷伏于西方国家的冷战构想下。

亚太思维与决策模式追逐政治与意识形态目标，在很大程度上削弱了亚太区域各个国家与组织构建一种合理化的安全架构的能力和信心，也迟滞了亚太区域构建符合自身安全利益需要的安全秩序进程，这在一定程度上加剧了亚太区域安全架构建构的矛盾与分歧。尽管亚太思维与决策模式的形成及其发展，受到冷战意识形态的强烈影响，但这种模式反过来又对亚太安全秩序建构产生了强烈的反作用力，导致亚太安全建构在很长时间不能摆脱政治和意识形态的不良影响。

第三，亚太安全组织所奉行的思维与决策模式并不稳定，而是经常处于不断变动中，这种变化包括了亚太思维与决策模式中的各项决策程序、机制以及规则等。不论是威权型或者集体主义式的思维与决策，还是混合型思维与决策，均未最终定型，始终存在比较大的可塑性以及提升空间。从积极的

---

① John Lewis Gaddis, *We Now Know, Rethinking Cold War History*, p.190.

角度看，这种可塑性与不确定性有可能会引导亚太安全组织有效弥补亚太安全秩序建构中存在的权力空白，推动亚太安全秩序建设进程，使之向更完整、系统的方向发展。以东盟为例，它实际上只是东南亚国家乃至更大范围内的亚太国家推行合作安全的一种预演，是许多亚太国家构筑未来亚太安全新秩序的一种安全力量的组合。很显然，很多亚太国家已经将东盟视为建构更大规模亚太安全共同体的先期尝试，因此，东盟的思维与决策对亚太安全秩序建构的启示作用可谓不言而喻。

同样，从消极的角度看，这种不确定性也会给亚太安全秩序建构带来许多未知风险，有可能会重创亚太安全秩序建构，特别是会严重挫伤亚太各国构建区域安全秩序的热情与信心，最终迟滞或延缓亚太安全建构进程。"联盟的形成是一种国家行为，条件是有很大的不确定性与复杂性，因此带有极大风险。"[①] 由于亚太安全组织的思维与决策模式始终处于变化中，因此该模式的功效不可避免会受到影响，亚太思维与决策模式只能在一定范围内或者某一个时段内发挥作用，无法像大西洋安全模式那样发挥普遍作用，其功效周期亦相对较短。和北约思维与决策模式相比，亚太安全组织的思维与决策似乎更多停留在战术层面，并非聚焦于战略层面，因而其功用也只能相应地局限于战术层面。

第四，亚太安全组织思维与决策模式的发展状况并不同步，这要取决于亚太不同地区构建安全组织的时间表。有的安全组织建构较早，因此其思维与决策模式起步也较早，而且发展速度亦相对较快，而有的安全组织建构则起步较晚，连带其思维与决策模式也起步较晚，发展速度较慢。以中亚地区的安全组织建构为例，在时间和步调上稍稍晚于东亚、东南亚以及南亚地区。"中亚甚至没有什么机制用于解决经济、种族或者政治等不满以及野心，许多机制一直未来得及由独立进程所开启或激励。"[②] 相对而言，东亚与东南亚等地区在安全秩序建构的进程中比较活跃，其思维与决策对亚太其他地区的示范作用也相对较大，使东亚与东南亚在整个亚太安全秩序建构中的地位比较突出。与之相比，其他亚太地区的安全建构实践，无论是在深度和广度上都远远不及。

---

① Kai He and Huiyun Feng, *Prospect Theory and Foreign Policy Analysis in the Asia Pacific, Rational Leaders and Risky Behavior*, p.27.

② Olga Oliker and Thomas S. Szayna, eds., *Faultlines of Conflict in Central Asia and the South Caucasus, Implications for the U.S. Army*, p.15.

正是由于亚太安全组织比较分散，导致其思维与决策模式的内在差异相对较大，因此，亚太安全组织的各种思维与决策模式很难统合在一起，即使是混合型思维与决策模式，也只是在表面上将多种思维与决策联结在一起，并未将各国的思维与决策真正统合在一起。因此，思维与决策模式不同步，有时甚至互有抵触，这种状况不可避免地会影响到亚太安全组织思维与决策模式发挥作用。

总体而言，亚太安全组织的思维与决策模式确实存在许多问题，这些问题一度确实产生了较大的消极影响，迟滞了亚太安全秩序建构进程，甚至影响到亚太安全组织在亚太安全事务乃至国际安全事务中的地位与作用。但我们需要明确，上述这些问题并不是致命性的，许多问题并非不可解决。随着20世纪70年代亚太各国经济高速发展，亚太各国在世界政治、经济舞台上所扮演的角色越来越重要。与之相对应，亚太各国创建自身安全秩序的步伐会进一步加快，以东盟为代表，亚太安全组织在其思维与决策模式中不断增加灵活性和机动性，其针对性越来越强，收效越来越大，思维与决策模式中的旧问题部分得到解决，部分有所缓解。可以预测，随着亚太安全秩序建设步伐进一步加快，亚太安全组织的思维与决策模式也会越来越成熟，越来越完善。

可以肯定，未来亚太安全组织在指导方针、机制建设、行动规则、政治与安全影响方面，都会得到全面发展。其中，其思维与决策模式也会得到相应发展，在决策程序、手法、规章等方面会进一步系统、完善，思维与决策也会越来越科学、规范，这不仅会对亚太安全秩序建构产生更大影响力，而且也会对全球政治与安全格局塑造产生一定影响。伴随着亚太区域在未来国际事务中地位不断上升，亚太安全组织思维与决策模式的发展趋势将会不断强化，其特色会越来越明显，作用也会越来越突出。

第六章

大西洋联盟与亚太安全组织的发展—扩张模式比较

第一节　北约的发展与扩张

一、北约内向型发展及其深化

自北约创立后，尽管它经历了整个冷战时期，但表现却极为低调，人们很难见到北约在东西方冷战斗争中有太多的力量展示，亦很难见到北约在冷战期间数次重大危机中力撑危局或独当一面。相反，在大多数情况下，北约似乎只能扮演美国冷战政策与实践支持者的角色。但是，我们能否就此认定北约在冷战时期没有发展，或者发展成就为零，答案显然是不能。事实上，北约在冷战时期始终致力于不断自我拓展，其发展路径有两种：一是内向型发展与深化，二是外向型发展与扩张。虽然北约的上述发展只有两种类型，但其内容却相当丰富，所涉及领域既包括了政治、经济、社会、军事等多个方面，而且所涉及北约自身职能不断丰富、战略定位不断提升、机制建设日益完善，联盟规模不断扩大，等等。

不可否认，不论是北约的内向型发展，还是外向型扩大，对于确保北约在东西方冷战中有效发挥其功用可谓至关重要。因为正是由于北约的上述发展与深化，不仅在冷战时期有效维系了北约自身的存在，而且还确保北约在欧洲安全架构中占据不可或缺的一席之地，甚至还为后冷战时期北约的全面转型、改变以及拓展奠定了基础，开辟了道路。"像北约这样的安全联盟，通过提供有关友好关系和敌对关系的权威性记录，卷入构建政治空间的进程中。"[1] 姑且抛开北约发展与深化的深度与广度不论，单就北约始终保持其存

---

[1]　Andreas Behnke, *NATO's Security Discourse after the Cold War, Representing the West*, p.31.

在与发展之势而言,这一事实本身构成东西双方冷战斗争的一个重要组成部分,包括双方一系列矛盾与对抗,例如,建构欧洲安全秩序,打造欧洲安全体系,扩展其政治与安全影响,在世界范围内争夺势力范围等。

具体而言,北约的内向型发展与深化主要体现在几个方面:第一是拓展和深化职能,第二是丰富和发展战略概念,第三是充实和完善组织机制。和北约的外向型发展有所区别,内向型发展一直是北约在冷战时期发展与深化的一个重点。纵观半个多世纪的北约历史,完善机制、深化战略、扩展功能等,这些实践一直构成北约发展的核心内容,北约在很大程度上一直将上述内容视为其生命力之所在,并且将大部分时间与资源都运用于此。尽管不似外向型发展那样引人瞩目,但内向型发展笃定具有更丰富、更充实的内涵。更重要的是,北约的内向型发展实际上还为其外向型发展奠定了不可或缺的基础。就像美国学者贝弗莱·克劳福德(Beverley Crawford)所强调的:"在获准如此行事之际,北约能够成功展示其力量,并显示其协调军事行动的能力,这些都应归功于北约拥有制度优势的地位。"① 由此可见,内向型发展,对北约来说意义重大。

北约内向型发展的动机并不完全是被动的,而是带有很大的主动性。北约不断拓展其职能,丰富其机制建设,摸索准确的战略定位。不可否认,北约上述举措一直受到国际冷战斗争这一大环境的强烈影响,而且在很大程度上亦为欧洲冷战形势及其变化所左右。但是与此同时,北约自身在确定其发展方向、处置各种危机、建构欧洲安全体系等方面,同样也显示出强烈的主动性;而且,伴随着美苏冷战斗争由冲突到缓和的过渡,北约的政治主动性不断增强,通过不断提升和完善其功能,充实和发展其制度。在持续强化自身力量的基础上,北约逐渐加强其在欧洲安全秩序建构中的影响力,同时更为频繁地在世界范围内展示其安全示范作用。

顾名思义,北约的内向型发展与深化,主要着眼于加强其内在的战略、机制以及功能,不断扩展和深化其内涵。首先,北约全面致力于扩展其内在职能,不断拓展各种职能的外延,强化其适用范围,增强其功用力度。虽然在其创建之初,北约被定位为防御安全组织,仅被用于防范苏联与华约集团的军事侵略,确保北大西洋区域美欧各国的安全。但是伴随着欧洲冷战斗争

---

① Mark Webber, James Sperling and Martin A. Smith, *NATO's Post-Cold War Trajectory, Decline or Regeneration?* pp.4-7.

相对固化，冷战影响在许多新领域蔓延，北约的防御安全职能尽显狭小，功用有限。"北约占据了一个强有力的象征性地位，其成员国可以被授之以安全，而且在总体上亦归诸安全。这个组织并非只是一个简单的平台，仅能提供已建立的、有效的组织程序和能力。北约的地位表明，它在重塑其成员国关系方面是一个完整的整体，可以允许成员国自由谈论自身安全，或者相互谈论安全。"① 冷战领域日趋多样化，使北约不再满足于只充当大西洋两岸安全保护者的被动角色，北约需要应对更加复杂的欧洲冷战形势，乃至世界范围内的冷战性挑战。因此，北约必须积极拓展其职能范围，将触角伸向政治、经济、文化以及科技等更广泛的领域，形成一些崭新的职能。

从表面看，北约不断拓展新的职能，似乎分散了自身强化防御安全职能的时间与资源，但在实质上却不尽然。北约不断增强其职能建设，实际上并未脱离北约作为防御安全组织这一基本定位。事实上，北约在持续发展和拓宽其涉足领域、职能范围的进程中，基本是沿着如何进一步加强防御安全职能这一轨迹而展开的。北约大力拓展其他职能，其最终目标并非要替代防御安全职能，而是运用新角度、新领域和新方法，使北约的防御安全职能变得更加灵活、更加有效，使其防御安全职能更具适应性。尽管北约拓展职能的这一思路在冷战时期表现并不明显，但是在冷战结束后却变得越来越突出，而且所取得的收效也越来越大，北约俨然朝着兼具多种功能新型安全共同体的方向发展。

特别要强调的是，在北约不断扩展其职能的过程中，北约大量涉足新领域，并非只是为了增加一些新功能，实际上北约还有更长远的战略性考虑。北约不断拓展和深化其职能，在根本上是为了建立一种新的联盟功能范式，在这种新的功能范式中，各种新职能并非只是简单排列或者叠加在一起，而是相互影响和渗透，交互作用，最终形成一种新的复合型功能体系。该体系不仅可以帮助北约有效应对更加复杂和危险的综合性挑战，而且还可以有效应对现代社会滋生的各种新类型的安全挑战。毫无疑问，北约综合性职能不断深入和完善，在很大程度上为北约的持续存在与扩展影响奠定了基础，也为冷战结束后的北约战略转型奠定了重要基础。北约新职能体系的建构，推动了北约基本指导思想的变化与调整。"北约不是一个集体安全的体系，因为

---

① Williams, M. C. and Neumann, I. B. "From Alliance to Security Community: NATO, Russia, and the Power of Identity", *Millenium*: *Journal of International Studies*, 2000, 29 (2), pp.365-366.

它并非设计用于解决其成员国之间的纷争，但是北约所采取的行动却有助于推动集体安全，并且使北约成为正在出现的欧洲—大西洋共同安全体系的一个关键组成部分。"①

其次，不断丰富和发展其战略概念，同样构成北约内向型发展的一个重要方向。在其创建之初，北约的战略概念非常简单，其战略任务基本上限定为确保北大西洋区域安全，向北约所有成员国提供安全保护，北约的所有政治与安全实践基本上围绕着这一目标展开。但是伴随着欧洲冷战形势变化，尤其是伴随着北约自主意识上升，北约不断调整其防御安全战略，竭力弥补其防御安全战略中的空白，修正其政治与安全实践出现的偏差。北约发展其防御战略的举措主要包括两个方面：一、通过不断扩展北约的防御安全范围，逐渐完善其防御安全体系，深化北约防御安全概念的深度。北约最早的战略概念的核心在于强调集体安全，但是随着北约安全战略与实践逐步深入，北约在强调集体安全理念的同时，也强调各成员国必须建立某种"合作安全"关系。为此，北约不仅突出大西洋联盟的集体安全利益，同时也着意维护北约各成员国的个别安全利益。北约所构建的防御安全体系，实际上是集体安全与"合作安全"两种理念的结合。二、北约在不断扩展其防御安全范围的同时，也在不断强化自身的防御安全职能，以此推行强势安全战略。冷战初期，在欧洲冷战斗争日趋激烈的压力下，北约强调防御安全职能，其防御安全任务相对单一，从20世纪60年代至70年代开始，伴随着欧洲缓和时代开启，北约不再被动地固守防御安全职能，亦不再以封闭的态度设计和推动欧洲安全秩序，而是积极介入欧洲和平秩序的构建，试图通过重新建立一种新的欧洲和平架构，确立更加积极主动的防御安全战略。"因为一直受到1967年'哈默尔报告'的激励，北约伙伴国一致支持'相互对等武装力量削减计划'，北大西洋理事会在1968年6月召开雷克雅未克会议，正式采纳了一致认可的宣言：'可取的是，对等武装力量削减的进程已经开启'，北约因而要求苏联与东欧其他国家加入寻求和平的努力中。"② 北约防御安全战略虽然并未停止将苏联和东欧国家、华约作为其防范对象，但是开始从过去的被动防御转向积极防御，并不等于坐等苏联或者华约发动"军事进攻"，而是通过主动打造一种相对有利的欧洲政治与安全氛围，从源头上降低北约防御安全战略及其

---

① Stanley R. Sloan and J. Michelle Forrest, "NATO's Evolving Role and Missions", A. M. Babkina, ed., *NATO's Role, Missions and Future*, p.13.

② Lawrence S. Kaplan, *NATO and the United States: The Enduring Alliance*, p.140.

实践可能遇到的冲突风险，使北约无须应对潜在的军事进攻威胁，或者能以最佳的战略姿态应对安全挑战与威胁。"自从'哈默尔报告'出台后，北约成员国都被要求笃信欧洲的威慑与缓和。"[1]

再次，北约内向型发展的一项重要内容，就是不断充实和完善其组织机制，建立并完善规章制度。正如上文所述，北约自创建后，坚持不懈地致力于建设其组织机制，并且按照冷战形势发展与变幻的需要，再加上北约自身的发展需要，不断增设各种类型的机构，包括建立各种政治领导机构、各个层级的军事指挥机构机制，以及日常行政管理机构等，持续充实并扩展北约制度建设的具体内容，以此丰富和深化北约的制度内涵。北约机制建设大致有两个方向：第一是不断增设各种政治机构与军事机构，逐渐形成一套由上至下的领导与管理体系，切实保证了北约作为政治与安全联盟的权力运转。第二是由建设政治与军事机构入手，逐渐向建设民用机构的方向发展。为此，北约新设了大量民用机构，意在应对除安全以外的其他现代挑战，这些新增设的民用机构，形成了北约权力结构的边缘与外围，它们与北约的政治与安全机构一起，共同构成北约的整体权力架构。

与机构建设相适应，北约还相应制订了一整套政治与安全决策的程序、规则以及方法，同时在北约内部逐渐形成一系列日常行政运转的权力规范与习惯，例如，北约设立"国际秘书处"（IS）、"国际军事参谋部"（IMS）等机构，就是要其承上启下，切实担负起北约内部运行政治领导权、军事指挥权所涉及的各种日常协调与合作任务。通过上述实践，北约确立了其内部各机构之间相互协调与合作的权力运行规则、各成员国之间相互配合和共同行动的规则，以及北约及其成员国之间相互沟通与支持的规则。

很明显，北约通过持续不断的组织架构与机制建设，再加上北约的决策规则和日常管理规则等建设，逐渐形成一套比较完善的权力架构，这一权力架构成为北约不断完善自身政治与安全职能的重要基础，同时也成为维持北约在冷战时期持续存在并发展的基础，不可否认，这一权力架构同样也为北约在后冷战时期的战略转型奠定了基础。

事实上，北约内向型发展与外向型发展虽然行进在不同轨道上，但几乎是同时进行的，在北约发展历程中很难将两者截然分开。纵观北约在冷战时

---

① Stephen J. Cimbala, *Extended Deterrence, The United States and NATO Europe*, Lexington, Massachusetts and Toront: D. C. Heath and Company, 1987, p.199.

期的发展走势，其内向型发展直接加强了北约的内在实力，在客观上推动了北约不断扩大其在欧洲乃至全世界影响的态势。这一结果实际上是为北约外向型发展提供一种强大动力，推动北约不只满足于拓展职能、发展战略概念以及完善组织机制，而是致力于更强势的外向型扩展，即进一步扩大北约的联盟规模，吸收更多成员国入盟，扩大北约在区域安全事务以及国际安全事务中的话语权。因此，北约内向型发展与外向型发展实际上形成互相推动、互相渗透的格局，共同推动北约持续存在，并且越来越深地作用于国际安全事务，尤其是欧洲安全事务。

二、北约外向型发展与扩张

北约外向型发展这一概念，主要是相对于内向型发展而言。如前文所述，北约的内向型发展与外向型发展实际上很难相互隔离分开，两者在本质上并无差别。如果非要做出某些硬性区分的话，那么两者的区别也许是在各自的发展路径与重点、相关规则以及阶段性目标等方面不尽相同。尽管如此，此类区别也并不很明显，而且多半是表面化的，并非是实质性的。事实上，北约的外向型发展与内向型发展在大多数情况下互有重合和渗透，相互砥砺和促进，两者共同发挥作用。

第一，与内向型发展相对应，北约外向型发展主要包括三个内容：其一，在欧洲范围内不断谋求扩张，以此扩大大西洋安全模式的势力范围；其二，通过持续性危机干预，不断强化自身实力，进一步加强自身防御安全与危机处置态势；其三，不满足于北大西洋区域安全防御，在世界范围内致力于构建新安全架构。就北约扩大其联盟范围而言，这并不意味着北约只是扩大了其组织规模或者增加成员国数量。作为西方安全联盟或者政治共同体，联盟规模扩大，成员国增多，国际影响力加大，这构成北约发展的外在体现。实际上，北约持续扩张，在更多情况下也意味着北约所秉承的价值观、世界观以及意识形态，得到更多国家、组织、集团等的认同。更准确地说，就是北约在越来越适应现代社会发展需要的同时，也越来越多地得到国际社会的认可，这是北约扩张的外在影响力增强的一种具体体现。"北约保持向心性的前提是，它似乎能成功地适应已变化的环境。"① ——不断扩大其联盟规模，吸

---

① Mark Webber, James Sperling and Martin A. Smith, *NATO's Post-Cold War Trajectory, Decline or Regeneration?* p.3.

收越来越多欧洲国家加入北约，推动北约防御安全体系日趋完善。

在冷战时期，北约的外在扩张是有限度的，并不是无限的，因为北约必须认真思考其扩张的前提与结果。在大多数情况下，北约持续扩大联盟主要需要考虑三种因素，即北约自身的战略安全需求、北约候选国的政治与安全意愿、苏东集团对北约扩张的反应。首先，北约作为西方国家的防御安全组织，客观上需要不断发展和完善其防御安全体系，通过吸收地缘战略地位非常重要的欧洲国家入盟，强化北约在欧洲的地缘战略优势，使北约对北大西洋地区的防御安全职能发挥到极致。其次，并非每个欧洲国家都被纳入北约候选国之列，在整个冷战时期，北约对候选国的选择非常谨慎，每个国家均须达到北约设定的各种标准，必须对北约防御安全建构有所助益，例如可以弥补北约在地缘位置、人力资源、区域武力等方面的不足。而且，候选国还须征得北约大多数成员国一致认可，因为这关系到所有成员国的安全福祉。"根据各方的力量，北约在创建欧洲安全机制所扮演的角色一直是多样化的，北约一直依赖于其成员国的政治意愿以及偏好。"[1] 再次，北约扩张的根本目标还在于防范和威慑苏联和东欧社会主义集团，但是北约并不愿为此激怒苏联，导致其做出某些不理智的决策或者过激反应，因此，北约在扩张的方向、步骤以及方法上都非常谨慎，基本上有意识地在苏联所能容忍的安全限度内进行。一直到冷战结束，北约才一改其小心谨慎的扩张态度，转而推行大开大合式的东扩进程。

事实上，《北大西洋公约》从来就不是一个封闭式条约，北约也不是一个凝固不动的防御安全组织，在防御安全战略上始终坚持开放性态度。英国伯明翰大学教授马克·韦伯（Mark Webber）在其著述中曾写道："只要在入盟前以及入盟后能满足三种前提条件，盟国同意提供成员国资格，即具备成为北约成员国的政治资格，对北约能够做出军事贡献，遵守《北大西洋公约》的各项条款。"[2] 正是在上述思想与方针的指导下，北约在冷战时期得以稳健且持续推进其扩张进程。1952年2月，希腊与土耳其加盟北约。1955年5月，联邦德国加入北约。1982年5月，西班牙加入北约。"自1949年创建后，北约就将大多数欧洲国家以这样或那样的方式置于其保护之下，并未谈及土耳其。通过在欧洲大陆及其地理范围（包括安纳托利亚高原在内）以内的多轮东扩

---

① Stephanie C. Hofmann, *European Security in NATO's Shadow, Party Ideologies and Institution Building*, p.213.

② Mark Webber, James Sperling and Martin A. Smith, *NATO's Post-Cold War Trajectory, Decline or Regeneration?* p.94.

与南扩，北约实现了大西洋主义者的增长，以及向大西洋联盟以外扩展。"[①]北约由创立时期的12个成员国，一直发展到16个成员国，其防御安全范围空前扩展，在南北方向上，北约的势力范围几乎贯通了斯堪的纳维亚半岛，经中欧与南欧，延伸至亚平宁半岛。在东西方向上，则起自巴尔干半岛，经中欧与西欧，进而覆盖整个伊比利亚半岛。

虽然扩张后的北约并未覆盖整个欧洲，尚留有许多安全空白，但却形成北约关于战后欧洲战略安全建构的一种新理念，为此后北约扩大其战略存在、发展联盟架构开辟了道路，特别是为冷战结束后北约的大规模东扩奠定了基础。因为"中欧与东欧国家都得出结论：即对欧洲大陆上的北约安全体系而言，它们并没有选择"。[②]因此，冷战结束后，北约开始大规模推进东扩，其扩张路径与方式基本上沿袭了北约的上述安全建构设想，所吸纳的对象也基本上是波罗的海国家、中欧、东欧以及南欧国家，北约最终以大规模东扩方式，空前扩展其联盟架构。此举构成北约持续发展的一项重要内容，同时也构成了北约建构欧洲安全秩序的一项重要内容。

特别需要强调的是，在整个冷战时期，北约扩张的指导思想、战略方向、行动步骤等，均严格遵循了西方传统的意识形态、价值观以及世界观等，所有候选国都与北约核心国家保持了高度一致的政治立场，此举从根本上确定了北约扩张的方向与属性。从防御安全的角度看，北约扩张显然出自建构防御安全体系的考虑，其目标旨在扩大北大西洋区域的防御安全范围，最大限度增强北约在欧洲地缘战略的军事实力。但是从政治、文化与意识形态的角度看，北约的扩张称得上是战后西方冷战政治观、冷战文化理念以及意识形态向外传播进程的延续，大量候选国不断入盟北约，实际上不仅仅是这些国家对北约所秉持的安全观、价值观与世界观予以高度认同，也是北约持续扩展国际影响力的重要展示。就前者而言，北约的扩张进程终归是有限的，但是就后者而言，北约的扩张进程的边界则是无限的。

第二，加强对外合作，主动开展积极的危机干预，同样构成了北约外向型发展的重要内容。伴随着20世纪70年代其战略思路进一步调整，北约开始在欧洲或者国际层面全面展开对外合作，谋求在全世界范围内扩大北约的政治与安全影响，尤其是扩大北约在欧洲的影响。与此同时，北约还与各种区

---

① Mahdi Darius Nazemroaya, *The Globalization of NATO*, Atlanta, GA: Clarity Press, Inc., 2012, p.21.

② Gale A. Mattox and Arthur R. Rachwald, "European Security and the Enlargement of NATO", Gale A. Mattox and Arthur R. Rachwald, eds., *Enlarging NATO: The National Debate*, p.9.

域政治或安全组织展开合作，通过大量国际合作或者区域合作，通过这种双边合作方式，弥补自身安全力量不足的欠缺，借重其他区域安全组织的力量及其影响，不断放大北约的政治与安全影响，扩展北约的区域性安全秩序建构架构中的作用。"欧洲的转变是一个与'福柯的治理性'相联的过程，欧洲国家针对社会所建立的机构以及设想，对地缘政治谈话产生了巨大影响，就此而言，确实存在一个多层面的驱动力，推动所谓的欧洲机构的扩展，例如北约、欧盟以及能够对其实施补充的所有组织。"[①] 不仅如此，从20世纪70年代起，北约就开始与"欧洲安全与合作组织"（OSCE）展开合作，共同构筑欧洲安全秩序。"从法律的角度看，北约并不对欧洲集体安全承担主要责任，《北大西洋公约》也未建议北约扮演这样的角色……如果要打造一个欧洲—大西洋合作安全体系，'欧洲安全与合作组织'可以作为这一体系的'宪法'以及集体安全架构而发挥作用。"[②] 很显然，此举一方面加强了北约自身的安全建构能力，另一方面则推动了整个欧洲的安全建构进程。"北约正在启动其变化进程，这一进程不仅推动了联盟自身的转变，也是构建一个新的欧洲安全架构。"[③] 北约的上述战略调整及其实践，不仅表现在冷战时期，同样也表现在后冷战时期，而且在后一阶段的发展规模更大，表现更明显。

为了持续强化北约的职能建设，北约空前加强了与国际组织的合作，尤其是与联合国展开多层面深度合作。北约的目标非常明确，就是与以联合国为代表的国际组织展开全面合作。北约一方面积极争取联合国的各种行动授权，力求将北约的政治与军事行动均纳入国际安全体系中，为其披上符合国际法律与规则的合理外衣，依靠联合国这一国际平台扩展北约的影响。另一方面，北约对联合国的仲裁与调解，使自身各种行动更符合国际社会的需要，赢得更多的国际舆论支持，等等。例如，在塞浦路斯危机中，在联合国充分授权的前提下，北约介入希腊与土耳其之间的领土纷争，尽管结局不尽如人意，但此举充分显示了北约的新动态。"对于西方来说，特别是对于北约来说，非常重要的是，塞浦路斯共和国至少还处于西方的势力范围内，就像它目前

---

① Mahdi Darius Nazemroaya, *The Globalization of NATO*, p.29.

② Stanley R. Sloan and J. Michelle Forrest, "NATO's Evolving Role and Missions", A. M. Babkina, ed., *NATO's Role, Missions and Future*, p.18.

③ NATO Secretary General M. Wörner, "NATO Transformed: The Significance of the Rome Summit", *NATO Review*, No. 6, 1991, available at http://www.nato.int/docu/review/1991/9106-1.htm. last accessed on 28 July 2015.

所处的位置一样。"[①]

另外，加强危机干预与协调能力，同样一直支撑着北约的外向型发展。"《北大西洋公约》并没有阻止北约在北大西洋区域以外地区采取行动，但也没有简单地将这些行动变成强制性行动。"[②] 在其防御安全职能范围以外，北约同样一直致力于危机处置，但是北约所应对的多数危机与挑战，均来自于北约内部，北约实际上一直扮演着各成员国利益协调者的角色，致力于消除或缩小成员国的分歧。北约的上述功用，实际上是北约在创建之初所未预设的，促成成员国共同利益，减少成员国的摩擦与纷争，为北约维持其联盟架构、保持不断发展趋向的一项重要内容。"在冷战时期，对于其成员国来说，北约是一个集体防御条约，相应而言，该组织并不适应在其域外部署武装力量……北约的角色并非要扮演域外警察，实际上它一直是美国地缘政治的支持力量。"[③] 实际上，也正是在北约的持续发展中，北约的危机干预能力不断强化。

由上可见，与其内向型发展相比，北约的外向型发展实际上也秉承了同样的战略指导方针，即北约一直谋求不断延伸其防御安全战线，健全其防御安全体系，丰富其防御安全功能，实现战略职能的自我超越。正是在这一战略指导方针下，北约逐渐形成一套别具特色的发展—扩张模式。这种发展—扩张模式在冷战国际关系体系中地位特殊，作用也特殊，尤其对于世界其他国家、组织或者地区产生了一定示范作用，导致冷战时期世界范围内的许多区域性政治或安全组织，纷纷以大西洋安全模式为样板，在战略方针、组织形式、发展思路等许多方面仿效北约，共同推动世界各地区域性政治与安全建构的发展与深化。

三、北约发展—扩张模式的特点分析

北约发展—扩张模式的出台与发展，为极其复杂的环境因素使然，其中包括北约的战略安全需要，战后欧洲的政治与安全需要，以美、苏两国为代

---

① "The importance to the UK of the Sovereign Base Areas in Cyprus", 8 March 1971, DEFE 5/189 TNA. 转引自 Panagiotis Dimitrakis, *Failed Alliances of the Cold War, Britain's Strategy and Ambitions in Asia and the Middle East*, p.76.

② Jennifer Medcalf, *Going Global or Going Nowhere? NATO's Role in Contemporary International Security*, p.37.

③ Ø. Østerud and A. Toje, "Strategy, Risk and Threat Perceptions in NATO", Janne Haaland Matlary and Magnus Petersson, eds., *NATO's European Allies, Military Capability and Political Will*, New York: Palgrave Macmillan, 2013, p.75.

表的东西方冷战斗争较量，甚至还有苏联与华约的安全战略及其实践等。"北约的创设与（冷战）相符，它构成冷战意识形态对抗中首轮高潮的一个关键要素。"① 北约发展—扩张模式的特点及其表现，大多受上述因素影响。与此同时，上述特点亦受制于北约自身的发展及其需要。北约发展—扩张模式的上述特点不仅直接影响到北约自身的发展，甚至还间接影响到其他区域安全性组织，进而影响到国际政治与安全局势及其变化。

在其近半个世纪的演变中，北约发展—扩张模式实际上覆盖了大西洋安全模式所涉及的绝大多数领域，其复杂程度也远远超过北约其他模式。因此，北约发展—扩张模式所形成的众多特点，例如兼容性、示范性、可塑性等，虽与其他模式的形成过程有交叉，但是却更能体现北约经历了一个较长时段，并非一朝一夕之事。

第一，北约发展—扩张模式带有很大的兼容性，不仅与现行的联合国体制并不矛盾，而且也与其他西方政治与安全组织或者机制少有矛盾。众所周知，在理论上，北约强调北大西洋区域的特殊安全利益，这与联合国所强调的"普遍安全"原则实际上相互矛盾，因为在现行的联合国安全体制中，很难体现北大西洋区域的特殊安全利益，也很难体现北约发展—扩张模式的特殊性。但是在现实中，北约的存在，似乎与联合国所维系的国际安全机制及其规则并不矛盾，两者甚至在一些具体安全事务上还能达成很多共识，在安全思想与实践中形成互补关系，这种局面同样也体现在北约与其他西方安全组织的关系中。

形成上述局面的原因主要有两个，其一，现有的联合国安全体制存在许多盲区，其维持安全与稳定的力量存在一定欠缺，客观上需要类似北约这样的安全组织加以填补。其二，北约发展—扩张模式兼具兼容性与开放性，能够将国际安全体制中的某些规则、机制以及习惯，有机地融入自身机制中，这是双方能够达成诸多安全共识、形成某种安全互补关系的基础所在。因为"面对北约的战略难题自己不会得到解决，北约必须要在核时代考虑确保和平与生存的新方式"。② 北约发展—扩张模式所采取的合作与兼容方式，并且从

---

① Wilhelm Agrell, "Silent Allies and hostile neutrals, Nonaligned states in the Cold War", Vojtech Mastny, Sven G. Holtsmark and Andreas Wenger, eds., *War Plans and Alliances in the Cold War, Threat perceptions in the East and West*, London and New York: Routledge, Taylor & Francis Group, 2006, p.144.

② Robert M. Soofer, *Missile Defenses and Western European Security, NATO Strategy, Arms Control, and Deterrence*, Westport, Connecticut: Greenwood Press, Inc., 1988, p.159.

中所汲取力量，实际上推动了自身的持续发展。

也正是由于北约发展—扩张模式所具备的这一兼容与开放的特点，在很大程度上确保了北约能够在许多方面、与许多国际组织或者区域性安全组织保持良好的合作关系，在其发展与扩张进程中较少遇到强有力的阻碍，进而保证了北约的发展进程虽然缓慢，但却比较稳定。从法律的角度看，北约并不是对欧洲集体安全承担责任的唯一安全行为体，《北大西洋公约》并未建议北约扮演这种角色。而"欧洲安全与合作组织"则被设计用于推动从大西洋到乌拉尔山所有国家的和平关系……如果要打造一个欧洲—大西洋合作安全体系，"欧洲安全与合作组织"可以很好地充当其"宪法"，为这一体系提供集体安全框架。① 很明显，北约能够与"欧洲安全与合作组织"展开合作，在很大程度上恰恰体现了北约发展—扩张模式所具有的兼容性特点。

第二，北约发展—扩张模式带有强烈的示范性。正如上文所述，北约的发展与扩张路径非常明确，具有很强的指向性，其阶段性目标非常明确。北约发展—扩张模式蕴积了一种特定的张力，构成北约持续发展与扩张的巨大动力。这一张力向内持续推动了北约不断深化其联盟结构、丰富和充实安全职能，持续扩大其影响，对外则产生了强大的"外溢效应"，对北大西洋区域以外的区域性安全组织产生了普遍示范作用，使北约发展—扩张模式的影响并不局限于北大西洋区域，而且还扩展到世界其他地区，尤其是对亚太众多的区域性安全组织产生了强烈的示范和引导作用。英国前国防部长弗里德·穆里（Fred Mulley）曾强调说："（一旦巴基斯坦退出，）'中央条约国组织'不会失败，因为从战略上看，'中央条约国组织'与北约是连在一起的。"② 事实上，正如上文所述，"中央条约国组织"恰恰是英国等国仿效北约而建立的安全组织，姑且不论这种效果是积极的还是消极的，单就北约所恪守的安全观、价值观以及世界观而言，无疑通过这种方式得到了拓展，并且产生了巨大的倍增效应。

具体而言，北约发展—扩张模式之所以能够产生示范作用，总体上得益于该模式囊括了一套相对灵活的集体安全机制，并且辅之以一种比较完整的规章制度。这种机制与规则也许正是北约发展—扩张模式的内在张力所在，

---

① Christopher Bell, "NATO: Background and Current Developments", A. M. Babkina, ed., *NATO's Role, Missions and Future*, p.18.

② Panagiotis Dimitrakis, *Failed Alliances of the Cold War, Britain's Strategy and Ambitions in Asia and the Middle East*, p.176.

它极大地适应了北约的发展与扩张需要，也逐渐养成并且强化北约的安全职能，推动其不断朝着具备综合职能的方向发展。"如果采取了及时和恰当的机制建构，北约就能更好地推进并维持其行动。"① 正是由于北约发展—扩张模式能够持久发挥作用，因此获得许多国际组织或者区域安全组织的认同，这些国际或区域安全组织以各种方式与北约联系在一起，包括采纳北约的联盟架构、制度以及规则，与北约展开多方位安全合作，等等。北约发展—扩张模式的核心影响力，正是通过这种由内向外逐渐渗透、由中心向边缘持续扩散等方式，使其影响力不断"外溢"，最终减缓或者降低了各种外部因素对北约发展—扩张模式的排斥。

第三，北约发展—扩张模式带有很强的可塑性。到目前为止，尽管北约发展—扩张模式已经形成一定规模，其发展方向、规则以及机制建设渐趋稳固，但是该模式并未完全定型，在制度创新、职能扩展、规章建设等许多方面还有很大的发展空间。这种可塑性在冷战时期直接体现在两个方面：第一，北约能够按照冷战安全环境的不断变化而调整其发展战略，选择最适合自身需要的安全目标，力争使其安全战略及其实践达到最大化效能。当然，北约所确定的安全目标风险性最小，也最具可操作性。北约的这种灵活做法，确保了在风云变幻的国际冷战形势下，北约在形形色色的国际冲突与危机面前，始终能够保持着比较灵活的战略姿态。第二，不论是有意还是无意，北约发展—扩张模式预留了较大的战略决策与活动空间，其中包括北约的联盟架构比较开放，战略指导方针相对灵活、目标范围比较宽泛，等等。这种空间在很大程度上确保了北约能够保持比较大的政策与实践自由，成为北约发展—扩张模式不断变化的基础。"所有的政治在一定程度上都是'安全政治'，从本体论的角度讲，所有国家或者联盟的政治空间都处于不稳定状态，它们都对其边界以及身份有恒定的扩展要求。"②

无可厚非，北约发展—扩张模式实际上属于一种动态发展模式，即通过不断发展与扩张，体现自身的政治与安全价值，从仅具备相对单一的职能逐渐兼具综合职能，从军事组织逐渐演变为安全组织，从关注北大西洋区域内部安全事务转向关注区域外部安全事务，直至关注世界范围内的安全问题，等等。在其发展和扩张的过程中，北约在一定程度上参考和借鉴了许多国际

---

① Mark Webber, James Sperling and Martin A. Smith, *NATO's Post-Cold War Trajectory, Decline or Regeneration?* p.76.

② Andreas Behnke, *NATO's Security Discourse after the Cold War, Representing the West*, p.7.

组织或者区域组织的有益经验，包括各种规章制度、行动方式、组织经验等，使之资鉴、助益并运用于北约自身的发展。与此同时，对于不符合北约发展与扩张需要的各种国际性或区域性规则，北约则采取了回避、忽视、抵制以及反对等方式，但是尽可能避免采取对抗的方式，力争确保北约的安全政策及其实践达到最大化功效。从这个角度看，北约发展—扩张模式的塑造，实际上并非仅凭北约一己之力，而是北约在其联盟平台上集结了各方相关力量共同打造所成，这从另一个角度充分反映了北约发展—扩张模式所拥有的内在可塑性。

第四，北约发展—扩张模式一直致力于追求长期目标，这些目标具有一定的前瞻性，具有巨大的战略潜力，还有长期的战略思考。而且，这些目标并未简单拘泥于北大西洋区域安全，也未局限于政治与军事领域，其触角扩展到北大西洋区域内外，涉及除政治与军事以外的其他各个领域，包括外交、安全、社会、文化以及技术在内的各领域。也许从表面上看，北约在其发展与扩张进程中设定了若干阶段性目标，甚至还在其间做出各种妥协，但是这些妥协从未改变北约发展—扩张模式的大方向。例如，在对北约扩张之路的总结中，西方学者曾做出多种分析，其中的一个代表性观点是："北约成员国资格的基线是符合宪法的，成员国资格不会被赋予任何非民主的、在军事上缺乏文官控制的国家……《北大西洋公约》的理想在历史上并未得到严格遵守，而是保持了一种愿望，为北约提供了一种合法的言辞……"[1]

但是必须要强调的是，北约所设定的短期目标，只是在某些特定时段、在某个方向、在某些局部领域发挥作用，它们从未完全操纵或左右北约发展—扩张模式的进化全局。而恰恰是这些阶段性目标不断积累和汇聚，最终构成北约发展—扩张模式的总体战略目标。也正是由于北约发展—扩张模式始终立足于长远目标的战略属性，在很大程度上放大了北约的政治、安全以及社会空间，确保北约不仅能够在北大西洋区域内外设定其指导方针，固化其战略方向，展开各种危机处置行动，而且还为北约发展—扩张模式的持续演进创造了必要的条件，尤其为冷战后北约由区域防御安全组织向国际安全组织的过渡奠定了基础。

如上文所述，北约发展—扩张模式的上述特点，实际上也是对以往北约

---

[1]　Mark Webber, James Sperling and Martin A. Smith, *NATO's Post-Cold War Trajectory, Decline or Regeneration?* p.95.

发展与扩张进程的一次特殊总结，这些特点凝聚了北约在不同发展时期的思想与实践成果，甚至不乏一些经验教训，既有自身的经验总结，也有其他区域安全组织的经验借鉴，更重要的是，北约发展—扩张模式的上述特点为未来北约的发展开辟了道路。

第二节　亚太安全组织的发展—扩张模式

一、亚太安全组织的"静态发展模式"

诚如上文所述，北约发展—扩张模式的表现一直比较活跃，其独特的行事风格与强势作风，确保了北约从一个区域性防御安全组织，上升为冷战时期西方首屈一指的安全组织，并且得以在欧洲安全建构中发挥重大影响。与之相较，绝大多数亚太安全组织的发展与扩张始终保持了惯常的低调风格，不仅发展步骤相当隐蔽，而且实践手法也不易为人察觉。不仅如此，在这些亚太安全组织中，差不多所有发展与扩张模式都进展缓慢，收效有限。因此，这在一定程度上也使亚太安全组织无法与北约保持同步发展。美国犹他州立大学两位华裔学者何凯与冯辉云在其著述中曾对亚太安全组织与北约做出比较。"通过政治合法模式检验北约在欧洲的成功，以及'东南亚条约组织'（SEATO）在东南亚的失败，我们就会想到，构建一个多边联盟，要比构建一个双边联盟更加危险，别无例外，因为一个纠缠于多边联盟而不是双边联盟的国家，要有更多的责任，也有更多的危险。"[1] 由此可见，亚太安全组织所采取的发展模式及其表现、特点等，与北约发展—扩张模式形成鲜明对比。

尽管亚太安全组织种类繁多，分布地域广泛，相互之间存在着较大差异，但是它们在发展与扩张方面却常常表现出极大的相似性，同时显示出极大的趋同倾向。总体上讲，亚太安全组织的发展可以概括为三种模式："静态发展模式""功能性发展模式"以及"衍生型发展模式"。上述三种模式既非按照不同的地域分布作为分类标准，也并非按照时间顺序分列座次；三种模式并非相互排斥，而是相互交叉，也并非并列分立，而是相互混杂，甚至不乏互有渗透之处。这三种模式在很大程度上共同构成亚太安全组织的发展模式，同时促成亚太安全组织在冷战时期的发展与扩张。

---

[1]　Kai He and Huiyun Feng, *Prospect Theory and Foreign Policy Analysis in the Asia Pacific, Rational Leaders and Risky Behavior*, p.117.

"静态发展模式"是大多数亚太安全组织采取的一种主要发展方式，虽然该模式并不适用于所有亚太安全组织，但却适用于相当一部分亚太安全组织。顾名思义，"静态发展模式"并非专指亚太安全组织发展停滞或者行动全无，实际上是指一部分亚太安全组织以"静态方式"展示其政治态度、发展动态以及战略倾向。在本质上，"静态发展模式"属于一种非常特殊的动态发展方式，它也许是指亚太安全组织在实践与行动上按兵不动，少有作为，但是这并不等于它们在政策与思想上同样停滞不前。不管承认与否，某些亚太安全组织自身的存在，很自然地显示出某种政治态度或者安全威慑态势。

对于许多欧美国家或者西方安全组织而言，无论是从功利主义出发，还是从现实主义角度看，"静态发展模式"的"无所作为"或者少有作为堪称不可思议，甚至显得荒谬。但是对于悠长、特殊而且复杂的亚太区域历史以及文化而言，"静态发展模式"则恰恰反映了亚太安全组织谋求存在与发展的一种特殊逻辑，即以静代动，以慢代快，以无代有。"民主以及对人权的支持，并没有像欧洲这样被普遍接受。许多亚洲国家继续将权威主义视为政治稳定与经济成功的必要条件。同样，这一地区的国际制度框架相对欠发达，并且比欧洲更少文化共性与交流。"[1]

总体而言，"静态发展模式"主要有两种表现形式：

第一，有的亚太安全组织自创立后，无论是其指导思想与发展战略，还是联盟机制与组织功能，基本上都保持了恒定不变。任凭国际安全环境或者亚太安全环境风云变幻，美苏关系由紧张到缓和，冷战斗争形势起伏不定，但这些亚太安全组织始终未能受到太多影响，而是一直保持了其建立之初的初始形态。最明显的例证是，冷战时期最具影响的数次局部战争均爆发在亚太区域，这些区域战争虽然改变了亚太区域的局部安全形势，但是却未能对亚太安全组织的"静态发展模式"产生任何决定性影响。已建立的亚太安全组织并未因为战争爆发而增加其组织职能，也未因为战争影响的延续而扩大其联盟规模。

在大多数情况下，"静态发展模式"有效确保亚太安全组织不仅保持了其组织架构的存在，而且在此基础上保持了正常走势。和大多数安全组织的发展方式不同，"静态发展模式"基本上采取了某种特殊的隐性发展方式，不为

---

① Zalmay Khailzad, David T. Orletsky, Jonathan D. Pollack, Kevin Pollpeter, Angel M. Rabasa, David A. Shlapak, Abram N. Shulsky, Ashley J. Tellis, *The United States and Asia, Toward a New U. S. Strategy and Force Posture*, p.5.

一般组织或国家所感知或者理解。正是在这一发展趋向的作用下，上述亚太安全组织在多数情况下所发挥的作用集中于政治领域，它们很少具有比较集中而且具体的安全功能，其安全任务也相对虚化。因此，这注定此类组织的安全功用相对有限，无法在亚太安全秩序建构中真正发挥重大作用。也正是基于其职能有限，最终导致这些安全组织归于沉寂，逐渐退出历史舞台。例如，"东南亚条约组织""中央条约国组织"等，均成立于20世纪50年代美苏冷战斗争的高峰期，但都在70年代伴随着美苏冷战斗争趋于缓和而先后退出历史舞台，这些组织很难说得上在东南亚地区、中东地区等的安全秩序建构中发挥关键性作用。

不仅如此，在战后如雨后春笋般涌现出的众多亚太安全组织中，许多组织在冷战时期一直沉寂无声，始终无缘参与各种纷繁复杂的整个亚太安全事务或者次区域安全事务，当然也更谈不上参与国际安全事务。因此，许多亚太安全组织实际上变成"幽灵组织"，它们一直处于某种休眠状态，仅仅在名义上保持着其存在形式，但在事实上却名存实亡，一直无法正常发挥任何作用。但是，这种情形并不等于这些亚太安全组织毫无作用，因为这些组织正是通过其持续性存在，进而确保其能够在亚太各个次区域安全架构中维持并且显示其客观存在，同时还能够在亚太区域整体安全架构中占据某种特殊位置，进而在亚太安全秩序建构中持续发挥某种"静而不止"的作用。

第二，在半个世纪的东西方冷战斗争中，有的亚太安全组织尽管服务于自身的安全利益需要，但是在其发展历程中仍然不可避免地受到美苏冷战斗争及其变化的影响，尤其是受到美国冷战政策及其实践的影响，这些安全组织为了适应国际或者区域安全形势的变化，在设置阶段性目标、制订战略指导方针、实施行动的手法，以及设计和推动组织架构等多个方面，以相对隐蔽的方式做出某种调整。当然，这种调整与变化实际上并未触及上述这些亚太安全组织的基本架构，也未能从根本上改变其旧有的发展轨迹，当然也谈不上动摇其存在的基础，或者动摇其发挥功用的根本。但是，这种调整与变化确实使上述这些组织的安全功用以及其他职能发生了一些变化，或者不断拓展和深化，或者转向其他方向。

有的安全组织则横跨整个冷战时期，在后冷战时期国际新安全形势下，最终实现其联盟架构的转型与跨越，转换为新的综合性安全组织。例如，自"日美安保体系"（Japan-US Security Alliance System）创建后，它一直扮演着美国用来牵制和羁绊中国的战略任务，但是经过美国不断改造，该体系摇身一变为美国在后冷战时期构建东亚安全秩序最重要的工具。"然而，在这一点上，关键问题是日本的军事建设以及使用军事力量的意愿不断增加，这些在美国—日本联盟的背景下是否正在发生。"[①]

在许多亚太安全组织创建之初，其基本职能在于维持亚太某个次区域或者更大范围区域的安全与稳定，但是随着亚太政治与安全秩序日趋复杂化，这些安全组织亦得以扩展其职能。促成这种变化的因素除亚太安全组织自身以外，还有这些安全组织所属的各个成员国，这些国家持续不断的政治与安全需求调整，也是促成这种变化的重要动因。"亚洲政治—军事形势正在变得越来越不固定，许多国家拥有许多资源，既有经济资源，也有技术资源，他们可能也有更大诱因将这些资源转化为军事力量。"[②]

需要特别强调的是，尽管上述安全组织的职能与功用有所变化，但是其基本发展状态与方向仍然属于"静态发展模式"，仍然继续保持着其成立之初的各种形态，其基本架构亦未发生根本性变化。因此，上述安全组织的调整与变化只能算是局部性的，并非是全局变化或者根本性变化。作为采取此类"静态发展模式"的一种自然结果，上述安全组织对亚太安全局势施加影响的方式不同以往，只能按照不同领域与局部区域、不同步骤与程序，不同规则以及方式，逐步影响和改变亚太各个次区域安全走势以及更大区域的安全走势。

总之，从亚太安全组织所采取的"静态发展模式"来看，这些安全组织之所以采取这种更特殊的发展方式，其根本原因在于：其一，这些安全组织在总体上需要不断适应亚太政治与安全环境及其变化的客观需要，这是其创建并且持续存在的基础，"静态发展模式"在客观上只是某些亚太安全组织对冷战环境的一种特殊反应。其二，这些安全组织具有非常独特的文化、思想以及意识形态土壤，确使其战略方向、阶段性目标、实践方式等多个方面，都迥异于欧美等西方国家。也许在北约等欧美安全组织看来，"静态发展模式"堪称无所作为，对各种安全危机与挑战无动于衷。但在许多亚太国家看来，这种模式却在某种程度上反映了这些亚太安全组织对亚太安全秩序建构的某种长远思考。

在许多亚太国家看来，"静态发展模式"堪为一种积极主动的发展姿态，

①　Zalmay Khailzad, David T. Orletsky, Jonathan D. Pollack, Kevin Pollpeter, Angel M. Rabasa, David A. Shlapak, Abram N. Shulsky, Ashley J. Tellis, *The United States and Asia, Toward a New U. S. Strategy and Force Posture*, p.13.

②　Ibid., p.7.

并非完全消极被动，在冷战时期亚太安全秩序建构中，这种特殊的模式为亚太区域留下了深深的印迹，使亚太安全架构的发展轨迹深受影响，这种影响甚至一直延续到今天。冷战结束后，亚太政治与安全形势发生重大变化，这在客观上对亚太安全组织的存在状况进行了清理，许多发展态势相对缓慢、功用相对长远的亚太安全组织开始退出历史舞台，许多着眼于亚太区域和次区域现实需要的新兴安全组织开始出现，"静态发展模式"为此受到极大影响。与之相对照，"功能性发展模式"的影响得以进一步扩大，亚太安全组织发展模式的主导方向亦由此而变化。

二、亚太安全组织的"功能性发展模式"

首先，亚太安全组织的"功能性发展模式"并不是孤立的，也并非与"静态发展模式"完全对立或者互不相容。相对于亚太安全秩序的建构而言，两种不同的发展模式实际上处于不同的发展轨道上，虽然两者经常出现交叉或者重合，但却不能互相替代。"静态发展模式"的发展重点在于，强调安全组织发挥作用的路径、方式以及方法，而"功能性发展模式"的发展重点则在于，强调安全组织的职能、功用以及影响。因此，上述两种发展模式所强调的重点迥然不同，两者所发挥的作用也不完全一致。在理论上，两种发展模式似乎相互矛盾，但在实际上却并非相互对立，而是相互交叉，共同存在并且向前发展。

形成这种状况的原因很简单，即亚太各国文化与历史传统源远流长，其政治与安全状况极其复杂，各种安全组织的背景以及发展状况迥然不同，整个亚太安全组织的发展状态也不可能为某种单一的发展模式所能垄断，或者局限于特定的某种发展道路与逻辑中。"毫无疑问，现存亚洲多边安全体制的记录则更为复杂。"[①] 从表面上看，相比采取"静态发展模式"的亚太安全组织，采取"功能性发展模式"的亚太安全组织，在亚太安全秩序建构中态度更加积极，所追求的目标基本上聚焦于满足亚太区域或者次区域的现实政治或安全需要，这在很大程度上决定了此类安全组织发挥功用的方式、程序以及影响范围，而且相较前者，后者更突出其功能建设。

回顾亚太安全秩序建构的历程，"功能性发展模式"一直受到众多亚太安

---

① Ajin Choi and William T. Tow, "Bridging alliances and Asia-Pacific multilateralism", William T. Tow and Brendan Taylor, *Bilateralism, Multilateralism and Asia-Pacific Security, Contending Cooperation*, London and New York: Routledge Taylor & Francis Group, 2013, p.29.

全组织的高度重视，许多安全组织不论是出于维护自身安全的需要，还是为外界政治与安全压力所为，客观上均需要不断加强其安全功能建设，包括不断拓展安全职能的范围，持续深化和丰富安全功用的内涵。因此，以发展和完善安全功能为目标的亚太安全组织可谓不胜枚举，这类组织甚至在整体亚太安全结构中占据了极其重要的位置。另外，在亚太安全建构中，功能性安全职能的体现，实际上并不局限于某个具体的安全组织，而是体现在两个或多个安全组织的联合与协作中。"在亚太地区可以被称为'功能性'安全合作中，一直存在着某种显著增长，这种合作并非建立在某个联盟的基础上，也不是旨在发展成为一个联盟。"①

因此，就亚太安全组织的功能属性、目标、方式以及路径而言，"功能性发展模式"大致可分为两类：第一，着眼于单一化安全目标的功能设定。此类安全组织的安全功能设定，既着眼于整个亚太区域安全建构，又关注亚太某个次区域安全建构。虽然这些安全组织的功能相对单一，其动机也比较简单，但是它们大多由于亚太区域安全的需要而孕育产生，因此其安全功能及其实践构成亚太安全秩序建设的一个重要组成部分。第二，着眼于某种相对复杂的复合型安全目标。追求此类目标的亚太安全组织，同样不受地域条件的限制，亦较少受到安全任务大小的影响，大多数安全组织均因适合亚太安全形势或者局部安全形势的需要，因此其发展相对顺利，亦能在整体亚太安全秩序建构或者次区域安全秩序建构中发挥较大作用。从表面上看，这两类安全组织的区别似乎只存在于两种安全功用的适用范围不同，发挥作用的方向与程度不同，但实际情况却不尽然。因为上述两类安全组织及其安全实践，具有完全不同的安全关注。因此，它们在发展目标、路径、方法以及行为特点等各个方面都不尽相同。

首先，就追求单一化安全目标的亚太安全组织而言，此类安全组织在更多情况下包括了亚太区域许多双边安全组织，还包括了一些多边安全组织。在大多数情况下，上述两类安全组织并非相互矛盾、无法共存。美国学者布兰登·泰勒（Brendan Taylor）坚持认为："亚太地区总体上被认为具有太多的差异性和不可信任性，无法实施这种（多边主义）冒险……最早的'双边方法'和'多边方法'表明，双边主义和多边主义在根本上是两个彼此分开、相互

---

① Ryo Sahashi, "The rise of China and the transformation of Asian-Pacific security architecture", William T. Tow and Brendan Taylor, *Bilateralism, Multilateralism and Asia-Pacific Security, Contending Cooperation*, p.147.

排斥的安全合作模式。"① 泰勒的想法实际上代表了欧美学界普遍一致的看法，即他们始终认为亚太地区只适合于建设双边安全组织，不适合建设多边安全组织，即使已经建立的多边安全组织，在安全实践中也常常以失败而告终。但在事实上，在亚太安全秩序建构的历程中，双边安全组织与多边安全组织经常并立而行，而且互有交集，其原因在于两者所设定的安全职能基本上方向相同，并未因为联盟形式的区别而无法共处，它们所共同采取的"功能性发展模式"，决定了两者具有许多共同特征。

追求单一安全功能的亚太安全组织，具有极其特殊的历史条件与现实需要，一方面，此类安全组织基本上都是在特定的冷战环境中产生的，因此在一定程度上受到冷战政治与安全斗争的影响，但是这种影响相对有限。另一方面，此类安全组织所拥有的政治、经济以及社会资源相对有限，它们只为适应区域安全的现实需要，而且结构比较简单，决策程序相对便捷。因此，追求单一化安全功能的安全组织，在选择其安全目标、威慑行为、行动方式等方面，客观上都设定了一个非常有限的界限。它们的功能设定及其实践，基本上都围绕着某个相对具体而且固定的目标展开，剔除了冷战时期许多安全组织惯常拥有的一些不切实际、大而不当的目标。另外，此类安全组织的安全实践内容亦比较简单，就是维护某个固定区域的安全秩序、推动共同的安全趋向、实现集体安全利益最大化。最后，所采取的方式也基本上以订立安全盟约、采取共同安全行动为主导，而在现实生活中，这种安全实践方式则常常表现为某些大国对小国提供安全保护。

对追求单一化功能的大多数亚太安全组织来说，它们大都将自己定位为防御安全组织，即使是一些冷战色彩极其浓厚的亚太安全组织亦同样如此。因此，防御自身安全、追求次区域安全利益、采取共同安全步骤、阻遏侵略，这些始终是单一化安全功能的主要内容。即使在名义上，这些安全组织也很少主动扮演侵略者或攻击者的角色，而只是相对被动地扮演着防御者或守卫者的角色。另外，这些安全组织需要防范的对象或者假想敌，也基本上相对固定，比较单一，既没有多重防御安全任务，也没有不断变化的对手。也许对于亚太地区单个国家来说，需要防范的对手大相径庭。"在过去10年间，国际恐怖主义和大规模杀伤性武器扩散被美国政府列为危险的顶端，相反，朝

---

① Brendan Taylor, "Conceptualizing the Bilateral-Multilateral Security Nexus", William T. Tow and Brendan Taylor, *Bilateralism, Multilateralism and Asia-Pacific Security, Contending Cooperation*, pp.8-9.

鲜与泰国则把这种威胁置于很低级别，按照相似方式，新加坡更担心海上恐怖主义或者马六甲海峡石油泄漏所产生的后果，而这些却不是内陆国家尼泊尔所关心的内容。"[1] 但是对于推进"功能性发展模式"的亚太安全组织来说，其成员国在客观上必须达成一致意见，最终形成整个组织的共同安全目标，成为所有成员国的安全指向。

特别需要强调的是，这种追求单一化功能的亚太安全组织在发挥功用时，虽然会受到各种外来因素的干扰和影响，但其变化很小。因此，此类安全组织往往能够相对独立地发挥安全功用，而且也较少与各种国际组织、周边的区域安全组织展开协商与合作。与此同时，此类安全组织亦没有太过复杂的内在决策程序掣肘和制度羁绊，面对各种区域安全危机与挑战，它们能够在组织内部迅速达成一致，制订统一的战略方针，对危机与挑战迅速做出回应。在大多数情况下，这些旨在追求单一化功能的安全组织，始终能够在特定区域内，比较好地处置和应对各种危机与挑战，而且能够较好地担负起防御安全任务。然而，也正是为其单一化安全功能所限定，这些亚太安全组织在亚太安全秩序建构中否认作用受到限制，当然更谈不上在更大的国际舞台上发挥作用。

其次，推进"功能性发展模式"的亚太安全组织，同样还将追求复合功能型安全合作，作为其安全战略及其实践的一项重要内容。与单一化安全功能相似，复合型安全功能的落脚点，同样并不局限于双边安全组织或者多边安全组织。从形式上来看，复合型安全功能所施用的范围很广，并不局限于某个相对单一的安全领域，例如保护安全组织内部各成员国的国土安全，或者保护安全组织所处区域的局部安全，维护某个区域或次区域的共同安全利益。另外，复合型安全功能还涉及安全领域的多个领域，例如政治、经济、社会、文化以及军事等领域。在冷战时期，复合型安全功能更倾向于政治功效；冷战结束后，复合型安全功能一直强调以一种综合性的手段或者方法，建立一种稳定的区域安全秩序，最终助力于亚太区域安全新秩序建构。

事实上，复合型安全功能强调了某种"大安全"概念，这一安全概念所涉及的范围既有传统意义安全理念，同时还有大量新安全概念，包括确保能源、水、食物、资源供应，积极应对恐怖主义，防范大规模杀伤性武器扩散

① Robert M. Hathaway and Michael Wills, "New Security Challenges for a New Century", Michael Wills and Robert M. Hathaway, eds., *New Security Challenges in Asia*, Baltimore, Maryland: The John Hopkins University Press, 2013, p.3.

等。事实上，这些新安全威胁与挑战在冷战时期就已存在，只是相较那些更加紧迫的传统安全威胁与挑战而言，显得不那么突出。但是在冷战结束后，上述新安全危险开始逐渐显现，并且对亚太区域乃至全世界形成新的挑战。美国五角大楼在一份报告中曾提到："在冷战开始的转变中，最引人注目的变化是危及我们利益的那些危险，其本质发生了转变。"[①] 上述新安全挑战连同各种传统安全威胁，共同成为复合型安全功能所要面对的处置对象。

相较过去，旧的安全威胁基本上局限于某个相对具体的地区，其关联性相对较差。本地区的安全形势及其变化，基本上不涉及周边区域，而且该地区的安全组织也谈不上与其他区域安全组织、国际组织展开任何深层次合作。但是伴随着全球化进程不断推进，各地区政治、经济以及社会联系进一步增强，各种安全挑战的破坏性与关联性不断加大，从而使各种安全组织的协同与合作变得越来越紧迫和必要。尤其对于亚太安全组织而言，加强彼此间的对话、协商以及合作变得愈加重要，这在客观上提高了对亚太安全组织对自身安全功能的要求，使其必须发展更强大、更复杂、更有效的综合安全功能，以此应对不断增长的新安全挑战，而复合型安全功能无疑是亚太安全组织应对这种跨地域、跨领域、跨时代安全挑战的最佳选择。

就其行动方式与效果而言，由于应对的安全威胁更加复杂、更具挑战性，因此致力于复合型安全功能的亚太安全组织，无论是在其目标设计还是指导思想，决策机制抑或行动方式上，都显得更加复杂、更具深度。另外，复合型安全功能由于更加适应亚太区域复杂多变的社会发展需要，因此得以在亚太区域或次区域安全建构中发挥作用，而且还通过与其他区域和国际组织的协同合作，在国际事务中产生一定影响。与单一化安全功能相比，复合型安全功能所产生的影响要更深远、更持久。

特别要强调的是，复合型安全功能的持续发展，在客观上大大推动了许多亚太安全组织的成长与壮大，不仅在组织数量上，而且在单个组织的规模等方面，都出现增长和扩大。这使追求复合型安全功能为主导的亚太安全组织，在亚太安全秩序建构中逐渐占据了主导地位，发挥了越来越重要的作用。因此，亚太区域许多安全组织不断发展与扩大其复合型安全功能，在很大程度上预示了亚太安全架构未来的发展前景。

---

① Les Aspin, "Report on the Bottom-Up Review", Washington, D. C.: Federation of American Scientists, 1993. available at http://www.fas.org/man/docs/bur/part01.htm. last accessed on 11 March 2015.

三、亚太安全组织的"衍生型发展模式"

众所周知，亚太安全组织的"衍生型发展模式"与上文提及的两种发展模式迥然不同，与前两者相比，"衍生型发展模式"极其特殊，这种特殊之处主要表现在：第一是该模式的历史背景相对特殊；第二是该模式的发展路径、方法以及手段非常独特；第三是该模式的发展节奏、程序以及结果别具一格，等等。"衍生型发展模式"的上述特殊内容，在亚太安全秩序建构中发挥了非常独特的作用，在很大程度上弥补了"静态发展模式""功能性发展模式"存在的种种不足。它们共同构成亚太安全组织的三种主导发展形态，这些特殊形态也在很大程度上使亚太安全组织区别于北约组织。归根结底，亚太安全组织上述特殊发展模式的形成，实际上也取决于亚太各个安全区域、次安全区域、安全组织以及民族国家所具有的特殊历史、文化以及地理环境，正是这些因素决定了亚太安全组织发展模式的种种特质。换句话说，亚太安全组织与北约的差别，在很大程度上反映为双方在文化、历史以及现实需要等方面存在着巨大差距。

从字面上理解，"衍生型发展模式"就是指亚太安全组织以自身的安全架构为平台，为了适应国际或者亚太安全形势变化的需要，不断扩展其组织外延，以原有的组织架构为母体，不断产生新的分支机构，逐渐形成其组织架构的外围。与此同时，在原有安全功能的基础上，不断丰富和充实其功能，从最初相对狭隘的国土安全，逐渐扩展到包括政治、经济、社会、文化、资源等在内的多重功能，形成以安全功能为核心、以其他功能为外围的功能层级。分支机构的增多，功能内涵的日趋丰富，共同构成了"衍生型发展模式"的主要内容。在采取这种发展模式的亚太安全组织中，"东盟"堪称是典型代表。"'东盟'的历史演变，在采取预防行动的背景下，在很大程度上被视为意在和平解决争端，推动经济增长、社会进步以及文化发展，它将提供发展援助，增强合作，免受外来干涉，对其他成员国的内政不予干涉。"①

虽然亚太安全组织的"衍生型发展模式"诞生于美苏冷战斗争年代，但是该模式的发展动力却不完全是东西方冷战斗争，而是自20世纪60年代以来普遍兴起的亚太区域民族独立运动，以及遍地开花的反殖、反帝和反霸运

① Alistair D. B. Cook, "Globalization and East and South-East Asia", Andrew T. H. Tan, ed., *East and South-East Asia, International Relations and Security Perspectives*, pp.181-182.

动。以东南亚民族独立运动为代表，亚太各个地区都开始独立思考并决定其发展方向，创建旨在切实维护自身利益的安全组织，以便在一些区域或者次区域安全事务中发挥作用，清除各种殖民主义、帝国主义以及霸权主义的干扰和破坏，最大限度体现亚太各国自身的安全要求与利益诉求。因此，从"衍生型发展模式"的源起看，该模式基本上反映了亚太各国独特的政治、经济与安全需要。奉行该模式的亚太安全组织，和其他西方国家所主导、染指以及渗透的安全组织相比，不仅具有更强大和旺盛的生命力，同时还具有更为深远的政治与安全影响，它们不仅活跃于亚太次区域安全秩序建构，同样也影响到整个亚太区域乃至世界安全秩序建构。

以"东盟"为代表，该组织在20世纪60年代初创建伊始，就一直致力于全力排除各种外部势力的干扰和影响，真正体现亚太各国自身的利益所在，包括该组织的议程、规则、决策以及行动在内，无一不体现了亚太自身的历史与文化特色，也无不体现东南亚国家的安全要求与利益诉求。"亚洲是一个广泛的地区，各国由水路而非陆地连接在一起，社会的多元化（社会沟通模式）无法解释区域组织出现的原因……换言之，只有文化多元主义能够解释，为何亚洲存在大量区域组织能够存活的氛围。"① 也正是"东盟"各成员国所秉持的多元文化，为其组织持续发展以及职能不断衍生，奠定了重要基础。

然而，要在事实上真正做到这一点，着实不易。因为亚太各国自19世纪或者更早就开始沦为西方国家的殖民地和半殖民地，欧美等国在亚太区域留下了大量有形或无形的殖民统治烙印和影响。而美国更是在二战后一直不遗余力染指和插手亚太安全秩序建构，竭力试图将亚太各个地区、各个国家都纳入其编织的冷战联盟体系。"旧金山体系主要是通过1951年盟国与日本订立的《旧金山和约》编织而成，该体系为东亚国家提供了一个独特的混合机制，即将双边主义与多边主义融合在一起。"② 因此，采取"衍生型发展模式"的亚太安全组织，其政治基础是维护民族国家利益的理想、反殖民主义的政治理念，以及在冷战斗争中保持中立的立场，它们在客观上代表了亚太政治、经济社会以及安全的发展趋向，代表了亚太安全组织发展的未来。"在亚洲，对于几乎所有

---

① Michael Haas, *Asian and Pacific Regional Cooperation: Turning Zones of Conflict into Arenas of Peace*, p.43.

② Min Gyo Koo, "The ASEN+'X' Framework and its Implications for the Economic-Security Nexus in East Asia", Vinod K. Aggarwal and Kristi Govella, eds., *Linking Trade and Security, Evolving Institutions and Strategies in Asia, Europe, and the United States*, New York: Springer, 2013, p.92.

亚洲区域组织来说，'东盟'成为重中之重。"① 事实上，"衍生型发展模式"在客观上确实对西方国家先前主导的亚太安全秩序形成冲击之势，并且在很大程度上改变了旧的亚太安全格局。"紧随新功能主义之后，'东盟'政治领导人实际上为稳固的区域组织营造了一种氛围。一旦确立，这一地区就变得越来越'东盟化'了。"② 追求本土利益最大化与绝对安全，追求政治进步以及正义公理，在客观上赋予奉行"衍生型发展模式"的亚太安全组织以一种取之不竭、用之不尽的道德驱动与政治公义，使其得以持续发展、深化。

奉行"衍生型发展模式"的亚太安全组织，在其创建之初，大都在其功能设定、安全方针、指导思想等方面，所做的初始设计可谓相当宽泛，也不十分明确清晰。然而，正是这种相对模糊的战略理念，近乎框架式的组织建构，以及无法预测的发展方向，却在客观上为此类安全组织预留了巨大的发展和开拓空间，使其既不会拘泥于某种刻板和僵化的联盟条款，也不会止步于某种既有的成就或者固化的目标。它们既不会将自身定位为只解决组织内部矛盾与分歧，也不放弃对共同安全目标的追求，而是将防止矛盾扩大和深化，视为实现共同安全目标的必由之路。例如，这些安全组织从不使用武力或其他极端方式解决纷争，也竭力避免引入外部力量或者听凭外部势力解决矛盾，而且在矛盾与冲突面前始终保持中立态度。"'东盟'的发展在于寻求阻止该地区国家之间的冲突，也在于寻求阻止更大的国家实施负面的外来直接干预。"③ 进言之，这些安全组织积极主张矛盾相关各方展开对话与协商，积极搭建平台，力争使分歧与矛盾在组织架构下得到缓解和解决。"'东盟'通常被视为一种区域性安排，其主要目标就是加强成员国之间的相互信任，它在维持东南亚地区的和平与稳定方面享有盛誉，尽管仍存在着太多通常意义上的双边领土争端，而且也缺乏经过尝试和测试的'东盟'和平进程。"④

很明显，"衍生型发展模式"最初所设定的安全目标非常有限，尽管对这些安全目标的描述比较模糊，但是它们明显较少关注短期安全利益，而更关注那些长期富有战略意义的目标。而这些目标虽立足长远、相对宽泛，但却不是不着边际或者遥不可及的，而是与"衍生型发展模式"的方向紧紧联系

---

① Michael Haas, *Asian and Pacific Regional Cooperation: Turning Zones of Conflict into Arenas of Peace*, p.90.

② Ibid.

③ Alistair D. B. Cook, "Globalization and East and South-East Asia", Andrew T. H. Tan, ed., *East and South-East Asia, International Relations and Security Perspectives*, p.184.

④ Paul D. Williams and Jürgen Haacke, "Regional Approaches to Conflict Management", Chester A. Crocher, Fen Osler Hampson and Pamela Aall, eds., *Reviewing Regional Security, in a Fragmented World*, p.54.

在一起的。许多亚太安全组织持续发展和丰富其职能，也正是按照这一方向而逐渐展开的。以"东盟"为例，"东盟"最初只是东南亚4个国家参与，其目标是推进东南亚经济发展、社会与文化进步、促进地区稳定、改善民生与百姓福祉等，虽然该组织从未声言担当安全防御或者集体安全任务，但是"东盟"在东南亚地区安全秩序建构的核心作用，以及在亚太安全秩序建构中所拥有的影响，任何人、国家或者组织都无法予以否认。"进言之，'东盟'已经宣布，它打算演化为一个'欧盟'风格的安全共同体。"①

奉行"衍生型发展模式"的亚太安全组织，在其发展路径上，也采取了循序渐进的方式，不断推进和扩大其安全功能，同时按照自身的对话、协商以及联合机制，向周边地区不断扩大其势力范围，将越来越多的国家或地区纳入其对话—协商—联合机制中。例如，"东盟"组建之初只有区区4个成员国，但是在其发展历程中逐渐吸纳了越来越多国家加入。到2006年，"东盟"的成员国达到12个，其影响远远超出东南亚地区，扩展到东亚、南亚、太平洋等其他许多地区，甚至扩展到亚太区域以外。其结果就是，"东盟"在亚太区域的政治、经济与社会影响全面提升。

除此之外，为了适应亚太区域纷繁复杂的政治、经济、文化以及安全形势变化，"东盟"又在其原有架构的基础上，不断延伸和发展其对话—协商机制，陆续创建"东盟地区论坛""东亚峰会""东盟政治安全共同体""东盟经济共同体""东盟社会文化共同体""东盟防长会议"及东盟"10+1"模式、东盟"10+3"模式、东盟"10+6"模式等新机制，在亚太区域创建了一种独特的"东盟式"对话—协商—联合模式。通过这种方式，"东盟"得以和亚太其他区域性大国、多个区域组织或者国际组织等，共同建立了对话—协商—联合机制，例如中国、日本、韩国、澳大利亚、新西兰等。

上述这些国家及其相关的区域组织，在亚太安全秩序建构中占据着举足轻重的地位，但它们显然无法直接加入"东盟"，因为"东盟"不愿意由于这些国家或区域组织入主"东盟"，而使自身的安全架构发生根本性改变，而且这些国家也不愿意由于加入"东盟"架构，由此改变自身的安全诉求和利益关注重点。因此，"东盟"要想在亚太区域大规模扩展其影响力，要想在亚太安全秩序建构中发挥更重要的作用，客观上必须与这些区域性大国力量或区

---

① Christopher B. Roberts, *ASEAN Regionalism: Cooperation, Values and Institution*, Abingdon: Routledge, 2012, pp.147-148.

域组织展开良好的对话与协作。"东盟"所创立的衍生型安全机制和功能，实际上既保持了"东盟"与亚太各区域大国的联系，也满足了"东盟"以及亚太各区域大国或者组织的利益需求。"在更宽泛的东亚语境中，区域性竞争需要一种氛围，即安排东亚安全的机制（'东盟地区论坛'和'东亚峰会'）已经由'东盟'所开启。对'东盟'来说，这些机制已经扩大了'东盟'与大国打交道的能力，也影响到更宽泛的东亚秩序以及印度洋—太平洋秩序。"①由此可见，"衍生型发展模式"所创建的对话—协商—联合机制，既为类似"东盟"的亚太安全组织所使然，也受到亚太安全形势及其变化的影响。

由上可见，"衍生型发展模式"基本上采取了由小到大、由低到高、由简单到复杂的路径，始终处于不断发展和提升的过程中。不仅如此，由于"衍生型发展模式"极具灵活性与机动性，这使许多亚太安全组织能够按照安全环境的变化，不断调整其指导方针与发展思路，为其增添新的思想、文化以及社会元素。因此，"衍生型发展模式"得以以其原有的组织架构为母体，在此平台上不断衍生和发展各种新的功能，不断催生各种新的外围机构，最终形成一个以原有组织架构为核心、以各种外设机构为外围的安全共同体。"衍生型发展模式"既包含了持续扩展与丰富安全功能，又覆盖了安全机制持续扩大与深化，而且两者几乎一直同时进行。虽然奉行"衍生型发展模式"的亚太安全组织大部分起步较晚，但是该模式在亚太安全秩序建构中却后来居上，其发展方针、安全战略以及行动方式等，在亚太区域获得越来越多的社会认同，这也确保了相关的亚太安全组织得以迅速在亚太安全秩序建构中发挥越来越重要的作用。

四、亚太安全组织发展模式的特点分析

诚如上文所述，不论是亚太安全组织的"静态发展模式"，或者"功能性发展模式"，或者"衍生型发展模式"，亚太安全组织之所以采取多种不同的发展类型，这从根本上反映了亚太区域政治、经济、社会、文化以及安全状况的复杂性和多样性，反映了在亚太安全组织发展历程中，各国在历史、资源、地理环境以及传统习俗等方面的差别。我们不能简单地做出评价，到底哪一种发展模式在亚太安全建构中堪为最佳模式，哪一种发展模式更适合亚

---

① Christopher B. Roberts, "The Future of Regionalism in East and South-East Asia", Andrew T. H. Tan, ed., *East and South-East Asia, International Relations and Security Perspectives*, p.282.

太政治与安全形势。因为亚太安全组织所采用的所有发展模式，都孕育和发展于冷战时期，而且在不同时段、地域以及领域发挥了不同作用。因为亚太地域辽阔，很难以一种统一的发展模式限定所有亚太安全组织的发展方向。

美国前总统国家安全事务助理布热津斯基在比较了亚太安全组织与欧洲安全组织在各自安全建构中的诸多区别后，最终得出结论："亚洲缺乏欧洲已有的合作型多边结构。这种结构在欧洲的政治形势中占着主导地位，并对欧洲那些较为传统的领土、种族和民族冲突加以淡化。亚洲的三个区域性组织，无论是东南亚国家联盟，还是东盟国家进行政治对话的亚洲地区论坛，抑或亚太经合组织，都根本无法同将欧洲连成一片的多边区域合作联系网络相比拟。"① 尽管布热津斯基针对亚太区域与欧洲各种安全组织做出比较，但并未直接触及亚太安全组织的发展模式。虽然布热津斯基在一定程度上道出了亚太安全建构的基本特征，而且强调了亚太区域与欧洲在各自安全建构中出现的不同结果，但他却越过了亚太安全组织在不同发展模式上的路径选择，尤其忽视了亚太安全组织在其发展模式上的规律与特点。事实上，许多亚太安全组织并非没有建立合作型多边结构，只是在不同发展模式主导下推行多边安全联合实践，因此它们只能在区域安全或者次区域安全的层面上发挥作用，并未形成跨越不同区域的安全联合。因为奉行"衍生型发展模式"的亚太安全组织虽就此做出一系列尝试，但仍无法逾越亚太各个不同区域存在的根深蒂固的界限与差别。

总体上看，亚太安全组织的发展模式虽始自亚太区域特殊的政治与安全环境，这些发展模式在推动众多亚太安全组织发展的过程中，尤其是在亚太安全秩序构建中，逐渐形成一系列模式化特征。这些特征促使众多亚太安全组织的发展轨迹，明显有别于北约以及其他欧洲安全组织的发展路径。不仅如此，这些模式化特征还深深影响到亚太区域安全以及次区域安全的发展现状，甚至还波及国际安全格局及其走势。从总的发展趋势看，首先是"静态发展模式"，其次是"功能性发展模式"，再次是"衍生型发展模式"，三种模式依次在亚太安全秩序建构中发挥主导性作用。

首先，亚太安全组织的发展模式经常呈现出非常明显的阶段性发展特征。在半个多世纪的东西方冷战斗争中，亚太安全组织的三种主要发展模式

---

① ［美］兹比格纽·布热津斯基：《大棋局：美国的首要地位及其地缘战略》，中国国际问题研究所译，上海人民出版社，1998年，第204页。

起步时间早晚不一，有的发展模式起源于亚太区域冷战斗争早期。例如，美国主导建立的绝大多数双边安全条约与组织，还有英国主导下的多边安全组织等，这些组织完全服从于美、英等国在亚太区域的冷战政治与安全需要，它们随着国际冷战的兴盛而发展壮大，也随着冷战的寥落而陷入沉寂。"美国战略目标的直接表现是，与这一地区的关键盟国建立一系列双边的、'中心与分支'的安全条约，例如日本、菲律宾、韩国，还有位置更加遥远、但地位同样关键的澳大利亚。此举影响到东亚沿着意识形态界限发生分裂，而且使跨地区的政治与经济整合几乎毫无可能。"① 有的发展模式起步时间相对较晚，甚至起步于20世纪60年代至70年代国际冷战缓和时期，例如类似"东盟""衍生型发展模式"的亚太安全组织等。每一种发展模式都有自己特定的生命周期，有的存在时间长，有的存在时间短，有的到目前为止仍处于发展当中，结果尚不清楚。但是，无论这些发展模式的生命周期长或短，它们都在不同时段对亚太区域安全秩序建构中留下了自己的印迹。

相对而言，"静态发展模式"由于更多着眼于冷战的政治与安全目标，因此更易受到冷战斗争影响，其功用也更多集中于冷战早期。随着20世纪70年代国际冷战缓和时期的到来，其影响不断减弱。另外，该模式的存废，在很大程度上还取决于美、英等国的态度。例如，美、英等国主导的"中央条约国组织"和"东南亚条约组织"之所以短命，其中的主要原因就是美、英等国对此一直持消极态度。"伦敦和华盛顿默认了一个政策目标，即他们试图只在温和的层面上保持对'中央条约国组织'和'东南亚条约组织'的军事支持。"② "功能性发展模式"的起源及其发展相对恒定，其功用几乎贯穿了整个冷战时期，在冷战后期，这一发展模式的综合功能不断强化，并且在亚太安全秩序建构中的作用亦得到强化。"衍生型发展模式"起步相对较晚，但却由于安全组织强调本土化，目标与机制相对宽松等，从60年代至今，该模式得以在亚太区域和次区域安全秩序建构中发挥巨大作用，而且这种功用目前更是呈现出蓬勃扩大之势。亚太安全组织的上述三种发展模式，其目标或者实践在不同阶段有很多交叉和重合，而且其功用和影响亦有许多相通之处，这种共同性全面体现在亚太安全秩序建构中。

---

① Mark Beeson, "The USA's Relations with East and South-East Asia", Andrew T. H. Tan, ed., *East and South-East Asia, International Relations and Security Perspectives*, p.168.

② Panagiotis Dimitrakis, *Failed Alliances of the Cold War, Britain's Strategy and Ambitions in Asia and the Middle East*, p.38.

其次，亚太安全组织的发展模式展示出比较明显的地域化特征。众所周知，亚太地域辽阔，地理差异巨大，各个不同的地缘政治地带分属于不同自然地理区域，各个不同区域具有迥然不同的文化、传统、习俗与资源，虽然相互之间有一定关联，但是各地区之间仍然存在较大差异，各自的安全理念大相径庭。这些因素导致孕育于不同地区的各个安全组织亦提出不同的安全诉求，这是亚太安全组织采用不同发展模式的一个重要前提。鉴于不同发展模式对不同安全组织的依附关系，亚太安全组织的三种发展模式亦有不同的分布区域。当然，这种地域划分在客观上并不一定非常准确，因为亚太安全组织的发展模式并非恒定不变，有的具有多重属性，有的属于跨地区发展，有的拥有多种功能，但是相对而言，上述三种发展模式大致按照不同的地域重点而展开实践。

总体而言，美国所创建的双边安全组织以及多边安全组织更多集中在东亚，因为这与二战后美国在亚太区域的军事存在直接相关。而英国组织和领导的多边安全组织则基本上集中在东南亚、中东等地区，因为这些地区一直是英国的传统殖民地和势力范围。从这个意义上讲，采用"静态发展模式"的亚太安全组织基本上更多集中于东亚、东南亚以及中东地区。而"功能性发展模式"的区域特性主要表现在两个方面，相对于单一化功能模式而言，则基本上集中于亚太区域冷战斗争相对比较激烈的地区，或者意识形态色彩比较浓厚的地区，例如东亚、中南半岛等。对于采用复合型功能模式的亚太安全组织而言，则相对集中于东南亚、西亚以及太平洋地区等。而采用"衍生型发展模式"的亚太安全组织的地理区域分布，则相对集中于民族独立运动基础比较深厚、经济发展与社会变迁较大的地区，例如东南亚、东亚、阿拉伯半岛等。当然，这一分布状况并不是绝对的，其界限并不明显，而且经常处于变动和调整中。

再次，在亚太安全组织的三种发展模式之间，它们在功能上互有重合。每一种发展模式都有自己的不同功能导向，有的偏重于社会功能，有的偏重于政治功能，有的偏重于军事功能，有的则兼具多种功能，不一而足。虽然这些发展模式各有侧重，但是它们归根结底都属于安全模式，因为三种发展模式的最终目标，仍将落脚于亚太区域整体安全秩序以及次区域安全秩序建构，当然这两类安全秩序建构所涉及范畴相当宽泛。不仅如此，三种发展模式在指导不同安全组织开展行动的过程中亦互有重合，这直接表现为各个安全组织展开了许多对话与协商，各个组织多有合作，许多亚太安全建构行动属于各个安全组织共同所为。总之，亚太安全组织的不同发展模式虽各有偏重，但其整体功用却不可避免存在着相当大程度的重合。

形成这种功能重合的原因有很多，其中一个关键性动因就是，许多亚太安全组织所采用的发展模式并非完全固定不变，在不同安全组织及其发展模式之间，相应的专属性与对应性被不断削弱。随着亚太安全秩序所面临的挑战愈加复杂化和危险化，亚太安全组织对各种发展模式的经验、方法以及路径的借鉴越来越频繁。在应对威胁的国际合作中，"东亚表现出的特色通常是制度建设，几个主要的东亚多边组织，包括'东盟'和'东盟地区论坛'，在应对跨国家新挑战的过程中一直很活跃。"[1] 事实上，不仅是东亚的安全组织及其发展模式表现突出，其他地区的安全组织及其发展模式的活动也非常活跃。

最后，在亚太安全组织三种发展模式之间，实际上并不具有排斥性，而是表现出较强的相容性与合作性。不可否认，在众多的亚太安全组织中，各个组织尽管有各自色彩浓重的地域特征，但仍不排除相互之间存在着大量协调与合作之实，这一点已经为亚太安全秩序建构的进程所充分证实。与此同时，亚太安全组织之间亦难免夹带某种相互牵制、互为掣肘之意，当然这肯定不是亚太安全秩序建构的主流。例如，"美国建立'澳美新同盟'的外交努力，其目的在于劝阻澳大利亚、新西兰分担中东地区发生进一步冲突的负担。"[2] 当然，"澳美新同盟"创建的主要目标尚不在此，但是至少这是美国建立该同盟的一种重要考量。从理论上看，亚太安全组织的相互合作或者互为牵制，必然会对亚太安全组织的不同发展模式产生影响，但这并不等于三种发展模式必然会出现某种合作与冲突。

然而，在亚太安全秩序的现实建构中，从"静态发展模式"到"功能性发展模式"再到"衍生型发展模式"，三种发展模式都不约而同、无一例外展示出某种共存与相容的特性。这种特性首先源于各个亚太安全组织所设置的目标，它们不仅在各自的外延上具有许多重叠之处，而且其设定的各个区域性目标并不完全冲突，它们有时甚至是相互补充的。其在各自的目标内涵上，尽管在阶段性以及局部目标有所区别，但在基本原则和方针上却保持了高度一致。因此，这在很大程度上确保了亚太安全组织的三种发展模式必将保持

---

[1]　Robert M. Hathaway and Michael Wills, "New Security Challenges for a New Century", Michael Wills and Robert M. Hathaway, eds., *New Security Challenges in Asia*, p.2.

[2]　Department of States, "The military role of Australia and New Zealand", 29 December 1951, *FRUS*, 1952–1954, Vol. XII, pp.1-2.

相对一致的立场。尽管亚太区域各个安全组织偶有碰撞和分歧，但这只能部分影响三种发展模式的功用，而不会从根本上改变其发展的战略方向。

总之，亚太安全组织的上述三种主要发展模式所表现出的诸多特性，极大地作用于亚太安全组织演变与发展，同时也影响到发展模式自身的程序、机制以及功用，最终关联到亚太安全秩序建构的走势。因此，从这个意义上讲，亚太安全组织的发展模式形成了诸多特性，而这些特性又反作用于模式自身，进而形成某种良性循环。

第三节　北约与亚太安全组织在发展模式中存在的问题

一、北约发展—扩张模式存在的问题及其发展趋向

众所周知，发展—扩张模式一直是北约在冷战时期存在与发展的重要基础，该模式与其他模式相互交织，共同推动了北约在冷战时期的持续发展与演变，并且为后冷战时期北约实施大规模东扩、推进全面战略转型奠定了基础。与北约其他模式一样，发展—扩张模式在确保北约自身持续发展的同时，亦有效作用于欧洲安全秩序建构，并且推动北约积极参与各种国际安全事务。与其他模式相比，发展—扩张模式似乎在推动北约发展的历史进程中发挥了更突出的作用，其影响也更显著。究其原因在于，北约发展—扩张模式能够更深入、更全面地反映北约作为欧美安全共同体的本质，其方针、政策及其实践更符合欧洲冷战政治与安全现实，也更能体现美欧双方共同拥有的价值观、道德观以及世界观，同时也适合了大多数北约成员国以及潜在成员国的需要。

不论是纵向比较还是横向比较，在战后世界的大量多边安全联盟中，北约发展—扩张模式称得上独树一帜，在战后国际社会中的联盟政策及其实践中产生了巨大的引领与示范作用。但是这并不能说明北约发展—扩张模式内部不存在任何问题，也不能说明发展—扩张模式完全优越于其他模式，成为北约存在与发展最重要的基础。事实上，在北约发展—扩张模式的内里，一直存在着某些先天痼疾以及后天沉疴，而且许多问题还具有某种共性。许多问题不仅存在于北约发展—扩张模式中，同样也存在于北约的其他模式中。在半个多世纪的冷战斗争中，北约虽一直致力于消除这些问题，但却始终未能如愿，这些问题始终困扰着北约的发展，制约北约在国际舞台上的作用。

总体而言，北约发展—扩张模式存在的问题大致可以归纳为以下两种：

第一，不仅北约的存在与发展缺乏成熟的现实与理论基础，而且北约发

展—扩张模式及其功用亦缺乏系统而且科学的现实支撑。美国遏制战略的始作俑者乔治·凯南就此曾强调："《北大西洋公约》成员国以其对自身意图与力量的描述，赋予条约广泛的支持，他们的认知并不完全准确。毫无疑问，苏联领导人可以轻易得出结论，即签订《北大西洋公约》这一计划隐蔽了其意图，也未向公众公布。这些意图汇聚为能够代表西方国家的某项决策，一旦西方集团拥有必要的力量，就会在紧要关头与苏联发生军事冲突。"[1] 自创建伊始，北约就锁定了一个非常模糊的发展方向，从表面上看，维护欧洲安全秩序、确保欧洲集体安全，构成北约的核心战略目标，但这些内容实际上只是北约冷战政治目标的一部分，绝非全部。安全目标的极端政治化，导致北约虽然可能在短期内实现某些阶段性安全目标，但在长远上却不得不致力于一个耗时费力、看不到尽头的目标，这一目标远远超出北约自身能力，实际上北约根本无法独立完成。北约发展—扩张模式错误地确立一种思路，即通过不断扩大联盟规模、持续增加组织职能、加强西方国家的民主价值观与意识形态，最终推动西方阵营夺取全面政治优势这一目标。因此，尽管20世纪90年代初苏联和东欧社会主义阵营发生剧变，但北约却无法专擅冷战胜利之功。

由此可见，由于北约及其发展—扩张模式所设定的基本战略构想非常宏大，这使北约虽能在冷战时期不断扩大其势力范围、持续增加其组织职能，但却在冷战时期一直无法实现北约所希冀的"欧洲安全秩序与稳定环境"。甚至在冷战结束后，北约在国际政治与安全舞台上一枝独大，数次实施大规模东扩，不断增加对外干预，但北约似乎始终无法蜕变为一个强有力的国际政治与安全组织。北约成员国先是遭遇一轮又一轮的欧洲民族主义分裂与冲突，后是遭遇一波又一波的恐怖主义袭击。北约似乎总处于持续挑战与应战的循环往复中难以自拔，似乎总须应对持续不断的危机与冲突。尽管和冷战时期相比，北约增添了许多对外军事干预行动，但这些并未从根本上改变北约发展—扩张模式的既定方向。因此，尽管许多西方学者认定，北约已经表明，它可以走出北大西洋地区，而能够广泛承担各种不同类型的安全任务。[2] 但如果对北约所采取的各种干预行动细加分析，其对外干预手段就显得极其有限，

① George F. Kennan, *Memoirs, 1950–1963*, London: Hutchinson, 1973, pp. 327-351. 转引自 Vojtech Mastny, "Imagining War in Europe, Soviet strategic planning", Vojtech Mastny, Sven G. Holtsmark and Andreas Wenger, eds., *War Plans and Alliances in the Cold War, Threat perceptions in the East and West*, p.17.

② Ryan C. Hendrickson, *Diplomacy and War and NATO, the Secretary General and Military Action after the Cold War*, Columbia, Missouri: University of Missouri Press, 2006, p.149.

而且干预结果乏善可陈。由此可见，在北约发展—扩张模式的最初设计与安全实践之间，实际上存在着明显距离，两者形成一种鲜明对比。

归根结底，发展—扩张模式一直使北约得以在一个战术平台上推进其战略目标，在一种有限的机制中追求一种无限的结果，因此注定北约的发展与扩张会困难重重，曲折多变。显而易见，北约似乎无法通过其发展—扩张模式，在其政治理念、安全目标、战略方针、联盟机制以及组织功能等多个方面构建一种有效的平衡，发展—扩张模式似乎无力弥补北约无限目标与有限能力、宏大的综合设想与简单之极的手段之间的空白。因此，这在很大程度上决定了北约发展—扩张模式不仅缺乏有效支撑，而且也导致北约发展战略、行动步骤以及政治与安全需求常常脱节，进而导致北约在其发展进程中似乎总处于相对滞后状态，跟不上国际形势变化的需要，只能被动适应国际形势及其变化。这种矛盾在很大程度上限制了北约的发展，也限制了北约发展—扩张模式发挥更大功用。美国巴德学院国际关系学教授詹姆斯·查斯（James Chace）曾就此特别分析到："如果北约不能真正满足其功能，它就会陷入分裂。从历史上看，如果北约从现在开始再发展20年，或者从现在开始再发展10年，就会是一个奇迹。除去其字面含义，北约远不至于是一个联盟。如果北约的功能不转变，它就有可能无法继续存在。"[1]

第二，北约发展—扩张模式存在的另一个问题是，较多受到美国思维与决策的影响。因为在北约创建之初，美国一直在北约内部扮演一个决定性角色，影响并操纵着北约发展—扩张模式。"在冷战期间，北约基本上为美国所控制，其主要的伙伴国，例如英国、德国、法国，则在许多方面扮演了次要角色。"[2] 这种状况在很大程度上造成北约在其发展与扩张进程中失衡，即北约的各种发展、实践以及干预行动，主要出自美国而非其他欧洲盟国，甚至不一定出自北约自身需要。因此，北约发展—扩张模式在很大程度上不得不听命于美国，亦不得不受制于美国的政治与安全战略，进而导致北约在发展—扩张模式下推出的政治与安全战略，常常脱离北约的现实需要。欧洲盟国更希望北约能够担负起维护欧洲安全的责任，但美国却更希望北约成为威吓和震慑苏联与东欧国家的军事工具，欧美双方在彼此利益、目标、战略、

---

① James Chace, "Is NATO Obsolete?" Kenneth W. Thompson, ed., *NATO and the Changing World Order, An Appraisal by Scholars and Policymakers*, Lanham, Maryland: University Press of America, Inc., 1996, p.66.

② Richard L. Kugler, "Is NATO Obsolete?", Kenneth W. Thompson, ed., *NATO and the Changing World Order, An Appraisal by Scholars and Policymakers*, p.84.

手段等方面，始终难以摆脱各种矛盾的纠葛。

至少在冷战时期，北约发展—扩张模式的发展基本上由美国主导，在大多数情况下，美国一直得到欧洲盟国的大力支持，欧洲盟国也非常乐意在美国的安全保护下享受欧洲和平与稳定，它们只是不喜欢其自身利益与需求遭到美国忽视，或者不满于美国的单边主义行径以及极端化的冷战意识形态。"姑且不论深层次的误解，欧洲国家并没有什么选择……它们最优先的选择就是要让美国忙于欧洲事务，如果北约的扩张是其要付出的代价，那它们别无选择，只能付出。进言之，通过将新民主国家融入欧盟，将东欧与西欧统一在一起，这将缓解欧洲国家的压力，但却使欧盟承受了巨大的经济损失。"① 显然，北约发展—扩张模式的上述局限，虽可确保北约在冷战斗争中始终保持极其强硬的政治与军事态势，但也由此造成北约内部经常出现美强欧弱、美进欧退的局面，这种局面实际上大大削弱了北约存在与发展的基础，使北约在发展进程中始终充斥着美欧双方的不同声音。

另外，正是由于美国对北约施加了过多影响，大大破坏了北约内部的平衡性，加剧了北约决策与实践的不确定性，造成北约发展—扩张模式始终处于不稳定状态。即北约及其发展—扩张模式过度依赖美国的政治与安全决策及实践，如果美国对国际形势及其发展的判断基本正确或者接近正确，北约发展—扩张模式所发挥的功效就会很大。在北约秘书长亨利·斯巴克（Paul-Henri Spaak）看来，情况似乎是，只有美国领导人才能够再次肯定其在跨大西洋安全中领导北约的作用。② 反之，如果美国判断有误，或者决断不足，那么这种功效与影响就会严重下降。然而，非常不幸的是，贯穿整个冷战时期，美国对世界政治与安全格局发展与变化的基本判断大多数并不准确，导致北约的政治与安全实践不是收效寥寥，就是行为失当，在推进欧洲安全秩序建构或者国际安全秩序建构方面建树较少。

由上可知，未来北约发展—扩张模式的发展方向，必将致力于进一步消除该模式中的各种问题。为此，北约所采取的方针策略将主要集中在两个方面，着力于解决北约发展—扩张模式固有两大类问题：第一，北约发展—扩张模式

---

① R.W. Apple, "Road to Approval is Rocky and the Gamble is Perilous", *New York Times*, May 15, 1997. 转引自 Federiga Bindi, "A Brief History of EU Enlargements", Federiga Bindi and Irina Angelescu, eds., *The Frontiers of Europe: A Transatlantic Problems?* Washington, D. C.: Brookings Institution Press, 2011, pp.19-20.

② Ryan C. Hendrickson, *Diplomacy and War and NATO, The Secretary General and Military Action after the Cold War*, p.22.

将缩小其政治与安全目标，不断浓缩和提炼其思想内涵，去除各种不切实际、大而不当的虚妄内容，尤其要戒除过度意识形态化以及政治化的思想倾向，使北约发展—扩张模式更具可行性和可操作性。为此，北约在战略和战术层面上对其未来发展方向进行区分，设定了各种阶段性目标，循序渐进推进北约发展—扩张模式。第二，北约发展—扩张模式将进一步夯实其存在与发展的基础，增强欧美双方在北约发展—扩张模式中的相互平衡与协调。尤其是对欧美双方在北约发展—扩张模式下的战略重点做出新的规范，调整和改变此前该模式对美国的过度依赖状况，让欧洲国家承担起更多的政治与安全责任。

作为一种重要补充，发展—扩张模式还将进一步加强与北约其他模式的协同与合作，不再追求和发展单一化职能，而竭力追求综合化的复合型职能，使北约不仅能够胜任集体安全责任，而且还能胜任除集体安全以外的其他责任和义务，切实将北约的存在与发展，真正融入国际政治与安全环境的变化中。与此同时，北约发展—扩张模式亦将加强与其他各种区域组织或者国际组织等在发展模式方面的协同与合作，不仅要充分借鉴其他国际组织或者区域组织的发展经验，还将加强与上述组织在不同领域、不同地区以及不同观点上的联合协作，进一步优化北约发展—扩张模式，确保其能够发挥更大功效。

进入21世纪后，北约发展—扩张模式已经着手在上述方面开始了新一轮改革，这些改革实际上构成北约实施全面战略转型的重要基础，北约的战略转型已经融合于其发展—扩张模式中。未来北约发展—扩张模式的发展路径将会更加多元化，所担负的责任和义务将会更加复杂。毫无疑问，北约发展—扩张模式的发展和深化，将会进一步加强北约的战略转型，强化北约的对外干预能力，扩大北约在世界范围内的影响力，增强北约在国际事务上的话语权，加速北约由区域性安全组织向国际安全组织转换。

二、亚太安全组织在发展模式中存在的问题与矛盾状态

正如前文所述，亚太安全组织的发展模式，其复杂程度远远超过北约发展—扩张模式，这种复杂性主要表现在：前者不仅在其发展模式的类型、路径、手段等方面，相比后者更为丰富，而且在指导思想、功能、内容等方面的复杂程度也远远超过后者。而且，这种复杂性同样也体现在亚太安全组织的发展模式中，并且产生了各种问题。相较北约发展—扩张模式所遇到的问题，亚太安全组织发展模式中出现的问题不仅更为棘手，也更难处置，处置这些问题不仅需要花费更多精力，而且运转周期也更长，但是所取得的进展

也更微弱，效果更间接或更不明显。

总体而言，亚太安全组织的三种发展模式，即"静态发展模式""功能性发展模式"以及"衍生型发展模式"，每一种发展模式都有各自的问题，许多问题相互重合，有的问题相互关联，有的问题则互不相关。但从总体上看，亚太安全组织的发展模式所遇到的问题，大致可以分为以下几类：第一，尽管亚太安全组织的三种发展模式多有合作与重合，甚至互有交叉，但却很难统合在一起，难以形成一个完整系统的安全体系，或者形成一种大一统的亚太安全秩序。因此，这使亚太安全组织在其发展进程中，常常表现出分散化与碎块化等问题。这种分散化与碎块化现象不仅表现在各亚太安全组织之间，甚至还表现在每一个亚太安全组织内部，它们常常使得亚太安全架构在整体上显得支离破碎，而且使得亚太安全秩序建构尤其显得混乱无序，甚至包括每一个安全组织或者一些亚太民族国家，都饱受这种混乱与无序的折磨。因此，亚太安全秩序建构虽然饱经沧桑，但成效却相当有限。这种状况与远在欧亚大陆另一端的大西洋安全建构相较，两者形成鲜明对比。

亚太安全架构所展示的分散化与碎块化，不仅表现为诸多亚太安全组织在分布上极其分散，而且也使亚太区域形成数个迥然有别的区域安全带，正是在此基础上，最终催生了亚太安全秩序建构中独特的区域主义，即以各个区域安全组织或者地区大国为核心，形成一些不同的区域政治与安全规则，每个亚太安全组织都会拥有自己的区域活动属地、安全规则以及行为方式，甚至这种差别还深入到每个亚太国家的安全政策及其实践中。"'东盟'区域主义的未来面临着两个重大挑战：

第一，多样化的政治价值以及国家实力的差别，就政治价值而言，包括了政治权利与公民自由的发散……它试图在'东盟'内部引起机制与规范的变化，威权主义国家通常'担心主权'，而民主国家则更愿意展开合作，并且将其主权融入国家机制中……另一组挑战与独裁政权联系在一起，他们通常饱受国家软弱之苦，并且通过一种狭隘的力量方式来寻求政权存在，其政权的合法性基础在于其经济所表现出的某种潜在的不确定路径。"① 正如上文所述，亚太安全组织的发展模式所蕴积的问题，导致区域主义在亚太区域大行其道，而且当我们从宏观角度俯视亚太安全秩序建构的全程，我们就会发现，这种

---

① Christopher B. Roberts, "The Future of Regionalism in East and South-East Asia", Andrew T. H. Tan, ed., *East and South-East Asia, International Relations and Security Perspectives*, p.286.

区域主义倾向在客观上大大助长了亚太分离主义、非中心化趋势以及独立化倾向的持续发展，这显然极其不利于亚太安全秩序的统一建构，并且注定亚太安全架构只能按照不同的区域轨迹向前发展，它们或者时有交叉，或者完全背道而驰，或融合或冲突，最终汇聚成为亚太安全组织发展模式的全部。

第二，亚太安全组织的发展模式多样化，在很大程度上导致亚太安全秩序建构付出较高的发展成本，包括时间成本与社会成本等。在建构亚太安全秩序的过程中，各个不同的区域安全带、各种亚太安全组织以及许多区域性大国，都不同程度经历了许多曲折，走了大量弯路，而且为此付出过高昂代价。但从总体上看，战后初期的亚太安全秩序建构成本普遍较高，只是随着美苏冷战斗争局势逐渐趋于稳定，这种安全秩序建构的成本才开始逐年降低。与之相对应，亚太安全秩序建构在定位、方法以及程序等方面逐渐趋于稳定，亚太安全建构的功效亦越来越突出。

另外，与北约发展—扩张模式相比，亚太安全组织发展模式的巨大发展成本还体现在其他许多方面，例如，亚太安全组织的存活率相对较低，虽然战后亚太区域建立了大量安全组织，且多呈现出集群式涌现，但是它们来得快，消失得也快。在亚太安全秩序建构的进程中，安全组织的淘汰率非常高，远远高于亚欧大陆的另一边。而且，即使那些已建构许久的亚太安全组织，真正能够发挥其预设功效的也相对较少，许多组织仅仅是在形式上保持了其组织存在，但却在实践中长期无法发挥作用。

表5：亚洲与太平洋区域组织的成败数量统计表 [①]

政府间组织的类型	亚洲的政府间组织	太平洋区域的政府间组织
技术型		
已成立的政府间组织总数	56	32
已解散的政府间组织总数	15	6
解散与成立的比例	27%	19%
政治—安全型		
已成立的政府间组织总数	17	6
已解散的政府间组织总数	4	1
解散与成立的比例	24%	17%

---

① Michael Haas, *Asian and Pacific Regional Cooperation: Turning Zones of Conflict into Arenas of Peace*, p.138.

第三，亚太安全组织的发展模式更多采用间接、迂回方式推进亚太安全秩序建构，导致发展模式功效低下。众所周知，在亚太安全架构的建设进程中，由于亚太区域各个地区具有完全相异的地域文化特点，其政治目标、社会发展以及安全任务等均大相径庭。但是，每一个安全组织实际上都需要一个安全目标，而许多亚太安全组织的目标有时过于复杂和庞大，因此使亚太区域显得处处似乎都是目标，或者干脆很少有非常明确的单一目标。"为了生存，每一个联盟都需要一种威胁，需要一个对手，事实上这种威胁成为这一联盟赖以为生的基础。"①

一方面，许多安全组织并不完全专注于安全防御任务，还要承担许多其他任务，例如，社会发展、经济合作以及文化交流等。另一方面，许多组织自创建伊始，就称不上是严格意义上的安全组织，它们或者属于单纯的技术型组织，或者相对专注于经济合作与发展事务，或者属于某种社会发展性质的组织等，但是这些组织也毫无例外担负着维持区域或次区域安全的责任与义务。在亚太安全秩序建构中，很难非常严格地区分安全领域与非安全领域的界限。从广义上讲，大多数组织都属于一专多能型的安全组织。在上述组织中，既有结构比较复杂的政府间合作组织，也有内容与功能相对单纯的民间组织，既有跨国家联合，也有超国家合作，形式多样，内容丰富。

正是由于亚太安全组织在其发展模式采取了上述迂回、间接方式，许多亚太安全组织常常通过加强彼此间经济合作，或者共同致力于某种社会发展的目标，或者营造某种局部性或区域性稳定局面，最终达到相互确保安全的目标。这种间接的安全行为或者广义性质的安全实践，不可能直接助益于亚太区域性安全危机与冲突的解决，亦无法立竿见影地施用于某项比较具体的安全目标，而是更多着眼于营造某种区域安全环境。这种做法在一定程度上导致亚太安全秩序建构的效率相对低下，亚太区域安全组织始终无法建立一种行之有效的安全架构，亦无法建立一种长期而且稳定的整体安全秩序或者区域安全秩序。即使在每一个次区域安全建构中，亦经常出现各种突发性的安全危机与挑战。

第四，亚太安全组织的发展模式带有比较厚重的意识形态色彩，比较容易受到各种外来政治与安全因素的影响和控制，这在冷战早期尤其明显。客观

---

① Panagiotis Dimitrakis, *Failed Alliances of the Cold War, Britain's Strategy and Ambitions in Asia and the Middle East*, p.1.

而言，在冷战时期，受各种历史与现实环境的影响，许多亚太安全组织及其建设都带有不同程度的意识形态色彩，其政治倾向非常明显，其冷战的目的性也非常明确。追求冷战优势，遏制亚太区域社会主义扩展，确保本区域或者安全组织成员国的价值观与道德观，一直是亚太区域许多安全组织所追求的重要目标。在许多西方国际组织或者政治人物看来，亚太区域多个安全组织与西方安全组织在本质上并无太大差别，它们的命运一直以这样或那样的方式连接在一起，甚至许多亚太国家或者公众人物也坚持这一观点。西方学者帕纳基奥提斯·迪米特拉克斯（Panagiotis Dimitrakis）曾在其著述中对此做出分析："我们只能坚决主张，里根总统从不会丧失任何机会，将北约组织—中央条约国组织—东南亚条约组织归因于是抵抗'邪恶帝国'的自由人民的联盟。"①

但是，随着冷战斗争局势逐渐趋于稳定，特别是随着缓和时代到来，亚太区域安全秩序建构的意识形态色彩开始淡化，亚太区域安全架构越来越多显示出自身的文化特质与安全需要。但是，不论多寡，冷战政治与意识形态等因素，不可避免地在亚太区域安全秩序建构中留下了难以磨灭的印迹，这对于亚太安全架构产生了深刻影响，这种影响直到今天仍无法完全去除。特别需要强调的是，这种冷战政治与意识形态并非完全是亚太各国自身所滋长的，在更多情况下，堪为美、英等国强加给战后初期积贫积弱的亚太区域，导致亚太区域不由自主地卷入美苏冷战斗争的旋涡中，不得不充当美苏冷战斗争的附属品。正是由于很长时间无法形成自身健全、系统的发展方针与政策，导致亚太安全组织的发展模式比较容易受到外来因素的干扰和影响，进而影响到亚太安全秩序建构。

总之，亚太安全组织的发展模式存在着一系列问题，有的出自自身，有的为外部环境使然，但是不论何因，实际上这都反映了亚太安全组织及其发展模式相对稚嫩，也折射了亚太安全秩序建构相对曲折。因此，要想建立成熟而且持久的亚太安全架构，还需要对亚太安全组织及其发展模式展开进一步改造，扬长避短，趋利避害，使亚太安全组织的发展更适合亚太区域自身的社会发展与安全稳定需要，使其发展模式更能体现亚太区域的文化与历史，更符合各个次区域或者国家的实情，唯有如此，才能确保亚太安全组织及其发展模式在未来获得实质性发展和进步。

---

① Panagiotis Dimitrakis, *Failed Alliances of the Cold War, Britain's Strategy and Ambitions in Asia and the Middle East*, p.189.

第七章

亚太安全组织与北约的应对危机模式比较

第一节　北约应对危机模式

一、北约应对危机模式的产生与发展

与北约发展—扩张模式相比，应对危机模式在北约20世纪60年代发展历程中所占据的地位似乎并不突出，而且作用也相当有限，以至于在大多数情况下，人们常常会忽视应对危机模式的存在及其作用。事实上，尽管不似其他模式那样醒目，但应对危机模式却非常重要，一直被北约用于稳定内部秩序、平息各种争论、抑制成员国分歧，成为北约维系其内部团结协作的一种重要手段。与此同时，应对危机模式也一直被北约用于应对和克制各种外来危机与安全挑战，成为北约显示其影响力的一种重要手段。因此，应对危机模式在某种程度上也构成北约谋求持续发展的一项重要内容，因为它，北约正是在不断克服和抑制危机与冲突的过程中，得以完善和拓展其职能，强化其在冷战中的政治与安全地位。美国历史学家马丁·希伦布兰德（Martin J. Hillenbrand）所做的总结非常精确到位："北约已经周期性经历了明显且真实的困难期，不论是其批评者还是支持者，我们都可以将北约存在的前30年准确地描述为，是从克服一个危机到战胜另一个危机的一场运动。"①

不同于其他大西洋安全模式，应对危机模式并非自北约创建之初就已拥有，该危机模式实际上是北约在发展进程中逐渐形成的，虽然称不上浑然天成，但却完全称得上是随境而生。即北约在遭遇危机、着力解决危机的过程中，逐渐形成一整套着力于解决内在与外来危机的方法、规则以及战略，同

---

① Martin J. Hillenbrand, "Structural and Organizational Problems of NATO: Some Solutions", Kenneth A. Mayer, ed., *NATO, The Next Thirty Years: The Changing Political Economic and Military Setting*, p.417.

时形成一种比较稳定的机制，包括相应的组织协调、机构建设以及运行程序等。因为北约毕竟是欧美等国为推动集体安全目标而创建的防御安全组织，尤其作为西方国家的冷战工具，其安全目标的设定在于谋求实现最大限度自我保护，政治目标的设定在于不断争取政治与意识形态优势。北约前发言人大卫·基德（David Kyd）全面概述了北约所扮演的角色，但却毫不提及对危机的应对与处置。"北约是所有成员国安全的一个关键因素，北约是其成员国展开政治协商的一个重要工具，北约在捍卫所有成员国民主生活方式与民主价值观方面扮演了一个关键角色……北约参与并支持就关于现代社会的挑战展开的研究。"[1] 从这个意义上讲，自北约建立后相当长一段时间，北约实际上一直缺乏应对危机与挑战的能力。因此，发展和不断强化自身的应对危机能力，始终是北约所追求的一个重要战略目标。

事实上，北约不断发展和强化其应对危机模式，主要有两方面动机：

其一，自冷战开启后，在很长一段时期内，美苏冷战斗争始终变幻不定，其上下起伏、左右摇摆的变幻程度，远远超出北约在设计之初所有构想，这在客观上为北约发展其应对危机能力提供了驱动力。众所周知，北约最早的战略定位是防范苏联与东欧社会主义国家针对北大西洋区域发动"军事进攻"，但是这一判断显然严重脱离了美苏冷战斗争的现实政治需要。正如美国历史学家欧文·克里斯托尔（Irving Kristol）所强调的那样："人们可能会说，回顾往事，北约诞生后就注定将会承受这样一种崩溃：作为一个纯粹的防御联盟，北约既不打算也不愿意在一旦爆发冲突，能够击败对手。它也未能为了自身而获取更大的目标，它只是成功地阻止了非常明显的军事入侵，这一军事联盟假设了某种姿态，这种形态迟早会引起尖锐的紧张与压力。"[2]

事实上，北约在冷战时期所需面对的真实情况是，北约重点发展的防御和反制侵略的军事能力，基本上建立在北约对可能发生苏联军事进攻的种种推测基础之上，而北约更多需要应对层出不穷的成员国利益争夺与意见分歧、区域性热点冲突以及持续不断的冷战小插曲，等等。虽然只是一些小型危机与冲突，但对这些危机与冲突的处置，却在事实上构成了北约发展历史、政治与军事实践的一个重要组成部分。因此，北约不仅需要对各种重大冷战冲突与安全挑战表明其立场，同时还需要对各种变幻不定的日常小规模危机与

---

[1] Werner J. Feld and John K. Wildgen, *NATO and The Atlantic Defense, Perceptions and illusions*, p.23.

[2] Irving Kristol, "Does NATO Exist?", Kenneth A. Mayer, ed., *NATO, the Next Thirty Years: The Changing Political Economic and Military Setting*, p.365.

冲突适时做出良好反应，以便更好地适应日新月异的国际安全形势变化。反之，北约的上述举措又在很大程度上构成北约持续存在与发展的重要内容。

其二，作为战后欧美国家最大、最具代表性的防御安全联盟，北约在主观上需要不断发展和充实其防御安全能力，持续完善其防御联盟机制，以便更好地发挥保护北约及其成员国的功用。按照英国学者埃米尔·柯克纳（Emil J. Kirchner）和詹姆斯·斯帕林（James Sperling）的说法："北约在战后时期的产生、发展以及成功，可以用三个可分析的互动共同体加以解释，它们互不相同但却相互关联，即北约是一个可对其成员国目标有所贡献的共同体，北约是一个可以支撑一套共同价值观的共同体。北约是一个受命运支配的共同体。"[1] 在某种程度上，北约建立并发展应对危机模式是以欧美国家的共同价值观、共同防御安全目标以及共同政治导向为基础的，最终亦决定于北约作为防御共同体的本性。具体来说，在机制建设上，应对危机模式可以弥补北约军事联合机制的空白地带；在能力建设上，可以弥补包括北约军事行动在内的综合与协调能力；在方向建设上，则确保北约作为欧美国家共同价值观、意识形态与政治理念的集大成者。

就理论而言，持续发展和加强北约武装力量、增强其防御安全能力，一直是北约在冷战时期追求的一个重要目标。但就其实践而言，自北约创建后，北约一直受到各种安全危机与挑战的袭扰，虽然这些冲突与危机并不至于危及北约的存在，但却需要其有所回应。因此，加强北约应对危机的能力，自然而然成为北约战略目标的一项重要内容。尽管在北约看来，有的危机与挑战可以熟视无睹、听之任之，但是有的冲突与威胁则必须正面对待，有效化解，因为如果北约在应对危机与冲突时长时间无所作为，必然会引发北约内外各界对其存在和发展的合理性提出疑问，进而引发对北约武装力量建设的种种阻碍。"北约在过去30年所遇到的内部危机，引发了人们对北约履行任务的能力的质疑。"[2] 因此，北约要想保持其在美苏冷战斗争中的强势姿态，必须主动拓展和完善其安全与稳定机制，不断扩展其职能范畴，最大限度展示其在所有相关安全事务问题上的控制力和影响力。

为了达到这一目标，北约必须正面应对各种危机与挑战，而不是采取简

---

[1] Emil J. Kirchner and James Sperling, "From Success to Uncertainty", Emil J. Kirchner and James Sperling, eds., *The Federal Republic of Germany and NATO, 40 Years After*, p.252.

[2] Pierre Hassner, "Intra-Alliance Diversities and Challenges: NATO in an Age of Hot Peace", Kenneth A. Mayer, ed., *NATO, the Next Thirty Years: The Changing Political Economic and Military Setting*, p.376.

单回避的立场与态度；北约必须妥善解决危机与冲突，而不是采取某种搁置或者拖延政策。因为北约如能直面威胁，并且制定有效的应对之策，这将意味着北约可以提前预防、减缓甚至消除各种潜在的安全危机，防止其持续发酵，最终酿成不可遏止之势。因此，北约应对危机模式的重点，第一是能够提前采取预防措施，防止危机发生；第二是能够实施积极干预，尽力控制危机发生的过程；第三是有效控制危机与冲突的结果，防止其后续影响持续扩大。很明确，要想使应对危机模式真正发挥作用，北约必须进一步明确并且充实其相应的机制、程序、方法以及步骤，最终将应对危机模式落到实处。事实上，北约的上述举措不仅强化了北约的安全体系，也大大加强了其整体防御深度。

与北约其他模式相比，应对危机模式事先没有任何预设，即在其酝酿与发展之初，该模式带有极大的随机性，既没有任何非常明确的目标，也没有任何预期的成熟手段，在大多数情况下，应对危机模式均伴随着一些偶发危机与冲突的发生而逐渐发展、成熟。事实上，贯穿整个冷战时期，北约所遭遇的危机与冲突在数量上相当有限，尤其是在北约内部，各成员国之间的小型分歧与冲突可谓持续不断，但规模较大的分歧与冲突则并不多见，尤其是能够影响北约发展进程的重大危机与挑战更是屈指可数。因此，缺乏足够数量的应对危机能力培育，这在一定程度上影响到北约应对危机模式的发展与成熟。同样，对于北约所经历的外来危机而言，尽管国际冷战环境纷繁复杂，千变万化，冷战格局及其变化带给北约的危机与挑战可谓数量众多，但是北约不可能事无巨细，事必躬亲，因为这远远超出其能力范围。因此，北约只能挑选一些与其有重大关联、相对易于解决的危机与冲突，作为其深度介入与积极干预的重点，而对大多数危机与冲突只能"听之任之"。"多年来，北约通过酝酿新的组织结构或者采用那些已经建立的组织机构，已经很好地回应了一些特定危机所提出的新需要和新要求。"[①]

不可否认，上述这两种情况对北约应对危机模式的孕育与发展产生了重大影响，不论是内在危机还是外来挑战，北约都毫无例外地采取了有限接触或者选择性应对等方式，这就不可避免导致北约在应对危机模式构建中会出现某种错位。这种错位具体体现在以下两个方面：其一，鉴于北约应对危机

---

① Martin J. Hillenbrand, "Structural and Organizational Problems of NATO: Some Solutions", Kenneth A. Mayer, ed., *NATO, the Next Thirty Years: The Changing Political Economic and Military Setting*, p.421.

模式源自其所遭遇的危机与冲突，但是北约并非锁定所有危机与冲突，尤其是针对外来危机与冲突，北约所选定的危机或冲突案例极不完整，数量相当有限。这必然导致北约应对危机模式存在许多空白之处，具体包括该模式的功能相对有限、机制建设极不完整，表决程序很难称得上系统和完整，等等。因此，这就注定北约的应对危机模式不可能有效解决所有危机与冲突。其二，鉴于北约应对危机模式的发展与深化，直接取决于北约解决危机与冲突所取得的进展，即每一次危机与冲突的化解，都会为下一次危机与冲突处置提供经验。因此，北约应对危机与冲突的过程及其结果，在很大程度上决定了它应对危机模式的最终成就。

另外，我们还需说明的是，在北约60多年的发展历程中，尤其是在冷战时期，北约已经形成一些相对固定的政治与安全思路，形成某种既定的发展惯性与定式，这些发展定式包括：美国在北约内部享有决策优先权，欧洲盟国位于北约的决策边缘，在战略上附属于美国，美苏冷战斗争形成双方此消彼长的拉锯态势，各成员国出于各自利益，在北约安全事务上表现拖拉和低效，等等。这些在北约内部滋生的问题，和此前北约所遭遇的危机与挑战一样，不仅在客观上对北约的机制运转与战略实践构成羁绊，而且还对北约的未来发展形成某种"另类威胁"，甚至影响到北约的存在。

因此，应对危机模式实际上包含了对北约自身问题的良好处置，特别是对自身机制实施改革和突破。荷兰学者冯·卡彭（S. I. P. van Campen）对此所阐述的观点可谓颇具代表性，他说："如果大西洋联盟无法将自身改造成为西方国家政策的清算交易所，如果以北约为代表的安全组织变得不再需要，大西洋联盟就很难有一个光明的未来。如果北约不担负任何具有实质性内容而且非常重要的任务就退场，大西洋联盟的未来实际上看上去非常黯淡。"①由此可见，积极应对北约自身长期蕴积和沉淀的问题与矛盾，实施全方位的制度改革与调整，推进机制创新与战略调整，实际上既是北约应对危机模式的一种驱动力，也构成北约应对危机模式的部分内容。

正是由于上述种种因素的存在，最终促成并且推动北约应对危机模式的产生以及发展。但是必须说明的是，北约应对危机模式虽然可以在实践中找到某种比较具体的危机处置办法，而且看似可行而且有效，但它在理论上却

---

① S. I. P. van Campen, "The Future of NATO: An Insider's Perspective", Lawrence S. Kaplan, S. Victor Papacosm, Mark R. Rubin, Ruth V. Young, eds., *NATO after Forty Years*, p.251.

很难自圆其说。因此，北约注定不可能最终找到一种完整而且圆满的解决方案，解决其濒临的困境。因为北约在不同历史时期所遭遇的危机与挑战并不完全一致，而且北约在各个时期的战略重点与方向也不尽一致，北约自身的战略定位与实践方式亦不断发展，这些变动性与发展性在很大程度上决定了北约应对危机模式不得不时刻处在发展与变动中，包括应对危机的制度设计、决策程序、战略方针、行动方式等，只能随着危机的产生与发展而不断实行自我调整和完善。这也决定了北约应对危机模式不可能在短时间内完全定型，而会一直发展下去。

二、北约对内部危机的应对与处置

诚如上文所言，北约应对危机模式主要着眼于解决两类危机与冲突，其一是滋生于北约内部的各种危机与分歧；其二是在北约联盟以外产生并累积的各种危机与冲突。在冷战时期，北约应对危机模式主要以处置其内部危机与各种问题为重点，以对付各种外来危机为辅助。而在后冷战时期，应对危机模式的重点转向处置各种外来危机与冲突；相对而言，协调和对付各种内在危机则成为北约的辅助工作。在北约应对危机模式中，由于两类危机与冲突的基本属性迥然不同，因此北约所采取的战略方针、机构建制、行动力量以及处置方式等均会大相径庭。

但是无论如何，北约在其应对危机模式中，一直将解决北约联盟内部各种矛盾与分歧置于其关注的首位。因为如果北约无法妥善解决成员国之间的分歧与矛盾，就无法将成员国的力量聚合为一种合力，当然也就无法有效解决北约所遭遇的各种危机与纷争，甚至连北约自身的存在与发展也会成为问题。英国斯旺西大学政治学教授约翰·罗铂（John Roper）曾就此评论道："北约在精神层面将所有西方国家凝聚在一起，这些国家在军事、经济以及政治上共同构成一种具有压倒性优势的力量。尤其北约是建立在美国、加拿大和西欧国家开展军事合作这一传统模式之上。如果不得不使用武力，我们的武装力量就会以某种有害的方式被处置，这些国家想要知道，对它们来说，风险将会最小化，因为北约试过并相信其指挥和控制系统。集北约50年的合作经验，该组织提供了一种其他军事架构所无法提供的方式。"[1] 从这个角度看，

---

① John Roper, "NATO's New Role in Crisis Management", *The International Spectator*, Vol. XXXIV, No.2, (1999), pp.57-58.

北约首先致力于妥善解决内部分歧与冲突，这成为其设计并发展应对危机模式的重点所在。如果北约无法为内部分歧与矛盾找到解决出路，当然更谈不上有效处置更具风险性、更难把握的外来危机与冲突。

众所周知，北约不止是欧美等国建立的一个防御安全联盟，它同时还是大西洋两岸国家共同价值观、意识形态以及政治理念的联合。因此，和其他许多国际安全组织或者区域安全组织相比，北约似乎更多了一种道德观、价值观以及意识形态的纽带。但是尽管如此，各成员国还是在北约相关的防御安全事务上不断产生摩擦。在北约内部，各成员国围绕相互间的利益与权力分配，持续出现矛盾。各成员国都想尽可能少投入防御安全开支，尽可能多地在北约中获取话语权，最大限度攫取各种政治、军事以及安全利益，等等。这种特殊局面实际上既给北约带来挑战，也给北约应对危机模式带来巨大的发展空间。"就其成员国来说，北约既是一个庞大且多样化的组织，也是一个按等级划分的组织，这些混合特性赋予北约相当大的灵活性，即如何按其所愿沿着边缘处理问题，为了北约及其使命的长期存在，对威胁做出定义至关重要。"①

有些时候，北约成员国之间的分歧很常见，它们通常可能会就北约采取的某项具体政策、方案与行动等产生分歧，也可能会就北约内部某种权力、利益的分配产生隔阂，亦有可能出于彼此误解或者认识差距而产生矛盾。相对而言，常规性分歧与冲突烈度较低，影响有限，对北约应对危机模式的冲击很小。但有些时候，北约各成员国彼此分歧与斗争则很激烈，甚至直接危及北约的存在与发展。最突出的例证是，从20世纪60年代初开始，希腊和土耳其围绕着塞浦路斯的主权归属问题发生冲突，甚至发生非常严重的军事对抗，最终导致希腊宣布退出北约。1966年，法国因为在争夺北约欧洲盟军最高司令部在南欧的军事指挥权、分享北约核决策权等问题上失利，未能如愿实现目标，最终宣布退出北约军事一体化组织。上述两次危机直接威胁到北约的存在及其功用，使北约经历了自创建以来最严峻、最惊心动魄的考验。进言之，冲突与危机的烈度愈大，给北约应对危机模式的影响也愈深。"许多人都在谈论有必要改变，但是没有当政人士或者政府真正就此展开工作。法国采取了意外和单方面行动，强行将变化带给我们。一如既往，危机迫使我

_____

① Charles F. Doran, "NATO and the Peripheries", Margaret O. MacMillan and David S. Sorenson, eds., *Canada and NATO, Uneasy Past, Uncertain Future*, Waterloo, Ontario: University of Waterloo Press, 1990, p.131.

们采取行动……"①

在介入并处置各种内部危机与冲突的过程中，北约针对与应对危机模式相关的设计与程序等，展开极为全面而且细致的思考，所涉及的层面包括追寻危机发生的根源、管控危机发酵进程、影响危机的最终结果，北约在此基础上确立了一套完整的危机处置与介入的程序与机制。首先，北约成员国之间产生的内部分歧与冲突，其背景非常复杂，根源多种多样，有的矛盾属于历史遗留问题的延续，有的分歧则属于各成员国在政策与战略上存在现实差距。而这些不同的危机根源，直接决定了北约处置各类危机与冲突的亲疏态度，也决定了北约介入这些危机的深度。相对而言，北约更愿与那些有比较复杂历史渊源的危机与冲突保持一定距离，其介入深度比较浅；而对于那些现实性较强的分歧与争论，北约则保持了相对接近的态度，其介入程度也相对较深。

另外，北约成员国之间的分歧与矛盾在表现形式上也不尽相同，对于那些表现形式比较夸张的危机与冲突，由于所涉及的国家相对较多，而且极有可能会造成某种非常不利的影响，北约在其应对政策上采取了比较积极的态度，以便能够更好地控制危机发展进程，防止其负面与消极影响进一步扩散。相反，对于那些在表现形式上相对缓和、涉及国家较少、影响面比较窄的小型摩擦与纠葛，北约则采取了相对简单的处置方式，以便能尽快平息分歧，悄无声息地解决矛盾。例如，北大西洋理事会经常召开各种专题会议，专门商讨解决北约及其成员国出现的各种问题。在（北约秘书长）斯巴克（Paul-Henri Spaak）第一个任期内的前两年，北大西洋理事会共计举行了70多次会议，商讨各种政治问题。② 事实上，北约创建的各种政治、军事以及社会机构，甚至包括其各级军事指挥机构在内，都扮演着有效沟通北约及其成员国之间分歧、着力于解决各成员国之间矛盾的重要角色。

在大多数情况下，北约对冷战时期的各种内在危机与冲突保持了非常克制的态度，基本上采取沟通、对话以及协商等相对缓和的方式来解决分歧与矛盾，较少直接插手或者强硬干预冲突，当然更谈不上动用武力解决危机。即便是针对几经反复、事态严峻的"塞浦路斯主权争端"，北约也并未因为希

---

① John English, "Problem in Middle Life", Margaret O. MacMillan and David S. Sorenson, eds., *Canada and NATO, Uneasy Past, Uncertain Future*, p.55.

② Robert S. Jordan and Michael W. Bloome, *Political Leadership in NATO, A Study in Multinational Diplomacy*, p.68.

腊与土耳其对北约防御安全体系的地缘重要性，而考虑采取强制性军事介入，而是积极致力于政治斡旋和国际调解，甚至借重联合国这一更大的政治平台，通过向希腊和土耳其提供财政和经济援助的方式，换取当事国软化其在塞浦路斯主权争端上坚持的强硬立场，以求双方能够保持理性与克制态度。

总体而言，针对北约内部各种危机与冲突，北约一般着眼于在两个方面指定其应对之策：

第一，在北约内部展开政治对话与协商，推动各成员国展开充分的沟通与合作，这种政治对话与协商包括正式和非正式两种形式。就正式的政治对话与协商方式而言，北约一般多通过其已建立的各种政治与军事领导机构，包括从北大西洋理事会到大西洋议会代表会议在内的各种委员会、各种办事机构与协调机构等，它们就北约内部危机与冲突所涉及的对象、范围以及可能产生的危害等展开深入协商，积极促成当事国正式达成各种妥协，签订各种协议，最终促成北约的危机与矛盾得到缓解或者解决。在北约应对危机模式中，政治协商在北约解决内部分歧与矛盾的过程中发挥了非常重要的作用，堪称不可替代。"作为北约内部的一种系统性实践，从北大西洋理事会代表会议召开首次会议之时，政治协商就开始了。"[①] 然而，随着各种类型的危机与冲突频频发生，北约不得不提高其介入危机的频率，政治协商与对话遂成为北约应对内部危机与冲突的一项主要工作。

就非正式的政治对话与协商而言，北约拥有更多的渠道与路径，方式灵活，不拘一格，作用独到，常常能起到正式对话与协商所无法企及的效果。非正式对话与协商所涉及的范围极其宽泛，其中包括北约领导人与各成员国领导人的组织与协调能力与技巧，各种民间组织或者非政府组织之间展开横向联系，新闻媒体展开大规模舆论宣传，社会大众对当事国政府广泛施加压力，等等。作为正式性政治对话与协商的一种补充，非正式对话与协商在北约解决危机与冲突的过程中发挥了积极的辅助作用，弥补了大量公开场合不便表达的内容，发挥了正式渠道无法企及的效果。但在总体上，不论是采取正式方式抑或非正式方式，政治对话与协商始终是北约应对危机模式的一项重要内容，与此同时，它也是北约解决危机与冲突的一种必要手段，因此深为北约所倚重。

第二，北约在处置内部危机与冲突的过程中，除去展开多方政治对话与

---

① NATO, *Facts and Figures*, p.97.

协商，也致力于建设并发展相关的应对危机机制。正如上文所言，北约政治协商实践历史久远，甚至可以直接追溯到北约组织创建。在其应对危机与冲突的过程中，北约陆续创设一系列协商与调解矛盾机构，其中包括"政治顾问委员会""大西洋政策顾问小组""北大西洋议会代表会议"等。在这些机构以下，北约还设置了大量政治工作小组，负责在北约及其成员国之间执行具体的协调与对话。毋庸讳言，北约建设和发展应对危机机制，构成北约应对危机模式的一项重要内容，而且在北约危机与冲突处置中确实发挥了不可替代的作用。

除去北约官方建立的协商与调解机构外，北约各成员国还组建了大量的民间机构，同样深入地参与北约及其成员国所涉及的危机与冲突。例如，针对希腊与土耳其围绕塞浦路斯的争端，北约15个成员国许多朝野知名人士曾在1962年召开巴黎会议，提出了大西洋联合的七点声明：（1）成立一个政府间理事会，负责为大西洋共同体起草一份宪章。（2）成立一个高级委员会，以多数票决的方式，就彼此关注的事务采取行动。（3）促使北约具有议会性质的会议，转型为具有协商性质的大西洋议会。（4）建立大西洋高等法院。（5）采取其他促进大西洋共同体发展的措施……① 这一声明集中反映了北约在处置危机中所推行共同政策的一些特殊思考，声明一经提出，旋即得到北约及其成员国的大力支持。正是在这一声明的推动下，北约此后又建立并完善了多个协调与仲裁机构，进一步发展和完善北约协调综合处置危机的能力。

总之，在应对内部危机与冲突的过程中，北约应对危机模式确实形成一套比较系统、完整的机制、方针、程序以及方法，它们有助于平息北约内部的各种分歧与冲突，尽管在冷战时期的两次重大内部危机中作用有限，但却在应对一般性危机与冲突中发挥了作用，并且有效推动了北约的存在与发展。

三、北约就外部危机的应对与处置

事实上，早在北约创建之初，欧美各国领导人就很敏感地指出北约的许多弱点，伴随着冷战时期北约的持续发展，许多弱点得到了弥补，但更多的弱点则得以延续，有时甚至还被放大。总体上看，北约的弱点主要表现在以下几个方面：

---

① Robert S. Jordan and Michael W. Bloome, *Political Leadership in NATO, A Study in Multinational Diplomacy*, p. 138.

其一，北约战略思想过于保守和被动，北约集体安全防御的重点在于威慑，即希望通过不断强化其集体防御态势而使苏联惮于发动进攻。"北约整个存在的核心可以归纳为一个词——威慑，也就是说防止战争。"[1]"北约仅仅是一个防御组织，其结果是北约无须与华约展开枪对枪、飞机对飞机、坦克对坦克的竞赛，北约必须保持足够有力的姿态，使莫斯科无法确信它能够通过使用武力赢得其政治目标。"[2] 但是一旦威慑失利，北约只能针对苏东各国发动的武装入侵实施军事反击。

其二，北约将其防御安全范围限定在北大西洋地区，这实际上形同自我封闭，阻断了北约与世界其他地区在安全事务上的客观联系。早在1952年，时任法国外长雅克·苏斯泰尔（Jacques Soustelle）曾就此分析道："大西洋联盟的根本性缺陷在于它仅仅限于大西洋。"[3]

其三，除去持续加强军事防御能力外，北约似乎一直未能在其他领域发展并蕴积强大的力量，尤其是应对危机的综合能力。例如，如何应对除军事侵略以外其他形式的危机与冲突？如何对待综合性和复合化的现代安全挑战？这使北约在遭遇各种国际危机或区域性冲突时，在大多数情况下只能无动于衷，或者贡献极小，这种状况与北约急于在世界范围内扮演的强有力区域安全组织这一角色极不相称。

毋庸讳言，恰恰由于北约在防御区域、组织属性以及综合能力等方面存在巨大局限，导致其面对北大西洋区域以外越来越多危机与冲突时，始终无法做出及时而且有力的回应，这似乎给外界留下一种普遍印象：冷战时期的北约形同虚设，因为它在绝大多数重大国际危机与区域冲突面前始终无所作为，或者表现平平。"在危机处置中，不论是对域外危机还是对两个北约盟国希腊与土耳其深陷战争，北约一直无计可施。"[4] 在许多西方学者看来，"不作为"加剧了北约的矛盾处境，即北约只能在军事领域保持强势姿态，而在其他领域则只能保持弱势姿态，而北约的上述态势反过来则又在一定程度上

---

[1] H. F. Zeiner-Gundersen, "NATO's Northern Flank", H. F. Zeiner-Gundersen, Seigie A. Rossi, Marcel Duval, Donald C. Naniel, Gael D. Rarleton, Milan Vego, eds., *NATO's Maritime Flanks: Problems and Prospects*, Washington, D. C.: Pergamon-Brassey's International Defense Publishers, Inc., 1987, p.1.

[2] Keith A. Dunn, *In Defense of NATO, The Alliance's Enduring Value*, Boulder, Colorado: Westview Press, Inc., 1990, p.7.

[3] Jacques Soustelle, "France Looks at Her Alliances", *Foreign Affairs*, Vol.35, No. 1(July 1952), p.127. 转引自 Jennifer Medcalf, *Going Global or Going Nowhere? NATO's Role in Contemporary International Security*, p.36.

[4] Stephen F. Szabo, "The Alliance and New European Security Challenges", Clay Clemens, eds., *NATO and the Quest for Post-Cold War Security*, p.52.

决定了北约很难有所作为，因为在能力建设上先天不足或者后天缺失的北约，不可能胜任任何复杂艰巨的任务。因此，从20世纪50年代后期开始，北约就开始着手改善其危机处置能力低下的状态。很明显，在东西双方不会发生直接军事冲突的前提下，检验北约能力大小与机制成败的直接标准就是，北约能否成功应对常态化的外来危机与挑战。

众所周知，在冷战时期，鉴于美、苏双方冷战斗争持续起伏，各种政治与安全危机持续不断，既困扰着以美、苏为代表的东西方两大阵营中的每个国家，也影响到作为东西双方冷战斗争工具的北约与华约。尽管北约为西方国家的冷战斗争工具，但北约实际上并未主动承担起东西方冷战斗争的所有重担，即使遭遇到某些具有重大影响的安全或军事问题，北约也大半采取了逃离和回避的政策。"从历史上看，北约经受了大量危机：1956年的'苏伊士运河危机'、1961年的'柏林墙危机'、1967年到1972年的'曼斯菲尔德决议案'、1973年的'赎罪日战争'、1978年的中子弹（增强辐射武器）研制、1981年西欧向苏联出口天然气管道、同期部署中程核导弹，这只是其中一些……"[1] 显而易见，北约事实上经历的危机与地区热点冲突远不止于此。但是无论大小，亦不论远近，北约实际上始终未能表现出一般西方国家所希冀的强硬姿态，北约宁愿忍受国际社会激烈和严苛的政治与道德批评，也不愿意承担北约现实利益遭受损失这样的风险。

形成这一状况的原因有多个方面：其一，由于上述危机与冲突大多发生在北大西洋区域以外，当事国均非北约成员国；最重要的是，各成员国一直认为上述危机与冲突远离北约的核心安全利益。因此，北约不愿为上述冲突承担任何风险，也不愿为其付出哪怕极其微小的代价，尤其是欧洲盟国更是如此。"用北约的话来说，第五条款的应急任务（对北约领土实施集体防御）正变得更加遥远，而非第五条款的任务（那些更为间接影响公共安全利益的任务）变得愈加突出……"[2] 其二，欧洲在冷战时期同样发生了许多重大政治与安全危机，例如，苏联在1956年出兵匈牙利、在1968年出兵捷克斯洛伐克等，而北美地区则在1962年爆发"古巴导弹危机"，这一事件几乎酿成美、苏两国核战争。上述事件看似直接危及北约及其成员国的生存，但却并未被欧洲盟国视为危及北约生存的心腹大患，因为北约将苏联出兵事件视为

---

[1] Keith A. Dunn, *In Defense of NATO, The Alliance's Enduring Value*, p.14.

[2] Stephen F. Szabo, "The Alliance and New European Security Challenges", Clay Clemens, ed., *NATO and the Quest for Post-Cold War Security*, p.57.

苏东集团稳定自身秩序的内部事务。虽然北约在"古巴导弹危机"中坚决支持美国,但这种支持更多停留在政治、舆论以及宣传层面,北约从未试图使自己变成敌我对阵的主角。其三,虽然同为北约成员国,但欧美各国存在着较大利益差别,对北约的安全战略与实践亦存在不同期许,这在很大程度上决定了美欧双方在一些重大决策上难以达成共识,尤其在外来危机与冲突的认知上存在分歧。"常常在20世纪50年代至60年代,北约的批评者们谴责北约内部难以在政策上达成一致。"① 其四,贯穿整个冷战时期,北约在很长时间一直发展乏力,在应对危机与冲突的过程中不仅缺乏强力领导,同时也缺乏必要的基层支撑。另外,北约对外来危机同样缺乏应有的认识,经常无力或无心关注除军事以外的其他领域,当然也谈不上关注或者介入外来危机与冲突。"自70年代开始,大西洋联盟一直经历着一个程度不断加深的萎靡不振状态。"②

相对于北约处置内部危机与分歧而言,应对各种外来危机与冲突更具有挑战性,因为北约内部关于北约是否应该在北大西洋区域以外地区承担维护安全责任的争论从未中断。"这些争论集中在两个相关的主题上:第一,作为一个整体,北约在何种程度上可以接受这一现实,即北约安全在其域外所发生事件的威胁。第二,北约成员国的国家利益,在何种程度上可以理所当然地引起北约的广泛关注。"③ 对这一问题的所有争论,实际上可以直接概括为以下几个问题:北约要不要应对外来危机与挑战?北约如何应对各种危机与挑战?北约能否取得最好的应急处置效果?很显然,北约就此给出了肯定答案。

总体而言,北约应对外来危机与挑战,虽然并未形成非常严格的理论、方法以及程序,但是在长期的冷战实践中,还是形成一套比较稳定的做法,包括对危机的判定、介入危机程度、应对危机的方法、危机结果管控等。北约应对外来危机的这套做法,在一定程度上丰富和发展了应对危机模式,使其具备了一些相对固定的套路。具体来说,北约主要采取了三种方法应对危机与挑战。

第一,北约不断调整和强化自身的战略规划与发展方向,从不断推进防

---

① Keith A. Dunn, *In Defense of NATO, The Alliance's Enduring Value*, p.15.

② Pierre Lellouche, "Does NATO have a Future", Robert W. Tucker and Linda Wrigley, eds., *The Atlantic Alliance and its Critics*, p.130.

③ Jennifer Medcalf, *Going Global or Going Nowhere? NATO's Role in Contemporary International Security*, p.36.

御安全联合这一目标，转向同时推进成员国政治联合。从1955年北约发布"三人委员会报告"（The Report of Committee of Three），到1958年北约部长会议发表"巴黎宣言"，再到1967年北约发表"哈默尔报告"，北约明确提出，今后将全面进行北约内部的政治协商，推动各成员国展开全面的政治合作。很明显，北约已经注意到自身在军事以外的其他领域缺乏能力，为此开始从长远角度加强综合能力建设。北约成员国普遍认为，加强彼此政治联合与协作，不仅在总体上有助于缓和美苏冷战斗争的政治与安全环境，使北约从欧洲缓和中最大限度受益，而且，欧洲缓和局面也在一定程度上可以减少欧洲爆发危机与冲突的几率，这等于间接降低了北约涉足危机介入与干预冲突的可能性。进言之，北约内部政治联合持续强化，还明显有助于发展和提升北约的政治职能，而北约政治职能的强化，可以作为连接北约各项职能的一个有力抓手，将北约在安全、军事、社会、经济等多方面的职能凝聚在一起，全面推动北约的综合职能建设。"欧洲没有其他选择，只能保留当前的北约体系，同时试着弥补其军事短板，恢复某些非军事手段（即武器控制、政治与经济缓和，后者正在成为欧洲安全政策的主要手段）。"[1] 与此同时，北约政治职能不断强化，亦可最大限度扩展北约在欧洲事务中的权重，而且还可以在国际政治与安全事务中发挥影响力。

第二，鉴于北约已经认识到它在能力建设上的短缺与不足，为了更好地应对各类外来冲突与危机，更好地发挥北约在应对危机中的主导作用，北约常常寻求在其联盟体制外，适度展开各种形式的对话与合作，包括国际以及区域两个层面的对话与合作。北约的意图非常明显，就是要借重各种国际或区域力量，弥补自身力量建设的不足，共同解决其各种外来矛盾与分歧。例如，在冷战时期，北约有时借重欧洲安全与合作组织（OSCE）、欧共体（EEC）以及欧洲自由贸易联盟（European Free Trade Association，简称EFTA）等政治、经济与安全平台，利用这些区域性组织，营造一种相对有利的国际安全氛围，或者营造一种较好的欧洲安全环境。在应对危机与冲突的过程中，北约非常注重首先获取某种国际授权，至少取得各种区域性力量的默许，最大限度减少各种不利于危机与冲突解决的消极因素，增加各种积极因素。在冷战结束后，北约则更多借重欧盟、联合国以及其他各类大型区域

---

① Pierre Lellouche, "Does NATO have a Future", Robert W. Tucker and Linda Wrigley, eds., *The Atlantic Alliance and its Critics*, pp.144-145.

组织，采用更多军事手段以外的其他方式，诸如政治、安全、外交、经济、财政以及技术援助等，全面干预危机和冲突发展的过程及其结果。

第三，在应对外来危机与冲突的过程中，北约全面加强了对美国的依赖。这不仅仅体现在欧洲盟国仍继续需要美国提供强有力的军事保护，而且还体现在北约在经济、社会、技术等多个层面仍继续倚重美国，且依赖程度不断加深，因为毕竟美国至今仍然负担了北约大部分防务开支。北约倚重美国干预危机与冲突，其原因可谓多种多样，其中包括：北约不愿意在自身力量极其有限的情况下，贸然承担干预外来危机的风险。北约也不愿意由于处置危机与冲突，而消耗自身非常宝贵的自然资源和社会资源，特别是消耗北约的财政经费。北约最不愿意看到的是，由于不必要地介入各种危机与冲突，吸引各种危险力量的关注，最终遭致北约安全利益受损。北约认为美国热衷于推进全球霸权主义，喜欢充当世界警察，因此理应更多承担干预和处置危机的国际责任。

总之，北约在应对外来危机与冲突时，基本上采取了相对迂回的方式，并未直接参与每一次危机与冲突，而是利用各种国际或者政治—安全平台，或者倚重美国等世界性大国力量，有选择地应对危机与冲突，在尽可能保持北约政治影响与安全利益的前提下介入危机。与北约应对危机模式中对待内部矛盾与冲突不同，北约应对外来危机明显采取了一种更消极的态度。"一个是设定用于对抗外来对手所构成特殊威胁的联盟，另一个是主要关注阻止其成员国发生冲突的集体安全组织，将两者加以区别将非常重要。"[1] 事实上，不论是处置内部危机还是应对外在危机，两者密切关联，共同构成了北约的应对危机模式。

第二节　亚太安全组织的应对危机模式

一、亚太安全组织应对危机的基本态度

自二战结束后，亚太区域政治与安全秩序就一直处于动荡和不稳定状态，这种不稳定状态一方面表现为现代亚太安全秩序一直处于形成过程中，其发展与变动幅度较大，另一方面则表现为亚太各个地区危机频发，冲突不断，

---

① James Chace, "Is NATO Obsolete?", Kenneth W. Thompson, ed., *NATO and the Changing World Order, an Appraisal by Scholars and Policymakers*, pp.63-64.

对已建立或部分建立的亚太区域性安全秩序持续形成冲击和震动。就亚太各地区的危机与冲突而言，它们不仅在历史根源、表现形式以及发展特点等方面大不相同，而且其结果与影响也相差迥异。有的危机与冲突所产生的影响具有较大的普遍性，对亚太区域大多数安全组织或者国家来说非常危险。有的危机与冲突则影响较小，或者具有很强的针对性，只针对某些地区或者安全组织存在危险，而对另一些地区或安全组织则少有危险。但不管其形式和结果如何，亚太各地区的危机与冲突，对亚太安全秩序建构都不同程度产生了影响。因此，从这个意义上说，亚太各地区的危机与冲突看似各有不同的前提条件、发展轨迹以及运行规则，但彼此之间实际上却有很大关联性，而且并非相互孤立。

事实上，大多数亚太区域危机与冲突同时兼具多重属性，不仅涉及民族、宗教、历史、现实等多种矛盾，而且每一种矛盾似乎又涉及亚太多个地区以及世界其他地区。以中亚和南亚为例，"考虑到地理、人口、大小、结构、政治统治、发展层次以及自然资源，中亚与南亚经济以巨大的多样性为特点……这种多样性以及区域冲突的历史与传统，塑造了每个国家对其邻国的态度以及区域经济关系的驱动力"。① 许多危机与冲突堪称是复合型的，具有多个层面，它们常常跨地域、跨领域存在，其结果以及后续影响并不局限于某个具体国家或者地区，也并非只聚焦于某个具体事件。这些危机与冲突的多重属性，在根本上决定了它们在表现形式上常常错综复杂，相互交织。而且这些危机与冲突所产生的影响横亘绵长，持续经年，它们虽可在一定程度上得到控制，但却无法得到彻底解决，至今仍给世界留下一些难以解决的重大难题，这种局面不仅加剧了亚太各地区的政治分裂与社会动荡，而且还直接影响到国际政治与安全局势的发展方向与进程。

就其根源而言，亚太各地区的危机与冲突大不相同，有的延续了亚太各地区或各国在历史与传统上的分歧与对立，其中既有亚太区域漫长历史中各个国家与地区之间的烦琐纠葛与激烈纷争，也有近代西方殖民主义和帝国主义持续干预亚太事务所留下的种种历史欠账。除此之外，有的危机与冲突则直接滋生并孕育于现代社会，其中包括二战后无处不在的美苏冷战斗争及其影响，也有亚太各国、各地区之间现实利益的激烈碰撞。这些分歧与冲突并

---

① Michael Prokop, "From Arc of Crisis to Arc of Opportunity? The Political Economy of Regional Economic Cooperation", Aglaya Snetkov and Stephen Aris, eds., *The Regional Dimensions to Society, other Sides of Afghanistan*, New York: Palgrave Macmillan, 2013, p.217.

不完全受制于国际冷战，相反却更多受到亚太各个区域、组织以及国家现实利益、战略理念以及文化内涵等影响，所表现出的激烈程度丝毫不亚于前者，有时甚至远远超过前者。其中，尤以亚太各个地区所秉持的社会文化与历史传统所产生的影响最为持久，远比世界其他地区更多样，更复杂，甚至更具矛盾性。"文化绝不只是促进区域合作的动力，发展的共性可能要比文明的要素更重要。"①

就其表现形式看，亚太各地区涌现出各种类型的危机与冲突，有的滋生并活跃于亚太区域内部，为亚太区域各个国家或组织所主导。有的则为亚太区域以外力量所主导，虽然亦以亚太区域作为其活动中心，但其影响却远不止于亚太。就前者而言，亚太区域内危机与冲突的针对性相对较强，虽然亦可产生某种外溢效应，但各地区危机大多只对本地区安全秩序建构产生影响，对其他地区的安全建构作用较小。因此，亚太内在危机与冲突所涉及的层面相对较窄，影响也相对有限。特别需要强调的是，亚太区域各种内在危机与冲突的偶发性相对较强，其发展起落并没有太多的规律可言，因此显得杂乱无章。

就后者而言，外来危机与冲突大多和外来力量介入亚太事务相关，尤其以冷战时期以美国为代表的西方国家出于冷战或者扩张目的而强行介入亚太安全建构的实践为最多。就像美国前国务卿杜勒斯所宣称的那样："远东具有较大的优先性，进言之，事情可能已经变得非常清楚，我们认为，我们在远东的盟友都面临着一个共同的敌对阵线，从日本、韩国以及（中国）台湾，直到印度支那、马来亚，（西方国家）不得不以一种共同的态度以及独立的自由连接加以应对。"② 此类危机与冲突的关联性比较强，其危险性与破坏性也比较大，不仅直接影响到亚太区域安全秩序建构，而且也在很大程度上扩展并延及国际安全秩序的建设与发展。同样，此类危机与冲突亦具有较强的规律性，基本上伴随着国际冷战的起落以及西方国家冷战政策的变化而起伏。

针对亚太区域如此复杂多变的危机与冲突，不同地区实际上采取了相对有别、各具特色的应对方式。有的地区针对不同的危机，成立许多与之相对应的安全组织，逐渐形成某种安全机制或者联合安全机制，用于有效缓解矛

---

① Nigel Quinney, "Culture Counts, A Diplomatic Perspectiive on Culture and Regional Conflict Management", Chester A. Crocher, Fen Osler Hampson and Pamela Aall, eds., *Reviewing Regional Security, in a Fragmented World*, p.85.

② Geir Lundestad, *East, West, North , South, Major Developments in International Politics 1945–1986*, pp.79-80.

盾、对付危机。有的地区则采取了相对曲折、迂回的方式，将区域安全秩序建构与政治、经济以及社会发展紧紧连在一起，事实上形成某种综合安全共同体。有的地区则囿于其政治、经济与安全环境所限，其回应态度比较被动，既缺少主动的危机应对与冲突回应，而且其反应效果也不尽如人意，基本上很少发挥作用，或者干脆没有作用。在应对危机与冲突的过程中，上述地区更多依赖与各种大国力量、国际组织或者区域组织，等等。亚太不同地区在对待危机与冲突上所表现出的不同立场，直接导致亚太各安全组织不得不制定各种迥然有别的应对危机政策，据此展开各项政治与安全实践。"从表面上看，这些区域多样性可能反映了一个事实，即不同区域在关于危机处置方面，面临着不同的问题与挑战。"①

　　然而，尽管亚太各个地区或者安全组织尝试了一系列方法与措施，但却始终无法找到一种积极有效的应对之策，亦无法找到一种完整的方针策略、统一的路径与方法，以便积极应对和处置所有的危机与冲突。由此，亚太区域危机与冲突呈现出一个特殊景象：每个地区的危机与冲突并不一致，在时间、范围、影响等各个方面难以统合在一起，此危机非彼危机，此冲突亦非彼冲突，各地区危机处置的理论、方法以及实践都有很大的单一性，很难找到某种通用价值依附，更谈不上寻求某种普世价值寄托。

　　贯穿整个冷战时期，尽管亚太各地区和各安全组织都在全力应对各种危机与冲突，而且确实解决了多个地区的纠纷和论争，并使亚太区域多个地区紧张局势得到极大缓解。但是，这些举措却始终未能从根本上消除亚太区域各种显性或者隐性的危机或冲突，甚至一些历史性纷争与冲突仍然存在，无法得到彻底解决。最突出的例证就是，在中东地区，巴以冲突持续了长达半个多世纪，各种国际组织、区域组织以及大国力量几乎都涉足其中，尝试了无数种方法，耗费无数金钱，但始终未能有效缓解或者解决巴以冲突。时至今日，巴以冲突非但没有解决，反而增添了更多的不稳定因素，这使中东地区有可能成为一个火药桶，随时引爆亚太区域围绕宗教、民族、政治、安全、石油等的各种危机。对于不同地区及其安全组织而言，各种旧矛盾与冲突一俟解决，旋即代之以各种新矛盾与纷争，亚太安全组织似乎陷入一轮又一轮解决各种纷争的泥淖中难以自拔。

_____

　　①　Paul D. Williams and Jürgen Haacke, "Regional Approaches to Conflict Management", Chester A. Crocher, Fen Osler Hampson and Pamela Aall, eds., *Reviewing Regional Security, in a Fragmented World*, p.51.

因此，针对亚太区域如此纷繁复杂的危机与冲突，许多亚太安全组织往往采取了侧面和迂回应对的态度，并不急于在短期内解决所有危机与冲突，而是立足于在一个较长的时间段内考虑危机处置。在应对危机与冲突的过程中，许多亚太安全组织在大多数情况下有意识选择了一些相对比较容易解决的危机与纷争入手，采取先易后难、先内后外等方式，逐渐解决本地区的安全危机与冲突。事实上，亚太安全组织的变化与发展，客观上已经与其应对和处置危机实践，形成了某种相互对应、互相砥砺的关系。即能够较好应对危机与冲突的安全组织，基本上都能在亚太区域安全秩序建构中扮演强势角色，反之，无法胜任危机与冲突挑战的安全组织，大多都在亚太安全秩序建构中被淘汰，即使未被淘汰，但它们的作用和影响也会大打折扣。

不唯如此，伴随着国际冷战斗争持续深化，亚太安全秩序建构变得越来越复杂，各种危机与冲突的存在与发展也不断发生变化，危机与冲突变得越来越复杂化、多样化以及频繁化。尤其是冷战结束后，国际安全形势在总体上发生了巨大变化，不仅使各种传统安全危机与冲突越来越具威胁性和挑战性，而且大量非传统安全危机与挑战亦不断涌现，甚至越来越频繁地在亚太安全秩序建构中成为新的主角。"非传统安全威胁的概念启动某种可能性，即除国家以外，个人也受到威胁，除一个国家正在实施威胁外，个人或者某件事情也正在实施威胁。"[1] 对于亚太区域来说，非传统安全危机所涵盖的大部分内容，都在亚太各地区具有比较充分的体现：恐怖主义袭击、种族纷争与仇杀、大规模杀伤性武器扩散、海盗行为、网络攻击、自然灾害、气候变化、传染和流行性疾病、少数民族叛乱，等等。"举例来说，就印度而言，事态已经表明，它在恐怖主义和暴动中所遭受的损失，一直远远超出它在所有常规冲突所经受的损失的总和。"[2] 事实上，贯穿亚太安全秩序建构的全程，亚太区域很早就出现了各种非传统安全危机，它们不同程度地影响了亚太各地区政治、经济以及社会的发展步伐，在冷战时期，它们被以冷战斗争为中心的传统安全危机的阴影所掩盖，一直未能成为亚太安全组织应对危机与冲突的主题，只能附属于传统安全危机与冲突。

---

[1]　Justin V. Hastings, "Maritime Security in East and South-East Asia", Andrew T. H. Tan, ed., *East and South-East Asia, International relations and security perspectives*, p.246.

[2]　Meenaksbi Gopinath, "Expanding Circles of Engagement, India and South Asia", Chester A. Crocker, Fen Osker Hampson, and Pamela Aall, eds., *Rewiring Regional Security in a Fragmented World*, p.354.

二、亚太安全组织应对危机与冲突的方针、政策与实践

诚如上文所言，正是由于亚太安全状况极其复杂，各地区的安全问题并非孤立存在，实际上与政治、经济、文化与社会发展等各种问题紧紧连在一起，这使亚太各个地区所面临的危机与冲突各具特色。"与佛教、儒教和印度教以及伊斯兰教相联系的传统文化，给亚洲提供了一套复杂的国际关系名词，和平在这一国际关系中被认定为很正常。"① 因此，围绕各种危机与冲突的战略定位、表现形式、活动范围、社会影响等，亚太各地区必然会提出各种迥然不同的方针、政策以及战略，并且就此展开其安全实践。亚太安全组织的上述战略及其实践，不仅具有非常复杂的现实需要，而且也有极其深厚的安全思想与理论。

亚太安全理论涵盖了极其丰富的思想内容，全面散布在亚太安全秩序建构的各个层面、各个阶段，尤其体现在亚太安全组织应对危机与冲突的战略与实践中。与亚太各地区极富多元化、复杂化与个性化特征的安全状况相对应，亚太安全理论在其表现形式、思想内容以及理论体系等多个方面都堪称丰富。但是尽管如此，在亚太安全秩序建构中，最具代表性、也最能反映亚太安全组织利益需要的安全理论，当属区域安全主义。尽管在世界其他地区的安全思想与理论中，也不乏区域安全主义思想与实践，但任何地区的区域安全主义在安全秩序建构中所发挥的作用，都不能与亚太区域相提并论。与二战后欧美等国推崇和奉行的集体安全理论迥然不同，区域安全主义并不追求所谓的全球战略安全，也不追求亚太区域整体安全秩序与稳定目标，而是聚焦于极其严格的次区域安全目标，即全面加强亚太的次区域安全秩序建构。其原因在于，"如果地区秩序建构未能得到仔细而且合作性的安排，由于政策误判而导致紧张和冲突的可能性就会非常大。"② 因此，在亚太安全组织看来，确保亚太区域安全的前提就是，通过各成员国有效合作，建立相对系统和完整的安全合作体系，以区域合作影响整个亚太安全秩序建构。

在亚太区域内任何一个地区，各大安全组织所承担的中心任务，均锁定为构建强有力的区域安全结构，提前确立威慑性的防御安全态势，通过提前预防和控制危机与冲突，确保区域安全秩序建构进程。就此而言，亚太安全

---

① Michael Hass, *Asian and Pacific Regional Cooperation, Turning Zones of Conflict into Arenas of Peace*, p.26.

② Chulacheeb Chinwanno, "Thailand's Security Policy, Bilateralism or Multilateralism?", William T. Tow and Brendan Taylor, *Bilateralism, Multilateralism and Asia-Pacific Security, Contending Cooperation*, pp.68-69.

组织的工作重点实际上在于区域安全体系建构，而不是全力应对和处置危机与冲突。在许多亚太安全组织看来，应对危机与冲突的最终目的，归根结底在于全面建构区域安全秩序。为此，亚太安全组织更注重协调各成员国之间的关系，以便在各成员国不同利益之间建立某种平衡。为此，许多亚太安全组织除安全手段之外，还更多地运用了政治、经济、社会、文化、技术等手段，以便实现某种更宏大、更具影响力的共同安全目标。"如果无法最终解决分歧，但通过发展一种协同性全球战略，有助于抑制大量区域性分歧与冲突。采取一种间接性、自下而上的路径，通过发展全球性而且连锁性的'区域性和平与发展共同体'，有助于完成上述目标，这是非常必要的。"[1]

亚太安全组织最终将要建立的区域安全架构，并非简单地以提供军事保护、实现区域安全与稳定为唯一目标，实际上还夹杂了许多区域发展目标，这些目标几乎覆盖了政治、经济、社会与文化等多个领域。对亚太各个地区及其安全组织而言，区域安全主义思想与理论的真谛在于，先是建立某种区域安全秩序，然后在此基础上全面实现区域内部的和平与发展。事实上，亚太安全组织虽然在名义上担负着区域防御安全责任，但实际上同样担负着区域政治与经济发展的责任，"区域性和平与发展共同体"这一角色的定位，实际上就是要亚太安全组织变成各个地区的保卫者、维护者以及发展者。"这些（区域和平与发展共同体）更有助于将遍布全世界的'震裂带地区'转变为'防护带'。"[2] 很显然，亚太安全组织的开放性角色定位，实际上再次展示了其关注防御安全的实践重点。

在区域安全主义理论的指导下，每一个亚太地区或者安全组织在名义上保持了其相对独立的特性，每个安全组织亦保持了其相对独立地位，它们常常自成一体，每个地区既是一个独立的政治与安全地带，也是一个相对独立的经济发展单元。与此同时，每一个亚太安全组织都极其重视区域内部安全秩序建设，将其视为安全实践的一个重大步骤，它们为此采取了一系列措施，不断推进安全秩序建设目标。这些措施包括：积极推动各成员国展开大力合作，鼓励各成员国在组织内部实现资源共享，激励所有成员国为区域安全建设做出各自贡献。在推动所有成员国谋求共同安全利益的基础上，鼓励所有成员国参与安全秩序建构，共同遵守现有的行为规则，共同发展和完善区域

---

[1] Hall Gardner, *NATO Expansion and US Strategy in Asia Surmounting the Global Crisis*, New York: Palgrave Macmillan, 2013, p.9.

[2] Ibid.

安全组织结构。

以"东盟"为例，"东南亚所面临的安全挑战非常多，这一地区似乎已构建了一个独特的安全架构，这一架构建立在不断增长的共同安全关注之上（例如经济与安全之间的战略性相互作用，中国在这一地区的影响不断增强，对流行病、自然灾害、恐怖主义以及叛乱所呈现出共同脆弱性的认知），而且这一架构也建立在各种各样的机构与安排之上，这一安全架构在推动和维持相对和平与稳定的过程中一直非常成功"。① 亚太安全组织非常重视组织内部的制度建设，例如不断发展和优化其权力建构、行为规则、安全关联、行动手法等，以最佳的制度建构适用于区域安全秩序建构中，确保各种安全组织能够在区域安全事务上发挥最大作用。

很明显，亚太安全组织不断加强其安全组织架构，最终目标就是确保其自身能够承受各种外来危机的挑战与冲击，而且能够有效缓解成员国之间的矛盾与分歧，平息彼此之间激烈的利益冲突。贯穿整个冷战时期，在亚太各地区，为了应对某些跨地域、跨时段、内容极其复杂的危机与冲突，单凭任何一个安全组织都很难达成目标，各种亚太安全组织在维护区域安全秩序的过程中，不得不借重彼此力量，互补短长，或者在不同安全组织之间达成某种协议，或者建立某种临时性政治与安全联盟，或者争取国际组织与大国力量的全面配合，最终取得比较理想的危机处置效果。但必须要说明的是，在应对危机与冲突的过程中，亚太安全组织根据不同时段和地域，其定位与作用亦各有不同。总体而言，在20世纪50年代至60年代，亚太安全组织应对危机的能力有限，所发挥的作用也相对较小，而在70年代以后，其应对危机的能力逐渐加强，在危机与冲突处置中的作用越来越明显。

与西方安全组织所推崇的全球安全观与霸权主义理论不同，亚太区域安全主义不仅最大限度照顾了其文化多样性以及历史复杂性，而且也适应了亚太各地区在不同层面的安全需要。

首先，二战后大多数亚太国家经济落后，社会动荡，缺乏足够的政治影响、经济与军事实力，即使上述民族国家组建了各种安全组织，但是同样缺乏足够的影响与实力，使之能够全面而且有效处置各种区域危机与冲突，当然更谈不上以全球主义名义积极参与国际危机与冲突。其次，受制于其文化

---

① Richard A. Bitzinger and Barry Desker, "Southeast Asia and Its Evolving Security Architecture", Chester A. Crocker, Fen Osker Hampson, and Pamela Aall, eds., *Rewiring Regional Security in a Fragmented World*, p.406.

与传统，亚太安全组织在其安全实践中存在着某种强烈的自我安全倾向，它们更注重突出本安全区域或者次安全区域、本组织的核心安全利益，而且为了确保这一目标，它们常常强调自身利益的特殊性以及战略优先地位。与其对自身利益的高度关心相比，它们常常对其他安全地区或者安全组织的安全利益一般多采取回避态度，或者较少关注，或者根本无暇关注。

再次，在战后国际冷战格局中，欧洲始终占据着非常重要的位置，而亚太区域则一直处于相对边缘的位置，亚太安全组织所掌握的国际话语权远逊于北约等其他西方安全组织，这在一定程度上也限制了亚太安全组织处置危机与冲突的能力。

最后，亚太安全组织在战后区域安全建构中并无太多经验，而且鉴于战后国际安全体系及其规则很多出自西方，因此亚太安全组织在其安全秩序建构中在大多数情况不得不效仿西方，尤其是在应对危机与冲突的过程中更显得明显。而且，鉴于战后亚太区域大多数危机与冲突都与西方国家难脱干系，因此亚太安全组织在危机处置过程中经常与西方国家或者组织建立各种联系。

需要特别说明的是，亚太区域安全主义所体现的自我中心主义倾向，以及唯区域利益至上的安全原则，绝不能简单等同于一般的利己主义，两者虽然时有交叉，而且在表现形式上也极其相似，但两者却有很大差别。亚太区域中心主义确实有自身的狭隘性，包括亚太安全组织在政治理念与安全视野上存在局限，不可能像北约那样，站在全欧洲或者更大的国际安全层面思考全球安全问题，或者直接着眼并且运力于美苏冷战斗争。相对来说，亚太安全组织的对外拓展能力亦相对不足，和北约相比，亚太安全组织似乎缺乏"进取心"，只能部分应对本区域内部的一些危机与冲突，全然无法对亚太区域以外地区或者本地区以外区域施加足够的影响力。但是至少可以说，区域中心主义在很大程度上准确反映了亚太安全环境的现实特点，亦满足了亚太各个地区的有限安全需要。尽管亚太区域中心主义看似远远不及全球主义那样影响深远和广大，似乎也缺乏后者所拥有的那种普世主义情怀和济世理想，但也使亚太区域中心主义客观上更少了一层对外染指和侵略的意味，因此它对于外部世界的不良影响与危害也相对较小。

不可否认，在区域安全主义理论的指导下，许多亚太安全组织在其区域安全实践中取得了一些重大成果，除去一些安全状况特别复杂的地区持续处于动荡和混乱外，亚太各个区域大多数都建立了一种比较稳定的安全秩序，其中包括众多安全组织的运作规则与方法、安全组织内部国与国之间的协商合作、应对危机与冲突的一系列方法与路径，等等。尽管在整个冷战时期，亚太大部分地区多发危机与冲突，其频率远远高于欧洲以及世界其他地区，许多危机与冲突甚至产生了持续性、跨地域的影响，但是亚太大多数地区还是基本上维持了和平与稳定，当然个别地区除外。而且，亚太区域大多数安全组织也都维持了持续发展之势，在亚太各地区的安全秩序建构中得以发挥不同程度的作用。

毋庸置疑，与战后欧洲及其安全组织相比，亚太区域在整体上确实缺乏足够的稳定与秩序，许多地区一直处于不稳定状态，有的危机与挑战始终无法得到缓解，例如中东地区阿以冲突，"中东保持着其自身作为一个例外地区的视野，而这一地区面临着独特的安全挑战，这种安全挑战在很大程度上归因于两个因素，其一是以色列的存在，其二是拥有巨大的石油财富"。[1] 再如东亚地区的朝鲜半岛危机等。亚太上述地区所遭遇的安全难题极其特殊，不仅在亚太区域历史和现实中并不多见，而且在世界范围内亦堪称绝无仅有。但是这些不稳定地区以及重大冲突绝不是亚太安全形态的全部，也不能反映亚太安全格局的整体发展趋势，更不能将其混同为亚太区域的普遍性安全问题。因为相对于北约而言，亚太安全组织虽然在理论上需要承担更大、更复杂的安全责任，但在实践上却只承担了亚太区域安全秩序建构的部分责任，许多危机与冲突在亚太安全秩序建构中或者被有意疏忽，或者关注不足，最终的结果是逐渐消弭。虽然有的危机与冲突得以延续，但其本质与基本元素正在发生变化，越来越多地呈现出与世界其他地区危机相似的特性。

事实上，正是在应对危机与冲突的过程中，越来越多的亚太安全组织持续推动其安全功能建设，亦不断发展和完善其组织建构，使自身不断朝着综合性、多功能、立体化的方向延伸和拓展。与此同时，亚太安全组织亦得以持续推进亚太区域安全秩序建构，其表现就是亚太安全格局变得越来越成熟和稳定，亚太区域发生重大危机与冲突的临界点越来越高，危机与冲突逐渐减少，旧有的危机与冲突亦逐渐固化，亚太安全秩序建构正在朝着好的方向不断发展。

---

① Bassma Kodmani, "The Inported, Supported, and Homegrown Security of the Arab World", Chester A. Crocher, Fen Osler Hampson and Pamela Aall, eds., *Reviewing Regional Security, in a Fragmented World*, p.222.

第三节　北约与亚太安全组织应对危机模式的分析

一、北约应对危机模式的问题与出路

不论是北约应对内在危机还是外来危机，在整个冷战时期，北约熬过了各种危机与冲突的困扰和折磨，比较有效地控制住了各类危机与冲突，使之无法无限放大和扩散，最终危及北约自身的安全利益及其客观存在或者危及北约所创建的欧洲安全秩序。美国军事历史学家劳伦斯·卡普兰曾就此做出评价，集中反映了西方学者的观点。"北约任何一个成员国都从不会考虑撤出北约，甚至1956年的冰岛。甘居幕后的冷战经常跨大西洋（联盟）的热情提出检验，伙伴国家会通过'北约达成共识的方法'，设法解决大多数困难。"[1]因此，相对于北约所致力的欧洲安全秩序建构这一总目标而言，北约的努力实际上还是得到了许多回报，即北约政治—军事架构不断强化和完善，客观上构成北约在冷战时期保持其在欧洲强势存在的重要前提，也奠定了北约在欧洲冷战军事对峙中持续发挥作用的根基。

然而，上述这一论调并不等于说，北约应对危机与冲突模式已经取得成功，或者说已获得圆满结果。事实上，北约应对危机模式在推进北约组织架构建设、健全其安全职能的同时，同样也不可避免地预留了大量空白，这些空白在很大程度上给北约应对危机模式留下许多问题。这些问题既是对北约应对危机模式发展进程的一种客观总结，集中反映了该模式在制度建设、功能设置、行为方法、理论与实践等多个方面存在着诸多不足，而且这些问题实际上又为北约应对危机模式的未来发展与改革指明了方向。总体而言，北约应对危机模式主要存在四个方面的问题：

第一，北约并非毫无保留地应对所有的危机与冲突，也并非在此危机处置过程中采取了最理想的应对方法和对策。就客观而言，北约所应对的危机与冲突，具有非常大的随机性和偶发性，许多危机与冲突的发生非常突然，不仅远远超出北约预料，而且其发展亦涉及许多国家或者组织，并非完全北约所专控。就主观而言，北约由于为其实力所限，或者为其利益所主导，因此并非着眼于应对所有突发的危机与冲突，而只是有选择性地对一些突发危机与冲突进行了处置。这些被北约选中的处置对象既不是北约所遭遇的全部

---

[1]　Lawrence S. Kaplan, *NATO Divided, NATO United, The Evolution of an Alliance*, p.27.

危机，实际上也称不上是最理想的处置对象。由此可见，北约应对危机模式基本上是在这种相对偶然和危机多发的安全环境中发展起来的，因此北约所采用的各种方法、态度以及措施，可能适合危机形势的需要，但却未必符合北约长远发展的需要，也未必称得上是最妥善、功效比最高的解决之道。

因此，北约应对危机模式注定不可能是一种非常成熟的危机处置。其原因在于，其一，鉴于北约面对危机的客观处境与主动态度，决定了北约不可能以其最理想的状态应对和处置危机，包括不可能在危机处置中运用适当的方法、全部的实力以及不计一切的态度，因此这决定了北约应对危机模式具有极大的保留，不可能取得令人满意的预期成果。其二，在所有危机与冲突面前，北约在大多数情况下都采取了相对被动的应付方式，这些方法、思想以及实践大多数只能算得上是一种补救或者弥补性措施，根本谈不上属于一种深谋远虑的长期而且系统的战略思考。其三，北约所遭遇的各种危机与冲突大多兼具冷战特性，北约对这些危机与冲突的处置，首先需要符合西方国家的冷战政治需要，其次再满足危机各方或者冲突当事方的利益诉求，这在很大程度上限制了北约应对危机模式的功用，使之在很大程度上不得不依附于冷战形势及其变化。总之，北约的应对危机模式不可能让人感到满意。"那些对北约最感失望的人，也是那些对其有很高期望的人，亦是那些不满足于少于北约整体安全保证的那些人。"①

第二，北约在其应对危机模式的各项实践中，较多受到内部各种力量的掣肘和影响，尤其受北约成员国利益和政策的牵制。例如，北约内部某些大国力量经常主导、控制以及影响北约决策与实践。或者美欧双方不断产生分歧与摩擦，使北约面对许多危机与冲突时经常难以达成一致。"军事联盟的体系正是按照其各自的立场排列，缩紧为中心以及集团：一边是大西洋主义者及其支持者，另一边是欧亚大陆主义者及其盟友。"② 上述因素持续存在，导致北约在面对危机与冲突时，在大多数情况下无法真正秉持客观公正的立场，亦无法取得危机处置的最佳效果。例如，在塞浦路斯危机中，北约采取的各项措施不可避免受到美、英等国的影响。塞浦路斯既是英国的传统势力范围，

---

① Ken Booth, "Security Makes Strange Bedfellows: NATO's Problems from a Minimalist Perspective", *Journal of the Royal United Services Institute for Defense Studies*, December 1975, p.3. 转引自 Henry G. Gole, "NATO Defense through European Eyes", Robert Kennedy and John M. Weinstein, eds., *The Defense of The West, Strategic and European Security Issues Reappraised*, p.430.

② Mahdi Darius Nazemroaya, *The Globalization of NATO*, p.341.

也是英联邦成员国，英国甚至在塞浦路斯独立后还在其境内拥有自治区域，因此，英国对塞浦路斯危机管控的战略预期明显有别于其他北约盟国。同样，美国热衷于冷战对抗，尤其喜欢与苏联争夺中间地带，因此美国对塞浦路斯危机的解决方案，首先要满足其对苏冷战的需要，其次才考虑欧洲盟国的利益诉求。不仅如此，即使在许多一般问题上，北约内部实际上始终存在着巨大分歧。"特别值得注意的是，由于美国与其欧洲盟国在中东的分歧，北约在联合国内一直三缄其口。"① 事实上，正是由于北约内部各种利益纷争与政策掣肘，导致北约很难推出强有力而且行之有效的处置危机对策，而北约危机处置的缺失或者干预不足，则直接导致其在世界范围内的政治与军事影响力下降。

为此，北约应对危机模式的基本思路，注定只能局限在促成相互妥协、互相谅解、一致合作的范畴内，更多依靠冲突各方的相互让步而取得和解。鉴于北约又缺乏外来式强力介入准备，一旦旨在推动内向型妥协的北约应对方式无法达成预期效果时，就只能徘徊于各种危机与冲突的边缘与外围打转，发表各种无关痛痒的声明或者通过间接方式作用于危机与冲突处置。"鉴于他作为北约领导人的关系，（北约秘书长）伊斯梅（Hastings Lionel Ismay）的外交技巧为其在国际舞台上施展影响开启了多种可能性，但是1956年他的位置只能是一个次要角色，北约在'苏伊士运河危机'中被边缘化。"② 由此可见，北约内部各种因素的掣肘，实际上成为北约应对危机模式效能低下的一个主要原因，这一状况持续了相当长一个阶段。

第三，北约应对危机模式是一个动态发展模式，自北约创建之初就已开始，在连续应对危机与冲突的过程中不断深化和发展，该模式只有一个相对笼统的发展方向，并未设定一个终极目标。北约在其创建后，一直将有效预防和应对苏联与东欧社会主义国家"侵略"，作为其主要的防御战略目标。因此，北约应对危机的设想也基本上围绕这一主要目标而展开，扮演着美国对抗苏联与华约"军事侵略"的辅助性角色，这一定位在北约的战略文件中很早就有反映。从20世纪50年代开始，在北约各类部长级会议中，北约就不断提及应对危机与冲突等问题，北约甚至还为此设定了基本的战略方针。在1977年5月17—18日召开的北约外长会议上，各国外长共同制定了"部长级

---

① Lawrence S. Kaplan, *NATO and the UN, A Peculiar Relationship*, Columbia and London: University of Missouri Press, 2010, p.91.

② Ibid., p.27.

指导方针"。该方针强调："尽管北约应该能够应付华约组织可能发动的全方位侵略，但特别应该将注意力放在北约有能力在缺乏预警条件下、由准备就绪的武装力量对攻击做出反应。对于威慑与防御而言，北约各成员国政府需要在局势紧张时迅速做出政治决策，这样就能使北约及时而且有序地部署其武装力量。"①

然而，早期北约应对危机的战略方针，基本上一直围绕如何有效预防苏联或者华约集团发动军事进攻而展开，对于除军事进攻以外其他形式的危机与冲突，北约明显缺乏积极有效的应对之策，所做出的反应一般都非常迟缓，即使勉强推出某种应对危机之策，也只能是临时性或应急性措施，不可能产生长远的战略效果。"北约在这方面的弱势并不新鲜，而新鲜的东西则是一套正在出现的抨击选项，这些选项很危险地恶化了欧洲的危机稳定能力。"② 除上述问题外，即使是北约应对其内部危机，其出发点也基本上围绕与苏对抗这一战略目标而展开。因为在北约眼中，北约内部出现的任何分歧，如果得不到及时解决，危机得不到化解，极有可能会为苏联和华约组织利用，即使是极其微小的分歧也会有危险，会产生某种连锁反应。"只要有机会，苏联集团就准备强化北约的北部差异。"③

事实证明，北约过分夸大了其内在分歧与危机的危险程度，尤其高估了苏联削弱和击垮北约的政治与军事意图。不论是北约自身还是其成员国，实际上都具有克制危机的意愿，也有维系联盟的一定能力。以1966年法国退出北约军事一体化组织为例，虽然该事件对美、法两国关系构成重大冲击，成为北约自创建后最严重的一次内部危机，但却并未从根本上改变北约的战略目标，更谈不上为苏联利用。"面对法国的挑战，北约联盟得以生存，部分原因在于戴高乐及其大动作：尽管法国已退出北约军事一体化组织，它仍将武装力量留驻德国，继续向北约开放法国的领空。在北约的每一个军事指挥部都有法国代表，尽管代表的名义是'执行任务'而非'代表团'，戴高乐并不打算割断与北约的联系。"④

---

① "Annex-Ministerial Guidance-1977", 17 May 1977, available at http://www.nato.int/cps/en/natohq/official_texts_26984.htm?selectedLocale=en. last accessed on 13May 2015.

② Dennis M. Cormley, "Emerging Attack Options in Soviet Theater Strategy", Fred S. Hoffman, Albert Wohlstetter, David S. Yost, eds., *Swords and Shields, NATO, the USSR , and New Choices for Long-Range Offense and Defense*, Lexington, Massachusetts and Toronto: Lexington Books, 1987, p.104.

③ Lawrence S. Kaplan, *NATO and the UN, A Peculiar Relationship*, p.26.

④ Lawrence S. Kaplan, *NATO Divided, NATO United, The Evolution of an Alliance*, p.34.

第四，北约应对危机模式并非无所不能，其功能与制度具有极大的局限性。贯穿整个冷战时期，在北约内部所孕育的各种危机，以及北约所遭遇的各种外来冲突，实际上都称得上是有形的。然而，除去上述各类有形的危机与挑战外，北约还需面对各种无形的危机与挑战，此类危机尽管不会像有形危机或者外在冲突那样剧烈，也不会表现得非常明显，但是所产生的影响却丝毫不亚于有形的危机与挑战。例如，在冷战时期，受到美苏冷战斗争由竞争走向缓和的强烈影响，同时亦受各成员国自身政治、经济与社会发展的影响，北约某些成员国越来越多表现出政治中立化倾向，即在东西方冷战斗争中常常保持某种"中立立场"，他们既不完全倾向于美国，也不愿意得罪苏联，更不愿意欧洲出现战乱或者混乱。

从20世纪70年代起，这种政治中立主义开始在北约许多欧洲成员国中间蔓延，这种强调政治中立的"芬兰化"现象，在许多欧洲国家及其民众中占有了巨大市场，甚至一度出现星火燎原之势，直至对北约的安全战略及其实践形成巨大冲击。"总之，现今对西方最大的威胁并不是苏联人会入侵西欧，而是西欧会变得'芬兰化'（Finlandization），而且其自身的'芬兰化'程度达到了这样一种程度，即苏联的军事入侵已经成为多余之举。"[1] 很明显，北约许多国家认定，苏联与华约组织的侵略危险已经成为过去时，因此北约无须再大张旗鼓地为反制侵略战争做准备，当然也无须处置相关的危机与冲突。

事实上，和一般有形的危机与冲突相比，"芬兰化"现象实际上称得上是北约在认识与观念上的一种危机，只不过不易为人察觉而已。这种无形的危机实际上与北约所倡导的政治与安全理念大相径庭，因此必然会弱化北约的政治基础，亦会削弱成员国应对危机、达成一致的能力，其危害性甚至远远超出喧嚣一时的"法国退出北约事件"。事实上，在"芬兰化"现象出现后，北约一直未能找到解决办法。政治中立化在客观上已经成为北约应对危机模式的一个软肋，因为它加剧了北约内部的政治分歧与对立，使北约内部达成的政治共识的能力被严重削弱，进而影响到北约应对危机与冲突的能力。

对北约应对危机模式而言，"芬兰化"现象所代表的政治中立主义并不是唯一的无形危机，事实上北约所遭遇的无形危机还有很多，这种观念、认知、战略上的分歧还有很多，绝大多数对北约来说都力所不及。因此，如果说北

---

① Melvyn Krauss, *How NATO Weakens the West*, p.28.

约应对危机模式成功处置了危机，毋宁说是熬过了危机，在很大程度上抑制了危机的影响进一步发酵，或者忍受了各类危机所产生的消极影响。从这个意义上讲，北约应对危机模式要走的路还很长，还有相当大的不确定性，还需要北约及其成员国付诸更大的努力。

二、亚太安全组织应对危机模式的局限及其调整

纵观亚太安全组织在冷战时期的所作所为，尤其是亚太安全组织在应对危机和冲突中的种种表现，充分说明亚太安全组织应对危机模式还有比较大的提升空间，包括应对危机的态度、战略、方式以及功能设置等。与此同时，亚太区域安全秩序建构，亦存在着较大的改善空间。也正是由于亚太安全组织应对危机模式存在诸多不足，尽管在整体上限制了亚太安全秩序建构，使其在区域安全秩序的稳固程度、安全结构深度以及抗冲击与挑战的能力方面，无法与欧洲甚至更大范围的大西洋区域相提并论。但是，这些缺陷与不足无法说明亚太安全组织的应对危机模式从此就会止步不前，实际上，这些缺陷恰恰为亚太区域应对危机模式进一步修正、发展以及提升，在客观上指明了方向，并且为未来亚太区域应对危机模式的发展预留了巨大空间。

总而言之，亚太安全组织的应对危机模式，大致存在以下几方面问题：

第一，亚太安全组织应对危机模式的功效相对较低。虽然亚太安全组织数量众多，种类繁多，规模庞大，它们应对危机的时间长、投入多，但是大多数安全组织效率较低，功用有限。举例而言，在整个冷战时期，亚太区域在全世界一直以多发危机和冲突而著称，世界上绝大多数传统意义上以及非传统意义上的危机和冲突，几乎都能够在亚太区域找到其滋生的土壤，亚太各地区亦深受各种种族冲突、民族矛盾、国土纠纷、政治杯葛、经济倾轧、文化碰撞、意识形态竞争等困扰。尽管亚太各地区及各种安全组织都不遗余力致力于解决上述分歧与矛盾，但是效果相当有限。以东亚为例，这一地区各种形式的安全组织、军事联合、政治对话等，可谓蜂拥重叠，但是效果难称理想。"总之，众多东亚区域组织一直效率低下，东亚以外'东盟地区论坛'的14个国家（'东盟'成员国、澳大利亚、印度、新西兰和美国）具有调解分歧的潜力，但是军事化的纠纷则继续如此。东亚峰会（EAS）虽没有朝鲜与中国台湾参与，但它并未解决任何分歧，反而将时间花费在经济问题上。"[1]

---

① Michael Hass, *Asian and Pacific Regional Cooperation, Turning Zones of Conflict into Arenas of Peace*, p.112.

造成这一状况的原因有多个方面，就亚太安全组织自身而言：其一，由于亚太安全组织在安全架构上比较松散，并没有非常严格的制度建设，因此这使亚太安全组织在制定政策、实施行动的过程中经常显得非常随意，穷于应付，其解决问题的能力极其有限。"亚洲的决策方式都是在不统计选票的情况下进行的，在公开会议召开之前，许多讨论都是用非正式的语调进行的，最初都是私下里进行，没有任何正式的会议记录。"① 其二，由于亚太区域许多安全组织在更多情况下着眼于从战略安全高度建构区域安全建构，它们并不急于应付一些短暂、即时和小型的危机，因此，这使其对各种危机与冲突所做的反应常常显得相对滞后，甚至有时显得不着边际。而且，也正是由于缺乏长远的战略规划，这些安全组织的实践力度非常有限。其三，在战后亚太区域政治与安全现实中，亚太安全组织不仅仅担负着保卫区域安全的责任，实际上也担负着区域政治、经济与社会发展的使命，因此亚太安全组织同时也扮演着政治组织或者经济组织的角色。"区域主义的启动，由旨在合作的多边主义组织的出现得到证实，不管是正式的还是非正式的，这类组织都处于或者遍布政治—安全、经济或者社会—文化的范畴内。"② 这使许多亚太安全组织在应对危机与冲突时，经常倾向于采取间接或者迂回方式，而不是直接介入或者强制干预，这也造成亚太安全组织在应对危机与冲突中的弱势表现。

就亚太区域地缘环境而言，由于地理范围过于辽阔，历史漫长而且复杂，各种危机与冲突的爆发点相对较多，无论在形式上还是在内容上，这些危机与冲突所具有的复杂和危险程度，都远远超出世界其他地区，这在客观上给亚太安全组织应对危机模式带来了巨大困难。"亚洲的观念也许是地缘政治方面最模糊、最不能让人感到满意的，这意味着亚洲推行了一个非常模糊、完全随心所欲的扩张，这种扩张从博斯普鲁斯海峡一直到白令海峡。"③ 从这个意义上讲，亚太安全组织的应对危机与冲突模式，从一开始就处于一种相对不利的态势，注定很难在危机与冲突干预中取得完全令人满意的成果，只能取得某种相对积极而且有利的结果。

---

① Michael Hass, *Asian and Pacific Regional Cooperation, Turning Zones of Conflict into Arenas of Peace*, p.31.

② Christopher B. Roberts, "The Future of regionalism in East and South-East Asia", Andrew T. H. Tan, ed., *East and South-East Asia, international relations and security perspectives*, p.280.

③ David Martin Jones, Nicholas Khoo and M. L. R. Smith, *Asian Security and the Rise of China, International Relations in an Age of Volatility*, p.2.

第二，与北约及其成员国相比，亚太安全组织及其各成员国不仅缺乏积极主动的参与意识，而且在安全组织和成员国之间缺乏必要的牢固且稳定的连接纽带，尤其是在国际事务或者区域事务中更是如此。许多亚太国家不仅对自身安全缺乏信心，而且也对其所参与的亚太安全组织缺乏信任，它们更愿相信亚太区域以外的某些大国力量或者安全组织，例如美国和北约，因为它们毕竟是全世界最强大的国家或者安全组织。"土耳其人仍然将北约与'中央条约国组织'一起置于小隔间，北约到目前为止显得更加重要，成员国将其视为其主要的防御手段，而且有可能视之为一种经济支持。土耳其对'中央条约国组织'所做的声明有时是模糊不清的……'中央条约国组织'（在土耳其的思维中）并没有优先性。"[1] 因此，许多亚太国家虽然身处亚太区域，在政治、经济以及安全利益上与西方国家相去甚远，但却极为热衷于积极参与美、英等国所组织的冷战组织，或者积极参与西方国家在亚太各地区开展的各种政治、经济与安全活动，而且时刻希冀着能获得亚太区域以外的大国力量或者组织的支持和帮助。反之，这些国家对于亚太各种区域性安全组织则缺乏信任，尽管它们身处其中，有的国家甚至同时参与多个安全组织，但是它们却并没有真正与这些安全组织融为一体，成为其最坚定的支持者和参与者。

鉴于其成员国对安全组织的态度，以及其对维护自身安全与国家利益的认知，大多数亚太安全组织自身实际上也对其安全能力缺乏必要信心，其中也包括对其危机与冲突处置。与此同时，大多数亚太安全组织虽然看似拥有数量众多的成员国，但是这些成员国大多属于新兴民族国家，基本上都属于二战后刚刚赢得独立的国家，这些国家的社会与经济发展滞后，百废待兴，它们有太多迫切需要重点关注、需要巨额投入的重大问题，因而并不关心那些并未涉及其生存与根本利益的危机与冲突。亚太安全组织内部较少拥有世界影响的超级大国，尤其较少拥有超强经济和军事实力强国，因此导致亚太安全组织大多缺乏必要的力量集合点或者权威，故而在众多成员国之间非常容易滋生各种分歧与矛盾。

在冷战时期，尽管美、英等国都曾出面组织各种双边安全组织或者多边安全组织，但是这些大国并未真正融入亚太安全秩序建构，它们的特殊政治

---

① Panagiotis Dimitrakis, *Failed Alliances of the Cold War, Britain's Strategy and Ambitions in Asia and the Middle East*, p.181.

利益与战略企图，使其客观上与亚太安全秩序自身产生了较大距离，无法使其主导下的安全组织有效应对各种危机与挑战。美国的战略目标非常明确，即"短期内，在欧亚大陆的地图上加强和永久保持地缘政治普遍的多元化符合美国的利益。这促使人们重视纵横捭阖，以防止出现一个最终可能向美国的首要地位提出挑战的敌对联盟，且不说防止任何一个特定国家试图向美国挑战的微弱的可能性。在中期内，上述考虑应逐步让位于更加重视若干地位日益重要、战略上又相互协调的伙伴国家的出现，它们在美国领导作用的带动下，可能会出力帮助构筑一个更为合作的跨欧亚安全体系。在更长远的时间里，上述状况可能将最终导致产生一个真正分摊政治责任的全球核心"。[①]

由此可见，不论是出自成员国的内在结构问题，还是由于外力介入，亚太安全组织实际上很难真正拥有强悍的实力，亦很难使其拥有强大的现实威慑力，进而严重削弱了这些安全组织应对危机与冲突的意愿以及综合实力。但是从20世纪70年代开始，亚太安全组织的上述问题有所改变，亚太安全组织及其成员国的自主意识明显增强，不论是其处置危机的信心还是能力均大幅增强。

第三，亚太安全组织应对危机模式在分布上显得极其零散，其影响和功用也呈现出片段化、分散化的特点，不仅在整体上缺乏系统、完整的战略性规划，而且也没有统一的政治指导、战略方针以及行动规则。在表现形式上，鉴于亚太各地区危机与冲突彼此缺少关联，因此在应对危机的过程中，各个地区或者安全组织一般很少将各地区的危机连在一起。"这一地区非传统安全挑战的相关性一直非常清晰，但是问题在于，这一地区众多国家就其所面对此类威胁的身份以及优先权范围进行界定，却难以达成共识。"[②]

因此，亚太安全组织在应对危机与冲突的过程中，它们在大数情况下除强调各个区域和各个组织的功用以外，同时还强调各个次区域或者安全组织彼此独立，各自为战。事实上，这种状况不仅在整体上限制了亚太安全组织应对危机模式的综合影响，使其只能局限于局部范围，或者囿于亚太某个具体的次区域内部，无法向该次区域以外地区扩展，当然也不可能形成针对亚太其他次区域的普遍效应。不仅如此，亚太安全组织应对危机模式实际上也在局部层面限制了每个地区或者安全组织的影响与实力。进言之，即使在一

---

① ［美］兹比格纽·布热津斯基：《大棋局：美国的首要地位及其地缘战略》，第259—260页。

② Andrew T. H. Tan, "The rise of East and South-East Asia, Challenges and Security Perspectives", Andrew T. H. Tan, ed., *East and South-East Asia, international relations and security perspectives*, p.3.

些非常具体的次区域内部，实际上也很难使身处同一区域的安全组织或者国家，在应对危机时能够保持一致态度，或者能够制定某项共同战略和政策，当然，这也使各个安全组织或国家不可能形成某种强大的应对危机能力。

　　亚太安全组织应对模式所表现出的条块化现象，归根结底在于亚太各地区历史与文化存在巨大差异，催动不同的亚太安全组织在应对危机时，常常倾向于以各个区域板块为中心，在此基础上推进其各项安全实践，因为"文化多元主义一直是区域组织发展的前提"。[①] 这种文化多元主义同样也浸透到亚太安全组织的应对危机模式中，即不同的亚太安全组织会考虑不同的文化与历史背景，采取其认为最恰当的方法、规则以及程序，应对各种不同的危机与冲突，以便取得相对比较理想的应对危机成效。然而，尽管亚太各个区域以及各安全组织为此付出巨大努力，但收效甚微。文化多元主义在赋予亚太安全组织应对危机模式更多文化与社会内涵的同时，也使其变得越来越复杂，越来越难以展开相互合作。

---

① Michael Hass, *Asian and Pacific Regional Cooperation, Turning Zones of Conflict into Arenas of Peace*, p.39.

第八章
冷战后的大西洋联盟与亚太安全模式

第一节　后冷战时期的国际格局

一、冷战后的欧洲力量格局

众所周知，20世纪80年代末至90年代初，苏联与东欧社会主义国家发生剧变，各国政治、经济与社会制度发生全面变化，代议制民主政治与市场经济，完全取代了旧的政治与经济体制，欧美国家大肆鼓吹的公民意识、舆论自由、开放社会等主张，在各国甚嚣尘上，大行其道。苏联与东欧各国社会主义宣告失败，这从根本上动摇了欧洲冷战体系的基础，进而使以两极力量为支柱的雅尔塔体系分崩离析。1989年年底，苏联领导人戈尔巴乔夫（Mikhail Gorbachev）与美国总统乔治·布什（George H. W. Bush）在马耳他会晤，宣布冷战结束。

在此基础上，苏联各加盟共和国纷纷宣布独立，俄罗斯、乌克兰与白俄罗斯等国在1991年12月21日宣布建立"独立国家联合体"，即"独联体"（Commonwealth of Independent States，简称 CIS），[①] 正式宣告苏联从此退出历史舞台。"1991年12月26日，苏联不复存在，这距离其创建差不多有69年。随着苏联崩溃，冷战正式终结。"[②] 由此，欧洲安全力量格局出现新变化，世界亦进入一个全新的后冷战时代。美国学者斯蒂芬·拉勒比（Stephen F. Larabee）就此做了很精辟的总结："1991年苏联的崩溃，全面改

---

① "独联体"成立之初，除波罗的海三国外，其成员国还包括苏联的15个加盟共和国，2005年8月，土库曼斯坦宣布退出；2008年5月，由于和俄罗斯就阿布哈兹和南奥塞梯发生领土争端，格鲁吉亚宣布退出；2014年3月，鉴于与俄罗斯在克里米亚主权归属的矛盾，乌克兰启动退出机制。

② Bernd Stöver, "Eastern Europe", Richard H. Immerman and Petra Goedde, eds., *The Oxford Handbook of The Cold War*, p.187.

变了欧亚大陆的地缘政治，而且对俄罗斯在世界事务中的作用产生了深远影响。"①

从表面上看，"独联体"取代了苏联，似乎变化不大，但"独联体"在实质内容上却无法与苏联相比，它只是苏联各个加盟共和国组成的一个松散的联盟，其象征意义远远超出实际作用。尤其是在冷战后欧洲安全秩序建构中，"独联体"的作用根本无法与苏联相提并论，完全无法担当苏联解体后欧洲安全力量格局中一极之力。因为"独联体"不仅缺乏足够的政治、经济以及军事力量，而且内部争端始终没有停止过，整个联盟一直处于不稳定状态，难以产生持久稳固的影响，难以确保其能够对欧洲安全建构发挥作用。自"独联体"建立后，其成员国就一直进进出出，尽管该组织也建立了一系列权力机构，并且连续不断召开各种首脑会议，但是该组织却一直没有参与解决欧洲许多重大安全问题。"独联体"的关注点基本上停留在处置"独联体"的地区事务，立足于解决各种内部问题，其对外影响力非常小，尤其对中欧与东欧国家的影响力则更是归于全无。

特别需要强调的是，尽管"独联体"一直试图保证苏联的势力范围，但是所达到的效果并不明显。在"独联体"内部，俄罗斯由于继承了苏联绝大部分疆域、人口、资源、工业生产能力等，因此，相对其他"独联体"成员国来说，俄罗斯拥有比较强大的综合实力，在"独联体"中享有无可争议的领导地位。另外，由于"独联体"大多数成员国都与俄罗斯保持了密切的经济联系，更确切地说，它们需要俄罗斯向其提供石油、天然气以及其他产品，甚至还有巨额经济与财政援助，这就决定了"独联体"大多数成员国不得不保持其对俄罗斯的政治、经济以及军事依附关系。俄罗斯的政治、经济以及社会发展导向，实际上也决定了"独联体"的发展方向，亦对其大多数成员国的政治、经济、社会以及军事发展等产生巨大影响。因此，"独联体"在欧洲所发出的声音，实际上反映了俄罗斯在政治、经济、社会以及安全上的利益诉求。

与之相对应，华约组织早在1991年7月就宣布解散，退出欧洲安全秩序建构。为了填补华约退出欧洲安全秩序建构而出现的空白，1992年5月，一

---

① Stephen F. Larabee, *NATO's Easter Agenda in a New Strategic Era*, Santa, CA: Rand Project Air Force, 2003, p.115.

些"独联体"成员国联合签署了集体安全条约（CST），[①] 该条约因为在乌兹别克斯坦首都塔什干签订，因此又被称为《塔什干条约》（Tashkent Treaty）。2002 年 5 月，该条约正式被冠名为"独联体集体安全条约组织"（Collective Security Treaty Organization，简称 CSTO）。不论是先前的"独联体集体安全条约"，还是后来的"独联体集体安全条约组织"，其宗旨均锁定为提升独联体国家集体防御能力，防止并协调独联体内部纷争，解决独联体对外的政治或安全争端。很明显，在"独联体集体安全条约组织"创建之初，该组织并未立足于在整个欧洲范围内发挥作用，因此这就决定该组织只能在苏联范围内发挥维持安全的作用。"将《塔什干条约》作为一项集体安全安排，存在着三个基本问题：第一个问题是权力完全不平等，除乌克兰之外的苏联加盟共和国与乌兹别克斯坦建立了虚弱的军事机构，在其领土上分布的武装力量也被整合到由俄罗斯人控制的苏联指挥链中……它们无法以为集体安全行动提供军事资源这种方式作出贡献，它们在使用武装力量上的决策作用也受到限制。第二个问题是一旦出现军事威胁，俄罗斯的干预并不能提供保证……第三个问题是俄罗斯军队在任何军事干预中都不会受到限制，俄罗斯可以使用军队实现自己的目标……"[②]

另外，在冷战结束后，波罗的海国家、中欧、东欧以及南欧国家同样经历了大规模的政治、经济与社会改革，改革后的东欧、东南欧以及南欧国家，在政治、经济以及社会发展等各个方面完全倒向西方，在经济上偏向于欧盟，在安全上则偏向于北约。"从 1989 年起，东欧国家重新调整了其贸易方向，它们转向欧盟，现在，欧盟在东欧的贸易总量中已占到 2/3 以上。"[③] 其中的原因在于，上述国家的改革实践大多以欧美国家为蓝本，在其国家、政治、社会以及法律制度等多个方面与欧美各国颇多共同之处，这就确保了东欧、东南欧以及南欧国家能够与欧美各国保持某种天然的密切联系，因为它们已经从其与欧美各国的密切交往中获益。另一方面，东欧、东南欧以及南欧在经历了政治、经济与社会等领域的全面变革后，尽管上述国家在各领域获得了巨大发展，但是其政治、经济与社会制度的发展还非常稚嫩，因此，东欧、东

---

① 1992 年 5 月，俄罗斯与地处中亚的塔吉克斯坦、哈萨克斯坦、乌兹别克斯坦、吉尔吉斯斯坦以及亚美尼亚，共同签署"独联体"集体安全协定。1993 年，白俄罗斯、阿塞拜疆与格鲁吉亚加入。1999 年，格鲁吉亚、阿塞拜疆以及乌兹别克斯坦退出，2006 年，乌兹别克斯坦重新加入。

② Christoph Bluth, *US Foreign Policy in the Caucasus and Central Asia Politics, Energy and Security*, New York: I. B. Tauris & Co Ltd., 2014, p.67.

③ Stephen F. Larabee, *NATO's Easter Agenda in a New Strategic Era*, p.142.

南欧以及南欧在客观上需要欧美各国的大力支持和帮助，尤其是欧美各国拥有空前强大的经济与军事实力，以及无所不在的政治影响。

首先，就其地理环境而言，东欧、东南欧与南欧地理位置非常重要，在欧洲安全架构中的战略地位很关键。这些国家由于地处俄罗斯与西欧之间，在历史上一直就是双方展开激烈地缘战略竞争的对象。尽管苏联已经解体，"独联体"相当涣散，但是俄罗斯力量还相当强悍，而且不论是出于地缘战略竞争的需要，还是出于历史和传统意义上的竞争关系，俄罗斯与西欧各国的地缘竞争始终存在，因为毕竟俄罗斯与西欧各国具有不同的政治、经济以及安全诉求。从这个意义上讲，俄罗斯与西欧各国之间特殊的地缘竞争关系，决定了东欧、东南欧以及南欧国家在制订其安全战略、采取安全行动时，不得不充分考虑俄罗斯的安全要求及其利益取向。因此，它们的安全战略及其实践虽然基本上倾向于西欧，但也要保证不与俄罗斯发生全面敌对行动。

苏联和东欧各国发生政治、经济与社会巨变，在军事上呈现衰退之势，西方国家完全赢得了冷战胜利，获得前所未有的政治、经济与军事优势。为了避免刺激"独联体"成员国，尤其是防止刺激俄罗斯，欧美各国在后冷战时代初期对俄罗斯政策相对谨慎。美国历史学家大卫·米勒（David Miller）对此曾非常婉转地提出："至少从短期看，冷战的结果对北约来说，当然似乎要比华约更为顺利，但这实际上是一种长久期待，即这一事实是对北约与华约双方的人类美好愿望、正确判断以及共同意识的颂扬。"[1] 实际上，对于西方国家来说，冷战的胜利不仅表现为西方国家在政治或者意识形态上获得了优势，更重要的是，欧美各国在冷战后欧洲安全建构中获得了绝对主动权和优势地位，为北约未来全面推进其安全战略、积极打造北约版的欧洲安全秩序奠定了重要基础。

西方国家在冷战中赢得胜利，对于北约及其盟国来说，这似乎具有异乎寻常的意义。但是对于美国和西欧各国来说，却具有完全不同的含义，在许多方面，两者的区别非常大。首先，就北约而言，西方大多数政界与学界人士认为，北约是欧洲冷战最大的受益者，也是胜利者。美国宾夕法尼亚大学教授阿尔文·鲁宾斯坦（Alvin Z. Rubinstein）的观点在西方学界具有很大的代表性。"美国所领导的北约联盟，在欧洲大陆握有具有决定优势的军事力量，在当下以及可预见的未来，不会遇到任何挑战……北约的发展现状出色地维

---

[1]　David Miller, *The Cold War, A Military History*, p.387.

持了欧洲大陆的和平。"① 因为与冷战时期华约所拥有的令人生畏的军事力量相比，北约一直处于弱势状态，不论是北约还是其成员国，长期处于无力抵抗华约"侵略"的焦虑和担忧中。

冷战戛然而止，北约不战而胜，一跃成为欧洲最大的军事—政治组织，成为未来欧洲安全秩序建构的承担者。但是，未来北约能否继续延续这种力量优势状态，目前还是一个未知数。美国威尔逊中心高级研究员沃伊泰克·马斯特尼（Vojtech Mastny）就此指出："过去的有利条件，无法确保今后的表现。与金融市场不同，北约的股票并不依赖于其控制范围之外的武装力量，北约的成员国能够决定，是否会让北约慢慢地销声匿迹，或者让其在事实上仍坚持作为历史上最成功的军事联盟。"② 事实上，突如其来的政治胜利，确实使北约在很长时间一直无法适应冷战后国际形势变化的需要，也无法避免在政治与军事决策中出现重大失误，在欧洲安全力量建构中留下后遗症。

其次，就美国而言，冷战结束确实使美国长时间沉浸在胜利的喜悦中，使美国成为全球唯一的超级大国，凭借其超强实力打造后冷战时期的单极化国际格局。许多美国政界人士和学者对未来都极为乐观，他们甚至直截了当地提出：正是"美国军事政策的变化，最终导致苏联的崩溃，开启了美国在20世纪90年代回归其作为全球力量的进程"。③ 毫无疑问，冷战胜利同样也强化了美国在北约的话语权与影响力，更使美国将自己视为北约的天然领导者和保护者，力图将北约转变为打造单极国际格局的工具，使之服务于美国的全球进攻型战略需要。这种做法当然和欧洲盟国对北约的诸多期许和规划不相一致，亦在一定程度上改变了北约的传统发展方向，无形中扩展了北约的职能范围，使其远远超出北约原有的职能界限。这不仅加剧了美国与欧洲盟国之间的分歧与矛盾，而且也在一定程度上加剧了未来北约在其政治与安全实践中的困难程度。

再次，就西欧国家而言，冷战的胜利可谓意义重大。因为在整个冷战时期，西欧国家由于地处冷战斗争的前沿地带，一直担心可能会遭到苏联与东欧社会主义国家的政治染指或者"军事侵略"。因此，西欧各国的政治方针与

---

① Yaroslav Bilinsky, *Endgame in NATO's Enlargement, the Baltic States and Ukraine*, Westport, Connecticut and London: Praeger, 1999, p.1.

② Vojtech Mastny, "Did NATO Win the Cold War?", *Foreign Affairs*, Vol.78, No.3, May/June, 1999, pp.176-189.

③ Giovanni Arrighi, "The Balkan War and US Global Power", Tariq Ali, ed., *Masters of the Universe? NATO's Balkan Crusade*, London and New York: Verso, 2000, p.48.

安全战略几乎完全服务于欧洲安全与稳定的需要，目的就是避免沦为美苏冷战斗争的牺牲品。冷战结束后，在西欧国家看来，欧洲安全对抗格局已经彻底结束，除去类似俄罗斯这样弱势的竞争对手，西欧国家再无须继续面对的强势之敌。因此，"（人们）在1989年12月进行的一项民意调查发现，即在欧共体（EEC）和北约之间进行选择，大多数西欧人没有选择北约，而是选择欧共体，并将其作为一个可以就未来西欧安全做出重要决策的组织。"[①]

很明显，在西欧各国看来，北约作为东西方冷战斗争的产物，其军事对抗色彩过于浓重，并不利于冷战后欧洲安全新秩序的建构。进言之，西欧国家实际上更希望创建和发展类似欧共体这样的组织，使之在未来欧洲安全秩序建构中发挥重要作用，或者对北约实施全方位改造，使之更少对抗性和竞争性，使未来的欧洲安全新秩序建构能够更大程度反映西欧国家的诉求。因为西欧国家一致认为，冷战后的欧洲安全秩序建构必须以和平、合作、协商与对话的方式进行，欧洲安全架构必须有助于推动欧洲所有国家的政治、经济、社会、文化以及安全利益，必须能够推动永久性的欧洲安全与和平。西欧国家的上述意愿实际上反映了它们在冷战结束后着力推进欧洲安全秩序的自主意识不断增强，同时也反映了西欧国家对美国操纵北约政治与安全实践的强烈不满。美国前副国务卿斯特罗布·塔尔博特（Strobe Talbott）对此表达的意见，可谓直接反映了欧洲盟国的上述矛盾心态。"毕竟，北约是一个长期联盟，对欧洲国家来说，它似乎会产生两种影响：第一种，北约应该通过保持原来的样子，而不是通过启动争议性的新计划，最好地面对长期存在情况。第二种，欧洲正在破坏良好的现状。但是从欧洲的观点看，这两种影响都经不起严格的审查。"[②]

由此可见，西欧国家与北约、美国对未来的欧洲安全秩序建构，实际上有着完全不同的考虑。西欧各国对欧洲安全秩序的建构，更多偏重于政治与经济目标而非军事目标，更多强调合作中的竞争，而非简单强调竞争和冲突。因此，西欧国家更希望欧共体以及后来的欧盟等组织，在欧洲安全秩序

① United States Information Agency, "Support for NATO Unshaken", *Research Memorandum*, Washington, D. C.: USIA, 26, Dec, 1989, p.3. 转引自 Drew S. Nelson, Keith W. Dayton, William J. Ervin, Keck M. Barry, and Philip C. Marcum, *The Future of NATO, Facing an Unreliable Enemy in an Uncertain Environment*, New York: Praeger, 1991, p.67.

② Jolyon Howorth and John T.S. Keeler, "The EU, NATO and the Quest for European Autonomy", Jolyon Howorth and John T.S. Keeler, eds., *Defending Europe, The EU, NATO and the Quest for European Autonomy*, New York: Palgrave MacMillan, 2003, pp.11-12.

建构中发挥更大作用，最终建立更加稳固、更永久的欧洲安全秩序。为此，西欧国家开始积极行动起来，在"西欧联盟"的基础上，加快欧盟军事职能建设，加速打造欧盟武装力量。甚至许多西欧国家直接采取行动，创建跨国家联合部队以及多边联合武装力量，例如"法德旅""欧洲多国快速反应部队"等，加速以欧盟为主导的武装力量建设进程，以便与美国所主导的北约展开合作。"'西欧联盟'作为欧洲唯一的防御组织，从1948年创建就成功地潜伏下来，该组织应发展独立于北约的行动能力，最终打算向那些最近参加欧盟的国家扩展其集体防御保证，或者希望在未来扩大这种保证。"① 西欧各国的上述设想以及实践，大大推进了欧共体或者后来的欧盟参与欧洲安全秩序构建进程，客观上提升了西欧各国在欧洲安全秩序建构中的地位与影响，为未来北约与欧盟展开全面合作奠定了重要基础。

二、冷战后的亚太区域及其安全形势

冷战结束后，亚太安全形势同样发生了巨大变化。苏联和东欧社会主义国家发生巨变，苏联解体，华约解散，欧洲安全形势变化万千，这在很大程度上吸引了欧美各国的注意力，使其更多专注于欧洲安全事务，着力于打造后冷战时期的欧洲安全秩序。因此，这使亚太区域各个国家或者安全组织在冷战后亚太安全秩序建构中，能够更多体现其独立意识和自我决策，尤其能够体现亚太区域各国和各组织自身的安全设想与利益诉求。在冷战后很长一个时期，亚太安全秩序建构一直是在以亚太区域各国与各安全组织为主导的新安全环境中不断推进和深化，一直到在新世纪开启后，美国大力推行"重返亚洲战略"（Pivot to Asia），再到"亚太再平衡战略"（Rebalancing to Asia），这种局面才有所改变。

冷战结束后，亚太区域在国际安全事务中的权重明显强化，这不仅体现在亚太安全组织以及国家越来越频繁地出现在国际政治、经济与安全舞台上，参与未来国际安全秩序打造。"在全球层面，美国仍是独一无二的最重要国家，但是无法保证这种情形会一直如此。中国总体上被认为最有可能获得超级大国的资格……俄罗斯也被估测为一种大国力量，它是世界上第六大经济体，是拥有最大规模军事编制的国家之一，在核武库方面和美国处于同一个

---

① Charles A. Kupchan, "Reviving the West", Clay Clemens, ed., *NATO and the Quest for Post-Cold War Security*, p.128.

层级。印度也有望在未来世界事务中发挥更大作用。"① 在后冷战时期，伴随着亚太区域经济迅速发展，亚太区域许多国家开始崛起，形成多个新的特色区域带，其中包括中国和印度等新兴的"金砖国家"（BRICS）代表、传统经济强国日本、军事大国俄罗斯。另外，在20世纪70年代就已崛起的"亚洲四小龙"（Four Asian Tigers）——韩国、新加坡、中国台湾、中国香港，以及近年经济发展迅猛的东南亚各国，例如印度尼西亚、马来西亚等。这些国家在很大程度上开始改变了亚太区域旧的安全力量格局。

中国、印度、日本、俄罗斯以及其他亚太国家或地区，作为不同层面的亚太新兴力量，不论其国家利益的趋向与落脚点如何，事实上都成为引领冷战后亚太区域安全秩序建构的重要角色。而且，正是由于上述国家在政治、经济以及军事上的崛起，在一定程度上阻碍了亚太区域以外各种势力对亚太安全事务的干预。不仅如此，这些亚太区域国家还建立了大量多边组织，这些组织涉及政治、经济、军事、外交、安全、科技等多个领域，遍布亚太各个次区域，跨越了过去亚太安全架构中的国家、集团、组织等界限，逐渐形成亚太区域一种全新的政治、经济与安全秩序。

1994年4月30日，哈萨克斯坦、吉尔吉斯斯坦和乌兹别克斯坦签署"三国条约"。该条约规定：彼此取消关税壁垒，实现商品、资本和劳动力等自由流动，协调各自经济法规，在交通运输领域实行协调等。就此，三国建立"中亚经济联盟"（CAEU），该组织后来演变为"中亚经济合作组织"（CAE）。② 中亚国家的目标非常明确，虽然立足于经济领域的联合与协作，但最终的目标则是最大限度实现中亚地区的和平、稳定与发展。1996年4月，中国、俄罗斯、哈萨克斯坦、塔吉克斯坦、乌兹别克斯坦以及吉尔吉斯斯坦6个国家联合起来，共同组建了"上海合作组织"（Shanghai Cooperation Organization，简称SCO），该组织当时还有4个观察员国家（印度、巴基斯坦、伊朗、蒙古），两个对话和伙伴国（白俄罗斯、斯里兰卡）。"上海合作组织"简称"上合组织"，该组织的指导方针非常明确，就是推进成员国之间的互信与睦邻关系，鼓励成员国在政治、经济、科技、文化、教育、能源等领域展开合作，

① Geoffrey Warner, "The Geopolitics and The Cold War", Richard H. Immerman and Petra Goedde, eds., *The Oxford Handbook of The Cold War*, p.82.

② 2002年，"中亚经济合作组织"正式改名为"中亚合作组织"（Central Asian Economic Cooperation，简称CACO），2004年10月，俄罗斯加入"中亚合作组织"，2005年10月，该组织正式更名为"欧亚经济共同体"（EurAsian Economic Community，简称EEC）。

共同维护区域和平、安全与稳定，共同致力于构建民主、公正、合理的国际新秩序。

但是，在西方学者看来，"上合组织"确是另外一个样子。"'上合组织'是一个综合性的区域组织，与'东盟'类似，但不是一个区域贸易组织。作为一个防御组织，它反映了其成员国软弱，也反映了对各成员国政府构成内在挑战的严重程度。"① 美国更是竭力贬低"上合组织"的作用，"该组织长期缺乏资金和人力资源，它也没有军事处置手段，因此无法以一种行得通的方式应对安全挑战。出于这一原因，美国并不看重'上合组织'。有证据表明，'上合组织'本身无法采取实质性方式来影响美国和这一地区国家的安全合作"。② 事实上，"上合组织"自创建后，在新的亚太安全秩序建构中发挥了积极作用，尤其是在排斥外来力量介入亚太安全事务、维护亚太次区域政治与安全联合等方面发挥了重要影响，其积极作用毋庸置疑。美国一直希望介入"上合组织"，试图通过渗入"上合组织"内部，削弱该组织的独立性和自主意识。但是，美国上述意图最终遭到"上合组织"成员国一致反对，一俟美国向"上合组织"提出要求，递交成为该组织观察国的申请后，这一申请迅即遭到"上合组织"的严词拒绝。

不仅如此，冷战结束后，成立已久的"东盟"亦展开了高频度活动，提出了安全共同体、经济共同体以及社会文化共同体等一系列新目标。"东盟"在加强其成员国政治和经济合作的同时，也加强了自身的宪政与法律制度建设，进一步加快自身的实体力量建设。"总之，从1991年开始，'东盟'成员国大体上更倾向于经济思考，这可能已经远远超过了冷战时期对传统安全的关注。"③ 很明显，"东盟"的实力及其影响不断扩展，这不仅显示了东南亚区域安全秩序建设取得了重大成就，也显示了"东盟"与周边国家联合与协作的进一步强化。更重要的是，这也在更大范围内显示了东南亚区域各国的自主、自立、自强意识进一步加强，这无疑对于维护亚太次区域安全秩序、建立真正适合亚太区域需要的安全体系具有积极作用。

① Ming Wan, "The Shanghai Cooperation Organization: The Security-Economic Nexus", Vinod K. Aggarwal and Kristi Govella, eds., *Linking Trade and Security, Evolving Institutions and Strategies in Asia, Europe, and the United States*, pp.111-112.

② Christoph Bluth, *US Foreign policy in the Caucasus and Central Asia Politics, Energy and Security*, p.72.

③ Jonathan T. Chow, "Trade and Human Security in ASEN: Toward Deeper Linkage?", Vinod K. Aggarwal and Kristi Govella, eds., *Linking Trade and Security, Evolving Institutions and Strategies in Asia, Europe, and the United States*, p.75.

　　此外，亚太各国的自强与自立意识还体现在亚太各国在冷战结束后还创建了许多横向联合组织或者纵向发展机构，极大地弥补了亚太安全秩序建构中的空白，尤其是各个区域安全体系之间的真空，在世界范围内全面拓展并提升亚太区域的政治、经济以及安全影响。例如，亚太区域多国共同建立的、旨在推动跨地区经济与贸易合作的"亚太经合组织"（APEC），[①] 还有"东亚经济论坛"（East Asian Economic Caucus，简称 EAEC），亚太多国旨在推动亚太地区的人权建设与发展的"国际人权机构亚太论坛"（APFNHRI），东亚与拉美多国创建的"东亚与拉美合作论坛"（East Asia-Latin America Forum，简称 EALAF），[②] 太平洋国家创建的"西南太平洋对话"（SPD），[③] 等等。毫无疑问，上述这些组织的创建，不仅有利于加强亚太各个地区之间的联合与协作，亦对整体上强化亚太区域安全秩序合作产生了重大影响。

　　亚太区域出现许多正在崛起的新兴国家，这在很大程度上改变了亚太区域旧的力量分布，在亚太安全格局引起了连锁反应。这种变化还直接体现为，新旧安全力量的关系此消彼长，亚太区域安全秩序建构正在发生有利于本土国家与组织的方向变化。最突出的例证就是，美国在冷战结束后不愿就此退出亚太区域，也不愿放弃其对亚太安全秩序建构的主导权与参与权。美国为后冷战时代针对亚太区域所制定的战略目标就是，美国要继续积极参与亚太区域所有政治、经济与安全秩序安排。美国的关键性长期目标就是，"阻止亚太安全形势恶化，有必要阻止区域霸权和大陆霸权崛起……美国将通过'规划'多种行动，寻求保持亚洲的稳定，这些行动旨在为合作行为提供积极动机，抑制为获取地缘政治目标而动用武力。美国将通过与盟国的合作，使其能够助力于应对亚洲正在发生的转型……美国战略的最终目标是确保和加强其在亚洲的霸权，该战略的关键是继续保持和加强其在亚洲与众不同的地位。"[④] 尽管美国自我标榜

---

　　① 1989年11月，"亚太经济合作会议"宣告成立，1993年6月更名为"亚太经合组织"。该组织作为亚太各国的区域经济与磋商论坛，奉行自愿、协商的合作原则，建立了非常完整的工作机制，共21个成员，对推动亚太区域经济发展、促进全球经济与贸易合作等发挥了重大作用。

　　② 1999年9月，在新加坡和智利的联合建议下，东亚和拉美多国在新加坡共同创建了"东亚—拉美论坛"。该论坛每年召开一次高管会议，每两到三年召开一次外长会议，负责探讨东亚与拉美国家之间的政治、经济、文化与社会问题对话。

　　③ 1999年9月，印尼、澳大利亚、新加坡、菲律宾、巴布亚新几内亚、东帝汶等国组成"西南太平洋对话论坛"，目的是促进西南太平洋地区的政治、经济与安全合作、社会发展以及文化交流。

　　④ Zalmay Khailzad, David T. Orletsky, Jonathan D. Pollack, Kevin Pollpeter, Angel M. Rabasa, David A. Shlapak, Abram N. Shulsky, Ashley J. Tellis, *The United States and Asia, Toward a New U. S. Strategy and Force Posture*, pp.43-46.

其在亚太区域所作所为（具有法律与道德正当性），为的是推进亚洲的（政治）民主以及市场主导的社会，使亚洲的意愿能够符合当前国际行为规范，能够与欧洲民主国家展开合作，不会发生重大武装冲突，[①] 然而，美国自己也承认，美国所作所为的真正底线在于有力维持其在亚太区域的现实存在，削弱任何现实或者潜在对手，继续保持美国对亚太政治、经济与安全事务的绝对控制和影响力，甚至主导后冷战时期的亚太区域政治、经济与安全格局的转型与变化。

为了实现这一目标，美国做了大量工作。20世纪90年代初，克林顿政府国务卿沃伦·克里斯托弗（Warren Christopher）甚至要求完全降低欧洲的战略重要性，以支持亚洲。[②] 事实上，虽然美国不可能以降低欧洲战略地位为代价，以此提升亚太战略地位，但是这至少说明美国已充分注意到冷战结束后亚太区域在国际政治、经济与安全格局中的地位大规模提升这一事实，也注意到亚太区域现有的安全力量体系与安全走势正在出现新变化，美国急于对亚太安全形势发生的巨变做出积极反应，以避免将来被隔离于亚太安全新秩序建构之外，或者防止其在亚太区域所构建的安全体系或被废止，或被边缘化。

特别需要强调的是，冷战结束后，亚太区域多个地区爆发了数量众多、规模不等的危机与冲突，许多大型危机与冲突可谓牵一发而动全局，不仅直接影响到本地区的安全与稳定，还直接影响并波及整个亚太区域安全秩序，甚至将众多国际组织、区域组织、世界大国、区域性大国等纠缠其中。例如，伊拉克入侵科威特、印度和巴基斯坦多次实施地下核试验、朝鲜半岛"天安舰事件"和朝核危机、伊拉克核查危机与伊拉克战争、阿富汗反恐战争、"阿拉伯之春"（Arab Spring）、叙利亚危机、中日双方钓鱼岛争端、南中国海岛屿主权争端、伊朗核查危机，等等。似乎就在一夜之间，亚太区域变成全世界各种矛盾与冲突最集中的危险地带。另外，与世界其他地区的危机与冲突迥然不同，亚太区域出现的危机与冲突不仅具有很大的反复性，而且还具有很大的关联性，不仅与历史相关联，而且相互之间也有关联，因此形同顽疾，难以根除。

亚太区域在冷战结束后出现的危机与冲突，其现状与特点似乎给欧美各国政治家与学者们留下了一个印象，即亚太区域之所以频发危机与冲突，其

---

① Zalmay Khailzad, David T. Orletsky, Jonathan D. Pollack, Kevin Pollpeter, Angel M. Rabasa, David A. Shlapak, Abram N. Shulsky, Ashley J. Tellis, *The United States and Asia, Toward a New U. S. Strategy and Force Posture*, p.44.

② Rob De Wijk, *NATO on the Brink of the New Millennium, The Battle for Consensus*, p.12.

至许多危机与冲突产生了巨大危害，有的甚至还影响和危及整个世界和平与稳定。其根本原因在于，这些危机与冲突完全起因于亚太安全形势一直处于无序转换状态，最终导致亚太安全力量之间的平衡被彻底破坏。似乎这一切都是因为中国、印度以及其他新兴亚太国家贸然崛起，最终造成亚太区域和平与安全秩序遭到破坏。针对中国崛起可能产生的影响，美国评论家罗伯特·卡根（Robert Kagan）的说法在欧美各国政界和学界可谓颇具代表性。中国的"近期目标就是取代美国成为远东的主宰，长期目标是在全世界挑战美国的主宰地位"。[①] 更有甚者，似有欧美政治人物断言，亚太区域出现的许多不稳定现象、形形色色的冲突、各种混乱现象等，均为中国、印度、俄罗斯、朝鲜等国不遵守国际法律或规则所致。抑或有言，亚太各个地区存在着狭隘的民族主义、宗教原教旨主义以及极端政治倾向，成为亚太区域各种危机与冲突频发的直接诱因，它们不仅对本区域正常的政治、经济与社会生活造成极大困扰，而且还对现有的国际政治、经济、安全以及文化体系形成冲击……诸如此类，不一而足。

　　然而，如果我们对上文提及的亚太区域各种危机与冲突展开分析就会发现，这些危机与冲突实际上并没有太多新意，基本上没有超出旧的政治、经济、民族、种族、疆域、宗教以及文化冲突的范畴，甚至有许多就是旧矛盾的直接延续。它们只不过在冷战时期被掩盖在美苏冷战斗争的烟雾中，为世人少知或不知。一直到冷战结束，这些矛盾与冲突开始延伸、发酵并且扩展，进而构成后冷战时期亚太区域新的危机与冲突热点。因此，如果对上述危机与冲突细加分析，我们就会发现，这些危机与冲突的内涵与外延，甚至包括其基本特征、结果与影响等，与冷战时期相比实际上并无实质性变化，只不过在特定对象、表现方式、行为理念、演进进程、后期影响等方面表现有异，因此，亚太区域对上述危机与冲突的处置与应对亦不可能有太多新意。

　　在冷战时期，亚太区域的危机与冲突一般多由欧美国家及其安全组织这样的外来力量处置，亚太区域各个国家或者安全组织一般扮演配角。但是在后冷战时期，随着亚太区域各个国家在政治、经济、军事上迅速崛起，它们开始越来越多参与各种危机与冲突应对，甚至在许多危机处置中扮演主角。这一角色变化表明，亚太区域各个国家以及安全组织的实力大幅度提升，在

---

　　① Robert Kagan, "What China Knows That We Don't", *The Weekly Standard*, January 20, 1997. 转引自［美］约瑟夫·奈:《美国霸权的困惑：为什么美国不能独断专行》，郑志国等译，世界知识出版社，2002年，第22—23页。

区域危机与冲突处置中开始掌握越来越多主动权和话语权，它们开始在真正意义上掌握整个亚太区域的政治与安全发展方向。尽管亚太区域仍存在许多危机与冲突，但亚太区域各个国家或安全组织的整体管控危机能力明显提升。

与之相对应，正是在持续不断遭遇并且应对危机的过程中，越来越多的亚太政治、经济与安全组织宣告建立，这实际上在整体上强化了亚太区域安全力量。另外，越来越多亚太区域国家或安全组织得以参与危机处置，并且实际上参与亚太区域安全秩序建构。这在很大程度上推动了亚太区域安全秩序建构愈加趋向本土化，外来力量在亚太区域安全秩序建构中的话语权被削弱，这从另一个角度反映了亚太安全秩序建构越来越趋于理性，越来越趋于合理。不论欧美各国承认与否，它们在冷战时期在亚太区域构建的政治与安全体系显然已经过时，旧的冷战思维与霸权主义积习或倾向，明显无法适应冷战结束后亚太区域新安全形势的发展需要。尽管这一政治与安全体系在名义上仍然存在，但却很难像过去那样随心所欲地发挥作用，这一体系走向边缘化的命运似乎已经注定，当前美国在亚太区域所做的一切，不过是试图延缓这一过程而已，并不能从根本上改变其命运。

三、北约、欧盟、欧洲安全与合作组织与新欧洲安全架构

冷战结束后，关注未来欧洲发展走向的组织数量众多，绝不止于北约一家。因为在冷战时期欧洲安全架构中，除北约以外，还有许多其他组织同样活跃于这一进程当中。其中，具有代表性的组织包括：与北约相互对峙的华约，还有东西双方共同构建的"欧洲安全与合作组织"，西欧国家创建的欧共体以及后来的欧盟，还有中欧4个国家建立的"维谢格拉德集团"（VG），以及二战后创建的联合国，等等。"欧洲安全依赖于多边的、重叠的国际机构。北约、联合国、欧洲安全与合作组织、欧盟以不同的方式以及影响，给新欧洲带来了稳定。"[①] 美国国务院负责政治事务的前副国务卿托马斯·皮克林（Thomas R. Pickering）曾就此做出概括："我们继承了祖先的理想，在我们每一个国家中，通过北约、欧盟、联合国、'欧洲安全与合作组织'以及当前的'欧洲—大西洋伙伴关系理事会'（Euro-Atlantic Partnership Council，简称

---

① Erik Yesson, "NATO, EU and Russia: Reforming Europe's Security Institutions", *European Foreign Affairs Review* 6, 2001, pp.197-221.

EAPC）赋予其现代政治形式。"①

上述这些组织互补与互动，甚至彼此间展开某些有序竞争，共同构成冷战时期欧洲安全体系建构实践。"事实上，布鲁塞尔官僚机构间的嫉妒，在未来欧洲安全政策决策中可能扮演了一个关键角色，即如果'欧洲安全与合作组织'获得一个被拓宽的机制基础，'西欧联盟'（WEU）的活动得到强化，或者'欧共体委员会'（ECC）被扩展到适应'欧共体'共同安全与防御体系。"② 冷战格局结束，客观上为上述所有组织都提供了一个重要的发展机遇，促其思考各自在未来欧洲安全建构中所处的地位，或者在未来国际安全秩序中所处的地位，以便更好地体现自身的安全利益，表达其利益诉求。

除去华约销声匿迹外，上述组织都极其关心未来欧洲安全架构的发展方向、进程以及结果，它们都不遗余力地参与未来欧洲安全秩序建构全程。从这个意义上讲，欧洲安全秩序建构所取得的任何阶段性成果，实际上都离不开上述组织的共同作用。目前欧洲安全秩序建构进程，实际上是各方达成利益妥协的一种结果。例如，北约与欧盟就曾针对双方的合作，专门订立合作条约，协调双边关系，化解横亘于双方之间的竞争关系与潜在矛盾。"我们一致欢迎'欧洲安全与防御政策'，该政策目标就是在欧盟的危机管控与预防冲突的处置中，扩大已建立机构的范围，支持'共同外交与安全政策'，加强推进欧盟领导下危机控制行动的能力，包括军事行动的能力，北约在整体上会不参与其中。"③ 不仅如此，北约也与欧盟展开合作，双方互补短长，发挥各自在军事和民事上的优势。欧盟、西欧联盟和北约三方展开合作，西欧联盟正式并入欧盟，成为欧盟推进其军事联合的实体组织，条件是不得与北约争夺欧洲盟国的军事资源，等等。

如果我们将上述组织的具体安全功用细加比较，就会得出结论，在致力于建构欧洲安全秩序的上述组织中，最活跃的组织当属北约。因为联合国承担了更大的安全责任，遍布全球，不可能将其安全职能局限于欧洲—大西洋区域或者亚太区域。而欧盟的主要功用更多集中于经济领域，其外交与安全职能只是在近年来有所发展，但还远远无法与其他现有的安全组织相比。欧

① Dimitris Keridis & Robert L. Pfaltzgraff, Jr., eds., *NATO and Southeastern Europe Security Issues for the Early 21st Century*, Dulles, VA: Brassey's Inc., 2000, p.43.

② Werner J. Feld, *The Future of European Security and defense Policy*, Boulder, Colorado: Lynne Rienner Publishers, Inc., 1993, p.8.

③ "EU-NATO Declaration on ESDP", 16 December 2002. available at http://www.nato.int/docu/pr/2002/p02-142e.htm. last accessed on 3 June 2015.

盟要想真正在未来欧洲安全秩序建构中挑大梁，还需要很多时日。相对而言，北约基本上将其安全战略的重心集中于欧洲。对欧洲各个国家与组织来说，欧洲安全秩序建构实际上就是其最大的政治与安全利益体现。"北约的早期领导很清楚证明，欧洲和美国每一方都愿意将整个欧洲置于一个和平而且繁荣的地带。这一共同目标得到进一步强调，先是'和平伙伴关系计划'（PfP），后是波兰、捷克和匈牙利在1999年全面融入北约架构。"[①]

北约前发言人、助理副秘书长杰米·谢伊（Jamie Shea）曾针对北约未来的安全任务与目标做出解释："对北约来说，其任务就是准备好对新的机遇迅速做出回应，但是在同时要重新审视'哈默尔主义'（The Harmelism），它不再仅仅意味着保持东西方公开交流渠道的一种手段，它也为应对变化动因这一意义深远的政策奠定了基础，不是着眼于使其变得迟钝，而是尽最大可能驾驭其朝着特殊政治目标前进。"[②] 尽管谢伊并未直截了当地说明北约在欧洲安全架构中的地位与作用，甚至从未说明未来欧洲安全架构到底应该是什么样的，但是我们不难发现，北约为自身在未来欧洲安全秩序建构中所扮演的角色定位是相当积极和主动的，北约不仅要立足于应对各种危机与冲突，适应不断变化的国际政治、经济与安全环境，而且还要不断强化自身的战略转型与政治转换，最终再造一个更强大、综合处置能力更强的新型北约。

事实上，欧洲安全形势急剧变化，已经彻底打破了北约过去赖以为生的欧洲战略平衡，充分暴露了欧洲不同地区或者国家在地缘政治、社会文化、历史传统等方面的种种差异，而这些在冷战时期一直为美苏冷战斗争所掩盖。北约在客观上需要重新规划旧的欧洲安全体系，及时调整欧洲安全秩序的建构方向。为此，北约将其未来战略做了非常细致的规划，大致将其锁定为两个方向：第一，北约不再仅仅满足于充当东西双方展开政治与安全沟通的平台，而是要在未来欧洲安全秩序建构中扮演更积极的角色，尤其要发展应对欧洲日趋复杂、紧急的安全形势的综合能力。第二，北约未来战略转型将不再孤立进行，而要与欧洲安全秩序建构紧紧融合在一起。未来北约的战略转型与欧洲安全秩序建构将会同步展开，北约的发展进程亦将紧紧围绕欧洲安全秩序建构这一主题展开，北约将通过自身的发展与战略转型，影响并

---

① John Leech, "Whole and Free: European Union Enlargement and Transatlantic Relations", John Leech, ed., *Whole and Free: European Union Enlargement and Transatlantic Relations*, London: The Federal Trust for Education & Research, 2002, pp.7-8.

② Jamie Shea, *NATO 2000, A Political Agenda for a Political Alliance*, p.18.

作用于未来欧洲安全体系建构。

鉴于北约自身力量相对不足，资源有限，北约在其战略转型与扩展进程中，并不排斥其他政治、经济与安全组织在未来欧洲安全秩序建构中发挥多重作用。北约甚至还制定了相应的对策、采取了许多具体措施，积极推进与其他国际或者各种区域组织展开横向安全联合与合作。例如，北约在1999年3月对南联盟实施军事干预，虽然最终迫使南联盟在政治、民族以及疆域等问题上做出重大让步，承认科索沃独立，但是北约的军事干预行动带来严重后果，不仅污染多瑙河下游地区，而且给南联盟造成严重的民生、环境以及社会问题。鉴于北约自身的民事行动能力与社会重建能力相对较弱，北约遂与欧盟达成一致，充分利用欧盟拥有较强民事行动能力的优势，将欧盟拉入战后南联盟重建进程中，让其负责南联盟的各种善后问题，例如维持治安、恢复秩序、经济重建等。因为毕竟欧盟许多成员国与南联盟毗邻而居，他们生活在同一片天空下，共享多瑙河之水，客观上需要永久和平相处。然而，在北约与国际组织或者区域组织的合作过程中，北约也经常强调自身的特殊利益，经常采取单边主义行动，以先入为主的战略决策与行动，将许多国际或者区域组织拉入北约开启的各种危机与冲突处置行动当中，将某种预设场景或者既定结果留给这些组织，这种做法实际上等于将其置于不平等和被动地位。

相对于北约在欧洲安全秩序建构中所表现的强势姿态而言，其他区域或者国际组织在欧洲安全秩序建构中则显得相对弱势，它们在更多情况下常常充当配角或者辅助角色。究其原因，还在于这些组织并不具备北约所掌握的超强军事实力，北约的军事力量在后冷战时期欧洲纷乱复杂的安全形势中正好找到了用武之地。美国国防大学教授科瑞·斯卡克（Kori Schake）曾著文指出："如果欧盟要提高其对北约所做贡献的政治能见度，并且提高在北约以外威慑潜在对手的能力，就需要建设一支精确打击力量，能够从战场以外实施打击。"[1] 从表面上看，欧盟要想在未来欧洲安全秩序建构中自由行动，像北约一样，就需要加强自身的安全力量建设。很显然，缺乏足够的军事力量，似乎已成为欧盟在欧洲安全秩序建设中的一个短板。但这是不是等于说，欧盟只有在掌握足够强大的军事力量后，才能在欧洲安全秩序建构真正占有一

---

[1] Kori Schake, "The United States, ESDP and Constructive Duplication", Jolyon Howorth and John T. S. Keeler, eds., *Defending Europe, The EU, NATO and the Quest for European Autonomy*, p.123.

席之地，答案显然是否定的。作为世界范围内规模最大的一个经济联合体，欧盟的存在及其持续发展，本身就是对欧洲安全秩序建构的一种支持，而且这种支持必将促成某种良性结果。

如同许多学者所坚持的那样，欧盟在欧洲安全秩序建构中的作用，其大小或者得失并不固定，具有很大的可塑性，对冷战后国际安全体系的辐射作用已不言自明。"欧盟被视为一个欧亚大陆上最强大的经济共同体，但是它的政治影响却被低估了，而且也没有得到正确评估。事实上，还不很清楚的问题是，欧盟能在多大程度上将其经济潜力转化为政治影响。欧盟能在多大程度上被视为一个统一的国际行为体，而不是作为划定各国政策共同点而非单独行动的一种结构。正处于变化中的欧洲大陆地形能在多大程度上受到欧盟的影响，而不是受到其他多边机制的影响，北约无疑在这些机制中占有最耀眼的位置。"[1] 欧盟的巨大体量、先进技术、广袤地域以及超强经济实力，实际上已经凝聚为一种远比单纯军事力量更持久的影响力，确保欧盟可以从更大的时空层面影响欧洲安全秩序建构的发展方向，使之服从于未来欧盟所开创并主导的欧洲历史进程。

作为冷战结束后欧洲一体化进程迅速发展的结果，欧盟的扩展方式与北约极其相似，欧盟在后冷战时期实施大规模东扩，将苏联和东欧社会主义阵营中的许多成员国纳入麾下。欧盟东扩实际上反映了欧盟对冷战后欧洲政治与安全的一种特殊理解，亦反映了欧盟对未来欧洲政治、经济以及安全等诸形态发展的一种期许或者设想。"从美国的观点看，欧盟扩展主要是一种对政治包容的挑战，也是对后冷战时期欧洲变化幅度保持同步的一种挑战。"[2] 但在欧洲国家看来，欧盟东扩实际上不仅是欧盟全面扩展其在欧洲影响力的重要途径，而且也是欧盟走向世界、在国际舞台上发挥重要作用的一条必要通道。英国"联邦教育与研究信托基金会"（The Commonwealth Education Trust）理事约翰·里奇（John Leech）就此公开提出："欧盟的扩大与深化，将会产生一种相互强化的动力，这将会使欧盟成为一个强有力的全球行动者，能够对外采取行动。欧盟将不再仅仅是一种经济力量，而是要打造必要的军事能

---

① Vladimir Baranovsky, "Russian Views on NATO and the EU", Anatol Lieven and Dmitri Trenin, eds., *Ambivalent Neighbors, The EU, NATO, and the Price of Membership*, p.283.

② Barbara Lippert, "EU Enlargement: Comparing US and European Approaches, Interests and Roles", John Leech, ed., *Whole and Free: European Union Enlargement and Transatlantic Relations*, p.29.

力，同美国一道，变成一种联合力量，在全球平台上能够有效应对危机。"①

　　另外，作为参与欧洲安全秩序建构的另一项重大举措，欧盟积极致力于发展"共同安全与防御政策"，着力于在防御安全领域推动一体化进程，强化欧盟自身的安全与防御力量。作为该政策的具体实践，欧盟亦致力于打造自身的军事力量，帮助欧盟应对突发事件与紧急冲突。为此，欧盟创建多支双边或者多边快速机动部队，强化欧盟的快速反应能力。这些机动部队一经设立，旋即开始投入到欧洲各种危机与冲突处置当中，而且也参与应对境外各种危机与冲突。为了避免欧盟与北约在军事资源、武装力量、军事支出等方面出现竞争与矛盾，北约与欧盟在2003年3月订立"柏林附加协定"（Berlin Plus Agreement，简称BPA），正式确立双方的合作架构。此举使欧盟在其实施军事行动之时，可以借用北约的军事与人力资源，而不必在欧盟内部建立与北约相互重复的机构，以免造成资源的不必要浪费。"在（欧盟领导的）行动中，北约在整体上可以不介入。"② 可以想见，欧盟与北约今后将会形成某种互补关系。"一方面，欧盟显示出想发挥重要作用的意愿，另一方面，欧盟似乎又错过了其承诺，即在区域以及国际安全中增加其贡献。"③

表6：欧盟政治合作、共同外交与安全政策④

	1970	1972	1972	1986	1987	1990	1994	1997	1998	1999	2000	2001	总数
a) 宣言[1]	—	2	10	54	63	115	110	123	141	123	184	186	1111
b) 共同立场[2]	—		—		—	8	13	22	35	33	20		131
c) 联合行动[3]	—						14	15	20	20	21	19	109
d) 共同战略[4]	—									2	1		3
e) 决定[5]	—									—	5	6	11
f) 缔结国际协定[6]	—	—	—	—	—	—	—	—	—	—		2	2
g) 强化行动[7]	—										—	—	

　　1. 引自《马斯特里赫特条约》（按照《欧洲联盟条约》第十五条款的价值）

①　John Leech, "Whole and Free: European Union Enlargement and Transatlantic Relations", John Leech, ed., *Whole and Free: European Union Enlargement and Transatlantic Relations*, p.23.

②　"Article 10 of Washington Summit Communiquè", 24 April 1999. available at http://www.nato.int/docu/pr/1999/p99-064e.htm. last accessed on 21 July 2015.

③　Maxime H. A. Larivé,*Debating European Security and Defense Policy,Understanding the Complexity*, Burling, VT: Ashgate Publishing Company, 2014, p.115.

④　Wolfgang Wessels, "The EU as a Global Actor: Concepts and Realities", John Leech, ed., *Whole and Free: European Union Enlargement and Transatlantic Relations*, p.153.

2. 引自《马斯特里赫特条约》（按照《欧洲联盟条约》第十四条款的价值）

3. 引自《马斯特里赫特条约》（按照《欧洲联盟条约》第十三条款的价值）

4. 根据"共同外交暨安全政策"（CFSP）预测

5. 根据《欧洲联盟条约》第二十四条款

6. 引自2001年《尼斯条约》（按照《欧洲联盟条约》第二十七条款 a-3 的价值）

资料来源：自身计算的基础是欧共体公报和欧盟公报，以及欧共体和欧盟活动年度报告

立法行动出自 http://ue.eu.int/pesc/

另外，冷战结束后，东西双方先前创建的"欧洲安全与合作组织"（OSCE）仍然存在，继续发挥作用，并开始实施局部调整，以适应欧洲安全形势的变化，平息俄罗斯与西方国家之间越来越多的不协调之声，以求最终在欧洲建立一种"共同安全"架构。1991年11月，"欧洲安全与合作组织"召开巴黎峰会，明确提出"新欧洲巴黎宣言"（The Charter of Pairs for a New Europe）。"（该宣言）强调对民主的坚定承诺，而这一民主的基础是人权、基本自由，以及通过经济自由、社会公正和所有国家均等安全而建立的繁荣。"[1] 1996年12月，"欧洲安全与合作组织"在里斯本召开首脑会议，发表"关于21世纪欧洲共同安全和综合安全模式声明"。该声明强调："自由、民主和我们国家与人民之间的合作是当今我们的共同安全的基础。我们决心从过去的悲剧中吸取教训，通过创造一个没有分裂线和所有国家为平等伙伴的共同安全空间将我们关于一个合作的未来的设想变为现实。"[2] 很明显，"欧洲安全与合作组织"所强调的"共同安全"概念，不再是一种单纯、抽象的战略安全概念，而是一种机制或者安全建构规则，即在所有成员国充分理解、达成共识的基础上，展开全方位合作，形成某种共同的安全利益，并将此作为所有参与国的一种共同追求。

"欧洲安全与合作组织"所追求的"共同安全"，并非是一种狭隘的安全理念，只停留在军事领域，实际上这是一种大安全观，强调将政治、经济、社会、文化以及环境等安全，都纳入共同安全建设的框架。这一安全理念实际上远远超出北约对欧洲安全的定义，更适合欧洲安全秩序建构本身的发展

---

① North Atlantic Council, "The Charter of Pairs for a New Europe", *NATO Review*, No. 6, December 1990, pp.27-30.

② OSCE Decisions 1996, Reference Manual, DOC. SEC/1/97, p.19. 转引自陈须隆:《区域安全合作之道——欧安会/欧安组织的经验、模式及其亚太相关性研究》，世界知识出版社，2013年，第151页。

与需要。为了实现其目标，"欧洲安全与合作组织"多次召开各种层级的会议，商讨制定了一系列规划欧洲政治与军事行为的规则、标准以及制度，而且还就欧洲以外地区的军事冲突、环境问题、人权状况、经济发展、安全对话等展开专题讨论。客观而言，"欧洲安全与合作组织"在后冷战时期继续存在，并且不断发展壮大，这一事实本身就说明，"欧洲安全与合作组织"的新指导方针与战略，适应了欧洲安全形势及其变化的需要，因此必然会在未来欧洲安全秩序建构中发挥作用，甚至还将在国际安全秩序建构中发挥作用。

与北约与欧盟不同，"欧洲安全与合作组织"更多扮演了一个供欧洲国家开展安全思想与政策交流的平台，该组织本身并不像北约和欧盟那样，拥有强悍的军事力量或者雄厚的经济实力。但也正是因为缺乏上述力量，从而使"欧洲安全与合作组织"更少一些纠纷和矛盾，尤其少了一些由于采取实际行动而引发的功利化非议。这使"欧洲安全与合作组织"相较前两者有更大的道德感召力，虽然其行动效果相对较慢，但也确保了自身的战略及其实践得以稳步推进。"欧安会/欧洲安全与合作组织作为一种软安全模式，有舌头无牙齿、有腿脚无拳头，决定了欧安会/欧洲安全与合作组织软安全模式的长处和弱点。它强调运用和平手段与合作方式来处理国家间的安全问题，通过对话交流和建立信任措施的途径来保持稳定的安全关系，通过协商谈判和一定规则解决具体的利益冲突和安全矛盾。"[1]

在冷战后欧洲安全秩序建构中，北约、欧盟以及"欧洲安全与合作组织"无论在各自的战略还是实践中，都有不同程度交叉和重合，甚至彼此之间还存在竞争。但是三者在欧洲安全秩序建构中有主次之分，并非完全对等，齐头并进，它们在不同时段、领域以及问题上所发挥的作用有所不同，但并不完全矛盾。三者或者以三者为代表的多个组织的政策与实践，共同助力于欧洲安全体系建构，共同推动欧洲安全秩序建构。

第二节　后冷战时期的国际危机及其应对

一、来自非传统安全威胁与传统安全威胁的挑战

冷战结束后，国际安全环境发生巨变，旧安全环境所包含的一些基本要素发生转变，其中包括建设欧洲安全秩序的指导方针、决策程序以及行为规

---

[1]　陈须隆：《区域安全合作之道——欧安会/欧安组织的经验、模式及其亚太相关性研究》，第182页。

则，新安全威胁的种类、形式、特性以及影响，国际或区域安全组织应对新安全威胁的态度、对策以及具体措施，等等。美国学者彼得·哈斯（Peter K. Hass）认为，控制知识和信息是权力的重要组成部分，新观念、新思想和信息的扩散会改变国家的行为方式，对国际合作产生重要影响。[①] 不论是对欧洲还是对亚太区域来说，安全威胁的内容变得越来越复杂，发生频率变快，周期变短，热点地区增多，危害程度加大，横向的涉及对象增多。

事实上，国际环境中出现的这种新安全态势，已经在事实上形成某种新安全潮流，即使目前还无法构成国际安全体系的最终结局，但注定会对未来国际安全秩序建构产生重大影响。因此，不论是北约还是亚太安全组织，实际上都不得不面对这种安全变局以及由此引发的种种重大挑战，是否能够对此做出圆满而且卓有成效的回应，将直接影响这些安全组织在未来国际安全秩序建构中的地位。1991年11月，北约各成员国首脑召开罗马峰会，明确表示了这种决心。"我们在欧洲遇到的挑战，无法通过某个单一机制予以全面解决，只能在力图将欧洲和北美国家连在一起的互锁机制的架构中得到解决……大西洋联盟确立了两个目标，一是保卫成员国的疆土，二是捍卫并促进它们所共享的价值观。"[②]

冷战的终结，打破了世界范围内各种安全力量所达成的稳定与平衡，释放了过去在雅尔塔体系中被长期禁锢和束缚的众多不稳定因素，这些不稳定和不协调因素互相影响，相互作用，催生了一系列新安全威胁。事实上，许多新安全威胁很早就已存在，只不过被笼罩在美苏冷战斗争幕后，不为世人所见。这些新安全威胁分布范围极其宽泛，几乎涉及冷战后人类社会存在与发展的各个层面，遍及各个领域，它们打破了旧国际安全体系中的一些既定界限，诸如民族国家疆域、公共与私人领域、民族文化、宗教信仰、自然资源分布、地理环境、水文水质、气候变化、思想与意识形态等，在国际安全秩序建构中形成了一些障碍和屏障，严重影响到国际秩序的和平与稳定。"这些新安全挑战在某种程度上已经从国际安全中的全球趋势中获得显著特点：冷战结束，由于大国对抗所引发的传统安全威胁全面陷入衰落，旅游、贸易

---

① Peter K. Hass, "Introduction: Epistemic Communities and International policy Coordination", *International Organization* (46) 1, Winter 1992, pp.2-3. 转引自陈寒溪：《建构地区制度：亚太安全合作理事会的作用》，世界知识出版社，2008年，第10页。

② "Rome Declaration on peace and Cooperation", Rome 1/8-11-1991, available at http://www.nato.int/cps/en/natohq/official_texts_23846.htm?selectedLocale=en. last accessed on 3 June 2015.

以及思想交流急剧上升引发全球化，人口的增长将会对自然资源带来新压力，为了经济持久增长，而更大程度关注能源、食物以及水安全。"[1]

由此可见，新安全威胁不是单一的，而是全方位、立体式的，这种威胁几乎无处不在，它们并不拘泥于传统安全威胁的局限，也不按照传统安全威胁的思路发展，而是独辟蹊径，从更宏观层面、更宽泛范围危及不同国家、组织以及地区的安全，有时甚至危及整个世界的安全与稳定。这些新安全威胁已经对当前国际社会的和平、稳定、发展与繁荣等构成严重挑战，虽然它们不一定危及具体某个组织或者国家的根本生存，但是却对当前国际社会的价值理念、安全体系以及现实利益造成不同程度的伤害，尤其触及未来国际安全新秩序的基本原则、价值观以及社会基础。因此，这些新安全威胁对全世界所有国家处置危机的能力直接提出拷问。能否有效应对上述安全威胁，遂成为后冷战时期国际安全新秩序建构成败的关键所在。

美国学者朱尔格·克伦珀尔（Jörg Krempel）的观点在西方政界和学界可谓颇具代表性："自冷战结束后，安全的概念从根本上被拓宽和加深了，越来越多的非军事问题，例如政治、社会以及环境等问题，被纳入国家的安全议程以及国际组织的安全议程中。"[2] 因此，面对新安全威胁，各个国家或组织无论在客观上还是在主观上都应有所行动，以集体的力量共同制之。但是我们也应看到，欧美国家出于一己之私，往往夸大新安全威胁的危害，甚至假应对安全威胁之名，在其政治与安全行动中夹带私货。

鉴于各种新安全威胁层出不穷，比比皆是，作为当前国际社会主要领导者的欧美国家，在应对全世界蜂拥而至的新安全危机过程中，只选择那些它们认为最有可能对其造成伤害的少数重大威胁，而对更多的新安全威胁则采取视而不见的态度。例如，欧美国家设定了重大威胁的范围，包括大规模杀伤性武器扩散、国际恐怖主义以及"失败国家"等，这些构成欧美国家眼中典型的非传统安全威胁，必须予以革除。欧美国家的上述认识，在很大程度上源自它们在冷战后继续秉持的对抗与竞争性思维，亦源自欧美国家为整合国际安全新秩序而推行的霸权主义和单边主义。欧美等国在充分享受冷战胜利成果、在全世界扩大势力范围的同时，实际上也引发新的矛盾与对抗，其

---

① Robert M. Hathaway and Michael Wills, "New Security Challenges for a New Century", Michael Wills and Robert M. Hathaway, eds., *New Security Challenges in Asia*, pp.3-4.

② Jörg Krempel, "Eurocentric and Ahistorical? The Concept of SSR and its Limits", Felix Heiduk, ed., *Security Sector Reform in Southeast Asia, from Policy to Practice*, New York: Palgrave Macmillan, 2014, p.157.

军事干预行动均引起不同程度的反弹，形成了新的冲突与对抗，进而演化为欧美国家长期挥之不去的噩梦。

然而，相对于世界其他国家或地区而言，尤其是对于所有发展中国家而言，欧美国家所认定的非传统安全威胁似乎并不典型，也非其关心对象，它们更关心与其国家经济发展、社会进步以及安全治理紧密相关的新安全威胁，例如，海盗行为、能源安全、大气治理、食品安全、环境保护等。另外，大多数国家关心全球公共安全威胁问题，包括网络安全、太空安全、公海安全、海洋通道安全等。事实上，上述新安全威胁同样也是欧美各国所需要应对的。但是在欧美国家与安全组织所开列的新安全威胁名单中，它们显然不在前列，而处于末端。

在世界各国应对非传统安全威胁的过程中，欧美多国与许多国家似乎并不同步，显得极其特殊。究其原因，既有主观考虑，也有客观使然。其中包括：其一，许多欧美国家因为受制于自身实力限制，不愿在上述领域耗费太多资源，而更愿将其人力、物力和财力等，用于对外扩展影响、扩大势力范围。其二，在如何有效应对非传统安全威胁的各项对策及其实践中，国际社会实际上并没有一套系统、成熟的法律与规则，许多领域尚属于空白。因为各种新安全威胁在各个国家或者地区的表现形式差异较大，很难束之以某种固定不变的标准。其三，应对非传统安全威胁具有相当大的难度，存在着许多不确定性。例如，网络攻击就是一种新安全威胁，既没有国际边境，也不存在国家主权的认定。网络攻击经常可以追溯到某一个国家的网络系统。[①] 但即使追溯到某个具体国家的网络系统，实际上也不能确定更加具体的攻击者的详细信息。

新安全威胁之所以引起全世界各个地区和国家的普遍关注，一方面源自欧美国家的大力宣传，另一方面也确实反映了后冷战时期全球化发展的一种必然趋势。欧美国家之所以不遗余力地强调冷战后国际安全秩序构建的重要性，其根本目的是强调自身在后冷战时期国际安全秩序建构中的主导地位，即通过有效应对非传统安全威胁来进一步稳固其主导地位，在欧洲—大西洋区域安全秩序建构中攫取最大利益。然而，欧美国家大谈特谈非传统安全威胁，正是基于这样一个重要前提：即欧美国家坚持认为，传统安全威胁在后

---

① Adam Segal, "Managing New Security Challenges in Asia: Between Cybercrime and Cyberconflict", Michael Wills and Robert M. Hathaway, eds., *New Security Challenges in Asia*, p.225.

冷战时期已经过时，尤其在欧洲更是如此。苏联解体、华约解散、东欧社会主义国家转轨，这些变化已彻底解除欧美国家遭受武装侵略的威胁，欧美各国可以有选择地应对各种域外威胁，消除那些"危害性大、迫在眉睫"的新安全威胁。

与冷战后新安全威胁大行其道相反，传统安全威胁似乎陷入沉寂，表现确实不突出。但是我们无法由此断定，传统安全威胁已经不复存在，或者在国际安全秩序建构中变得不再重要。尽管美苏冷战斗争已经销声匿迹，但这并不等于美国与俄罗斯从此就可相安无事，更不意味着小国就不会发生传统安全危机或冲突。事实上，恰恰由于冷战斗争结束造成失衡，导致全世界出现了大量热点冲突和区域危机，这些危机与冲突的导火索并不都是非传统安全威胁，它们中有相当一部分出自传统安全威胁。虽然传统安全威胁不像非传统安全威胁那样普遍存在，但在许多地区、场合以及问题上却直接影响并且主导着国际与区域事务的发展方向，成为许多国家或安全组织构建国际或区域安全秩序的一个重要考量。

特别需要强调的是，许多非传统安全威胁在实施影响、发挥作用的路径上，仍然沿袭或采取了传统安全威胁的运行方式，甚至一些非传统安全威胁与传统安全威胁紧紧连接在一起，它们相互间存在着某种因果关系。例如，被美国称为全球最大恐怖威胁的"基地组织"（Al-Qaeda）的产生与发展，实际上与冷战时期苏联入侵阿富汗时美国所支持的"阿富汗圣战伊斯兰联盟"（Islamic Unity of Mujahedin of Afghanistan，简称 SUMA）具有密切关联，随着阿富汗塔利班（Taliban）政权上台执政，伊斯兰教派力量与欧美各国的矛盾急速恶化，"基地组织"开始走上向美、英等国发动大规模恐怖攻击的道路。"基地组织"的恐怖攻击属于典型的非传统安全威胁，但美、英等国在"9·11"事件后对塔利班政权与"基地组织"发动的反恐战争，则采取了应对传统安全威胁的方式。"'9·11'事件迫使北约不只是考虑即刻做出反应，也使其考虑恐怖主义所构成的长期挑战，以及北约回应恐怖威胁的能力。"[1]这种状况实际上从另一个方面反映了非传统安全威胁与传统安全威胁之间剪不断，理还乱的复杂关系，也反映了冷战结束后国际安全环境的复杂性与多重内容。

---

① Nora Bensahel, *The Counterterror Coalitions, Cooperation with Europe, NATO, and the European Union*, Santa Monica, CA: Rand, 2003, p.23.

冷战结束后，无论是国际安全形势还是区域安全形势，实际上都弥漫并交织着非传统安全威胁与传统安全威胁，很难说哪个重要或者不重要。所谓的重要或者次要之说，只是相对于不同区域或国家而言，或者相对于不同历史时段而言，而且，这一状态一直处于发展变化当中。不论是欧洲还是亚洲，传统安全威胁仍然是后冷战时期国际社会需要面对的重大挑战，能否成功应对传统安全威胁，直接关系到后冷战时期国际安全走势是否健康。同样，非传统安全威胁也是世界大多数国家需要共同解决的一个难题，因为和应对传统安全威胁相比，非传统安全威胁经常跨越地域、民族、领域等限制而存在，因此，应对非传统安全威胁不能单凭某个单一国家或组织，实际上需要各个国家、组织以及区域通力合作，只有这样，才能更好地应对世界范围内的各种传统安全威胁和非传统安全威胁，确保国际安全秩序的良性建构。

二、北约应对各种区域冲突与危机

冷战结束后，面对纷繁多变、动荡不定的国际形势，北约全面强化了其战略转型与发展态势。作为冷战后世界少有、发展迅速的安全组织，北约积极参与了国际安全新秩序建构，它不仅策划了旨在构建国际新秩序的新指导方针与战略计划，而且还积极投身于处置和应对世界范围内的各种危机与冲突。事实上，北约将有效应对各种冲突与危机，视为扩大自身影响、锻造强大实力、增强联盟凝聚力的一种重要途径。"北约联盟在国际体系中是一个关键要素，它将持续服务于体系的稳定以及西方安全这些目标，在当前的国际条件下，没有交错性部署是可以想象的。"[1]

从20世纪90年代初开始，北约开始着手对付各种区域性危机与冲突。就北约所遭遇并应对的危机与冲突的种类而言，既有传统安全危机，也有非传统安全危机。就其地域范围而言，既有发生在北大西洋区域内部的危机，也有发生在北大西洋区域以外的危机。就其目标与对象而言，既有与北约及其成员国利益直接相关的危机，也有不直接涉及北约、但却与其他国家、地区以及民族等相关的危机。这些危机与冲突看似多种多样，光怪陆离，但是在现实生活中却多有重叠，而且互相影响，彼此之间并没有特别严格的界限。尤其是这些危机与冲突所产生的结果，不管是其目标、范围以及属性如何，实际上都会对野心勃勃的北约产生某种影响，包括北约直接维系的北大西洋

---

① Stanley R. Sloan, *NATO's Future, Towards a New Transatlantic Bargain*, p.130.

区域安全秩序，以及间接维系的国际安全秩序。就此而言，这也决定了北约针对各种区域危机与冲突所采取的应对策略与举措，必然会与国际社会的一些主张与举措颇多相似相合之处。

就其理论而言，无论各种危机与冲突的类型、地域以及目标，北约所采取的所有危机应对战略以及行动，都严格恪守《北大西洋公约》第五条款，体现了北约一直尊奉的"集体自卫"原则。"北约行使了其自卫条款，这促使许多国家相信，北约将是（西方）在阿富汗所做的军事反应的一部分，其中，（反恐）联盟建立在这一原则之上，即攻击一国将意味着攻击全部。"[①] 不论外界如何看待北约"集体自卫"精神，亦不论这种"自卫原则"的可信度究竟如何，北约在其应对危机之初就将自身置于一个道德高地上，赋予其危机处置行动以某种合理性与合法性，这种合理性与合法性共同构成一种思想动力，驱动北约持续不断地应对各种危机与冲突。但是在现实中，北约对外危机处置与干预行动，实际上奉行了现实利益至上的原则。就像美国学者迈克尔·儒勒（Michael Rühle）所总结的："如果赋予其民主、多边以及防御特性，北约就无法仔细规划其进攻行动……简直堪称不可想象，即北约盟国会针对一国设施、找到一种发动预防性军事打击的政治意愿，即某国会不顾国际社会反对，坚持发展大规模杀伤性武器。"[②]

不仅如此，即使是应对某些刻不容缓的非传统安全威胁，北约在大多数情况下亦竭力将其应对策略与行动落到实处，明确其应对策略旨在确保北约的势力及其影响，保护成员国领土安全，维护北约的价值观与自由理念。因为在北约决策者看来，任何与北约相关的危机与冲突，都会对北约及其成员国产生有形和无形的影响，都会直接或间接危及北约的存在与发展。即使是一些域外危机处置，也都间接助益于北约捍卫其价值观，传播其民主理念，扩大其政治影响，只要北约有多余的力量和资源，北约必将参与其中。当然，北约在选择危机与冲突作为其处置对象时，一般都带有某种政治倾向性，甚至不排除会带有较强的功利主义色彩。因为北约所选择应对的域内或域外危机，实际上都与北约的切身利益有较大关联，北约在客观上只能选择一些比较典型的危机与冲突，例如，危机发生的地域或者比较敏感，或者该地区富有资源，或者该地区于北约的区域安全目标非常重要，等等。

---

① Nora Bensahel, *The Counterterror Coalitions, Cooperation with Europe, NATO, and the European Union*, p. 5.

② Michael Rühle, "NATO and the Coming Proliferation Threat", *Comparative Strategy*, No. 13 (July- September 1994), pp.317-318.

在后冷战时期，北约所应对的危机与冲突主要集中在两大区域，即北大西洋地区以及欧亚大陆。毋庸置疑，北约始终将应对北大西洋区域危机与冲突置于首位，其次才致力于应对欧亚大陆的危机与冲突，因为前者涉及北约的根本利益，后者则涉及北约的边缘利益。虽然上述两个地区在地理界限上互有交叉，但是对北约来说却具有完全不同的意义。因为北约毕竟还不是国际安全组织，还不具备联合国那样的权威和影响，而且其人力、物力和财力也相对有限，只能有选择地应对一些危机与冲突，先易后难，先小后大，先近后远，先亲后疏，等等。北约认定，北大西洋区域内非传统安全威胁所产生的危害，远远超过传统安全威胁，前者如野火春风，不可遏制，后者则悄然无声，几乎不复存在。

北约认定，苏联解体，为美欧等国去除了欧洲最大的安全危险，俄罗斯虽继承了苏联的大部分资源和力量，但很难与欧美国家抗衡。为了补偿俄罗斯在冷战后北约急速发展的心理落差，北约高调设立"北约—俄罗斯理事会"（NRC），宣称要与俄罗斯建立合作伙伴关系。但北约的上述工作并不被俄罗斯看好，也不为某些北约成员国所重视。事实上，北约与俄罗斯双方构建简单的对话与合作关系，只能暂时缓解或稀释彼此的对立情绪，不足以从根本上解决双方的地缘竞争，无法缩小双方在安全战略、外交政策、国家利益等领域的差异。"将伙伴关系的收益最大化，即加强欧亚大陆所有国家的安全、民主以及繁荣，只要这一政治意愿尚未具备，（北约与俄罗斯）这一矛盾情绪就会继续存在，而且在这种情绪主导下，东西双方之间的压力与紧张状态也会持续下去。"①

从20世纪90年代后期开始，由于北约持续东扩、全面压制俄罗斯的地缘政治空间，俄罗斯与北约的合作开始逐渐陷入僵局，双方的对抗开始表面化。但由于北约缺乏应对传统安全威胁的心理准备，因此未能在与俄罗斯竞争与对抗中找到有效应对之法，亦未夺占先机。在大多数情况下，面对由于北约东扩所引发的俄罗斯反制行动，北约只能被动应付，诉诸制裁等措施。1999年3月，北约借口科索沃和解谈判失败，对南联盟实施军事打击。作为一种反制，俄罗斯突然出兵科索沃首府普里什蒂纳，强行介入科索沃问题，迫使北约对南联盟的军事行动最终以谈判妥协得以解决。2008年8月，在北

---

① Stephen J. Blank, "The NATO-Russia Partnership: A marriage of Convenience or a troubled Relationship?", Eduardo B. Gorman, ed., *NATO and Issue of Russia*, New York: Nova Science Publishers, Inc., 2010, p.2.

约实施第三次东扩，将阿尔巴尼亚、克罗地亚吸收为成员国后，格鲁吉亚借口南奥塞梯独立，出兵干涉，并向俄罗斯驻守部队发动进攻。俄军出人意料地向格鲁吉亚军队发动进攻，将其击溃。该事件最终以俄罗斯承认南奥塞梯和阿布哈兹独立、俄格两国断交而结束。但是，北约及其成员国均拒绝承认南奥塞梯和阿布哈兹作为主权国家的地位。

2014年2月，乌克兰爆发"颜色革命"（Colour Revolution），亲俄的克里米亚宣布独立，招致乌克兰出兵。但俄罗斯随后出兵占领克里米亚，宣布将克里米亚并入俄罗斯；而且俄罗斯在随后爆发的乌克兰东部冲突中明显支持当地的独立武装，并且与北约和乌克兰僵持不下。由此，北约、俄罗斯以及乌克兰三方酿成轰动一时的"乌克兰危机"（Ukraine Crisis）。北约与欧盟宣布对俄罗斯实施经济制裁，以此增加俄罗斯的政治、经济与社会困难。与此同时，俄罗斯适时地在叙利亚开辟了反恐战场，以分散北约的注意力，减缓其在"乌克兰危机"中承受的巨大压力。时至今日，北俄双方非但未能就"乌克兰危机"的解决达成一致意见，双方对峙反而有愈演愈烈之势。

欧美各国在与俄罗斯的战略安全角逐中，除去展开政治谴责、提出舆论批评、给予道德差评外，还向俄罗斯挥舞经济制裁、贸易限制以及财经管控等大棒，甚至还向上述地区以及周边地区频频派出大批武装力量，以独立或联合方式举行大规模军事演习，向俄罗斯示威，对其实施战略威慑。英国《泰晤士报》曾就此发表专题评论说："（英国）的目的就是向俄国展示，（北约）这一冷战联盟仍然非常强大。"[①] 不仅如此，北约还在波罗的海、黑海以及地中海大规模部署舰队，频频展开海上军事演习；在波罗的海国家、东欧国家部署永久性重型军事设施，部署战略性武器与重型武器装备，同时在上述国家展开军事演习，等等。但是北约与欧美国家的上述政策与行动，其实际效果并不理想。从"乌克兰危机"所见，随着俄罗斯经济恢复，俄罗斯与欧美等国关系有所缓和，实际上宣告欧美国家先前采取的政治、经济、舆论、道德以及军事手段并未完全奏效。

与此相对应，北约不仅在应对北大西洋区域传统危机与冲突中表现不佳，而且在欧亚大陆应对更宽泛的传统或者非传统安全危机中也失于高效。事实上，自"科索沃危机"（Kosovo Crisis）后，北约对待欧亚大陆爆发的

---

① Deborah Haynes, "British troops join in delivering stern message to Russia", available at http://www.the times. co.uk/tto/news/uk/defence/article4106238.ece. last accessed on 1 June 2015.

各种危机与冲突变得非常谨慎，一般很少参与域外危机与冲突处置，其中包括非传统安全威胁以及传统安全威胁。阿富汗反恐战争（Anti-Terrorism in Afghanistan）是一个例外，北约接受联合国的授权，在阿富汗派驻"国际安全援助部队"（International Security Assistance Force，简称 ISAF），打击"基地组织"和残存的塔利班武装力量，在阿富汗实施战后重建。此举在北约看来，似乎意义非常重大。"首先，从制度的角度看，'国际安全援助部队'（ISAF）代表了一个里程碑，即北约能否在'9·11'事件后的新世界运用新的力量。其次，北约能否转变为一个现代组织、成功应对21世纪的安全挑战，最终代表了对未来组织相关特性的某种验证。"①

如果细加分析，我们就会发现，北约虽然实施了域外危机处置，但并未成功处置阿富汗出现的教派、部族以及社会矛盾。虽然反恐战争业已结束，但"基地组织"仍然存在，塔利班武装分子仍然存在，它们在阿富汗某些地区还有比较大的影响，而且阿富汗大部分地区仍处于部族力量的控制下，阿富汗政府并未有效控制全国，而只是控制了某些重要地区。虽然北约前发言人、副秘书长助理杰米·谢伊（Jamie Shea）曾强调："我认为任何人都不想看到一件事情，即一旦北约撤离阿富汗，阿富汗会再度成为一个失败国家，会成为一个黑洞，再次回到'9·11'事件前的样子，成为恐怖分子的训练基地。"② 但实际情况却是，如果北约将其武装力量撤出阿富汗，很难保证阿富汗的政治、经济与社会状况不会出现反复。在2014年12月德国柏林"马歇尔基金会"会议上，北约新任秘书长延斯·斯图尔滕贝格（Jens Stoltenberg）道出其中的真谛："国际社会已为阿富汗的男人、女人以及孩子创造了一个较好的未来，从1月1日起，我们将启动一项崭新而且不同的使命，即向阿富汗武装力量提供训练、咨询以及援助，阿富汗人的安全以及这个国家的未来完全掌握在阿富汗人的手中。"③

除阿富汗反恐战争外，针对北大西洋区域以外的绝大多数危机与冲突，北约内部一直存在着巨大争议。最常见的情况是，关于北约是否介入域外危机与冲突，美、英等国的态度相对比较积极，德、法等国的态度则非常谨慎，

---

① Ivan Dinev Ivanov, *Transforming NATO: New Allies, Missions, and Capabilities*, Lanham, Maryland: Lexington Books, 2011, p.201.

② Dr. Jamis Shea, "International Terrorism is still a strategic Challenges", 22 December 2000, available at http://www.nato.int/cps/en/natolive/opinions_84764.htm. last accessed on 4 June 2015.

③ "NATO: a unique Alliance with a clear course", 28 October 2014, available at http://www.nato.int/cps/en/natohq/opinions_114179.htm?selectedLocale=en. last accessed on 7 June 2015.

在大多数情况下持消极态度。北约内部存在的上述分歧，在大多数情况下影响到北约在欧亚大陆应对危机的政策与实践，进而对北约的危机与冲突处置行动形成掣肘。欧美国家应对危机与冲突，只能使用北约个别成员国的名义，而非北约组织的名义。为此，以美、英等国为代表的北约多个成员国，不得不经常组成各种"意愿联盟"（Coalition of the Willing），以自愿组合或者临时合作等方式，实施危机与冲突干预。在应对危机的各类"意愿联盟"中，既有北约成员国，也有许多非北约成员国，它们组成临时联盟的基础是所谓共同的价值观、政治趋向以及社会认同。"华盛顿通过支持'意愿联盟'，而不是寻求北约的全面支持，以寻求逃避多变合作中的问题。"① 通常情况下，"意愿联盟"随着危机与冲突出现而生，随着危机与冲突结束而止，联盟内部的凝聚力相对较差，其成员国亦不固定，因此，其危机处置的效果也很难令人满意。虽然"意愿联盟"与北约有较大差别，但两者亦有一定联系，毕竟许多北约成员国参与了"意愿联盟"，而且还在其中扮演着关键角色，这就决定了北约对"意愿联盟"的危机处置对策及其实践，经常坚持默许和支持的态度。

另外，针对各种域外非传统安全威胁，北约基本上会根据其处置危机与冲突的难易程度做出不同反应。例如，针对东非海岸周边海域出现的大规模海盗行为，北约毫不迟疑地派出其大批海军力量，在红海、地中海、阿拉伯海等海域长期巡逻，监视并打击各种海盗劫掠行为。然而，对于中东地区多个国家爆发的"阿拉伯之春"（Arab Spring），以及由此引发的中东地区政治危机与社会动荡，北约始终保持了克制和谨慎态度，绝少直接干预以免引火烧身。甚至在伊拉克与叙利亚境内出现的极端伊斯兰恐怖主义组织——"伊拉克和黎凡特伊斯兰国"，北约亦一直保持了极为克制的态度，尽管该组织屡屡挑衅欧美各国，但是北约并未对其直接实施军事打击。只是在俄罗斯开启叙利亚反恐打击后，美国等才开始对这一极端恐怖组织实施军事打击。这一事实既反映了北约对待域外危机与冲突的谨慎态度，也反映了北约对待非传统安全威胁的基本态度发生了变化。很明显，北约希冀通过成功应对非传统安全威胁，树立维护国际或区域安全秩序的权威地位，为自身的未来战略发展开辟道路。"如果北约能够接受建议并能按照当前的现实向前推进某种新安

① Douglas Stuart,"NATO's Anglosphere option, Closing the distance between Mars and Venus", *International Journal*, Vol. 60, No.1(Winter 2004/2005), pp.171-187.

全态势，北约就能够在后冷战时代以一种区域安全安排的模范姿态，跨入21世纪。"①

鉴于非传统安全威胁所具有的不确定性和复杂性，北约并非一成不变地应对所有非传统安全威胁，而是不断调整自身的安全战略、机制以及力量组合，尤其是通过加强与各种国际组织或者区域组织的合作，从制定新国际规则或者区域规则入手，立足于在更长时段、更大空间范围内处置"非传统安全危机与挑战"。事实上，非传统安全威胁呈现出的极为复杂的表现，归根结底在于这些威胁具有综合、立体以及系统的危险特性。"今天北约遇到的问题，在根本上属于政治与社会问题，尽管带有一些经济与军事维度。除非有人正确认识这些根本问题，否则就不会想出解决方法。"② 这些特性实际上已经远远超出目前北约所具备的状态、职能以及手段，迫使北约不得不对其自身的职能、架构以及行动手段展开调整与改革，以适应国际或区域安全形势变化的需要。显然，未来北约需要更多的时间、资源、精力以及实践。显然，北约不可能独自成功应对这些威胁，甚至就连其所选定的非传统安全威胁，也需要其他国际或区域组织的配合和支持。

三、亚太安全组织所面对的危机与冲突

冷战结束后，亚太安全形势同样发生了巨大变化。鉴于亚太安全形势在冷战时期就非常复杂，因此冷战的终结在整体上加剧了这种安全状况的复杂性。在各种旧的危机与冲突的基础上，亚太各个地区又凭空增加了许多新的矛盾与对立，各种新旧矛盾相互交织，实际上产生了更大的破坏效应。这使亚太安全组织面临着更多、更大的挑战，不得不在更加复杂的安全环境中应对各种危机与挑战。"每个亚洲国家的特殊环境并不一样，但这一地区最富裕国家的防御计划者，会与其他申请者就预算资源展开竞争，许多人会喜欢重大的国内政治影响。那些支持在更大范围利用资源分配来对付'非传统威胁'或者不熟悉威胁的防御设计者们，会面对一项特别困难的任务。"③ 实际上，并不只是亚太各国的防御计划者们需要制定更好的策略，以此来应对非传统

① Drew S. Nelson, Keith W. Dayton, William J. Ervin, Keck M. Barry, and Philip C. Marcum, *The Future of NATO, Facing an Unreliable Enemy in an Uncertain Environment*, p.11.

② Seymour Weiss and Kenneth Adelman, "Healing NATO: Quick fixes are not enough", David S. Yost, *NATO's Strategic Options, Arms Control and Defense*, New York and Oxford: Pergamon Press Inc., 1981, p.217.

③ Robert M. Hathaway and Michael Wills, "New Security Challenges for a New Century", Michael Wills and Robert M. Hathaway, eds., *New Security Challenges in Asia*, p.20.

安全威胁，而且亚太安全组织在应对非传统安全威胁中客观上需要扮演更重要的角色。

然而，对于亚太不同的次区域，冷战的终结具有完全不同的含义。对于冷战时期一直身处冷战旋涡的东亚与东南亚而言，冷战的结束改变了上述次区域安全架构的基本走势，打破了各个区域内各种安全力量之间的平衡，推动了各种力量不断重组，并且使区域安全秩序有机会实施调整。在冷战结束后，东亚力量格局发生了很大变化。以中国为代表的亚太区域新兴经济力量开始崛起，不仅极大地改变了亚太区域的经济秩序，而且也对世界经济格局产生了强有力冲击。尤其是强大起来的中国，由于在意识形态、政治制度、社会文化等各方面迥异于西方，以美国为代表的欧美国家愈加体会到前所未有的地缘竞争压力，因此在客观上需要不断强化对中国的遏制与防堵。在欧美国家看来，强大起来的中国越来越具有危险性和不可预测性，甚至还具有越来越突出的"对抗性"与"侵略性"。"中国的崛起以及东亚'中国化'正在得到强化，并且正在不断使日本化与美国化的融合变得丰富，此处的'中国化'就是指中国的重要性正在增加，生活在东南亚的华人在社会、经济以及政治主张的分量正在增强。"[1]

为此，在美国的主导下，过去由美国着力打造的双边安全联盟或者多边安全联盟，开始通过续约或者订立新约的方式继续发挥作用，并且摇身一变为欧美等国继续保持其影响力和控制力的基础所在。以美日联盟为例，"美国在东亚的联盟比在欧洲更具有军事意义——如果不包括新成员，北约在政治和军事上变得越来越弱，而且也不再是中心，而美日同盟关系却保持着相对稳定，两者只是在亚太领域存在着经济摩擦和在亚洲扩展问题上态度不一致。"[2] 在后冷战时期，美日同盟的重要性得到前所未有的强化，其意义已经不再局限于美、日双方安全合作的范畴，甚至以美、日两国为代表，欧美国家开始着手在亚太区域构建一种政治、经济、社会、文化以及安全新秩序的重要基础，这成为欧美各国改造旧联盟、发展新联盟的一个重要象征。

冷战结束后，东亚和东南亚毕竟仍存在着大量传统安全威胁，从朝鲜半岛的"天安舰事件""朝核危机""朝鲜军事演习""美韩军事演习"，一直到

---

① Peter J. Katzenstein, "Japan and East Asia in the American Imperium", Takashi Shiraishi and Jiro Okamoto, eds., *Engaging East Asian Integration, States, Markets and the Movement of People*, Singapore: Institute of Southeast Asian Studies Publishing, 2012, p.37.

② ［英］巴里·布赞、［丹］琳娜·汉森著:《国际安全研究的演化》，第179页。

东亚与东南亚各方领土主权纠葛，包括俄、日双方围绕北方四岛主权之争，中、日两国围绕钓鱼岛主权之争，韩、日两国围绕竹岛（韩国称独岛）主权之争，南中国海岛屿主权之争，日本军国主义复活，等等。这些传统安全威胁可谓直接继承了冷战时期上述地区的各种纷争与矛盾，它们不似冷战时期那样相对沉寂，而是频繁出现，直至成为东亚与东南亚的重大安全隐患。而且由于外部势力强行介入，这些传统安全危机与冲突大有愈演愈烈之势，进而使东亚和东南亚成为整个亚太安全秩序建构中最富挑战性的地区。尽管和冷战时期相比，东亚与东南亚的上述危机在本质上并无太多新意，但是其危险性却远远胜于以往，这在很大程度上等于向东亚与东南亚各种安全组织以及安全协议提出了更高要求，要求其必须适时做出相应调整，以便最大限度维护上述地区的安全与稳定。

与之相对应，东亚和东南亚亦出现大量非传统安全威胁，例如伊斯兰原教旨主义与国际恐怖主义、马六甲海域海盗行动、跨国非法移民与毒品犯罪以及走私活动、能源安全、环境保护与大气治理、网络安全、食品和水安全、金融危机、病毒和流行病传播、灾难救援等，这些都被陆续纳入亚太安全秩序建构的议事日程。从整体上看，"这些问题的安全含义被分成三种：（1）关于食品供应和国际市场的水资源问题的影响。（2）在单个国家中引起不稳定的可能影响。（3）发生跨境冲突的可能性。这种排列秩序由东到西，有可能在最近的将来发生，但是这些威胁都不会被解除。"[①] 这些非传统安全威胁实际上并不完全局限于东亚与东南亚，它们在亚太其他地区也都不同程度存在，几乎遍及整个亚太区域，但是相较其他地区，大部分非传统安全威胁起爆点更低，更不容易控制，它们在东亚和东南亚都表现得更加紧迫、更具危险性，所造成的负面影响更大。上述非传统安全威胁同样对亚太安全组织提出很高要求，不仅需要各个地区、组织以及国家展开充分合作，而且在客观上也需要国际社会更深程度介入。

毋庸置疑，亚太区域非传统安全威胁的存在及其扩展，在很大程度上使亚太安全秩序建构变得更加复杂，尤其是使亚太安全组织所面临的威胁更加多元化。不论是应对传统安全威胁还是非传统安全威胁，都需要亚太安全组织推陈出新，提出应对危机与冲突的全新思路、方针以及政策，尤其需要亚

---

① Kenneth Pomeranz, "Drought, Climate Change, and the Political Economy of Himalayan Dam Building", Michael Wills and Robert M. Hathaway, eds., *New Security Challenges in Asia*, p.37.

太安全组织之间展开通力合作。因为许多非传统安全威胁经常跨越国家、地区以及领域等界限，不仅涉及的层面非常宽，而且牵涉的对象也很多，应对和治理难度非常大，单个国家或安全组织在大多数情况下均难以独立应对，因此客观上需要各个国家或组织充分合作。"在某些方面，亚洲的地缘位置以及欠发达的经济发展状况，使亚洲相较欧洲和美国，更容易受到此类危险的影响。"[①] 事实上，上述非传统安全威胁所具备的种种难度，以及亚太安全组织的种种反制举措，在直接反映亚太安全形势的整体发展趋势的同时，亦间接反映了亚太安全组织的发展方向。此举从另一个侧面说明，亚太安全组织在冷战后的危机与冲突应对中，其重心已不再局限于单纯的安全领域，而是越来越趋向于更宽泛的综合领域。

相比北约等欧美安全组织，东亚与东南亚安全组织需要在冷战后承担更加沉重的包袱，至少北约无须过多考虑欧洲—大西洋区域内部的地缘政治不平衡问题，也无须过多考虑由于各地区、各国家之间力量不平衡而产生的种种矛盾与对抗。东亚与东南亚安全组织既需要考虑本地区内部各个国家的种种差别，还需要考虑本地区与其他地区的种种差别，尤其需要考虑各种传统安全威胁与非传统安全威胁之间的密切关联，因为上述两种不同性质的威胁在很多情况下经常纠缠在一起，使安全形势变得复杂化。因此，这在一定程度上降低了亚太安全组织的功效比，使其决策与行动效率相对较低。从冷战结束至今，东亚与东南亚的次区域安全秩序建构已历时 1/4 个世纪，但效果相当有限，各种传统安全威胁风险如初，而且大有激化和不可控制之势。与此同时，大量非传统安全威胁也风起云涌，大有后来居上之势。

与东亚与东南亚相比，南亚和中亚的安全形势在后冷战时期相对单一，而且比较稳定。南亚与中亚的政治与安全秩序在冷战时期一直比较平稳，尽管上述地区也在不同层面受到美苏冷战斗争的影响，但其广度和深度都远逊于东亚和东南亚。究其原因在于，以印度为代表，上述区域许多国家一直信奉"不结盟主义"，竭力试图超脱美苏冷战斗争的樊篱，其结果是使南亚次大陆较少受到美苏冷战斗争的直接影响。与之相比，中亚则由于被完全包裹在苏联领土中，因此也未能成为美苏冷战斗争的重点区域。"在新的政府间国际组织在中亚兴起前后，这一地区大多数带有'斯坦字样'的国家一直享有和

---

① Robert M. Hathaway and Michael Wills, "New Security Challenges for a New Century", Michael Wills and Robert M. Hathaway, eds., *New Security Challenges in Asia*, p.9.

平。阿富汗是一个重大例外，它一直未能从亚洲那些有可能代表其利益的区域组织中获益。"[1] 从整体上看，南亚与中亚始终较少"继承"冷战负面"遗产"，而是更多留存了一些政治、疆域、历史、传统、文化、宗教等问题。因此，冷战结束后，南亚与中亚在传统安全领域并没有出现强烈的意识形态对抗，也没有极其明显的外来势力介入。"除在阿富汗的某些战术合作外，美国和俄罗斯在中亚实际上并不存在认真合作的可能性。在另一方面，在中亚甚至在阿富汗出现的新版盛大游戏，是一个虚假的比喻。"[2]

相对而言，南亚与中亚虽然在冷战时期就存在着大量非传统安全威胁，但其表现并不特别突出。冷战结束后，这些非传统安全威胁有所发酵，有的为先天因素使然，有的则受后天因素影响，在表现形式上进一步趋向多样化，其中包括自然灾害、极端民族主义、宗教纷争、恐怖主义活动、生态与环境危机、大规模杀伤性武器扩散等。这些非传统安全威胁使南亚与中亚的安全形势变得紧张和复杂，而且明显有别于亚太其他地区。尤其是美国发动阿富汗反恐战争后，不仅阿富汗深受战乱之害，与之毗邻的巴基斯坦亦深受影响，反恐战争不仅造成巴基斯坦大量平民伤亡、经济衰退、社会秩序动荡，而且也加速了其国内各种政治、部族以及教派力量的相互竞争与对抗，加速了巴基斯坦社会肌体撕裂。由此可见，南亚与中亚各种安全组织应对非传统安全威胁之路还很长，不可能在短期内取得巨大收效。

与上述地区相比，西亚地区所面临的危机与冲突不仅最复杂，而且也最具影响力。不论是传统安全威胁还是非传统安全威胁，西亚所经历的安全压力远远大于亚太其他地区。作为亚太区域传统的地缘战略地带以及石油天然气资源主产地，西亚在冷战时期就一直是美苏冷战斗争的一个焦点地区，而且汇聚了西亚的各种政治、民族、宗教、文化以及地缘冲突。冷战结束后，各种传统危机与冲突不仅得以延续，而且还大有向外扩大与发展之势。影响较大的传统安全危机包括海湾战争、伊拉克战争、阿富汗反恐战争、利比亚战争、阿拉伯之春等，其数量之多、频率之快，可谓创造了亚太各个地区之最。虽然这些危机发生在西亚，但其影响却遍及整个世界，所涉及的国家或组织亦远远超出以往。

另外，西亚出现的各种非传统安全威胁，亦在世界范围内产生了普遍影

---

[1] Michael Hass, *Asian and Pacific Regional Cooperation, Turning Zones of Conflict into Arenas of Peace*, p.115.

[2] Dmitri Trenin, "Contemporary Issues in International Security: Central Asia", Stephen J. Blank, ed., *Central Asian Security Trends: Views from Europe and Russia*, p.72.

响。滋生于阿富汗、散布于阿拉伯半岛以及其他地区的"基地组织"，一直是全世界危害最大的国际恐怖组织，不仅危害西亚，而且祸及全世界。滋生于伊拉克与叙利亚的"伊拉克和大叙利亚伊斯兰国"（ISIS）则更是后来居上，其残忍与暴虐程度甚至远超"基地组织"。国际恐怖主义已经成为全球公害，全世界必欲先除之而后安，对北约如此，对全世界其他国家或组织同样如此。还有西亚围绕石油和天然气的生产、运输、消费等所滋生的种种非传统安全威胁，同样涉及世界的秩序稳定与经济发展，给未来世界的发展与变化带来很大变数，这不仅需要西亚各个安全组织认真应对，也需要亚太区域乃至世界范围内的各种国际组织或者区域安全组织共同关注，积极参与。

由上可见，冷战后亚太安全组织所面对的危机与冲突，算不上全部为其自身使然。"亚洲和太平洋的冲突确实存在，但是大多数已经冻结，或者已经得到解决而并非走向恶化。"[①] 但是，以美国为代表的外部力量，不合理地干预亚太各个次区域的安全秩序建构，尤其是其在应对某些危机中的霸权主义、利己主义以及单边主义行径，实际上在消除安全威胁与隐患的同时，也制造出一些新的矛盾与危机，甚至还加剧了某些固有的危机与冲突。就此而言，冷战结束后各种外部势力强行介入亚太区域，这已经成为亚太安全组织未来需要破解的一个重大难题。

第三节　后冷战时期的美国、北约以及亚太安全组织

一、美国对北约、欧洲的安全战略与实践

众所周知，冷战结束后，欧洲政治与安全格局发生巨变，苏联、华约、社会主义阵营都已不复存在，这从根本上改变了两极体制中的传统安全架构，使欧洲安全力量旧的平衡态势被彻底打破，因而在客观上为欧洲政治与安全的发展增添了许多不确定性。冷战结束，不仅对欧洲安全架构的走向提出严肃拷问，而且也对欧洲安全架构中的北约、欧盟、美国等各方力量提出拷问，要求各方必须对欧洲安全形势及其变化做出适时回应。就像美国学者费格斯·卡尔（Fergus Carr）和考斯塔斯·伊凡迪斯（Kostas Ifantis）对此所作的总结："随着东西方竞争的两极结构宣告终结，欧洲的形态以及大西洋'交易'的性质都已发生变化。为了对跨大西洋舞台中的持续与变化进行评估，

---

① Michael Hass, *Asian and Pacific Regional Cooperation, Turning Zones of Conflict into Arenas of Peace*, p.131.

就需要回答几个问题：国际体系的结构如何变化？欧盟与美国所扮演的角色将会产生何种结果？（国际）力量会变化吗，如果会变化，这种变化又是如何影响欧盟—美国交互作用的？结构性变化会伴之以体制变化吗？如果会变化，欧盟—美国行为也会有变化吗？最后，我们能够在欧盟—美国区域体系中预料到更多冲突或者更多合作吗？"① 毫无疑问，要想较好回答上述问题，就需要我们深刻洞察北约、欧盟、美国等在后冷战时期的各自战略方向与安全建构重点，尤其是作为三方联络枢纽的美国，其战略动态与实践就显得至关重要。

很明显，不论北约、欧盟、美国各方是否已做好准备，冷战突然结束，实际上已经将三者推上欧洲安全新秩序建构的前台。也许北约、欧盟以及美国尚未准备好完整的欧洲安全秩序建构方案，但它们却都义无反顾地参与到这一进程中，其中尤以美国的表现最为抢眼，影响最突出。其中，最根本原因在于，美国是全球冷战斗争中的大赢家。冷战终结、两极体系结束，客观上为美国提供了一个更加广阔的政治与安全舞台，使美国摇身一变，成为全世界独一无二的超级霸主。在理论上，美国无须忌惮任何大国力量或者组织掣肘，也无须担忧旧国际政治与安全规则的羁绊，更无须考虑应对任何外来的重大安全挑战。对美国来说，后冷战时期堪称是其大显身手、奠定单极化国际力量格局的最佳时机，因此，美国准备采取积极行动，全身心致力于打造一种国际安全新秩序。

从老布什（George H. W. Bush）政府开始，经过比尔·克林顿（Bill Clinton）政府、小布什（George W. Bush）政府，一直到奥巴马（Barack Obama）政府，甚至到当前的特朗普政府，美国始终锲而不舍地致力于制定雄心勃勃的新安全战略，以便美国牢牢控制和掌握世界安全形势发展的走向。老布什早在1990年9月11日就曾提出："今天，我们处于一个特殊的非凡时刻……经历了这一段困难时期……新的国际秩序……将会树立：这将是一个新的时代——摆脱恐怖主义的威胁，更坚决地追求正义，更稳固地寻求和平。无论在东半球还是西半球，北半球还是南半球，世界各国在这个新时代都能够和谐地繁荣共存。人类历史上，上百代人耗尽心血寻求和平之路，却掀起了上千场战争。今天，这个新世界即将诞生，这是一个我们不熟悉的世界。在这个世界，法治会取代恃强凌弱的规则。在这个世界，各国都明白必

---

① Fergus Carr and Kostas Ifantis, *NATO in the new European order*, p.34.

须共同承担自由和正义的责任。在这个时机，强国也会尊重弱国的权利。"①尽管当时的冷战形势尚不清楚，但美国已经尝试着建构未来的世界安全秩序，非常明确地提出其"世界领导使命"。

在1991年《美国国家安全战略报告》中，老布什政府公开提出：美国将遏制和阻止任何潜在对手崛起，要消除一切潜在的安全威胁，全面确立美国在全世界的主宰与领导地位。在此后一年一度的《美国国家安全战略报告》中，美国政府不断强化这一概念，不仅强调美国在欧洲的强势地位，也强调其在亚太区域的引领地位，不仅强调在应对传统安全冲突中的领导地位，也强调在应对非传统安全威胁的领导地位，甚至提出各种有效危机干预、提前处置危机的战略构想。

在美国对未来国际安全新架构的种种设计与预想中，美国对北约寄予了厚望。因为北约在冷战后一枝独秀，一跃成为全世界最大的安全组织之一，不仅拥有极为完备的组织职能，而且还拥有比较完整、系统的组织架构与制度建构。更重要的是，北约在后冷战时期，跃跃欲试，迫不及待地试图确立一种以北约为主导的国际安全新秩序。就像英国学者贝弗利·克劳福德（Beverley Crawford）所强调的："北约成功展示了其武装力量，展示了其在获准最终采取军事行动时，对这些行动的协调能力，此举使北约获得某种制度优势。"② 尽管美国也意识到北约的一些固有局限，例如机构臃肿，效率低下，执行力明显不足，但是与后冷战时期活跃在国际舞台上的其他国际或区域安全组织相比，北约具有非常明显的政治优势，同时也具有极为突出的社会影响。因为毕竟相对于已经销声匿迹的华约而言，北约是欧洲冷战斗争的胜者，而且也具备了其他安全组织所不具备的绝大部分优势。

贯穿整个冷战时期，美国一直是北约最重要的创始国以及领导国，长期在北约内部扮演着中流砥柱的关键角色，在北约的安全战略、军事计划、武装力量以及外交行动等方面拥有举足轻重的作用，这种引领作用一直持续到冷战结束。英国学者马克·韦伯（Mark Webber）曾直截了当提出："北约就是美国外交政策的一种公开工具。"③ 与此同时，英国学者大卫·伽利略（David

---

① ［美］戴维·罗特科普夫：《操纵世界的手——美国国家安全委员会内幕》，孙成昊、赵亦周译，商务印书馆，2014年，第295页。

② Beverley Crawford, "The Bosnian Road to NATO Enlargement", Robert W. Rauchhaus, ed., *Explaining NATO Enlargement*, London: Frank Cass, 2001, p.55.

③ Mark Webber, James Sperling and Martin A. Smith, *NATO's Post-Cold War Trajectory, Decline or Regeneration?* p.23.

Galleo）也强调美国在北约内部的特殊地位，直言不讳地强调北约对美国的依附性。"北约就是美国主导下的一个'统一'联盟。"[①] 因此，美国一直希望能够充分利用其在北约内部的特殊地位，在美国的领导下，推动北约尽快实现战略转型，使北约既能在后冷战时期的国际政治与安全事务中发挥引领性作用，又能够最大限度体现美国的全球战略利益。北约这一转型进程将包括：从军事—政治组织向政治—军事组织过渡，从实施被动的北大西洋区域集体防御安全，转向在欧洲—大西洋区域内推进主动的预防性安全政策与实践，从主要应对北大西洋区域内的各种危机与冲突，转向在世界范围内实施对外军事干预行动……

美国将北约视为构建国际安全新秩序的一个重要工具，在美国为北约设定的战略定位中，北约的功能被简化为三个方面：

第一，以北约为中心，构筑一种新型的欧洲安全秩序，在这一新欧洲安全架构中，美欧双方将保持永久的团结与协作，将采取步调一致、合作共赢的安全政策，欧洲安全秩序将迈向长期稳定、持续发展的方向。鉴于冷战结束后欧洲遭遇特殊的政治与安全环境，欧洲盟国的独立自主意识不断强化，欧洲安全利益不断得到凸显。以欧盟为代表，开始尝试建立欧盟自身的安全组织，许多欧盟成员国甚至建立了大量双边或者多边军事力量。但对美国来说，它不愿看到欧洲安全架构建设另起炉灶，不愿因为欧盟安全能力的强化，而使北约自身安全统一认同被削弱。"如果加强欧洲的安全认同，不会导致欧洲一直嵌在大西洋联盟中，那么，此举根据事实本身，将会导致维持北约存在的大西洋认同被削弱。"[②] 因此，美国希望将欧洲盟国的安全力量建设最大限度统一在北约的麾下，将其纳入北约的安全建构整体框架中，成为北约安全力量建设的重要组成部分。"将欧洲的武装力量控制在一个适度的规模，它们'可以单独行动'，但并不与北约'分离'，就会巩固这种同盟关系。按照这种设想，欧洲应该有足够的军事力量应付欧洲内部的小规模冲突，从而分摊防务责任。"[③] 不仅如此，美国还将促成北约与欧盟、欧洲安全与合作组织等其他欧洲安全组织展开紧密的联合协作，通过各种横向联合或者纵向合作，

---

① David P. Galleo, "Early American Views of NATO: Then and Now", Lawrence Freedman, ed., *The Troubled Alliance: Atlantic Relations in the 1980s*, London: Heinemann, 1983, p.11.

② Mark Webber, James Sperling and Martin A. Smith, *NATO's Post-Cold War Trajectory, Decline or Regeneration?* p.199.

③ ［美］约瑟夫·奈：《美国霸权的困惑：为什么美国不能独断专行》，第34页。

最大限度发挥北约在欧洲安全架构中的中心和主导作用。

从这个意义上讲，北约所扮演的角色绝不仅仅是维护欧洲安全与稳定，它实际上已经变成美国构建欧洲新安全架构的一个重要支点，变成美国有效影响和笼络欧洲盟国的一种安全框架。在这一安全框架下，美国将继续在其中扮演核心角色，而欧洲盟国将扮演辅助和配合的角色。

第二，通过北约的战略转型和发展，最大限度压缩俄罗斯的地缘战略空间，使俄罗斯成为以北约为中心的欧洲安全架构的侧翼和边缘。尽管美国自认赢得了冷战胜利，而且不惮任何安全威胁与挑战。但是出于欧洲地缘政治的考虑，俄罗斯作为横跨欧亚大陆的大体量、重量级国家，其政治与安全走向必然会对未来欧洲安全秩序建构产生重大影响。因此，美国客观上需要与俄罗斯建立某种特殊关系，既保持适度合作，又不放弃某种竞争，对俄罗斯来说，同样也面临着此类问题。就像俄罗斯外长谢尔盖·拉夫罗夫（Sergei Lavrov）对此所总结的那样："取决于北约转型与扩张进程的领域和方式，也取决于如何观察国际法的原则，考虑到俄罗斯在世界上地缘形势变化这一背景下的利益，（北约与俄罗斯）就必须建立（双边）关系。"[1] 为此，美国一方面竭力试图将俄罗斯纳入西方经济体系，消弭俄罗斯的经济发展潜力，使其在国际经济新结构中地位边缘化；另一方面则充分借重北约的强势地位，最大限度压制俄罗斯在欧洲政治与安全中的影响力，使之只能服从北约主导下的欧洲政治与安全安排。

按照美国的上述思路，未来北约与俄罗斯势必会发生政治、经济与安全碰撞，这注定将是不可避免的，因为俄罗斯对美国的各种限制性安排持完全排斥态度，它既不会逆来顺受，也不会坐等其在欧洲的地缘战略地位被彻底削弱。（因为）"北约已经变成一个欧洲安全体系，俄国随后至少会遇到两个问题：第一，欧洲是世界上最安全的地区，那么就不需要一个庞大的军事组织，作为冷战工具；第二，这一体系不可能平稳，因为它撇开了几个大国，例如乌克兰与俄罗斯。"[2] 就像俄罗斯政策研究所副所长迪米特里·珀利克诺夫（Dmitry Polikanov）所总结的："俄罗斯已经从北约得到四个教训：第一，北约包含着固有的反对俄罗斯的、侵略的偏好，即使这绝不是全部；第

---

① Stephen J. Blank, "The NATO-Russia Partnership: A Marriage of Convenience or a Troubled Relationship?", Eduardo B. Gorman, ed., *NATO and the Issue of Russia*, p.7.

② Vyacheslav Nikonov, "Planet Earth, Russia and Transatlantic Relations", *International Journal*, Vol. 59, No.1(Winter 2003/2004), pp.87-104.

二，俄罗斯仍然饱受超级大国综合征的折磨，而且持续'试图超越其自身的重量'。因此，俄罗斯反对以北约为中心的欧洲这一概念，其中，以北约为中心的欧洲，是将北约作为主要的安全提供者，将其作为欧洲的经营者。而且是就民主和自由市场展开不可逆转的竞争，还包括防御政策……"[1] 为此，从20世纪90年代后期开始，俄罗斯就开始对北约采取一系列反制措施，其对抗形式从温和逐渐走向激烈，北约与俄罗斯双方的斗争日趋走向白热化。

　　第三，凭借北约已有的政治与安全平台，在世界范围内最大限度延伸和扩展北约的影响。美国一直将北约视为一个政治与安全联盟，认为北约联盟模式具有极大的示范性和典型性，尤其具有很大的普世价值。美国认定，北约应该而且完全有能力在后冷战时期的国际安全秩序建构中发挥更大作用。因此，美国积极支持北约参与各种国际或区域安全危机处置，尤其是一些关键地区或者国家、重大问题上出现的矛盾与冲突，客观上需要北约参与，例如，在世界范围内的各种重大反恐行动，或者控制大规模杀伤性武器扩散等。"北约在未来反恐角色的问题更为复杂，许多欧洲人相信，援引《北大西洋公约》第五条款，将会导致跨大西洋反恐合作增多，但是美国决定在双边主义的基础上，在没有任何北约直接作用的情况下，实施'持久自由行动'。"[2] 很明显，美国确实需要北约参与国际或者区域危机与冲突，但前提条件是，北约的危机干预行动能够最符合美国的安全战略，或者能确保美国的安全利益最大化。美国需要北约在危机干预中为其提供力量、名义或者各种有利条件，但却不希望遭受北约成员国根深蒂固的内部纷争的纠葛与荼毒。

　　另外，美国也寄希望于北约能够通过持续扩展，传承并传播其民主价值观与安全理念，将更多国家、组织或者地区纳入北约所构建的安全框架中，既包括直接进入北约联盟，还包括被纳入北约安全架构的外围或边缘。然而，美国对北约的上述战略安全定位，虽都出自美国自身的安全利益与战略需要，但却对北约在后冷战时期的战略转型和发展产生了重大影响，在很大程度上决定了北约未来的发展道路，为北约在后冷战时期的政治与安全政策及其实践确定了基本方向。

---

　　[1]　Dmitry Polikanov, "NATO-Russia Relations: Present and future", *Contemporary Security Policy*, Vol. XXV. No. 3(December 2004), pp.481-483.

　　[2]　Nora Bensahel, *The Counterterror Coalitions, Cooperation with Europe, NATO, and the European Union*, p.52.

二、美国"重返亚洲战略"与"亚太再平衡战略"的安全解读

无可讳言，在冷战结束后很长时间，美国一直将其注意力聚焦于欧洲，全力挤压俄罗斯的地缘战略空间，积极推动以北约为中心的欧洲安全秩序建构，以防欧洲安全格局出现反复。但对亚洲，美国基本上采取了静观其成的态度，通过进一步消化冷战成果，以缔结联盟或者应对危机方式，最大限度延续美国在亚太区域既有的政治、经济和安全优势。对美国来说，美国将其对亚太政策的落脚点置于两个基点：其一，美国将削弱、压制以及消灭任何可能危及其在亚太安全利益与影响的潜在对手，通过消除重大危机与冲突，重整亚太安全秩序，使之最大限度符合美国的战略需要。其二，建立新的盟友网络，积极保持美国在亚太区域的现实存在与安全利益。"美国应在所有亚洲国家之间推进包容性安全对话，这一对话不仅会就区域性冲突展开讨论、促进信任建构，而且还会鼓励亚洲国家在未来某一时刻加入多边形框架中。美国将与尽可能多的亚洲国家保持关系，实施特别联合，以应对未来挑战。"[1]

以反击伊拉克入侵科威特事件为契机，美国在1991年1月17日发动代号"沙漠盾牌"（Desert Shield）和"沙漠风暴"（Desert Storm）的海湾战争，[2]由此拉开其在后冷战时期大规模整合国际秩序的序幕。从20世纪90年代至今，美国的对外军事行动多数集中在西亚、北非和中亚，其中包括：对伊拉克的核武器核查，以及由此引起的伊拉克战争；"9·11"事件以及由此引发的阿富汗反恐战争，北非"颜色革命"（Colour Revolution）以及此后的利比亚战争，等等。"在一个更大的新保守主义斗争中，伊拉克入侵行动代表了一个关键性步骤。即在'大中东地区'（The Broader Middle East）这一斗争包括：煽动伊朗政权变化，迫使叙利亚在其外交政策上实施根本性变化，美国向以色列提供更亲密、更清晰的支持，促使沙特王室注意到，'在反恐战争中缺失最大程度合作，会产生最严重的后果。'"[3]由此可见，美国在冷战结束后将其主要

---

① Zalmay Khailzad, David T. Orletsky, Jonathan D. Pollack, Kevin Pollpeter, Angel M. Rabasa, David A. Shlapak, Abram N. Shulsky, Ashley J. Tellis, *The United States and Asia, Toward a New U. S. Strategy and Force Posture*, Santa Monica, CA: Rand, 2001, XV.

② "沙漠盾牌"行动主要指美军以及其他多国部队在沙特阿拉伯实施大规模军事部署，旨在威慑伊拉克，预防其军队入侵沙特阿拉伯。"沙漠风暴"行动则主要是指以美国为核心的多国部队，对入侵科威特的伊拉克军队实施反击，解放科威特，驱逐伊拉克军队。

③ David Frum and Richard Perle, *An End to Evil: How to win the War on Terror*, New York: Ballantine Books, 2004, p.140.

的人力和财力用于应对各种安全威胁，意在消除各种公开或者潜在的不稳定因素。

相对于比较活跃的中东政治与安全变局，亚太其他地区的政治与安全秩序相对平稳，尽管也有一些零星的危机与冲突发生，例如，1995—1996年的"台湾海峡危机"、美国与中国每年一度的人权问题争论等，但是这些危机与冲突始终没有完全失控。美国一直认定，自己在亚太区域具有无可比拟的力量优势，但要维持这种局面必须不断增强其在亚太区域的力量存在。在1995年美国国防部关于东亚安全形势的报告中，美国声称：克林顿政府承诺"为亚太地区提供关键的、看得见的稳定力量"，否则，"极有可能的是，会有另外一个国家承担（这一角色）"。[①] 因此，在冷战结束后很长一段时间，美国或者北约实际上并未特别对亚太地区予以关注。

与此相反，亚太区域以中国为代表，亚太许多国家经济发展迅猛，在全球经济发展大潮中表现抢眼，这在一定程度上改变了亚太区域的力量格局。亚太区域在世界经济格局中的地位不仅日益凸显，而且已经潜在或者公开地扮演着世界新经济增长点的角色，而这种新经济态势反过来又必然会对亚太区域旧有的政治与安全格局产生重大冲击，而且这种趋势大有愈演愈烈之势。在美国决策者看来，如果听任这种趋势发展下去，必然会导致美国在亚太区域的政治与安全影响逐渐萎缩，必然会使美国丧失其在亚太地区的主导地位，逐渐走向边缘化，直至被彻底"挤出"东亚以及整个亚太地区。事实上，这完全是美国一厢情愿的臆测，亚太各个国家或者组织并没有一个将美国完全排挤出亚太区域的计划或战略，美国在亚太区域拥有绝对的力量优势和行动自由。"到目前为止（2006年），美国仍然是全世界和亚太地区拥有最强大军力的国家，在其年度军事预算中，美国军费开支达到7000亿美元，这使所有主要的国家都显得极为渺小，即使加上中国900亿美元的军费开支也仍然落后，在可预见的未来有可能仍旧如此。"[②]

与亚太区域经济兴旺之势相比，新世纪开启后，美国发动了包括阿富汗战争、伊拉克战争以及利比亚战争在内的一系列军事行动，虽然美国在表面

---

① Department of Defense (1995), *The United States Security Strategy for the East Asia-Pacific Region*, Washington, D.C.: Department of Defense. 转引自David Martin Jones, Nicholas Khoo, M.L.R. Smith, *Asian Security and the Rise of China, international Relations in an age of Volatility*, p.20.

② Shyam Saran, "Is Asia Becoming a Militarized Region?—Implications for Regional Security", Shanthie Mariet O'Souza and Rajshree Jetly, eds., *Perspectives on South Asian Security*, p.6.

上已击败对手，全面掌控安全局面，看似风光无限，实则劳师动众，空耗财力。美国被牢牢拴在"大中东地区"，耗费财源，实力折损，美国国内出现了强烈民怨，这与海湾战争期间美国国内爱国主义情绪高涨的现实形成鲜明对比。与之相对应，美国同样饱受一系列金融与货币危机的困扰，美国就业不充分，国债连年攀升，其总体经济发展趋势相对放缓，综合实力呈现下降之势。同时，受美国外交困局与经济形势不景气影响，奥巴马政府时期的医疗保险改革、社会退休与福利制度改革，同样止步不前，进退维谷。总之，美国在其外交与内政领域难见乐观，这在很大程度上对美国的亚太战略形成困扰与羁绊，使其无法太多顾及亚太区域的政治、经济与安全变化，进而导致其在亚太区域的影响力有所下降。

为此，奥巴马政府自第一任期起，开始着手改变美国针对亚太区域政策相对零散、分割和多变的状态，提出比较系统、完整的新亚太战略。2009年1月，时任美国国务卿的希拉里·克林顿（Hillary Clinton）正式提出"巧实力"（Smart Power）战略。[①] 希拉里公开强调：美国将充分运用美国与同盟国关系、国际组织、民间交流、对外援助等多种手段，实现美国硬实力与软实力的充分结合，以此全面扩大美国的外交战略空间，确保美国的政治与安全决策能够发挥最大限度的作用。"美国不能靠自身解决（世界）最紧迫的问题，世界如果缺少了美国，也无法解决这些问题……我们必须使用一直被称为'软实力'的东西，将其作为我们所应对问题中的全面工具。"[②] 后来在美国外交关系委员会发表的告别演说中，希拉里又旧话重提："新世界需要一种新的建构……我们应该很明智地知道如何运用我们的力量，这并不是因为我们缺少力量，事实上，我们的军事力量、经济规模、外交影响以及人民的创造力，均无与伦比，而是因为随着世界的变化，我们拥有了权力的杠杆，可以有效管控国际事务。"[③]

与之相对应，2009年7月，希拉里在"东盟地区论坛"上公开发表演说，高调提出：美国将"重返亚洲"（Pivot to Asia），重新确立美国在亚太区域的

① "软实力"这一概念，最早由美国前国防部长助理、哈佛大学教授约瑟夫·奈在2003年提出，后来美国外交委员会前主席、前国防部和国务院高管莱斯利·盖尔博亦重申了这一概念。"软实力"就是指通过吸引的方式获得其想要得到的结果，一个国家的"软实力"就是指其文化、价值观及其政策，它具有许多类型的资源。

② Joseph Nye. Jr, "Get Smart, Combining Hard and Soft Power", available at https://www.foreignaffairs.com/articles/2009-07-01/get-smart/last accessed on 17 June 2015.

③ "In Farewell speech, Clinton call for 'Smart Power' on global stage", available at http://www.cbsnews.com/news/in-farewell-speech-clinton-calls-for-smart-power-on-global-stage/last accessed on 17 June 2015.

战略主导地位。为此，美国将与东盟各成员国展开合作，与其在亚太区域的盟国加强联系，强势打造新的亚太安全秩序，包括与朝鲜展开对话，向伊朗敞开大门，对盟国提供安全防御等。"奥巴马总统和我都非常重视亚洲的重要性……我强烈相信，美国有必要涉足这一地区。（我访问东南亚国家）目的就是展开艰苦工作，以便带来一种未来的可能性（即以伙伴关系赢得和平与繁荣）。"[①] 2011年11月，国务卿希拉里在《外交政策》（*Foreign Policy*）杂志发表文章，详细阐述了美国对亚太区域的新战略，这一战略的关键就是，美国的决策者们将会在未来的几年中优先考虑这一地区。[②] 总之，"巧实力"战略和"重返亚洲战略"，实际上构成美国新亚太战略的两大分支内容，成为确保美国在亚太地区重整安全秩序、建立其霸权地位的指导方针。正是在上述战略方针的指导下，美国开启了后冷战时期强势介入亚太区域政治与安全事务的进程。"重返亚洲"战略的潜台词是，亚太区域一直是美国的势力范围，美国不承认任何试图挑战和危及其在亚太区域现实利益与战略地位的行为，美国将提前采取必要行动，挫败任何挑战行动。

很明显，美国不愿意在亚太安全架构的建构中只充当看客，或者坐等被中国"排挤出亚洲"。事实上，不论美国政府的主观认知如何，美国作为全球唯一超级大国，在政治、经济与安全等领域一直拥有全球性影响，因为不论是对美国的政治影响而言，还是对其经济和军事力量而言，实际上美国在整个冷战时期从未离开过亚太区域，美国在冷战时期涉足的两次大规模战争——朝鲜战争与越南战争，也都在东亚和东南亚展开，就此而言，美国确实不存在重返亚洲的问题。"重返亚洲"既是美国调整其战略方向的一种外交说辞，颇具政治宣示和安全威慑之意，实际上这也反映了美国未来的一种战略理念，即亚太区域安全现状不容改变，美国在过去、现在以及未来，都将一直是这种亚太安全现状最强大的维护者和支撑力量。

对美国的许多亚太盟友来说，例如日本、韩国、菲律宾等，美国的影响力始终存在、挥之不去，这种影响大多凭借美国在冷战时期缔结的各种盟友关系而存在，具体体现为各种防御协定和经济合作协议等。美国的影响已经

---

① "Clinton declares US is back in Asia", *China Daily*, 23 July 2009. available at http://www.chinadaily.com.cn/world/2009-07/23/content_8461210.htm. last accessed on 17 June 2015.

② Hillary Clinton, "America's Pacific Century", *Foreign Policy* (November 2011). 转引自 Maurice Fermont, *The Impact of the United States's Asia Pivot on East Asian Regionalism, A Competition for Regional Influence*, Saarbrcken, Deutschland/Germany: Scholar's Press, 2013, p.5.

深深楔入这些盟国的政治、经济、社会与安全生活的内里，影响并左右着这些国家的外交与安全政策走向。在冷战时期如此，在后冷战时期同样如此。美国一直非常重视在冷战时期就已在亚太区域构筑的各种安全关系，当美国"重返亚洲"后，毫无疑问会再次启动已沉寂多时的安全组织或者共同防御协定，将其改头换面，去旧存新，连接成网，使其全面转变为美国立足于亚太区域、继续发挥政治与安全作用的基本立足点。奥巴马在"2010年国家安全战略报告"中宣称："美国与日本、韩国、澳大利亚、菲律宾、泰国的联盟关系，一直是亚洲的安全基石……我们正在与我们的盟国一起努力，为这一地区指定了一个积极的安全议程，这一议程聚焦于区域安全，与大规模杀伤性武器扩散、恐怖主义、气候变化、国际海盗行为、流行病与网络安全做斗争，实现均衡的发展，维护人权。"[①]

但是，美国在亚太区域所精心维系的这种安全合作关系，一定能给亚太区域带来和平与安全秩序吗？这一直是亚太区域各国争论的一个焦点。"从中国的观点看，美国与日本的联盟，被视为美国'鼓励'日本'侵略'，而并非是美国面对分歧保持中立。"[②]美国重返亚太区域，其重点旨在打造一种"雁型安全模式"，即美国充当引领并构建亚太安全架构的领头雁，之后是美日同盟、美韩联盟等组成的三边联盟，再后是美澳、美菲、美泰等多个联盟，最后是美国与越南、印尼、印度缔结的准联盟关系，最终构筑一个拥有不同层级、金字塔形的新型亚太安全架构。

对于美国一直视为竞争对手的亚太国家，例如中国，美国的影响始终非常大，即便这种影响是竞争性的，有时甚至是对抗性的，但却一直是中国外交与安全政策的一种重要考量。自后冷战时期开启后，美国就一直试图不断加大对中国施加影响的力度，包括指责中国人权状况，指控中国操纵人民币汇率，支持"藏独""疆独""民运"以及"法轮功"势力，干扰中国的对台政策，指责中国维护钓鱼岛和南海岛屿主权的行动，指责中国黑客攻击，指责中国出口产品的政府补贴行为，等等。美国"重返亚洲战略"针对中国的意图很清楚，但并非唯一目标。因为该战略毕竟还包括了美国在中东、东亚

---

① Robert M. Hathaway and Michael Wills, "New Security Challenges for a New Century", Michael Wills and Robert M. Hathaway, eds., *New Security Challenges in Asia*, p.8.

② Thomas J. Christensen, "China, the US-Japanese Alliance, and Security Dilemma in East Asia", John Ikenberry and Michael Mastanduno, eds., *International Relations Theory and the Asia-Pacific*, New York: Columbia University Press, 2003, pp.25-26.

以及东南亚等多个次区域的各项安全部署，但是该战略毫无疑问对中国的安全战略及其实践形成强有力的掣肘，这在很大程度上促使中国成为美国"重返亚洲战略"的直接受害者。

作为"重返亚洲战略"的延伸，希拉里在2011年7月于印度钦奈发表题为《对印度和美国的评价：21世纪的愿景》的演讲。她说："让我们共同努力，创造一条新丝绸之路，它不是一个与其同名的通道，而是一个经济与交通联系的国际网络。这意味着将建立更多的铁路、高速公路以及能源设施，例如人们所建议的从土库曼斯坦起步、经过阿富汗和巴基斯坦、直到印度的管线。"① 这一被称为"新丝绸之路"（The New Silk Road）的战略，既是美国"重返亚洲战略"的具体实践，也反映了"重返亚洲战略"的深化，美国将中亚和南亚也都纳入其亚太区域新战略中。在此基础上，2012年6月，美国国防部长帕内塔（Leon Panetta）在香格里拉安全对话会议（Shangri-La Dialogue，简称SLD）上正式提出"亚太再平衡战略"（Rebalancing to Asia），即要将60%的美国军舰部署在太平洋，在2020年完成美国海军力量的重新调整和部署。如果说"重返亚洲战略"尚未直接针对中国，但"亚太再平衡战略"防堵和遏制中国之意则非常明显。两者的区别在于，前者是指美国认定需要制衡中国，重新确立美国在亚太区域的霸主地位，后者则指美国必须防堵中国，维持美国的在亚太区域的绝对优势地位。

"亚太再平衡战略"进一步拓展了"重返亚洲战略"的外延，将中亚、南亚等都纳入美国安全战略的视野中；与此同时，该战略还将建立由美国所主导的亚太区域新型政治、经济以及安全秩序，列为一种基本的战略选项。很明显，"亚太再平衡战略"不仅强调美国参与并且领导未来的亚太安全秩序建构，也强调美国对未来亚太区域经济格局的控制和影响。（美国将）"加强与盟国及伙伴国的关系，包括像印度和印度尼西亚这样正在出现的大国，让美国融入（亚洲）正在形成的政治、安全以及经济结构中，包括'东亚峰会''跨太平洋伙伴关系'，与'东盟'成员国建立更加广泛而且富有建设性的关系。与中国保持积极、稳定的关系，与中国就全球问题展开合作，在安全与经济问题上保持和控制与中国的竞争。"②

①　Hillary Clinton, "Remarks on India and the United States: A Vision for 21st Century", US Department of State, 20 July 2011, available at http://www.state.gov/secretary/rm/2011/07/168840.htm. last accessed on 18 June 2015.

②　Jeffrey A. Bader, "U. S. Policy: Balancing in Asia, and Rebalancing to Asia", available at http://www.brookings. edu/research/opinions/2014/09/23-us-policy-rebalancing-asia-bader. last accessed on 18 June 2015.

美国的"重返亚洲战略"和"亚太再平衡战略"，实际上反映了美国对未来亚太地区安全秩序建构的一种基本态度，即未来美国将进一步加强其在亚太区域的政治、经济以及军事存在，这种态度势必会对亚太区域安全秩序建构产生影响。尤其是美国从遏制和抗衡中国的立场出发，强势介入亚太区域的政治、经济与安全诸领域，任意打乱原有的力量结构平衡，拉拢、扶植和配置亲美力量，凭借其一己之私强行打造未来的亚太安全秩序，必然会给未来的亚太区域带来新的不稳定因素，进而使未来亚太安全秩序建构变得更加模糊、多变。对于这一结果，即使是美国学者也多有疑虑。美国"美中关系全国委员会"（National Committee on US-China Relations，简称 NCUSCR）主席史蒂芬·奥林斯（Stephen Collins）就直言不讳对"重返亚洲战略"提出批评："美国重返亚太的政策是一个失败。它不只在概念上是个错误，在执行上也是有缺陷的。这个政策两边都不讨好。东盟和日本认为美国并没有认真执行重返亚太的承诺，而中国人对于美国试图遏制他们感到愤怒。""我们从东盟、日本和中国那里一点好处都没有得到。美国下一届总统应当摒弃这个政策。"[①]

从目前美国推行"亚太再平衡战略"的实际效果看，很难称得上圆满和理想，甚至与美国自身最初的战略设想也不一致。因为毕竟亚太区域安全秩序建构需要出自亚太国家自身的意愿，需要更加符合亚太区域历史与现实的客观需要，需要所有亚太区域国家或者组织都能够在其中发挥作用。所以，尽管奥巴马政府一直认为"亚太再平衡战略"进展良好，但这改变不了一个基本事实，即亚太区域各国对美国的"亚太再平衡战略"颇多怨气，因为该战略给亚太区域带来了一些新的对立与冲突。例如，在中日钓鱼岛主权争端中，美国公开偏袒和支持日本。在南海岛屿主权争端中，美国拉拢菲律宾和越南，集体对抗中国，等等。这些做法不仅无助于解决亚太区域各种争端，相反却使东海和南海的区域安全形势变得进一步复杂化。

目前，美国的综合国力虽有下降，但相较其他国家仍有巨大优势，"重返亚洲战略"或者"亚太再平衡战略"对亚太区域力量平衡已造成冲击，并对国际力量平衡造成影响。"在美国政策中，不断增加亚太区域的相对重要性，注定会削弱美国在其他地区的力量存在。尤其是在一个美国防御资源有限的时代，增强美国在亚太地区的军事重点，将会导致美国在其他地区的军事存

---

① "重返亚太两边不讨好，下届总统应摒弃"，available at http://news.ifeng.com/a/20150624/44034212_0.shtml. last accessed on 25 June 2015.

在与力量被减少，此举反过来可能会增加美国在其他地区的风险。"[①] 所幸的是，美国新任总统特朗普对"亚太再平衡战略"的表述不感兴趣，废止了奥巴马政府竭力推行的"跨太平洋伙伴关系协定"（Trans-Pacific Partnership Agreement，简称 TPP），将推动美国经济复兴和发展当作其主要施政目标。

三、北约与亚太安全秩序建构

冷战时期，北约一直以北大西洋区域作为防御地区，较少和亚太区域安全秩序产生交集，两者彼此远离。冷战结束后，国际政治与安全形势迅猛变化，北约政治与军事地位迅速上升，客观上为其在政治影响、安全范围以及组织发展等方面突破北大西洋区域界线提供了良机。另外，亚太区域作为冷战后世界经济发展的新亮点，对世界政治、经济和社会发展产生越来越大的影响。因此，对于急欲转型为全球性安全组织、急欲在国际事务上有所作为的北约来说，亚太区域理所当然成为其重点关注的对象。

冷战结束后，北约制定了面向全世界的新战略安全方针，针对亚太区域地域辽阔、历史与现实状况复杂这一特点，北约虽未形成非常明确、具体的亚太战略与政策，但也形成某些比较笼统的政治与安全对策。其政治与安全政策具体包括两个方面：其一，在亚太国家中广泛发展伙伴国、对话国以及合作国，最大限度扩大北约在亚太区域的政治与安全影响。北约前任秘书长夏侯雅伯（Jaap de Hoop Scheffer）曾就此明确指出："我们需要确保与那些能够并且愿意帮助我们捍卫共同价值的国家，建立起尽可能最亲近的伙伴关系。据我所见，这将意味着北约需要与欧洲以外同其他抱有同样想法的国家建立一种更亲近的关系，例如澳大利亚、新西兰、韩国和日本。北约不是世界警察，但我们拥有不断增多的全球性伙伴。"[②] 其二，针对亚太区域较多政治、经济、民族、宗教、文化纷争，存在着引发各种危机与冲突的土壤，因此，北约将选择优先处置那些与欧洲安全架构具有密切关联的亚太区域安全威胁，实施有效的预防性危机干预和冲突处置，铲除各种潜在或者现实威胁产生的土壤，防微杜渐，防患于未然。

---

① Mark E. Manyin, Stephen Dagget, Ben Dolven, Susan V. Lawrence, Michael F. Martin, Ronald O'Rourke Bruce Vaughn, "Pivot to the Pacific? The Obama Administration's 'Rebalancing' toward Asia", Ferian A, Bell and Odam L. Richards, eds., *U.S. and The Asia-Pacific Countries Deepening Relations*, New York: Nova publishers, 2012, p. 9.

② "Speech by NATO Secretary General Jaap de Hoop Scheffer at the 42th Munich Conference on Security Policy", 20 June 2006, available at http://www.nato.int/docu/speech/2006s060204a.htm. last accessed on 20 June 2015.

鉴于亚太各地区政治与安全形势迥异，冷战后亚太各地区安全秩序建构并不同步，其建构内容不尽相同。因此，北约实际上也按照不同地域和时间，特别是按照自身需要，对亚太不同地区的安全秩序建构采取了不同的方针政策。按照地域划分，北约对亚太区域安全秩序建构的介入，主要围绕以下几个地区展开：即中东、中亚、亚太、东南亚以及南亚地区。

第一，鉴于中东地区是世界主要的石油供给地，而且肩负连接欧亚非三大洲的地缘战略重任，兼之该地区在历史上一直多有矛盾和冲突。冷战结束后，许多旧的矛盾与争端得以延续，而且许多沉寂已久的民族、宗教、文化等争端亦纷纷显现，各种危机与冲突频发，大有愈演愈烈之势。为此，北约制定了针对中东地区安全的方针政策。"支持正在进行中的中东和平进程，鼓励所有参与者都能致力于此，我们重申，欧洲安全受到地中海地区安全与稳定的巨大影响，北约特别重视与非北约国家展开'地中海对话'（MD），埃及、以色列、约旦、毛里塔尼亚、摩洛哥、突尼斯目前都参与了对话……北约确信，这一对话将会有助于就有益这一地区稳定的观点达成更好的相互理解。"[①]

在北约看来，只有有效遏制中东与北非地区的危机与冲突，乃至稳定整个地中海地区的安全与稳定，提前消除地中海地区各种潜在的安全威胁，防止其向欧洲与北美地区渗透和扩散，才能从侧翼支持和推进欧洲安全秩序建构，同时在更大的时空架构中构建大西洋区域安全秩序建构。为此，北约将充分利用其成员国与地中海国家的政治与经济关联，进一步加强与地中海国家的团结合作，包括双方共享反恐信息与情报，加大北约对地中海的巡逻与海上行动力度，协调双方在地中海地区的军事行动，共同遏制和防范恐怖主义与极端民族主义行径，共同对付东非沿海海域的海盗行径，等等。北约前秘书长维尔纳曾就此特别提出："波斯湾冲突表明了北约联盟内部进行协商与情报分享的重要性，这有助于盟国之间加强其政治稳定。"[②]

然而，面对中东与北非的危机与冲突，北约实际上避开了中东那些在历史上盘根错节、纠缠不休的区域性危机与纷争，也避开了以宗教与民族纷争为主导的局部冲突与战争，而是选择了那些与北约安全利益攸关的危机与冲突，因为它们有紧迫感、波及面宽、影响大，因此被北约当作实施干预的典

[①] Final Communiquè, Ministerial Meeting of the North Atlantic Council, 3 June 1995, available at http://nato.int/cps/en/natohq/official_texts_25067.htm?selectedLocale=en. last accessed on 20 June 2015.

[②] Chairman Manfred Wörner, "Final Communiquè", 6-7 June 1991. available at http://www.nato.int/docu/update/1991/9106e.htm. last accessed on 20 June 2015.

型。事实上，在其内心深处，北约并不愿为维护中东和北非安全付出太大代价，因为中东只能算是北约防御安全体系的边缘地带，北约所选定应对的中东危机与冲突，也只能服从北约推进大西洋安全模式的总体战略目标，北约不可能在中东倾注全力或者大部分力量。

第二，冷战结束后，中亚的地缘战略地位日渐突出。

其一，随着波罗的海三国、东欧与南欧各国陆续加入北约，中亚直接处于北约与俄罗斯展开战略角逐的前沿地带。中亚的政治倒向及其战略所属，事实上已经成为北约进一步遏制俄罗斯、压缩其战略空间的关键步骤。

其二，中亚战略地位极为重要，资源丰富，无论这一地区是倒向俄罗斯还是倒向北约，都将全面强化其在欧亚大陆的地缘战略地位，同时削弱另一方的战略地位。

其三，中亚各国在世纪之交均参加"上合组织"（SCO），虽然该组织并未与北约形成明显的竞争与对抗之势，但是在客观上必然会对其形成地缘战略压力。对北约来说，争取中亚可谓势在必行。"北约盟国将'和平伙伴计划'推及中亚各国政府，这一步骤得到北约强烈支持，实施该政策有几个原因：中亚各国政府不是民主政府，这些政府对北约在阿富汗的军事行动提供了后勤支持，美国及其盟国对中亚各国的人权状况以及正在发生的民主实践表示更大程度的尊重，这些国家对于更大范围能源安全的发展非常关键，因为他们的石油和天然气管道途经其疆域。"[1]

其四，中亚地区的历史与现实状况比较复杂，以阿富汗"基地组织"为代表的国际恐怖主义以及以塔利班为代表的极端宗教主义，不仅危害阿富汗，而且还对国际社会的安全与稳定形成严重威胁。因此，打击和削弱"基地组织"和"塔利班"，对北约具有维护现实利益与着眼未来、扩大区域与国际影响等双重意义。

为此，在联合国授权下，北约不仅参加"国际安全援助部队"（ISAF），在阿富汗反恐战争中扮演主要角色，而且北约还开启战后阿富汗重建进程，和"欧盟"一起致力于推动阿富汗的民主化进程。但是很明显，北约在中亚所采取的一系列安全战略及其步骤，其真实目的实际上并不局限于阿富汗反恐战争，而是隐含着压迫俄罗斯在中亚地缘战略空间的含义。阿富汗反恐战

---

①　Paul Gallis, Paul Belkin, Carl Ek, Julie Kim, Jim Nichol and Steven Woehrel, "Enlargement Issues at NATO's Bucharest Summit", Eduardo B. Gorman, ed., *NATO and the Issue of Russia*, p.52.

争在表面上看似与俄罗斯关系不大，甚至还能对俄罗斯产生某种间接好处，即有助于其消除中亚腹地的极端宗教主义与民族主义的隐患，但是美国就此长期保持其在中亚的军事存在，无疑会对未来俄罗斯安全防御体系产生某种现实威胁，这注定会让莫斯科的决策者们感到不安。"莫斯科总体上对美国和北约对阿富汗的政策非常矛盾，一方面，俄国一直试图削弱美国影响中亚国家（特别是乌兹别克斯坦和吉尔吉斯斯坦）的能力。另一方面，通过使塔利班和其他潜在的反俄伊斯兰运动丧失权力，美国和北约在阿富汗的存在，颇具讽刺意味地服务于俄罗斯的利益。"[1]

第三，冷战结束后，亚太区域作为世界新兴经济地带，在未来国际政治、经济与安全格局中的地位越来越重要，北约不愿意失去以亚太区域为代表的新一轮世界安全格局重整的机会，因而积极插手亚太安全事务。北约毫不掩饰其战略扩展的意图，试图通过向亚太区域的扩展和介入，部分展示其从区域组织向全球组织过渡的决心与意图。从1999年第35届慕尼黑安全政策会议开始，[2] 亚太问题首次成为安全政策会议的一个主题，这一现象开始引起北约的全面关注，以此为标志，在此后历次慕尼黑安全政策会议上，亚太安全问题开始固定成为一个重大议题。除此之外，由英国"国际战略研究所"（International Institute for Strategic Studies，简称IISS）所主持的"香格里拉安全对话会议"，[3] 亦着眼于就亚太区域安全结构转型、亚太各国安全关系、安全议题对话机制等展开探讨，以便推动亚太各个民族国家能够按照欧美国家所希冀的方式展开对话与合作。

鉴于亚太区域幅员辽阔，北约采取的最具代表性的做法就是，积极拉拢亚太区域各个国家，使之介入北约的"和平伙伴关系计划"（Partnership for Peace Programme，简称PfP），使它们成为北约的伙伴国或者合作国。北约实际上将亚太区域的伙伴国分为两个层次：层一，首先将那些在意识形态、价值观以及社会制度等方面与北约保持高度一致的国家纳入伙伴国之列，例如

---

① Hall Gardner, *NATO Expansion and US Strategy in Asia Surmounting the Global Crisis*, pp.64-65.

② 慕尼黑安全政策会议最早由德国人埃瓦尔德·冯·克莱斯特于1962年创立，原名"世界防务大会"，因会址设置于德国慕尼黑，故名。慕尼黑安全政策会议作为西方政界、军界最重要的一个高端人士自由论坛，每年举行一次，后成为定制。其成员包括各国政府官员、国会议员、军事将领、安全专家以及媒体代表，所探讨的主题包括各种全球安全问题，各国表达各自的政治与安全立场，确立共同的政策方向。

③ 2002年，英国"国际战略研究所"和新加坡国防部联合举办"亚洲国家多边安全对话会议"，又称"香格里拉峰会"，因在新加坡香格里拉饭店举行，故名。该峰会由各国国防部高官、学者参会，共同探讨亚洲各国面临的共同安全问题，其目的旨在建立亚洲各国半官方的"一轨半"安全对话机制。到2017年为止，该对话机制已成功举办16届，目前成为亚洲规模最大、规格最高的安全对话机制。

澳大利亚、新西兰、韩国、日本等，使它们成为北约在亚太区域扩大影响的桥头堡。层二，将那些地理位置极其重要、尚未与北约有正式关联的亚太区域国家，也陆续纳入其伙伴国或者合作国的序列，例如蒙古、中亚各国等。北约利用这些国家经济实力相对较弱，需要军事、财政以及技术援助的特点，与它们建立某种准同盟关系。为此，北约与蒙古和中亚多国举行各种联合军事演习，在中亚多国境内建立军事基地，设置军事设施，以期拉近并密切双方关系。为了进一步坐实"和平伙伴关系计划"，北约还邀请这些亚太区域的伙伴国参加了北约主导的一系列军事干预行动，包括提供军事后勤支援与医疗服务，派遣武装参战人员；邀请伙伴国派代表参加北约的各种高层会议，加强对伙伴国军事制度改革的指导，增强对伙伴国提供军事援助的力度，等等。

第四，围绕着南中国海岛屿主权之争，一些东南亚国家一直试图引入外来势力，例如越南、菲律宾等，它们故意将美国、日本、印度等拉入南海岛屿之争，试图借美国等外来国家之力牵制和打压中国。对此，虽然北约尚未明确宣布会插手南海岛屿主权争端，但是其某些成员国或者伙伴国开始不同程度介入，以便在政治、经济与军事上对中国形成打压和孤立之势。从1995年开始，在美国的主导下，美国与马来西亚、菲律宾、印度尼西亚、新加坡、泰国、孟加拉、文莱、柬埔寨等国每年举行一次军事演习，即"联合海上战备和训练"（CARAT）。[①]

另外，美国还与越南、菲律宾等国重新建立同盟关系或者合作关系，积极怂恿和支持菲律宾、越南等在南海问题上与中国对抗。"作为世界上唯一的超级大国，美国有能力确保该地区的和平与稳定，并保证海上航行的安全，尤其是在南沙群岛附近。虽然美国不会'在该地区的和平面临威胁时袖手旁观'，'尤其是当该威胁影响到美国盟友（菲律宾）的利益的时候'，但美国在该地区的参与以及其执行条约规定的义务的意愿还有待时间的检验。"[②] 虽然从表面上看，北约并未直接插手南海岛屿主权之争，但是北约已经通过其成员国或者伙伴国，以直接或间接方式介入东南亚地区安全事务，北约此举客

---

① 该演习被称为"卡拉多边联合演习"，全称为"Cooperation Afloat Readiness and Training"，简称CARAT。因为该联合军事演习已形成一种定制，故又被称为"卡拉海上力量集团"，该集团以美国的海上军事力量为主导，其目标直接设定为解决南海海上军事纠纷，虽然该演习自我标榜维护南海海域的航行自由，确保南海海上通道畅通，但是其防堵和打压中国的战略意图非常明显。

② ［德］乔尔根·赫尔茨、维尔弗雷德·A. 赫尔曼、汉斯-弗兰克·赛勒：《亚洲海洋战略》，鞠海龙、吴艳译，人民出版社，2014年，第81页。

观上已为其在未来更深程度介入东南亚安全事务奠定了基础。

与其逐渐介入东南亚之举相比，北约对南亚事务的介入方式更加直接和明显，而且介入程度也更深。北约利用在阿富汗反恐战争中与巴基斯坦建立的比较密切的安全合作关系，包括巴基斯坦为北约提供物资供给线，确保驻守阿富汗的"国际安全援助部队"（ISAF）的日常后勤补给。北约还和巴基斯坦就阿富汗与巴基斯坦境内反恐行动分享情报、协同指挥，采取共同行动，美国还常年向巴基斯坦提供经济与军事援助，等等。尽管北约与巴基斯坦双边关系出现了许多纠纷和危机，例如，美国在不通知巴基斯坦当局的情况下，在其境内秘密狙杀"基地组织"首领本·拉登（Osama bin Laden）；北约飞机在打击巴基斯坦境内恐怖分子的同时，屡屡误炸巴基斯坦平民；北约甚至还越境空袭巴基斯坦军事检查站，等等，但这些举措虽然在理论上未能改变北约与巴基斯坦的双边安全合作关系，但是却在情感上使双方的政治合作关系严重受损。

另外，为了应对俄罗斯与中国，北约也一直试图与印度建立比较密切的关系。北约利用印度对中国和巴基斯坦的安全担忧，竭力拉拢印度，试图使印度放弃其长期奉行的"不结盟政策"，鼓动印度放弃自主反导系统的研制，直接加入北约的反导系统。为此，北约许诺将向印度提供导弹研制合作以及技术分享，向印度出售美国"爱国者"导弹防御体系（Patriot Missile Defense System）。虽然上述举措并未完全成为现实，但是北约却始终与印度保持了非常密切的政治与安全接触。

由上可见，北约在后冷战时期介入亚太区域多地安全事务，事实上已经将自身与未来的亚太安全秩序建构牢牢联系在一起。北约所制定的亚太安全战略，一直试图将亚太区域纳入北约的全球战略安全架构中，使之成为北约全球安全秩序建构的一个重要组成部分，成为欧洲—大西洋区域安全秩序建构的重要辅助或者外围。随着亚太区域在国际政治、经济与安全事务中的影响力不断提升，北约的亚太安全战略在其全球安全战略中的权重不断加大，北约为此而展开的各种安全实践也越来越频繁，因此，北约在亚太安全秩序建构中的话语权也不断加大。

毋庸置疑，北约对亚太区域安全建构的作用大小或者对错，并不完全取决于北约自身，还取决于亚太各国自身。如果北约的亚太安全战略与亚太各国自身的安全需要能够形成某种良好的呼应，北约的作用就会放大，反之，北约的作用就会缩小。因为北约与亚太区域国家或安全组织，构成发生交互作用的利益相关方，其力量对比、客观环境、意愿与战略等都处于持续不断的变动中，这种变化不可避免地会影响到北约的亚太安全战略以及亚太区域自身的安全秩序。

第九章

后冷战时期的大西洋联盟转型与亚太安全组织发展

第一节　后冷战时期的北约新战略与亚太安全理念

一、北约"新战略概念"及其变化

后冷战时期开启后，作为全世界最具影响力的军事—政治组织，北约积极顺应时代和环境的变化，对旧的联盟理念、指导方针、防御战略、组织机制、发展方向、行动方式等实施全面调整与改革，力图适应历史潮流的变化，确保自身能够在后冷战时期国际潮流的变化中独占鳌头，顺势而出，成为欧洲乃至世界安全秩序建构的主导者和引领者，进而将自己打造成一个能够容纳更多国家、有能力推动国际秩序建构的国际安全组织。"北约的目标是成为一个包容性组织，并没有预先确定的界限，而且期望北约的候选国都会有非常严格的成员国资格要求，以保持北约的力量与目标。"①

北约的上述调整与改革，既是北约对冷战后急剧变化的国际格局的一种回应，也是北约修正与补充自身各种缺陷与不足的一种尝试。对北约来说，经过冷战时期半个多世纪的沉淀，它已经充分认识到其机制陈旧、效率低下、组织臃肿、影响力不足等问题。为冷战目标而设置的组织职能与战略定位，已经无法满足后冷战时期国际政治与安全形势及其变化的需要，在全面弥补和纠正过往积弊的基础上，全面提升北约的安全战略、行动能力以及国际影响。北约的上述调整与改革，集中凝缩在其三个"新战略概念"当中，并且体现在不断推进的战略安全实践中。"战略概念勾勒出北约的目标、性质以及

---

　　①　Robert E. Hunter, "Maximizing NATO, A Relevant Alliance Knows How to Reach", *Foreign Affairs*, Vol.78, No.3 May/June 1999, pp.190-203.

基本安全任务，标明了安全环境的核心功能，为使用军事力量提供指导。战略概念还将对全球安全环境的考量展开审核，确保北约对执行核心任务做好准备。它们会为应对安全挑战而武装北约，并且指导北约未来的政治与军事发展。目前的北约战略概念可概括为三项核心任务：集体防御、危机处置以及合作安全。"①

1991 年 11 月，北约各国首脑召开罗马峰会，通过了后冷战时期第一个新战略概念。在这个新战略概念中，北约首先为其所处的安全环境做出定位，对冷战结束后的欧洲安全架构做出基本判定。其次，北约这一新战略概念明确提出欧洲整体安全的概念，在此基础上确定了维护所有成员国领土安全的基本目标。"第一，（北约）将为欧洲稳定的安全秩序提供一个不可或缺的基础，这一安全环境的基础是：民主机制的发展、和平解决争端的承诺，其中，没有哪个国家能恐吓和威迫欧洲国家，或者通过使用武力向其强加霸权。第二，按照《北大西洋公约》第四条款，（北约）将成为涉及其重要利益问题展开联合磋商的一个跨大西洋平台，这些包括对成员国安全构成威胁、在共同关心领域实施适当协调时可能发生的事件。第三，阻止并捍卫其成员国领土免受任何侵略威胁。第四，保持欧洲的战略平衡。"② 由上所见，北约将冷战后的新战略目标锁定为，将北约打造为一个能够有效推动北大西洋区域稳定、有效建构欧洲和平秩序的新安全平台，即以"对话、合作以及集体安全"为基本安全手段，着眼于应对全球范围内的各种重大安全威胁，最终确立以欧洲—大西洋区域安全架构为中心的全球新安全秩序。

在北约首个新战略概念中，谋求北约的战略转型与长远发展，始终是其安全战略及其实践的核心内容。从表面上看，这似乎是两个主题，但实际上却是一个主题，两者紧紧交织在一起，无法截然分开。在实践中，北约的新安全战略常常固化为一些非常具体的步骤：第一，在复杂的欧洲安全环境中，北约将确保前中欧与东欧国家不会成为潜在的威胁，北约还将预防中欧与东欧出现多角度、多层次的安全挑战，它们不仅仅出现在安全领域，而且还涉及政治、经济、社会、民族以及疆域争端等。总体而言，北约将致力于不让中欧与东欧国家出现反复，平稳而且顺利地度过冷战结束之初欧洲变幻不定

---

① "Strategic Concepts", 11 November 2014, available at http://nato.int/cps/en/natohq/topics_56626.htm? selectedLocale=en. last accessed on 23 June 2015.

② "The Alliance New Security Concept", 7-8 November 1991, available at http://nato.int/cps/en/natohq/official_texts_23847.htm?selectedLocale=en. last accessed on 23 June 2015.

的安全期。第二，为了达到有效维持欧洲和平与安全秩序的目标，北约将加速建设其陆地、海上以及空中武装力量，使北约拥有足够的军事力量，以确保成员国疆域安全，同时能够卓有成效地反制侵略。通过创建和加强快速反应部队，有效应对各种安全危机。与此同时，北约还将加强其核力量建设，对潜在的侵略者形成强大的战略威慑，以此进一步稳固和强化北大西洋两岸的政治团结与联系纽带。[1]

1999年4月，北约各国首脑召开华盛顿峰会。会上，北约推出了第二个新战略概念。与1991年北约首个新战略概念出台的背景不同，北约推出第二个新战略概念，正值欧洲安全形势出现重大变化，北约全面掌握了欧洲安全秩序建构的主动权，北约无须再继续摸索其欧洲安全秩序的方向、进程以及规则，而是直接将自身的安全理念与战略需要诉诸国际安全秩序建构，北约正式在构建新的国际安全架构的过程中，进一步发展和推进其战略转型、安全任务、发展规划以及未来政治定位等理念。具体来说，1999年北约推出的第二个新战略概念，是对欧洲政治与安全环境做出新的认定。该文件提出北约在后冷战时期谋求全面发展的新理论与新方法，包括北约应对危机与冲突的新思路、北约实施战略转型的新路径，北约构建和平的新方向，等等。上述理论、方法以及思路在很大程度上更新并颠覆了北约过去所尊奉的集体防御安全方针，改变了北约在战略转型与发展中的方向与定位，全面推动了北约安全战略及其实践进一步提升。

在其第二个新战略概念中，北约强调：北约将不再满足于承担防御北大西洋区域安全责任，而是承担世界责任。"虽然（北约面对的）战略环境呈现积极进展，北约不太可能遇到大规模常规性武装入侵，但是在长时段出现这种危险的可能性仍然存在，北约安全面临着大量军事的和非军事的危险，这些危险来自多个方向，通常很难预测，这些风险包括了欧洲—大西洋区域内部及其周边存在的不确定性与不稳定性，也包括北约边缘地带有可能出现区域危机。欧洲—大西洋区域内部及其周边的许多国家面临着严重的经济、社会以及政治困难，民族与宗教竞争、领土争端、改革不完整而且失败，侵犯人权，由于国家分裂而导致当地或者区域不稳定。由此产生的紧张关系可能导致影响欧洲—大西洋稳定的危机、人类灾难以及武装冲突。这些冲突将会

---

[1] "The Alliance New Security Concept", 7-8 November 1991, available at http://nato.int/cps/en/natohq/official_texts_23847.htm?selectedLocale=en. last accessed on 4 July 2015.

通过向其邻国扩散，包括北约成员国，或者通过其他方式影响北约的安全，而且也会影响其他国家的安全。"① 在此基础上，北约提出了"域外危机干预"的新理论，目的是确保北大西洋以外地区的危机与冲突不会向外扩散，最终殃及北约。因此，这使北约在很大程度上得以突破北大西洋区域限制，从一个只关注北大西洋区域安全事务的区域安全组织逐渐转向一个全球性安全组织。

另外，北约还明确将东扩视为推动自身持续发展的一个重要内容，即通过持续吸纳中欧、东欧、东南欧以及波罗的海国家入盟北约，全面扩大北约在欧洲的势力范围，强化北约对国际政治与安全事务的影响力，加速北约构建欧洲安全架构的进程。北约不仅将东扩视为后冷战时期北约合理存在、获得持续发展的一种驱动力，而且将东扩视为构建欧洲和平与安全秩序的一种最佳途径。因为所有入盟北约的中欧、东欧、东南欧以及波罗的海国家，既可以得到北约提供的安全保护，也必须按照北约的政治与安全要求，加快自身的政治民主化、经济市场化、社会稳定与开放，进而为北约防御安全政策及其实践作出贡献，最大限度推动全欧洲的政治与安全建构进程。

很显然，北约东扩绝不仅仅是北大西洋防御安全地带的平面延展，实际上这也是北约走出北大西洋区域的一种重要尝试，北约正由一个军事—政治组织逐渐转向政治—军事组织。由上可见，从北约所承担的任务到北约所设定的目标，再到北约所展开的一系列政治与安全实践，北约新战略概念进一步发展和完善了北约的转型与发展理论，进而对北约的战略与安全实践产生了更大的推动力。从这个意义上讲，"1999年北约战略新概念旨在回应北约盟国之间的许多争论和分歧，这些争论与分歧贯穿了整个20世纪90年代。"② 事实上，1999年北约战略新概念确实构成了对其1991年新战略概念的发展与深化。

2010年11月19—20日，北约各国首脑召开里斯本峰会，通过了第三个新战略概念。在这个题名为《北约2020：确保安全，积极接触》的战略新概念中，北约对第一个、第二个新战略概念做出进一步修订与发展。虽然从表面

---

① "The Alliance New Security Concept", 24 April 1999, available at http://nato.int/cps/en/natohq/official_texts_27433.htm?selectedLocale=en. last accessed on 3 July 2015.

② Ellen Hallams, Luca Ratti and Benjamin Zyla, "A New Paradigm for NATO?", Ellen Hallams, Luca Ratti and Benjamin Zyla, eds., *NATO beyond 9/11, The Transformation of the Atlantic Alliance*, New York: Palgrave Macmillan, 2013, p.6.

上看，北约新战略概念在基本理念、定义以及目标上似乎并没有变化。"在正在形成的欧洲—大西洋安全体系中，北约是一个关键性组织，自从冷战结束后，北约一直将防御合作聚焦在针对安全的威胁上，并且一直寻求使自身的结构与程序能够应对已经变化的环境威胁的解决方案。"① 但是，北约新战略概念的内里却发生了一系列变化，包括北约的安全目标、行动步骤、发展方向以及综合职能等在内，都相较以前出现重大变化。"世界从1999年起发生了重大变化……最引人注目的是，'9·11'事件及此后的攻击行为显示出技术与恐怖之间的非同一般的联系，引发的反应是使北约军队远离家乡。同时指明了情报分享的必要性，使防御计划复杂化。进而，全球核不扩散组织处于持续增加的压力下，欧洲边缘地带出现的不稳定事件，重新激活了历史上的紧张关系，情报收集、派送与储备的创新模式给其带来了新的脆弱性，海盗行为的安全含义、能源供应风险、环境忽视等，都变得非常明显，世界经济危机已激发了广泛的预算担心。与此同时，北约已有28个成员国，不仅扩大了北约的能力，也扩大了其承诺。"②

在其新战略概念中，北约实际上已对其战略转型与发展方针做出某些调整，实际上实施了某种战略收缩。虽然北约仍强调集体防御，强调保护其成员国安全，应对非传统安全威胁，例如，大规模杀伤性武器扩散，恐怖主义袭击，网络攻击，对重要供给线的破坏，各种区域、民族与宗教的冲突，对重要资源展开竞争，由于贫困、饥饿、非法移民以及流行病引发的全球性问题，环境恶化与气候异变，等等。但是面对愈加复杂的国际安全环境，北约越来越感到力不从心，不得不大幅度收缩其安全职能，调整其战略发展，重新定位其战略转型。"就其所有资源而言，北约绝不是提供解决影响国际安全的每一个问题的单一答案，北约是一个区域性组织，不是一个全球性组织。北约的权力和资源是有限的，它无意于承担其他组织和国家能够很好应对的问题。相应地，新战略概念为北约针对何时、何地在北约以外地区运用其资源制定出一些方针。"③

虽然北约没有关闭东扩的大门，也没有停止对外危机与冲突处置行动，

---

① Marie F. Boyer, "EURO-Atlantic Security Institutions: NATO, The WEU, The EU, and The OSCE", A.M. Babkina, ed., *NATO's Role, Mission and Future*, New York: Nova Science Publishers, Inc., 1999, p.74.

② "NATO 2020：Assured Security; Dynamic Engagement", 17 May 2010, available at http://nato.int/cps/en/natohq/official_texts_63654.htm?selectedLocale=en#intro. last accessed on 4 July 2015.

③ Ibid.

但是很明显，东扩已不再是北约存在、发展以及转型的唯一基础，北约转而强调平行发展"和平伙伴关系计划"（PfP），强调通过持续发展伙伴关系，通过与伙伴国联合展开行动，扩展北约的影响。北约甚至还提出发展与俄罗斯的关系，确保"北约—俄罗斯理事会"能够真正发挥作用。北约甚至认定，北约与俄罗斯的伙伴关系将成为稳固欧洲—大西洋区域安全的一种手段。按照美国学者克里斯托弗·库克（Christopher Coker）的看法，"1994年'和平伙伴关系计划'、1997年'北约与俄罗斯相互关系、合作与安全基础文件'、1999年北约东扩，构成了北约迈向后现代联盟的道路上的基石"。① 北约开始不再单纯谋求生硬的东扩，而是发展更具伸缩性的"伙伴国"，并且更为精心地选择承担与北约安全利益密切相关的责任与义务。为此，北约抛开与自身关联相对较远的一些危机与冲突，这些实际上都体现了北约新战略概念的发展与变化，反映了北约新战略概念在认知层面上取得的成就。

不仅如此，从1991年到2010年，与北约连续推出三个新战略概念相配套，北约还提出了一系列政治与安全文件、法案、规则以及方针，这些类型不同、侧重点各异、各具特点的文件与法规，在很大程度上进一步弥补了北约战略文件中存在的空白与欠缺之处，使北约的战略概念得到进一步系统化，使新战略概念更富于操作性，更加有效。这些不同的战略文件虽不似新战略概念那样具有标示性，但同样具有重要的战略意义，它们构成连接北约三个新战略概念的重要支点，也构成北约战略新概念的重要补充，尤为重要的是，构成了北约新战略概念从理论到实践的转折点。

很明显，与前两个新战略概念相比，北约第三个新战略安全概念比较明显地体现了北约安全战略中更务实、更理智的一面。自冷战结束后，在北约经历了近20年的摸索后，尤其是其战略理念经历了很多次无功、低效、挫折、失败之后，北约开始抛弃了许多不切实际的幻想，例如，成为能够替代联合国的国际安全组织，充当新世界的拯救者，打造"北约版"的国际安全新秩序等。

更重要的是，北约抛弃了作为冷战胜利者这一虚幻映像下各种浮夸的设计，开始尝试着将其发展和安全战略重新落实在更扎实、更现实的基础之上。西方学者将这种变化理解为北约战略概念与其实践相脱节。"在20世纪

---

① Thomas S. Wilkins, "'Alignment' not 'Alliance'-The Shifting Paradigm of International Security Cooperation: Towards a Conceptual Taxonomy of Alignment", *Review of international Studies*, Vol. 38 (1), 2011, pp.53-76.

90年代早期，（人们）一致公认，北约的战略概念滞后于北约在后冷战时期正扮演的角色。"① 北约新战略概念的发展与嬗变表明，北约不仅对自身有了更加深刻的认识，而且也对欧洲乃至国际安全环境有了比较明晰的认识，这为北约在新战略概念指导下有效推进政治与安全建设奠定了重要基础。可以预料，未来的北约政治与安全实践将会进一步减少其盲目性，将会取得更加明显的成效。"'全球性北约'仍然是一个有争议的问题，但是在许多方面，北约已经就2020年（目标）达成一致，北约必须能够部署可以快速转进至所需要之处的地面武装力量，北约必须保持不计时间和地点采取行动的能力，北约必须达到其目标，这不是争论的目标，而是争论的结束。"②

二、北约"预防性干预"方针及其实践

在北约传统安全理念中，尤其在集体防御方针的指导下，北约一直强调其地域防御特征：即一方面强调将北约的防御安全范围限定于北大西洋地区，另一方面强调北约的单纯安全防御的特性。在《北大西洋公约》第五条款中，北约明确提出其成员国实行"一国即全部，全部即一国"的集体防御方针，共同对北大西洋区域内部的侵略行动实施反击。在冷战时期，北约一直贯彻这一防御安全方针。

然而，伴随着北约的发展与战略转型，北约的防御安全理念发生了重大变化，北约不再谋求单纯、被动的防御安全，而是强调积极主动的防御行动，包括采取预防性干预行动。在1999年推出的新战略概念中，北约曾明确提出："北约将'走出防区'，从'集体防御'转向防区外'积极干预'，并且基本确立了北约可以在不经联合国安理会授权的情况下采取军事行动的原则。"③ 以此为契机，北约推出"预防性干预"（Preventive Intervention）方针，即北约可以在其认定有可能对其安全利益构成重大威胁或者伤害的北大西洋区域外的危机或冲突，实施所谓预防性军事干预，以便提前消除各种安全隐患，避免其今后可能对北约安全利益造成伤害。事实上，在此前布鲁塞尔峰会上，北约就已经决定建立"联合特遣部队"（Combined Joint Task Forces，

---

① Mark Webber, James Sperling and Martin A. Smith, *NATO's Post-Cold War Trajectory, Decline or Regeneration?* pp.51-52.

② Jennifer Medcalf, *Going Global or Going Nowhere? NATO's Role in Contemporary International Security*, p. 237.

③ 张健："北约新战略概念解析"，《现代国际关系》，2010年，第12期，第17—23页。

简称 CJTF ），并且在其下设置了各种名目繁多的快速反应部队，并将其逐渐纳入北约军事指挥体系中。例如，北约在波斯尼亚领导的 "特别行动执行部队"（IFOR）以及 "联合保护稳定部队"（SFOR），[1] 以便在实践上推进北约所鼓吹的 "预防性干预" 方针。"考虑到安全的本体论，北约现在对全球性的、类似病毒的或者系统的威胁做出认定，并且予以应对。这一威胁经常通过国际体系运转，并且会确定一个条件或者前提：系统性混乱的威胁，以及对全球治理的威胁。"[2]

正是在 "预防性干预" 方针的指导下，北约先后主导并参与了一系列军事干预行动。从1999年3月北约对南联盟发动军事打击、介入科索沃战争（Kosovo War），到2001年10月美、英等国组成联军发动阿富汗反恐战争、北约参与 "国际安全援助部队"，再到2011年3月北约多国参与进攻利比亚。当然，北约所开展的域外干预行动还有很多，远不止于此，上述域外干预行动在其中可谓最具代表性。"从1995年北约介入波斯尼亚冲突开始……北约第一次卷入并非《北大西洋公约》第五条款的危机处置行动中，其他非第五条款的危机处置行动紧随其后，科索沃、马其顿共和国、阿富汗、地中海、非洲之角、利比亚以及支持 '非盟'（African Union，简称 AU）行动。"[3] 从北约主导或者参与的上述域外干预行动所见，许多行动在大多数情况下均采取了 "先行动后授权" 的方式，或者有的行动始终未得到联合国安理会授权，甚至有的行动直接就是在国际社会的一片质疑之声中推进的。

北约的 "预防性干预" 并非无意之举，而是具有比较深厚的现实与理论基础。"冷战结束后，北约所采取的行动被认定与三种标记有关：即 '战略' '原则' 以及 '部署'。'战略' 就是指运用武力这一军事手段时的政策，其目的可能包括战斗、强制执行、维和、平民保护以及人道任务…… '原则' 就是指执行政策时所使用的方法：即北约如何组织、指挥以及部署武装力量的指导方针和信息。'部署' 最终指的是对实际行动的打造与执行：即在不同环境中对军事手段的特别运用，不同的战术目标在形式上与 '战略' 和 '原则'

---

① Louis R. Golino, "NATO Internal Adaption: The New Command Structure and the Future of the European Pillar", A.M. Babkina, ed., *NATO's Role, Mission and Future*, New York: Nova Science Publishers, Inc., 1999, p. 84.

② Andreas Behnke, *NATO's Security Discourse after the Cold War, Representing the West*, p.183.

③ "Crisis Management", 29 January 2015, available at http://nato.int/cps/en/natohq/topics_49192. htm?selectedLocale=en. last accessed on 6 July 2015.

保持一致。"① 这种现实与理论基础不是虚妄的，而是在冷战结束后北约多次制定政治与安全战略、推进政治与安全实践的积极探索中奠定的。

首先，北约"预防性干预"所秉承的战略基本上停留在危机处置层面，并未大规模运用于其对外政策或安全战略实践，而且这些军事干预大多属于"危机反应型"，即只有当危机发生时，经过对危机破坏性的研判，北约才会使用其武装力量，确使危机得到遏制、减缓或者消弭。其次，"预防性干预"所尊奉的原则是最大限度发挥北约武装力量与综合力量的功效，诸如实施情报与信息共享、运用快速反应部队、实施多国武装力量联合、采取综合应对方法等。最后，"预防性干预"所推行的部署是充分运用北约武装力量优势，有效确保北约的战略威慑力与执行力，充分掌握危机处置的主动权。总之，"预防性干预"的最终目标在于铲除孕育危机的土壤、阻遏危机发酵的途径、最大限度缩小危机的危害。

就其理论而言，北约"预防性干预"具有很大的正当性，而且也符合北约自身所设定的防御安全特性。"预防性干预"在很大程度上也满足了北约引领欧洲安全秩序建构的需要，而且也使处于战略转型中的北约能够最大限度运用其现有资源，取得北约所期待的政治与安全效果。在北约的战略逻辑与安全理论中，"预防性干预"实际上与此前的"集体安全方针"同出一辙，两者都旨在最大限度确保北大西洋区域安全与和平，但两者的不同之处在于，"集体安全方针"强调北约对军事入侵行为的反制，"预防性干预"则强调提前消除危机隐患。虽然两者看似只有军事行动的前后之分，或者只有北大西洋区域内外之分，但实际上却反映了北约在后冷战时期对自身政治与安全定位的变化，反映了北约的内在属性、职能以及行为方式的调整与变化。

北约"预防性干预"固然有较深的理论渊源，但实际上却与后冷战时期的国际安全环境变化具有更紧密的关联。相较前者，后冷战时期急速变幻的现实安全环境，为北约推出"预防性干预"提供了充分的现实基础。首先，北约认为，传统安全威胁在后冷战时期已开始消退，非传统安全威胁正在取而代之，北大西洋区域内发生危机与冲突的几率大大减少，区域外各种危机与冲突则频频增加，而且正在侵蚀北大西洋区域安全与稳定。因此，北约必须采取积极主动的步骤，有效应对各种危机与冲突，确保北大西洋区域的和

---

① Mark Webber, James Sperling and Martin A. Smith, *NATO's Post-Cold War Trajectory, Decline or Regeneration?* p.48.

平与稳定。其次，北约认定自身可以在后冷战时期国际安全秩序建构中将发挥主导作用，将会引领未来国际政治与安全的发展潮流，因此积极应对各种类型的区域安全危机，将确保北约能够以最直接和最有效的方式，体现其作为国际秩序建构领导者的作用。再次，北约认为，"预防性干预"可以为北约提供最有利的安全位置，即北约可以选择最有利于自身安全利益的地点、时间以及方式，插手各种国际或者区域安全问题，这样既能充分显示北约对国际安全事务的影响力和领导力，又无须使用太多资源，付出太大代价。"为了执行其全方位的任务，北约必须能够派出其地面武装力量，可以迅速到达需要他们的地方，能够跨越距离与时间实施行动，实现其目标。"①

不可否认，后冷战时期的国际安全环境明显恶化，使北约所面临的战略安全任务变得空前复杂。以"9·11"事件为例，国际恐怖主义可谓甚嚣尘上，不仅改变了美国对外政策与安全战略的主线，而且也改变了北约战略转型与发展的轨迹。"相比其他任何一个单一事件，'9·11'事件更为深刻地改变了北约，北约所面临的最深刻的挑战仍在迫近：即国际安全环境出现结构性变化，包括财政危机在内，不断恶化的威胁正在出现，美国转入亚太地区。"②除去国际恐怖主义，还有大量的传统与非传统安全威胁，它们都成为欧洲安全秩序建构的重大障碍，乃至国际安全秩序建构的障碍，都被北约纳入将要实施"预防性干预"的范畴，因此，北约"预防性干预"并非一成不变，而是伴随着威胁与冲突的变化而不断调整，其总体趋势是外延不断扩大，内涵变得越来越简单。尽管北约非常谨慎，但还是自觉和不自觉地卷入许多危机与冲突中。

从北约"预防性干预"的理论与实践看，北约通过积极应对各种危机与冲突，确实强化了自身在后冷战时期国际安全秩序建构中的地位，而且伴随着许多危机与冲突的减弱或者消弭，欧美等国朝野各界对北约"预防性干预"发出一片歌颂称赞之声，甚至许多第三世界国家也对"预防性干预"不时发出赞美之声，其中包括许多境内出现危机与动荡的国家。"预防性干预"俨然成为国际社会普遍认可和支持的一种新国际关系规则，得到了全世界许多国家的普遍认可和支持。但是"预防性干预"真的合乎法律或者合乎道德吗？

---

① "Final Communiquè: Ministerial Meeting of the North Atlantic Council held in Reykjavik on 14 May 2002", available at http://nato.int/cps/en/natohq/official_texts_19577.htm?selectedLocale=en. last accessed on 6 July 2015.

② Michael Rühle, "Reflections on 9/11: A View from NATO", Ellen Hallams, Luca Ratti and Benjamin Zyla, eds., *NATO beyond 9/11, The Transformation of the Atlantic Alliance*, p.61.

"预防性干预"真的可以成为应对危机的灵丹妙药吗？答案显然是否定的。

北约"预防性干预"之所以获得一致唱和之声，其根本原因在于，第一，北约推进"预防性干预"，并非以赤裸裸的军事干预行动或者强权行为，许多干预行动都打着"人道主义"旗号进行，但实际情况却不尽然。例如，北约对科索沃的军事干预，就打着拯救遭受"种族灭绝"的少数民族、捍卫少数民族权利这样的人道主义旗号，但人所共知，北约对科索沃的"预防性干预"实际上带有极大的政治偏见，夹杂了太多"政治私货"。第二，与北约"预防性干预"中的军事行动相并行，北约也采取了大量具有民间性质的人道救援行动，例如，北约于2004年针对印度洋海啸灾难实施人道救援，2005年就苏丹"达尔富尔事件"（Darfur Crisis）而向"非盟"提供人道援助，2005年向发生地震的巴基斯坦实施人道救助，等等。这些人道救援行动带有极大的煽动性和欺骗性，在很大程度上也促使许多被干预的国家，欣然接纳北约的"预防性干预"。也许在某些情况下，"预防性干预"确能缓解或遏制某些危机与冲突，但却无法从根本上予以消除。

从北约已经实施的各种"预防性干预"看，北约的表现可谓毁誉参半。"北约在欧洲以外正式采取军事行动，这一前景引起了激烈争论，或许会在此后几年引起最大限度的不和。"[1]无论是科索沃战争，还是伊拉克战争和阿富汗战争，几乎无一例外都留下了严重的政治后遗症。在科索沃战争中，尽管北约最终迫使南联盟做出政治让步，但是科索沃各民族之间的矛盾与纷争并未终止，南联盟也因为北约的强行军事打击承受巨大损失，北约大规模使用贫铀弹，造成多瑙河及其邻近流域环境与土壤被污染。至于阿富汗、伊拉克以及利比亚，虽然欧美国家先后击败阿富汗塔利班政权和基地组织、伊拉克萨达姆政权、利比亚卡扎菲（Muammar Muhammad Abu Minyar al-Gaddafi）政权，但在战乱平息后，三国却持续处于政治混乱、经济凋敝、社会动荡中。当然，北约也为上述地区或国家提供了大量援助，为国家重建提供帮助，但其所作所为与上述国家或地区恢复正常社会生活相去甚远。

为此，人们不禁会对北约"预防性干预"的合理性与合法性提出疑问，也许对北约自身的安全目标来说，这种"预防性干预"是合理的，但对世界其他地区或国家则不尽合理。因为北约将北大西洋区域安全建立在牺牲世界

---

[1]　Robert E. Hunter, "Maximizing NATO, A Relevant Alliance Knows How to Reach", *Foreign Affairs*, Vol.78, No.3, May/June 1999, pp.190-203.

其他国家安全利益的基础上，此举注定会产生大量负面影响。"预防性干预"实际上显示了北约外交与安全战略中的自我中心主义和霸权主义，这种思维方式属于典型的"单边主义"模式，而北约的这种单边主义思维及其实践在后冷战时期可谓比比皆是。就像北约事后所做的反省那样，北约很少站在被干预国家或地区的立场，反思其军事干预行动的政治与社会得失，而只关心北约自身利益的得失："在阿富汗行动结束后，北约面临着一个新的改革期，其目标是使北约能够应对不断涌现的挑战，减少美国与欧洲盟国之间的力量差距。"[1]

毋庸置疑，北约"预防性干预"正在改变着旧的国际关系规则，这种干预方式打破了国际社会中国与国之间旧的交往模式，大大弱化了民族国家传统的分界线，包括政治、经济以及疆域等。另外，北约按照自身需要而不是国际社会的安全需要实施"预防性干预"，这种做法本身对联合国在国际安全事务上的权威地位构成挑战。尽管北约在很多"预防性干预"中得到联合国安理会授权，但仍有太多的"预防性干预"从未得到联合国的授权，而且许多干预行动只是在事后得到联合国的承认。"预防性干预"赋予了北约太多的自由行动权，使北约的军事干预行动平添了大量随意性。事实上，从"预防性干预"的结果看，北约在处置危机、缔造和平的同时，也在源源不断地制造各种新的麻烦与混乱。

三、亚太新安全观

后冷战时期开启后，尽管亚太区域并未像欧洲那样经历翻天覆地的政治与军事巨变，但是亚太区域同样深受美苏冷战斗争变化的影响。与美国和加拿大所在北美洲所呈现的景象不同，西欧各国一直忙于消化欧洲冷战胜利成果，东欧与中欧国家则致力于国家、社会以及制度转型；亚太区域相对稳定的政治与社会形态，更是为亚太各国确定以经济发展为主题的区域发展方向奠定了重要基础。

虽然亚太各国存在巨大的地区、民族以及文化差异，但是冷战结束后，这些国家在政治倾向上却相对一致，尤其以东亚、东南亚国家为代表，它们较少关注全球冷战的发展方向，甚至较少关注本地区的政治差异或者历史积怨，而是集中精力发展民族国家经济以及区域经济。因此，亚太区域经济大

---

[1]　Stephen F. Larrabee, *NATO's Eastern Agenda in a New Strategic Rea*, Santa Monica, CA: Rand, 2003, p.31.

潮中涌现出许多"黑马"，迅速形成许多各具特色的经济高速发展带、能源供应带、贸易繁荣带等。在这些不同的经济地带中，有的在地域上相互重叠，有的在职能上互相交叉，但它们在亚太区域逐渐形成一些"新经济板块"。正是在这一前提下，亚太区域经济自20世纪90年代起出现整体高速发展之势，亚太各国在国际经济、财政以及贸易秩序中的话语权空前加大，推动并加速了国际政治、经济与安全格局的改革与调整。就此而言，亚太各国的实力迅速提升，大大增强了它们打造亚太区域安全秩序的信心，使之有条件更加独立地致力于打造本地区安全秩序。和冷战时期的亚太安全认知大相径庭，亚太区域开始形成了一种全新的安全观，这一安全观亦逐渐成为塑造亚太新安全秩序的思想源泉，成为指导亚太各国政治与安全实践的风向标，而且在很大程度上对亚太区域以外的政治与安全秩序建构产生了积极影响。

　　一般来说，安全观是"一个国家对其自身安全利益及其在国际上所应承担的义务和所应享受的权利的认识，是对其所处安全环境的判断，同时也是对其准备应对威胁与挑战所要采取的措施的政策宣示"。[①] 但是对亚太各国来说，安全观则具有多重的历史与现实含义，它既是一种文化理念，也是一种政治理念，同时还是一种安全与外交理念。不同的亚太国家都将其政治经济、社会文化、历史传统、外交惯性、国家安全、军事建设、民族特性等因素的考虑，带入亚太安全观的建构中。因此，相比世界其他地区的安全观，亚太安全观具有更复杂、更具其自身特性的解读。这完全改变了西方学者过去所强调的亚太安全认知，即"东方专制主义"思维所维系的安全理念，强调权威、秩序以及绝对安全，而是追求一种更加民主、平等、共享的安全秩序。

　　相对于北约、欧洲安全与合作组织以及欧盟，亚太区域各个国家或者组织的安全理念均具有较小外延，但却都拥有非常丰富的内涵。这些安全理念相当复杂，因为它们汇聚了太多的理念、思想、观点以及方法，其中既有亚太区域历史及其文化传统的延续，也有西方思想与理论的影响。但是，对这些安全理念发挥更大作用的驱动力，还应属于亚太安全环境的持续变化。在各种持续作用于亚太安全环境的因素中，既有来自亚太区域内部的，也有许多来自亚太区域以外的力量。"正在变化的经济与政治动态正在重塑：（1）所有区域国家的权力关系；（2）美国力量与政策作为区域行为者的感知；（3）每

---

① 姜志达：《亚洲新安全观及其秩序意涵：规范的视角》，《和平与发展》，2014年第5期，第1—23页。

一个国家所具有的经济、政治与军事力量的混合。"① 因此，这就决定了亚太各个次安全区域的安全观念不尽相同，但是依据亚太安全秩序建构的总体目标，以及各个国家或者地区、组织的安全行为发展趋势，还是可以归纳出许多共同之处。

总体而言，亚太新安全观大致包括以下几个内容：

第一，倡导和平与合作的安全理念。众所周知，在半个多世纪的冷战时期，亚太区域一直是全世界发生矛盾与冲突几率最大的地区，亚太各国亦深受其害，许多政治纠葛与民族冲突至今仍未结束，而且许多已经终结的纷争亦留下严重的后遗症。冷战结束后，亚太区域各个国家或者组织开始调整旧的安全思路，本着共赢与合作的精神，共同推动亚太区域性安全秩序建构。1993 年 2 月，亚太多国创建"亚信会议"，② 首次提出《亚信会议成员国相互关系原则宣言》。该宣言明确提出：加强成员国之间的合作与互信，共同推动亚太区域和平与安全秩序。在其《"亚信"信任措施落实纲要》中，"亚信"提出："信任措施的合作潜力巨大，为使其造福各成员国，需在贸易、经济、环境、救灾、交通、能源、文化交流、文明间交流和应对新挑战与威胁等领域采取切实措施和共同行动。"③

无独有偶，亚太区域多国稍晚创立的"上合组织"，也明确提出将在组织内部推行"上海精神"，即"互信、互利、平等、协商、尊重多样文明、谋求共同发展"。④ 至于"东盟"，更是一直将此作为联盟存在和发展的基本信条。"东盟"在其宪章中提出："'各国'具有共同愿望和集体意愿，生活在一个拥有持久和平、安全与稳定的地区，保持经济发展，分享繁荣和社会进步，促

---

① Jonathan D. Pollack, "The Changing Political-Military Environment: Northeast Asia", Zalmay Khailzad, David T. Orletsky, Jonathan D. Pollack, Kevin Pollpeter, Angel M. Rabasa, David A. Shlapak, Abram N. Shulsky, Ashley J. Tellis, *The United States and Asia, Toward a New U. S. Strategy and Force Posture*, Santa Monica, CA: Rand, 2001, p.93.

② 1992 年 10 月，亚洲多国设立"亚洲相互协作与信任措施会议"（Conference on Interaction and Confidence-Building Measure in Asia），简称"亚信"（CICA）。该组织宗旨非常明确，就是在亚洲大陆建立综合性安全保障体制，所有国家互相尊重主权与领土完整，互不干涉内政，尊重国际法与国际规则，不互相威胁或者使用武力，共同追求经济与社会进步。"亚信"设有首脑会议、外长级会议、常设秘书处等机构，自创建后已连续召开多次首脑和外长会议。迄今为止，"亚信"已拥有 26 个成员国，14 个观察员，在推动亚洲建设合作与信任机制方面发挥了重要作用。

③ 《"亚信"信任措施落实纲要》，available at http://www.cica-china.org/chn/xrcs/kjwjs/P020140416564456214484. pdf. last accessed on 8 July 2015.

④ "The Shanghai Cooperation Organization", available at http://www.sectsco.org/CN11/brief.asp. last accessed on 8 July 2015.

进我们共同的利益、目标以及志向。"① 凡此种种，不一而足。

因此，推进亚太区域的和平与合作，已经成为所有亚太国家的一种共识。冷战结束后，绝大多数亚太国家痛定思痛，决定放下情感包袱，远离各种历史纠葛，求同存异，共同打造亚太区域安全秩序，这是亚太区域多个新型政治、经济、安全等合作组织得以创建的基础。在亚太各国构建安全秩序的过程中，几乎所有亚太国家都未置身事外，而是积极主动地加入各种区域组织中，这些亚太区域国家与组织实际上自觉或者不自觉地构建着一种新型的亚太安全架构雏形。

第二，倡导建构非政治化、非意识形态化的安全共同体。亚太各国在冷战时期素以强调多元文化、唯意识形态、多元政治、追逐区域利益目标而著称，亚太多国甚至为此付出了惨重代价。冷战结束后，亚太区域出现了声势浩大的非意识形态潮流，强调在国家与社会生活中去政治化、去意识形态化，这成为许多亚太国家或者组织的一种普遍追求。特别是对于亚太区域那些比较重视意识形态的国家或者组织来说，情况尤其如此。尽管亚太区域的政治与意识形态印迹不可能一夜尽除，但是它显然已不再是亚太安全建构的唯一条件和标准。"事实上，一个多中心的全球体系正在兴起，这一全球体系由敌对的国家、非国家以及反政府行为体所组成，它们具有极不平衡的国家力量，以及政治、经济与意识形态影响……"② 在冷战后亚太区域逐渐形成的各大安全组织或者区域安全联合体中，政治与意识形态一直被有意淡化。

非政治化以及非意识形态化，事实上逐渐为亚太各国确立了一种新的价值取向，促使亚太各国不再以各自的政治立场与意识形态偏好，作为划分不同集团、阵营以及势力范围的标准，而是以联手应对共同的非传统安全威胁、谋求共同的经济兴盛、社会繁荣作为发展目标，这种新的价值趋向为后冷战时期亚太安全建构提供了一种强大动力。不仅如此，亚太各国还加速弥合其内部分裂，积极抵制各种外来的政治分化行为，这使亚太区域和平与合作实践具有更深远的意义。

第三，倡导平等互利、包容和谐的安全联合。和此前的亚太区域政治与安全实践有所不同，冷战后亚太各国在推行其安全政策的过程中，较少考虑各国在实力、规模以及国情等方面的差异，而是竭力缩小这种区别，更多考

---

① "The ASEAN Charter", available at http://www.asean.org/archive/publications/ASEAN-Charter.pdf. last accessed on 8 July 2015.

② Hall Gardner, *NATO Expansion and US Strategy in Asia Surmounting the Global Crisis*, pp.4-5.

虑亚太各国的共同安全需要，并且尝试将各自的安全利益融入亚太区域整体安全建构中，或者融入亚太各个次区域安全建构中。而且，亚太各国也不再像过去那样崇奉和推崇所谓的权威和实力，不再单纯借助各种外来力量来保护自身安全或者追求自身利益最大化。它们开始更注重通过亚太各国相互之间的坦诚合作与联合，在追求平等和互利的基础上，共同应对危机、解决冲突、化解彼此之间的纷争，它们甚至通过各自出让部分主权与安全利益，在更大范围内分享更多的共同安全利益。鉴于美国在历史上一直在亚太区域拥有较大的势力范围与安全影响，因此不甘心退出冷战后亚太区域安全秩序建构。"也许最引人注目的是，美国政府从2009年起就持续不断地将相当多时间和精力用于对付东南亚和区域多边机构。"① 因此，对许多亚太国家来说，要想真正远离或者摆脱美国以及其他各种外来力量的侵扰，还需要较长时间。

为此，亚太各国特别注重营造一种包容与和谐的安全氛围，在整体上着眼于建构亚太区域和平与安全环境，通过减少亚太各国的矛盾与冲突，化解各国之间的历史与现实纠葛。与此同时，亚太各国也将其包容意识蕴藏于亚太区域安全秩序建构中，搁置各国在历史上积淀的各类矛盾，淡化各国在社会制度、国家政体以及战略方向上的差别，避开影响各国安全联合的外来干扰因素，着力于营造一种相对宽松、缓和的安全氛围，共同打造适合各国利益的整体区域或者次区域和平环境，最终联合构建一种全新的亚太政治、经济与安全架构，形成一种一荣俱荣、一损俱损的新型亚太区域安全关系。冷战后东南亚国家所推进的政治与安全实践，被称为"东盟"方式，即强调"尊重领土、主权、不干预以及国家认同，通过对话与协商和平解决争端，放弃侵略。肯定有关人权、社会正义与多边贸易的国际法则，建立友好的外部关系"。② "东盟"方式实际上体现了亚太各国实现新型安全联合的思想精要，体现了亚太各国特有的政治智慧。

第四，倡导发展与进取的安全合作理念。亚太各国所提倡的安全合作精神，不是为了简单应对亚太区域所面临的各种现实安全威胁，而是立足于长远构建新的亚太区域安全构架。在新的亚太安全理念中，各个组织和国家竭力淡化意识形态之争，有意搁置历史旧怨纠葛，强调包容和谐，提倡平等共

① Mark E. Manyin, Stephen Dagget, Ben Dolven, Susan V. Lawrence, Michael F. Martin, Ronald O'Rourke Bruce Vaughn, "Pivot to the Pacific? The Obama Administration's 'Rebalancing' toward Asia", Ferian A, Bell and Odam L. Richards, eds., *U.S. and The Asia-Pacific Countries Deepening Relations*, New York: Nova publishers, 2012, p.3.

② Michael Hass, *Asian and Pacific Regional Cooperation, Turning Zones of Conflict into Arenas of Peace*, p.34.

享，合作互利。亚太区域各个国家、组织以及地区所凝聚的新安全观，实际上极大地适应了后冷战时期国际安全架构的变化趋势，体现出强烈的时代进取精神。亚太各国不再像过去那样，消极坐等国际安全秩序建构或者亚太安全秩序建构，而是积极置身其中，亲身参与亚太区域安全建构，并且以自身的行为规范影响其他国际或区域安全组织。

从某种意义上讲，亚太新安全观并不是永久性的，更不是静止不变的。在思想与理论层面，随着亚太区域安全环境不断变化，亚太各国对各自的安全理念、行为方式、战略定位会不断调整，亚太新安全观将会融入越来越多的新思想元素，亦会融入更多的新理论、新方法和新视野，最终将会形成一个更加完整而且系统的思想体系，其核心价值将更加突出，思想内容也会更加丰富，其示范性与影响力会进一步扩大。因此，这在客观上决定了亚太新安全观必然是不断变化和发展的。在实践层面，在亚太新安全观的指导下，亚太各个国家与组织不仅持续推动了亚太区域安全秩序建构，甚至还部分参与了国际安全秩序建构，而且亚太新安全观亦得以在这一过程中不断发展，其行动路径更多，实施范围更广，在抵御各种传统安全威胁的同时，亦着眼于对付各种非传统安全威胁。

亚太新安全观更为重大的意义在于，亚太区域正在形成一种前所未有的新安全格局，这一新安全格局势必会前所未有地改变亚太区域，而且也会无比深远地影响世界。这不仅在亚太区域历史上堪称绝无仅有，而且在世界历史上也不多见。"这也就是说，亚洲国家并未完全忽视这些新型的挑战：亚洲从一个由地缘政治、以国家为中心来定义安全的地区，转变为一个包含着以非国家威胁为基础的更宽泛的地区。"[1] 可以预料，伴随着亚太新安全观进一步完善，亚太区域在国际政治、经济与安全格局中的话语权会越来越大，亚太新安全观对世界的影响力也会越来越突出。

第二节　北约与亚太安全组织的新扩张模式

一、北约东扩与北约新扩张模式

北约作为冷战的"赢家"，一直希冀挟胜利之势，全面实现北约在后冷

---

① Robert M. Hathaway and Michael Wills, "New Security Challenges for a New Century", Michael Wills and Robert M. Hathaway, eds., *New Security Challenges in Asia*, p.11.

战时期的战略转型与发展，将北约打造为全球首屈一指的政治—军事联盟。因此，北约将向东扩张视为战略转型与发展的一个重要组成部分。北约东扩具有双重含义：第一，通过将中欧与东欧各国纳入大西洋安全架构，将这些国家划定为北约的永久势力范围，强化北约在冷战中所赢得的"优势战略地位"。第二，通过控制中欧与东欧，进一步挤压俄罗斯的地缘战略空间，以便在欧亚大陆的地缘战略格局中占据最有利的地位。

北约推进东扩进程并非兴之所至，草率为之，而是经过了极其周密的设计和筹划，在其战略目标、指导方针、行动步骤、发展路线等多个方面，都与冷战时期的北约扩张截然不同。北约实际上在20世纪90年代初就开始酝酿最早的东扩设想，一直到90年代中期，经过几轮讨论，北约成员国最终就东扩的方针、目标与步骤等达成全面一致。1995年9月3日，北约推出《北约东扩报告》（"Study on NATO Enlargement"）。该报告明确提出："东扩将会加强欧洲—大西洋地域所有国家的稳定与安全，鼓励和支持该地区的民主改革，对军队实施文官与民主管控，在新成员国中稳固合作、磋商与达成共识的模式与习惯，促进睦邻关系，使欧洲—大西洋区域所有国家、北约的成员国与非成员国均受益……加强北约为欧洲安全与国家安全作贡献的能力，包括在'欧安会'责任下的维和能力、在联合国安理会权威下的维和行动以及其他新任务，加强并拓宽跨大西洋伙伴关系。"[1] 由上可见，《北约东扩报告》清晰指明了即将付诸实施的北约东扩路线图，提出了东扩的目标与方向。尽管该报告还有许多未尽之言，但却为后来的北约东扩进程提供了必不可少的指导。

为了顺利吸收更多的国家加入北约，作为东扩进程的预演，北约还特别设计了许多预备项目，如，"和平伙伴关系计划""和平伙伴关系计划规划与审核程序"（PfP Planning and Review Process，简称PARP）、"欧洲—大西洋伙伴关系理事会""单个伙伴关系计划"（Individual Partnership Plan，简称IPP）、"成员国行动计划"（Membership Action Plan，简称MAP）等。事实上，在一些候选国加入北约之前，这些项目就已使它们与北约空前接近，这为北约顺利实施东扩奠定了重要基础。

1999年4月，北约召开华盛顿峰会，庆祝北约创建50周年。正是在这次会议上，北约正式对外宣布，波兰、捷克与匈牙利三国受邀加入北约，成为北

---

① "Study on NATO Enlargement", available at http://nato.int/cps/en/natohq/official_texts_24733.htm? selectedLocale=en. last accessed on 9 July 2015.

约三个新成员国。在"华盛顿峰会宣言"中，北约声称："新联盟将会规模更大，对其所承担的集体防御更有能力、更为灵活，而且能够承担新任务，包括有效预防冲突，积极实施危机处置，包括采取危机反应行动。北约将与其他国家与组织共同推动整个欧洲—大西洋区域的安全、繁荣和民主。捷克、匈牙利以及波兰这三个新盟国出席峰会，表明我们已经战胜了欧洲的分裂。"①

很明显，北约吸收上述三国作为首轮入盟的国家，并非随机而动，而是事先做了精心挑选。"这三个苏联卫星国是苏东集团中仅次于苏联与东德的三个经济最发达、最具工业化的国家。"② 实际上，北约没有明言的是，上述三国不仅在历史上一直处于西方国家传统的势力范围之内，而且它们在政治上最亲近西方，是苏联解体和东欧各国剧变后在国家政治、经济与社会体制改革方面进展最快、成就最显著的国家。北约极其看重其首轮东扩，希冀首轮东扩能够充分发挥良好的示范作用，为其他尚未加入北约的俄罗斯以外的原苏联加盟共和国和东欧国家发挥某种榜样作用，既能由此确立某种"入盟规矩"，又能对它们产生积极的促进作用。

在经历了首轮东扩的成功尝试后，北约又经过多轮探讨，决定更大规模推进东扩进程。2004年3月29日，保加利亚、罗马尼亚、斯洛伐克、斯洛文尼亚、爱沙尼亚、拉脱维亚、立陶宛七个国家受邀加入北约。北约在此轮东扩中，明确提出了"门户开放"政策。"北约的'门户开放'政策以《北大西洋公约》第10条款为基础，任何邀请某个国家加入北约的决定，都要由北大西洋理事会在所有成员国取得共识的基础上做出，第三方在这种考量中没有发言权。"③ 事实上，北约大规模吸纳中欧与东欧国家，具有非常明显的政治宣示与启发作用，即北约将向所有国家敞开大门，不会预设门槛，亦不会将任何有意愿入盟北约的国家拒之门外。

与北约的首轮东扩不同，第二轮东扩不仅国家多，而且在入盟标准和执行上也放宽了许多。事实上，北约第二轮东扩更富有挑战性，也带有相当大的不确定性。因为从数量上看，在此轮东扩中成为北约新成员国的国家，几乎超过首轮东扩一倍以上，因此注定其协调性和统一性相对较差。从地域范

---

① "An Alliance for the 21st Century", available at http://nato.int/cps/en/natohq/official_texts_27440.htm? selectedLocale=en. last accessed on 9 July 2015.

② Mahdi Darius Nazemroaya, *The Globalization of NATO*, p.24.

③ "NATO Enlargement", 16 June 2017, available at http://nato.int/cps/en/natohq/topics_49212.htm? selectedLocale=en. last accessed on 10 July 2015.

围看，此轮东扩所涉及的国家几乎都处于战略敏感地带，其战略重要性固然很突出，但是也使北约东扩所蕴含的风险和争议陡然增加了许多。从条件与基础看，此轮东扩对象所具有的客观条件，不论是体制转轨、综合实力或者社会稳定状况等，都弱于首轮东扩对象，更遑论比肩或接近北约旧成员国。因此，北约对其展开适时的融合与合作，毫无疑问具有更大的难度。也正是此轮东扩引发了来自北约的各种争议之声，以美国学者肖恩·凯（Sean Kay）为代表，西方许多人认为，北约东扩弱化了其核心力量。北约东扩可能会将这一联盟的发展趋势，转为一个软弱无力的集体安全机构，一个无效的空谈俱乐部，这有可能使美国脱离欧洲。[①]

2009年4月1日，北约实施第三轮东扩，将阿尔巴尼亚和克罗地亚纳入北约联盟。但是和前两轮东扩相比，第三轮东扩更像是一种后续补救行动，或者更像一种政治慰藉。因为上述两国和此前入盟北约的10个新成员国相比，在政治与经济、社会发展、安全建设等方面的发展状况有更大差距，而且这两个国家规模较小，在东南欧的战略话语权也更小。很明显，北约吸收两国入盟可谓别有用心。北约上述考量大致包括两个部分：第一，克罗地亚、阿尔巴尼亚均为北约"和平伙伴关系计划"的成员国，它们加入北约，必然会对其他参与"和平伙伴关系计划"的国家产生某种示范作用，使其不放弃对北约成员国资格的执着追求。第二，北约并未为其东扩进程预先设定某种既定的终极目标，东扩既是一种政治行为，也是一种战略安全行为，北约的目标是在欧洲—大西洋区域安全秩序建构中实现政治与安全利益最大化。因此，北约吸纳克罗地亚与阿尔巴尼亚，在理论上是北约东扩战略不断发展的逻辑结果。

相对而言，克罗地亚不仅参加了北约主导的"和平伙伴关系计划"，还参加了北约的"欧洲—大西洋伙伴关系理事会"，另外还参加了"单个伙伴关系计划"和"成员国行动计划"等，[②] 可谓是北约各项计划的拥护者和参与者。阿尔巴尼亚亦同样如此，对北约东扩的每一项政策予以最大限度支持。因此，克罗地亚与阿尔巴尼亚多年来一直向北约主动靠拢和接近，这种态度及其行动亦是两国得到北约支持的重要条件。

---

① 　Sean Kay, *NATO and The Future of European Security*, p.2.

② 　"NATO's Relation with Croatia", 5 October 2012, available at http://nato.int/cps/en/natohq/topics_31803.htm? selectedLocale=en. last accessed on 10 July 2015.

表7：冷战后入盟北约的新成员国＊①

国家	前社会主义国家	前华约组织国家	入盟北约的时间
阿尔巴尼亚	是	是	2009年4月1日
保加利亚	是	是	2004年3月29日
克罗地亚＋	是	不是	2009年4月1日
捷克 ±	是	是	1999年3月16日
爱沙尼亚 §	是	是	2004年3月29日
匈牙利	是	是	1999年3月16日
拉脱维亚 §	是	是	2004年3月29日
立陶宛 §	是	是	2004年3月29日
波兰	是	是	1999年3月16日
罗马尼亚	是	是	2004年3月29日
斯洛伐克 ±	是	是	2004年3月29日
斯洛文尼亚＋	是	不是	2004年3月29日

＊冷战在1991年终结，＋1992年之前为南斯拉夫的一部分，±1992年之前为捷克斯洛伐克的一部分，§1991年前为苏联的一部分。

事实上，通过三轮大规模东扩行动，北约成功将12个苏联与东欧国家纳入大西洋安全架构中，使北约成员国的数量达到28个；2016年5月19日，北约实施新一轮东扩，更是将黑山纳入北约，使北约成员国达到29个之多，使北约在欧洲—大西洋区域的势力范围空前扩大，几乎覆盖了欧洲大部分地区。很明显，通过东扩，北约实现了其在冷战时期可望而不可即的战略目标：将中欧、东欧以及东南欧大多数国家尽数纳入大西洋安全架构中，俄罗斯在欧亚大陆的地缘战略空间被空前压缩，北约在欧洲—大西洋安全秩序建构中赢得了巨大的主动权，获得了空前的优势地位。

然而，北约所取得的上述成果实际上只反映了东扩进程的一个侧面，并非全貌。从北约东扩进程的直接目标而言，北约无疑取得了巨大成功，但是北约并未解决东扩进程中产生的各种问题与矛盾，而是听任这些矛盾不断延续，甚至还有扩大之势。"如果旧北约目前的军事防御与政治稳定前沿地带，从奥得河转为桑河（波兰东部边界），或者在更好的情况下转为顿涅茨（乌

---

① Mahdi Darius Nazemroaya, *The Globalization of NATO*, Atlanta, GA: Clarity Press, Inc., 2012, p.25.

克兰东部边境），这种转变的直接受益者就应该为其增加的成本付出公平的份额。"① 在这些问题中，最突出的当属北约与俄罗斯的误解和分歧始终未能得到解决。尽管双方曾经建立了"北约—俄罗斯理事会"（NATO-Russia Council，简称 NRC），但是该机构无法从根本上缓解或者解决双方的矛盾与分歧，这使北约与俄罗斯之间的矛盾与利益争端不断累积、发酵、扩大，最终为俄罗斯与北约双方在乌克兰危机中短兵相接埋下祸根。实际上，北约并不想与俄罗斯达成任何妥协，而是处心积虑地排斥有可能妨碍其东扩的任何妥协，这当然是俄罗斯所无法接受的。

对北约的上述意图，俄罗斯实际上早已心知肚明。"早在2005年早些时候，普京（Vladimir Vladimirovich Putin）称颂俄罗斯与北约之间关系，已证明了其正确性，并且在双方间打造了一种新型关系。但是他也指出，俄罗斯反对北约东扩，俄罗斯不会加入北约，因为此举会伤及其主权，限制其行动自由。"② 可见，俄罗斯并不反对与北约建立某种政治、安全以及外交关系，但却坚决反对北约东扩。北约与俄罗斯的矛盾与对立是战略性的，无法通过简单妥协就能解决，双方走向战略对峙，双边关系最终完全破局，这已经成为一种历史必然，只需等待某个临界点。2017年6月6日，北约各成员国完成批准黑山共和国加入北约的手续，北约完成第四轮东扩，将其成员国扩展到29个。此举直接引发了北约与俄罗斯的全面对抗。俄罗斯实施强有力的反制，先是向塞尔维亚免费提供武器装备，然后与塞尔维亚举行联合军事演习，向北约公开示威。与此同时，普京还抢在北约召开华沙峰会之前访问芬兰，向北约发出警告："如果芬兰加入北约，克里姆林宫将会采取行动。"③ 很明显，乌克兰危机使北俄双边关系极度紧张，而黑山入盟北约则更是使北俄双边关系雪上加霜，北约与俄罗斯就此彻底走向对立。

不仅如此，北约东扩也给自身带来了许多困惑。因为北约持续吸纳新成员国加入大西洋联盟，直接加剧了北约及其成员国之间、各成员国之间在政

① Yaroslav Bilinsky, *Endgame in NATO's Enlargement, The Baltic States and Ukraine*, p.5.

② Russia & CIS Presidential Bulletin Report for January 28, 2005: Infax Russia & CIS Diplomatic Panorama for January 31, 2005: Smith, p.32; available at www.president.ru.febrary 22, 2005, FBIS SOV, February 22, 2005. 转引自 Stephen J. Blank, "The NATO-Russia Partnership: A marriage of Convenience or a troubled Relationship?", Eduardo B. Gorman, ed., *NATO and Issue of Russia*, p.3.

③ "Where is Vladmir Putin? Russia President cancels string of meetings after prolonged public absence", available at http://www.independent.co.uk/news/world/europe/where-vladimir-putin-russian-president-not-seen-public-all-month-string-cancelled-meetings-a7123651.html, last accessed on 7 July 2016.

治、经济、社会、文化以及宗教等方面存在的差距，加大了北约内部就许多问题直接达成一致意见的难度，加大了北约采取统一步骤并且付诸行动的难度。北约四轮东扩的时间间隔较短，各成员国之间缺乏熟悉、接触、交往等各类必要的磨合，北约实际上并未给自己留出足够的时间，真正将新旧成员国融合在一起。北约东扩看似轰轰烈烈，声势浩大，但实际情况却不尽然，因为在北约采取的每一次重大行动中，绝大多数成员国均充当看客角色，而相对活跃的国家几乎总是那么几个，这种情况直接反映在北约在后冷战时期的几次危机与冲突干预行动中。换句话说，"大北约不等于强北约"，北约的核心决策力、行动力以及影响力，无法通过成员国的数量、力量以及地域范围的简单叠加来实现。北约东扩需要更精致、更细腻、更长远、更开放的战略规划，实现北约东扩与欧洲安全需要的契合。

二、亚太安全模式的改革与调整

亚太安全形势在冷战后发生巨变，对旧的安全模式提出若干新的挑战，这种挑战既有传统型的，也有非传统型的，这使得旧的亚太安全模式明显无法适应亚太安全形势变化的需要。因此，亚太安全模式急需做出某种重大调整和变化，否则就无法承担应对各类安全挑战的重任。

亚太安全模式的改革与调整，既为某种自觉意识所驱使，亦受到许多非自觉因素的影响。可以想象，亚太安全模式所承受的压力丝毫不亚于北约，但是两者的压力来自不同方向。北约的压力更多出于其自身，因为北约要从区域安全组织转向全球安全组织，从军事联盟转向政治—军事联盟，从被动预防战略转向主动干预战略，注定必须承担更多、更大的责任，而且这种责任既有主观成分，也有客观成分。"将'走向全球组织'这一政治意愿转变为一种军事力量，因此确实需要这样做，开始富于越来越重要的意义。'转型'堪称北约在'9·11'事件后所付诸努力的流行词。"[①]

与之相比，亚太安全模式所承受的压力，主要是由于亚太安全环境中出现的压力相当复杂，形式多样，冷战结束非但未能减轻亚太安全模式的重担，反而使亚太区域各个国家或者安全组织背负重压，许多压力属于原发性的，为客观环境使然。后冷战时期亚太区域涌现出太多的非传统安全威胁，

---

① Jennifer Medcalf, *Going Global or Going Nowhere? NATO's Role in Contemporary International Security*, p.142.

而且全世界面临的许多安全挑战都可以在亚太区域找到其源头。因此，对亚太安全模式来说，不论各个民族国家或者安全组织意愿如何，都需要有效应对这些威胁，因为它们可能会对亚太安全架构造成巨大伤害。"'东盟'一直非常活跃，但是总体上并未与区域犯罪行为的发展状况保持同步。在西亚和西南亚，同样也在中亚，均缺乏抑制跨国家有组织犯罪的多边努力，这一结果增加了越来越多跨境犯罪的机会，但是区域治理能力并没有出现相对称的增加。"[①]

尽管亚太安全模式在一定程度上沿袭了旧的风格，但是它们在实质内容上较此前出现巨大变化。从总体上看，亚太安全模式所持续推进的改革集中于三个方向：

第一，亚太安全模式改变了过去相对扁平化的发展方式，转而追求复合型发展。即亚太区域各个国家或者安全组织在建构亚太安全秩序的过程中，不再沿着某个既定的线路或固定的套路推进其安全构建，也不再停留在某个相对固定的平面上，而是立足于从更宏观、更立体的角度构建亚太安全秩序，尤其是按照亚太安全形势的实际变化推进其安全实践，同时兼顾国际安全形势的需要。伴随着亚太区域经济高速发展，亚太区域各个国家或安全组织拥有越来越大的自信和能力，不再满足于只解决"自家门口的"问题，而是着眼于解决具有某种普遍性的世界难题，这些危机与冲突大多属于复合型难题，不仅更加复杂，也更具挑战性。

因为在亚太安全形势全面变化的情形下，亚太安全秩序建构的任务变得越来越复杂，亚太各国或安全组织既需要应对传统安全威胁，还需要应对非传统安全威胁，许多危机与纷争并不局限于某个单一领域，它们常常跨越了不同的区域、国家以及时代，而且上述危机与冲突所造成的伤害更为持久，波及面更广，关联性更强。因此，在亚太安全模式中，不同的安全行为体在客观上需要建构越来越密切的横向与纵向联系，它们在安全职能、战略目标、活动区域等许多方面相互重合。

以"东盟"为例，"在冷战结束时，'东盟'只是一个弱小国家组成的外交共同体，其学院风格代表了1976—1991年次区域冲突处置的'机制成果'……随后，'东盟'打造了集体安全，构筑了一个统一的经济、安全与社

① Roderic Broadhurst and Vy Kim Le,"Transnational Organization Crime in East and South-East Asia", Andrew T. H. Tan, ed., *East and South-East Asia, International Relations and Security Perspectives*, p.224.

会—文化共同体……"① 坦率地说，引发"东盟"转换的关键，在于其职能的多样化与综合化。"在将'东盟'从一个东南亚组织转变为所有亚洲国家关键机构的过程中，多边功能主义一直非常关键。"② 不同以往，亚太安全模式实际上正在走向重组，旧的亚太安全组织不断改造，职能不断扩展，同时还有大量新安全组织不断涌现，而且各个民族国家、安全组织、安全区域以及次安全区域之间的横向互动亦明显增多。

事实上，在冷战后亚太安全秩序建构中，不同区域的安全实践实际上并不孤立，这主要表现在两个方面：其一，各个次区域出现的安全挑战，实际上都有相当大的相关性。因为这些安全危机与冲突不仅在形式和内容上都极为相似，而且彼此之间有不同程度的关联。其二，各个地区处置危机、应对冲突的实践，实际上也有很大关联，即各地区的危机处置举措在方法、程序以及影响等方面都很相似，而且许多安全挑战所牵扯的层面较多、关联方比较复杂，在客观上将亚太各地区紧紧联系在一起。总体而言，复合型的安全危机与挑战，需要亚太安全模式做出复合式的综合回应。

第二，亚太安全模式的自主与自觉意识正在不断增强。在冷战时期，亚太安全秩序建构更多为外来力量所主导，即使也有一些亚太国家建立的本土类型安全组织，但它们只能在亚太安全秩序建构中发挥某种边缘性和辅助性作用，而且绝大多数亚太安全组织及其实践，大多与外来力量有或多或少的关联。但是冷战结束后，亚太区域各个国家或者安全组织的自信心不断增加，它们不再简单依赖某种外来权威，也不再简单崇拜或听命于某个外来国家或组织，而是将其政治与安全决策更多立足于自身需要。

为此，亚太安全模式对自身的安全理念展开深入反思，尤其是对外来型安全组织在亚太安全秩序建构中的作用进行检讨。"在其他方面，对联盟的未来之路持续展开新评估并不奇怪，考虑到历史上的联盟以及国际政治理论并非可以作为不可变的关系而发挥作用，但却一直有重新开始的倾向，当然也有废除和崩溃的倾向。"③ 亚太各国已经普遍认识到，虽然借重美国等西方国家可以很轻易解决其面临的一些现实问题，可以达到少花钱、多办事的效果，

————————
　　① David Martin Jones, Nicholas Khoo, M.L.R. Smith, *Asian Security and the Rise of China, International Relations in an Age of Volatility*, p.145.

　　② Michael Hass, *Asian and Pacific Regional Cooperation, Turning Zones of Conflict into Arenas of Peace*, p.66.

　　③ Christopher W. Hughes, "The Future of the US-Japan alliance", Andrew T. H. Tan, ed., *East and South-East Asia, International Relations and Security Perspectives*, p.111.

但是此举同样也会带来很大的负面影响，产生一些无法磨灭的消极结果。为此，亚太各地区开始尝试尽可能减少各种外来力量在亚太安全秩序中的作用，突出亚太各国在本土安全秩序建构中的作用。虽然目前亚太安全秩序建构中仍不能排除许多外来力量的牵制和掣肘，但是非常明显，外来力量在亚太安全建构中的影响已经大为减弱，亚太区域各个国家与组织在安全秩序建构中的作用开始不断凸显。

与此同时，亚太安全模式亦前所未有地强化了自身的安全能力建构，包括更加系统、完整地制定其相应规则、推进安全联合实践、强化安全建构力度等。"在成员国资格、范围、发展以及领导方面存在着区域相互作用的不同层次，在朝向更多机构性安排中出现无可置疑的转变，这种安排鼓励领导人们在考虑决定性的区域规范与规则中做出反应。"[1] 亚太安全模式在自主意识的主导下，实际上在多个层面开创了亚太区域安全秩序建构的新局面。事实上，亚太新安全秩序的内涵也由此变得更加丰富，富有更多层次。不仅如此，亚太区域安全秩序建构的影响亦在国际层面上进一步凸显，亚太区域与世界其他地区的对话、合作以及融合得到进一步强化。

第三，亚太安全模式越来越倾向于采取合作与互助型发展方式。冷战结束后，亚太安全形势越来越棘手，亚太各个次区域蕴藉了太多的历史和现实矛盾与纷争，大有一触即发之势。其中，这些矛盾与纠葛既有冷战时期早已存在的传统安全威胁，还有许多挥之不去的历史积怨，再加上新近出现的许多非传统安全威胁，这些安全威胁均超越了国界，有的甚至超出亚太区域，尤其是非传统安全威胁，都是世界性重大难题，需要全球性关注，同样也需要推进全球治理，例如国际恐怖主义、极端种族主义、网络犯罪、海盗行为、能源供应线路威胁、气候变化、环境灾难等。这在客观上注定亚太安全模式将在三个层面发挥作用，即国家、区域以及世界，其中尤以其在亚太区域这个层面所发挥的功用最具代表性。美国学者彼得·卡赞斯泰因（Peter Katzenstein）就一直强调："区域主义使人们更加清晰地聚焦于国际与国内因素的重要十字路口，它塑造了政治行为体的经济财富、安全利益以及文化认同。"[2]

正是由于存在着上述这些传统安全威胁或者非传统安全威胁、历史的或

---

① Alistair D. B. Cook, "Globalization and East and South-East Asian", Andrew T. H. Tan, ed., *East and South-East Asia, International Relations and Security Perspectives*, p.187.

② Peter J. Katzenstein, "Introduction: Asian Regionalism in Comparative Perspective", Peter J. Katzenstein and Takeshi, eds., *New Work Power: Japan and Asia*, Ithaca, New York: Cornell University Press, 1995, p.5.

者现实的矛盾、区域或者世界性安全挑战，进而使维系亚太区域安全的警戒线与"防波堤"变得越来越脆弱，而且也正是在亚太区域总体安全形势的巨大转换中，亚太安全模式逐渐改变了过去各自为战的做法，不再将安全秩序建构依赖于某个国家或者某个安全组织，因为任何一个亚太国家或者安全组织的力量都非常有限，难以应对复杂多变的安全形势需要。因此，这需要亚太安全模式必须通过多个国家或安全组织展开充分联合和广泛合作，只有这样才能推动亚太区域整体安全秩序建构或者次区域安全秩序建构。

亚太安全模式的合作式发展，使其内涵变得越来越丰富，功能也变得越来越强大，亚太安全模式正在逐渐形成自身的风格，并且越来越多介入国际安全事务。通过对亚太区域各个国家或者安全组织之间的政策协同，亚太安全模式的方针与政策变得更加灵活，其行动也变得更加有力。特别需要说明的是，亚太安全模式的合作发展，不是两个或多个国家以及安全组织简单叠加其各自的力量，更不是这些国家或组织按照某种预定要求、将各自力量做简单排列，而是亚太区域各方力量推行的一种优化重组或合理化整合。此类力量重组与整合并非出自亚太安全形势的一时之需，而是具有极其深厚的理论与现实基础，集中反映了亚太安全秩序建构的客观需要，同时也反映了未来亚太安全模式的一种发展趋向。

总之，亚太安全模式所做的上述调整与改革，并未穷尽其全部，还有很多内容尚未得到反映。鉴于亚太安全形势持续变化，亚太安全模式的发展方向、路径以及理念，还会不断调整。但是可以肯定的是，亚太安全模式的发展与深化，将会更加适应亚太安全秩序建构的需要，同时也会适应国际安全秩序建构的需要，而不是相反。

第三节　北约政治与军事新机制与亚太安全机制建设

一、北约政治机制改革及其新建构

诚如上文所述，冷战结束后，北约为自身的存在与发展确立了两大主题，其一是实施大规模东扩，其二是实现全面的战略转型。北约东扩为后冷战时期北约的继续存在与发展提供了持久动力，使北约在消化其冷战胜利成果的同时，牢牢把握其在欧亚大陆的地缘战略优势与霸权地位。与之相伴，北约的全面战略转型同时还实施了大规模机制改革，通过持续强化北约安全战略的决策力与执行力，为北约实施对外干预、重塑欧洲—大西洋安全秩序奠定坚实基础。

众所周知，北约在冷战时期形成了一套比较完整的政治机制，这一机制包括了政治利益分配、权力结构、决策运转、权力代偿等内容。在美苏冷战斗争、北约与华约军事对峙的时代，尽管北约政治机制存在着这样或那样的问题，但它基本上维系了北约的机制运转、支撑了北约政治与军事实践，维系了北约成员国的团结协作，尤其是确保了北约及其成员国在冷战政治趋向、社会价值观以及意识形态上的高度统一。"可以设想，已经建立的北约机构，至少在中期发挥了非常重要的稳定作用。"[①] 在许多欧美国家看来，"北约是一个最适于协调和执行有关安全问题的政策的机构，这些问题影响到美国和欧洲，北约成员国享有合作的习惯，这种合作的基础在于数十年来应对共同安全威胁而共同工作的经验。进言之，一旦在政策层面上达成共识，北约独特的多个司令部、指挥与控制中心、共同的理论与训练，这些都使盟国武装力量能够以一种易于协调的方式执行已达成一致的政策。"[②] 然而，正是由于北约对其成员国未能设定非常具体、必要、严格的政治约束，虽未使各成员国感到不适，但却注定北约必然会在其政治权力运转中出现问题。

由冷战结束而开启的国际安全形势，暴露了北约政治体制中的许多弊端，并且成为限制北约在后冷战时期谋求全面发展的沉疴痼疾。"在北约建立之初表现出最小化的组织能力，其制度形式承诺采取国家主导，避免等级制度，北约从未打算获得自主权。"[③] 而各成员国对北约目标的认识一直存在分歧。"对于如何最好地实现共同协议所达成的目标，各成员国存在着极大分歧。"[④] 尽管北约拥有一套政治权力体系，上至北大西洋理事会军事委员会以及防务计划委员会，下到国际秘书处以及负责具体事务的委员会、部处、小组机构等，但北约仍感到力不从心，既没有践行集体防御实践方针的安全感，又无法有效应对各种新安全危机与挑战，更无助于北约走向"全球性组织"的战略目标。"如果北约只是单纯地重新承担维护欧洲安全的角色，而在欧洲安全环境需要做出这种变化而没有重大变化时，北约就必定会变成一个过时之

---

① Martin A. Smith, *NATO in the First Decade after the Cold War*, Dordrecht, Boston, London: Kluwer Academic Publishers, 2000, p.99.

② David A. Ochmanek, *NATO's Future, Implications for U.S. Military Capabilities and Posture*, Santa Monica, CA: Rand, 2000, p.38.

③ Douglas Stuart and William Tow, *The Limits of Alliance, NATO out-of-Area Problems Since 1949*, p.33.

④ Charles Cooper and Benjamin Zycher, *Perceptions of NATO Burden-Sharing*, Santa Monica, CA: Rand Corps, 1989, p.13.

物。"① 因此，改革北约既定的组织机制、安全战略、军事与政治实践，已成为北约发展的一种惯性需要。

为此，北约对自身的政治机制实施了全面调整，这些调整与改革主要集中在四个方面：

第一，全面提升北约的政治能力，加速北约从军事联盟转为政治—军事联盟，从北大西洋地区走向欧洲—大西洋地区，再走向全世界，以此提高北约在国际事务中的政治影响。伴随着冷战结束，北约所面对的安全形势极端复杂，强化北约的政治理念以及凝聚力显得尤其重要，这是北约能否实现战略转型成功的关键要素。英国"国防问题特别委员会"（Select Committee on Defense，简称SCD）在最近的一份报告中就曾论及于此："北约联盟在军事力量上实现真正与持久提高的能力，将依赖于每个成员国承担足够资源的意愿，（它们）在北约内部不会更大程度展示政治意愿，或者没有这种意愿，并非是北约每个成员国愿意在防务上花费金钱的数量。"②

然而，北约过去一贯偏重军事力量建设，忽视政治能力建设，此举不仅导致北约只能在军事层面发挥作用，而且也使其对欧洲事务的影响力大打折扣，更使其世界影响受到严重限制。2007年2月，前北约秘书长夏侯雅伯曾专门就此强调："我们已经得到重要教训，当我们就北约在阿富汗和科索沃的行动发表言论时，我们正从中学到东西……这些行动是21世纪的教训，也是21世纪安全的教训，按照我的观点，这些教训应该铭记在我们的指导文件中，以便可以在实践中得到执行。"③ 北约明确强调不再单纯依靠军事力量，而是运用包括多种力量在内的综合力量。因此，北约开始着手改进其机制建设，以助力于更好地发挥其综合力量。

事实上，从20世纪90年代开始，北约就已开始着眼于建设政治能力，并且将强化政治能力融入北约转型进程，使之成为北约战略转型的一个重大主题。"北约一直致力于持续转型已有多年，其目的是确保其政策、能力以及结构，能够适合应对当前与未来挑战的需要，包括其成员国的集

① Jennifer Medcalf, *Going Global or Going Nowhere? NATO's Role in Contemporary International Security*, p.237.

② Common Defense Select Committee, *The Future of NATO and European Defence*, London：House of Commons, 2008, p.57.

③ Jaap de Hoop Scheffer, Speech to the Munich Conference on Security Policy, Munich, 9 February 2007, available at http://nato.int/cps/en/natohq/news_7575.htm?selectedLocale=en. last accessed on 13 July 2015.

体防御。"[1] 2007年11月，北约启动"建立诚信计划"（Building Integrity Programme，简称 BI Programme）。北约设定"建立诚信计划"的目标非常明确，就是以其政治能力为中心，全面加强北约综合能力建设，通过持续加强政治能力，不断加强成员国之间的互相理解、信任、依赖以及合作，在北约内部以及各成员国之间实现全面无缝连接。"在一些关键领域提高认识、发展机构能力……该计划从一开始就聚焦于发展互信、透明性与可靠性，减少防务与安全领域出现舞弊的风险。"[2] 当然，北约"建立诚信计划"的作用绝不止于此，还有更深远的战略意义，该计划实际上使后冷战时期北约内部政治力量整合工作进入高潮。

第二，改革北约现有机制的弊端，使之进一步趋向合理化。通过对现有机构的调整与改革，使北约现有权力机制更加灵活、更加有效，而且能够更好地应对不断变化的国际或者区域安全形势的需要。为此，北约首先对北大西洋理事会及其所属委员会的职能做出调整，其次是对委员会以下的具体部处、小组等基层权力机构进行改革。

其一，北约对其各级委员会的改革进程启动很早，实际上从20世纪90年代初就已开始，进入新世纪后，这一改革进程进一步加快。2010年，北约开启了一项"北约委员会审核计划"（NATO Committee Review Programme），对所有委员会展开审核，并且对其实施相应的改革。此举使北约政治体制改革进入高潮。在战略层面，北约强化了北大西洋理事会对所有北约事务的整体管控能力，进一步厘清北大西洋理事会与其他委员会的工作关系，北约宣布解散"防务计划委员会"，将其职能并入北大西洋理事会。同时，北约也强化了北约核计划小组与军事委员会的地位，以此加强了在最高领导层面的管控能力。在战术层面，北约进一步细化了每个二级委员会的职能，尤其是加强了对北大西洋理事会直属各委员会的职能建设，将北大西洋理事会的权力建设进一步系统化和体系化，进一步明确增强北约权力运行的效率。"北约有时对其委员会结构展开审核并对其重组，以便使之更具效率、更加负责，而且与北约当前的优先选项相关，此举包括取消老旧的委员会，创立新的

---

[1] "Improving NATO's Capabilities", 9 February 2015, available at http://nato.int/cps/en/natohq/topics_49137. htm?selectedLocale=en. last accessed on 13 July 2015.

[2] "Building Integrity Programme, Strengthening Transparency, Accountability and Reducing the Risk of Corruption in the Defense and Security Sector 2012–2014", 7 December 2012, available at http://nato.int/cps/en/ natohq/official_texts_93045.htm?selectedLocale=en. last accessed on 13 July 2015.

机构。"①

　　其二，对负责执行北约各项战略决策的基层权力组织与机构实施改革。这些措施包括：裁减多余机构，将职能相似的部门予以合并，强化各机构之间的协调合作，紧缩北约现有的机构编制与人员，强调以功能导向的机构设置与建设方向。"对北约各个机构的重大改革得以推进，其着眼点是使不同类型的服务和项目能够得到稳固与合理化，使其交付的服务与能力更加有效和高效。"② 此类北约机构的职能涉及范围极广，种类非常丰富，基本上涵盖了北约在政治层面上的大部分职能，这使北约的政治权力运转变得更加有效和通畅，也使北约的政治权力基础变得更加扎实。对北约来说，加强其基层政治权力建设，几乎与加强北约的上层权力建设同等重要。

　　第三，延伸北约现有的机构设置，进一步增加北约现有政治机制的内容，扩大其相应的各种职能。后冷战时期开启后，北约所遭遇的安全危机与挑战不仅数量剧增，而且危险性和破坏性也不断增大，迫使北约不得不延伸其现有的政治权力架构。这具体表现为，北约的许多机构不再专注于北约的各项安全事务，也不再局限于北大西洋地区，而是着眼于欧洲—大西洋地区，甚至将全球范围内的许多安全问题部分纳入其关注视野。围绕着北大西洋理事会、军事委员会以及核计划小组等机构，北约空前强化了其国际视野，在考虑北大西洋区域安全事务时，亦充分考虑其国际影响，同时北约也加强了与国际组织、区域组织、世界大国或者区域性大国的协同合作。另外，相对于北约基层政治权力机构，北约也加强了与其他组织相应机构的联系与协作，北约将此同样视为延伸其政治权力的一个途径。

　　很明显，对于北约是否愿意转化为全球型安全组织，北约各成员国存在较大争议，各种力量意见纷呈，争论不休，而且国际社会同样对北约这种赤裸裸的权力转移或者过渡颇多异议。前法国总统尼古拉斯·萨科齐（Nicolas Sarkozy）曾就北约的发展前途发表谈话：（法国不希望北约变成）"能够承担所有人道主义、军事与国际政策行动等使命的全球性组织，北约并不打算成为联合国的替代品，北约必须保持其在欧洲作为明确的地缘政治港湾的地位，

---

① "NATO Committees", 6 June 2017, available at http://nato.int/cps/en/natohq/topics_49174.htm? selectedLocale=en. last accessed on 13 July 2015.

② "Improving NATO's Capabilities", 9 February 2015, available at http://nato.int/cps/en/natohq/topics_49137. htm?selectedLocale=en. last accessed on 14 July 2015.

必须保持严格的军事使命。"[①] 但是，对于北约通过延伸其政治权力，以这种相对缓和且隐蔽的方式来表达其对全球安全事务的关注，北约内部意见则相对统一，大部分达成一致。而且，国际社会也基本上予以默认，表现出比较积极的态度。

另外，北约还建立了一系列辅助型政治权力机构，例如北约—俄罗斯理事会（NRC）、北约—乌克兰委员会（NATO Ukraine Commission，简称 NUC）、北约—格鲁吉亚委员会（NATO-Georgia Committee，简称 NGC）。虽然这些机构大多着眼于解决北约东扩进程中的一些具体问题，但是无疑对北约的整体政治权力架构及其变化产生了重大影响。与此同时，北约还建立了许多立足于欧洲整体安全秩序建构的权力机构，例如北大西洋合作委员会（North Atlantic Cooperation Council，简称 NACC）、[②] "和平伙伴关系计划"[③] "欧洲—大西洋合作委员会"[④]。除此之外，北约还建立了许多对话机制、协商机制以及合作机制，例如"地中海对话机制"（Mediterranean Dialogue，简称 MD）、[⑤] "伊斯坦布尔合作倡议机制"（Istanbul Cooperative Initiative，简称 ICI）[⑥] 等，这些对话与协商机制在很大程度上成为北约扩展其政治权力的一个重要组成部分，同样丰富和发展了北约权力机制的内涵。

从这个角度看，北约实际上创立了一种新型的政治权力模式。北约既保持了此前的正式权力机构，通过改革为其补充了新职能，同时也补充了许多非正式机构，例如北约的政治对话、协商与合作机构，进一步完善北约正式权力机构所无法企及的领域。而且，在北约新的政治权力体系中，北约既致力于从长远和战略层面建构全方位的职能机构，力争使北约的政治权力能够

---

① Nicolas Sarkozy, Speech during to the Journée UMP de la Défense, Pairs, 7 March 2007.

② 1991年12月20日，北约成员国以及前华约组织成员国共同建立"北大西洋合作委员会"，该组织立足于双方的对话与合作，目的是在美英等国与中欧、东欧国家之间，在后冷战时期建立一种新型的合作关系，完全不同于冷战时期。

③ 1994年，北约创立"和平伙伴关系计划"，该计划的目标就是在北约及其伙伴国之间建立一种新型的合作关系，以期进一步密切北约与渴望加入北约的候选国之间的关系，强化北约在欧洲的地缘战略地位。

④ 1997年，在"北大西洋合作委员会"与"和平伙伴关系计划"的基础上，北约组织建立了"欧洲—大西洋伙伴关系委员会"，该组织由16个北约成员国和22个北约伙伴国组成，其宗旨在于为北约及其伙伴国建立一种全面的对话与协商平台，为双方合作提供一种宽泛的政治架构。

⑤ 1994年，北约与地中海沿岸国家建立一种政治协商与现实合作平台，该平台包括了北约成员国与地中海国家之间的双边关系以及多边关系，目的是增加北约与地中海国家的政治联系，推动双方共同面对并且解决地中海区域出现的危机与冲突。

⑥ 2004年，北约与位于大中东地区的国家之间建立一种双边务实合作关系，目的是共同应对中东地区的恐怖主义行动以及大规模杀伤性武器扩散。该计划与以往不同，大多建立在一对一的个案基础之上，立足于逐一解决纠纷与冲突。

覆盖尽可能多的领域，同时也聚焦于建构能够解决短期问题与纷争的各种职能机构。在这一思路的指导下，北约既有立足全局的权力布局，也有立足局部的权力配置。在大多数情况下，北约的新型政治权力模式结合了各种安全组织、危机相关各方以及各种区域力量，因此不可避免地对北约的政治体制及其发展方向产生了重大影响。

不可否认，北约政治体制改革取得了很大成效。就目前北约发展与战略转型所取得的进展而言，北约成功地从北大西洋区域走向欧洲—大西洋区域，从聚焦于北大西洋集体防御走向相对自由地实施域外预防性干预，从只拥有被动防御能力走向拥有预防性危机应对与处置能力，等等。但这并不等于说，北约政治体制改革已经取得完胜，改革后的北约政治体制实际上并未完全去除此前的种种弊端，北约也无法简单地指望通过体制改革就能解决其面临的所有问题。而且，北约政治体制改革同样也滋生出许多新问题，等待北约解决。例如，在北约对阿富汗、伊拉克、利比亚的数个域外干预行动中，北约都过度使用了军事力量，虽然北约打破了上述三国旧的统治秩序，但却未能建立起行之有效的政治与经济新秩序，甚至还在上述国家引发了新的混乱与恐慌。另外，北约与其他国际或区域组织的合作，也存在许多问题，例如决策权分享、费用分担、资源配置、责任担当等。"在北约内部以及北约组织之外，存在着许多政治障碍，影响到北约与超出一定界限的其他国家或者国际组织展开深度合作。"[1]

由此可见，北约政治体制改革还有很长一段路要走，北约还需要在其内部就政治体制改革、发展方向、战略定位等进一步展开反思，真正使北约的政策与战略适合所有成员国的需要，尤其是符合国际或者区域安全形势的需要，而不是只满足北约少数几个成员国的需要。因此，这就需要北约对其政治体制改革采取更加开放的态度，对其发展方向、安全战略以及政治实践等方面存在的局限实现全面跨越，以真诚、平等、开放的态度认真对待政治机制改革中存在的种种问题。唯有如此，北约的政治体制改革才能克服此前的种种弊端，才能拥有真正的生命力，才能确保为未来北约的发展与转型、安全战略提供更加有力、扎实的制度保障。

---

[1]　David Yost, *NATO's Balancing Act*, Washington, D.C.: United States Institute of Peace Press, 2014, p.360.

二、北约军事指挥机制改革

与北约政治体制改革相对应，北约亦极其重视军事指挥机制的调整与改革，北约军事指挥机制改革堪称是北约所有改革的重中之重，这也是北约在冷战后改革进程中着力最多、思维最缜密之处。鉴于北约一直试图从军事联盟转向政治—军事联盟，从冷战结束至今，北约一直处于战略转型中，而且由于北约在北大西洋区域内外多次实施军事干预，因此，北约军事指挥机制改革吸引了许多人的眼球，可谓万众瞩目。

北约军事指挥机制改革始于20世纪90年代初，一俟冷战结束，北约就开启了军事指挥机制改革的进程。"'欧洲盟军最高司令部'的设计者一直强调，在形成真正军事价值的过程中，配合行动与可交换性是极其重要的。从设计者的观点看，1992—1993年在这些前沿领域所取得的成绩，在某些领域有些不均衡，但总体上是好的。"[1] 因为正是冷战结束，使北约旧的防御安全任务发生全面变化，北约无须继续面对苏联或者华约的"军事侵略"或者"入侵威胁"，因此北约改变了其基本的战略定位，将自己定位为全球安全组织，空前放大其防御安全角色。北约不仅要继续维系其在北大西洋地区的集体防御责任，还将应对北大西洋区域以外危机与冲突视为己任，将构建以北约为中心的国际新安全秩序视为未来发展的关键。

北约的上述战略意识与思想在很大程度上决定了北约所采取的军事指挥机制改革，注定将是全局性的而非局部性的，这就注定它不仅仅是北约自身军事体制的调整，实际上也是以北约为代表的冷战军事体制向后冷战时期政治—军事体制的转移与过渡，此举间接揭示了后冷战时期区域安全秩序建构与国际安全秩序建构的关系。就像美国学者肖恩·凯所强调的那样："北约继续存在，是否会加强或者降低欧洲的安全，都将取决于北约所要采取的制度形式。"[2]

作为北约体制改革的重头戏，北约军事指挥机制改革所涉及的层面相当广泛，包括了指挥机构、武装力量、战略设计、能力建设等多个方面，但是这一改革总体上体现在三个方面：

第一，对北约已有的军事指挥机构实施全方位改革，进一步发展和完善

---

[1] Martin A.Smith, ed., *NATO in ther First Decade after the Cold War*, Dordrecht, Boston, London: Kluwer Academic publishers, 2000, p.81.

[2] Sean Kay, *NATO and The Future of European Security*, p.1.

北约军事指挥功能。在许多人看来，旧的北约军事指挥机制臃肿庞大，尾大不掉，其军事力量虽然数量巨大，但却显得作用有限。北约的武器装备技术一流，理念先进，但却只能藏于仓库，或者保持某种静默状态，很少有机会在军事行动中予以验证。北约的军事战略设计完整，考虑周密，设计精致，一直给世人留下一种完整而且深奥的印象，但在东西方冷战斗争中却显得华而不实。

因此，虽然北约是战后欧美国家最引以为自豪的军事—政治联盟，但却一直由于存在上述诸多弊端而饱受诟病。以美国学者罗伯特·库格勒（Robert L. Kugler）为代表，对此持消极观点的学者认为："北约只是一个临时性的纸上联盟、一个由条约联系在一起的联盟、一个松散的政治联盟，并不具备必要的军事手段保护自己。"[1] 但是以美国学者大卫·约斯特为代表，对此持乐观观点的学者则认为：在许多北约成员国看来，"北约拥有一个发展良好的组织和指挥结构、一支令人印象深刻的军事力量、一份决心抵抗苏联各种形式侵略的记录。"[2] 两种观点可谓针锋相对，大相径庭。

但是，不管各方对北约军事指挥机制的评价有何种分歧，从20世纪90年代初起，北约就开始对军事指挥机制实施调整与改革。在这一改革进程中，北约始终将强化其综合军事能力，包括军事指挥能力、应对危机能力以及综合处置能力，锁定为确保未来北约强势发展与战略转型成功的核心任务。为此，北约先后对军事指挥机构实施多次改造。1991年，北约将"海峡盟军指挥部"（Allied Command of the Strait）并入"欧洲盟军最高司令部"，减少军事指挥体制上的重叠与重复问题，强化"欧洲盟军最高司令部"的军事领导地位。1996年，北约将其军事指挥机制确定为战略—战区—次战区（军种）三级指挥体系，最高层级是"欧洲盟军最高司令部"与"大西洋最高盟军司令部"，其下是5个战区级司令部，再往下则是20个次战区级（军种）司令部。2003年，北约再次改革并紧缩其军事指挥机制，将"欧洲盟军最高司令部"改组为"北约盟军作战司令部"（Allied Command Operation，简称ACO），将"大西洋最高盟军司令部"改组为"北约盟军转型司令部"（Allied Command Transformation，简称ACT）。"北约盟军作战司令部"主要负责统一指挥北约所属的全部武装力量，负责实施所有军事行动。"北约盟军转型司

① Richard L. Kugler, *Commitment to Purpose, How Alliance Partnership won the Cold War*, Santa Monica, CA: Rand, 1993, pp.42-43.

② David S. Yost, *NATO Transformed, The Alliance's New Roles in International Security*, p.49.

令部"则主要负责北约军事机构的转型、调整与协调，负责对北约联合作战计划实施检验、评估和改进等。[①]

与此同时，北约也对战区级司令部与次战区级（军种）司令部实施同步改革，进一步精简机构，缩减各级司令部的数量，增加军事职能设置。在欧洲原有战区级司令部的基础上，北约分别将其改组为"联合特遣力量司令部"（Headquarter Allied Joint Force Command，简称 HAJFC），常驻布伦森和那不勒斯；"联合海军力量司令部"（Headquarter Allied Maritime Command，简称 HAMC），常驻诺斯伍德；"联合空军力量司令部"（Headquarter Allied Air Command，简称 HAAC），常驻拉姆斯泰因；"联合陆军指挥部"（Headquarter Allied Land Command，简称 HALC），常驻伊兹密尔等。在上述战区司令部之下，北约又分别设置一些次区域指挥部，例如，驻贝尔格莱德的"北约军事联络办公室"（Military Liaison Office，简称 MLO）、驻萨拉热窝的"北约总部"（NHQSa）、驻斯科普里的"北约总部"（NHQSk），等等。[②]

与之相并列，北约还设置一个战区级快速反应部队司令部（Headquarter Allied Command Europe Rapid Reaction Corps，简称 ARRC），常驻英国格罗切斯特，其下设置多个次战区级快速反应部队指挥部，分别驻守欧洲多个国家。与之相匹配，北约还建立了若干个次战区级的辅助型军事指挥机构，例如"空军快速反应部队"（The Reaction Forces Air Staff，简称 RFAS）、"早期空中预警部队"（NATO Airborne Early Warning Forces，简称 NAEWF）、紧急反应部队（Immediate Reaction Forces，简称 IRF）、"海上打击与支持力量"（Naval Striking and Support Forces，简称 NSSF）等，以便更好地强化北约的快速反应能力。北约在布拉格峰会上宣称："我们决定创立一支'北约快速反应部队'，该部队由一支技术非常先进、富有灵活性、可以实施（远距离）部署、可以持续发展的武装力量组成……（此举）简化了北约军事指挥安排，满足了北约全方位任务的作战要求。"[③]

很明显，此举的目标就是要加强北约处置危机、应对冲突以及综合处置等各种能力，这实际上反映了北约战略安全思想的重大变化，即强调以危机处置为主导的军事指挥体制建设，而不是过去常规武装力量的直线型建设。

---

① NATO Office of Information and Press, *NATO Handbook*, Brussels, 2013, pp.259-260.

② Ibid., pp.259-268.

③ "Prague Summit Declaration", 22 November 2002, available at http://www.nato.int/cps/en/natolive/offical_tests_19552.htm?selectedLocale=en. last accessed on 15 July 2015.

最后，北约还设置了一个北约联合总部，常驻里斯本。从上述战区级与次战区级司令部的设置看，北约实际上将具有作战功能或者与之相关的军事指挥机构全部隶属于"北约盟军作战司令部"（ACO），以便最大限度发挥北约在危机处置中的综合指挥能力。我们从中可以充分感受到，北约对其军事指挥机制的改革具有坚定的决心与意志力。

与北约突出其军事指挥机制中作战职能相对应，北约还加强军事指挥机制转型的制度建构，设置了多个次战区级综合训练与研究中心，例如，"联合作战中心"（Joint Warfare Centre，简称 JWC）、"联合武装力量训练中心"（NATO Joint Forces Training Centre，简称 JFTC）、"北约海上封锁作战训练中心""北约训练学校""联合分析与总结训练中心"（Joint Analysis and Lessons Learned Centre，简称 JALC）等。北约的战略意图非常明显，就是加速北约实施军事转型的各项准备工作，以此弥补现有北约军事指挥中综合能力差、协调能力不足的种种欠缺。

从上述北约军事指挥机制所采取的各项改革措施看，北约显然对其军事指挥架构进行了更加细致、完整的梳理，其改革的重点非常明显，就是增强效力，扩大功效，其内容主要包括三个方面：（一）紧缩北约军事指挥架构，突出其核心军事能力建设。（二）全面增强北约快速反应部队的指挥能力，确保北约危机处置能取得最佳效果。（三）加强北约军事指挥机制中的辅助性机制建设，完善军事指挥体系。北约军事指挥机制改革进一步丰富和发展了北约军事指挥的内涵，确保北约军事指挥机制建设能够构建一个完整的指挥体系，保证其能够在北约战略转型与发展中发挥更大作用。

第二，北约在后冷战时期一直强调精练其军事指挥能力，同时提出"巧防御"概念（Smart Defense），并且将其贯穿于军事指挥机制改革。从2008年开始，北约提出"巧防御"概念，"就是以一种最为高效、有效以及团结一致的方式，形成北约所需要的现代防御能力的一种合作方法。北约鼓励其成员国共同发展、获取、行动和保持其军事能力，以承担北约的核心任务。北约的计划覆盖了一系列努力，可以提出最关键的能力要求，例如精确制导炸弹、网络防御、弹道导弹防御、联合情报、监视以及侦查等"。[①] 北约"巧防御"既可以体现为有形的实力和资源等方面，也可以体现为无形的制度和思维等

① "Smart Defense", 20 January 2017, available at http://nato.int/cps/en/natohq/topics_84268.htm? selectedLocale=en. last accessed on 15 July 2015.

方面，尤其集中反映在北约军事指挥机制的改革进程中，即通过其军事指挥机制的精简、合并以及重组，充分挖掘军事指挥机制的潜力，从整体上提高其指挥能力、整体影响以及行动效率。

很明确，"巧防御"这一新理念，在军事指挥机制建设上具有双重含义，其一，北约承认其军事指挥机制建设中存在不足，确实有需要修正与提高之处。很明显，北约已认识到其力量非常有限，不可能成为冷战后全世界的救世主。与此同时，北约也认识到，北约必须选择性承担某些安全责任。因此，北约需要对其军事指挥机制实施改造，使北约的战略设想、综合实力与外界安全需要相互契合。其二，北约军事指挥机制改革并不是无限的，而是以全面挖掘并发挥北约军事指挥制度中所蕴藏的内力为目标。北约将会在现有制度基础上，对其军事指挥机制实施合理整合，充分发挥各成员国武装力量、防御政策、军事制度等方面的优势，去除或者最大限度减少北约军事指挥机制中各种不合理因素，避免或者减少军事指挥中的低效、掣肘和重复现象。

为此，北约集中对具有超国家合作性质的"国际军事参谋部"实施改革，以便进一步优化北约的职能。北约所采取的措施包括：优化机构设置，裁并旧的机构，改进职能设计，精简工作人员，扩大北约整体运作效能，等等，以不断增强北约及其成员国在北约军事指挥中的相互衔接。为此，北约在"国际军事参谋部"下，改组原有的"北约安全局"（NATO Office of Security，简称 NOS），增设"安全新威胁局"（Emerging Security Challenges Division，简称 ESCD）。与此同时，北约还对其武器装备联合研发、生产和维护机制实施优化，以尽可能减少各成员国在上述领域出现重复，通过各成员国合作的方式来推进其制度互补。另外，北约还新设"采购局"（Defense Investment Division，简称 NDID）、"技术保障局"（Technological Support Agency，简称 NTSA）等机构，并对"通信与信息系统维护局"（Communication and Information System Support Agency，简称 NCISSA）实施改造，新建"通信与信息局"（Communication and Information Agency，简称 NCIA）。不仅如此，北约还对其"科学技术开发局""军事标准局""自动化情报收集、处理和分析研发局"（Automatic Information Collection, Processing and Analysis Research and Development Bureau）实施改造，提高上述机构在北约军事指挥中的独立地位。最后，北约还对"国际军事参谋部"所属各种辅助机构实施改造，将这些机构整合为"联合勤务办公室"（Joint Service Office），以此强化北约军事指挥的综合保障能力。

无论是精练和提升北约的军事指挥能力，还是践行"巧防御"概念，北约对其军事指挥机制所实施的改造堪称前所未有，其力度之大，行动之彻底，成效之明显，都远远超出国际社会的预估，甚至超出许多成员国的预想。对于这一改革所取得的成效，北约及其成员国都给予高度评价。"我们将对'国际秘书处'与'国际军事参谋部'之间的大量服务功能实施合理化。2016年北约指挥机构迁往新司令部，此举为北约实施更加有效、高效的工作提供了独一无二的机会。"①

第三，北约改变了过去粗放的、简约的军事指挥机制建设模式或者改革模式，进而着眼于细节建构，着眼于打造军事指挥机制的持久性，着眼于完善军事指挥体系的完整性，确保北约在战略及其实践层面始终能够保持最佳状态。为了与北约的顶层军事指挥机制改造相适应，进一步增强军事指挥机制的整体效力，北约还对过去相对薄弱的一些军事指挥环节进行修补和充实。在过去的军事指挥机制中，北约基本上将其重点直接置于军事决策层面，相对而言，对军事决策的情报信息、后勤保障、科学技术分析等方面重视不够，这使其军事决策及其实践的效果始终欠佳。为此，北约对上述领域加大调整力度，以图强化对军事机制中各项决策的支持力度。

为此，北约明确提出建立新型自动化指挥、通信和侦察系统，确保军事决策层所做出的每一项决策，都能够建立在完整、科学以及精准的基础上，提高军事决策的稳定度、强度以及精确度，减少军事决策中的随意性和偶然性。与此同时，北约还空前加强其跨军种、跨地域、跨国家的军事行动能力建设，不再固守过去的战区或者次战区理念，亦极力淡化成员国作为单个军事行为体的局限，而是强调北约的整体军事行动能力，尤其是强调综合干预能力，这一思路在很大程度上也成为北约推进军事指挥机制改革的一个重要内容。另外，和此前诸项改革不同，北约军事指挥机制改革特别重视一些基础性建设，例如，永久性军事设施、后勤补给基地、大型或重型武器装备建设、导弹防御体系建设、信息与情报分析中心、网络防护与保证中心等。

很明显，北约军事机制改革不仅集中于政策与战略方向等相对务虚的内容，而且也落实在某些细致、具体的现实目标。即北约不仅大规模着力于构建永久性基础设施，为军事决策提供更加扎实、充分的基础，而且还持续完善自

---

① "Chicago Summit Declaration", 20 May 2012, available at http://www.nato.int/cps/en/natolive/official_texts_87593.htm. last accessed on 15 July 2015.

身的军事决策体系建设，包括每一项军事决策的信息准备、程序分析、结果掌控等，每一个步骤都被纳入一个科学的决策体系中。无可讳言，上述做法确实对于发展和完善北约军事决策体系有较大助益，确实为北约强势推进政治与安全决策助益良多。由此可见，北约正是利用了冷战结束后欧洲安全架构亟待重塑、欧洲安全秩序需要重整的这一历史机遇，大力修补在军事指挥机制中存在的种种短板和空缺。当然，北约之所以全面改革其军事指挥机制，最大的动力莫过于希冀以其强大的武装力量为基础，建构一种完全以北约为中心的国际安全新秩序。"因此，不论就内部还是外部而言，在其成员国之间或者与其伙伴国一起，北约只是一个协调的平台与机制，北约不再将世界作为其创造者，不会在世界所要展示的（对象）面前扮演一个分离的主体。"①

从这个角度看，北约军事机制改革构成一种动态发展之势，尽管北约出台多个战略文件，对其安全目标亦多有论述，但是对其军事指挥机制并未设置一个终极目标，因而北约军事机制改革实际上具有很大的可塑性。这种可塑性实际上也对北约军事指挥机制建设提出较高要求，即这一改革不仅着眼于在战术层面进一步发展和完善指挥体系，确使其决策程序更加科学、干预行动能力更强大，而且还要着眼于在战略层面确保改革后的北约军事指挥机制不会迷失其方向。因为北约的军事指挥机制建设、战略定位以及干预行动，三者密切相关，三者直接涉及北约在未来国际安全秩序建构中所要扮演的角色。如果北约军事指挥机制改革有更多的特殊考量，例如，增加对国际安全秩序的总体考虑，增加对区域安全危机与冲突特殊性的考虑，北约军事指挥机制改革就会在未来的国际安全秩序建构中发挥更大作用，其作用也更积极；否则，更加强大的北约军事指挥机制将会发挥更多负面作用，不仅不利于世界范围内区域安全危机与冲突解决，最终还会伤及其自身。

三、亚太新安全体系及其建设

对于后冷战时期的亚太区域来说，尽管亚太多国都提出自己的新安全理念，并且在新安全观的指导下展开大量政治与安全实践，但相对于北约坐镇欧洲、俯视欧洲—北大西洋区域的境况而言，亚太区域实际上缺乏一个相对稳定、持久而且完整的安全体系，这对于历史与现实状况都比较复杂的亚太区域来说，无疑将是一个巨大挑战。可以肯定的是，适时建立一种全新的亚

---

① Andreas Behnke, *NATO's Security Discourse after the Cold War, Representing the West*, p.190.

太安全架构，已经成为亚太政治与安全形势发展的必然。与北约成员国所一直强调的"大西洋共同体"相似，亚太多国也旗帜鲜明地提出构建"亚洲共同体"这一目标，[①] 亚太安全架构显然是其中的一个重要组成部分。

亚太新安全体系建构的落脚点主要集中三个层面：亚太民族国家的安全实践、亚太安全组织及其实践、各个次区域的安全建构。在构建亚太新安全体系的过程中，每个层面的安全实践都钩织成各种不同类型的安全关系，这些安全关系相互交织和重叠，共同构成亚太新安全体系。冷战结束后亚太区域各种安全关系的总体发展趋势是，从相对无序状态逐渐走向有序化，从相对分散开始进入渐进式集中，从平面式扩展逐渐演变为立体式建构。在亚太新安全体系的建构中，亚太安全关系主要集中存在于以下几方面：（一）民族国家与民族国家之间；（二）安全组织与安全组织之间；（三）民族国家与安全组织之间；（四）民族国家与次区域之间；（五）安全组织与次区域之间；（六）次区域与次区域之间；（七）次区域与亚太整体之间，等等。这些驻足于不同层面的安全关系，在后冷战时期的表现可谓各具特色，发展程度不尽相同，影响大小不一，但它们无一例外均成为亚太新安全体系的重要组成部分。其中，尤其以各个新兴民族国家在亚太安全架构中的地位最为突出，它成为连接亚太区域各种安全关系的基本单位。

第一，就以亚太民族国家为中心的安全关系而言，亚太民族国家在冷战结束后展开密切联系与合作，所涉及的领域包括政治、经济、社会、文化、安全等多个方面，形成一种极具包容性和融合性的安全合作关系。亚太民族国家之间的安全合作实践变得极其频繁，通过相互合作，争取安全保证双赢，共同构建和平秩序，这已成为亚太民族国家的共同认识和目标。"亚洲国家一直以一种世界任何地方都未曾见识的速度推进更大程度的经济联合……（亚洲）实施更大规模区域经济联合的多种模式一直推行了许多年。"[②] 大多数亚太民族国家都选择放置历史争议，面向未来，着眼于构建稳定、持久的双边安全关系或者多边安全关系。因此，纵观后冷战时期亚太民族国家的安全关系，除去一些历史上留存的国家争端和对立外，绝大多数民族国家、安全组

[①]　2009年10月，日本首相鸠山由纪夫首先提出"东亚共同体"设想，并且在此基础上提出"亚洲共同体"构想，强调以此实现亚洲的繁荣和稳定。随后，亚洲多国首脑都肯定了这一提法，并且将此作为亚洲和平与繁荣发展的一个指向性目标。

[②]　Mark E. Manyin, StephenDagget, Ben Dolven, Susan V. Lawrence, Michael F. Martin, Ronald O' Rourke Bruce Vaughn, "Pivot to the Pacific? The Obama Administration's 'Rebalancing' toward Asia", Ferian A, Bell and Odam L. Richards, eds., *U.S. and The Asia-Pacific Countries Deepening Relations*, New York: Nova publishers, 2012, pp.19-20.

织以及次安全区域，都保持了相对稳定与和谐的安全合作关系。"阿富汗与巴基斯坦、印度与中国、印度和巴基斯坦之间，一直存在着严重的边境争端，这些国家间新边境战争似乎毫无可能，但未来水资源短缺将会加剧水源争夺。《印度河水域条约》（The Indus Waters Treaty，简称 IWT）[1] 能够作为订立关于预防冲突的新四国条约的一种模式……"[2]

不容否认，冷战后亚太民族国家大多发展平稳，相互之间的安全关系比较稳定，构成亚太新安全体系的基础，因为亚太新安全体系的组成成分虽比较丰富，但毕竟民族国家始终是国际社会的基本行为体，是构筑亚太安全架构的基本单元。这在一定程度上决定了亚太安全组织、次区域安全架构的未来发展方向，即单个国家能否保持稳定与和平的状态，这在一定程度上直接决定了各种安全组织是否有能力保持稳定与和平，决定了各个次区域安全秩序能否持久有效。美国战略研究所教授斯蒂芬·布兰科（Stephen Blank）曾以中亚国家为例表明其观点，这一观点在很大程度上也代表了许多欧美学者的意见："进言之，不管是单个国家的稳定还是区域稳定，这一问题都是外交政策制定者们以及分析者们（所要知晓）的关键问题，这个问题是当前正在争论问题中最富有争议的。"[3] 从单个国家的安全实践，到单个或者多个安全组织的安全实践，再到次区域安全秩序建构实践，这些最终共同构成亚太新安全体系的全部。

在亚太新安全体系建构中，大多数亚太民族国家首先致力于确保自身的安全与稳定，然后在此基础上谋求安全组织的共同安全目标，最后再以民族国家以及安全组织的名义，以各种方式建构次区域安全秩序。后冷战时期亚太新安全体系所采取的步骤与程序，完全有别于冷战时期亚太安全体系建构，体现了亚太新安全体系的自主性建构原则。在亚太新安全体系中，大多数新安全关系及其建构，都出自亚太区域各个民族国家或者安全组织的自我意愿，出自各自政治、经济与安全需要。即使有外力介入，也无法像冷战时期那样无所顾忌或者越俎代庖，这反映了后冷战时期亚太区域各个国家、组织以及次区域持续发展和成熟。除少数国家出于内因或者外因而处于不稳定状态外，

---

① 1960年，印度和巴基斯坦两国共同签订了《印度河水域条约》，双方对发源于克什米尔，汇流至印度河的所有支流的共享共管做出详尽细致的规定，该条约既是一种围绕印度河的生态系统保护措施，也是双方缓解政治与边境冲突的一种迂回之策。

② Eric A. Strahorn, "The Indus River Basin in the Twenty-First Century", Michael Wills and Robert M. Hathaway, eds., *New Security Challenges in Asia*, p.92.

③ Stephen J. Blank, ed., *Central Asian Security Trends: Views from Europe and Russia*, VIII.

大多数亚太国家都保持了稳定与和平的发展态势。这在很大程度上决定了未来亚太区域安全架构或者次区域安全架构大体上将保持相对稳定状态。这不排除亚太区域某些次区域安全秩序建构会出现反复，但在整体上无损于亚太区域安全秩序建构。

与冷战时期亚太安全秩序建构相比，亚太新安全关系的指导思路是积极进取的，不论是民族国家、安全组织或者次安全区域，它们都竭力避免将纯粹的政治和意识形态带入其安全目标，而是更强调其本土安全意识，尤其是强调维护自身安全的主动意识，强调亚太民族国家与安全组织在区域或者国际安全秩序建构中占有一席之地，强调加强亚太区域与世界的政治与安全联系，强调亚太区域在国际事务中的重要地位。"这种协调关系将会使中国以及其他潜在的（安全）行为者，在全世界一些关键地区寻求建立大量国际化的、相互连接的'和平与发展共同体'。这些共同体不会变成特殊的区域集团，而将通过联合或者重叠的安全保护，谋求平衡本国、区域以及国际层面的关注与利益。"①

第二，以亚太安全组织为中心的各种安全关系，在冷战后变得更具创新性和独立性。后冷战时期开启后，随着亚太民族国家在构建亚太新安全秩序的过程中地位不断提升，亚太安全组织在建构亚太次区域安全秩序、参与国际安全事务的自信心和影响力大增。和同一时期世界其他地区相比，冷战结束后亚太安全组织数量大增，呈现出井喷式发展态势，其范围遍及整个亚太区域，可谓纵横交错，密度之大空前未有。因此，亚太安全组织的一个重要创新之处在于，它们在很大程度上突破了传统安全理念，既专注于应对各种传统安全威胁，同时也致力于应对非传统安全威胁。亚太安全组织更强调"大安全理念"或称"综合安全理念"，将确保和维护政治、经济、社会、文化、民族、宗教、国土、资源、环境等利益均纳入其安全防范的范畴。

美国政治学家詹姆斯·罗森瑙（James Rosenau）认为，从20世纪90年代开始，许多跨国家方面（的事务）已经开始挑战现代国家。这些挑战可以分为五个方面：跨国组织、跨国政治、跨国事件、跨国共同体、跨国结构，这5个跨国挑战在不同方向推动和拉升了民族国家，使国家层面上的政治家们发现越来越难以控制。② 亚太安全组织同样遭遇到这一全球性问题，因而更强调积极应对各种非传统安全威胁。当前国际社会所遭遇的所有类型的非传统安

---

① Hall Gardner, *NATO Expansion and US Strategy in Asia Surmounting the Global Crisis*, p.27.

② M. J.Williams, *The Cold War, NATO and the Liberal Conscience in Afghanistan*, New York: Palgrave Macmilan, 2011, pp.134-135.

全威胁，几乎都能在亚太区域找到其横行肆虐的印迹，而且许多非传统安全威胁还具有某种原发性特点，它们给亚太区域安全秩序建构造成的破坏和伤害要远甚于世界其他地区。

因此，冷战后的亚太安全组织在很大程度上有别于北约，亦有别于类似的欧美其他区域安全组织。它们没有极其严格的条约限制，大多数情况下奉行自愿协商的原则。它们也没有非常明确的安全目标，往往将其安全理念诉诸比较宽泛的综合性合作实践中。它们虽致力于发挥区域安全职能，但大多缺少独立的武装力量，并且很少使用军事武装。它们无法以某种特定的共同价值观或者意识形态作为联系纽带，而是以某种相对具体的共同需要为连接点。它们在内里与外表都非常松散，甚至在西方安全联盟理念中，这一安全理念和体系令人无法理解，但却极富功用，确实有效推动了亚太新安全体系建构，虽然这一过程相对缓慢和悠长。因此，亚太安全组织在某种程度上堪称开创了后冷战时期国际或区域安全模式建构的先河。以"上合组织"为例，在西方国家的眼中，该组织从目标到实践都似乎无法理解。"抛开其安全逻辑不论，'上合组织'在实践上相对不很活跃，也无法与俄罗斯竞争……它不是一个类似北约的防御军事联盟，它也不关心创设多边军事力量，或者成为类似警察的组织。"①

亚太安全组织在形式上不拘一格，丰富多彩，成分多种多样，重点不尽相同，其表现形式极具多样性和复杂性，很难将其按照欧美国家所推崇的科学、准确方式加以归纳，将其束之以某种统一式样或者类型。尽管如此，上述亚太安全组织却拥有一个共同特性，即绝大部分亚太安全组织均具有比较突出的独立性，尤其是在后冷战时期涌现的安全组织，以及许多被改造的安全组织，在指导方针、组织章程、运行规则、行动特点等方面，都较少接受各种外来力量的指导或者影响，尤其敢于抵制不利于亚太次区域安全秩序建构的种种不良行为，这在一定程度上显示了亚太安全组织的指导思想、方针以及实践已渐趋成熟。以"东盟""上合组织"以及"亚太经合组织"为例，它们敢于排斥大国政治、霸权外交以及国际经济强权，积极致力构建新的亚太区域政治、经济与安全新规则，因此，这些组织注定将在维护区域安全利益、推动区域安全秩序建构等方面得以发挥越来越重要的作用。

第三，亚太次区域安全秩序建构体现出越来越明显的自觉与自主意识，

---

① Stephen J. Blank, ed., *Central Asian Security Trends: Views from Europe and Russia*, VIII.

其政治与安全实践的被动性不断减弱。冷战结束后，亚太区域安全建构呈现多条路径，虽然每个次安全区域的安全步骤、战略目标以及行动方式都各具特点，但其总体发展趋势则是各个次区域安全秩序建构步伐不断加快，而且相互之间的安全联系与合作逐渐增多。亚太次区域的安全秩序建设与国际安全秩序建构开始越来越紧密地联系在一起，不仅出于其特殊的地理位置，更多还出自亚太各个民族国家、安全组织以及次区域越来越强劲的发展需要。

就以亚太区域最大的次区域安全板块东亚、南亚为例，它们正在以其国土与人口资源、地理位置、经济实力、社会形态、历史传统、文化与宗教等，影响着整个亚太区域的发展趋向，甚至还在世界其他地区产生了一定影响。"东亚和南亚一直被设想为具有独特战略意义的亚太区域，估计全世界50%的集装箱运输、70%的船运原油和天然气，要经过印度洋，绝大部分正在运往东亚。"① 毫无疑问，东亚与南亚作为后冷战时期亚太区域最具代表性的次区域，不论是其经济发展或者社会进步，还是战略需要或者安全行动，都在很大程度上缔造了一种新的区域安全秩序建构规则，不论这些新规则数量多寡、影响大小、在表现形式上有多特殊，事实上，这些新规则已经对国际安全秩序建构形成强有力冲击，正在一定程度上改变着国际安全秩序与规则。

不论是否承认，亚太每一个次区域安全秩序建构的目标，实际上都锁定为建立一个相对完整的次区域安全体系，也许这些安全体系规模有限，内容有时比较单一，但它们都自成一体，而且一直致力于在各个区域内部建立某种力量平衡。但是这并不等于亚太各个次区域相互孤立，彼此隔绝，实际上，亚太各次区域的安全建构从来就不是封闭的，许多安全组织的职能互相重合，各次区域中成员国的安全实践范围也经常超出其所在区域，这一状况在一定程度上同样增加了亚太各次区域安全建构中的关联性。

由此可见，亚太新安全体系建构正在不同层面稳步向前推进。毋庸置疑，亚太新安全体系建构在其建构方向与思路、整体或区域安全实践、政治与安全话语权等方面，虽然有别于大西洋安全模式，但同样取得巨大成就。这使亚太新安全体系既区别于冷战时期的亚太安全建构，也与西方国家的安全体系迥然不同。亚太新安全体系的上述特质，使其得以在后冷战时期的国际安

---

① "The United States and India: A Shared Strategic Future", Council on Foreign Relations, September 2011. 转引自 Mark E. Manyin, Stephen Dagget, Ben Dolven, Susan V. Lawrence, Michael F. Martin, Ronald O' Rourke Bruce Vaughn, "Pivot to the Pacific? The Obama Administration's 'Rebalancing' toward Asia", Ferian A, Bell and Odam L. Richards, eds., *U.S. and The Asia-Pacific Countries Deepening Relations*, New York: Nova publishers, 2012, p. 6.

全体系建构中占据不可或缺的一席之地，这在很大程度上避免了大西洋安全体系建构中的许多不足，避免重蹈欧美国家构建大西洋安全体系的覆辙，推动冷战后国际安全体系建构朝着更稳定和平衡的方向发展。

然而，我们也必须看到，亚太新安全体系秩序建设在整体上进展相对缓慢，目前其对国际安全体系建构的影响还非常有限，甚至亚太新安全体系本身也还是一个比较松散的安全体系，其安全功能与影响力亦无法与北约所构建的欧洲安全体系或者欧洲—大西洋安全体系相提并论。但是，这并不等于亚太新安全体系就是失败的或者低效的。因为评价每一种安全体系是否成功，并不完全取决于这一安全体系拥有多强大的实力或者影响，而是取决于该体系能否与国际、区域以及大多数民族国家的安全需要相契合，以及能否推动国际或区域安全秩序建构持续向良性方向发展。对于亚太新安全体系来说，该体系是否保持积极、有效的发展态势，不仅直接关系到当前亚太区域的安全与稳定，而且也关系到整个世界的安全与稳定。事实证明，到目前为止，在维护和稳定亚太安全秩序的进程中，亚太新安全体系所发挥的作用是积极、稳定和持久的。尽管不排除亚太区域仍存在着许多危机与冲突，甚至有的纷争还比较激烈，但这些并非亚太新安全体系的主流，而且必然会在亚太新安全体系中得到管控，直至得到解决、逐渐消弭。

第四节　北约与亚太安全组织的危机处置

一、北约从科索沃战争到利比亚战争

自后冷战时期开启后，北约就一直将危机干预当作其推进战略转型的一项重要内容，并且对此情有独钟。自北约确定"预防性危机干预"理论、方针与政策后，北约就一直迫不及待地将其危机干预理论付诸实践，以便在危机干预实践中对相关政策展开全面检验，对该政策中存在的种种不足与失误予以修正和弥补，使其理论体系更加完善，使该政策更具可行性，更加有效。事实上，危机干预理念确实为后冷战时期北约持续不断实施危机干预行动，提供了必不可少的理论与政策支撑。反过来，北约在冷战后推进的数次重大危机干预行动，确实在自觉或不自觉之间推动了北约对其危机干预理论与方针的调整与改革，使之不断趋于合理和完善。

纵观冷战后的北约所有干预行动，虽然数量较多，其中亦不乏具有人道主义援助性质的许多救灾行动，但是最能给人们留下深刻印象的还是北约所

采取的一系列军事干预行动。北约的目标非常明显，就是通过处置各种危机与冲突，预先对各种异质性力量与敌对性力量实施有效遏制和压服，为建立以北约为中心的新国际安全新秩序奠定扎实基础。为此，北约借口南联盟军队对科索沃阿族少数民族实施种族清洗政策，积极插手科索沃冲突。在北约主导的调停与谈判失败后，北约遂于1999年3月24日对南联盟实施空袭，发动了代号"盟军行动"（Operation Allied Force，简称OAF）的军事干预行动，全面展开科索沃战争。在这次长达78天的军事行动中，北约掌握绝对的军事优势，牢牢控制整个战局，最终给塞尔维亚军队予以重创，给南联盟经济与社会发展造成巨大损失，迫使塞尔维亚军队在6月9日不得不撤出科索沃。6月10日，联合国安理会通过相关决议，西方国家、俄罗斯以及科索沃冲突相关各方正式达成协议。6月20日，北约宣布终止"盟军行动"，正式结束对南联盟的军事轰炸。

北约对科索沃的军事干预行动实际上是其危机干预理论的预演。从行动开启直到结束，北约对危机干预的深度、范围、性质以及方式等多个方面进行了积极探索，确定了危机干预的一些基本原则。"北约领导了联合国委派的'科索沃维和部队'（Kosovo Force，简称KFOR），即在联合国安理会第1244号决议案的基础上，在1999年6月12日之前开始在科索沃部署5万名以上的武装力量，该决议案在前两天（1999年6月10日——笔者）就已奠定了一个民间行动——'联合国科索沃临时管制任务'（United Nations interim Administration Mission in Kosovo，简称UNMIK）。'国际维和部队'的任务就是建立一个安全环境，支持这一地区的人道行动。"[1] 北约对科索沃的军事干预，虽然打着"人道主义救援"的旗号，但是明确将其政治与安全目标贯之始终。

对欧美等国来说，科索沃战争作为一种高科技条件下的现代军事作战，北约并未出动地面部队，仅凭空中打击力量就赢得了战争，创造了现代"非接触性战争"的一个成功范例，这种战争方式为此后的北约干预行动提供了非常有效的借鉴。但是对南联盟来说，科索沃战争则不啻一场国家、民族与社会灾难，不仅国家陷入急速分裂状态，而且也使民族生活急剧倒退。对其他南欧与东南欧国家来说，这一战争虽未使其遭受直接损失，但其政治与安全实践亦受到前所未有的震慑。同样，北约虽然是科索沃战争的赢家，但是

---

[1] Bastian Giegerich, "NATO and Interorganizational Cooperation", Ellen Hallams, Luca Ratti and Benjamin Zyla, eds., *NATO beyond 9/11, The Transformation of the Atlantic Alliance*, p.307.

战争亦使北约认识到自身力量的有限性，从而使其对科索沃军事干预的自我意志，逐渐回到联合国安全框架下的政治解决，这为以后北约的军事干预提供了借鉴。

继科索沃战争后，北约又实施多次军事干预行动。2001年9月11日，"基地组织"对美国本土发动恐怖袭击，制造"9·11"事件。9月12日，北约宣布启动《北大西洋公约》第五条款的"集体防御"规则，北约秘书长罗伯逊勋爵向联合国秘书长通报了该项决定，北大西洋理事会一致同意，如果确定此次来自海外的攻击是冲着美国而来，就可以将其视为《北大西洋公约》第五条款所涵盖的一次行动。[①] 为此，北约公开宣布实施"集体防御"，向地中海海域增派海上武装力量，组织应急反应部队，加强卫星侦察与监视系统，对地中海海域实施不间断巡逻、警戒与检查任务，严防恐怖分子制造暴恐袭击。另外，北约危机处置行动既包括应对传统安全威胁，也包括应对非传统安全威胁。对北约来说，反制"9·11"事件及其造成的一系列后续影响，并不是一个单纯的反恐行动，实际上是北约大规模展开域外军事干预的一个重大转折点。该事件赋予北约域外军事干预以更大的正当性与合理性，为北约大规模展开军事干预行动做出预演。

2001年10月7日，在美国领导下，欧美多国针对阿富汗"基地组织"武装分子与塔利班武装力量，发起代号为"持久自由行动"（Operation Enduring Freedom，简称OEF）的军事打击。这支联军既有英国、德国、加拿大、捷克、波兰、斯洛伐克等多个北约成员国，也有澳大利亚、新西兰、日本、韩国、菲律宾、吉尔吉斯斯坦等多个北约伙伴国。虽然"持久自由行动"算不上纯粹的北约军事干预行动，而是采取"意愿联盟"（The Coalition of the Willing）这种方式，但是北约许多成员国都参与其中，这使北约实际上扮演着阿富汗反恐战争主力军的角色。虽然美国学者蒂姆·博尔德（Tim Bird）等人坚持认为，阿富汗反恐战争一直不是北约的专项任务，而更准确地说是美国人的反恐战争。"非常明确的是，抛开北约《北大西洋公约》第五条款的声明不论，千真万确，对阿富汗的入侵并不构成北约的一项使命。"[②] 但阿富汗反恐战争的真实情况却是，北约虽然在反恐战争之初态度相对保守，甚至不

---

① "Collective Defense", 22 March 2017, available at http://nato.int/cps/en/natohq/topics_110496.htm? selectedLocale=en. last accessed on 21 July 2015.

② Tim Bird, "Perennial Dilemmas': NATO's Post-9/11 Afghanistan", Ellen Hallams, Luca Ratti and Benjamin Zyla, eds., *NATO beyond 9/11, The Transformation of the Atlantic Alliance*, p.122.

愿意公开打出北约的旗号，只是听凭其成员国以自决方式参与反恐战争，但随着阿富汗反恐战争进程逐步深入，北约开始越来越深程度、越来越大规模地加入阿富汗反恐进程，直至最后成为阿富汗反恐战争的绝对主力。北约主动接受联合国安理会授权，成立"国际安全援助部队"，常驻阿富汗，负责维持阿富汗的安全与稳定，支撑其战后重建，训练阿富汗武装力量和警察部队等。

"持久自由行动"总共历时126天，到该任务结束之时，"基地组织"基本上被击溃，其残部流入阿富汗山区或者其邻国巴基斯坦境内。塔利班政权也基本上失去了对阿富汗政权的掌控。阿富汗最终建立了西方国家支持的民主政府，先是卡尔扎伊政府，之后是阿什拉夫·加尼政府。不仅如此，阿富汗也建立了市场经济体制、确立了新的法律体制等，北约在这一过程中一直发挥了非常重要的作用。然而，恰恰是在北约军事干预后，阿富汗出现"军阀割据，藩镇林立"的局面，其国民经济复兴缓慢，迟迟无法恢复正常的国家生活。"特别是，军阀的持续存在，阻碍了（阿富汗）全面治理，北约针对其自身的介入行动，开始寻求制定一种退出战略。"[1]

紧随阿富汗反恐战争，北约旋即又参与了另一场针对伊拉克的军事干预行动。2003年3月20日，欧美多国借口伊拉克制造包括核武器和生化武器在内的大规模杀伤性武器，对国际恐怖主义提供支持，为此向伊拉克发动军事进攻。对伊拉克的战争行动由美国主导，美国将其军事干预行动定名为"解放伊拉克行动"（Operation Iraqi Freedom，简称 OIF）[2]，英国、波兰等北约多国参加了对伊拉克的军事行动。但和北约参与阿富汗反恐战争相比，北约内部围绕伊拉克战争发生严重分歧。以英国、丹麦、意大利、西班牙、葡萄牙、捷克、波兰、匈牙利等为一方，积极支持美国的伊拉克战争政策，而以德国、法国、比利时等国为另一方，坚决主张在联合国授权下采取军事干预，反对美国的单边军事行动。就连过去一直紧紧追随美国、对其言听计从的加拿大，也对美国的伊拉克战争政策深表异议。尤其是围绕如果土耳其受到伊拉克侵略威胁，北约是否履行"集体防御"义务这一议题，在北约内部发生前所未有的激烈争论。虽然各方最终同意向土耳其提供保护，但许多矛盾与分歧并未得到解决，只是暂时加以回避。

---

① M. J.Williams, *The Cold War, NATO and the Liberal Conscience in Afghanistan*, p.82.

② 美国后来将此次军事行动更名为"伊拉克自由行动"，英国的军事行动代号"目标行动"，澳大利亚的军事行动代号为"猎鹰行动"，各方军事行动互不统属，但是相互协调，相互配合。

北约多国积极参与的"伊拉克战争",尽管在军事上取得重大战果,伊拉克萨达姆(Saddam Hussein)政权被推翻,以"共和国卫队"(Republican Guards)为主力的伊拉克军队被彻底击溃,伊拉克最终亦建立了西方国家青睐的"民主政府",美国作战部队也于2010年8月撤出伊拉克。但是就像阿富汗一样,伊拉克战争同样也留下了严重的战争后遗症。例如,伊拉克的国家与社会秩序始终混乱不定,国民经济发展乏力,国家治理四分五裂,以至美国不得不在伊拉克留驻数万军队,以此确保伊拉克的安全秩序。同时,美国亦不得不向一直处于弱势状态的马利基政府提供大规模援助,以维持其存在。更严重的是,伊拉克的混乱形势不仅持续恶化,而且这种混乱还急速向外扩展。从2006年起,在伊拉克提特里克地区,"基地组织"分支建立新恐怖组织——"圣战者联合委员会"(Mujahideen Shura Council,简称MSC),并在此基础上建立"伊拉克伊斯兰国"。该组织又于2013年4月与叙利亚恐怖组织"救国阵线"(Jabhatal-Nusra)合并,成立了新的国际恐怖组织——"伊拉克和黎凡特伊斯兰国"(Islamic State in Iraq and al-Shams,简称ISIL)。[1]这一新的恐怖主义组织自创立后,一举改变了"基地组织"以单个或者零散恐怖行动为主导的做法,而是以更大规模、在更高层次持续在政治、经济、军事、社会等领域推进其恐怖政策。其结果是使这一新恐怖组织很快成为全球最具破坏力的恐怖组织,而且成为中东地区建立和平与安全秩序的最大威胁。

与之相对应,2011年2月,利比亚爆发针对卡扎菲政府的大规模示威游行,并且很快发酵为武装冲突。3月19日,欧美等国几乎在同一时间向利比亚发起一系列军事打击。[2]3月31日,北约正式向利比亚发起代号为"联合保护者"(Operation United Protectors,简称OUP)的军事行动,4月5日,美国正式宣布将对利比亚的空中打击指挥权全部移交给北约,美国不再担当军事行动的主力。由此,北约全面接管并承担指挥对利比亚军事干预行动的领导权。在此次军事行动中,北约总计有16个国家直接派遣军队参与了军事行

---

① 该组织后来又被称为"伊拉克和大叙利亚伊斯兰国"(the Islamic State of Iraq and Greater Syria,简称ISIS),它创立后得到全球范围内伊斯兰武装恐怖组织的积极支持,例如,以菲律宾反政府武装"邦萨摩洛伊斯兰自由战士"(Bangsamoro)、尼日利亚的"博科圣地"(Bokoharam)、"基地组织"分支机构"哈里发战士"、巴基斯坦的"塔利班"为代表的许多激进恐怖组织与恐怖分子,都先后宣布向ISIS效忠,而且,ISIS还吸引了全世界许多国家的暴恐分子,参与其恐怖行动与战争。

② 美国的军事行动名为"奥德赛黎明行动",英国的军事行动名为"艾米拉行动",法国的军事行动名为"哈马坦行动"、加拿大的军事行动名为"莫比尔行动"。

动，还有一些国家提供了地面支持与后勤援助。此外，还有一些非北约成员国也参加了军事行动，例如瑞典、阿联酋、卡塔尔等。据统计，在利比亚战争中，北约战机共计出动26000架次，实施军事打击任务9600项。^①不可否认，北约主导的针对利比亚的军事行动，在短期内取得巨大战果。8月下旬，利比亚政府军全线败退。10月20日，前利比亚领导人卡扎菲在苏尔特被击毙。23日，利比亚新政府——"全国过渡委员会"宣布全国解放，利比亚战争正式结束。

在利比亚战争中，北约多国采取了新的作战模式——"非接触性战争"，即充分利用其空中优势力量、远程精确打击能力以及高科技作战技术与手段等，在没有出动北约地面武装力量的前提下，仅凭反政府武装力量的地面进攻、北约定点清除与选择性打击、心理威慑与宣传战、持续封锁、政治孤立等方式，迅速赢得对利比亚军事干预行动的全面胜利。此举将北约自科索沃战争后所采取的一系列军事干预行动提升到一个新的高度。就像北约前秘书长拉斯穆森（Anders Fogh Rasmussen）颇为自豪地声称的那样："我们的作战任务是成功的，盟国与伙伴国同样作出了贡献，即在很短时间内实施复杂的作战行动，执行我们所承诺的任务，以最大限度的军事专业精神避免伤害利比亚人民与（国家）基础设施。"^②而且，北约还将其军事干预行动，与战后利比亚国家重建、恢复利比亚的国民信心、强化北约与其他国际组织协调合作等内容，紧紧联系在一起，这实际上显示了北约在军事干预行动中的政治追求。

从科索沃战争直到利比亚战争，北约主导或者参与的上述几次重大军事干预行动，反映了北约在后冷战时期的一些战略新动向。

第一，北约已经从单纯的武力崇拜，转向政治与军事手段并重，甚至更偏重于政治手段。在后冷战时期多次军事干预中，北约已明显感觉到军事干预的有限性。虽然北约在科索沃战争直到利比亚战争中都取得了重大胜利，但所有被干预地区或国家都留下严重的后遗症，其中尤以阿富汗、伊拉克、利比亚最为严重。这些国家虽实现了政权更迭，但政权不稳，社会动荡，经济凋敝，各种部族势力、宗教教派力量、反社会组织等纷纷崛起，加速了国

---

① "We answered the Call-The end of the Operation United Protector", 31 October 2011, available at http://www.nato.int/cps/en/natolive/news_80435.htm. last accessed on 21 July 2015.

② "Progress in Libya irreversible", NATO Secretary General in New York, 20 September 2011, available at http://www.nato.int/cps/en/natolive/news_78306.htm. last accessed on 20 September 2015.

家政权碎片化、社会分层化以及国家虚无化，这与北约实施军事干预的初衷可谓大相径庭。

就目前的情形看，阿富汗、伊拉克、利比亚等国都不同程度地出现了政治回潮，各国的政治与社会发展均出现反复。以阿富汗为例，由于新政权软弱无力，导致谋杀、强奸和抢劫等恶性案件频发，社会秩序混乱，民众缺乏信心。一位强奸案受害人的姐姐就曾公开对阿富汗政府提出批评："如果塔利班政权仍然存在，强奸犯到目前为止可能早已被处决，而且它也会给所有人留下一个教训。如果没有法律存在，政府就无法倾听人们的抱怨。阿富汗最好回到塔利班时代，至少我们还拥有公正。"[①] 无独有偶，"许多非政府组织认为，北约在阿富汗所采取的行动，使阿富汗变得更不安全，（使人们）公然忽视了塔利班统治下阿富汗人生活的恐惧。"[②]

类似的不满与抱怨声音还有许多，这实际上反映了被干预国家或地区的人民对北约的极度不满。北约也许给他们带来了"民主"，但却并未带给他们更需要的"稳定、和平、工作以及食物"，这种不满情绪势必会削弱北约在上述地区存在的政治基础。另外，对北约的不满不仅存在于普通民众层面，同样也存在于国家层面。即使北约一手扶植的当地政权，实际上也对北约颇有微词，双方时有龃龉。北约为其设定的政治、经济、社会、安全、军事目标，实际上远远超出上述国家所能达到的程度，而且北约的种种战略与政策其出发点最终仍然落实为服务自身利益。因此，这就注定北约与其所扶植的各个政权必然会产生矛盾，进而在国家治理层面影响到北约在上述国家的影响。

第二，北约从热衷于单边主义，逐渐转向在国际层面寻求更大范围合作，从撇开甚至企图替代联合国，转向最大限度寻求联合国授权。在后冷战时期的一系列军事干预行动中，北约内部不仅出现不同程度的分歧与对立，而且北约难以在军事干预行动中独善其身，这使北约不得不对单边主义干预进行反思。鉴于北约自身力量相对有限，尤其缺乏必要的稳定、重建以及维持能力，北约不得不寻求合作伙伴，以此弥补自身力量的不足，开始谋求在更大范围内实施国际合作。北约与欧盟的合作就是一种重要尝试。"在'柏林附加协定'订立后，欧盟在2003年3月开始执行第一次军事任务——'康卡迪亚行动'（Operation Concordia），即替代北约在马其顿的小规模维和行动。'康

---

① Aryn Baker, "The Warlords of Afghanistan", *Time*, 12 February 2009.

② M. J. Williams, *The Cold War, NATO and the Liberal Conscience in Afghanistan*, p.118.

卡迪亚行动'得到位于比利时蒙斯的'欧洲盟军最高司令部'的支持，也得到了北约位于马其顿的行动后备队的支持。"[1] 同样，对于身陷阿富汗而难以自拔的北约来说，同样需要欧盟的合作与支持，需要借重欧盟长于民事力量的优势，来弥补自身民事力量不足的缺陷。

不唯如此，北约同样也已认识到，联合国在维持国际安全秩序中具有不可替代的重要作用，联合国安理会作为当前国际关系体系中的最高决策机构，在现有国际政治与安全事务中拥有重大影响，北约既无法也无力取而代之。无论是科索沃战争还是利比亚战争，北约的综合能力实际上并未达到圆满、理想地处置冲突的程度，因此北约必须与联合国展开合作，而且还要在联合国框架下与其他组织或者区域大国合作。北约前秘书长拉斯穆森曾就北约从欧洲—大西洋区域向全世界扩展安全合作这一议题谈到："我们的经济已经全球化，我们的安全也被全球化，如果我们要有效保护我们的人民，我们实现安全的办法就是实现全球化。这就是为什么合作安全要以北约方式行事的原因所在。这意味着必须能够而且愿意在政治和军事上与其他国家打交道，无论它们是什么国家，而且北约还要与国际组织打交道，例如联合国与欧盟。"[2]

由此可见，通过从科索沃战争到利比亚战争的锻炼和熏陶，北约面对各种危机与冲突，在认识和能力两个层面均得到加强，可以预见，未来北约处置危机的手法将更加灵活多样，北约对待危机与冲突的态度也会更加圆滑老到，北约处置危机的结果也会更少消极内容，更多积极成果。

二、亚太安全组织与危机处置

与北约在冷战结束后热衷于实施对外军事干预行动相反，冷战后亚太安全组织将其工作重心集中于构建亚太新安全秩序，而不是全然放在应对亚太区域以外的危机与冲突之上，许多安全组织甚至不愿意应对所在区域以外的危机与冲突，即使这种危机可能会对自身构成某种潜在的安全威胁。从表面上看，亚太安全组织似乎既缺乏雄心大志，又惮于承担不必要的责任，在应对外来危机冲突的态度上显得消极而且保守。但事实却非如此，亚太安全组

---

[1]　Kristin Archick and Paul Gallis, "NATO and the European Union", Eduardo B. Gorman, ed., *NATO and Issue of Russia*, p.103.

[2]　Andres Fogh Rasmussen, "NATO Delivering Security in the 21st Century", 转引自 David Yost, *NATO's Balancing Act*, p.15.

织应对危机与冲突的方式极其特殊，不同于北约，但这并不等于它们面对冲突总是无动于衷或者无所作为。坚持功能主义学说的西方学者们就认定："在亚太地区，'东盟'与'东盟地区论坛'很谨慎地开始工作，但是当前是多功能组织在发挥作用。多功能组织可以将成员国领导人聚在一起，它们有可能解决国家间的冲突，甚至可以解决国家内部的冲突。"①

尽管亚太区域并不具备类似大西洋那样相对完整的安全模式，其安全组织大多缺乏相对统一的行动规则、指导语言、政治话语以及安全需要，也较少活跃于国际安全舞台，但无论是亚太民族国家还是安全组织，它们在冷战后将构建亚太安全架构当作最紧要的任务，希冀在短期内迅速构建一个完善的亚太安全架构，至少建构一个完整的次区域安全体系。然而，要想建立一个行之有效的亚太安全体，亚太安全组织就必须应对层出不穷的危机与冲突。因此，亚太安全组织正是通过持续处置各种棘手的危机，逐渐推进亚太安全架构建构进程。多数亚太安全组织通过处置危机与冲突的大量尝试，逐渐形成一套具有亚太区域特色的危机处置机制，同时形成一种应对危机与冲突的程序、方法以及指导理论。

然而，鉴于亚太区域各种危机与冲突的复杂性和多样性，大多数亚太安全组织一般更愿意从长远、宏大的角度解决危机与冲突，而不是立足于迅速解决危机与冲突。它们相对擅长于通过间接以及迂回的途径介入危机，而不是以针锋相对、短兵相接的方式直接介入危机。它们更愿意以有限方式介入纷争，而不是全面干预危机与冲突。它们更愿意借重各种国际安全力量或者区域安全力量干预纷争，而不愿单凭自身力量介入纷争。它们更愿意以政治、经济或者文化手段消弭危机与冲突，而不是以军事手段介入危机，以暴易暴。亚太安全组织所采取的上述立场与态度，实际上取决于其特有的文化理念、相对薄弱的安全力量、复杂的区域安全状况，这些都使得亚太安全组织无法像北约那样应对和处置危机。

在理论上而言，亚太安全组织处置危机与冲突的实践大致具有以下两个特点：

第一，面对形形色色的危机与冲突，亚太安全组织只是有选择地应对某些更为迫切、影响重大的危机与冲突，一般来说，它们会主动远离或规避那些相对棘手、不易解决的危机与冲突，而选择应对那些麻烦较少、难度较小

---

① Michael Haas, *Asian and Pacific Regional Cooperation, Turning Zones of Conflict into Arenas of Peace*, p.16.

的危机，除非那些危机与冲突迫在眉睫，直接危及其存在与发展。例如，亚太安全组织会有意避开类似"巴以冲突"这类历史纠纷。"以色列人和巴勒斯坦人应该和平相处，自从以色列在2005年单方面撤出加沙而未寻求全面安全并且发展飞地之后，这些问题一直难以解决……"① 它们会更多将其注意力聚焦于"南亚大海啸""亚洲金融危机"、联合打击海盗行为等，上述危机与问题的解决，无疑将有助于加强亚太各国的联合与合作，强化亚太安全组织建设。

鉴于许多亚太安全组织的属性比较复杂，许多安全组织本身就是政治或经济组织，或者其他形式的专业职能组织，因此其安全职能大多附着于政治、经济或其他专业职能之上。这就决定了亚太安全组织不可能像北约那样，建立自己的专属武装力量，以此突显自身的安全职能。尽管亚太区域在冷战后也建立了许多类似"上合组织"的新安全组织，但是这些组织从未将自身定位为军事联盟，仅限于在成员国之间定期举行军事演习，它们始终没有建立独立而且专属的武装力量，而是更多以防御性战略威慑、紧密的安全合作关系、特殊的政治合作等方式，应对次区域内部的各种危机与冲突，有效确保各个次区域的安全与稳定。

尽管冷战结束后，亚太区域各种危机与冲突频发，但是许多新近出现的危机与冲突都是外来势力对亚太区域的不当施加影响、染指和干预的结果，例如，以美国为代表的西方国家热衷于在世界范围内推进"颜色革命"，导致亚太区域多个国家或者地区政治与安全形势极不稳定。喧嚣一时的伊拉克战争，就是西方国家以存储和发展大规模杀伤性武器这一事实上并不存在的理由为借口而发动的战争，而阿富汗反恐战争看似西方国家对"基地组织"和塔利班政权发动的"正义之战"，但如果深究基地组织和塔利班政权的缘起及其种种恐怖袭击，我们还是可以看到西方国家所根植的因果与利害关系。"美国的战略困境一直是，在可能的情况下如何拉拢和分化不同的伊斯兰运动，例如'穆斯林兄弟会'（Moslem Brotherhood）、'萨拉费教派'（Salafists）以及与'基地组织'相关的'伊斯兰圣战者'（Jiadists），还有其他组织。"② 由此可见，以美国为代表的西方国家虽热衷于插手亚太政治与安全事务，但实际上并不真正了解亚太区域复杂的民族关系、文化与宗教、历史和传统等，

---

① Hall Gardner, *NATO Expansion and US Strategy in Asia Surmounting the Global Crisis*, p.179.
② Ibid., p.108.

这就注定美国的插手会产生大量新的危机与不稳定因素。因此，针对上述类型的危机与冲突，亚太安全组织大多采取旁观和静候态度，听任西方国家或安全组织予以积极应对。

针对亚太区域一些由来已久、存在极其复杂历史与现实利益纠葛的纷争与矛盾，亚太安全组织大多采取了回避或者有限介入的政策。以"东盟"为例，面对其成员国之间的领土与边界纠纷，例如，各国围绕南海岛屿主权的争端，"东盟"基本上采取了保持相对距离的态度，避免涉身其中。相反，"东盟"竭力推动所有存在边境纠纷、岛屿主权争端的各方展开谈判、对话以及协商，以和平方式解决领土争端，"东盟"本身并不急于采取某种极具现实性的政策与措施，这种政策在很大程度上确保了东南亚地区的相对稳定与和平。"除了内部冲突，东南亚一直受到边境冲突的袭扰，除去个别事件外，这些冲突很少有增加。"① "东盟"的立场非常明确，努力不使自己成为各方解决危机与冲突的平台，只为其成员国解决问题提供机会。虽然2015年4月第26届"东盟峰会"、2015年8月"东盟地区论坛"以及东盟外长系列会议，在美国、日本以及菲律宾等国的鼓动下，先后表示了对南海问题的关切，但这并不能改变"东盟"对该地区岛屿主权争端的基本政治立场。

第二，在应对危机与冲突的过程中，亚太安全组织会不断增强其自觉性与主动性，它们应对危机与冲突的方法会越来越多，手法也会愈加娴熟，处置效果也会越来越好。与之相对应，亚太安全组织在亚洲乃至全球安全环境中的地位亦会不断提升，它们在国际安全格局建构中的作用会不断加大。众所周知，冷战后亚太区域在全球范围内政治、经济、文化以及安全影响急剧扩大，亚太安全组织处置危机与冲突的能力不断提升，它们已开始尝试着摆脱西方国家施加的各种不利影响，以减轻其对西方国家或安全组织的单方面依赖关系，探索符合自身安全需要的发展之路。

在应对危机与冲突的过程中，亚太安全组织没有简单沿袭西方国家的危机干预模式，尤其是北约的武装干预模式，而是努力探索符合自身需要的危机处置立场、方式以及理论。这使亚太安全组织在危机与冲突处置中显示出越来越强烈的自我意识，它们以越来越自信的态度，或单独或联合介入各种危机与冲突。许多亚太安全组织不再盲目崇拜或相信外部势力，因为外部势力只有在其自身有安全需要的时候才会选择介入，而不会在解决危机与冲突

---

① Michael Haas, *Asian and Pacific Regional Cooperation, Turning Zones of Conflict into Arenas of Peace*, p.120.

的最佳时机介入其中。而且，外部势力所提供的危机解决之道，并不完全适应于亚太安全形势，亦非解决危机、应对冲突的最佳选择，它们在很大情况下常常使安全事态变得更加复杂，使局面进一步恶化。许多西方学者寄希望于在亚太区域建立一个类似北约的安全组织，以便推动亚太区域危机与冲突的解决。"'为什么亚洲没有北约'堪称国际关系学者中一个极具争议的难题。理性主义学者给出了力量差距以及机制有效性的解释。建构主义者提出集体特性以及标准扩散的观点。然而，这些现存的理论在解释美国不同的联盟战略中至多是不充分的。因为理性主义学者未能指明假定的合理偏向与美国联盟选择之间的因果机制，而建构主义学者则忽视了美国特性与亚洲标准的转换。"① 事实上，亚太区域不可能建立一个类似北约的安全组织，即使建立一个类似北约的安全组织，也不可能像北约那样处置各种危机与冲突，北约的军事干预政策及其实践，并不完全适宜亚太区域安全形势的需要。

很显然，亚太安全组织在应对危机与冲突中，实际上已经逐渐形成一种独具亚太特色的立场、方法、理论以及措施等，尽管这些理论、方法以及举措还不很成熟，而且其实践效果亦非常有限，根本无法与北约运用武装力量所取得的立竿见影效果相比，但是，它们归根到底出自亚太区域自身的特殊安全要求，它们更加适应亚太安全环境及其变化，无论在思想还是实践上，它们都更适应构建亚太新安全秩序的要求。因此，我们可以预期的是，亚太安全组织的上述理论方法，不仅会在亚太区域应对危机与挑战的过程中发挥愈来愈重要的作用，而且还会随着亚太安全组织在世界范围内的影响不断扩展，为亚太区域以外其他安全组织处置次区域危机与冲突提供有益的借鉴。由此可见，尽管冷战后亚太区域从未出现类似北约的军事联盟，各种安全组织亦从未具备北约所拥有的强大武力，但这并不妨碍亚太安全组织在应对危机与冲突中发挥作用。事实证明，亚太安全组织可以胜任建构新安全秩序的需要，亚太区域无须北约或者其他类似北约的军事组织介入。"'上合组织'拒绝将西方的诸多政治框架强加于自身，该组织的成员国将这些框架称为'发展模式的输出'，'上合组织'并非要寻求文明的方法，而是要推进'和谐发展'。"②

---

① Kai He and Huiyun Feng, *Prospect Theory and Foreign Policy Analysis in the Asia Pacific, Rational Leaders and Risky behavior*, p.117.

② Elizabeth Wishnick, "Safe Harbor in a Risky World? China's Approach to Managing Food Safety Risk". Michael Wills and Robert M. Hathaway, eds., *New Security Challenges in Asia*, p.174.

不可否认，亚太安全环境确实非常复杂，各种危机与冲突持续不断，但亚太区域大多数危机与冲突基本上得到有效管控，亚太区域在总体上始终保持着稳定与和平。类似阿富汗反恐战争、伊拉克战争等危机与战争，只是加剧了亚太局部安全形势紧张化，并未从根本上颠覆亚太安全新秩序逐渐走向和平与稳定的总体态势。危机热点逐渐减少，已有的热点逐渐固化，对话逐渐取代对抗，管控逐渐替代放任……虽然以美国为代表的西方国家、以北约为首的各种西方组织，都不同程度介入亚太安全事务，甚至挑起危机或者深度介入冲突，但是这并不能改变亚太新安全秩序建构的良性走势。由此可见，即使未来有外部势力强行介入，或者未来亚太局部地区再度出现新的危机与冲突，但这只能延后或者拖累亚太安全架构建构的大势，却无法改变其持续发展之势。外部势力只会给亚太安全架构建构增加一些不和谐音符，但却无法改写乐谱。

可喜的是，已经有越来越多的亚太安全组织投入亚太新安全秩序建构的进程中，亚太各国的安全合作从思想理念和实践两个层面都得到全面加强。除共同应对传统安全危机与冲突外，亚太安全组织已开始着力应对近年来兴起的各种非传统安全威胁，例如金融安全、粮食安全、能源安全、网络安全、公共卫生安全等。这种局面使亚太各国以及各安全组织客观上成为"安全命运共同体"，它们一荣俱荣，一损俱损，任何单个的民族国家或者安全组织在危机处置中处置失当或者遭受失败，都必然会对其他国家或者组织产生不利影响。单个国家或安全组织已不足以应对跨国界、跨领域、跨时间的综合安全威胁，不仅亚太区域各个国家或安全组织之间需要联合，而且它们还需要与世界其他国家或组织展开合作。

例如，2002年，中国与"东盟"签署"南海各方行为宣言"，提出中国与东南亚各国共同管控南海安全局势，防止主权争端进一步升级，照顾各国利益，营造解决南海问题的良好环境，积极构建中国与东南亚国家之间的对话与协商机制。目前，中国和"东盟"甚至还计划建立两条热线，一条是外交高官热线，另一条是海上搜救热线，以便最大限度确保南海岛屿主权声索各方的协商与合作。2014年3月，在搜寻失联的马航MH370客机的工作中，亚太区域多国和多个组织展开密切配合，而且它们还与美国、英国、挪威、澳大利亚等国以及"国际海事卫星组织"（International Maritime Satellite Organization，简称INMARSAT）等各种国际组织或区域组织等展开合作，在印度洋海域分片实施联合搜救，等等。

总之，亚太安全组织处置危机与冲突的最终目标，旨在建立一种亚太新安全秩序，这一安全秩序首先是确保亚太区域整体以及次区域保持和谐稳定，建立一种平等、共享、和平、友爱的新安全关系。其次是确保亚太各国以及次区域能够持续发展，建立一种互信、互利、互助的新发展观念。就亚太安全的整体状况而言，亚太安全组织处置危机与冲突的进程将是长期的，亚太新安全秩序的建构还有很长一段路要走，甚至可能会遇到严峻的挑战，但亚太新安全秩序的良性建构将会持续下去，亚太区域所出现的各种危机与冲突，将会在一个更加稳定、祥和以及和平的环境中逐渐得到解决。

第五节　北约转型与亚太安全组织发展

一、北约走向世界

从冷战结束迄今，北约的战略转型已经持续了20多年时间，北约跃出北大西洋区域，面向全球政治与安全事务，这似乎已经成为定局。"在1992年6月北大西洋理事会在奥斯陆召开的会议上，北约正式提出承担域外任务这一问题。北约成员国一致同意，它们已经准备在具体问题具体分析的基础上提供支持，以便与我们自己的程序保持一致，以便在'欧洲安全与合作组织'所承担的责任下执行维和行动，包括运用北约的资源以及专业技术。"[1] 但是北约这一战略转型目前一直处于争论中，各方争论的焦点是，北约是否会继续以维护欧洲安全为主、有限参与域外干预行动，做一个"欧洲的北约"；还是突破北大西洋区域限制，就此彻底成为一个"全球的北约"。北约成员国对此莫衷一是，相持不下。

对北约走向全球持反对意见的人士认为，如果北约过多关注域外安全事务、实施太多的域外干预行动，就会严重削弱北约自身的安全防御能力。因为作为北约安全防御核心的欧洲，目前仍保留着冷战遗留的大量不稳定因素，它们对北约客观上构成不同程度的安全威胁，北约必须对此做出正面应对。北约前发言人、助理秘书长杰米·谢伊曾强调："历史通常会惩罚两种表达，即拥有太多愿景的表达，或者没有愿景的表达。北约的任务必须是使必要的设想与必要谨慎联系起来。"[2] 与之相比，针对国际社会一致要求北约

---

① "Final Communiqué of the Ministerial Meeting of the North Atlantic Council in OSLO", 4 June 1992, available at http://nato.int/cps/en/natohq/official_texts_23983.htm?selectedLocale=en. last accessed on 6 August 2015.

② Jamie Shea, *NATO 2000, A Political Agenda for a Political Alliance*, p.58.

对"阿盟"在达尔富尔的行动提供后勤援助，法国外交部长米歇尔·巴尼耶（Michel Barnier）所表现的态度堪称异常强硬，而且直截了当："北约不是世界警察。"[1] 与上述看法相反，支持北约走向全球的人士则认为，北约应该利用冷战后自身获得的全面优势地位，积极承担起领导世界的责任，"（北约应该）向所有能够有助于北约新责任的民主国家扩展其成员国资格"。[2] 由此可见，针对北约是要"固守欧洲"还是"走向世界"的争论，在表面上似乎是关于北约不同战略定位的分歧，但实质上却是北约如何使用其战略资源，以及在什么范围内使用其战略资源与力量。

事实上，在北约及其成员国许多领导人内心深处，未尝不想要北约跃出北大西洋区域，承担更多、更大的世界领导责任，他们都希望北约能够利用冷战后一枝独秀的特殊地位，迅速填补雅尔塔体系后的国际战略空间，加速创建以北约为中心的国际新安全秩序。但是，令北约领导人担忧且害怕的是，北约虽貌似强大，但其战略资源相当有限，如果北约过分专注于各种域外危机与冲突处置，无疑会分散北约原本用于维护北大西洋区域安全的资源和力量。同样，北约对未来国际安全架构的走势并无十足把握，对未来北约将要构建的国际新安全秩序也非了然于胸。许多北约成员国担心，如果北约过早过快从区域军事联盟向国际安全组织过渡，不仅无助于目前的国际安全秩序建构，而且还会影响并拖累北约自身的生存状态与发展前景。

正是在上述种种担忧和疑虑中，北约开启了其战略转型进程。实际上，在北约走向全球的进程中，北约内部各种意见并未达成完全一致，但这并不妨碍北约走向全球。"从2002年起，北约启动了旨在推动其在'9·11'事件后转型的三项重大改革的进程，并且在欧洲舞台以外地区开展一系列行动。"[3] 无论北约制定的各项战略思想、指导方针、政策规划、行动方案等，还是冷战后持续实施的各项政治、军事以及社会行动等，北约用实践证明了自身已经身处向全球政治—安全组织过渡中。需要说明的是，北约启动走向全球进程，并不等于其不再以欧洲为战略防御重心，亦不再恪守北大西洋区域安全原则。事实上，北约似乎已经就"欧洲的北约"与"全球的北约"达成某种平衡，即在继续坚持北大西洋区域防御这一核心安全理念的前提下，

① Daniel Dombey, "NATO to Provide Support in Darfur Mission", *Financial Times*, 28 April 2005.

② Ivo Daalder and James Goldgeier, "Global NATO", *Foreign Affairs*, Vol. 85, No. 5(Sep./Dec.2006), pp.105-113.

③ Jennifer Medcalf, *Going Global or Going Nowhere? NATO's Role in Contemporary International Security*, p.173.

实施必要而且有限的域外干预行动，在更加长远、宏大的战略时空内逐渐构建国际新安全秩序。

北约走向全球的政策与实践并非临时起意，亦非遽然而成，这是一个动态的发展过程，甚至直到现在仍处在进行当中。推动北约走向全球的原因极其复杂，概括而言，此举既受到北约自身主观思想因素的驱动，已为冷战后国际安全形势变幻的客观环境因素使然。进言之，北约确实具有重新打造国际安全秩序的主观动机，这直接体现在北约的各项政治与安全政策中，例如北约推行军事机制改革、武装力量转型、新安全任务设定等，包括北约主动消除各种潜在的传统安全威胁以及非传统安全威胁等，都体现了北约谋求扩展、推进转型的巨大动机。与此同时，冷战后全世界范围内频频发生各种危机与冲突，也在客观上为北约实施全面战略转型提供了契机，不仅为北约不断印证其战略转型的指导思想提供了实验场，而且也在客观上加速了北约战略转型进程。

北约走向全球的进程相当漫长，其中包括几个重大步骤，它们既是北约走向全球的重要里程碑，也为北约加速走向全球奠定了必要基础。这些重大步骤主要表现在以下几方面：

第一，北约确实不再满足于只在北大西洋区域实施集体防御，而是将战略重点转向在全世界应对各种安全威胁。为此，北约在强化其军事职能的同时，还积极发展包括政治与社会功能在内的综合职能。为此，北约在冷战后不断修正其战略目标，不断扩展其政治和安全战略的外延，北约实施域外军事干预的目标很明确，就是在世界范围内消除各种潜在的政治与安全威胁、异质性力量以及不安全因素，以提前预设的方式削弱并且清除各种表面或者潜在的安全威胁。例如，北约主导和参与的科索沃战争、阿富汗战争、伊拉克战争以及利比亚战争，连续击败或消灭了南联盟米洛舍维奇政府、阿富汗塔利班政权和"基地组织"、伊拉克萨达姆政府以及利比亚卡扎菲政府。在表面上，北约对外军事干预属于某种专项军事任务，但实质上却是北约重塑国际安全秩序的特殊政治安排。这种政治安排不仅为北约所坚持，而且也为其他许多西方组织所普遍推崇，双方的政治与安全意图可谓空前重合。北约持续推进的各种政治与军事机制改革、武装力量建设方向调整以及战略安全新定位等，实际上既是北约为走向全球所做的预设性战略准备，也构成全球进程的一部分。

北约在世界范围内大规模实施域外军事干预，无疑会在全世界塑造一种对北约极为有利的安全氛围，进而为北约持续推进其国际安全构想创造条件。姑且不论其主客观意图，北约域外军事干预，确实对世界范围内那些不认同北约安全理念的国家或组织形成某种强大威慑，使之惮于和北约相抗衡。反之，北约持续推进域外军事干预，事实上对认同北约战略构想的国家或组织提供了支持和帮助，进一步强化其对北约的支持立场。美国北大西洋委员会（the Atlantic Council of the US）在其报告中曾宣称："如果（北约）在阿富汗所付出的努力失败，北约的团结、效率、威信将会被动摇，北约在域外扮演讨伐性角色的合理性将会破坏。"① 由此可见，北约持续实施域外军事干预，本身就构成了其重塑国际安全秩序的一项重要内容。

　　尽管北约的域外军事干预都留下严重的战争后遗症，但是作为北约走向全球的一个重大步骤，北约的域外军事干预仍将继续下去，因为它已经成为北约协调和解决内部危机与分歧的一种重要途径。北约正是通过持续不断的危机处置，在暴露问题、矛盾与分歧的同时，使其内部分歧与矛盾得到缓解或者解决。就像美国评论家约翰·纽豪斯（John Newhouse）所强调的那样："今天的安全威胁不是军事上的，北约也并非武装起来应对恐怖主义和大规模杀伤性武器扩散。举例来说，反恐更像是一种情报和警察行动，而不是军事行动。除了维和任务，华盛顿越来越不愿意依赖北约，北约自身亦转向解决其成员国之间的问题。"② 或许，北约今后将改变其域外军事干预手法，使之更加温和、更加谨慎、更能让被干预国家或者国际社会所接受。与此同时，北约还会进一步做好域外干预行动的善后工作，最大限度减少或者降低域外军事行动的消极影响，以此确保域外军事干预的效果，推进北约走向全球之势。

　　毫无疑问，持续不断的域外军事干预，大大扩展了北约在全球范围内的政治、军事、社会影响，客观上为北约向全世界宣传和散布其战略观、价值观以及世界观提供了时机，这无疑将有助于世界各个国家或者组织深入认识北约，进而增强它们对北约的认同感，毫无疑问，这对于推动北约走向全球将极其有益。前北约秘书长夏侯雅伯在2006年指出："北约并不准备转变为某种世界警察，处置全世界的紧急事件，我们并没有这种野心，更不用说必要的手段了……我们需要将胜任战斗任务的力量以及冲突结束后重建工作的力

---

① Atlantic Council of the United States, *Saving Afghanistan: an Appeal and Plan for Urgent Action*, Washington, D. C.: Atlantic Council of the United States, 2008, p.5.

② John Newhouse, "A New Alliance Could Nudge Aside the Old", *The Washington Post*, 4 November 2001.

量很好地混合在一起。"①

第二，北约在现阶段不仅热衷于域外军事干预，而且还积极参与世界范围内各种政治、经济、社会与安全关系的整合，这是北约走向全球的另一项重要内容。北约在持续推进国际新安全秩序建构的过程中，特别注重加强与各种国际组织、区域组织以及民族国家之间的联合与合作。北约的合作领域极其宽泛，不仅涉及政治、经济、社会、文化以及安全等传统安全领域，而且还涉及许多非传统安全领域，例如能源、气候、环境、食品、网络等。在传统安全领域，北约不仅积极地与以联合国为代表的各种国际组织展开深度合作，而且还与欧盟、欧洲安全与合作组织、阿盟、非盟、东盟等展开合作。北约就是要通过联合与合作，调整和整合现有的各种安全关系，通过与众多国际组织展开合作，借助国际组织的权威与影响，弥补北约自身资源与力量的欠缺与不足，从另一个侧面强化北约的决策力、行动力以及影响力。与此同时，通过与国际组织的合作，北约亦最大限度对其施加反向影响和作用力，确保自身利益最大化。例如，北约的域外干预行动在表面上似乎均得到了联合国授权，但事实却是北约不断地将一个又一个既成事实摆在联合国面前，迫使联合国只能按照北约的设计和规划与其展开合作，迫使其他区域组织不得不与北约展开合作。

与此同时，北约还持续不断地与各种区域组织、民族国家等展开合作，在北约一系列域外干预行动中，北约先后取得许多区域安全组织、区域大国的支持。通过与后者的一系列合作，北约在充分确保其域外军事干预效果的同时，亦着力于建构各个区域安全秩序，即通过与后者的合作，共同制定某种区域安全规则，或者通过各个区域组织或大国，将北约的安全意志灌输于世界不同地区。另外，通过与各区域安全组织与大国的合作，北约事实上搭建起一个遍布全世界的安全网络，这成为北约最大限度扩展其影响力的重要平台，有效地确保了北约在世界各地区的影响力。

第三，北约走向全球化，还表现为北约在冷战后大肆实施东扩，以及大规模发展伙伴国家。通过上述直接或者间接方式，北约空前放大了其在全世界的影响力，全面扩展了其势力范围，极大地改写了欧洲的地缘战略关系，改变了欧亚大陆既定的地缘政治架构。诚如上文所言，从1999年至今，北约

---

① Jaap de Hoop Scheffer, "A New NATO", Speech at the Norwegian Atlantic Committee, Oslo, 3 March 2006, Jennifer Medcalf, *Going Global or Going Nowhere? NATO's Role in Contemporary International Security*, p.238.

由冷战结束之初12个成员国，扩展到目前拥有29个成员国。虽然北约内部的力量分布并不平衡，成员国的分歧与矛盾也从未停止，各方利益亦始终存在差别，但是毕竟北约的势力与影响遍及整个欧洲大陆，北约占据了欧亚大陆西部几乎所有的战略要津，控制了大西洋几乎所有的战略枢纽。因此，单就北约的联盟规模以及势力范围而言，北约实际上已经远远超出区域安全组织的范畴。

与北约大规模实施东扩相同步，北约在冷战后大肆推进其"和平伙伴关系计划"，在世界范围内大规模发展伙伴国、对话国以及合作国。北约的"和平伙伴关系计划"无论其规模还是涉及的领域，甚至远远超出北约联盟自身。这些不同种类、层次的伙伴国家，看似很随意地散布在全世界，但它们却与北约事实上构成了某种比较特殊的政治与安全合作架构，虽然这种由伙伴国构成的联合架构所具有的重要性似乎逊于北约的联盟架构，但是它实际上已经成为与北约联盟关系并驾齐驱的一种新关系，而且成为北约联盟架构的一种重要补充，两者在传播北约的影响力与作用力方面，似乎只有前台与后台之分，而不存在孰高孰低之分。

总之，通过东扩、构建伙伴关系等举措，北约全面扩展了其在全世界的影响力，虽然北约避免将自己称为国际组织，但北约现有的联盟架构及其延伸架构，实际上远远超出区域安全组织所应有的格局。不论北约承认与否，北约事实上已经建成全世界仅次于联合国的最大规模的区域安全架构，虽然北约一再声称，扩大后的北约不会妨碍联合国，北约甚至一再争取与联合国展开合作、争取联合国授权。但是不断得到扩展的北约，未来势必会与联合国形成竞争之势，北约所谋划的国际新安全秩序也势必会与现有的国际秩序形成对抗之势，这是一种历史必然。北约前发言人詹姆斯·阿帕苏莱伊（James Appathurai）曾公开宣称："如果我们对所有北约、欧盟以及联合国的任务提供武装力量，我们将陷入麻烦中。"[①] 事实上，北约在决定走向全球的一刹那，就已注定将会出现这一结果，除非这一动态进程出现重大变数。

二、亚太安全架构进一步扩展

无独有偶，与北约走向全球相对应，亚太安全架构在很大程度上也不断

---

① Honor Mahony, "NATO and EU Relations Simmer over Soldiers", available at http://Euobserver.com, 转引自 Stephanie B. Anderson, *Crafting EU Security policy, in Pursuit of a European Identity*, p.103.

得到扩展,但是亚太安全架构按照自身的路径实施扩展,与北约走向全球有很大不同,在扩展方式、发展理念、指导理论以及实践行动等方面都有自身特色,这使得亚太安全架构的发展别具一格,在国际新安全秩序建构中自成一体,发挥着独特且重要的作用。尤其是在冷战后亚太新安全秩序的建构中,亚太安全架构愈加显示出强大的向心力和凝聚力,不仅对于亚太区域的民族国家或者安全组织如此,而且对于亚太区域以外的国家或安全组织亦如此。

自冷战结束至今,亚太安全架构显示出强劲的发展势头,但是与大西洋安全体系不同,亚太安全架构似乎并未留给世人以一个完整、清晰的统一框架,而且也从未在国际舞台中表现出某种整体形象,但这并不等于它根本不存在。鉴于冷战后传统或者非传统安全威胁的深度和广度全面加大,客观上推动了亚太民族国家、安全组织、次安全区域之间的协同与合作,这成为亚太安全架构进一步发展的推动力。"亚洲国家一直未忽视新安全挑战,亚洲也已从一个讲求地缘政治、以国家为中心来定义安全的地区,转变为一个包含更宽泛的、不以国家为基础的威胁在内的地区。"[1]

总体而言,亚太安全架构的发展具体表现在以下几个方面:

第一,亚太安全架构开始由理论层面逐渐步入实践层面,其架构、功能、作用以及影响等均得到持续扩展。如果我们说冷战结束之初,亚太安全架构还只是一种相对比较模糊的理论或者概念,但是经过20多年持续发展,亚太安全架构的一些基本安全理念已经逐渐清晰。建立一种和平、合作、包容以及发展的亚太安全秩序,已经成为未来亚太区域所有国家、安全组织以及次区域的共同目标,所有亚太安全架构中的行为体都会从中受益。"亚洲国家全都强调,它们不会让其国内发展处于危险中,不会追求冒险的扩张主义。"[2]不论亚太区域每一个安全行为体承认与否,实际上它们已经前所未有地紧紧联系在一起。尽管每个安全行为个体之间仍然存在巨大差距,但是亚太安全架构并未提出整齐划一的价值观、意识形态以及世界观要求,而是适度保留了每一个安全行为体的个体利益与特殊需要。在每个安全行为体之间保持必要距离,在很大程度上保持了亚太安全架构的灵活度,亦在很大程度上赋予其极大的发展空间。

---

[1] Robert M. Hathaway and Michael Wills, "New Security Challenges for a New Century", Michael Wills and Robert M. Hathaway, eds., *New Security Challenges in Asia*, p.11.

[2] Jonathan Holslag, "The Limitations of Deterrence, China's Response to Military Balancing in the Western Pacific", Andrew T. H. Tan, ed., *East and South-East Asian, International Relations and Security Perspectives*, p.23.

按照美国著名学者卡尔·多伊奇（Karl Deutsch）的看法，"所有安全共同体都必须拥有三种特征：主要价值观的兼容性、相互响应、共同行为的可预测性……成功的安全共同体在为推动安全而采取行动之前，要拥有一个可以相互协商的机制架构……"[1] 按照多伊奇所设定的标准，亚太安全架构实际上已经具备了安全共同体的基本特征，例如，亚太区域许多民族国家或者安全组织各自都有不同的价值理念，但是它们为了共同的安全目标而展开对话与协商，在面对危机与冲突时能够互相响应，进行合作，彼此之间可以预知可能采取的共同行动。尽管从表面上看，亚太安全架构似乎在整体层面上还缺乏某种协商机制，似乎作为一个成功的安全共同体尚存在某种缺陷，但是，亚太安全架构并非没有自己的协商机制，只不过其安全行为体展开协商的方式和西方国家协商机制不同。事实上，亚太安全架构内部预留了巨大空间，每一个安全行为个体之间保持一定距离，这种特殊安排实际上有意或者无意地在亚太安全架构内部发挥着协商作用，确保亚太安全架构能够成为一个充满活力、发展空间巨大的安全共同体。

第二，亚太安全架构宽松的安全理念，在很大程度上促成亚太安全架构形成某种网状安全结构。在这一网状安全结构中，不同民族国家、安全组织或者次区域所发挥的作用并不一致，它们分布于不同的战略热点地带，在危机与冲突的间歇期，彼此独立存在，各自保持一定距离，但是一旦遭遇共同危机与冲突，就会彼此相连，共同协商合作。更重要的是，亚太安全架构的这种网状安全结构，虽然不会在短期内直接形成或者成就亚太区域的整体安全意识，但是却可以推动亚太各种安全力量之间实现积极整合，不断推进其合理分布，推动亚太新安全秩序向最优化建构的方向发展。

和大西洋共同体的平面安全结构不同，亦有别于"欧洲安全与合作组织"的复合安全结构，亚太安全架构的网状安全结构虽然松散，但其自身优势也非常明显：其一是这种网状安全结构非常适合亚太的地缘战略走势以及安全力量分布，其二是这种网状安全结构是一种内部力量相对平衡的结构，有助于保持亚太安全架构的稳定。"许多学者假设，成功的安全共同体应具有'平衡的多极化力量'，其中并不存在具有决定性优势的力量。"[2] 据此而言，亚太安全架构的网状安全结构，实际上完全突破了亚太安全秩序建构中的传统格

---

[1]　Michael Hass, *Asian and Pacific Regional Cooperation, Turning Zones of Conflict into Arenas of Peace*, pp.144-146.

[2]　Ibid., p.150.

局，亦不再沿袭亚太安全模式的旧思维方式，不再简单崇拜和遵从某种权威，或者占有优势地位的力量，而是立足于在各个安全组织以及次区域之间实施完全平行和对等的发展，使这些国家、组织以及次区域在亚太安全架构发展中享有充分平等的地位，掌握同样的发言权，不存在任何中心和边缘之分。

毫无疑问，尽管亚太安全架构中的网状安全结构受制于地理环境，亦脱胎于亚太政治与安全的发展现状，并非自然天成，而是充分整合了亚太区域民族国家、安全组织以及次区域等各方力量后形成，其中，各方力量并非混乱无章，而是有序分布，互有合作，致力于共同的安全目标。因此，亚太安全架构中的新型安全结构堪为亚太安全模式所取得的一项重大创新，注定将在亚太安全秩序建构中发挥更加积极的作用。

第三，亚太安全架构的危机管控能力进一步提升。不可否认，虽然亚太区域在历史上以战乱频仍、矛盾错综复杂而著称，但在冷战结束后20多年间，亚太区域面临的最大安全挑战，并非来自传统安全威胁，而是各种非传统安全威胁。非传统安全威胁不仅危及亚太区域，同时也涉及世界其他地区及其人民，亚太区域客观上需要与世界其他地区通力合作。在联合打击非传统安全威胁方面，亚太安全架构实际上已经取得重大战果。例如，1997年亚洲国家与世界金融机构共同应对"亚洲金融危机"（Asian Financial Crisis）。在2002年至2003年，中国、东南亚国家甚至欧美多个国家联合起来，合力应对"非典型性肺炎"（Sever Acute Respiratory Syndrome，简称SARS）。亚太区域各个国家或安全组织共同打击亚太区域恐怖主义、马六甲海盗行为⋯⋯尽管亚太区域所遇到的非传统安全远不止这些，非传统安全威胁在亚太区域造成的影响还相当严重，但是亚太安全架构已经尝试着在制度建构、力量建设、战略步骤等方面，着力于预防、管控并且消除各种非传统安全威胁，尽可能将其消极影响减至最小程度。

与之相对照，亚太区域绝大多数传统安全危机在冷战后均得到有效管控，这些危机与冲突有的得到比较圆满的解决，有的则处于凝固状态。亚太安全架构在处置危机的过程中，运用了政治、经济以及文化多种手段，尤其避免运用军事手段。"导致军事冲突的政治压力的可能性，要远远低于实施军事威慑或者威胁的选择。"[①] 虽然冷战后亚太区域爆发了几次重大危机与冲突，

---

① Kai He and Huiyun Feng, *Prospect Theory and Foreign Policy Analysis in the Asia Pacific, Rational Leaders and Risky Behavior*, p.13.

例如阿富汗反恐战争、伊拉克战争等，但这些战争大多为以美国为代表的外部势力强行介入所致，使上述国家自身的安全威胁进一步扩大。而外部势力的介入和军事干预，则从另一个侧面反映了亚太安全架构发展中的矛盾与曲折。尽管如此，在亚太安全架构内部，许多传统危机与冲突处置还是产生了较好的效果，许多危机与冲突的外溢和扩散效果得到有效控制，其消极影响被最大限度削弱。就此而言，亚太安全架构危机管控能力不断强化，在很大程度上推动了亚太安全架构与世界其他安全共同体的交融与合作。

第四，亚太安全架构走向"内生型"治理，逐渐替代过去以"外来型"为主导的治理内容。伴随着亚太区域自我安全意识不断强化，亚太区域国家、安全组织以及次区域国家越来越倾向于依赖自身力量，通过协商与合作等方式，对亚太区域内部危机实施有效管控，推进亚太新安全秩序建构进程。它们并不希望各种外来力量轻易染指和插手亚太安全事务，因为过度的外来干预，只能导致亚太安全形势复杂化，只能延缓亚太新安全秩序建构的进度，使其建构方向发生偏离。为此，在危机与冲突面前，亚太安全架构会不由自主地释放出某种抵抗力，排斥外部力量介入亚太安全事务，而且亚太安全架构愈是走强和完善，其抵御和排斥的态度也愈加激烈。

正是由于亚太安全架构所表现出的这种坚定态度，使许多外来力量不仅惮于介入亚太安全事务，而且即使有所介入，也无法再像此前那样肆无忌惮地插手亚太安全事务，或者按照自身需要任意摆布亚太国家、操控亚太安全组织。尽管目前不能排除仍有少数亚太国家出于一己之私，热衷于引进亚太区域以外的各种力量，使其插手和染指亚太区域内部矛盾与纠纷，但这种做法无异于饮鸩止渴，其最终结果只能扰乱和祸害亚太区域自身的安全秩序建构。例如，在南海岛屿主权争端中，菲律宾、越南为了同中国对抗，竭力将美国、日本、印度等国拉入南海争端，以帮助其获取更大的话语权。菲律宾甚至还向位于海牙的"联合国国际法庭"（International Court of Justice，简称ICJ）就南海主权争端提起国际诉讼，妄图挟洋自重，借重"国际法庭"等国际力量压制中国。

"在2001年'9·11'事件后，美国政府就声称菲律宾是其全球反恐战争的前沿国家。"[1] 实际上，菲律宾对美国的作用还不止于此，菲律宾已经成为

---

[1]　Thomas Lum, "The Republic of The Philippines and U. S. Interests", Ferian A, Bell and Odam L. Richards, eds., *U.S. and The Asia-Pacific Countries Deepening Relations,* New York: Nova Publishers, 2012, p.167.

美国推进"亚太再平衡战略"、利用南海岛屿主权争端而牵制中国的战略棋子。虽然类似菲律宾和越南这样的国家，在亚太安全架构中只是少数派，并不能代表亚太安全架构的主流倾向，但它们的举动还是在亚太安全架构中产生了不良影响，大有搅乱南中国海区域政治与安全形势之虞。事实上，以美国为代表的外部力量强行插手亚太安全事务，势必会延缓亚太新安全秩序建构的进程。虽然菲律宾、越南最近的一些做法和说法有所变化，但是长远看，其基本态度和立场不会发生变化。

总之，随着亚太区域各个国家、安全组织以及次安全区域的自主意识不断提升，它们未来将越来越勇于在亚太新安全秩序建构中发挥作用，乐于为了实现这一目标而投入更多的战略资源。与此同时，它们更勇于表达自身的特殊安全需要，通过对话、谈判以及协商方式，在亚太安全架构内部达成一致。可以断言，未来亚太区域将会搭建更多的安全平台、创造更多的协商机遇，进一步推进在亚太区域民族国家、安全组织以及次安全区域之间展开协作。未来的亚太安全架构将会越来越自立，将会与以大西洋共同体为代表的各种安全共同体比肩而立，共同作用于国际新安全秩序建构。

第十章

亚太安全模式与大西洋安全模式的未来

第一节 后冷战时期亚太安全模式存在的问题

一、当前亚太安全模式中的制度难题

纵观二战结束至今，亚太安全模式在半个多世纪中取得了巨大成就。冷战初期，亚太安全模式一直处于杂乱无章、低效无物的状态，其中，大多数亚太安全组织游移不定，缺乏共同的安全目标，亦缺乏稳固持久的安全原则，更谈不上构建相对统一的安全秩序。美国学者迈克尔·哈斯（Michael Hass）曾总结说，遭受失败的组织或者销声匿迹的组织具有以下几个主要特征：（1）缺乏对主流价值的相容，（2）只追求和谐这一目标而非一体化目标，（3）在公众中不受欢迎，（4）成员国流失，（5）合作降低，（6）所做的决策不够集中化，（7）无法促进繁荣。[①] 一直到新旧世纪之交，亚太安全模式在饱受岁月磨难后，逐渐形成一些特有的、拥有一定影响的机制、规则和力量，亚太安全模式遂得以进入一个更高的发展阶段，受到越来越多国家的重视，并得以在冷战后的国际新安全秩序建构中发挥作用。

在冷战结束至今20多年间，亚太安全模式的发展尤为快捷，随着亚太民族国家的共同安全意识、自主与自觉意识全面发展，各种外部力量对亚太安全事务的介入与干预急剧减少，亚太区域自发地建立了许多安全组织。这些新型组织在很大程度上改变了亚太区域旧的安全格局，续写了亚太区域新的安全规则，推动了亚太安全架构建构。举例而言，"在中亚地区，'欧洲安全与合作组织'和联合国与'上合组织'和'集体安全条约组织'等其他组织

---

① Michael Hass, *Asian and Pacific Regional Cooperation, Turning Zones of Conflict into Arenas of Peace*, p.146.

相比，前者的作用相比后者要差很多。"① 但是我们也要看到，亚太安全模式在冷战后的发展中并非完美无缺。事实上，在亚太安全模式迅速发展的过程中，民族国家、安全组织、次安全区域在制定各项政策并且付诸实践的过程中，虽然推动了该安全模式的发展，但也累积了许多问题，这些问题贯穿了亚太安全模式在冷战后发展的全程，与之如影随形，而且它们还演化为困扰亚太新安全秩序建构的种种羁绊，限制亚太安全模式的影响力与决策力，侵蚀亚太安全架构的肌体。

概括而言，冷战后亚太安全模式所遭遇的最大问题就是其制度建设。虽然这个问题并无太多新意，但亚太安全模式却始终为该问题所困扰，始终无法找到一种积极有效的方法，无法在亚太各民族国家、安全组织以及次安全区域之间构建一种共同恪守、具有普遍约束力的制度，就像大西洋安全模式一样。冷战结束后，亚太安全模式曾经在制度建设上做了大量尝试，但其真正的效能还须在更宏大的空间、更长远的时段予以验证。以"东盟"为例，"东盟"为进一步扩大影响而创建"东盟地区论坛"，该组织共计27个成员，几乎将"东盟"以外与亚太地区相关的国家都纳入其中，包括欧盟和与亚太事务关联甚少的印度。"'东盟地区论坛'是亚洲实施安全对话的'主要论坛，'用于补充不同的双边联盟和对话。该论坛提供了一种环境，可以供其成员探讨当前的区域安全问题，发展合作举措，以便加强这一地区的和平与安全。"② 很明显，不论是"东盟"还是亚太其他国家或者安全组织，实际上都想创立一种相对稳定、持久的安全制度建构，以便在更为辽阔的亚太地区建立一种更加持久有效的安全对话与合作机制，所有参与国可以共同协商、对话，制定共同的方针政策，一致应对各种传统安全威胁以及非传统安全威胁，确保亚太地区的安全与稳定。

与之相对应，"东盟"还与中国、日本、韩国等多个国家，尝试着建立东盟"10+1"模式、东盟"10+3"模式以及东盟"10+6"模式，以便进一步扩大"东盟"与不同类型国家的对话、协商以及合作，最终建立一种以"东盟"为中心、更为宏大的立体式安全对话机制。"东盟"似乎还想进一步扩大其安

① Oksana Antonenko, "Russia and Central Asia", Chester A. Crocker, Fen Osler Hampson and Pamela Aall, eds., *Rewriting Regional Security in a Fragmented World*, p.307.

② Australian Department of Foreign Affairs and Trade, "ASEAN Regional Forum", available at http:// www.dfat. gov.au/arf 转引自 Chester A. Crocker, Fen Osler Hampson and Pamela Aall, eds., *Rewriting Regional Security in a Fragmented World*, pp.407-408.

全对话的平台，它在1996年建立了"亚欧会议"，目的是促进相关国家的经济援助以及外交政策的协调。[①] 总之，"东盟"所创立的上述对话平台以及不同模式，虽然具有不同的目标、内容以及工作重点，但在本质上都属于区域安全机制建设的积极尝试。这些不同模式在设计与实践中虽有重复和交叉之处，但却并不妨碍每一种模式在各自的制度轨道中发挥作用。不同的模式实际上反映了不同安全行为体各自的利益表达，最终使它们趋向于一个相对统一的安全目标。事实上，"东盟"的上述种种联合实践，就是要打破民族国家、次安全区域的界限，尝试构建一种跨国家、跨区域的对话、联合以及合作机制。无独有偶，在东亚和中亚等地区，亚太许多民族国家都进行了类似尝试，积极推进本地区的安全对话与合作机制建设。

然而，亚太安全模式的推进和发展，和过去相比确实取得了重大进展，但在事实上却并未突破旧的发展瓶颈，在安全机制建设上始终未能获得实质性进步。尽管亚太安全架构建立了许多类似"东盟地区论坛""亚欧会议"以及东盟"10+N"模式这样的平台，但它们也只是在亚太安全架构中，为众多民族国家与安全组织增加了一些开展安全对话、协商以及合作的机遇，或者展示了这些民族国家和安全组织在"东盟"这一平台上扩展影响、强化团结、推进合作、互相支持的意愿，但是仅仅这些还无法从根本上决定亚太安全架构建设的进程，也无法决定亚太新安全秩序建设的最终成就。亚太民族国家、安全组织实际上并未真正建立足够强大、完整统一的安全机制，确保自身拥有足够的力量，抵御各种外部力量的侵扰，有效应对各种传统安全威胁或者非传统安全威胁，可以使所有或者绝大多数亚太国家真正联合和团结在共同安全的旗帜下，就像许多亚太民族国家或者安全组织所真正希望的那样。

但是，在亚太安全模式作用下所搭建的这些对话、协商与合作平台，实际上并未使亚太区域各种安全力量彻底得到有效整合，当然更谈不上实现真正的力量融合。这些对话与协商机制实际上无法替代真正的联盟机制，因为对话与协商机制虽会产生某种制度效用，但其作用相对有限，归根到底，安全对话与协商机制根本无法替代联盟机制应有的效力与功用。换个角度看，上述这些对话、协商与合作平台，只能算作亚太区域构建其完整安全体系的一种预备工作，也许只能算作亚太新安全秩序建设进程的一部分。

我们必须看到，亚太各个次区域安全秩序建设进程并不同步，有的次区

---

① Michael Hass, *Asian and Pacific Regional Cooperation, Turning Zones of Conflict into Arenas of Peace*, p.54.

域发展较快，有的次区域发展较慢，很难将其统一在一起。虽然上述对话、协商以及合作机制的真实效果相当有限，但是亚太许多国家、安全组织以及次安全区域至今未能建立起这种对话与协商机制，也许它们的基本安全需要、政治与安全基础，相距建立这种对话与协商机制还非常遥远，目前只能停留在依靠单个安全组织或者民族国家来维系安全的程度，或者停留在由于缺乏有效安全组织而混乱无序的状态。由此可见，亚太许多次区域安全秩序的建构，有的停留在相对简单的层面，有的则处于相当完善发达的境地。这种参差不齐的安全机制建设，实际上充分显示了亚太安全模式的多样性和矛盾性。以南亚次大陆为例，极度复杂的宗教、民族、政治、文化状况，几乎使其安全秩序建构处于停滞状态。"在南亚许多国家中，宗教与政治产生了一种致命的易燃混合物。"[1] 鉴于印度和巴基斯坦长期对立，双方关系始终处于紧张与敌视状态，进而导致这一地区的任何安全组织形同虚设，无法发挥作用。"'南亚区域合作联盟'（SAARC）自成立后，在已经出现的危机中从未发挥明显的作用。"[2]

亚太安全模式无法复制大西洋安全模式，也不可能重走其他西方安全模式的老路，而只能走一条适合亚太民族国家与安全组织实际需要的新路。诚如前文所言，大西洋安全模式看似一种军事联盟，但它同时也是一种政治、意识形态、文化以及价值观联盟，遭逢战事，挥戈而起，静处和平，结盟而安。因此，大西洋安全模式具有极大的不可复制性，亚太安全模式只能充分借鉴其某些具体政策或者方法，但却无法全盘继承。

对于二战后才刚刚起步的亚太安全模式而言，要想建立一种前所未有的亚太新安全秩序，既能超越历史，又能适应现代社会需要，确实存在着许多困难。亚太安全模式客观上需要弥补其历史上所留存的诸多不足，需要弥补亚太民族国家、安全组织以及次安全区域由于竞争而造成的敌对关系，以此填补亚太安全架构中的大量漏洞。尤为重要的是，亚太安全模式需要营造一种共同的文化价值取向以及意识形态基础，推动亚太民族国家、安全组织以及次安全区域等从对话与协商，走向大规模联合或者超大规模联合。未来亚太安全模式注定不会建立一个大一统的联盟体系，只会在次区域安全联合的基础上，或者在几个次区域安全联合的基础上，持续推动亚太安全架构建

---

① 　Meenakshi Gopinath, "Expanding Circles of Engagement, India and South Asia", Chester A. Crocher, Fen Osler Hampson and Pamela Aall, eds., *Reviewing Regional Security, in a Fragmented World*, p.360.

② 　Michael Hass, *Asian and Pacific Regional Cooperation, Turning Zones of Conflict into Arenas of Peace*, pp.114-115.

构。但是即使如此，这一过程也需要更长的时日，无法一蹴而就。"亚洲迈向民主的进程非常缓慢，而太平洋的民主进程则出现了某种退步。"① 由此可见，亚太安全模式的发展与提升，显然还要提前做大量功课，以确保亚太安全架构的发展能够更加平稳、顺畅。

总之，亚太安全模式的制度建设之路将会非常漫长，而且充满荆棘，但是无论如何，亚太安全模式的制度建设将会呈现良性发展之势。在未来亚太新安全秩序建构中，将会有越来越多的亚太民族国家以及安全组织积极参与其中，而不是置身其外。亚太安全模式将会变得越来越自信，其政治、经济以及安全实践也会越来越趋近亚太安全形势及其变化的需要。不仅如此，亚太安全模式亦会越来越开放，越来越深地融入国际安全秩序建构进程，并且以自己独特的方式作用于国际新安全秩序建设。

二、当前亚太安全模式的功效难题

诚如上文所言，亚太安全模式在其发展进程中曾遇到许多难题，除去制度难题以外，还有一个比较突出的难题，即功效难题。"总体上，区域组织沿着两个维度加以区分：架构与功能。"② 对亚太安全模式而言，所谓的架构维度实际上就是其制度设计，所谓的功能维度实际上就是安全模式的功效。与其制度难题一样，亚太安全模式的功效难题也不是新问题，同样具有比较深的历史渊源。在冷战时期，各种亚太安全模式由于受到多种因素限制，普遍表现为发展不充分，功用有限，效率低下。冷战结束后，亚太安全模式的功效在总体上有一定提高，但仍有非常大的提升空间。尽管亚太民族国家、安全组织在冷战后亚太次区域安全秩序建构做了大量工作，但距离建立亚太区域整体安全秩序或次区域安全秩序这一目标尚远，冷战后的亚太区域仍然是全世界政治、经济、民族、宗教、文化以及边界冲突最多的地区，这与大西洋安全模式作用下冷战后的欧洲安全秩序形成了鲜明对比。因此，虽然不排除某些亚太安全组织运转比较成功，但这并不等于亚太安全模式整体上取得了成功。

从冷战结束至今20多年间，伴随着亚太区域自主意识与共同安全意识的

---

① Michael Hass, *Asian and Pacific Regional Cooperation, Turning Zones of Conflict into Arenas of Peace*, p.132.

② Chester A. Crocher, Fen Osler Hampson and Pamela Aall, "Regional Security through Collective Conflict Management", Chester A. Crocher, Fen Osler Hampson and Pamela Aall, eds., *Reviewing Regional Security, in a Fragmented World*, p.534.

发展，亚太许多次安全区域均创建了一系列新安全组织，同时着力于对许多旧的安全组织实施改造，为其增加新功能。与之相对应，亚太安全模式还创设了许多对话、协商与合作平台，亚太多个民族国家、安全组织等得以在这些平台上不断推进其安全联合实践。然而，亚太新安全组织、改造后的安全组织、各种安全对话与协商平台等，注定不可能直接演变为某种联盟，而且它们也不可能在短期内迅速消除横亘在各个民族国家、安全组织以及次安全区域之间的矛盾与冲突，亚太区域现有的各类安全组织以及对话、协商以及合作机制，只会在一定程度上缓解某些次安全区域的紧张形势，但却无法确保亚太区域能够保持长期的安全与稳定。

亚太安全模式的功能缺陷的表现之一，就是许多亚太安全组织徒有其表，名不副实。从表面上看，亚太安全组织及其衍生机制，几乎覆盖了整个亚太地区，甚至包括亚太各个次安全区域角落在内，但是这些安全组织及其衍生机构似乎并未有效发挥其初始设计的功用。以东南亚地区为例，冷战结束后，东南亚地区建立了许多新安全组织，而且还拓展了许多旧的安全组织的职能，并且以"东盟"为中心，建立了多个对话、协商以及合作平台，所涉及的范围涵盖了整个东亚和东南亚。因此，东亚与东南亚的各种安全组织堪称纵横交错，比肩而立，而且这些组织及其衍生机构彼此衔接，互相关联，使东亚和东南亚成为全世界拥有安全组织数量最多、密度最大的区域。同样，我们也要看到，东亚与东南亚同时也是全世界各种矛盾最复杂、斗争最激烈的地区，上述地区并未因为广有安全组织或者安全对话机制而变得平静祥和。"尽管非常简单，但是从历史和地缘政治的角度看，世界和东亚、东南亚地区发生了变化，美国政策制定者的态度也发生了变化，但是这种变化并未按照我们所希望的进行……"[1] 不仅东亚与东南亚如此，亚太其他区域同样如此，许多地区虽不似东亚和东南亚有太多的安全组织或对话、协商机制，但其现有的安全组织却无法有效维系本区域的和平与稳定，无法在次区域安全秩序建构中真正发挥作用。

因此，亚太安全模式似乎处于一种比较尴尬的状态，即虽然各个次安全区域拥有多个安全组织及其衍生机构，但它们在很多情况下却形同虚设，无法真正发挥作用。换句话说，就是亚太安全模式的数量、规模及其实践，与

---

[1]　Mark Beeson, "The USA's relations with East and South-East Asia", Andrew T. H. Tan, ed., *East and South-East Asia, International Relations and Security Perspectives*, p.167.

其在亚太次区域安全秩序建构的最终功用难成正比。究其原因，主要表现在两个方面：其一，许多亚太安全组织的初始设计并不理想，存在着严重偏差。大多数亚太安全组织在其初始设计中，更注重在组织内部保持各成员国之间的和谐共处，以成员国达成相互利益妥协以及政策折中为目标，并不强调从根本上构建新安全秩序。许多亚太安全组织更多属于"维持现状型组织"，而非"解决问题型组织"。在很多情况下，它们可以就现有的各种利益诉求达成一致，但是却缺少解决现实问题的能力，也缺乏应对新安全挑战的能力，当然更谈不上解决次安全区域外的矛盾与冲突。其二，与冷战后的西方安全组织不同，大多数亚太安全组织身份简单而且单一，缺乏综合职能，其综合协调与行动能力相对较差，尤其缺乏应对复合型安全挑战的能力。因此，对于大多数亚太安全组织或者对话、协商机制来说，面对极其复杂多变的亚太区域安全环境以及隐藏其中的各种矛盾，亚太安全模式显得力不从心，在大多数情况下只能发挥部分作用，或者只能对某些具体问题产生影响，而不会尽其全力，发挥全方位的作用，从根本上解决亚太各个次安全区域存在的各种分歧与矛盾。

亚太安全模式功效缺陷的表现之二，是亚太安全模式的指导思想目前并未完全摆脱区域主义的限制，它全面走向亚洲主义而非走向全球主义。这种区域主义的一个重大局限就是，亚太民族国家或者安全组织，常常将其外交政策与实践与国家内部、组织内部的政治与社会需要紧紧联系在一起。澳大利亚学者萨哈尔·哈梅瑞（Shahar Hameiri）以及卡尼什卡·贾亚苏瑞亚（Kanishka Jayasuriya）曾就此提出："在跨政府的内部政治变化中，东亚区域主义正在增长，权力和决策正在从传统机构中，转向那些在技术上注定更加适合应对传统问题的机构。"[1] 事实上，冷战结束后，不单是东亚出现了区域主义倾向，亚太其他地区同样出现了区域主义思想与实践，虽然表现形式不同，但是它们均在很大程度上掣肘并影响了亚太安全架构的整体建构。

在理论上，区域主义堪称对亚太安全模式的一种限制，因为区域主义思想及其政策以否定亚洲普遍联合为前提，而亚洲主义则强调亚洲整体以及跨区域安全联合，客观上适合了亚太安全模式的政治与安全需要。作为一对矛盾对立体，区域主义与亚洲主义可谓背道而驰，它们从不同角度反映了亚太

---

[1] Alisetair D. B. Cook, "Globalization and East and South-East Asia", Andrew T. H. Tan, ed., *East and South-East Asia, International Relations and Security Perspectives*, p.185.

安全秩序建构的客观需要，但是区域主义虽适合了冷战早期的亚太安全形势需要，但却未必能够满足冷战后的亚太安全需要。在实践中，亚太新安全秩序的建构，并不需要各个民族国家国内政治因素介入，恰恰需要最大限度抑制这种因素的干扰，以最大限度体现亚太各个民族国家、安全组织以及次安全区域的共同安全需要。

冷战结束后，亚太民族国家的自主意识与共同安全意识普遍增强，区域主义的诸多限制为越来越多国家所认识，亚太民族国家客观上需要在更广泛的区域以及跨区域联合的基础上推动安全合作。但是区域主义思想及其实践大大限制了亚太安全模式的运转，在很大程度上缩小了亚太新安全秩序的建构目标，亦使亚太安全模式中的制度建构严重滞后，当然也成为制约亚太安全模式发挥功效的一个重大缺陷，不仅表现在亚太区域内，还表现在冷战后的国际安全秩序建构中，亚太安全模式的这一缺陷亟待亚太安全组织修正。

亚太安全模式功效缺陷的表现之三，就是亚太安全模式的发展轨迹并不稳定，存在着较大变数，进而导致亚太安全组织所打造的安全功能不健全，始终存在较大欠缺和不足。冷战结束后，尽管相较以前，亚太安全组织的发展速度、规模以及深度都有进一步提高，但是在功能建设方面却一直存在短板。虽然许多亚太安全组织也设立了普遍的安全目标，但是这些共同安全目标更多属于理想化的目标，或者在理论及逻辑层面存在，并不具备充分的实践意义和操作性，亚太许多次安全区域实际上一直缺乏针对性较强、适合自身特殊安全需要的特定目标设计。正是由于缺乏恰如其分的安全目标，导致亚太安全模式无法设定并发挥恰如其分的作用。

造成这种状况的原因，一是由于亚太安全模式在制度建设上相对薄弱，无法通过内在的制度张力与约束力，有效推动亚太安全模式发挥其应有的功能。二是由于亚太民族国家、安全组织等缺乏相对统一的思想文化基础，缺乏必要的价值观导引与意识形态纽带，因此亚太安全模式的目标设定不够统一和恒定，整体考虑少，个体考虑多，长远考量少，短期追求多。另外，这种状况也在一定程度上反映了亚太安全架构与西方安全体系建构的区别。"对区域关系的重点观察是，学者和评论家经常根据行为来评估其意图。这种做法在西方可谓非常普遍，但却无法充分解释东亚区域互动的状态。"①

---

① Alisetair D. B. Cook, "Globalization and East and South-East Asia", Andrew T. H. Tan, ed., *East and South-East Asia, International Relations and Security Perspectives*, p.189.

亚太安全模式在发挥其功效时，常常带有较多的功利主义色彩，许多安全组织的安全方针、政策及其实践大都显现出某些机会主义动机，充斥了自私自利成分，此举不可避免影响到亚太安全组织的协商以及合作，进而影响到各民族国家、安全组织以及次安全区域的功效。由于亚太民族国家、安全组织以及次区域的安全着眼点各自不同，因此一旦亚太安全环境出现变化，连接各个安全行为体的某种共同需要出现变化，或者亚太安全模式的共同安全目标，与单个安全行为体的目标发生冲突，就会导致这些民族国家、安全组织别做他想，甚至会另起炉灶。由此可见，亚太安全组织的功利主义与机会主义色彩，实际上无法确保亚太安全模式的功效得到最大限度发挥。

以"东盟"为例，在最近中国与东南亚国家围绕南中国海岛屿主权的争端中，原本"东盟"所确定的基本方针是不介入，只为当事国提供相互协商与对话的平台，鼓励当事国以和平方式解决争端。但是当美国和日本硬性介入南海岛屿主权争端后，尤其是美国积极挑动菲律宾、越南挑衅中国时，整个"东盟"的态度和立场遂为之变化，导致"东盟"内部出现很明显的分歧。这种局面不仅削弱了"东盟"在东亚与东南亚区域安全秩序建构中的功效，进而会降低"东盟"在未来亚太区域新安全秩序中的地位，直接降低了亚太安全模式的功效。

总之，亚太安全模式的上述种种不足，在很大程度上直接决定了亚太安全模式不可能在短期内迅速提高其功效，要想改变这一点，就需要亚太安全模式全面改换思路，加快相关机制建设，加强综合能力打造，为促成亚太安全模式进一步转变创造条件，营造一种更加扎实和厚重的基础。唯有如此，才能彻底扭转大西洋安全模式的现有诸多弊端，实现一种全新的跨越。

第二节　当前北约机制存在的问题

一、"软弱的北约"与"多难的世界"

冷战结束后，北约进入一个空前活跃的发展期，一方面，北约制定了一系列新战略方针，大规模实施东扩，积极插手域外危机与冲突，通过在世界范围内发展伙伴国，全面扩大其国际影响。另一方面，北约在其新战略概念的指导下，对其防御安全战略、政治与军事架构、武装力量编制等实施了大规模改造。经过改造后的北约，不仅实现了自身功能、形象、理念的跨越，而且亦得以强势姿态活跃在冷战后的国际安全舞台上，这与冷战后世界大多数安全组织相对沉寂的发展状况形成了鲜明对比，国际社会甚至一度传出北约有意替代联合国的说法，其根据就是北约正在积极打造一种全新的国际安全新秩序，以代替联合国所维系的国际旧秩序。

尽管在大多数人眼中，经过改造的北约空前强大，例如，北约由冷战时期16个成员国，一直发展到目前29个成员国。北约从一个只关注防御安全职能的军事组织，发展为一个实施综合职能的政治—军事组织。北约从限定于北大西洋区域安全范围，发展为应对全球安全问题，实施大规模域外军事干预，等等。但是，北约是否已经强大到足以左右国际政治与安全形势的发展趋势，或者按照其战略新概念的设计，实现了从区域组织向全球性组织的跨越。毋庸置疑，对上述问题的答案是否定的。"冷战结束后，北约优先适应其组织结构，以便通过'北大西洋合作委员会'以及'和平伙伴关系计划'，确保东方稳定，推进机构间的连接。然而，当它们专注于将机构延伸向东方，北约和其他欧洲机构在处置巴尔干半岛发生的真正战争中就显得非常无用。"[1] 当前的北约和历史上的北约相比，确实极为强大，甚至与同一时期的其他西方安全组织相比，亦卓尔不群，但是相对于北约在冷战后所设定的战略目标，就北约所启动的国际安全格局的变化，以及北约所设计和规划的国际秩序，目前的北约则显得软弱，还需要进一步强化与发展。

在冷战结束至今20多年间，国际政治、经济以及安全局势并不稳定。在新旧国际关系体系转换的过程中，各种国际力量或者区域力量重新洗牌。在苏联解体，华约组织退出历史舞台后，在苏联废墟上随之崛起了欧洲新的地缘政治大国俄罗斯，以及俄罗斯主导或参与的一系列区域安全组织。北约持续东扩，不断挤压俄罗斯的地缘战略空间，导致欧洲地缘政治关系紧张化。另外，中欧、东欧与南欧虽被北约纳入其势力范围，但上述地区仍存在不确定性与不稳定性。"北约成员国一致同意，对其安全的主要挑战是东方的不确定性与不稳定性。特别是，这种不稳定性可能源于严重的经济、社会、政治困难，它们会引发相反的结果，包括种族对抗、疆界争端，中欧和南欧许多国家都会面对这些问题。由此引发的紧张关系只要是有限的，就不会直接威胁北约成员国的安全与疆域统一。然而，这对欧洲稳定会产生有害的影响，甚至会对武装冲突产生有害的影响，这种冲突会涉及外来力量，或者会溢入

---

①　Sean Kay, *NATO and the Future of European Security*, p.87.

北约国家，这又会对北约的安全带来直接影响。"① 因此，欧洲的地缘政治关系并未因为北约势力范围的扩大而趋于平静，而是显示出特别大的变数。其中，尤其以俄罗斯与北约的相互竞争，带给欧洲的不利影响最大。

虽然北约一直东扩至俄罗斯家门口，甚至还有意将地处欧亚大陆腹地深处的格鲁吉亚、乌克兰、中亚五国纳入其未来的势力范围内，并且有意识地与上述国家展开密切接触，包括展开政治、经济与军事合作等。但是，北约上述种种举措并不等于北约由此可以随意摆布和压制俄罗斯，相反，北约东扩以及持续深入欧亚大陆腹地的直接结果就是，俄罗斯与北约开始直接"短兵相接"。"不管是对北约还是对俄罗斯来说，乌克兰都算是一个'前沿战略地带'。"② 在2014年3月开始一直延续至现在的乌克兰冲突中，俄罗斯采取了极强硬的军事政策，不仅宣布合并克里米亚，而且支持乌克兰东部独立力量，同时对北约的军事演习高调予以反制。虽然北约频繁举行军事演习、向乌克兰提供经济与军事支持，对俄罗斯实施全面经济制裁与封锁等，但并未迫使俄罗斯在乌克兰冲突中后退。北约甚至非常明确地警告俄罗斯："我们坚决支持乌克兰的主权、独立和领土完整，我们不会也不可能承认俄罗斯对克里米亚的武装吞并，我们强烈支持乌克兰有权选择自己未来的道路。这是国际法与'欧洲—大西洋安全的基本原则'，俄罗斯也一直赞成这一原则。"③ 北约、乌克兰与俄罗斯之间的对抗不断升级，进而使整个欧洲安全形势岌岌可危。2015年2月5日，北约副秘书长亚历山大·弗什博（Alexander Vershbow）在位于挪威首都奥斯陆的诺贝尔研究所专门就此发表演说称："我们必须保持统一、立场坚定，并且要让俄罗斯为其侵略行径付出更多代价。随着时间的推移，俄罗斯将会看到，最符合其利益的做法就是回归合作政策，但前提是，我们必须表明将会严肃对待自己的原则。"④

从乌克兰冲突的全部进程所见，北约几乎用尽所有手段，从军事打击到经济制裁，从舆论压制到政治孤立，劳师糜饷，殚精竭虑，最后非但未能压服俄罗斯，反转乌克兰冲突中的政治与军事预势，反而使乌克兰冲突形势愈

---

① Sean Kay, *NATO and the Future of European Security*, p.61.

② Maria Kopylenko, "Ukraine: Between NATO and Russia", Gale A. Mattox & Arthur A. Rachwald, eds., *Enlarging NATO: the National Debates*, p.185.

③ "Secretary General Sets out NATO's Position on Russia—Ukraine Crisis", 2 June 2014, available at http://www.nato.int/cps/en/natolive/opinions_110643.htm. last accessed on 15 August 2015.

④ "Deputy General Secretary: Russia's Aggression is a Game-changer in European Security", 2 February 2015, available at http://nato.int/cps/en/natohq/news_117068.htm.last accessed on 15 August 2015.

演愈烈，大有与俄罗斯直接对抗接火之势。由此可见，北约面对真正的危机冲突，实际上其反应相当"软弱"，并不像我们所想象的那样强硬。原因在于，北约在理论上要受制于《北大西洋公约》第五条款的规定，它只对北大西洋区域成员国的疆域安全提供保护，无法承担域外安全保护责任。进言之，北约在实践中也未必愿意为了乌克兰而与俄罗斯刀兵相见，因为俄罗斯已经放言，不惜为此与北约放手一搏，包括运用核武器。很明显，北约既缺乏与俄罗斯全面开战的决心，也缺乏必要的战争准备，因此，北约实际上一开始就将乌克兰冲突定位在政治解决的范畴，而不是军事对决，这从根本上决定了北约应对乌克兰冲突的态度不断趋于保守，手段愈加有限。

实际上，乌克兰冲突堪称是支撑"北约走向世界"悖论的一个重大里程碑，即如果北约在与俄罗斯的对峙和抗衡中败阵，那就说明北约的东扩成果非常有限。从目前乌克兰冲突的发展趋势看，这种可能性实际上正在不断增加。进言之，北约的进退之事说明，北约东扩或者战略转型所呈现的"兴盛强大之势"并不真实，北约实际上无法压服俄罗斯。这一事实将直接导致两个结果：

其一，北约的未来东扩之路必然会适可而止，未来北约将不得不转入与俄罗斯的长期对峙与较量中。俄罗斯"公共电视台"（Общественное Российское Телевидение，简称ОРТ）外事部主管、俄罗斯杜马外交与防御委员会委员阿列克谢·普施克夫（Aleksey Pushikev）曾直截了当地指出："乌克兰加入北约，可能会将俄罗斯与北约带入一场大规模第三层危机的门槛。"[①]这势必会改变北约未来的发展趋向，也会影响欧洲安全的发展趋势，即欧洲将会在很长一段时间进入传统的欧洲地缘政治的角逐中。"北约转型与扩张的进程在何地以及如何进行，一样要取决于如何遵守国际法的诸原则，考虑到俄罗斯的利益在世界地缘政治环境中交换的内容，北约将会与俄罗斯建立关系。"[②]当然，这种关系既是合作的，也是竞争的，甚至还夹杂着激烈对抗的内容。

其二，北约在乌克兰冲突中进退失据，乏善可陈，这一事实等于向全世界表明，北约实际上无力有效按照其自身意志确立欧洲的安全与稳定，更进一步说，北约也就不可能按照其战略设计、运用自身的资源和力量、积极推

---

　　① Yarolav Bilinsky, *Endgame in NATO's Enlargement: The Baltic States and Ukraine*, pp.2-3.

　　② Stephen J. Blank, "The NATO-Russia Partnership: A Marriage of Convenience or A Troubled Relationship?", Eduardo B. Gorman, ed., *NATO and The Issues of Russia*, p.7.

进全世界其他地区的安全和稳定。北约可能拥有极为宏大的志向与意愿，但却并不拥有强大的综合力量、坚定的决战意志力、丰沛的社会资源以及积极有效的行动手段。"北约真正的过度扩张不是其疆域的过度扩张，而是其一种政治意愿的过度扩张。"[①] 从这个意义上讲，北约要想真正走向强大，在国际安全事务中更自由行动，显然还要做大量工作。

不仅如此，冷战结束后，各种新安全挑战在全球范围内大肆兴起，例如全球恐怖主义、各种公域安全威胁等，这些新型安全威胁不仅危及世界和平，而且也直接影响到正在走向世界的北约。"'9·11'事件给了（北约）一个可怕教训，即我们星球上没有任何一个国家能够免于现代恐怖主义的灾祸，甚至一支强大的军队、与邻国保持良好关系，或者拥有广阔的海洋保护，都不能保护我们的城市、公民免遭主要的恐怖主义攻击。"[②] 尤其是对于冷战结束后立志于参与并且领导国际安全事务、野心勃勃的北约来说，应对新型安全威胁则具有更加特殊的意义，能否成功应对各种新型安全挑战，已经成为北约可否胜任未来安全使命的试金石。

但是，令人遗憾的是，目前的北约实际上并未做好应对新型安全威胁的各项准备工作，包括打造其综合实力、寻找应对挑战的合理路径和方法、实现危机处置后的各项重建工作等。其中的原因主要有两个方面：第一，在主观上，持续了半个多世纪的冷战斗争，使北约养成了以军事力量为主导的力量结构，造成北约在新型安全威胁面前缺乏足够而且充分的制度、力量与战略支撑。第二，在客观上，许多新兴安全挑战所涉及的范围过于庞大，需要非常复杂和庞大的系统力量支撑，这实际上远远超出北约现有的力量，因而使北约在各种安全挑战面前显得尤其"孱弱"。对此，我们可以从当前北约处置一些新型安全挑战的态度与行动中深切感受到这一点，北约或者采取直接的回避政策，或者采取先易后难的选择性政策，或者积极寻找合作伙伴，共同应对新型安全挑战。

对于一向因拥有强大军事力量而颇感自豪的北约来说，要其将强势军事的发展方向转向发展综合型力量、方法以及手段这一新方向，确实存在一定

[①]　Jan Techau, "A Saturated Alliance? Assessing the Prospects for Further NAO Enlargement", Federiga Bindi and Irina Angelescu, eds., *The Frontiers of Europe: A Transatlantic Problem?* p.202.

[②]　Georg Witschel, "September 11 2001 and its Aftermath: A European Perspective", Martin Edmonds and Oldrich Cerny, eds., *Future NATO Security, Addressing the Challenges of Evolving Security and Information Sharing Systems and Architectures*, p.11.

困难，这需要北约重新打造过去少有或者一直欠缺的各种民事力量，包括经济、金融、社会、文化、科技、新闻与宣传等在内，以便增强其应对新型安全挑战的能力。北约只有转换其战略方向，通过不断战胜各种安全挑战，进一步扩展其国际影响力，以此改变过去一贯追求的华而不实、过度扩展、大而不当的发展模式，逐渐打造一个更具核心决策力、行动力以及影响力的强势北约，确保北约在应对新型安全挑战时更加从容自如。

不仅如此，也许有许多学者会为北约的"软弱"辩解，认定北约在冷战后实施了许多域外军事干预行动，以此证明北约并非"软弱"，而是始终保持了非常强势的姿态。对此，我们要看到，在传统安全威胁与非传统安全威胁频发的后冷战时期，有一些安全威胁是历史问题的遗留和进一步发酵，但也有一些问题却因北约而起，或者因北约的强行介入而导致形势进一步恶化。尽管北约在冷战结束后实施了大量域外军事干预，但无论是北约主导还是其参与其中，这些干预行动实际上都留下了严重的战争后遗症。2015年8月25日，阿富汗首都喀布尔爆发汽车炸弹袭击，导致3名美国人死亡，9人负伤。北约发言人布莱恩·特里布斯（Brian Tribus）特别为此发表声明："一名坚定支持阿富汗新政府、遵守法律约定的平民在袭击中遇害，两人在袭击中受伤不治。"[①] 这从另一个侧面说明，北约目前所拥有的力量以及资源非常有限，北约只能通过其特殊的指导思想、行动方式、安全实践等内容，灌注于域外军事干预中，以此弥补其资源与力量的不足。

很明显，国际政治、经济以及安全环境在冷战结束后全面恶化，过去为美苏冷战斗争所掩盖的各种经济、金融、民族、种族、文化、宗教等争端与分歧不断加剧，使得国际环境日趋复杂化。这种特殊的氛围使急欲创建国际新秩序的北约，显得形只影单，而且孤独无助。就此而言，北约在"多难世界"中的"软弱之态"，实际上是冷战后国际大环境所决定的。就北约自身而言，虽然北约在冷战后竭力试图表现出其强势存在，甚至为此做了大量准备工作，但还是在战略定位、发展规划、力量结构、制度设计、行动方式等方面暴露了大量问题，这些问题使北约在建构新型国际体系这一庞大和复杂的使命时显得捉襟见肘，力不能支。因此，推动北约从"弱势"走向"强势"，显然需要北约对其既有的各种形态做进一步调整，其中最重要的，也是最紧

---

① "Suicide Bomb Hits NATO Convoy in Afghanistan, Kill 3 U.S. Contractors", 25 August 2015, available at http://www.wall-street.com/2015/08/25/suicide-car-bomb-hits-nato-convoy-afghanistan-kills-3-u-s-contractors/last accessed on 8 September 2015.

迫的，就是改变北约目前的心态，以一种更加平和、合作、宽容的态度面对伙伴、对手，甚至北约眼中的"敌人"。

二、北约与现行国际安全机制的矛盾与冲突

在冷战结束后很长时间，国际安全形势一直处于相对无序状态。雅尔塔体系瓦解后，虽然美国作为全世界唯一的超级大国，拥有无与伦比的超强实力，着力于打造一种单极化的国际安全新机制，但是美国所维系的这种国际安全机制不仅遭遇到此起彼伏的传统安全威胁，而且还遇到蜂拥而至的非传统安全威胁。从某种意义上讲，当前的国际安全机制并不成熟，实际上正处于从单极格局向多极格局的转换中，因此它既带有某些单极化国际机制的印迹，也具有某些多极化国际安全机制的特点。

就当前国际安全机制本身而言，似乎一直存在着许多无法化解的矛盾：许多新安全力量蠢蠢欲动，一直试图打破联合国的束缚和限制，代之以一种全新的政治、经济与安全威权，就像北约经常尝试的那样。事实上，北约自身亦一直处于矛盾中，对此不能十分肯定。"这些裂痕集中于权威这个问题上，北约会取代联合国，成为国际和平以及欧洲安全的保护者吗？这个问题反过来会移交给北约正在扮演的野心勃勃的角色，即在联合国的保护下扮演一个区域性组织。"[1] 然而，落实在具体的国际安全事务中，遍布全球的各种安全力量及其实践却始终无法摆脱联合国的影响，虽然这种影响相较以前被逐渐削弱，但联合国及其所代表的国际安全机制与规则在新国际安全体系建构中始终发挥着主导作用，这种状况并未改变。与之相对应，冷战后各种国际新安全力量虽竭力试图去除雅尔塔体系的意识形态标签，但是从冷战后各方力量博弈、新秩序建构以及新规则塑造来看，各种意识形态、文化思想、宗教信仰以及民族理念等始终是各方力量竞相推崇和尊奉的圭臬，在上述领域的矛盾与碰撞，其激烈程度似乎更甚于冷战时期。由此可见，冷战后的国际安全机制本质上属于一种非常典型的后现代安全类型，虽然拥有安全秩序建构的诸多新理念，但却只能依靠旧的安全力量将其付诸实践。

正是由于当前国际安全机制存在着上述诸多欠缺与不足，实际上为以北约为代表的新国际安全力量及其实践提供了良好时机，同时也在一定程度上造就了北约与现行国际安全机制的矛盾与冲突。北约在冷战时期较少与联合

---

[1] Lawrence S. Kaplan, *NATO and the UN, A Peculiar Relationship*, p.211.

国产生交集，所以少有矛盾与冲突，但在后冷战时期，北约持续不断地与联合国发生碰撞，双方矛盾开始增多，这种变化的根本原因既源于北约安全理念发生重大变化，又源于国际安全环境急剧转变，两者构成北约与现行国际安全机制发生冲突的基础。荷兰学者迪克·勒尔戴克（Dick Leurdijk）很早就试图对此给出其自己的解释："在冷战的大好时光中，北约与联合国共存，但彼此独立……这两个组织代表了大相径庭的两个世界、两种政治文化以及两种思想派别。"[①] 尽管北约在多次域外军事干预中一直寻求联合国的授权，而且强调要在联合国框架下推进其安全实践，甚至在许多战后国家与社会重建工作中，积极寻求与欧盟、欧洲安全与合作组织、阿盟、东盟等各种组织展开联合与合作，但这些并不能从根本上否认北约与现行国际安全机制存在的各种矛盾与冲突。

北约与现行国际安全机制的矛盾可以直接概括为以下几个方面：

第一，北约所设定的发展目标与现行国际安全机制的发展方向实际上并不一致。从北约已经颁布的各种战略新概念、指导方针以及政改方案所见，或者从北约在冷战后所推进的政治与安全实践所见，北约着力打造的国际安全新秩序在实质上属于一种单一化机制，它与现行国际安全机制所维系以及塑造的多元化机制实际上存在固有的矛盾。这种单一化机制具体体现在，在冷战结束之初，北约所设定的战略安全目标实际上是排他性的，即北约不仅将其"民主理念"与"自由观念"视为独一无二、至高无上，而且还将这一价值观与政治理念诉诸所有的政治与军事实践中。"关于外交政策方向的维度，称得上是欧洲战略文化与安全政策传统这项工作的一个经典主题。"[②] 因此，北约希冀建构的国际安全新秩序，只能是以北约为中心，贯穿北约的价值理念，服务于北约的政治与安全利益。"北约被普遍认为是一个正式寻找新对手的冷战机构，这就是为何改变这些国家对北约认知的最好方向，就是更多聚焦于'软性'安全，在介入'硬性'军事行动之间，建立相互理解和信任。采取这些措施的目的就是促进透明度，化解威胁的认知，推动（世界）更好地理解北约的政策与目标。"[③]

---

① Dick A. Leurdijk, "The United States and NATO in former Yugoslavia: Partners in international Cooperation", The Hague: Netherlands Institute of International Relations, Clingendael, 1994, XIII. 转引自 Lawrence S. Kaplan, *NATO and the UN, A Peculiar Relationship*, p.211.

② Heiko Biehl, Bastian Giegerich Alexandra Jones, eds., *Strategic Cultures in Europe, Security and Defense policies Across the Continent*, p.389.

③ Andreas Behnke, *NATO's Security Discourse after the Cold War, Representing the West*, pp.132-133.

因为北约自恃拥有绝对的道德、文化以及价值观优势，远远优于其他国家、区域或者国际组织，而且北约认定自身的目标具有所谓的普世价值，可以为其他国家或组织树立某种榜样。因此，北约不仅为自身的发展与扩张披上理想主义的外衣，而且也为其域外军事干预打上道德主义的标签。然而，北约所设定的这些目标即使对其自身来说，亦非表里如一，更与现行国际安全机制所维系的目标相距甚远。北约在冷战结束后所设定的所有目标并非止于某个单一方向，经常试图将国际责任与自身利益相融合，将军事功能交汇于政治与经济诉求中，将区域理念扩展到国际规则中，其结果常常是，北约既不能根治各种国际安全问题，也无法畅快表达自身的利益诉求。

第二，北约所倡导和秉承的国际关系规则、理论以及方针，有悖于现行国际安全机制所奉行的一般安全规则与理念。冷战结束后，西方国家为了在世界范围内全面扩展其政治、经济与文化影响而大造特造舆论，提出了一系列全新的干涉主义与人道主义理论，例如人权论、新主权论、正义战争论、新帝国主义论等，为西方国家大规模对外扩展其政治、经济以及军事影响寻找理论依据。正是在上述新干涉主义思想与政治理论的指导下，北约开始大肆实施域外军事干预行动，通过频繁而且大规模运用武装力量，打击削弱各种异质性文明，消除各种潜在和现实安全威胁，为北约全面整肃各种国际安全力量、构建国际新安全秩序铺平道路。

不仅如此，北约在其发展与扩展的过程中，实际上也渗透和浸染着某种绝对权力主义的思维与理念，即通过持续发展北约的政治、经济、军事实力与文化渗透力，确立北约在国际安全机制中的绝对力量优势，以此作为修正国际安全机制与规则的起点。就目前北约所拥有的武装力量而言，其武装力量之规模、武器装备之先进、作战理念之超前，几乎罕有任何军事对手可与之匹敌。就北约目前所拥有成员国之数量、势力范围之规模、综合实力之强度，亦在全世界难以找到任何旗鼓相当的组织。但是，北约的发展似乎并没有尽头，北约仍旧持续不断地实施东扩，持续扩大其全球伙伴国的数量，北约在继续关注北大西洋区域防御的传统安全目标之外，仍在疲于应对越来越多来自非传统安全威胁的挑战。

但是，由于北约新干涉主义理论与国际安全新秩序建构的真正需要相悖，即使北约许多成员国亦对域外军事干预提出异议。"（北约）许多成员国对实施域外行动非常勉强，美国并不希望北约陷入危机当中，这就导致北约变成一个停滞不前的联盟，因为北约会发现自己与地缘政治变得不相干，并且被边缘化，就像'中央条约国组织'和'东南亚条约组织'所订立的长期失效的冷战条约一样。"① 实际上，北约已经把域外军事干预当作其谋求发展的一条重要途径，就像北约东扩以及发展全球伙伴国一样，这些已经成为北约在后冷战时期谋求新安全秩序建构的一部分。但是，北约不加限制的无度发展、持续不断的域外军事干预，实际上已经使北约陷入一个"解决旧矛盾—产生新矛盾—再解决新矛盾"的怪圈，北约愈是发展、愈多干预，就愈是遇到更多挑战，其着力整肃的国际安全秩序似乎愈加混乱。事实上，北约内部近年来亦不断对其域外军事干预进行反思。以美国发动伊拉克战争为例，英国"国际战略研究所"中东问题高级研究员托比·道奇（Toby Dodge）在写给前捷克驻科威特大使加纳·海巴斯克娃（Jana Hybaskova）的信中坦承："（北约）2003年对伊拉克的入侵，标志着在发展中世界的国际干预达到了顶点……目前伊拉克是一个失败国家，在政府中以及叛乱中的伊斯兰激进主义分子越来越占据主导地位，它们都通过暴力在斗争中攫取霸权地位。对这一悲剧性失败的原因展开探究并不难，那就是（北约）傲慢自大、意识形态傲慢、普世性的政策处方。如果伊拉克的崩溃教给我们一些东西，那就是要深切质疑那些声称外部干预对长期转变具有至关重要作用的人。"②

第三，北约建构国际新秩序的方法与路径并不为国际社会所接受，而且亦与现行国际安全机制存在冲突。冷战结束后，北约一直声称要融入国际社会，争取更大范围的国际或区域合作，推动北约与其他国家、组织等共同建构国际安全新秩序。但是北约所采取的方式大多重军事轻政治、重武力轻民事，重现实轻未来，重局部轻全局，这种途径不仅无助于解决当前国际社会面临的问题，也不利于北约发展扩张、对外军事干预的实效。究其原因，北约所采取的上述错误路径，使北约走向一条花费大、收效小的奢靡之路。北约东扩固然取得了重大进展，但这一进程并未给欧洲带来永久和平，反而增添了新的不稳定因素，例如俄罗斯对北约的高度戒备与仇视。同样，北约在世界范围内广泛发展伙伴国、对话国以及合作国，实际上也未使全世界大多数国家从中获益，北约"和平伙伴关系计划"的指向性非常明确，实际上也只有少数与北约有特殊利益关联的国家参与该计划，因此根本谈不上推动和促进世界和平与稳定。

---

① Atlantic Council of the United States, *Saving Afghanistan: an Appeal and Plan for Urgent Action*, p.5.

② "Does External Pressure Help or Hider Democratization in the Middle East?", 1 October 2005, available at http://nato.int/cps/en/natohq/opinions_21906.htm?selectedLocale=en. last accessed on 28 August 2015.

另外，北约的域外军事干预虽不排除对外合作，但这种合作大都发生在事后而非事前，而且合作的目的也基本上聚焦于收拾残局。即使与许多国家、组织展开合作，北约亦非常强调以自身为主导的团结协作方式，在政治与安全实践中不断强调并且突出北约的主体地位，时刻凸显北约的特殊安全利益，实际上将其他国家或者组织置于某种从属或者辅助地位。由此可见，主导北约域外军事干预的基本思路，归根到底还在于北约一贯秉承的单边主义思维，这种单边主义思维的背后则隐含着北约固有的自我中心主义、霸权主义以及利己主义，这在客观上决定了北约的政治与安全战略，在大多数情况只能处于某种自鸣得意的尴尬境地，无法与现行国际安全机制实现无缝衔接。因此，这也从根本上决定了北约实施域外军事干预的结果，大多数案例的宣传效果要大于其实际效果，取得圆满结果的案例少，留有严重后遗症的案例多。

总之，北约与现行国际安全体制的矛盾与冲突，并非一朝一夕形成，其中既有冷战时期多种历史因素的遗留，也为冷战结束后北约持续推进转型、扩张以及干预战略所使然。因此，要想真正解决这种矛盾与冲突，就需要北约全面调整其既定思路，真正融入国际安全机制中，而不是凌驾于其上。北约需要为其自身重新定位，需要重新评估其与联合国的关系。美国学者阿兰·亨利克逊（Alan Henrikson）曾做出非常大胆的预测："非常有可能的是，北约将会很安静地变身为欧盟那样的次要区域角色，如果不是永久性的话，北约会在21世纪与联合国保持相互关联。"① 因为唯有如此，北约才能真正地解决横亘在北约与现行国际安全机制之间的问题，才能使北约在国际新安全秩序建构中发挥更大作用。

第三节 北约与亚太安全组织的改革与调整

一、亚太安全模式进一步优化

冷战结束后，亚太许多国家或者安全组织在经历了一系列挫折和失败后，特别是经历了很长时间的停滞后，它们开始充分意识到，亚太安全模式自身存在的制度缺陷以及功效缺陷，开始积极调整自身的发展思路，以期推动亚太安全模式进一步优化。应该说，亚太区域各个国家以及安全组织对亚太安

---

① Alan K. Henrikson, "NATO and the United Nations: Towards a Nonallergic Relationship", Victor S. Papacosma and Mary Ann Heiss, eds., *NATO in the Post-Cold War Era: Does it Have a Future?* New York: St. Martin's Press, 1995, p.107.

全模式的优化，实际上是与其建构亚太安全架构这一进程同步进行的。

　　亚太安全模式之所以得到进一步优化，其根本原因有两点，首先，冷战结束至今，亚太安全形势相较冷战结束之初出现了变化。亚太经济虽保持了持续发展之势，但亦频频出现危机，而且各国都在各个领域遇到许多困难，亚太区域所经受的西方政治、经济、军事以及文化影响较之前明显增强。虽然亚太区域在国际政治、经济以及安全事务中的话语权有所增加，但是风险与压力亦大大增加。亚太区域各个国家与安全组织不仅需要在传统安全领域不断强化其自我安全意识，还需要在非传统安全领域切实维护自身的安全利益与需要。其次，在冷战结束后20多年间，以北约为代表的西方组织，以及以美国为代表的西方国家，明显加强了对亚太政治、经济、文化以及安全等领域的渗透与介入，这使亚太安全形势变得空前危险和复杂，各种民族、宗教、文化以及意识形态冲突，混之以疆域纠纷、政治对立、经济竞争等，使亚太安全形势不但无法好转，甚至出现急速恶化之势。对此，美国前助理国防部长、哈佛大学教授约瑟夫·奈（Joseph S. Nye. Jr.）曾就此强调："当印度、日本和其他国家都试图对中国力量实施平衡时，它们越来越倾向于欢迎美国（在亚太地区）的存在。这种现象在亚洲有很多证据，即中国的一些邻国与华盛顿接触，以便建立更亲密的政治与安全联系。"① 历史已经充分表明，西方国家或者西方经验实际上无法解决亚太区域最棘手的安全问题，对亚太区域构建新型安全秩序助益有限，亚太区域各个国家与安全组织客观上需要进一步更新和深化其安全模式，以应对亚太区域急速变化的安全形势需要。

　　亚太安全模式的优化主要体现在以下几方面：

　　第一，亚太安全模式的发展趋势越来越开放与合作，不再封闭自守，故步自封。伴随着全球化进程不断推进，亚太区域不仅在经济领域越来越趋于开放，自由度越来越大，而且在许多安全事务上也不再闭关自守、墨守成规，其整体开放程度愈来愈高。虽然亚太安全模式的构建与发展仍未摆脱各地区的地理限制，但许多亚太安全危机的破坏性与危险性，已远远超出亚太区域各个国家或安全组织所能应对的范畴，这在客观上要求亚太各个国家、安全组织以及次安全区域必须展开横向联合，甚至还需要与世界其他地区多个国家以及安全组织等展开合作，以便更好地应对亚太区域各种安全威胁。简言之，就是需要某种形式的全球治理。"世界应该认识到，尽管现存国际机制构

---

① Amitav Acharya, *The End of American World Order*, Cambridge and Malden, MA: Polity Press, 2014, p.25.

建的主要目的是阻止国内战争,但是这一机制非常灵活,足以应对一些完全无法预料的紧急事态,例如跨国恐怖主义。"① 越来越多的亚太国家或者安全组织已就此取得共识,它们在塑造并推进亚太安全模式的过程中不断接近,在安全事务上产生了越来越多的共同语言,共同推动亚太安全模式深入发展。

在推动亚太安全模式走向开放的过程中,亚太区域各个国家以及安全组织相互之间开始主动分享其安全资源,包括地理环境、自然与人力资源、安全设施、基础设施以及公共服务设施等,有些亚太国家甚至主动邀请国际社会参与其境内的危机处置、国际人道主义救援。"当国际体系以一种更加和平的方式向前推进时,处置冲突的国际资源在数量和效率上亦得到发展。"② 反之,国际社会对亚太安全模式的发展亦产生了重大影响。抛开以美国为代表的西方国家所施加的一些不利影响,国际社会同样给予了亚太区域各个国家与安全组织许多正面支持和帮助,其中包括向亚太多个次安全区域、国家以及地区提供人道主义援助,向亚太多个国家提供科学技术指导、经费支持、管理经验传授等。

不容否认,在亚太安全模式之间还存在很大间隙,亚太区域各个国家与安全组织之间还留有许多矛盾,有时这些矛盾甚至非常激烈,但是无论如何,求同去异、存疑向前,这已经成为亚太安全模式不断发展和深化的一种共识。但是要想真正确保这种开放性能够发挥作用,还需要亚太安全模式展开更多实践,做出更积极的尝试。

第二,亚太安全模式开始逐渐摆脱重形式、轻内容的思路,开始转向更加关注实质内容、忽视表现形式的发展道路。所有亚太国家和安全组织都认识到,即亚太区域无论采取何种形式的安全模式,最终都要以更能适应亚太安全形势需要为目的,以更有利于推动亚太安全新秩序为己任。然而,亚太区域各个国家与安全组织所面临的安全环境并不稳定,目前亚太区域的军备竞赛状况非常严重,局部安全环境甚至非常紧张。以亚太各国现在的军费开支为例,亚太区域基本上是全世界军费开支最高、武器装备囤积最密集、军事对抗烈度最高的地区。"亚洲有全世界几个防务开支最大的国家,按照美国当前的军费开支估计,中国的军费开支为910亿美元(2011年),日本为510亿美元、印度为360亿美元、韩国为240亿美元,澳大利亚为300亿美元。这

---

① Gilles Andréani, "Global Conflict Management and the Pursuit of Peace", Chester A. Crocher, Fen Osler Hampson and Pamela Aall, eds., *Reviewing Regional Security, in a Fragmented World*, p.45.

② Ibid., p.30.

些国家在这一地区占据着很大的军事分量。"① 因此，亚太安全模式的进步与发展，首先将锁定为减少各国以及各地区的冲突点，减缓各地区的军备竞赛状况，降低各国军费开支水平，其次才是构建亚太安全新秩序，建立行之有效的亚太安全架构。

因此，亚太安全模式普遍倾向于更加自由、随意的工作方式，而不是按照某种既定的方法、路径以及定式行事，亦不会照搬西方国家现有的路数与经验，因为事实已经证明，西方国家或者安全组织并不能圆满解决所有的亚太安全危机，亚太安全危机最终只能由亚太区域各个国家或者安全组织应对或者解决。在亚太安全模式的工作程序中，应对传统安全威胁始终是其工作的中心和重点，其次才是共同应对各种非传统安全威胁，在这一点上，亚太安全模式显然不同于以北约为代表的西方安全模式。亚太安全模式的表现形式可能不拘一格，更少定式，无法像西方安全模式那样采取正规化或者程序化的定式，取得某种预期性成果，而且亚太安全模式相对随意、自由的工作效率可能偏低，但它们却可以实实在在减缓亚太区域的紧张形势，减轻亚太各个国家、组织以及次安全区域所承受的安全压力。

事实上，推动亚太区域各个国家或安全组织采取上述特殊工作方式的基础，在于各国以及各组织所秉承的共同战略文化。按照美国学者亚历山大·温特（Alexander Wendt）的说法："存在于区域层面上的战略文化表明某种关联看法，即安全行为者不仅要分享同样的意见，也会假设其他安全行为者像他们一样思考。"② 对亚太安全模式而言，尽管它们所采取的路径大相径庭，安全诉求存在一定差异，但是作为亚太安全模式共同支撑的战略文化却在很大程度上弥补了上述欠缺，为亚太安全模式发挥正常功用提供了一个相对宽松的环境，同时亦为亚太安全模式持续发展提供了一种持久的驱动力。

第三，亚太安全模式极其重视各自的发展与功能特色，包括特殊的安全需要、行事作风、利益导向等，它们并不追求某种固定的发展定式，也不强求相对一致的发展定律，而是极其重视各种安全模式的独立性。在冷战结束至今20年间，分布于不同区域的亚太安全模式在发展步调上并不同步，有的国家、组织或者次安全区域发展较快，它们不仅专注于自身的安全问题，而

---

① Shyam Saran, "Is Asia Becoming a Militarized Region?—Implications for Regional Security", Shanthie Mariet O'Souza and Rajshree Jetly, eds., *Perspectives on South Asian Security*, pp.1-2.

② Alexander Wendt, *Social Theory of International Politics*, Cambridge: Cambridge University Press, 1999, pp.159-160.

且还关注本国或本地区以外的安全事务。有的国家、组织以及次安全区域则发展较慢，而且只聚焦于自身的安全利益，无力或者无法兼顾其他。因此，亚太安全模式所发挥的功能并不一致，有的能够在国际安全平台上发挥作用，有的则在次安全区域的各项安全事务中产生影响，还有的则更多在民族国家内部发挥功用。然而，无论是哪一种亚太安全模式，事实上都在后冷战亚太安全新秩序构建中不同程度地发挥作用。

事实上，不论人们是否愿意承认，亚太区域国家、安全组织以及次安全区域已经按照这一思路，在亚太区域内部展开一系列安全实践，并且在一些拥有重大战略意义的地区，或者围绕在某些国家的周围，已经逐渐形成了一些具有国际水准或者区域层级的安全共同体，它们相互之间建立了普遍的政治、经济、文化以及安全关联，它们不仅追求塑造和平和发展经济等目标，而且开始以这种新方式推进亚太安全模式建设，这一现象实际上已经成为亚太安全模式发展的一个新动态。"这些共同体不会被打造成一些区域性组织，但是它们会通过联合或者叠加安全保证等方式，寻求平衡国家、地区以及国际层面的注意力。"① 因此，新型的亚太安全模式不会继续局限于某个单一安全组织，亦不会止步于某个固定的次安全区域，而是采用各种短暂或者长期联合的方式。

事实上，亚太安全模式持续保持优化之势，这在很大程度上反映了亚太安全新秩序建构的客观需要。亚太各个国家、安全组织以及次安全区域充分吸收了冷战结束后亚太安全建设的经验教训，尤其是吸收了以北约为代表的西方安全模式的经验教训，趋利避害，存异求同，破除了亚太安全模式在冷战时期的一些根深蒂固的弊端与缺陷，打破了一直由西方国家或者安全组织所垄断的一些亚太安全禁区，更直接、更深切地表达自身的安全利益诉求。另外，由于大量非传统安全威胁不断涌现，客观上将亚太多个国家、安全组织以及次安全区域，与西方国家以及安全组织紧紧联系在一起，使亚太安全模式部分参与国际安全事务。

可以想见，正是亚太安全模式的持续优化，客观上为亚太各国、各组织以及次安全区域保留了空间，既便利了其相互合作，又促进了其持续提升和不断发展，甚至还为世界其他地区安全模式的塑造与发展提供了可资借鉴的宝贵经验。因此，亚太安全模式的优化将注定会持续下去，并且注定会为亚

---

① Hall Gardner, *NATO Expansion and US Strategy in Asia Surmounting the Global Crisis*, p.27.

太区域以及国际安全秩序增添更大的助力。

二、北约进一步优化安全机制与发展模式

冷战结束后，北约全面着眼于东扩、转型以及对外干预，并且在上述领域取得了不俗成绩。然而，在经历了长达20多年东扩、转型以及域外干预的狂热之后，北约开始审视其走过的道路，逐渐发现太多公开或潜在的问题。例如，虽然北约相较以前"空前强大"，其组织架构更加精干，干预能力超乎寻常，但北约遭逢的安全挑战却不断增多，所处的安全环境亦持续恶化。虽然北约多次实施域外军事干预，但其自信心却不断衰退，应对传统或者非传统安全威胁的手法越来越单一、贫乏，等等。实际上，虽然北约对其发展轨迹的检讨并未公开，但实际上已经以不同方式、在多个场合悄然展开，北约对其安全机制与发展模式的优化，正是建立在这种反思与检讨的基础之上。

北约对其安全机制与发展模式的优化，并不完全等同于冷战结束后的机制调整，也不只局限于修改某项非常具体的政策、机构或者干涉案例，其重点更多在于北约对其决策思维、方向、程序、行动路径与方式等展开新的思考，确保北约能够选择最理想的思维、决策以及行动方式。北约新思维的酝酿及其深化，实际上正是在北约域外军事干预持续遭受挫折、北约自身持续遇到安全挑战的背景下展开的，这种新思维所涉及的种种思想元素，既有对历史背景与地缘战略环境的分析，也有对20多年来北约转型、扩张以及对外干预等行动得失的总结。

总体而言，北约对其安全机制与发展模式的优化可以概括为两个方面：

第一，北约从聚焦于扩展势力范围，转向加强核心安全能力，改善欧洲—大西洋安全环境。北约秘书长延斯·斯图尔滕贝格（Jens Stoltenberg）在北约防长会议上一直强调："第一，北约决定进一步加强北约快速反应部队的力量与能力，包括执行空中、海上以及特殊行动的单位。第二，在保持政治控制的同时，我们采取措施加速政治与军事决策。第三，我们将最终完成在保加利亚、爱沙尼亚、拉脱维亚、立陶宛、波兰、罗马尼亚设置的6个小型指挥部的设计与组成。最后，我们决定设立一个永久性的联合后勤司令部。"[①]北约东扩全面改变了欧洲大陆的地缘战略格局，导致俄罗斯的战略空间丧失

[①] "Press Conference by NATO Secretary General Jens Stoltenberg Following the Meeting of NATO Defense Ministers", 24 June 2015, available at http://nato.int/cps/en/natohq/opinions_120967.htm?selectedLocale=en. last accessed on 29 September 2015.

殆尽，迫使俄罗斯最终做出强硬反应。自乌克兰冲突之日起，北约肆意东扩的时光一去不复返，俄罗斯开始调整其在欧洲大陆的战略力量分布，进而对北约形成强有力的战略牵制和威慑。这就迫使北约不得不调整其在欧亚大陆的发展战略，重新着手欧洲大陆的地缘战略布局。自威尔士峰会后，北约开始调整其针对俄罗斯的战略，持续在东欧、波罗的海国家建设永久性军事设施，部署战略级别重武器装备，频繁举行大规模联合军事演习。很明显，北约已经将上述国家列为防范和对抗俄罗斯的前沿阵地，着手与俄罗斯展开长期而且全面的战略对抗。2015年6月，北约各成员国国防部长发表联合声明，坚决表明其与俄罗斯抗争的立场："我们探讨了当前的安全环境，俄罗斯正在通过对其邻国实施军事行动、强迫以及恐吓，挑战欧洲—大西洋安全（秩序），我们会继续关注俄罗斯的侵略行径……为了应对来自东方和南方的威胁，北约将继续提供一种全方位的方法，对抗威胁，如果必要的话，保护其成员国、对抗敌手。"[1]

从1999年北约首次东扩至今，北约已连续将13个东欧、南欧以及东南欧国家收入囊中，但这种"突击式"扩张弊端太多，成员国只是简单叠加在一起，缺乏必要的力量整合，难以形成统一意志。在北约内部，几乎每一次冲突都会引起激烈的争论，而且每一次域外军事干预几乎都是参与者少，旁观者多，出力者少，坐享其成者多。为此，北约对自身角色进行重新定位，以减少导致成员国产生分歧的根源。"北约不是一个集体安全组织，其目的不是保持成员国之间的和平，而是在应对周遭世界的过程中保护和推进其成员国利益，但是北约的某些行动有助于集体安全目标。"[2] 进言之，"（北约）的目标是成为促进大西洋区域和平与稳定的一个联盟，致力于在欧洲扩展和稳固民主方式，能够在未来出现威胁时保护西方国家的利益。"[3]

与此同时，北约还不断增强自身的荣誉感与使命感，以增强其内在的向心力与凝聚力，塑造并增强各成员国的共同政治意识以及安全责任，增强成员国对北约的归属感与认同感。北约前秘书长拉斯穆森（Anders Fogh Rasmussen）在任期间一直强调："60年前，北美与西欧启动了一个雄心勃勃

① "Statement by NATO Defense Ministers", 25 June 2015, available at http://nato.int/cps/en/natohq/news_121133. htm?selectedLocale=en. last accessed on 22 August 2015.

② Stanley R. Sloan and J. Michelle Forrest, "NATO's Evolving Role and Missions", A. M. Babkina, ed., *NATO's Role, Missions and Future*, p.18.

③ Jonathan P. Robell and Stanley R. Sloan, "NATO: United States Senate Views of the Accession of the Czech Republic, Hungary, and Poland", A. M. Babkina, ed., *NATO's Role, Missions and Future*, pp.95-96.

的计划：一个包括多国的大西洋共同体，一个能够将两个大陆永久连在一起
的安全共同体……我们找不到能够更好概括联盟实质的话语。在我履行作为
秘书长的职责时，北约准备好面对任何新挑战，我致力于确保北约在未来能
够取得成功，就像过去一样。当前北约需要做出另一个重大决定，即重新定
义21世纪的北约。我们这次很幸运，在我们启动大计划、准备我们新的战略
概念（北约取得持续成功的一个概念）时，有立陶宛及其波罗的海邻国与我
们在一起。"①

　　鉴于北约的域外军事干预均留下严重的战争创伤，虽然恐怖力量和暴政
受到重创或被终止，但这些国家却陷入经济凋敝、民生艰难、社会动荡，并
未实现众所期盼的和平与稳定，北约付出了高昂代价，但效果并不理想。为
此，北约开始致力于发展综合实力，全力弥补北约以往在能力建设方面的不
足，这种综合能力包括应对各种非传统安全威胁的能力、重建国家与社会秩
序的民事能力、塑造未来国际安全新秩序的能力，等等。因此，在其新发展
思路的主导下，北约加强了在国际层面以及区域层面上推进多方合作的进程，
以便借重其他国际组织或者区域组织的相关力量，弥补北约在上述领域的能
力不足。但是这并非长久之计，北约实际上已经从长远角度致力于加强自身
的综合能力建设，并将此确定为其未来发展的一项主要任务。

　　第二，北约开始全面调整其政治与外交指导方针，重新定位其与各种国
际组织、区域组织、地区大国之间的关系。在冷战结束之初，北约在很长一
段时间对其他各种国际行为体持排斥态度，包括联合国在内。联合国在处置
许多区域性冲突的过程中反应迟缓、对策软弱，进而导致其权威性在一定程
度上受损，例如海湾危机、波斯尼亚危机等。"如果需要昭示的话，联合国的
软弱导致联合国与北约的关系变得不平等，而且富有争议。"② 北约一直认为
联合国缺乏足够的军事力量，在许多重大国际危机面前常常逡巡不前，无法
做出强有力的政治与安全决策，因此，北约需要填补联合国在国际事务中的
空缺。这种做法使人感觉北约不仅凌驾于联合国之上，甚至还要取而代之。
不仅如此，北约与其他各种区域组织的关系实际上也不为世人看好，原因在
于北约对各种区域安全组织、区域大国始终采取机会主义态度，当其需要时
则全力争取这些组织或者国家的支持和帮助，当其不需要时则将这些组织或

---

①　"NATO's Role in the 21 Century and the New Strategic Concept", 9 October 2015, available at http://nato.int/cps/en/natohq/opinions_57938.htm?selectedLocale=en. last accessed on 29 August 2015.

②　Lawrence S. Kaplan, *NATO and the UN, A Peculiar Relationship*, p.134.

国家束之高阁或弃之如敝屣。很明显，北约仅仅希望这些区域组织或国家充当其政治与安全实践的配角，不希望其影响北约的任何决策与利益安排。

　　然而，在经历了多次挫折和失败后，北约已明确认识到，北约现有的综合实力实际上远未达到重建国际安全新秩序的程度，北约甚至无法按照自身意愿重塑欧洲大陆的地缘战略关系。北约需要应对的各种传统安全危机、非传统安全挑战太多，不仅离不开联合国的支持，也离不开各个区域组织、地区大国以及其他国际行为体的支持。因此，北约必须调整其安全机制与发展模式的主导思想，调整其与联合国的关系。北约不仅需要联合国的国际权威与影响力，也需要以联合国为中心的现行国际安全机制的支持。北约必须与以联合国为代表的国家组织、各种区域组织以及地区大国建立一种新型关系，相互之间既合作又竞争，既补充又独立。对北约来说，任何替代联合国角色的设想都是荒诞的，与任何国际或区域组织、地区大国的合作，首先是平等的，然后是利益共享的。匈牙利学者保罗·洛内斯库（Paul Lonescu）曾就此强调："我强烈相信，必须启动一个相互影响的程序，使我们能够建立一种多维度方法，在确保所有参与国的总体利益的过程中实现我们的安全。我确信，北约是一个能够培育这种多边计划的适当机构，尤其能确使全球安全引起一种新的关联性关注，而且事实是它所拥有的必要的战略使命，能够确保这一方法发挥作用。"[①]

　　北约实际上已经着手建立一种新的政治合作体系，虽然北约目前并未完全改变其主导方针，但是至少北约已经尝试与各个国际组织、区域组织以及地区大国建立多边合作关系，并且试着将自身融入国际安全体系中，而不是凌驾其上，将自己的政治意志强加于国际社会。或者干脆将自己置身国际安全机制之外，自行其是，自搞一套。然而，至少从目前的态势看，北约尝试构建的这一新政治合作体系，与现行的国际安全体系并不矛盾，两者虽不完全相容，但却存在若干交集。在这一新政治体系中，北约保持了必要的行动空间，保持了与联合国的合作关系，同时亦与国际组织、区域组织以及地区大国保持密切关系，确保北约的各项战略及其行动不会引起国际社会的激烈反弹。

　　总之，北约优化其安全机制与发展模式之举，不会在短期内完成，北约的许多思路、决策以及措施，实际上是在北约应对危机、转型以及扩张的过

---

　　① Paul Lonescu, "Procedural Interoperability", Martin Edmonds and Oldrich Cerny, eds., *Future NATO Security, Addressing the Challenges of Evolving Security and Information Sharing Systems and Architectures*, p.90.

程中逐渐形成的，甚至直到今天，北约仍在着力于构建新的政治合作体系。在连续应对非传统安全威胁的过程中，北约组织或者北约成员国都开始与其他国家或者组织展开大规模合作，致力于联合打击国际恐怖主义，实施人道主义国际救援行动。

第四节　北约与亚太安全模式的发展及其未来

一、新世纪的北约及其未来

总结北约走过的道路，展望其未来发展，我们必须强调，抛开北约奉行霸权主义、利己主义和强权政治，以及由此产生的一些消极影响，北约确实有许多值得让世人深思之处。放眼世界，有多少区域安全组织虽无所作为，但却能顺利熬过半个世纪的冷战岁月，甚至华丽转身为活跃在全球层面的安全组织，又有多少冷战军事联盟能够顺利转型为后冷战时期的政治—军事联盟？还有多少安全组织将防御安全任务同时锁定为应对传统安全威胁和非传统安全威胁？又有多少军事组织能够将其意识形态、价值观、道德观贯穿于其各项安全实践中？

虽然其中仍存在一些问题，但北约还是成功实现了战略转型、持续发展以及域外干预，北约的上述成就并非得之偶然，也不能全部归诸冷战后国际政治与安全环境的变化。归根到底，北约自身对冷战结束后国际政治与安全形势做出准确判断与把握，对其战略方针、指导思想以及行动方案展开适时调整，对其政治领导机制、军事指挥机制以及武装力量编制实施改革，为实现大西洋区域安全而推行的各种防御安全实践，这些实践成为确保北约转型、发展以及发展取得阶段性成就的关键要素。北约秘书长延斯·斯图尔滕贝格曾对所采取的各种军事行动颇为自豪地总结道："这些只是北约实施威慑的一些例子，显示了北约如何保护其成员国以应对来自各种方向的威胁。在海上、陆地以及空中，我们的行动始终是防御性的，它们不仅是适当的，而且是透明的，亦是有长期计划的，它们在我们目前已经变化的安全环境中仍具有非常重要的意义。"[1] 毋庸置疑，正是由于北约所取得的上述成绩，确使北约能够自冷战结束至今继续活跃在国际政治与安全舞台上，在国际事务中发挥重

---

[1]　"Pre-Ministerial Press Conference by NATO General Secretary Jeans Stoltenberg", 11 May 2015, available at http://nato.int/cps/en/natohq/opinions_119266.htm?selectedLocale=en. last accessed on 2 September 2015.

要作用。

　　然而，北约目前所取得的成就，实际上并不能确保北约今后的发展就此可以高枕无忧，事实上，北约今后遇到的安全威胁将会更多，所处的政治与安全环境也会更复杂。而且，鉴于目前北约在战略转型、持续发展、域外干预等方面存在的许多问题尚未真正得到解决，如果按照目前的思路发展下去，北约不仅谈不上有远大的未来，而且注定会延续过去的错误，其最终结果只能导致北约逐渐萎缩。事实上，北约对其安全机制已经采取了一系列优化措施，这代表了北约谋求长远发展的一种愿望，但是仅有这些举措还远远不够，北约要想确保其未来能够获得更长远的发展，还需要其做出更大规模、更深程度的调整与改革，这种新的调整与改革必然会触及北约的本质，必然会改变北约未来的发展方向，必然会进一步影响北约在国际新安全秩序建构中的地位。

　　未来北约的发展并非已经笃定不变，而是具有非常大的不确定性，这种不确定性一方面取决于北约自身，即北约如何调整并确定其安全理念、指导方针以及防御战略，如何适应国际以及区域安全形势的需要。另一方面则取决于北约周边以及国际环境中各种安全因素的变化，包括被北约视为地缘战略对手的俄罗斯、北约的成员国和伙伴国、各种国际或区域组织，以及各种传统或者非传统安全威胁等。概括而言，未来北约发展的不确定性主要表现在以下几个方面：

　　第一，冷战结束至今，北约经历了20多年的探索和尝试，在关乎北约未来发展的基本问题上已经形成某些趋向，有的甚至已成定式。例如，在北约东扩问题上，虽然北约碍于俄罗斯的地缘政治压力，暂时不会考虑将乌克兰、格鲁吉亚、中亚五国纳入其联盟体系，但是北约会继续着手将那些尚游离于北约联盟体系、欧盟体系或者欧洲安全与合作组织体系之外的欧洲国家纳入当前北约的序列中，其中包括从南联盟分裂出来的多个共和国。因为此举既可直接避免俄罗斯做出激烈反弹，又可以最大程度确保北大西洋防御安全体系保持完整。对此，北约秘书长延斯·斯图尔滕贝格在2015年7月召开的克罗地亚论坛上，就曾公开提出北约下一步东扩问题，即"到2015年底，北约不得不就其东扩问题做出一项重要决定，是否邀请黑山成为北约联盟的下一个成员国。"① 因此，北约不会骤然停下东扩的脚步，但是会制定更高的入盟

---

① "Speech by NATO General Secretary Jens Stoltenberg at the Opening Session at the Croatia Forum", 25 July 2015, available at http://nato.int/cps/en/natohq/opinions_121655.htm?selectedLocale=en. last accessed on 2 September 2015.

标准，而且也会局部改变其东扩方式与策略，帮助其伙伴国或者准盟国提高实力，尽可能达到或者接近北约成员国资格。

　　然而，乌克兰、格鲁吉亚以及中亚五国最终能否加入北约，目前还是未知数。北约不会轻易放手，还会加强与它们的政治、经济、文化以及军事联系，相反，俄罗斯也不会轻言放弃，而会充分运用政治、军事以及能源等手段，强化其在上述国家的影响力。因此，这些国家能否入盟北约，最终将取决于北约与俄罗斯地缘战略博弈的结果。

　　第二，在北约与俄罗斯关系上，双方的地缘战略博弈注定将成为今后欧洲政治与安全生活的主题。在乌克兰战争中，北约与俄罗斯的军事对峙与政治较量可谓烈度空前，双方至今仍处在角力当中。这次战争从根本上恶化了北约与俄罗斯的关系，迫使双方都改变了彼此的政策与战略。北约副秘书长亚历山大·弗什博（Alexander Vershbow）就曾明确提出："俄罗斯对乌克兰的侵略不是一个孤立事件，它改变了欧洲安全的规则，这反映了一个多年来一直演变的行为模式，丝毫不在意北约向俄罗斯伸出援手的努力，以及北约与俄罗斯为建立一个合作性欧洲安全体系而做的努力。"[①] 北约已经将俄罗斯视为其重构欧洲—大西洋战略新秩序的一种巨大挑战，也已将压制和削弱俄罗斯视为北约未来长期的战略目标，并且已经为实现这一目标而付诸行动；反之，俄罗斯亦然，其政治、安全以及军事政策及其实践，也基本上围绕着抗衡北约这一主题。"俄罗斯对'北约因素'的利用方式有所不同。他们用军事威胁来自北约这一观念来证明必须保持原有的军事体制，这种做法反过来就会分散人们的注意力，导致用于实际的国防改革的资金被挪作他用。"[②]

　　北约秘书长延斯·斯图尔滕贝格在美国"国际战略研究中心"曾专门就此发表演说："今天，莫斯科所做出的决定，使俄罗斯与北约的关系降到了几十年来的最低点。我们虽未回到冷战，但是却远离了战略伙伴关系，我们需要尝试应对那些可能在很长时间会与我们相伴左右的挑战，我们正在以三种方式实现这种尝试：加强我们的集体防御与威慑，处理北约与重生的俄罗斯的关系，支持欧洲邻国。"[③] 从这个意义上讲，北约将会在未来很长一段时间

---

　　① Deputy General Secretary, "Russia's Aggression is a Game-Changer in European Security", 2 February 2015, available at http://nato.int/cps/en/natohq/news_117068.htm. last accessed on 15 August 2015.

　　② 陈学惠、杜健编译：《冷战后外国军事改革的经验教训》，军事科学出版社，2013年，第43页。

　　③ "Adapting to a changed security environment", Speech by NATO General Secretary Jens Stoltenberg at the Center for Strategic and International Studies (CSIS) in Washington, D. C. 25 May 2015. available at http://nato.int/cps/en/natohq/opinions_120166.htm?selectedLocale=en. last accessed on 2 September 2015.

与俄罗斯全力相搏，在这一对抗与反对抗、压制与反压制的博弈中，北约与俄罗斯任何一方都不会做出根本性让步，因为任何实质性退让或者妥协，都有可能使自身丧失未来欧洲地缘战略的主动权。虽然不排除北俄双方可能会在一些具体问题上暂时有所合作，但双方的竞争与对抗将是今后北约与俄罗斯关系的主要内容。

第三，未来北约将会继续推进其域外干预，但必然会调整和改变其行动方针和步骤、行为方式以及程序，以便使其域外干预能够更大程度得到国际认同。鉴于北约域外干预战略及其实践的最终目标是建立国际安全新秩序，因此北约不会终止其域外干预进程，尤其不会改变其既定的安全方向。但是未来的北约域外干预行动将不会采取单一军事行动，而会代之以人道主义援助、经济与技术支持、有限武力介入等多项内容。由于全世界各种危机与冲突有相当大的偶然性，完全超出北约所能预期和掌控的能力，这就迫使北约必须改变自身的干预思路与行为。即北约未来将提高其实施域外干预的门槛，最大限度增加北约实施域外干预的自由度，不再关注所有危机与冲突，而会在时间、空间、对象、周边关系等方面展开更准确的判断与选择。

未来北约所要关注的危机与冲突，必须要与北约安全利益具有重大关联。北约的域外干预无须付出巨大代价，而且可以迅速见效。北约的域外干预需要与其他安全组织合作，但最终必须体现北约的战略利益。北约副秘书长亚历山大·弗什博（Alexander Vershbow）在2015年3月5日拉脱维亚里加召开的成员国议会会议上曾就此提出："来自南部的挑战要求我们所付出的努力应该是互补的，在过去20多年间，从巴尔干到阿富汗，北约已经展示了其实施复杂行动所需要的特殊能力，这些行动涉及盟国与伙伴国，并且与类似联合国、欧盟、阿盟等组织展开合作。"① 另外，北约的未来域外干预不仅会更讲究效率，即会以最小的代价换取最大的政治与安全结果。同时也会更追求实践效果，即在充分体现北约战略安全利益的同时，最大程度减少各种负面效应。

第四，未来北约将会继续追求全面的战略转型，包括进一步调整北约安全战略，精简政治与安全领导架构，提升其防御安全能力与快速反应能力等。虽然自冷战结束后，北约的战略转型已取得不俗成绩，这一战略转型至

---

① "ESDP and NATO: Better Cooperation in View of the New Security Challenges", 5 Mar 2015, available at http:// nato.int/cps/en/natohq/opinions_117919.htm?selectedLocale=en. last accessed on 8 September 2015.

今仍在进行当中，但是未来北约势必会将其战略转型方向集中在三个方面：其一，北约将进一步致力于凝练并且加强其快速反应能力建设。为此，北约不仅时刻准备有效应对各种非传统安全威胁，还能够有效威慑和处置欧洲—大西洋区域内外的各种传统安全威胁，确保北约能够在危机与冲突爆发的第一时间采取行动，强有力地消除、打击、遏制和抗衡各种安全威胁，为北约确定国际安全新秩序奠定必要的基础。北约副秘书长亚历山大·弗什博曾很准确地指出："到目前为止，如果21世纪留给我们一个教训，那就是我们无法在北大西洋区域内的安全以及该区域外的安全之间进行选择，因为它们不分彼此。"① 其二，北约将进一步发展和深化其综合处置能力。即在强化和精炼其军事力量之外，大量发展其始终匮乏、相对薄弱的民事力量，特别是危机处置后的国家重建能力、社会维持能力、经济发展能力等，不仅要确保未来的北约域外干预能够获得更好的成效，而且还能够加速北约全面转向政治—军事组织。其三，北约将进一步加速其政治与军事变革，不仅使其武装力量更具有威慑性和打击力，而且也使其在政治和军事上的决策力、执行力更加强大，使北约的组织职能更加完善。

　　第五，未来北约将会把应对非传统安全威胁列为北约塑造国际安全新秩序的一项重要内容。鉴于非传统安全威胁所涉及的层面广，破坏性大，未来将会成为全世界各个民族国家与安全组织所面对的最大威胁。因此，北约将制定一揽子应对非传统安全威胁的战略方针、政策方案，并且会据此采取一系列联合行动。对北约来说，积极而且有效地应对非传统安全威胁，可以最大限度扩展北约的国际影响，在昭示并传播北约自我标榜的民主理念和自由价值观的同时，展示北约对外来国际安全新秩序的建构思路与成就。北约副秘书长亚历山大·弗什博早在2014年10月19日阿布哈比的战略讨论中曾提出："北约在欧洲和中东所面对的挑战可谓大不一样，它们拥有一条共同的主线。在这两个例证中，我们都遇到拒绝我们价值观的力量的抗拒，它们正在寻求推翻以国际规则为基础的秩序。'伊拉克与黎凡特伊斯兰国'（ISIL）的暴力意识形态正在向极端主义和宗教主义火上浇油，这种极端主义与宗教主义已经烧遍了中东和北非，它也冒险向更远的地方输出恐怖主义，包括向北约和欧盟的成员国输出恐怖主义。它也代表了对我们所有国家安全与稳定构

---

① "NATO after Chicago: Struggling for Capabilities, Enlarge or Regionalize?", 12 December 2012, available at http://nato.int/cps/en/natohq/opinions_90005.htm?selectedLocale=en. last accessed on 8 September 2015.

成基本威胁，对我们社会结构构成威胁。"① 因此，北约会将相当一部分资源、时间以及精力，投入到应对非传统安全威胁的行动中。

总之，从目前北约的发展趋势看，虽然这种发展之势可能会在不同时段时有放缓或者加速，但却不会停顿。北约会在未来部分解决所面对的各项政治、军事以及社会难题，会持续不断地提出一系列新战略概念，也会继续实施大量新型域外干预行动，甚至还会在某个时段呈现出较目前更为强劲的发展态势。但从长远看，未来北约的发展实际上并不完全取决于其自身，而会越来越受到国际安全环境的影响，同时也会受到北约成员国、伙伴国、各种国际或者区域安全组织、世界大国或者区域大国等的影响，因为多元化、多中心以及多模式化将是未来国际安全格局发展的必然之势，北约在国际事务中的作用也许会加强，但却无法一手遮天，未来国际安全新秩序建构的基调必将是合作与协同的。

二、亚太安全模式的发展趋势与未来

和未来北约相对比较清晰的发展路径相比，未来亚太安全模式的发展显得相对复杂。自冷战结束后，亚太安全模式实际上已经获得长足进步，其自主、自立以及自强意识空前加强，其体系性建设、管控能力、安全保障能力等都有大幅提高。和战后历史相比，冷战后的亚太安全秩序建设虽只有短短20多年时间，但其成就却令人瞩目。

亚太安全模式的发展与变化让人耳目一新，这一成就并不止于当前亚太多个民族国家、安全组织在国际事务或者区域事务中表现突出，还表现为亚太安全模式始终显示出非常旺盛的生命力，显示出越来越趋于利好的发展前景。虽然在形式、内容以及特征等多个方面，亚太安全模式不同于北约，甚至与其相比，仍然显得相对简单、粗糙而且无序，但是它们却完全适合亚太政治、经济以及安全形势发展的客观需要，尤其适合亚太区域各个国家、安全组织、次安全区域的现实需要。因此，相对于亚太安全形势复杂多变这一特点而言，亚太安全模式所承受的压力实际上要远远超过北约。亚太安全模式正是在这种承压和解压的过程中，持续不断向前发展。

众所周知，亚太区域人口占全世界的1/2，其经济总量占全世界的1/3，

---

① "Strengthening NATO-Gulf Cooperation", 19 October 2014, available at http://nato.int/cps/en/natohq/opinions_113987.htm?selectedLocale=en. last accessed on 8 September 2015.

未来这一数字必然还会进一步攀升，而且，亚太区域还拥有丰富的自然资源、朝气蓬勃的创新力量以及取之不竭的发展潜力，这些都成为亚太安全模式能够持续发展的重要前提。亚太各国的兴旺发展，客观上为未来的亚太安全新秩序建构奠定了重要基础，为亚太安全架构进一步发展和完善创造条件，尤其为亚太安全模式自身的未来提升开辟了道路。总体而言，在可预见的未来，亚太安全模式的发展趋势主要体现为以下三个方面：

第一，未来亚太安全模式将会得到进一步整合，在亚太区域整体安全秩序建构中，各个民族国家、安全组织、安全区域以及次安全区域相互之间零散分割、各自为政的持久状况将会全面改善，各种不同危机与冲突将会得到有效管控，亚太区域会形成一些新的安全行为体，这些新安全行为体的成分极为多样，有的直接表现为某些亚太区域大国，有的则化身为区域安全组织，有的则体现为不同等级的安全区域，有的则是多个国家或组织的联合。这些新的安全行为体在地理疆域上并不固定，它们也许会跨越国家、安全区域以及次安全区域存在，而且也会跨越多个领域或者多个层面存在，还有的则可能会以跨组织的安全联合方式存在，等等。总之，不论亚太区域这些新安全行为体会采取何种方式存在，它们在亚太区域的整体安全秩序建构或者区域安全秩序建构中的作用都会进一步增强，亚太多元化力量格局将会得到进一步整肃，逐渐走向一种相对有序的安全秩序，旧的复杂多变的安全局面将得到有效改善。新加坡国立大学东亚研究所所长郑永年教授曾就此专门撰文指出："人们也可以相信，和西方建立在武力、'外在威胁'和领导霸权之上的区域秩序不同，中国和亚洲国家能够确立具有亚洲特色的区域安全秩序。如果西方安全秩序是西方文化的体现，亚太安全秩序的出现必然体现亚洲文化的化身。尽管亚洲各国（包括中国本身在内）在过去的一个多世纪里，都在不同程度上受西方文化的影响，但随着中国和印度等文明国家的崛起，亚洲最终会回归亚洲，确立真正属于亚洲的秩序。"[①]

可以肯定，在未来亚太安全秩序建构的过程中，一些久未发挥作用的区域安全组织将会逐渐走向式微，并将渐次退出历史舞台，取而代之的则是一些新兴的区域安全力量，它们包括区域性大国、新安全组织以及多组织联合。这些新兴安全力量组织不仅功能强大，而且接触区域广阔，其作用与影

---

① 郑永年：《中国与亚太安全秩序的未来》，available at http://forum.china.com.cn/thread-1106825-1-1.html. last accessed on 12 September 2015.

响也更加持久，它们将成为亚太安全新秩序建构的主导性力量。与之相对应，亚太区域以外各种安全力量强行干预或者硬性介入亚太安全事务的机遇将会进一步减少，其在亚太安全架构建构中所占的分量必然会进一步下降，虽然亚太区域不能完全断绝外来力量，但未来亚太安全秩序建构的内容必然会以己为主、以它为辅，亚太安全新秩序建构的本土色彩将会越来越强烈，并且会越来越贴近亚太民族国家、安全组织、安全区域以及次安全区域的不同安全主张。

第二，未来亚太安全模式将会形成一整套全新的安全理念、规则以及思想等。这种新安全思想不仅被用于指导亚太安全模式的发展，也被用于指导亚太安全模式推进亚太整体安全实践或者区域安全实践。尽管冷战结束后，亚太安全模式一直着力于酝酿并打造新的安全理念、思想以及政策，但是其许多方针与政策还处于尝试和探索中，不仅缺乏内在的逻辑性和体系性，而且无法在当前的许多亚太安全冲突与危机中发挥持久有效的影响。然而，伴随着未来亚太安全模式的持续发展、深化，亚太区域新的安全理念与规则注定将会更富有逻辑性，其体系性也会越来越突出，它们不仅会指导亚太安全新秩序建构的每一个步骤，而且也会在锻造更高层次的亚太安全架构的过程中发挥重要作用，而且其影响必然也会渗透并扩展到国际安全秩序建构的过程中，尤其会对那些与亚太安全状况类似的发展中国家或者地区持续产生持久影响。

未来亚太安全模式的新安全理念与规则，将会更强调国家和国家、组织和组织、区域和区域之间的协同与合作，强调各个民族国家、安全组织、安全以及次安全区域之间的力量互补，利益共享。而且，它还会强调所有国家、安全组织、安全区域和次安全区域的共同参与亚太区域新安全秩序建构。这些新理念与规则不再突出某些个体安全体的特殊存在，亦不会突出单个区域安全的利益，而是强调亚太区域的整体安全意识，强调亚太区域的整体安全秩序建构，强调所有亚太国家协同行动，相互合作，锁定共同的目标。中国国家主席习近平在2015年3月28日博鳌论坛年会中曾就此发表主题演讲。他表示，"迈向命运共同体，必须坚持各国相互尊重、平等相待，必须坚持合作共赢、共同发展，必须坚持实现共同、综合、合作、可持续的安全，必须坚持不同文明兼容并蓄、交流互鉴。"[①] 因此，强调亚太各国的共同思维，互利

① 新华网报道，2015年3月28日。available at http://news.xinhuanet.com/2015-03/28/c_127632644.htm?prolongation=1. last accessed on 12 September 2015.

共赢，这势必将会成为越来越多亚太民族国家与安全组织追求的一个重要目标，势必会成为亚太安全秩序建设中的一种共识。

虽然在未来亚太区域与国际安全体系中，目前我们还无法断言亚太安全模式的新安全理念与规则究竟会发挥多大的作用，或者具体会在哪些方面发挥作用，但是可以肯定的是，对于亚太安全新秩序的建构而言，这种新安全理念与规则的基调将是积极的和进取的，它们将完全不同于冷战时期亚太安全模式的无为和少为之举，而且也与后冷战初期亚太安全模式无助、少助的情形有别。亚太安全模式中的新安全概念与规则将致力于亚太区域乃至世界长治久安这一长期目标，并非仅仅着眼于亚太某个区域安全秩序以及类似的短期安全效应。从长远看，亚太安全模式的新安全理念与规则，将会缓解并且解决亚太地区在历史上积淀已久的各种矛盾与冲突，也会全面推动亚太安全架构朝着积极、健康、有序的方向发展，最终为亚太区域建立真正的和平与秩序奠定基础，为世界安全与稳定提供借鉴。

第三，未来亚太安全模式的发展及其影响，不会只局限于亚太区域自身，甚至不会限定在亚太区域内部，而会进一步向世界其他地区扩散。尤其伴随着亚太经济走势持续增强，亚太各国在世界政治、经济以及安全舞台上的话语权将会进一步强化，亚太区域各个民族国家、安全组织将会理所当然地频繁参与国际安全事务，亚太区域安全事务不仅关乎自身，而且必然会波及亚太区域以外地区，不论亚太区域各个国家或者安全组织是否愿意，亚太安全与外部世界的联系与协同将会进一步增强。因此，在亚太安全秩序建构中，不仅亚太区域各个国家或安全组织会走出亚太区域，在更大的国际安全舞台上发挥作用，一个日趋开放、高速发展的亚太区域也不会拒绝与各种国际或者区域安全组织接触与合作，尤其无法拒绝与美国等世界大国以及众多区域性大国的联系和接触。

未来亚太安全模式发挥作用的方式可谓多种多样，其一，亚太民族国家、安全组织将与各种外来力量展开联合，共同致力于国际或亚太区域自身的安全秩序建设。鉴于非传统安全威胁根源复杂而且极具破坏性，亚太区域各个国家或者安全组织单凭自身力量很难处置此类威胁与冲突，客观上需要联合其他各种力量，倚重现有的国际安全体制及其规则。未来亚太安全模式将会通过联合与协作发挥作用。其二，由于某些特殊的亚太区域安全危机与挑战不再适合外部组织或者国家的干预，而更适合亚太区域各个国家以及安全组织，因此，亚太区域各个国家或者安全组织将会立足于通过在安全区域或者次安全区域内部重新调整其力量部署，调整和改善彼此关系，协同彼此利益，独立自主地在亚太安全新秩序中发挥作用。

中国作为亚太区域经济高速发展的火车头，在推动亚太安全模式走向开放、发展的过程中将发挥关键作用。中国不仅提出了自己的"中国梦"设想，并且明确将"中国梦"的基本内涵设定为实现国家富强、民族振兴、人民幸福。[①] 进言之，中国还非常明确地指出，中国并非谋求独自享受经济发展、国家繁荣与社会稳定，中国愿意与世界其他国家共同享受和平与发展的成果，欢迎亚太其他国家搭乘中国经济高速发展的快车。"实现'中国梦'，这会进一步将亚洲国家统一在一种共同的命运中……亚洲正在面临着历史遗留的问题以及新挑战，但是中国经常将区域稳定与进步置于优先发展的地位，而且一直通过对话与协商，解决这些问题。亚洲的整体利益在于其成员国寻求共同点，加强其相互理解，保持亚洲的发展势头。我们有足够的理由相信，'中国梦'和'亚洲梦'可以保持和谐一致，中国人及其亚洲同行可以在彼此相处的道路上实现其梦想。"[②]

不仅如此，中国还提出了自己的新安全理念，即民主、和睦、协作、共赢的精神，强调构建一个和谐世界，强调世界各国彼此尊重，共同发展。针对当今世界最重要最复杂的中美关系，中国领导人习近平在2012年2月访美期间就中美关系提出五点建议：坦诚相待，加强沟通；与时俱进，扩大务实合作；互相尊重，促进战略互信；面向未来，密切人民交往；加强协作，携手应对挑战。"太平洋足以容下中美两国，中方欢迎美国在亚太促进和平、稳定和繁荣方面发挥建设性作用；中方也希望美国充分尊重和适应亚太国家的重大利益和合理关切。"[③] 毫无疑问，中国的新安全理念适应了未来亚太安全形势的发展需要，注定会进一步丰富和发展亚太区域的安全新理念与规则。与此同时，中国以"一带一路"（One Belt and One Road）倡议为契机的新发展观及其实践，同样也会为亚太安全新秩序的建构营造一种更加积极、进取、乐观的环境，从更加务实、理性和发展的角度全面发展和完善亚太安全架构。

不仅如此，印度、俄罗斯、东盟、上合组织等多个国家或者组织也都提

---

① 新华网报道，2013年3月24日。available at http://news.xinhuanet.com/world/2013-03/24/c_124495576.htm. last accessed on 14 September 2015.

② "Common Dream of a Better Asian Future", available at http://www.chinadaily.com.cn/world/agency/2013-07-16/content_9591092_2.html. last accessed on 14 September 2015.

③ 中国网报道，2012年2月15日。available at http://www.china.com.cn/v/zhuanti/2012-02-15/content_24643926.htm. last accessed on 14 September 2015.

出了许多富有新意的安全理念，或者致力于未来的区域安全秩序建构，或者致力于更广阔的亚太地区安全秩序建构，这些新安全理念从各个不同层面和角度，全面展示了亚太区域许多民族国家或者安全组织展望并致力于未来的雄心壮志，而且其中许多新安全概念已经付诸实施，并产生了积极影响。可以预见，未来亚太安全架构建设将是积极和进步的，将会更好地践行和平、平等、自由、发展以及繁荣的指导原则和安全理念，将会更大规模、更深程度地推动亚太区域新型安全秩序的构建。

结束语

诚如正文所述，美、苏两国一俟二战结束旋即陷入冷战的旋涡，并且逐渐形成以各自为中心的东西方两大阵营，双方在政治、经济、安全、文化、社会等多个领域展开全方位竞赛。尽管欧洲一直是美、苏双方冷战斗争的中心地带，但美、苏两国出于争夺世界霸权、抢占中间地带的政治与安全考虑，亦在全世界展开大规模争夺与对峙，所涉及范围几乎覆盖了全世界所有国家和地区。亚洲—太平洋区域由于疆域辽阔，资源丰富，战略地位极为重要，不可避免会成为东西双方争夺的对象，这就注定战后亚太区域会对整个欧亚大陆的地缘政治以及世界范围的冷战斗争产生重大影响，其斗争烈度与广度丝毫不亚于欧洲冷战。亚太区域称得上是美苏冷战斗争的另一个中心，该区域的战略重要性丝毫不亚于欧洲—大西洋区域，甚至在某些阶段、某些重大安全问题上产生的政治与安全影响超过后者。正是基于国际冷战斗争在欧洲—大西洋区域与亚太区域的集中体现，使得战后国际政治、经济以及安全秩序的建构，基本上围绕着这两个地缘政治板块展开。

受冷战政治与意识形态的影响，秉承传统地缘政治与安全理念，欧美各国创立了大西洋安全模式。北约作为大西洋安全模式最集中的体现，可谓集战后欧美各国安全思想、防御方针、军事行为规则等于一身，为战后世界确定了一种全新的政治与军事联盟以及安全框架，其中既有超越成员国主权界限的跨区域安全联合的含义，也在很大程度上保持了各成员国政府间政治与军事合作的内核；既承担着保护各成员国免受侵略、维护主权与领土完整的义务，亦担负着维护整个欧洲—大西洋区域安全秩序的责任；既是欧美各国历史上最大规模的军事防御组织，同时也是欧美世界最复杂的政治与意识形态联盟，汇聚了欧美各国共同的价值观、意识形态以及文化传承。

作为一种客观存在，大西洋安全模式在雅尔塔体系构建及其演变的历史进程中发挥了重要作用。一方面，大西洋安全模式全面强化了战后欧美世界的团结协作，尤其推动了战后欧美各国在政治、经济、文化与社会等领域方面的贯通和融合；另一方面，大西洋安全模式的影响还表现在其逻辑悖论上，即苏联与东欧国家以北约组织为蓝本，共同创建了华约组织，进而形成北约与华约两大集团相互对抗的格局，这也许是大西洋联盟模式在国际安全体系中力所不逮的空白所在。进言之，尽管大西洋安全模式在其发展进程中颇多波折，其中既有来自内部的危机，也有来自外部的挑战，但大西洋安全模式始终保持了充分的政治张力和安全缓冲空间，这成为两大集团在欧洲冷战中始终斗而不破的最重要原因之一，东西双方在很大程度上都直接或间接受到大西洋安全模式的影响。

究其根源，大西洋安全模式之所以能够在战后欧洲政治与安全秩序建构中发挥作用，首先得益于其创立了一套特殊的联盟模式，该模式在形式、内容、功用等方面非常特别，可谓开创了欧美各国在政治、经济、军事、文化以及意识形态等推进跨领域联合的先河。欧洲从近代文明发端，直到现代社会嬗变，从来不乏各种联盟、集团或者联合机构，诸如"汉萨同盟""新教联盟""北方联盟""维谢格拉德集团""同盟国集团""协约国集团"等，但未有任何一个集团或者联盟能够与北约相提并论。无论是其设置条件、组织内容、机构功能以及社会影响等，北约都堪称独树一帜，它对欧洲历史进程的影响可谓无与伦比。对美国来说，北约亦是美国首次打破孤立主义樊篱，走向缔结联盟体系的一次重大尝试，这既是战后美国推进全球主义战略的一个重大步骤，也是美国战后着力构建新国际安全秩序的一个重要起点。对欧洲来说，尤其是对西欧国家来说，北约则是其经历两次世界大战祸乱，开始尝试建构新型欧洲安全关系的破冰之旅，其目的在于摆脱困扰欧洲长达几个世纪的政治与安全困局，建立一种全新的欧洲安全秩序。北约首任秘书长伊斯梅勋爵在总结创建北约的目标时曾说过：也许对欧洲国家来说，北约的目标就是拉住美国，压住德国，挡住俄国。但是也许伊思梅并未注意到，北约所开启的大西洋安全模式，其意义早已远远超出这一战术目标，直接上升到建构战后国际安全体系的战略高度。

与此前各类欧洲安全组织相比，北约之所以独一无二，非比寻常，关键在于这一安全模式设置了一种独特的联合模式——大西洋安全模式，这种联合模式包含了组织机制建设、规则与标准建设、思想与价值观建设、行为与实践方式、军事力量建设等，其具体内容包括了北约的联合结构模式、制度与组织模式、思维与决策模式、发展与扩张模式、应对危机与冲突模式等多个方面。事实上，大西洋安全模式所涉及的内容还不止于此，不仅包括了大量非常规性、随机性内容（例如北约在东西方冷战对峙中为应对各种突发事件而采取的对应政策及其实践），还涉及大西洋安全模式以外的许多国际或区域组织所推行的政策、战略以及理念，甚至不排除与北约相互对立的华约组织、苏联与东欧社会主义国家等，这些组织或国家所采取的各项政策与实践，也是大西洋安全模式自我完善的一种重要参照。由此可见，大西洋安全模式所涉及的内容并非孤立存在，而是彼此相连，多有交叉，彼此不仅具有较强的关联性，而且还存在着一定的因果关系。

如同历史上所有的政治与安全联盟，大西洋安全模式亦非浑然天成、一蹴而就，该模式也是在北约持续推进其政治与安全战略的进程中逐渐发展、成熟，越出先前界定的地域范围、领域界定、发展时段等，进而得以在更大更长的历史时空中持续发挥作用。大西洋安全模式的各项内容并非形成于同一个时间，它们大致从20世纪50年代至60年代初具雏形，并在70年代和80年代深入发展，不断趋向成熟。在大西洋安全模式所提供的大安全框架下，北约各种具体思想、政策以及行为模式并非针对某个特定对象，每一种模式所涉及的内容既具有多重关联性，也是不断变化的。其总体发展趋势是，伴随着国际冷战斗争的起落，北约不断调整其战略关切与利益需求，这在客观上赋予大西洋安全模式一种动态发展趋势，即确保大西洋安全模式能够始终处于自我发展与完善中，能够始终使自己适应国际政治与安全环境的变化需求。

特别需要强调的是，大西洋安全模式的影响绝不止于欧洲—大西洋区域，其影响力与示范效应并不仅仅针对欧洲与北美各国，也不局限于大西洋两岸，该模式实际上在全世界范围内具有极大的示范作用，在美国的积极运作下，大西洋安全模式的影响力全面扩展到世界其他地区或者国家，尤其对20世纪50年代初开始逐步涉足国际政治与安全舞台的亚太国家或地区产生了深远影响。战后亚太区域安全秩序的建构，不仅在源头上离不开由欧洲扩展到全世界的国际冷战大环境，而且在发展进程中亦离不开大西洋安全模式对亚太区域以及各次区域安全建构所提供的借鉴。

作为战后国际安全体系中的另一个重大板块，亚太区域安全模式的建构历史，相比大西洋安全模式要复杂得多，其中既有欧美各国针对战后亚太区域或者次区域的影响力传播，也包括了亚太区域各个国家或地区对其安全模式建构的探索。就前者而言，欧美各国出于国际冷战斗争的政治与安全需要，在冷战开启之初就开始在亚太区域处心积虑地扩展其政治、经济、军事以及文化影响，竭力遏制苏联、中国等社会主义国家，防止其控制亚太各国或者整个区域，或者尽可能确使亚太区域不为其所左右，或者尽可能少受其影响。因此，紧随北约创建，美、英等国迅即以北约为范本，在亚太区域订立了许多双边安全协定或者多边安全协定，搭建了为数众多、形形色色的政治、经济以及安全组织，意在使这些亚太区域组织构成继续由欧美各国所主导的战后亚太区域安全秩序，使之与北约为主导的欧洲—大西洋区域安全秩序相互对应。虽然欧美各国在亚太区域的政治与安全实践带有巨大的负面影响，但是这些构成了亚太区域安全模式建构的最早尝试。

就后者而言，虽然亚太区域安全秩序建构起步晚，起点低，而且明显受到欧美国家等各种强大势力的影响，但这并不等于亚太区域、次区域或者安全组织的政治意愿和安全动机会完全为外来力量所主导。在效法大西洋安全模式以及其他各种国际安全模式的基础上，亚太区域各种安全组织以及民族国家也一直没有放弃探索符合自身政治、经济、文化以及安全需要的安全模式建构。伴随着20世纪60、70年代亚太区域多个国家或地区经济高速发展，该地区的民族意识、自觉意识、区域意识迅速提升，不同国家、民族、文化、宗教以及区域之间的横向联系与合作不断增多，这使得亚太区域各个行为体的安全利益不断得到协调，在整体上得到整合，这为自发性、自主型亚太安全模式的产生创造了契机。

亚太区域安全模式不同于大西洋安全模式，其构建并非整齐划一，在形式上表现多种多样，从较大层面的分类看，既有自主成长类型，也有外部介入类型。在内容上则更加复杂而且分散，几乎涉及战略防御、联盟架构、思维决策、组织发展、机构建设、危机处置等各个方面。另外，亚太区域安全模式的功用和影响绝不局限于安全领域，还直接涉及政治、经济、社会与文化等其他领域。尽管亚太区域安全模式的发端与发展确实受到美苏冷战斗争的影响，但其发展轨迹实际上并未完全听命于美苏冷战斗争，亦未重蹈大西洋安全模式的覆辙。在亚太安全秩序建构中，还有一些非冷战因素持续发挥作用，这些因素不仅包括亚太区域或次区域、民族国家争取民族利益、维护区域安全的特殊考虑，其中不乏反对殖民主义、霸权主义以及帝国主义等争取民族国家与区域进步、维护自身利益等内容；而且更重要的是，还包括诸如亚太区域各个国家或地区特殊的历史、文化、宗教以及社会传统等，这在很大程度上的确使亚太区域安全模式整体显示出比较明显的区域特征、自我定位以及本土色彩。因此，在亚太区域内部，各种区域或次区域安全模式可谓不尽相同，各有特色。

相较大西洋安全模式具有较强的示范效应，亚太区域安全模式并不具备强有力的对外辐射效能，在本区域或者亚太区域以外的国际事务或区域事务中，缺少足够的政治与安全影响。这些安全模式基本上聚焦于亚太区域或者次区域的政治、经济以及安全事务，或者限定于解决一些亚太区域自有的特定安全问题，它们的安全目标相对有限，针对性非常强，似乎并未设定宽泛和远大的目标，至少在表面上如此。从这个意义上说，亚太区域安全模式的有限目标，以及具有较强实用性的指导方针、战略目标、组织功用等，在很大程度上确保了亚太区域安全模式在一个很长历史时段保持稳定发展态势。同样，基于文化传统、实力与资源、习惯做法等种种原因，亚太区域安全模式较少关注本地区以外的安全事务，即使有所关注，也更多是因为这些安全事务与本地区安全利益直接或者间接相关。这使亚太安全模式避免了很多外来危机的干扰，更少遭遇挑战，进而节省了资源、储备了实力，这也构成亚太区域安全模式得以稳步发展的原因之一。

亚太区域安全模式的发展具有很强的时段特征，从20世纪50年代至60年代，各种外来介入型安全组织在亚太区域安全模式的建构中发挥了比较突出的作用，但是这一时期的亚太区域安全模式建构成果相当有限，尽管这一地区有很多双边安全协定或者多边安全协定，但是亚太区域始终难以摆脱各种政治矛盾、民族矛盾、宗教与文化冲突、领土纠纷以及意识形态斗争。从20世纪70年代开始，亚太区域各种自主型安全组织开始大规模涌现，并且逐渐在国际或区域安全舞台上发挥作用。以"东盟"为代表，标志着亚太区域安全模式建构取得重大成就，该模式越来越多地显示出亚太区域组织在本区域安全秩序建构中的自立意识、自强特征。与之相伴，伴随着20世纪70年代美苏冷战进入缓和期，一直到80年代末至90年代初冷战结束，亚太区域安全模式建构迎来了难得的发展春天，亚太区域以及次区域安全秩序建设均取得重大成就。不论是亚太区域、次区域、安全组织以及民族国家，都开始以各自的方式活跃于国际政治、经济与安全舞台，在更大层面着力于构建亚太区域安全模式，此举在整体上加速了亚太区域安全意识的形成，促使其持续深化。

冷战结束后，大西洋安全模式迎来了巨大的机遇，但是也遇到更严峻的挑战，随着北约大规模推进东扩进程，大肆吞噬苏联与东欧社会主义国家，高调扩大北约在欧洲—大西洋区域的影响力和控制力，北约的势力范围几乎覆盖了整个欧洲—大西洋区域。与此同时，北约还积极致力于推进自身的战略转型，除去积极应对冷战后各种非传统安全挑战外，还着力于消弭各种传统安全危机，北约为自身设定的安全目标非常明显，即通过全面调整自身的发展思路、改革自身的政治与军事机制、优化自身的政治与军事能力等，全力打造一种新的欧洲—大西洋安全秩序。很明显，北约所采取的上述种种政策，客观上为大西洋安全模式的发展提供了前所未有的发展机遇，但是大西洋安全模式能否把握时机、适应冷战后国际安全体系的发展需要，这两者之间实际上并不具有天然的逻辑关系。

很明显，北约在冷战后的1/4个世纪中，虽然一直着力于改变大西洋安全模式中不适应国际或区域新政治与安全环境的种种障碍，以便进一步增强大西洋安全模式的示范作用，包括其应对危机、处置冲突的综合能力，与世界其他各类政治、经济与安全组织的协同与合作等，但是结果并不理想。从目前北约与俄罗斯围绕乌克兰危机、叙利亚反恐战争而频频告危的双边关系来看，从欧洲目前频频出现的极端民粹主义、暴恐事件、难民危机、政治右翼、经济衰退、欧美关系紧张化等现象看，显然大西洋安全模式对欧洲—大西洋区域的规划存在缺陷，其在国际安全体系中的定位亦有失准确。大西洋安全模式要想在冷战后的国际安全体系中切实发挥正向作用，在欧洲—大西洋区域安全秩序建构中发挥更大作用，显然还需要走更长的路。

与之相比，亚太区域安全模式也在冷战后发生了重大变化。冷战结束后，亚太区域政治、经济与安全格局发生巨变，亚太区域安全模式同样面临着转型和肩负发展的使命。从整体上看，亚太整体区域以及各个次区域安全秩序建构进一步加快，亚太区域各种安全力量正在经历重组，饱受磨合，亚太区域安全秩序也正在经历调整与重塑。相对于亚太区域安全模式而言，亚太区域安全秩序的建构方向有所变化，新的危机与冲突点正在减少，过去的许多热点地区与危机正在逐渐固化，亚太区域安全环境在整体上有向好之势，爆发危机与冲突的临界点正在步步提升，亚太安全秩序实际上相较以前正变得日趋稳固。尽管亚太次区域存在着类似南中国海诸岛屿、东海钓鱼岛等各类主权争端，它们在表面上似乎有可能成为亚太次区域爆发危机与冲突的着火点，但这些领土主权争端实际上由来已久，并非新的危机与冲突，而且目前已经得到有效管控，当事各方爆发大规模冲突和战争的可能性不大。即使美国过深介入上述岛屿主权争端、蓄意挑动东海与南海各方矛盾而导致局部冲突发生，这种局部冲突大规模向外扩展和外溢的可能性也微乎其微。

　　但是我们也要看到，在亚太一些次区域仍存在着极为紧迫的重大安全隐患，这些安全危险与危机有可能产生极为严重的安全灾难，例如，朝鲜与美国围绕朝鲜核武器与弹道导弹试射而产生的对峙、美国与俄罗斯围绕叙利亚阿萨德政权存留的隔空交火等。上述危机与冲突都直接与美国相关联，这实际上预示着一个基本事实，即在冷战后亚太区域安全模式的发展进程中，欧美国家将会继续插手亚太区域安全事务，特别是美国，它将通过持续介入亚太区域安全模式建构的方式，确保自身在亚太区域的安全利益以及世界霸权。

　　从整体上看，亚太区域安全模式正在发生重大变化，总体趋势是不断突破各种区域性限制，积极弥补在机制建设上存在的种种不足，同时着力于加强综合能力建设，持续扩大对外影响，进一步强化自身的自主与自强意识，加大排斥各种外来势力干扰的力度。到目前为止，亚太区域安全模式已经由相对封闭状态越来越走向开放，由相互孤立走向互相合作，由较少安全联合走向多方安全联合。按照这一发展方向和节奏，未来亚太区域安全模式的发展势头不会停顿，亦不会出现重大反复，该模式不仅会真正适应亚太区域或次区域政治与安全形势的发展需要，而且也会在亚太区域安全秩序建构中发挥越来越大的作用，甚至该模式所拥有的政治、经济与安全影响也不会局限于亚太区域，而会扩展到亚太区域以外，在更大的国际或者区域舞台上发挥作用。

　　可以预见，未来大西洋安全模式与亚太区域安全模式的发展道路，将会出现更多的交叉和重合，但可以肯定，两者都将朝着更加民主、自由、进步的方向发展，都会以更加积极、进取的态度致力于国际或者区域安全秩序建构，其政策方针、安全战略以及联合实践，也将会更加适应国际安全形势或者区域安全形势的需要，更加顺应国际潮流的发展大势。

附录一

The North Atlantic Treaty
Washington D. C. 4 April 1949

Article 1

The Parties undertake, as set forth in the Charter of the United Nations, to settle any international dispute in which they may be involved by peaceful means in such a manner that international peace and security and justice are not endangered, and to refrain in their international relations from the threat or use of force in any manner inconsistent with the purposes of the United Nations.

Article 2

The Parties will contribute toward the further development of peaceful and friendly international relations by strengthening their free institutions, by bringing about a better understanding of the principles upon which these institutions are founded, and by promoting conditions of stability and well-being. They will seek to eliminate conflict in their international economic policies and will encourage economic collaboration between any or all of them.

Article 3

In order more effectively to achieve the objectives of this Treaty, the Parties, separately and jointly, by means of continuous and effective self-help and mutual aid, will maintain and develop their individual and collective capacity to resist armed attack.

Article 4

The Parties will consult together whenever, in the opinion of any of them, the territorial integrity, political independence or security of any of the Parties is threatened.

Article 5

The Parties agree that an armed attack against one or more of them in Europe or North America shall be considered an attack against them all and consequently they agree that, if such an armed attack occurs, each of them, in exercise of the right of individual or collective self-defence recognised by Article 51 of the Charter of the United Nations, will assist the Party or Parties so attacked by taking forthwith, individually and in concert with the other Parties, such action as it deems necessary, including the use of armed force, to restore and maintain the security of the North Atlantic area.

Any such armed attack and all measures taken as a result thereof shall immediately be reported to the Security Council. Such measures shall be terminated when the Security Council has taken the measures necessary to restore and maintain international peace and security.

Article 6 (1)

For the purpose of Article 5, an armed attack on one or more of the Parties is deemed to include an armed attack:

- on the territory of any of the Parties in Europe or North America, on the Algerian Departments of France (2), on the territory of or on the Islands under the jurisdiction of any of the Parties in the North Atlantic area north of the Tropic of Cancer;
- on the forces, vessels, or aircraft of any of the Parties, when in or over these territories or any other area in Europe in which occupation forces of any of the Parties were stationed on the date when the Treaty entered into force or the Mediterranean Sea or the North Atlantic area north of the Tropic of Cancer.

Article 7

This Treaty does not affect, and shall not be interpreted as affecting in any way the rights and obligations under the Charter of the Parties which are members of the United Nations, or the primary responsibility of the Security Council for the maintenance of international peace and security.

Article 8

Each Party declares that none of the international engagements now in force between it and any other of the Parties or any third State is in conflict with the provisions of this Treaty, and undertakes not to enter into any international engagement in conflict with this Treaty.

Article 9

The Parties hereby establish a Council, on which each of them shall be represented, to consider matters concerning the implementation of this Treaty. The Council shall be so organised as to be able to meet promptly at any time. The Council shall set up such subsidiary bodies as may be necessary; in particular it shall establish immediately a defence committee which shall recommend measures for the implementation of Articles 3 and 5.

Article 10

The Parties may, by unanimous agreement, invite any other European State in a position to further the principles of this Treaty and to contribute to the security of the North Atlantic area to accede to this Treaty. Any State so invited may become a Party to the Treaty by depositing its instrument of accession with the Government of the United States of America. The Government of the United States of America will inform each of the Parties of the deposit of each such instrument of accession.

Article 11

This Treaty shall be ratified and its provisions carried out by the Parties in accordance with their respective constitutional processes. The instruments of ratification shall be deposited as soon as possible with the Government of the United States of America, which will notify all the other signatories of each deposit. The Treaty shall enter into force between the States which have ratified it as soon as the ratifications of the majority of the signatories, including the ratifications of Belgium, Canada, France, Luxembourg, the Netherlands, the United Kingdom and the United States, have been deposited and shall come into effect with respect to other States on the date of the deposit of their ratifications. (3)

Article 12

After the Treaty has been in force for ten years, or at any time thereafter, the Parties shall, if any of them so requests, consult together for the purpose of reviewing the Treaty, having regard for the factors then affecting peace and security in the North Atlantic area, including the development of universal as well as regional arrangements under the Charter of the United Nations for the maintenance of international peace and security.

Article 13

After the Treaty has been in force for twenty years, any Party may cease to be a Party one year after its notice of denunciation has been given to the Government of the United States of America, which will inform the Governments of the other Parties of the deposit of each notice of denunciation.

Article 14

This Treaty, of which the English and French texts are equally authentic, shall be deposited in the archives of the Government of the United States of America. Duly certified copies will be transmitted by that Government to the Governments of other signatories.

1. The definition of the territories to which Article 5 applies was revised by Article 2 of the Protocol to the North Atlantic Treaty on the accession of Greece and Turkey signed on 22 October 1951.

2. On January 16, 1963, the North Atlantic Council noted that insofar as the former Algerian Departments of France were concerned, the relevant clauses of this

Treaty had become inapplicable as from July 3, 1962.

3. The Treaty came into force on 24 August 1949, after the deposition of the ratifications of all signatory states.

附录二

Security Treaty between Australia, New Zealand and the United States of America [ANZUS]
(San Francisco, 1 September 1951)

HE PARTIES TO THIS TREATY,

REAFFIRMING their faith in the purposes and principles of the Charter of the United Nations and their desire to live in peace with all peoples and all Governments, and desiring to strengthen the fabric of peace in the Pacific Area,

NOTING that the United States already has arrangements pursuant to which its armed forces are stationed in the Philippines, and has armed forces and administrative responsibilities in the Ryukyus, and upon the coming into force of the Japanese Peace Treaty may also station armed forces in and about Japan to assist in the preservation of peace and security in the Japan Area,

RECOGNIZING that Australia and New Zealand as members of the British Commonwealth of Nations have military obligations outside as well as within the Pacific Area,

DESIRING to declare publicly and formally their sense of unity, so that no potential aggressor could be under the illusion that any of them stand alone in the Pacific Area, and

DESIRING further to coordinate their efforts for collective defense for the preservation of peace and security pending the development of a more comprehensive system of regional security in the Pacific Area,

THEREFORE DECLARE AND AGREE as follows:

Article I

The Parties undertake, as set forth in the Charter of the United Nations, to settle any international disputes in which they may be involved by peaceful means in such a manner that international peace and security and justice are not endangered and to refrain in their international relations from the threat or use of force in any manner inconsistent with the purposes of the United Nations.

Article II

In order more effectively to achieve the objective of this Treaty the Parties separately and jointly by means of continuous and effective self-help and mutual aid will maintain and develop their individual and collective capacity to resist armed attack.

Article III

The Parties will consult together whenever in the opinion of any of them the territorial integrity, political independence or security of any of the Parties is threatened in the Pacific.

Article IV

Each Party recognizes that an armed attack in the Pacific Area on any of the Parties would be dangerous to its own peace and safety and declares that it would act to meet the common danger in accordance with its constitutional processes.

Any such armed attack and all measures taken as a result thereof shall be immediately reported to the Security Council of the United Nations. Such measures shall be terminated when the Security Council has taken the measures necessary to restore and maintain international peace and security.

Article V

For the purpose of Article IV, an armed attack on any of the Parties is deemed to include an armed attack on the metropolitan territory of any of the Parties, or on the island territories under its jurisdiction in the Pacific or on its armed forces, public vessels or aircraft in the Pacific.

Article VI

This Treaty does not affect and shall not be interpreted as affecting in any way the rights and obligations of the Parties under the Charter of the United Nations or the responsibility of the United Nations for the maintenance of international peace and security.

Article VII

The Parties hereby establish a Council, consisting of their Foreign Ministers or their Deputies, to consider matters concerning the implementation of this Treaty. The Council should be so organized as to be able to meet at any time.

Article VIII

Pending the development of a more comprehensive system of regional security in the Pacific Area and the development by the United Nations of more effective means to maintain international peace and security, the Council, established by Article VII, is authorized to maintain a consultative relationship with States, Regional Organizations, Associations of States or other authorities in the Pacific Area in a position to further the purposes of this Treaty and to contribute to the security of that Area.

Article IX

This Treaty shall be ratified by the Parties in accordance with their respective constitutional processes. The instruments of ratification shall be deposited as soon as possible with the Government of Australia, which will notify each of the other signatories of such deposit. The Treaty shall enter into force as soon as the ratifications of the signatories have been deposited.

Article X

This Treaty shall remain in force indefinitely. Any Party may cease to be a member of the Council established by Article VII one year after notice has been given to the Government of Australia, which will inform the Governments of the other Parties of the deposit of such notice.

Article XI

This Treaty in the English language shall be deposited in the archives of the Government of Australia. Duly certified copies thereof will be transmitted by that Government to the Governments of each of the other signatories.

IN WITNESS WHERE OF the undersigned Plenipotentiaries has signed this Treaty.

FOR AUSTRALIA:

[Signed:]

PERCY C SPENDER

FOR NEW ZEALAND:

[Signed:]

C A BERENDSEN

FOR THE UNITED STATES OF AMERICA:

[Signed:]

DEAN ACHESON

JOHN FOSTER DULLES

ALEXANDER WILEY

JOHN J SPARKMAN

附录三

Charter of the Association of Southeast Asian Nations
Jakarda: ASEAN Secretiat, January 2008

Preamble

WE, The Peoples of the Member States of the Association of Southeast Asian Nations (ASEAN), as represented by the Heads of State or Government of Brunei Darussalam, the Kingdom of Cambodia, the Republic of Indonesia, the Lao People's Democratic Republic, Malaysia, the Union of Myanmar, the Republic of the Philippines, the Republic of Singapore, the Kingdom of Thailand and the Socialist Republic of Viet Nam:

Noting with satisfaction the significant achievements and expansion of ASEAN since its establishment in Bangkok through the promulgation of The ASEAN Declaration;

Recalling the decisions to establish an ASEAN Charter in the Vientiane Action Programme, the Kuala Lumpur Declaration on the Establishment of the ASEAN Charter and the Cebu Declaration on the Blueprint of the ASEAN Charter;

Mindful of the existence of mutual interests and interdependence among the peoples and Member States of ASEAN which are bound by geography, common objectives and shared destiny;

Inspired by and united under One Vision, One Identity and One Caring and Sharing Community;

United by a common desire and collective will to live in a region of lasting peace, security and stability, sustained economic growth, shared prosperity and social progress, and to promote our vital interests, ideals and aspirations;

Respecting the fundamental importance of amity and cooperation, and the principles of sovereignty, equality, territorial integrity, non-interference, consensus and unity in diversity;

Adhering to the principles of democracy, the rule of law and good governance, respect for and protection of human rights and fundamental freedoms;

Resolved to ensure sustainable development for the benefit of present and future generations and to place the well-being, livelihood and welfare of the peoples at the center of the ASEAN community building process;

Convinced of the need to strengthen existing bonds of regional solidarity to realise an ASEAN Community that is politically cohesive, economically integrated and socially responsible in order to effectively respond to current and future challenges and opportunities;

Committed to intensifying community building through enhanced regional cooperation and integration, in particular by establishing an ASEAN Community comprising the ASEAN Security Community, the ASEAN Economic Community and the ASEAN Socio-Cultural Community, as provided for in the Bali Declaration of ASEAN Concord II;

Hereby Decide to establish, through this Charter, the legal and institutional framework for ASEAN,

And to this end, the Heads of State or Government of the Member States of ASEAN, assembled in Singapore on the historic occasion of the 40th anniversary of the founding of ASEAN, have agreed to this Charter.

Chapter I

Purposes and Principles

Article 1

Purposes

The Purposes of ASEAN are:

1. To Maintain and enhance peace, security and stability and further strengthen peace-oriented values in the region;

2. To enhance regional resilience by promoting greater political, security, economic and socio-cultural cooperation;

3. To preserve Southeast Asia as a Nuclear Weapon-Free Zone and free of all

other weapons of mass destruction;

4. To ensure that the peoples and Member States of ASEAN live in peace with the world at large in a just, democratic and harmonious environment;

5. To create a single market and production base which is stable, prosperous, highly competitive and economically integrated with effective facilitation for trade and investment in which there is free flow of goods, services and investment; facilitated movement of business persons, professionals, talents and labors; and the freer flow of capital;

6. To alleviate poverty and narrow the development gap within ASEAN through mutual assistance and cooperation;

7. To strengthen democracy, enhance good governance and the rule of law, and to promote and protect human rights and fundamental freedoms, with due regard to the rights and responsibilities of the Member States of ASEAN;

8. To respond effectively, in accordance with the principle of comprehensive security, to all forms of threats, transnational crimes and transboundary challenges;

9. To promote sustainable development so as to ensure the protection of the region's environment, the sustainability of its natural resources, the preservation of its cultural heritage and the high quality of life of its peoples;

10. To develop human resoures through closer cooperation in education and life-long learning, and in science and technology, for the empowerment of the peoples of ASEAN and for the strengthening of the ASEAN Community;

11. To enhance the well-being and livelihood of the peoples of ASEAN by providing them with equitable access to opportunities for human development, social welfare and justice;

12. To strengthen cooperation in building a safe, secure and drug-free environment for the peoples of ASEAN;

13. To promote a people-oriented ASEAN in which all sectors of society are encouraged to participate in, and benefit from, the process of ASEAN integration and community building;

14. To promote an ASEAN identity through the fostering of greater awareness of the diverse culture and heritage of the region; and

15. To maintain the centrality and proactive role of ASEAN as the primary

driving forces in its relations and cooperation with its external partners in a regional architecture that is open, transparent and inclusive.

Article 2

Principles

1. In pursuit of the Purposes stated in Article1, ASEAN and its Member States reaffirm

and adhere to the fundamental principles contained in the declarations, agreements, conventions, concords, treaties and other instruments of ASEAN.

2. ASEAN and its Member States shall act in accordance with the following Principles:

(a) respect for the independence, sovereignty, equality, territorial integrity and national identity of all ASEAN Member States;

(b) shared commitment and collective responsibility in enhancing regional peace, security and prosperity;

(c) renunciation of aggression and of the threat or use of force or other actions in any manner inconsistent with international law;

(d) reliance on peaceful settlement of disputes;

(e) non-interference in the internal affairs of ASEAN Member States;

(f) respect for the right of every Member State to lead its national existence free from external interference, subversion and coercion;

(g) enhanced consultations on matters seriously affecting the common interest of ASEAN;

(h) adherence to the rule of law, good governance, the principles of democracy and constitutional government;

(i) respect for fundamental freedom, the promotion and protection of human rights, and the promotion of social justice;

(j) upholding the United Nations Charter and international law, including international humanitarian law, subscribed to by ASEAN Member States;

(k) abstention from participation in any policy or activity, including the use of its territory, puesued by any ASEAN Member State or non-ASEAN State or any non-State actor, which threatens the sovereignty, territorial integrity or political and economic stability of ASEAN Member States;

(l) respect for the different cultures, languages and religions of the peoples of ASEAN, while emphasizing their common values in the spirit of unity in diversity;

(m) the centrality of ASEAN in external political, economic, social and cultural relations while remaining actively engaged, outward-looking, inclusive and non-discriminatory; and

(n) adherence to multilateral trade rules and ASEAN's rules-based regimes for effective implementation of economic commitments and progressive reduction towards elimination of all barriers to regional economic integration, in a market-driven economy.

Chapter II
Leagal Personality
Article 3
Leagal Personality of ASEAN

ASEAN, as an inter-governmental organization, is hereby conferred legal personality.

Chapter III
Membership
Article 4
Member States

The Member States of ASEAN are Brunei Darussalam, the Kingdom of Cambodia, the Republic of Indonesia, the Lao People's Democratic Republic, Malaysia, The Union of Myanmar, the Republic of the Philippines, the Republic of Singapore, the Kingdom of Thailand and the Socialist Republic of Viet Nam.

Article 5
Rights and Obligations

1. Member States shall have equal rights and obligations under this Charter.

2. Member States shall take all necessary measures, including the enactment of appropriate domestic legislation, to effectively implement the provisions of this

Charter and to comply with all obligations of membership.

3. In the case of a serious breach of the Charter or non-compliance, the matter shall be referred to Article 20.

Article 6
Admission of New Member

1. The Procedure for application and admission to ASEAN shall be prescribed by the ASEAN Coordinating Council.

2. Admission shall be based on the following criteria:

(a) location in the recognized geographical region of Southeast Asia;

(b) recognition by all ASEAN Member States;

(c) agreement to be bound and to abide by the Charter; and

(d) ability and willingness to carry out the obligations of Membership.

3. Admission shall be decided by consensus by the ASEAN Summit, upon the recommendation of the ASEAN Coordinating Council.

4. An applicant State shall be admitted to ASEAN upon signing an Instrument of Accession to the Charter.

Chapter IV
Organs
Article 7
ASEAN Summit

1. The ASEAN Summit shall comprise the Heads of State or Government of the Member

States.

2. The ASEAN Summit shall:

(a) be the supreme policy-making body of ASEAN;

(b) deliberate, provide policy guidance and take decisions on key issues pertaining to the realisation of the objectives of ASEAN, important matters of interest to Member States and all issues referred to it by the ASEAN Coordainating Council, the ASEAN Community Councils and ASEAN Sectoral Ministerial Bodies;

(c) instruct the relevant Ministers in each of the Councils concerned to hold ad hoc inter-Ministerial meetings, and address important issues concerning ASEAN that cut across the Community Councils. Rules of procedure foe such meetings shall be adopted to the ASEAN Coordinating Council;

(d) address emergency situations affecting ASEAN by taking appropriate actions;

(e) decide on matters referred to it under Chapters VII and VIII;

(f) authorize the establishment and the dissolution of Sectoral Ministerial Bodies and other ASEAN institutions; and

(g) appoint the Secretary-General of ASEAN, with the rank and status of Minister, who will serve with the confidence and at the pleasure of the Heads of State or Government upon the recommendation of the ASEAN Foreign Ministers Meeting.

3. ASEAN Summit Meetings shall be:

(a) held twice annually, and be hosted by the Member State holding the ASEAN Chairmanship; and

(b) convened, whenever necessary, as special or ad hoc meetings to be chaired by the Member State holding the ASEAN Chairmanship, at venues to be agreed upon by ASEAN Member States.

Article 8

ASEAN Coordinating Council

1. The ASEAN Coordinating Council shall comprise the ASEAN Foreign Ministers and meet at least twice a year.

2. The ASEAN Coordinating Council shall:

(a) prepare the meetings of the ASEAN Summit;

(b) coordinate the implementation of agreements and decisions of the ASEAN Summit;

(c) coordinate with the ASEAN Community Councils to enhance policy coherence, efficiency and cooperation among them;

(d) coordinate the reports of the ASEAN Community Councils to the ASEAN Summit;

(e) consider the annual report of the Secretary-General on the work of ASEAN;

(f) consider the report of the Secretary-General on the functions and operations of the ASEAN Secretiat and other relevant bodies;

(g) approve the appointment and termination of the Deputy Secretaries-General upon the recommendation of the Secretary-General; and

(h) undertake other tasks provider for in this Charter or such other functions as may be assigned by the ASEAN Summit.

3. The AEAN Coordinating Council shall be supported by the relevant senior officals.

Article 9

ASEAN Community Councils

1. The ASEAN Community Councils shall comprise the ASEAN Political-Security Community Council, ASEAN Economic Community Council, and ASEAN Socio-Cultural Community Council.

2. Each ASEAN Community Council shall have under its purview the relevant ASEAN Sectoral Ministerial Bodies.

3. Each Member State shall designate its national representation for each ASEAN Community Council meeting.

4. In order to realize the objectives of each of the three pillars of the ASEAN Community, each ASEAN Community Council shall:

(a) ensure the implementation of the relevant decisions of the ASEAN Summit;

(b) coordinate the work of the different sectors under its purview, and on issues which cut across the other Community Councils; and

(c) submit reports and recommendations to the ASEAN Summit on matters under its purview.

5. Each ASEAN Community Council shall meet at least twice a year and shall be chaired by the appropriate Minister from the Member State holding the ASEAN Chairmanship.

6. Each ASEAN Community Council shall be supported by the relevant senior officials.

Article 10
ASEAN Sectoral Ministerial Bodies

1. ASEAN Sectoral Ministerial Bodies shall:

(a) function in accordance with their respective established mandates;

(b) implement the agreements and decisions of the ASEAN Summit under their respective purview;

(c) strengthen cooperation in their respective fields in support of ASEAN integration and community building; and

(d) submit reports and recommendations to their respective Community Councils.

2. Each ASEAN Sectoral Ministerial Body may have under its purview the relevant senior officals and subsidiary bodies to undertake its functions as contained in Annex1. The Annex may be updated by the Secretary-General of ASEAN upon the recommendation of the Committee of Permanent Representatives without recourse to the provision on Amendments under this Charter.

Article 11
Secretary-General of ASEAN and ASEAN Secretariat

1. The Secretary-General of ASEAN shall be appointed by the ASEAN Summit for a non-renewable term of office of five years, selected from among nationals of the ASEAN Member States based on alphabeitical rotation, with due consideration to integrity, capability and professional experience, and gender equality.

2. The Secretary-General shall

(a) carry out the duties and responsibilities of this high office in accordance with the provisions of this Charter and relevant ASEAN instruments, protocols and established practices;

(b) facilitate and monitor progress in the implementation of ASEAN agreements and decisions, and submit an annual report on the work of ASEAN to the ASEAN Summit;

(c) participate in meetings of the ASEAN Summit, the ASEAN Community Councils, the ASEAN Coordinating Council, and ASEAN Sectoral Ministerial

Bodies and other relevant ASEAN meetings;

(d) present the views of ASEAN and participate in meetings with external parties in accordance with approved policy guidelines and mandate given to the Secretary-General; and

(e) recommend the appointment and termination of the deputy Secretaries-General to the ASEAN Coordinating Council for approval.

3. The Secretary-General shall also be the Chief Administrative Office of ASEAN.

4. The Secretary-General shall be assisted by four Deputy Secretaries-General with the rank and status of Deputy Minsters. The Deputy Secretaries-General shall be accountable to the Secretary-General in carrying out their functions.

5. The four Deputy Secretaries-General shall be of different nationalities from the Secretary-General and shall come from four different ASEAN Member States.

6. The four Deputy Secretaries-General shall comprise:

(a) Two Deputy Secretaries-General who will serve a non-renewable term of three years, selected from among nationals of the ASEAN Member States based on alphabetical rotation, with due consideration to integrity, qualifications, competence, experience and gender equality; and

(b) Two Deputy Secretaries-General who will serve a term of three years, which may be renewed for another three years, These two deputy Secretaries-General shall be openly recruited based on merit.

7. The ASEAN Secretariat shall comprise the Secretary-General and such staff as may be required.

8. The Secretary-General and the staff shall:

(a) uphold the highest standards of integrity, efficiency, and competence in the performance of their duties;

(b) not seek or receive instructions from any government or external party outside of ASEAN; and

(c) refrain from any action which might reflect on their position as ASEAN Secretariat officals responsible only to ASEAN.

9. Each ASEAN Member State undertakes to respect the exclusively ASEAN character of the responsibilities of the Secretary-General and the staff, and not to

seek to influence them in the discharge to their responsibilities.

Article 12

Committee of Permanent Representatives to ASEAN

1. Each ASEAN Member State shall appoint a Permanent Representative to ASEAN with the rank of Ambassador based in Jakarta.

2. The Permanent Representatives collectively constitute a committee of Permanent Representatives, which shall:

(a) support the work of the ASEAN Community Councils and ASEAN Sectoral Ministerial Bodies;

(b) coordinate with ASEAN National Secretariats and other ASEAN Sectoral Ministerial Bodies;

(c) liaise with the Secretary-General of ASEAN and the ASEAN Secretariat on all subjects relevant to its work;

(d) facilitate ASEAN cooperation with external partners; and

(e) perform such other functions as may be determined by the ASEAN Coordinating Council.

Article 13

ASEAN National Secretariats

Each ASEAN Member State shall establish an ASEAN National Secretariat which shall:

(a) serve as the national focal point;

(b) be the repository of information on all ASEAN matters at the national level;

(c) coordinate the implementation of ASEAN decisions at the national level;

(d) coordinate and support the national preparations of ASEAN meetings;

(e) promote ASEAN identity and awareness at the national level; and

(f) contribute to ASEAN community building.

Article 14

ASEAN Human Rights Body

1. In conformity with the purposes and principles of the ASEAN Charter

relating to the promotion and protection of human rights and fundamental freedoms, ASEAN shall establish an ASEAN human rights body.

2. This ASEAN human rights body shall operate in accordance with the terms of reference to be determined by the ASEAN Foreign Ministers Meeting.

Article 15
ASEAN Foundation

1. The ASEAN Foundation shall support the secretary-General of ASEAN and collaborate with the relevant ASEAN bodies to support ASEAN community building by promoting greater awareness of the ASEAN identity, people-to-people interaction, and close collaboration among the business sector, civil society, academia and other stakeholders in ASEAN.

2. The ASEAN Foundation shall be accountable to the Secretary-General of ASEAN, Who shall submit its report to the ASEAN Summit through ASEAN Coordinating Council.

Chapter V
Entities Associated with ASEAN
Article 16
Entities Associated with ASEAN

1. ASEAN may engage with entities which support the ASEAN Charter, in particular its purposes and principles, These associated entities are listed in Annex 2.

2. Rules of procedure and criteria for engagement shall be prescribed by the Committee of Permanent Representative upon the recommendation of the Secretary-General of ASEAN.

3. Annex2 may be updated by the Secretary-General of ASEAN upon the recommendation of the Committee of Permanent Representatives without recourse to the provision on American under this Charter.

Chapter VI
Immunities and Privileges
Article 17
Immunities and Privileges of ASEAN

1. ASEAN shall enjoy in the territories of the Member States such immunities and privileges as are necessary for the fulfillment of its purposes.

2. The immunities and Privileges shall be laid down in separate agreements between ASEAN and the host Member State.

Article 18
Immunities and Privileges of the Secretary-General of ASEAN and Staff of the ASEAN Secretariat

1. The Secretary-General of ASEAN and staff of the ASEAN Secretariat participating in official ASEAN activities or representing ASEAN in the Member States shall enjoy such immunities and privileges as are necessary for the independent exercise of their functions.

2. The Immunities and privileges under this Articles shall be laid down in a separate ASEAN agreement.

Article 19
Immunities and Privileges of the Permanent Representatives and Officials on ASEAN Duties

1. The Permanent Representatives of the Member States to ASEAN and officials of the Member States participating in official ASEAN activities or representing ASEAN in the Member States shall enjoy such immunities and privileges as are necessary for the exercise of their functions.

2. The immunities and privileges of the Permanent Representatives and officials on ASEAN duties shall be governed by the 1961 Vienna Convention on Diplomatic Relations or in accordance with the national law of the ASEAN Member State concerned.

Chapter VII

Decision-Making

Article 20

Consultation and Consensus

1. As a Basic principle, decision-making in ASEAN shall be based on consultation and consensus.

2. Where consensus cannot be achieved, the ASEAN Summit may decide how a specific decision can be made.

3. Nothing in paragraphs 1 and 2 of this Article shall affect the modes of decision-making as contained in the relevant ASEAN legal instruments.

4. In the case of a serious breach of the Charter or non-compliance, the matter shall be referred to the ASEAN Summit for decision.

Article 21

Implementation and Procedure

1. Each ASEAN Community Council shall prescribe its own rules of procedure.

2. In the implementation of economic commitments, a formula for flexible participation, including the ASEAN Minus X formula, may be applied where there is a consensus to do so.

Chapter VIII

Settlement of Disputes

Article 22

General Principles

1. Member States shall endeavour to resolve peacefully all disputes in a timely manner through dialogue, consultation and negotiation.

2. ASEAN shall maintain and establish dispute settlement mechanisms in all fields of ASEAN cooperation.

Article 23
Good Offices, Conciliation and Mediation

1. Member States which are parties to a dispute may at any time agree to resort to good offices, conciliation or mediation in order to resolve the dispute within an agreed time limit.

2. Parties to the dispute may request the Chairman of ASEAN or the Secretary-General of ASEAN, acting in an ex-office capacity, to provide good offices, conciliation or mediation.

Article 24
Dispute Settlement Mechanism in Specific Instruments

1. Dispute relating to specific ASEAN instruments shall be settled through the mechanism and procedures provided for in such instruments.

2. Disputes which do not concern the interpretation or application of any ASEAN instrument shall be resolved peacefully in accordance with the Treaty of Amity and Cooperation in Southeast Asia and its rules of procedure.

3. Where not otherwise specifically provided, disputes which concern the interpretation or application of ASEAN economic agreements shall be settled in accordance with the ASEAN Protocol on Enhanced Dispute Settlement Mechanism.

Article 25
Establishment of Dispute Settlement Mechanism

Where not otherwise specifically provided, appropriate dispute settlement mechanisms, including arbitration, shall be established for disputes which concern the interpretation or application of this Charter and other ASEAN instruments.

Article 26
Unresolved Dispute

When a dispute remains unresolved, after the application of the preceding provisions of this Chapter, this dispute shall be referred to the ASEAN Summit, for its decision.

Article 27
Compliance

1. The Secretary-General of ASEAN, assisted by the ASEAN Secretariat any other designated ASEAN body, shall monitor the compliance with the findings, recommendations or decisions resulting from an ASEAN dispute settlement mechanism, and submit a report to the ASEAN Summit.

2. Any Member State affected by non-compliance with the findings, recommandations or decisions resulting from an ASEAN dispute settlement mechanism, may refer the matter to the ASEAN Summit for a decision.

Article 28
United Nation Charter provisions and other relevant international procedures

Unless otherwise provided for in this Charter, Member States have the right of recourse to the modes of peaceful settlement contained in Article33 (1) of the Charter of the United Nations or any other international legal instruments to which the disputing Member States are parties.

Chapter IX
Budget and Finance
Article 29
General Principles

1. ASEAN shall establish financial rules and procedures in accordance with international standards.

2. ASEAN shall observe sound financial management policies and practices and budgetary discipline.

3. Financial accounts shall be subject to internal and external audits.

Article 30
Operational Budget and Finances of the ASEAN Secretariat

1. The ASEAN Secretariat shall be provided with the necessary financial resources to perform its functions effectively.

2. The operational budget of the ASEAN Secretariat shall be met by ASEAN Member States through equal annual contributions which shall be remitted in a timely manner.

3. The Secretary-General shall prepare the annual operational budget of the ASEAN Secretariat for approval by the ASEAN Coordinating Council upon the recommendation of the Committee of Permanent Representatives.

4. The ASEAN Secretariat shall operate in accordance with the financial rules and procedures determined by the ASEAN Coordinating Council upon the recommendation of the Committee of Permanent Representatives.

Chapter X
Administration and Procedure
Article 31
Chairman of ASEAN

1. The Chairmanship of ASEAN shall rotate annually, based on the alphabetical order of the English names of Member States.

2. ASEAN shall have, in a calendar year, a single Chairmanship by which the Member State assuming the Chairmanship shall chair:

(a) the ASEAN Summit and related summits;

(b) the ASEAN Coordinating Council;

(c) the three ASEAN Community Councils;

(d) where appropriate, the relevant ASEAN Sectoral Ministerial Bodies and senior officials; and

(e) the Committee of Permanent Representives.

Article 32
Role of the Chairman of ASEAN

The Member State holding the Chairmanship of ASEAN shall:

(a) actively promote and enhance the interests and well-being of ASEAN, including efforts to build an ASEAN Community through policy initiatives, coordination, consensus and cooperation;

(b) ensure the centrality of ASEAN;

(c) ensure an effective and timely response to urgent issues or crisis situations affecting ASEAN, including providing its good offices and such other arrangements to immediately address these concerns;

(d) represent ASEAN in strengthening and promoting closer relations with external partners; and

(e) carry out such other tasks and functions as may be mandated.

Article 33
Diplomatic Protocol and Practices

ASEAN and its Member States shall adhere to existing diplomatic protocol and practices in the conduct of all activities relating to ASEAN. Any changes shall be approved by the ASEAN Coordinating Council upon the recommendation of the Committee of Permanent Representatives.

Article 34
Working Language of ASEAN

The working Language of ASEAN shall be English.

Chapter XI
Identity and Symbols
Article 35
ASEAN Identity

ASEAN shall promote its common ASEAN identity and a sense of belonging among its peoples in order to achieve its shared destiny, goals and values.

Article 36
ASEAN Motto

The ASEAN Motto shall be:"One Vision, One Identity, One Community."

Article 37
ASEAN Flag

The ASEAN flag shall be shown in Annex3.

Article 38
ASEAN Emblem

The ASEAN emblem shall be as shown in Annex4.

Article 39
ASEAN Day

The eighth of August shall be observed as ASEAN Day.

Article 40
ASEAN Anthem

ASEAN shall have an anthem.

Chapter XII
External Relations
Article 41
Conduct of External Relations

1. ASEAN shall develop friendly relations and mutually beneficial dialogue, cooperation and partnerships with countries and sub-regional, regional and international organizations and institutions.

2. The external relations of ASEAN shall adhere to the purpose and principles set forth in this Charter.

3. ASEAN shall be the primary driving force in regional arrangements that it initiates and maintain its centrality in regional cooperation and community building.

4. In the conduct of external relations of ASEAN, Member States shall, on the basis of unity and solidarity, coordinate and endeavor to develop common positions and pursue joint actions.

5. The strategic policy directions of ASEAN's external relations shall be set by the ASEAN Summit upon the recommendation of the ASEAN Foreign Ministers Meeting.

6. The ASEAN Foreign Ministers Meeting shall ensure consistency and coherence in the conduct of ASEAN's external relations.

7. ASEAN may conclude agreements with countries or sub-regional, regional and international organizations and institutions, The procedures for concluding such agreements shall be prescribed by the ASEAN Coordinating Council in consultation with the ASEAN Community Councils.

Article 42
Dialogue Coordinator

1. Member States, acting as Country Coordinators, shall take turns to take overall responsibility in coordinating and promoting the interests of ASEAN in its relations with the relevant Dialogue Partners, regional and international organizations and institutions.

2. In relations with the external partners, the Country Coordinators shall, inter alia:

(a) represent ASEAN and enhance relations on the basis of mutual respect and equality, in conformity with ASEAN's principles;

(b) co-chair relevant meetings between ASEAN external partners; and

(c) be supported by the relevant ASEAN Committees in Third Countries and International Organizations.

Article 43
ASDEAN Committees in Third Countries and International Organizations

1. ASEAN Committees in Third Countries may be established in non-ASEAN countries comprising heads of diplomatic missions of ASEAN Member States. Similar Committees may be established relating to international organizations. Such Committees shall promote ASEAN's interests and identity in the host countries and international organizations.

2. The ASEAN Foreign Ministers Meeting shall determine the rules of procedure of such Committees.

Article 44
Status of External Parties

1. In conducting ASEAN's external relations, the ASEAN Foreign Ministers

Meeting may confer on an external party the formal status of Dialogue partner, Sectoral Dialogue Partner, Development Partner, Special Observer, Guest, or other status that may be established henceforth.

2. External parties may be invited to ASEAN meetings or cooperative activities without being conferred any formal status, in accordance with the rules of procedure.

Article 45
Relations with the United Nations System
and other International Organizations and Institutions

1. ASEAN may seek an appropriate status with the United Nations system as well as with other sub-regional, regional, international organizations and institutions.

2. The ASEAN Coordinating Council shall decide on the participation of ASEAN in other sub-regional, regional, international organizations and institutions.

Article 46
Accreditation of Non-ASEAN Member States to ASEAN

Non-ASEAN Member States and relevant inter-governmental organizations may appoint and accredit Ambassadors to ASEAN, The ASEAN Foreign Ministers Meeting shall decide on such accreditation.

Chapter XIII
General and Final Provisions
Article 47
Signature, Retification, Depository and Entry into Force

1. This Charter shall be signed by all ASEAN Member States.

2. This Charter shall be subject to ratification by all ASEAN Member States in accordance with their respective internal procedures.

3. Instruments of ratification shall be deposited with the Secretary-General of ASEAN who shall promptly notify all member States of each Deposit.

4. This Charter shall enter into force on the thirtieth day following the date of

deposit of the tenth instrument of ratification with the Secretary-General of ASEAN.

Article 48
Amendments

1. Any Member State may propose amendments to the Charter.

2. Proposed amendments to the Charter shall be submitted by the ASEAN Coordinating Council by consensus to the ASEAN Summit for its decision.

3. Amendments to the Charter agreed to by consensus by the ASEAN Summit shall be ratified by all Member States in accordance with Article 47.

4. An amendment shall enter into force on the thirtieth day following the date of deposit of the last instrument of ratification with the Secretary-General of ASEAN.

Article 49
Terms of Reference and Rules of Procedure

Unless otherwise provided for in this Charter, the ASEAN Coordinating Council shall determine the terms of reference and rules of procedure and shall ensure their consistency.

Article 50
Review

This Charter may be review five years after its entry into force or as otherwise determined by the ASEANB Summit.

Article 51
Interpretation of the Charter

1. Upon the request of any Member State, the interpretation of the Charter shall be undertaken by the ASEAN Secretariat in accordance with the rules of procedure determined by the ASEAN Coordinating Council.

2. Any dispute arising from the interpretation of the Charter shall be settled in accordance with the relevant provisions in Charter VIII.

3. Headings and titles used throughout the Charter shall only be for the purpose

of reference.

Article 52
Legal Continuity

1. All treaties, conventions, agreements, concords, declarations, protocols and other ASEAN instruments which have been in effect before the entry into force of this Charter shall continue to be valid.

2. In case of inconsistency between the rights and obligations of ASEAN Member States under such instruments and this Charter, the Charter shall prevail.

Article 53
Original Text

The signed original text of this Charter in English shall be deposited with Secretary-General of ASEAN, who shall provide a certified copy to each Member State.

Article 54
Registration of the ASEAN Charter

This Charter shall be registered by the Secretary-General of ASEAN with the Secretiat of the United Nations, pursuant to Article 102, paragraph 1 of the Charter of the United Nations.

Article 55
ASEAN Assets

The assets and funds of the Organisation shall be vested in the name of ASEAN.

附录四

上海合作组织成立宣言
（上海，2001/6/15）

哈萨克斯坦共和国、中华人民共和国、吉尔吉斯共和国、俄罗斯联邦、塔吉克斯坦共和国和乌兹别克斯坦共和国国家元首，高度评价"上海五国"成立五年在促进并深化各成员国之间睦邻互信与友好关系、巩固地区安全与稳定、促进共同发展方面发挥的积极作用；

一致认为"上海五国"的建立和发展顺应了冷战结束后人类要求和平与发展的历史潮流，展示了不同文明背景、传统文化各异的国家通过互尊互信、实现和睦共处、团结合作的巨大潜力；

特别指出哈萨克斯坦共和国、中华人民共和国、吉尔吉斯共和国、俄罗斯联邦和塔吉克斯坦共和国五国元首1996年和1997年分别在上海和莫斯科签署的关于在边境积极的影响；

确信在21世纪政治多极化、经济和信息全球化进程迅速发展的背景下，将"上海五国"机制提升到更高的合作层次，有利于各成员国更有效地共同利用机遇和应对新的挑战与威胁；

兹郑重宣布：

一、哈萨克斯坦共和国、中华人民共和国、吉尔吉斯共和国、俄罗斯联邦、塔吉克斯坦共和国和乌兹别克斯坦共和国建立上海合作组织。

二、上海合作组织的宗旨是：加强各成员国之间的相互信任与睦邻友好；鼓励各成员国在政治、经贸、科技、文化、教育、能源、交通、环保及其他领域的有效合作；共同致力于维护和保障地区的和平、安全与稳定；建立民主、公正、合理的国际政治经济新秩序。

三、上海合作组织每年举行一次成员国元首正式会晤，定期举行政府首脑会晤，轮流在各成员国举行。为扩大和加强各领域合作，除业已形成的相应部门领导人会晤机制外，可视情组建新的会晤机制，并建立常设和临时专家工作组研究进一步开展合作的方案和建议。

四、"上海五国"进程中形成的以"互信、互利、平等、协商、尊重多样文明、谋求共同发展"为基本内容的"上海精神"是本地区国家几年来合作中积累的宝贵财富，应继续发扬光大，使之成为新世纪上海合作组织成员国之间相互关系的准则。

五、上海合作组织各成员国将严格遵循《联合国宪章》的宗旨与原则，相互尊重独立、主权和领土完整，互不干涉内政，互不使用或威胁使用武力，平等互利，通过相互协商解决所有问题，不谋求在相毗邻地区的单方面军事优势。

六、上海合作组织是在 1996 年和 1997 年分别于上海和莫斯科签署的关于在边境地区加强军事领域信任和关于在边境地区相互裁减军事力量两个协定的基础上发展起来的，其合作现已扩大到政治、经贸、文化、科技等诸多领域。上述协定所体现的原则确定上海合作组织各成员国相互关系的基础。

七、上海合作组织奉行不结盟、不针对其他国家和地区及对外开放的原则，愿与其他国家及有关国际和地区组织开展各种形式的对话、交流与合作，在协商一致的基础上吸收认同该组织框架内合作宗旨和任务、本宣言第六条阐述的原则及其他各项条款，其加入能促进实现这一合作的国家为该组织新成员。

八、上海合作组织尤其重视并尽一切必要努力保障地区安全。各成员国将为落实《打击恐怖主义、分裂主义和极端主义上海公约》而紧密协作，包括在比什凯克建立"上海合作组织反恐怖中心"。此外，为遏制非法贩卖武器、毒品、非法移民和其他犯罪活动，将制定相应的多边合作文件。

九、上海合作组织将利用各成员国之间在经贸领域互利合作的巨大潜力和广泛机遇，努力促进各成员国之间双边和多边合作的进一步发展以及合作的多元化。为此，将在上海合作组织框架内启动贸易和投资便利化谈判进程，制定长期多边经贸合作纲要，并签署有关文件。

十、上海合作组织各成员国将加强在地区和国际事务中的磋商与协调行动，在重大国际和地区问题上相互支持和密切合作，共同促进和巩固本地区及世界的和平与稳定。在当前国际形势下，维护全球战略平衡与稳定具有特别重要的意义。

十一、为协调上海合作组织成员国主管部门的合作并组织其相互协作，兹建立该组织成员国国家协调员理事会，并由外长批准该理事会暂行条例来规范其活动。

责成国家协调员理事会在本宣言和"上海五国"元首已签署文件的基础上着手制定《上海合作组织宪章》，其中要明确阐明上海合作组织未来合作的宗旨、目标、任务，吸收新成员的原则和程序，做出决定的法律效力和与其他国际组织相互协作的方式等规定，供 2002 年元首会晤时签署。

总结过去，展望未来，各国元首坚信，上海合作组织的成立标志着各成员国合作进程开始迈入一个崭新的发展阶段，这符合当今时代潮流，符合本地区的现实，符合各成员国人民的根本利益。

参考书目

政府文件

Foreign Relations of the United States, 1945. 2 vols.

Foreign Relations of the United States, 1946. 5 vols.

Foreign Relations of the United States, 1947. 4 vols.

Foreign Relations of the United States, 1948. 6 vols.

Foreign Relations of the United States, 1949. 4 vols.

Foreign Relations of the United States, 1950. 3 vols.

Foreign Relations of the United States, 1951. 3 vols.

Foreign Relations of the United States, 1952–1954. 5 vols.

The United States, Department of State, American Foreign Policy 1950–1955, Basic Documents, Vol.1, Vol.2, Washington, D.C., UPO, 1957.

The United States, Dept. of States, Policy Planning Staff, The States Department Policy Planning Staff Papers, 1947, vol. I. New York & London: Garland Publication, Inc., 1986.

James F. Schbabel, The History of the Joint Chiefs of Staff and National Policy, 1945–1947, Vol. I, Wilmington, Delaware: Michael Glazier Inc., 1979.

The United States, Department of States, Documents Germany, 1944–1985, Office of Historian Bureau of Public Affairs, 1986.

NATO Information Service, NATO Basic Documents, Brussels, 1973.

NATO Information Service, NATO Documentation, Paris and Brussels, 1973.

NATO Final Communiqués, 1949–2015, http//www.nato.int/cps/en/natohq/official_texts.htm

Dr. Gregory W. Pedlow, ed., NATO Strategy Documents, 1949–1963, http//www.nato.int/cps/en/natohq/68238.htm

Margaret Carlyle, ed., Documents in international Affairs, 1947–1948, London: Oxford University Press, 1952.

沈志华主编:《苏联历史档案选编》, 第16卷, 社会科学文献出版社, 2002年。

沈志华主编:《苏联历史档案选编》, 第17卷, 社会科学文献出版社, 2002年。

沈志华主编:《苏联历史档案选编》, 第18卷, 社会科学文献出版社, 2002年。

期刊、会议记录与报纸

Apple, R.W., "Road to Approval is Rocky and the Gamble is Perilous", *New York Times*, May 15, 1997.

Baker, Aryn, "The Warlords of Afghanistan", *Time*, 12 February 2009.

Brown, Harold, "Annual Report of the Department of Defense", Fiscal Year 1982, Washington, D.C.: January 19, 1981.

Bush, George W., "Presentation of the Medal of Freedom to Lord Robertson", 12 November 2003, at www.whitehouse.gov/news/releases/2003/11/20031112-1.html Byroade, Henry, "The World's Colonies and Ex-Colonies: A Challenge to America", *Department of State Bulletin*, 29 (16 Nov 1953).

Daalder, Ivo and James Goldgeier, "Global NATO", *Foreign Affairs,* vol. 85, No. 5 (2006).

Dombey, Daniel, "NATO to Provide Support in Darfur Mission", *Financial Times*, 28 April 2005.

Hahn, Walter F., "Nuclear Balance in Europe", in *Foreign Affairs*, v.50, no.3 (April 1972) .

Hodge, Carl Cavanagh, "Atlanticism and Pax Americana 1989–2004", *International Journal*, Winter 2004–2005.

Hunter, Robert E., "Maximizing NATO, A Relevant Alliance Knows How to Reach", *Foreign Affairs,* May/June 1999.

Ikle, Fred C., "NATO's 'First Nuclear Use': A Deepening Trap", *Strategic Review* (Winter 1980).

Limaye, Satu P., "Mediating Kashmir: A Bridge too far", *The Washington*

Quarterly, Winter 2002–2003.

NATO Information Service, "The Charter of Pairs for a New Europe," *NATO Review*, No. 6 (December 1990).

Newhouse, John, "A New Alliance Could Nudge Aside the Old," *The Washington Post*, 4 November 2001.

Nikonov, Vyacheslav, "Planet Earth, Russia and transatlantic relations", *International Journal*, Winter 2003–2004.

Obama, Barack, "Europe and America, Aligned for the Future", *International Herald Tribune*, 19 November 2010.

Polikanov, Dmitry, "NATO-Russia Relations: Present and future", *Contemporary Security Policy*, vol. xxv. No. 3, December 2004.

Roper, John, "NATO's New Role in Crisis Management", *The International Spectator*, vol. xxxiv, No. 2, (1999).

Ruhl, Lothar, "NATO's Political Limitations", in *The Atlantic Community Quarterly*, v. 12, no. 4 (Winter 1974–1975).

Rühle, Michael, "NATO and the Coming Proliferation Threat", *Comparative Strategy* 13 (July- September 1994).

Sloan, Stanley R., "European Co-operation and the Future of NATO: In Search of a New Transatlantic Bargain", *Survival,* vol.26, no.6 (November/December 1984).

Soustelle, Jacques, "France Looks at Her Alliances", *Foreign Affairs*, Vol.35, No. 1(July 1952).

Stuart, Douglas, "NATO's Anglosphere option, Closing the distance between Mars and Venus", *International Journal*, Winter 2004–2005.

Watt, David, "As a European Saw it", *Foreign Affairs*, America and the World, 1983, vol. 62, No. 3 (1984).

Williams, M. C. and Neumann, I. B. "From Alliance to Security Community: NATO, Russia, and the Power of Identity", *Millenium*: *Journal of International Studies*, 2000, 29 (2).

Wilkins, T.S., "'Alignment' not 'Alliance'-The Shifting Paradigm of International Security Cooperation: Towards a Conceptual Taxonomy of Alignment", *Review of international Studies*, vol. 38 (1), 2011.

Wörner, Manfred, "NATO Transformed: The Significance of the Rome Summit", *NATO Review*, No. 6, 1991.

United States Information Agency, "Support for NATO Unshaken", *Research Memorandum*, Washington, D. C.: USA, 26, Dec, 1989.

Vojtech, Mastny, "Did NATO Win the Cold War?", *Foreign Affairs*, May/June, 1999.

Yesson, Erik, "NATO, EU and Russia: Reforming Europe's Security Institutions", *European Foreign Affairs Review* 6 2001.

回忆录、日记、文集、时人著作

Abshire, David M., Richard R. Burt, and R. James Woolsey, *The Atlantic Alliance Transformed,* Washington, D.C.: The Center for Strategic and International Studies, 1992.

Acharya, Amitav, *The End of American World Order*, Cambridge and Malden, MA: Polity Press, 2014.

Acheson, Dean, *Present at the Creation, My Years in the State Department*, New York: W. W. Norton & Co., 1969.

Aggarwal, Vinod K., and Kristi Govella, eds., *Linking Trade and Security, Evolving Institutions and Strategies in Asia, Europe, and the United States,* New York: Springer, 2013.

Ali, Tariq, ed., *Masters of the Universe? NATO's Balkan Crusade*, London and New York: Verso, 2000.

Allison, Roy, *Russia, the West, and Military Intervention*, Oxford: Oxford University Press, 2013.

Anderson, Stephanie B., *Crafting EU Security policy, in Pursuit of a European Indentity*, London: Lynne Rienner Publishers, 2008.

Antlov, Hans, and Tak-Wing Ngo, eds., *The Cultural Construction of Politics in Asia*, Surrey: Curzon Press, 2000.

Atlantic Council of the United States, *Saving Afghanistan: an Appeal and Plan for Urgent Action*, Washington, D. C.: Atlantic Council of the United States, 2008.

Ausland, John C., *Nordic Security and the Great Powers*, Boulder and London: Westview Press, 1986.

Aybet, Gülnur, and Rebecca R. Moore, eds., *NATO in Search of a Vision*, Washington, D.C.: Georgetown University Press, 2010.

Babkina, A. M., ed., *NATO's Role, Missions and Future*, New York: Nova Science Publishers, Inc., 1999.

Barghoom, Frederick C., *The Soviet Union Image of the United States*, New York: Harcourt, Brace and Coy, 1950.

Behnke, Andreas, *NATO's Security Discourse after the Cold War, Representing the West*, London and New York: Routledge, 2013.

Bell, Ferian A, and Odam L. Richards, eds., *U.S. and The Asia-Pacific Countries Deepening Relations*, New York: Nova publishers, 2012.

Bensahel, Nora, *The Counterterror Coalitions, Cooperation with Europe, NATO, and the European Union*, Santa Monica, CA: Rand, 2003.

Bensahel, Nora, and Daniel L. Byman, eds., *The Future Security Environment in the Middle East, Conflict, Stability, and Political Change*, Santa Monica, CA: Rand, 2004.

Biehl, Heiko, Bastian Giegerich Alexandra Jones, eds., *Strategic Cultures in Europe, Security and Defense policies Across the Continent*, Potsdam, Germany: Springer VS, 2013.

Bilinsky, Yaroslav, *Endgame in NATO's Enlargement*, The Baltic States and Ukraine, Westport, Connecticut and London: Praeger, 1999.

Bindi, Federiga, and Irina Angelescu, eds., *The Frontiers of Europe: A Transatlantic Problems*? Washington, D. C.: Brookings Institution Press, 2011.

Blank, Stephen J., ed., *Central Asian Security Trends: Views From Europe and Russia*, SSI Monograph, April 2011.

Bluth, Christoph, *US Foreign Policy in the Caucasus and Central Asia Politics, Energy and Security*, New York: I. B. Tauris & Co Ltd, 2014.

Bogle, Lori Lyn, Ph.D. ed., *The Cold War*, Volume 1, *Origins of the Cold War, The Great Historical Debate*, New York: Routledge, 2001.

Bose, Meena, *Shaping and Signaling Presidential Policy, The National Security decision Making of Eisenhower and Kennedy*, College Station: Texas A&M University Press, 1998.

Bowie, Robert R., and Richard H. Immerman, *Waging Peace: How Eisenhower*

Shaped an Enduring Cold War Strategy, Oxford: Oxford University Press, 2000.

British Broadcasting Corporation, ed., *Political Thought from Plato to NATO*, London: Ariel Books, 1984.

Brown, Michael E., *The International Dimensions of Internal Conflict*, Cambridge, Mass: MIT Press, 1996.

Brown, Michael E., Sean M. Lynn-Jones and Steven E. Miller, ed., *The Perils of Anarchy; Contemporary Realism and International Security*, Cambridge: MIT Press, 1995.

Brzezinski, Zbigniew, and Samuel P. Huntington, *Political Powers: USA and USSR*, New York: The Viking Press, 1965.

Burkart, Grey E., and Susan Older, *The Information Revolution in the Middle East and North Africa,* Santa Monica: Rand, National Intelligence Council, 2003.

Buteux, Paul, *The Politics of Nuclear Consultation in NATO, 1965–1980*, Cambridge: Cambridge University Press, 1983.

Campbell, Thomas G., and George C. Herring, ed., *The Diaries of Edward R. Stettinius, Jr., 1943–1946*, New York: New Viewpoints, A Division of Franklin Watts.inc, 1975.

Canby, Steven L., *NATO Military Policy: The Constraints Imposed by an Inappropriate Military Structure*, Santa Monica, California: Rand Corp, 1972.

Carr, Fergus, and Kostas Ifantis, *NATO in the New European Order*, New York: St. Martin's Press, Inc., 1996.

Casey, Steven, ed., *The Cold War, Critical Concepts in Military, Strategic and Security Studies*, Voluome I, *Interpretations and Themes*, Volume II, *Origins*, Volume III, *Confrontation and Conflict*, London and New York: Routledge, Taylor & Francis Group, 2013.

Chan, Steve, *Enduring Rivalries in the Asia-Pacific*, Cambridge: Cambridge University Press, 2013.

Charles, Daniel, *Nuclear Planning in NATO, Pitfalls of First Use*, Cambridge, Massachusetts: Ballinger Publishing Company, 1983.

Chipman, John, ed., *NATO's Southern Allies: Internal and External Challenges*, London and New York: Routledge, 1988.

Christopher B. Roberts, *ASEAN Regionalism: Cooperation, Values and*

Institution, Abingdon: Routledge, 2012.

Cimbala, Stephen J., Extended Deterrence, *The United States and NATO Europe*, Lexington, Massachusetts and Toron, D. C. Heath and Company, 1987.

NATO Strategy and Nuclear Escalation, London: Pinter Publishers, 1989.

Clemens, Clay, ed., *NATO and the Quest for Post-Cold War Security*, New York: St. Martin's Press, Inc. 1997.

Coffey, Joseph I. and Gianni Bonvicini, eds., *The Atlantic Alliance and the Middle East*, Pittsburgh, PA: University of Pittsburgh Press, 1989.

Cogan, Charles C., *Forced to Choose, France, the Atlantic Alliance, and NATO—Then and Now*, Westport, CT and London: Praeger Publishers, 1997.

Coker, Christopher, *NATO, The Warsaw Pact and Africa*, London: The Macmillan Press LTD, 1985.

Common Defence Select Committee, *The Future of NATO and European Defence*, London：House of Commons, 2008.

Cook, Don, *Forging the Alliance: NATO, 1945–1955*, New York: Arbor House & William Morrow Press, 1989.

Cooper, Charles, and Benjamin Zycher, *Perceptions of NATO Burden-Sharing*, Santa Monica, CA: Rand Corps, 1989.

Crocher, Chester A., Fen Osler Hampson and Pamela Aall, eds., *Reviewing Regional Security, in a Fragmented World*, Washington, D. C.: United States Institute of Peace Press, 2011.

Daalder, Ivo H., *The Nature and Practice of Flexible Response: NATO Strategy and Theater nuclear Forcessince 1967*, NewYork: Columbia University Press, 1991.

DeConde, Alexander, Richard Dean Burns and Fredrik Logevall, eds., *Encyclopedia of American Foreign Policy, Studies of the Principle Movements and Ideas*, 2nd edition, New York: Scribner, 2002.

Dimitrakis, Panagiotis, *Failed Alliances of the Cold War, Britain's Strategy and Ambitions in Asia and the Middle East*, London and New York: I.B. Tauris & Co ltd, 2012.

Dockrill, Saki, *Eisenhower's New-Look National Security Policy, 1953–1961*, London: Macmilan Press Ltd, 1996.

Duiker, William J., *U.S. Containment Policy and the Conflict in Indochina*,

Stanford, CA: Stanford University Press, 1994.

Dunn, Keith A., *In Defense of NATO, The Alliance's Enduring Value*, Boulder, Colorado: Westview Press, Inc., 1990.

Edmonds, Martin, and Oldrich Cerny, eds., *Future NATO Security, Addressing the Challenges of Evolving Security and Information Sharing Systems and Architectures*, Amsterdam: IOS Press, 2013.

Eisenhower, Dwight D., *The White House Years: Mandate for Change, 1953–1956*, New York: Doubleday, 1963.

Faringdon, Hugh, *Strategic Geography, NATO, the Warsaw Pact, and the Superpowers*, second edition, London and New York: Routledge, 1989.

Feis, Herbert, *From Trust to Terror: The Onset of the Cold War, 1945–1950*, New York: Norton, 1970.

Feld, Werner J., *The Future of European Security and Defense Policy*, Boulder, Colorado, Lynne Rienner Publishers, Inc., 1993.

Feld, Werner J., and John K. Wildgen, *NATO and The Atlantic Defense, Perceptions and Illusions*, New York: Praeger Publishers, 1982.

Fischer, Louis, *The Road to Yalta: Soviet Foreign Relations, 1941–1945*, Second Edition, New York: Harper & Row, 1972.

Flynn, Gregory, ed., *NATO's Northern Allies, The National Security Policies of Belgium, Denmark, the Netherlands, and Norway*, London and Sydney: Rowman & Allanheld, 1985.

Freedman, Lawrence, ed., *The Troubled Alliance: Atlantic Relations in the 1980s*, London: Heinemann, 1983.

Frum, David, and Richard Perle, *An End to Evil: How to Win the War on Terror*, New York: Ballantine Books, 2004.

Fry, Michael, ed., *History, the White House and the Kremlin: Statesmen as Historians*, London and New York: Pinter Publishers, 1991.

Gaddis, John L., *The United States and the Origins of the Cold War, 1941–1947*, New York: Columbia University Press, 1972.

Gaddis, John Lewis, *Strategies of Containment, A Critical Appraisal of Power American National Security Policy*, New York & Oxford: Oxford University Press, 1982.

We Now Know, Rethinking Cold War History, Oxford: Oxford University Press, 1997.

Gardner, Hall, *NATO Expansion and US Strategy in Asia Surmounting the Global Crisis*, New York: Palgrave Macmillan, 2013.

Gates, David, Non-Offensive Defensive, *An Alternative Strategy for NATO?* Basingstoke, Hampshire and London: Macmillan, 1991.

Golden, James R., *NATO Burden-Sharing, Risks and Opportunities*, New York: Praeger Publishers, 1983.

Golden, James R., Daniel J. Kaufman, Asa A. Clark IV, and David H. Petraeus, eds., *NATO at Forty, Change, Continuity, & Prospects*, Boulder, San Francisco, & London: Westview Press, 1989.

Gorman, Eduardo B., ed., *NATO and Issue of Russia*, New York: Nova Science Publishers, Inc., 2010.

Graubard, Stephen, Command of Office, *How War, Secrecy, and Deception Transformed the Presidency from Theodore Roosevelt to George W. Bush*, New York: A Member of the Perseus Books Group, 2004.

Haim, Sylvia G., ed., *Arab Nationalism: an Anthology*, California: California University Press, 1974.

Hallams, Ellen, Luca Ratti and Benjamin Zyla, eds., *NATO beyond 9/11, The Transformation of the Atlantic Alliance*, New York: Palgrave Macmillan, 2013.

Hartley, Keith, *NATO Arms Co-operation: A Study in Economics and Politics*, London, Boston and Sydney: George Allen & Unwin Ltd, 1983.

Hass, Michael, *The Asian Way to peace: A Story of Regional Cooperation*, New York: Praeger Publishers, 1989.

Asian and Pacific Regional Cooperation, Turning Zones of Conflict into Arenas of Peace, New York: Palgrave Macmillan, 2013.

He, Kai, and Huiyun Feng, *Prospect Theory and Foreign Policy Analysis in the Asia Pacific, Rational Leaders and Risky behavior*, New York and London: Routledge, 2013.

Hearden, Patrick J., *Architects of Globalism, Building a New World Order during World War II*, Fayetteville: The University of Arkansas Press, 2002.

Heiduk, Felix, ed., *Security Sector Reform in Southeast Asia, from Policy to*

Practice, New York: Palgrave, Macmillan, 2014.

Heller, Francis H., and John R. Gillingham, eds., *NATO: The Founding of the Atlantic Alliance and the Integration on Europe*, New York: St. Martin's Press, 1992.

Henderson, Sir Nicholas, *The Birth of NATO*, London: Weidenfeld and Nicolson, 1982.

Hendrickson, Ryan C., *Diplomacy and War and NATO, The Secretary General and Military Action after the Cold War*, Missouri, University of Missouri Press, 2006.

Hoffman, Fred S., Albert Wohlstetter, David S. Yost, ed., *Swords and Shields, NATO, the USSR , and New Choices for Long-Range Offense and Defense*, Lexington, Massachusetts and Toronto: Lexington Books, 1987.

Hofmann, Stephanie C., *European Security in NATO's Shadow, Party Ideologies and Institution Building*, Cambridge: Cambridge University Press, 2013.

Hogan, Michael J., and Thomas G. Paterson, eds., *Explaining the History of American Foreign Relations*, New York: Cambridge University Press, 1991.

Holst, Johan Jørgen, ed., *Five Roads to Nordic Security*, Oslo-Bergen-Tromsö: Universiteforlaget, 1973.

Honig, Jan Willem, *NATO: An Institution under Threat?* Boulder, Colorado: Westview Press, 1991.

Howorth, Jolyon, and John T.S. Keeler, eds., *Defending Europe, the EU, NATO and the Quest for European Autonomy*, New York: Palgrave MacMillan, 2003.

Immerman, Richard H., and Petra Godde, ed., *The Oxford Handbook of The Cold War*, Oxford: Oxford University Press, 2013.

Ikenberry, John, and Michael Mastanduno, eds., *International Relations Theory and the Asia-Pacific*, New York: Columbia University Press, 2003.

Ivanov, Ivan Dinev, *Transforming NATO: New Allies, Missions, and Capabilities*, Lanham, Maryland: Lexington Books, 2011.

Jones, David Martin, Nicholas Khoo, M.L.R. Smith, *Asian Security and the Rise of China, international Relations in an Age of Volatility*, Cheltenham, UK and Northampton, MA: Edward Elgar Publishing Limited, 2013.

Jordan Robert S., and Michael W. Bloome, *Political Leadership in NATO: A*

Study in Multinational Diplomacy, Colorado, Boulder: Westview Press, 1979.

Kaplan, Lawrence S., *The United States and NATO, The Formative Years*, Lexington, Kentucky: The University Press of Kentucky, 1984.

NATO and the United States: The Enduring Alliance, Boston: Twayne Publishers, 1988.

NATO Divided, NATO United, The Evolution of an Alliance, London and Westport, Connecticut: Praeger, 2004.

NATO 1948, The Birth of the Transatlantic Alliance, Lanham, Maryland: Rowman & Little field Publishers, Inc., 2007.

NATO and the UN, A Peculiar Relationship, Columbia and London: University of Missouri Press, 2010.

Kaplan, Lawrence S., S. Victor Papacosma, Mark R. Rubin, Ruth V. Young, eds., *NATO after Forty Years*, Wilmington, Delaware: A Scholarly Resource inc. 1984.

Katzenstein, Peter J., and Takeshi, eds., *New Work Power: Japan and Asia*, Ithaca, New York: Cornell University Press, 1995.

Kay, Sean, *NATO and the Future of European Security*, Lanham, Boulder, New York, Oxford: Rowman & Littlefield publishers, inc., 1998.

Kennedy, Cavin, *Burden Sharing in NATO*, New York: Holmes & Meier publishers, 1979.

Kennedy, Paul M., *The Rise and Fall of the Great Powers*, New York: Random House, 1987.

Kennedy, Robert, and John M. Weinstein, ed., *The Defense of the West, Strategic and European Security Issues Reappraised*, Boulder and London: Westview Press, 1984.

Keohane, Robert O., *International Institutions and State Power*, Boulder, Co: Westview Press, 1989.

Keohane, Robert O. and Joseph S. Nye Jr., *Power and Interdependence*, second edition, New York: Harper Collins Publishers, 1989.

Keridis, Dimitris, & Robert L. Pfaltzgraff, Jr., eds., *NATO and Southeastern Europe Security Issues for the Early 21st Century*, Dulles, VA: Brassey's Inc., 2000.

Khalilzad, Zalmar, David T. Orlestsky, Jonathan D. Pollack, Kevan Pollpeter,

Angel M. Rabasa, Shlapak, David A., Abram N. Shulsky, Ashley J. Tellis, *The United States and Asia, Toward a New U.S. Strategy and Force Posture*, Santa Monica, CA: Rand, 2001.

Kirchnerm, Emil J., and James Sperling, eds., *The Federal Republic of Germany and NATO, 40 Years After*, Houndmills, and London: The Macmillan Press LTD, 1992.

Krauss, Melvyn, *How NATO Weakens the West*, first edition, New York: Simon & Schuster, 1986.

Kugler, Richard L., *Commitment to Purpose, How Alliance Partnership won the Cold War*, Santa Monica, CA: Rand, 1993.

Larabee, Stephen F., *NATO's Easter Agenda in a New Strategic Era*, Santa, CA, Rand Project Air Force, 2003.

Larivé,Maxime H. A., *Debating European Security and Defense Policy, Understanding the Complexity*, Burling, VT: Ashgate Publishing Company, 2014.

Larson, Deborab Welch, ed., *Origins of Containment, A Psychological Explanation*, Princeton, New Jersey: Princeton University Press, 1985.

Leech, John, ed., *Whole and Free: European Union Enlargement and Transatlantic Relations*, London: The Federal Trust for Education & Research, 2002.

Leffler, Melvyn P., *A Preponderance of Power, National Security, the Truman Administration, and the Cold War*, Stanford, California: Stanford University Press, 1992.

For the Soul of Mankind, The United States, The Soviet Union, and The Cold War, New York: Hill and Wang, A division of Farrar, Straus and Giroux, 2007.

Lieven, Anatol and Dmitri Trennin, eds. *Ambivalent Neighbors: The EU, NATO, and the Price of Membership*, Washington, D.C.: Carnegie Endowment for International Peace, 2003.

Lipgens, Walter, ed., *A History of European Integration*, Vol.1, *1945–1947*, Oxford: Clarendon Press, 1982.

Löwenstein, Prince Hubertus zu and Volkmar von Zühlsdorff, *NATO and the Defense of the West*, Westport, Connecticut: Greenwood Press, 1960.

Lowther, Adam B., ed., *The Asia-Pacific Century, Challenges and*

Opportunities, Boca Baton, London and New York: Taylor & Francis, 2013.

Lundestad, Geir, *East, West, North, South, Major Developments in International Politics 1945–1986*, Oslo: Norwegian University Press, 1986.

Mackintosh, J. M., *Strategy and Tactics of Soviet Foreign Policy*, London: Oxford University Press, 1962.

MacMillan, Margaret O., and David S. Sorenson, eds., *Canada and NATO, Uneasy Past, Uncertain Future*, Waterloo, Ontario: University of Waterloo Press, 1990.

Mason, Colin, *A Short History of Asia*, second edition, New York: Palgrave Macmillan, 2005.

A Short History of Asia, third edition, New York: Palgrave Macmillan, 2014.

Mastny, Vojtech, Sven G. Holtsmark and Andreas Wenger, eds., *War Plans and Alliances in the Cold War, Threat perceptions in the East and West*, London and New York: Routledge, Taylor & Francis Group, 2006.

Matlary, Janne Haaland, and Magnus Petersson, eds., *NATO's European Allies, Military Capability and Political Will*, New York: Palgrave, Macmillan, 2013.

Mattox, Gale A., and Arthur R. Rachwald, eds., *Enlarging NATO: The National Debate*, Boulder, Colorado: Lynne Rienner Publisers, Inc., 2001.

Mayer, Kenneth A., ed., *NATO, The Next Thirty Years: The Changing Political Economic and Military Setting*, Boulder, CO: Westview Press, 1981.

McCormick, Thomas J., *America's Half-Century: United States Foreign Policy in the Cold War and After*, Second Edition, Baltimore and London: The Johns Hopkins University Press, 1989.

McInnes, Colin, *NATO's Changing Strategic Agenda, The Conventional Defence of Central Europe*, London: Unwin Hyman Ltd, 1990.

McKenzie, Mary M., and Peter H. Loedeel, eds., *The Promise and Reality of European Security Cooperation, States, Interests, and Institutions*, Westport, Connecticut: Praeger Publishers, 1998.

McMahon, Robert J., *Colonialism and the Cold War: the United States and the Struggle for Indonesia Independence*, New York: Cornell University Press, 1981.

Mearsheimer, John J., *The Tragedy of the Great Power Politics*, 1st edition, New York: W.W. Norton & Company, 2003.

Medcalf, Jennifer, *Going Global or Going Nowhere? NATO's Role in Contemporary International Security*, Bern: Peter Lang, 2008.

Mellenthin, F.W. von, and R.H. S. Stolfi with E. Sobik, *NATO under Attack, Why the Western Alliance can Fight Outnumbered and Win in Central Europe without Nuclear Weapons*, Durham, North Carolina: Duke University Press, 1984.

Menon, Anand, France, *NATO and the Limits of Independence, 1981–1997*, London: Macmillan Press Ltd, 2000.

Miller, David, *The Cold War, A Military History*, New York: St. Martin's Press, 1999.

Miller, James Edward, *The United States and Italy, 1940–1950, The Politics and Diplomacy of Stabilization*, Chapel and London: The University of North Carolina Press, 1986.

Modelski, George, ed., *Southeast Asia Treaty Organization, Six theses*, Melbourne: F. W. Chelsey Press, 1962.

NATO Information Service, *NATO: Facts and Figures*, Brussels, 1976.

NATO Office of Information and Press, *NATO Handbook*, Brussels, 2013.

Nazemroaya, Mahdi Darius, *The Globalization of NATO*, Atlanta, GA: Clarity Press, Inc., 2012.

Nelson, Drew S., Keith W. Dayton, William J. Ervin, Keck M. Barry, and Philip C. Marcum, *The Future of NATO, Facing an Unreliable Enemy in an Uncertain Environment*, New York: Praeger, 1991.

Newhouse, John, *War and Peace in the Nuclear Age*, 1st edition, New York: Knopf, 1989.

Nuechterlain, Donald F., *Thailand and the Struggle for Southeast Asia*, New York: Cornell University Press, 1965.

Ochmanek, David A., *NATO's Future, Implications for U.S. Military Capabilities and Posture*, Santa Monica, CA: Rand, 2000.

Oliker, Olga, and Thomas S. Szayna, eds., *Faultlines of Conflict in Central Asia and the South Caucasus, Implications for the U.S. Army*, Santa Monica: Rand, Arroyo Center, 2003.

Overy, Richard J., *Why the Allies Won*, London: Johathan Cape, 1995.

Panagiotis Dimitrakis, *Failed Alliances of the Cold War, Britain's Strategy and*

Ambitions in Asia and the Middle East, London and New York: I.B. Tauris & Co ltd, 2012.

Papacosma, Victor S., and Mary Ann Heiss, eds., *NATO in the Post-Cold War Era: Does it have a Future?* New York: St. Martin's Press, 1995.

Park, William, *Defending the West: A History of NATO*, Brighton, Sussex: Wheatsheaf Books Limited, 1986.

Paterson, Thomas G., *Soviet-American Confrontation, Postwar Reconstruction and the Origins of the Cold War*, Baltimore and London: The Johns Hopkins University Press, 1973.

Paterson, Thomas G., and Robert J. Macmahon, eds., *The Origins of the Cold War*, third edition, Lexington: D.C. Health and Company, 1991.

Quester, George H., *Nuclear First Strike: Consequences of a Broken Taboo*, Baltimore, MD: Johns Hopkins University Press, 2006.

Rauchhaus, Robert W., ed., *Explaining NATO Enlargement*, London: Frank Cass, 2001.

Rees, David, *The Age of the Containment, the Cold War, 1945–1965*, New York: St. Martin's Press, 1967.

Reischauer, Edwin O., *The Japanese Today: Change and Continuity*, Cambridge, Mass: The Belknap Press of Harvard University Press, 1988.

Roberts, Adam, *Nations in Arms: The Theory and Practice of Territorial Defence*, 2 Rev En1, London: Macmillan, 1986.

Roberts, Christopher B., *ASEAN Regionalism: Cooperation, Values and Institution*, Abingdon: Routledge, 2012.

Rose, Lisle A., *After Yalta*, New York: Charles Scribner's Sons, 1973.

Rothwell, Victor, *Britain and the Cold war, 1941–1947*, London: Jonathan Cape, 1982.

Russett Bruce, and Harvey Starr, *World Politics: A Menu for Choice*, New York: W. H. Freeman & Co Ltd, 1992.

Ryan, Henry, *The Vision of Anglo-American: The US-UK Alliance and the Emerging Cold War, 1943–1946*, Cambridge and New York: Cambridge University Press, 1987.

Rynning, Sten, *NATO in Afghanistan, The Liberal Disconnect*, Stanford,

California: Stanford University Press, 2012.

Schulz, Michael, Fredrik Soderbaum, Joakam Öjendal, eds., *Regionalization in a Globalizing World: A Comparative Perspective on Forms, Actors and Processes*, New York: Zed Books, 2001.

Service, Robert, *A History of Modern Russia, From Nicholas II to Vladimir Putin*, Cambridge, Massachusetts: Harvard University Press, 2005.

Sharma, Air Cmdo (Retd.) L.K., *South Asia Security and China's Security Environment*, New Delhi: Surendra Publications, 2012.

Shea, Jamie, *NATO 2000, A Political Agenda for a Political Alliance*, London: Brassey's (UK) Ltd., 1990.

Sherwen, Nicholas, ed., *NATO's Anxious Birth, The Prophetic Vision of the 1940s*, London: C. Hurst & Company, 1985.

Sherwin, Martin J., *A World Destroyed, Hiroshima and its Legacies*, third edition, Stanford, California: Stanford University Press, 2003.

Shibusawa, Masahide, Zakaria Haji Ahmad and Brian Bridges, *Pacific Asia in the 1990s*, London: Routledge, 1991.

Shiraishi, Takashi and Jiro Okamoto, eds., *Engaging East Asian Integration, States, Markets and the Movement of People*, Singapore: Institute of Southeast Asian Studies Publishing, 2012.

Shulman, Holly Cowan, *The Voice of America, Propaganda and Democracy, 1941–1945*, Madison, Wisconsin: The University of Wisconsin Press, 1990.

Simon, Sheldom M., *The ASEAN States and Regional Security*, Stanford: Hoover Institution Press, 1982.

Sivachev, Nikolai V., and Nikolai N. Yakovlev, *Russia and the United States*, Illinois: University of Chicago Press, 1980.

Sloan, Stanley R., *NATO's Future, Towards a New Transatlantic Bargain*, Houndmills, Basingstoke and London: The Macmillan Press Ltd., 1986.

Slobodchikoff, Michael O., *Strategic Cooperation Overcoming the Barriers of Global Anarchy*, Lanham, Maryland: Lexington Books, 2013.

Smith, Martin A., *NATO in the first decade after the Cold War*, Dordrecht/ Boston/London: Kluwer Academic Publishers, 2000.

Snetkov, Aglaya, and Stephen Aris, eds., *The Regional Dimensions to Society, other Sides of Afghanistan*, New York: Palgrave Macmillan, 2013.

Soofer, Robert M., *Missile Defenses and Western European Security, NATO Strategy, Arms Control, and Deterrence*, Westport, Connecticut, Greenwood Press, Inc., 1988.

Souza, Shanthie Mariet O,' and Rajshree Jetly, eds., *Perspectives on South Asian Security*, Singapore: World Scientific Publishing Co.Pts. Ltd, 2013.

Spanier, John W., and Steven W. Hook, *American Foreign Policy since World War II*, Washington, D.C.: Congressional Quarterly Press, 1998.

Stearns, Monteagle, *Entangled Allies, U.S. Policy Toward Greece, Turkey, and Cyprus*, New York: Council on Foreign Relations Press, 1992.

Stein, Arthur, *India and the Soviet Union, the Nehru Era*, Illinois: University of Chicago press, 1969.

Stuart, Douglas, and William Tow, *The Limits of Alliance, NATO out-of-Area problems since 1949*, Baltimore and London: The John Hopkins University Press, 1990.

Stueck, William, *The Korean War, An International History*, Princeton, New Hersey: Princeton University Press, 1995.

Tabuman, William, *Stalin's American Policy, From Entente to Detente to Cold War*, New York and London: W.W. Norton & Company, 1983.

Tan, Andrew T. H., ed., *East and South-East Asia, international relations and security perspectives*, London and New York: Routledge, Taylor & Francis Group, 2013.

Tanham, George K., et al., eds., *Securing India: Strategic Thought and Practice in an Emerging Power*, New Delhi: Manohar, 1996.

Thalakada, Nigel P., *Unipolarity and the Evolution of America's Cold War Alliance*, New York: Palgrave Macmillan, 2012.

Thompson, Kenneth W., eds., *NATO and the Changing World Order, An Appraisal by Scholars and Policymakers*, Lanham, Maryland: University Press of America, Inc., 1996.

Tow, William T., and Brendan Taylor, *Bilateralism, Multilateralism and Asia-Pacific Security, Contending Cooperation*, London and New York: Routledge, Taylor& Francis Group, 2013.

Trachtenberg, Marc, *History and Strategy*, Princeton, NJ: Princeton University Press, 1991.

Truman, Henry H., *Memoirs*, vol. 1, *Year of Decision, 1945*, London: Hodder and Stoughton, 1955.

Tucker, Robert W. and Linda Wrighley, eds., *The Atlantic Alliance and its Critics*, New York: Praeger Publishers, 1983.

Vinod K. Aggarwal and Kristi Govella, eds., *linking Trade and Security, Evolving Institutions and Strategies in Asia, Europe, and the United States*, New York: Springer, 2013.

Walt, Stephen M., *The Origins of Alliances*, London and Ithaca: Cornell University Press, 1987.

Waltz, Kenneth N., *Theory of International Politics, Reading*, Mass: Addison-Wesley, 1979.

Webber, Mark, James Sperling and Martin A. Smith, *NATO's Post-Cold War Trajectory, Decline or Regeneration?* New York: Palgrave, Macmillan, 2012.

Weber, Steve, *Multilateralism in NATO, Shaping the Postwar Balance of Power, 1945–1961*, University of California at Berkeley: International and Area Studies, 1991.

Wendt, Alexander, *Social Theory of International Politics*, Cambridge: Cambridge University Press, 1999.

West, Francis J., Jr., Jacquelyn K. Davis, James E. Dougherty, Robert J. Hanks, Charles M. Perry, *Naval Forces and Western Security, The Atlantic Alliance and Western Security: The Maritime Dimension*, Volume I, Mclean, Virginia, 1986.

Westad, Odd Arne, *Cold War and Revolution: Soviet-American Rivalry and the Origins of the Chinese Civil War*, New York: Columbia University Press, 1993.

Wijk, Rob De, *NATO on the Brink of the New Millennium, The Battle for Consensus*, London and Washington, D. C.: Brassey's Ltd., 1997.

Williams, Geoffrey Lee, and Barkley Jared Jones, *NATO and the Transatlantic Alliance in the 21st Century: The Twenty-Year Crisis*, New York: Palgrave, 2001.

Williams, M. J., *The Cold War, NATO and the Liberal Conscience in Afghanistan*, New York: Palgrave Macmilan, 2011.

Wills, Michael, and Robert M. Hathaway, eds., *New Security Challenges in*

Asia, Baltimore, Maryland: The John Hopkins University Press, 2013.

Yost, David S., *NATO's Strategic Options, Arms Control and Defense*, New York and Oxford: Pergamon Press Inc., 1981.

NATO Transformed, The Alliance's New Roles in International Security, Washington, D.C.: United States Institute of Peace Press, 1998.

NATO's Balancing Act, Washington, D.C.: United States Institute of Peace Press, 2014.

Zeiner-Gundersen, H. F., Seigie A. Rossi, Marcel Duval, Donald C. Naniel, Gael D. Rarleton, Milan Vego, eds., *NATO's Maritime Flanks: Problems and Prospects*, Washington, D. C. : Pergamon-Brassey's International Defense Publishers, Inc. 1987.

Zink, Harold, *American Military Government in Germany*, New York: The Macmilan Company, 1947.

中文著述（以作者姓名拼音为序）

［澳］托马斯·艾伦:《东南亚国家联盟》，新华出版社，1981年。

［英］米歇尔·E.布朗、［法］苏米特·甘古力主编:《亚洲的政府政策和民族关系》，张红梅译，东方出版社，2013年。

［美］兹比格纽·布热津斯基:《大棋局：美国的首要地位及其地缘战略》，中国国际问题研究所译，上海人民出版社，1998年。

《战略远见：美国与全球权力危机》，洪漫、于卉芹、何卫宁译，新华出版社，2012年。

［英］巴里·布赞、［丹］奥利·维夫:《地区安全复合体与国际安全结构》，潘忠岐、孙霞、胡勇、郑力译，上海世纪出版集团，2010年。

［英］巴里·布赞、［丹］琳娜·汉森:《国际安全研究的演化》，余潇枫译，浙江大学出版社，2011年。

曹云华主编:《东南亚国家联盟——结构、运作与对外关系》，中国经济出版社，2011年。

陈寒溪:《建构地区制度：亚太安全合作理事会的作用》，世界知识出版社，2008年。

陈须隆:《区域安全合作之道——欧安会/欧安组织的经验、模式及其亚太相关性研究》，世界知识出版社，2013年。

陈学惠、杜健等编译:《冷战后外国军事改革经验教训》,军事科学出版社,2013年。

崔丕:《美国〈共同防卫援助统制法·1951年〉的形成及其影响》,《历史研究》,2002年第3期。

《冷战时期美日关系史研究》,中央编译出版社,2013年。

戴超武主编:《亚洲冷战史研究》,东方出版中心,2016年。

[美]路易斯·杜普雷:《阿富汗现代史纲要》,黄民兴译,西北大学中东研究所,2002年。

[美]詹姆斯·多尔蒂、小罗伯特·普法尔茨格拉夫:《争论中的国际关系理论》,邵文光译,世界知识出版社,1987年。

高华:《透视新北约——从军事联盟走向安全—政治联盟》,世界知识出版社,2012年。

[法]贝特朗·戈尔德施密特:《原子竞争:1939—1966》,高强等译,原子能出版社,1984年。

谷雪梅:《冷战时期美澳同盟的形成与发展(1945—1973)》,中国社会科学出版社,2013年。

关中:《意识形态和美国外交政策》,台湾商务印书馆,2005年。

[德]乔尔根·赫尔茨、维尔弗雷德·A.赫尔曼、汉斯-弗兰克·赛勒:《亚洲海洋战略》,鞠海龙、吴艳译,人民出版社,2014年。

[美]罗伯特·O.基欧汉:《新现实主义及其批判》,郭树勇译,北京大学出版社,2002年。

《局部全球化世界中的自由主义、权力与治理》,门洪华译,北京大学出版社,2004年。

[美]亨利·基辛格:《大外交》,顾淑馨、林添贵译,海南出版社,1998年。

[美]约翰·加迪斯:《遏制战略:战后美国国家安全政策评析》,时殷弘、李庆四、樊吉社译,世界知识出版社,2005年。

《冷战——交易、谍影、谎言、真相》,翟强、张静译,社会科学文献出版社,2013年。

[美]凯马尔·H.卡尔帕特编:《当代中东的政治与社会思想》,陈和丰等译,中国社会科学出版社,1992年。

[美]莫顿·A.卡普兰:《国际政治的系统和过程》,薄智跃译,中国人民

公安大学出版社，1989年。

　　［美］乔治·凯南:《美国大外交》，雷建锋译，社会科学文献出版社，2013年。

　　［美］帕尔默·乔·科尔顿、劳埃德·克莱顿:《现代世界史——1870年起》，何兆武等译，世界图书出版公司，2009年。

　　［美］戈登·克雷格、亚历山大·乔治:《武力与治国方略——我们时代的外交问题》，时殷弘、周桂银、石斌译，商务印书馆，2004年。

　　［美］布莱恩·J.科林斯:《北约概览》，唐永胜、李志君译，世界知识出版社，2013年。

　　［英］理查德·克罗卡特:《50年战争》，王振西主译，新华出版社，2003年。

　　姜志达:"亚洲新安全观及其秩序的意涵:规范的视角"，《和平与发展》，2014年第五期。

　　［美］沃尔特·拉费伯尔:《美国、俄国和冷战，1945—2006》，牛可、翟韬、张静译，第10版，世界图书出版公司，2011年。

　　［美］雷迅马:《作为意识形态的现代化:社会科学与美国对第三世界政策》，牛可译，中央编译出版社，2003年。

　　［美］德瑞克·李波厄特:《50年伤痕:美国的冷战历史观与世界》(上)，郭学堂、潘忠岐、孙小林译，上海三联书店，2012年。

　　李海东:《北约扩大研究（1949—1999）》，世界知识出版社，2010年。

　　李一平、庄国土主编:《冷战以来的东南亚国际关系》，厦门大学出版社，2005年。

　　刘金质:《冷战史》上册，世界知识出版社，2003年。

　　刘军、李海东:《北约东扩与俄罗斯的战略选择》，华东师范大学出版社，2010年。

　　［美］约翰·鲁杰主编:《多边主义》，苏长和等译，浙江人民出版社，2003年。

　　［美］戴维·罗特科普夫:《操纵世界的手——美国国家安全委员会内幕》，孙成昊、赵亦周译，商务印书馆，2014年。

　　［美］沃捷特克·马斯特尼:《斯大林时期的冷战与苏联的安全观》，郭懋安译，广西师范大学出版社，2002年。

　　梅孜:《美国总统国情咨文选编》，时事出版社，1994年。

［美］约瑟夫·奈:《美国霸权的困惑，为什么美国不能独断专行》，郑志国等译，世界知识出版社，2002年。

秦亚青:《霸权体系与国际冲突——美国在国际武装冲突中的支持行为（1945—1988）》，上海人民出版社，1999年。

《权力、制度、文化——国际关系理论与方法研究文集》，北京大学出版社，2005年。

［菲］鲁道夫·C.塞维里诺:《东南亚共同体建设探源》，王玉主译，社会科学文献出版社，2012年。

时殷弘:《国际政治与国家方略》，北京大学出版社，2006年。

石志夫主编:《中华人民共和国对外关系史》，北京大学出版社，1994年。

宋力:"追求新亚太安全：文化视角中的地区合作"，*Pacific Journal*，2006.3。

王帆:《美国的联盟体系》，世界知识出版社，2007年。

王帆:《冷战后美国亚太联盟战略的调整》，世界知识出版社，2007年。

王京烈:《解读中东：理论构建与实证研究》，世界图书出版公司，2011年。

［挪］文安立:《冷战与革命——苏美冲突与中国内在的起源》，陈之洪、陈兼译，广西师范大学出版社，2002年。

［挪］文安立:《全球冷战：美苏对第三世界的干涉与当代世界的形成》，牛可等译，世界图书出版公司，2012年。

王立新:《意识形态与美国外交政策——以20世纪美国对华政策为个案的研究》，北京大学出版社，2007年。

武桂馥、郭新宁:《新世纪亚太大战略纵横》，国防大学出版社，2004年。

许海云:《北约简史》，中国人民大学出版社，2005年。

《锻造冷战联盟——美国"大西洋联盟政策"研究，1945—1955》，中国人民大学出版社，2007年。

许亮:《东北亚安全制度中的同盟主义与多边主义理论与历史》，中国政法大学出版社，2014年。

徐天新、沈志华主编:《冷战前期的大国关系：美苏争霸与亚洲大国的外交取向（1945—1972）》，世界知识出版社，2011年。

杨洁勉等:《大体系：多极多体的新组合》，天津人民出版社，2008年。

张国帅:《冷战后美国亚太联盟体系研究》，时事出版社，2016年。

张健："北约新战略概念解析"，《现代国际关系》，2010年，第12期。

张曙光、胡礼忠主编：《伦理与国际事务新论》，上海外语教育出版社，2004年。

郑先武：《安全、合作与共同体：东南亚安全区域主义理论与实践》，南京大学出版社，2009年。

郑永年："中国与亚太安全秩序的未来"，http://forum.china.com.cn/thread-1106825-1-1.html，2015年9月12日。

周琪主编：《意识形态与美国外交》，上海人民出版社，2006年。

朱峰：《国际关系理论与东亚安全》，中国人民大学出版社，2007年。

索　引

A

阿富汗反恐战争　338, 356, 362, 369, 370, 378–379, 381, 390, 393, 430–431, 437, 440, 450

阿拉伯合作委员会（海湾合作委员会）　71

阿拉伯联合共和国　71

阿拉伯之春　338, 357, 362

阿盟　70–71, 113–114, 117, 118, 442, 445, 467, 482

艾德礼，克莱门特　34, 40

艾登，安东尼　3, 57

艾奇逊，迪安　56, 79, 204

艾森豪威尔，德怀特　101, 103, 105, 107, 110, 139, 150, 214

安全共同体　前17, 39–40, 95, 97, 200, 251, 255, 279, 280, 285, 311, 336, 397, 448, 450, 451, 474, 477

安全命运共同体　440

奥巴马，贝拉克前　22, 364, 371, 372, 373, 375, 376

澳新美安全条约（太平洋安全保障条约）　前11, 107, 108, 112, 130, 183, 189

B

巴黎统筹委员会　54

巴格达条约　前11, 64, 108–109, 112, 124

巴列维　69

巴鲁克计划　27

北大西洋理事会　46, 82, 83, 88, 89, 121, 139, 141, 143–145, 147, 148–149, 155, 161, 171, 174, 222, 223, 256, 301, 302, 401, 410, 412, 413, 430, 441

北大西洋合作委员会　414, 461

北大西洋议会代表会议　170–171, 303

北约安全局　420

北约大西洋最高盟军司令部　417

北约东扩报告　400

北约—俄罗斯理事会　354, 388, 404, 414

北约防务委员会　46, 82, 87, 89, 121, 139, 148, 151, 222, 224

北约防务财政与计划委员会　46

北约防务学院　171–172

北约防务计划委员会　83, 148–149, 161, 224, 410, 412

北约—格鲁吉亚委员会　414

北约国际秘书处　84, 144, 150, 257, 410, 421

北约海底研究中心　174

北约海上封锁行动训练中心　419

北约核计划小组　83, 161, 224, 412, 413

北约和平伙伴关系计划　301, 379–380, 388, 400, 402, 419, 446, 461, 469

北约和平伙伴关系计划规划与审核程序　400

北约军事标准局　173, 420

北约军事联络办公室　418

北约军事委员会　46, 82–83, 87, 89, 121, 139–140, 146, 149–150, 151, 162, 170, 173, 189, 218, 224, 410, 412, 413

北约军事生产与供应局　46

北约科学与技术组织　174

北约快反部队联合司令部　418

北约空军快速反应部队　418

北约空运项目　174

北约联合武装力量训练中心　419

北约联合作战中心　419

北约盟军行动　429

北约盟军作战司令部　417, 419

北约盟军转型司令部　150, 417–418

北约欧洲盟军最高司令部　150–151, 162, 214, 218, 224

北约欧洲盟军最高司令官　150

北约—乌克兰委员会　414

北约训练集团　172

北约研究与技术组织　174

北约早期空中预警部队　418

北约支持机构　173

北约驻波黑特别行动执行部队　390

柏林附加协定　345, 434

柏林墙事件　156, 305

贝文，欧内斯特　40, 41, 210

不结盟运动　132–136

布雷顿森林体系　9

布鲁塞尔条约　42–45, 48

布鲁塞尔条约组织　209, 210

布什，乔治·沃克　328, 364, 365

布什，乔治·赫伯特·沃克　364

C

查克皮克议定书　48

朝鲜战争　前17, 32, 49, 51, 53, 54, 56, 72, 103, 104, 109, 127, 150, 180, 230, 372

长电报　19–20, 21, 22, 98

持久自由行动　368, 430–431

重返亚洲战略　前17, 334, 371–372, 373, 374, 375

D

达尔富尔事件　393, 442

大规模报复战略　139

大规模杀伤性武器扩散　73, 164, 273, 275, 312, 349, 362, 368, 373, 387, 444

大西洋公约协会　170

大西洋教育委员会　171

大西洋青年政治首脑会议　173

大西洋宪章　9

戴高乐　82, 91, 163, 321

单个伙伴关系计划　400, 402

单边主义　前21, 33, 105, 128, 217–221, 222, 226, 233, 234, 245, 288, 343, 349, 363, 394, 434, 470

德国　1, 12, 13, 16, 23, 26, 40, 42, 48, 172, 208, 356, 430, 431, 491　占领与管制　5, 7, 8, 9, 10, 11, 25, 31, 37, 155, 210, 259, 287, 321　与北约关系　92, 97, 144

地中海对话机制　377, 414

地区安全复合体　190, 198

第三世界　106, 116, 118, 131, 244, 249, 250, 392

东盟　116–117, 118, 126, 130, 238, 241, 251, 277, 426, 445, 467, 488, 494　维护稳定　129, 279, 282, 453　方针政策　236, 280, 396–397, 398, 406–407, 438, 440　解决分歧　235, 237, 239, 252, 276, 278, 284, 436, 460　与美国关系　371–372, 374, 375　扩展职能　336　应对挑战　290, 315, 323–324, 457　对外合作　281, 406, 453–454

东盟防长会议　241, 279

东盟经济共同体　241, 279

东盟经济部长会议　241

东盟财长会议　241

东盟自由贸易区　241

东盟政治安全共同体　279

东盟地区论坛　241, 279, 280, 323, 371, 436, 438, 453, 454

东盟社会文化共同体　279

东南亚、澳大利亚与新西兰中央银行　66

东南亚联盟　116

东南亚条约组织　前14, 64, 68, 109–110, 111, 112, 117, 124, 130, 183, 189, 204, 267, 269, 282, 293, 469

东亚—拉美论坛　337

东亚峰会　279, 280, 323, 374

东亚经济论坛　337

杜鲁门, 哈里　14, 15, 16, 17, 19, 20, 21, 22, 23, 24, 26, 34, 35, 36, 43, 52,

54, 58, 98, 101, 107

杜鲁门主义　35, 36, 37, 41, 44, 58, 72, 96, 101

独立国家联合体　328–329, 330, 331

多边安全联合　99, 107, 108, 109, 111, 112, 113, 118, 125, 127, 128, 129, 131, 132, 134, 176, 189, 210, 281

多边主义机构　220

多边组织　220, 284, 335

多边主义　79, 128, 176, 217, 220–221, 222, 272, 277, 324

多勃雷宁　230

多米诺骨牌理论　16

敦刻尔克条约　40–41, 42, 44

E

遏制政策　20, 98, 120, 179, 214

二月事件　41

F

范登堡决议案　45, 81

凡尔赛—华盛顿体系　2, 12, 32

反恐战争　前20, 68, 338, 351, 356, 362, 369, 378–379, 381, 390, 430–431, 437, 440, 450, 495

泛阿拉伯主义　67, 71

泛亚运动　55

非洲—亚洲农村发展组织　63

非盟　390, 393, 445

非接触性战争　429, 443

非传统安全威胁　前20, 前21, 前22, 153, 157, 164, 175, 211, 312, 347–352, 353, 354, 356, 357, 358, 359, 360, 361, 362, 363, 365, 387, 391, 392, 397, 399, 405, 406, 408, 425–426, 430, 440, 443, 447, 449, 453, 454, 465, 466, 468, 473, 475, 477, 479, 480, 483, 484, 487

非典型性肺炎　449

芬兰化　322

弗什博, 亚历山大　462, 481, 482, 483

G

高效能源与环境保护特别小组　173

葛罗米柯, 安德烈　27

功能性发展模式　267, 271–274, 276, 280, 281, 282, 283, 284, 290

共同防卫援助统制法　54, 183

古巴导弹危机　305

国防问题特别委员会　411

国际安全援助部队　356, 378, 381, 390, 431

国际大西洋委员会　170

国际海事卫星组织　440

国际军事参谋部　84, 150, 257, 420, 421

国际恐怖主义　前21, 前22, 195, 273, 349, 360, 363, 378, 392, 408, 431, 479

国际原子能发展署　27

国际战略研究所　379, 469

H

哈默尔报告　145, 216, 256, 257, 307

黑海海峡危机　24, 34, 72

华盛顿峰会　385, 400

华约　前18, 78, 106, 111, 123, 124, 152, 154, 155, 157, 159, 160, 162, 163, 164, 165, 168, 169, 201, 209, 214, 254, 256, 262, 304, 305, 320–321, 322, 329, 331, 332, 334, 340, 341, 351, 363, 365, 403, 410, 416, 461, 491, 492

核不扩散条约　190, 195

赫鲁晓夫, 尼基塔　106, 112, 175

核事务委员会　224

环境保护工作小组　173

环印度洋区域合作联盟　63

虎克军　59–60

I

伊拉克战争　前22, 338, 362, 369, 370, 393, 431–432, 437, 440, 443, 450, 469

伊拉克和黎凡特伊斯兰国　357, 363, 432, 483

伊朗撤军事件　24, 25, 69

伊斯坦布尔合作倡议机制　414

J

基地组织　前22, 351, 356, 363, 378, 381, 393, 430, 431, 432, 437, 443

集体安全条约组织　330, 452

集体防御　前19, 前20, 43, 75, 76, 83, 84–89, 97, 108, 110–111, 114–115, 133, 141, 145, 169, 172, 202, 212, 245, 304, 334, 366, 384, 387, 401, 410, 411–412, 415, 416, 430, 431, 481　集体防御方针　80, 81, 89, 91, 137–138, 148, 164, 245–246, 305, 385, 389, 443　集体防御组织　121, 220, 262, 330

集体决策模式　235–239, 240, 242

建立诚信计划　412

剑与盾战略　124, 139, 161

解放伊拉克行动　431

金砖五国　335

静态发展模式　267–271, 276, 280, 281, 282, 283, 284

救国阵线　432

旧金山体系　277

"9·11"事件　351, 356, 369, 387, 392, 405, 430, 442, 450, 464

军事标准局　173, 420

K

卡拉多边联合演习（卡拉海上力量集团）　380

卡扎菲, 奥马尔·穆阿迈尔　393, 432, 433, 443

克莱, 卢修斯　25

克利福德, 克拉克　21

克林顿, 比尔　338, 364, 370

克林顿，希拉里　371, 372, 374

克什米尔　61, 196, 424

康卡迪亚行动　433–434

凯南，乔治　19–20, 21, 22, 35, 89–90, 98, 179, 180, 214, 286

克里斯托弗，沃伦　338

科索沃维和部队　429

科索沃战争　390, 393, 428–430, 433, 435, 443

跨太平洋伙伴关系协定　376

L

拉登，本　381

拉斯穆森，安诺斯　433, 435, 476

利比亚战争　前22, 362, 369, 370, 428, 432–433, 435, 443

里约热内卢条约　45, 48, 81

联合特遣部队　389

联合保护者行动　432

联合国安理会　7, 389, 390, 394, 400, 429, 431, 435

联合国国际法庭　450

联合国环境与安全署　173

联合国科索沃临时管制任务　429

联合国宪章　10, 45, 48, 81, 86, 88, 104, 105, 116, 133, 530

联合国亚太经济与社会委员会　130

联合保护稳定部队　390

两洋战略　44

罗马峰会　前19, 348

罗斯福，富兰克林　9, 14, 22, 50

伦斯，约瑟夫　79

M

马尼拉条约（东南亚集体防务条约）　109–110

马歇尔计划　35–37, 38, 41, 44, 95, 96

曼谷宣言　116

麦克阿瑟，道格拉斯　26, 49

美洲国家组织　83

日美共同合作和安全保障条约　102–103

美韩共同防御协定　103, 182

美菲共同防御协定　102, 182

美泰共同防御协定　102

美台共同防御协定　103, 182

美中关系全国委员会　375

美国国家安全战略报告　365

美国例外主义　98

蒙巴顿方案（印度独立方案）　61

门户开放　26, 114, 121, 401

米洛舍维奇，斯洛博丹　443

民族团体　177

茉莉芬事件　58–59

慕尼黑安全政策会议　379

穆斯林兄弟会　437

N

南亚区域合作联盟　118, 130, 455

南海各方行为宣言　440

尼赫鲁，贾瓦哈拉尔　62, 63, 118, 134, 249

挪威事件　42

诺维科夫报告　22–23

O

欧共体　209, 307, 333, 334, 340, 341

欧盟　前16, 83, 84, 126, 143, 209, 261, 279, 288, 307, 330, 333, 341–342, 347, 355, 363, 364, 378, 395, 434, 446, 480, 483　对外合作　445, 467, 470, 482　能力建设　334, 340–341, 343–344, 345, 366

欧亚经济共同体　335

欧洲安全与防御政策　341

欧洲安全与合作组织　83, 84, 209, 261, 264, 307, 340, 341, 346–347, 366,
　　　　　　　　　　395, 441, 445, 448, 452, 467, 480

欧洲—大西洋伙伴关系委员会　414

欧洲经济合作组织　209

欧洲煤钢共同体　209

欧洲中心主义　98

欧洲自由贸易联盟　307

P

攀比效应　16

普京, 弗拉基米尔　404

Q

前沿防御战略　87, 123–124, 138, 161

巧防御　419–420, 421

巧实力　371, 372

丘吉尔　3, 9, 20, 21, 22

区域主义　121, 122, 124, 290–291, 324, 408, 458–459

区域性和平与发展共同体　314

区域安全主义　313–317

区域发展合作组织　66

R

日美安保体系　31, 129, 269

S

萨达姆, 侯赛因　393, 432, 443

萨达特, 安瓦尔　134

萨德导弹防御系统　193

萨科齐, 尼古拉　413

萨拉费教派　437

沙漠盾牌计划　369

沙漠风暴计划　369

三人委员会　222–223, 307

塞浦路斯危机　261, 319–320

双边安全联合　99–106, 107, 109, 111, 112, 113, 118, 125, 127, 128, 129, 131, 132, 134, 210

上海合作组织　130, 335, 529–531

圣战者联合委员会　432

失败国家　前21, 349, 356, 469

斯巴克, 保罗 – 亨利　223, 288, 301

斯大林, 约瑟夫　3, 5, 14, 16, 17, 20, 22, 23, 29, 30, 36, 51, 230

斯图尔滕贝格, 延斯　356, 475, 479, 480, 481

苏哈托, 邦　59

苏伊士运河危机　305, 320

T

塔利班　前22, 351, 356, 378, 379, 393, 430, 431, 434, 437, 443

太平洋盆地经济理事会　184–185

太平洋共同体　107–108

太平洋经济合作委员会　185

台湾海峡危机　370

铁幕演说　20–21, 22

铁托　134

W

维尔纳, 曼弗尔德　377

维也纳体系　32, 205

威权型决策模式　231–235, 237, 239, 240, 242

威斯特伐利亚体系　32, 205

维谢格拉德集团　83, 84, 340, 491

五国防御协定　104, 110, 183

乌克兰危机　前20, 355, 404, 495

X

锡安主义　70

西方联盟　42–43, 44, 45, 83

西欧联盟　39–40, 41, 83, 84, 209, 210, 334, 341

夏侯雅伯　376, 411, 444

新欧洲巴黎宣言　346

新丝绸之路　374

新战略概念　前20, 383–389, 460, 484

香格里拉安全对话会议　374, 379

谢伊，杰米　342, 356, 441

Y

雅尔塔体系　8, 11–12, 13, 14, 16–17, 18, 30, 31, 32, 41, 185, 348, 442, 490

亚非会议　115, 133–134, 135, 136

亚欧会议　454

亚太理事会　184

亚太经济合作组织（亚太经合组织）　185, 281, 337, 426

亚太议会论坛　130

亚太圆桌会议　184

亚太安全合作理事会　130

亚洲相互协作与信任措施会议（亚信会议）　396

亚太再平衡战略　前22, 334, 374–376, 451

颜色革命　355, 369, 437

衍生型发展模式　267, 276–280, 281, 282, 283, 284, 290, 457

一边倒　27, 52

伊拉克共和国卫队　432

伊斯兰圣战者　437

意愿联盟　211, 357, 430

印度河水域条约　424

应对现代社会挑战委员会　172, 173

英国—马来亚防务协定　104

预防性干预　389–394, 415

越盟　50, 55, 110, 132

越南战争　前17, 56, 111, 127, 180, 183, 230, 372

Z

战略威慑　72, 80, 87–88, 123, 124, 138, 152, 163, 164, 194, 195, 355, 385, 391, 437

中东条约国组织　65

中东战争　前17, 70, 127

中欧石油管线系统项目　174

中苏友好同盟互助条约　52, 105–106, 183

中亚联盟　130

中亚经济合作组织（中亚经济联盟）　335

中心—边缘结构　89–94

中央条约国组织　前14, 108–109, 112, 124, 264, 269, 282, 293, 325, 469

周恩来　115

政府间组织　136, 291

政治协商制　89, 139, 147, 222–226

租借法案　23, 24

自主型安全联合　112–118, 125, 127, 128, 129, 131

自助、互助与他助　48

自由欧洲电台　38